中国 2003 林业统计年鉴

CHINA FORESTRY STATISTICAL YEARBOOK

国家林业局 编

中国林业出版社
CHINA FORESTRY PUBLISHING HOUSE

国家林业局图书出版基金资助出版

图书在版编目(CIP)数据

中国林业统计年鉴.2003/国家林业局编. -北京:中国林业出版社,2004.9
ISBN 7-5038-3853-1

Ⅰ.中… Ⅱ.国… Ⅲ.林业经济-统计资料-中国-2003-年鉴 Ⅳ.F326.2-66

中国版本图书馆 CIP 数据核字(2004)第 088737 号

中国林业统计年鉴（2003）

作者：国家林业局
地址：北京东城区和平里东街 18 号
电话：010-84238422；84238489
E-mail：tongjichu@forestry.gov.cn
出版：中国林业出版社(100009　北京西城区刘海胡同 7 号)
E-mail：cfphz@public.bta.net.cn　电话:66184477
发行：新华书店北京发行所
印刷：北京地质印刷厂
版次：2004 年 9 月第 1 版
印次：2004 年 9 月第 1 次
开本：880mm×1230mm　1/16
印张：41
字数：1175 千字
印数：1～1000 册
定价：150.00 元

2003 中国林业统计年鉴

编辑委员会

说 明

一、为了适应改革开放的需要，便于国内外各界了解中国林业建设与发展情况，我们编辑的《中国林业统计年鉴》已从 1987 年开始公开出版，并列为正式图书，每年出版一册，供广大读者作为资料性的工具书使用。

二、本资料系根据各省、自治区、直辖市林业管理部门和局直属单位上报的 2003 年林业统计年报和其他有关资料编辑的。全书分为：森林资源、林业产业总产值、营林生产、六大林业重点工程建设、工业生产、从业人员和劳动报酬、固定资产投资、林业教育等八个部分，并附录：国有林区 135 个木材采运企业和 20 个重点营林局主要统计指标、林业工作站和乡村林场基本情况、全国分县造林情况、全国历年主要统计指标完成情况、1994 ~ 2002 年主要林产品进出口情况和世界主要国家林业情况。

三、本资料不包括香港特别行政区、澳门特别行政区以及台湾省。

四、为了不断提高图书质量，竭诚欢迎广大读者提出改进意见。

编者

2004 年 6 月

Preface

China Forestry Statistical Yearbook has been annually published since 1987. The yearbooks are informative in terms of China's forestry construction and development status, which help both domestic and overseas readers be aware of the situation of China's forestry development.

China Forestry Statistical Yearbook 2003 is composed of eight parts including forest resources, total output value of forestry industry, silviculture and afforestation, key forestry development projects, forest industry, employment, investment of fixed assets and forestry education. This yearbook also contains appendices of major statistical data of 135 forest industry enterprises and 20 major silviculture bureaus of stateowned forest zones, forestry working stations and rural forest farms, afforestation in countries, major forestry statistical data of the whole country over years, import & export of major forest products & forest status in some foreign countries.

China Forestry Statistical Yearbook 2003 is edited on the basis of the statistics submitted from competent forestry departments of various province or autonomous regions as well as that submitted from institutions affiliated to the State Forestry Administration and other relevant information.

This yearbook does not include the data of Hong Kong Special Administrative Region, Macao Special Administrative Region and Taiwan Province.

Finally, constructive recommendations are welcome in order to improve the quality of the yearbook.

Authors

June, 2004

目 录

一、森林资源

二、林业产业总产值

三、营林生产

四、六大林业重点工程建设

五、工 业 生 产

六、从业人员和劳动报酬

七、固 定 资 产 投 资

八、林 业 教 育

附录一　国有林区135个木材采运企业和20个重点营林局主要统计指标

附录二　林业工作站和乡村林场基本情况

附录三　全国分县造林情况

附录四　全国历年主要统计指标完成情况

附录五　1994～2002 年主要林产品进出口情况

附录六　世界主要国家林业情况

森林资源

全国森林资源情况

单位:万公顷、万立方米

地　　区	森林面积	其中:人工林面积	森林覆盖率(%)	活立木总蓄积量	森林蓄积量
全国总计	**15894.09**	**4708.95**	**16.55**	**1248786.39**	**1126659.146**
北　京	33.74	22.97	18.93	1115.25	685.82
天　津	8.58	8.21	7.47	250.46	160.25
河　北	336.13	199.73	18.08	7856.82	5948.19
山　西	183.58	83.02	11.72	8009.04	5643.97
内蒙古	1474.85	185.23	12.73	116859.43	98163.48
辽　宁	451.05	211.75	30.95	17362.63	16136.90
吉　林	706.98	138.38	37.43	82753.39	78656.81
黑龙江	1760.31	192.38	38.72	156615.58	141069.30
上　海	2.18	2.18	3.66	133.67	23.93
江　苏	46.24	43.68	4.51	3633.57	865.77
浙　江	517.18	238.34	50.80	12660.40	11122.00
安　徽	317.05	171.38	22.95	10441.14	8295.77
福　建	735.37	348.27	60.52	41763.62	36490.99
江　西	889.78	270.12	53.37	27695.69	22308.38
山　东	191.52	182.08	12.58	6022.19	1480.99
河　南	209.01	109.70	12.52	13167.55	5258.50
湖　北	482.84	133.12	25.98	14759.04	13223.82
湖　南	823.97	339.41	38.90	23147.09	19890.46
广　东	815.02	440.89	45.81	21325.15	19726.70
广　西	816.66	371.34	34.37	31027.39	27699.92
海　南	134.93	82.65	39.56	7281.49	6613.03
四　川	1330.15	324.47	23.50	154520.65	144621.65
贵　州	367.31	143.12	20.81	17022.35	14050.18
云　南	1287.32	181.84	33.64	142391.06	128364.94
西　藏	408.15	0.11	5.93	126789.71	125337.41
陕　西	592.03	133.40	28.74	33407.95	30265.74
甘　肃	217.41	64.29	4.83	19224.52	17201.76
青　海	30.88	3.04	0.43	3728.46	3270.36
宁　夏	14.64	10.40	2.20	674.17	585.26
新　疆	178.37	31.19	1.08	28998.52	25401.95

注:1. 根据第五次全国森林资源清查统计结果,全国总计数包括台湾省和西藏实际控制线外部分,表内西藏自治区的森林资源数据不含西藏控制线外部分。故总计不等于分省合计。

2. 四川的数据中包含重庆。

3. 香港、澳门数据暂缺。

全国湿地资源情况

单位：公顷

指　标	总　计
湿地面积总计	**38485525**
一、近海及海岸湿地	**5941696**
浅海水域	3280091
潮下水生层	1936
珊瑚礁	64608
岩石性海岸	97187
潮间沙石海岸	146265
潮间淤泥海岸	958961
潮间盐水沼泽	90340
红树林	22025
海岸性咸水湖	87456
海岸性淡水湖	6516
河口水域	660452
三角洲湿地	525861
二、河流湿地	**8206982**
永久性河流	6823208
季节性河流	312044
泛洪平原湿地	1071730
三、湖泊湿地	**8351586**
永久性淡水湖	4115456
季节性淡水湖	466710
永久性咸水湖	3693160
季节性咸水湖	76260
四、沼泽和沼泽化草甸湿地	**13700289**
藓类沼泽	139787
草本沼泽	6478209
沼泽化草甸	5754374
灌丛沼泽	188126
森林沼泽	137593
内陆盐沼	987582
地热湿地	14617
淡水泉和绿洲	—
五、库塘	**2284972**

注：本次调查不包括台湾省、香港和澳门特别行政区。

各地区湿地

地　区	总　计	近海及						
		小计	浅海水域	潮下水生层	珊瑚礁	岩石性海岸	潮间沙石海岸	潮间淤泥海岸
总　计	**38485525**	**5941696**	**3280091**	**1936**	**64608**	**97187**	**146265**	**958961**
北　京	34359	—	—	—	—	—	—	—
天　津	171780	58090	21070	—	—	—	—	37020
河　北	1081939	232720	115930	—	—	224	12202	104364
山　西	499900	—	—	—	—	—	—	—
内蒙古	4245048	—	—	—	—	—	—	—
辽　宁	1219615	708204	464200	—	—	5820	15780	222404
吉　林	1203356	5825	—	—	—	—	—	—
黑龙江	4314835	—	—	—	—	—	—	—
上　海	319714	15997	—	—	—	2502	—	13495
江　苏	1674670	843527	823526	—	—	—	—	20001
浙　江	802172	438099	286453	—	—	6009	628	145009
安　徽	653870	—	—	—	—	—	—	—
福　建	442997	370599	260219	—	3570	10917	15580	65432
江　西	998797	—	—	—	—	—	—	—
山　东	1784099	928100	632716	—	—	66942	17483	210959
河　南	624129	—	—	—	—	—	—	—
湖　北	927329	—	—	—	—	—	—	—
湖　南	1226909	—	—	—	—	—	—	—
广　东	1398074	581265	422191	1706	41222	270	45849	70027
广　西	656107	348362	172000	—	300	—	24370	69200
海　南	311469	121458	81786	230	19516	4503	14373	1050
重　庆	43206	—	—	—	—	—	—	—
四　川	961680	—	—	—	—	—	—	—
贵　州	79410	—	—	—	—	—	—	—
云　南	235304	—	—	—	—	—	—	—
西　藏	5232000	—	—	—	—	—	—	—
陕　西	292895	—	—	—	—	—	—	—
甘　肃	1258096	—	—	—	—	—	—	—
青　海	4125967	—	—	—	—	—	—	—
宁　夏	255643	—	—	—	—	—	—	—
新　疆	1410156	—	—	—	—	—	—	—

注:本次调查不包括台湾省、香港和澳门特别行政区。

资源情况(一)

单位:公顷

海岸湿地						河流湿地			
潮间盐水沼泽	红树林	海岸性咸水湖	海岸性淡水湖	河口水域	三角洲湿地	小计	永久性河流	季节性河流	泛洪平原湿地
90340	**22025**	**87456**	**6516**	**660452**	**525861**	**8206982**	**6823208**	**312044**	**1071730**
—	—	—	—	—	—	4984	4984	—	—
—	—	—	—	—	—	55120	55120	—	—
20328	—	—	1202	6552	17990	319313	69614	49517	200182
—	—	—	—	—	—	454142	444152	6690	3300
—	—	—	—	—	—	607459	220463	1876	385120
680	—	—	—	15703	13510	252171	252171	—	—
—	—	—	—	—	5825	581393	514801	13842	52750
—	—	—	—	—	—	460684	337362	—	123322
—	—	—	—	289425	—	7191	7191	—	—
—	—	—	—	—	—	203337	188147	15190	—
21024	21	—	5159	78631	31341	118496	89594	—	28902
—	—	—	—	—	—	239508	233849	5659	—
—	615	—	—	14266	—	31064	31064	—	—
—	—	—	—	—	—	314883	314883	—	—
—	—	48515	—	5317	229000	301088	92320	208768	—
—	—	—	—	—	—	472721	462726	—	9995
—	—	—	—	—	—	377446	355674	—	21772
—	—	—	—	—	—	683130	683130	—	—
19500	9084	12501	—	245392	150071	231653	204283	—	27370
—	8375	118	—	—	74000	219134	219134	—	—
28808	3930	26322	155	5166	4124	38270	34067	—	4203
—	—	—	—	—	—	31624	31624	—	—
—	—	—	—	—	—	563868	563868	—	—
—	—	—	—	—	—	57960	57960	—	—
—	—	—	—	—	—	119781	119781	—	—
—	—	—	—	—	—	231115	231115	—	—
—	—	—	—	—	—	252056	113577	110	138369
—	—	—	—	—	—	565600	565600	—	—
—	—	—	—	—	—	107528	107372	156	—
—	—	—	—	—	—	104076	39700	10236	54140
—	—	—	—	—	—	200188	177883	—	22305

各地区湿地

地 区	湖泊湿地					
	小计	永久性淡水湖	季节性淡水湖	永久性咸水湖	季节性咸水湖	小计
总 计	**8351586**	**4115456**	**466710**	**3693160**	**76260**	**13700289**
北 京	—	—	—	—	—	—
天 津	12330	12330	—	—	—	8180
河 北	307248	12897	282043	12308	—	136944
山 西	8063	2943	320	4800	—	—
内蒙古	495190	323346	29720	100524	41600	3098149
辽 宁	6250	6250	—	—	—	110237
吉 林	74486	19361	—	55125	—	354672
黑龙江	401860	289983	—	111877	—	3320274
上 海	6803	6803	—	—	—	—
江 苏	604193	604193	—	—	—	—
浙 江	3020	3020	—	—	—	114
安 徽	350465	341201	9264	—	—	—
福 建	19542	19542	—	—	—	—
江 西	443208	443208	—	—	—	114823
山 东	165476	164376	1100	—	—	3941
河 南	2587	2587	—	—	—	6914
湖 北	294676	294676	—	—	—	58350
湖 南	359266	359266	—	—	—	5061
广 东	1547	1547	—	—	—	1024
广 西	—	—	—	—	—	—
海 南	17312	17312	—	—	—	11025
重 庆	278	278	—	—	—	—
四 川	13376	12946	430	—	—	342298
贵 州	2297	2297	—	—	—	5690
云 南	96538	91245	5293	—	—	3950
西 藏	2538637	596200	—	1913667	28770	2461700
陕 西	7300	5895	—	1405	—	17829
甘 肃	44346	34406	300	9640	—	52150
青 海	1232039	254520	—	977519	—	2748100
宁 夏	148327	4247	138240	680	5160	—
新 疆	694927	188582	—	505615	730	369513

注：本次调查不包括台湾省、香港和澳门特别行政区。

资源情况(二)

单位:公顷

沼泽和沼泽化草甸湿地								库塘
藓类沼泽	草本沼泽	沼泽化草甸	灌丛沼泽	森林沼泽	内陆盐沼	地热湿地	淡水泉和绿洲	库塘
139787	**6478209**	**5754374**	**188126**	**137593**	**987582**	**14617**	**—**	**2284972**
—	—	—	—	—	—	—	—	29375
—	8180	—	—	—	—	—	—	38060
—	62072	15702	—	—	59171	—	—	39641
—	—	—	—	—	—	—	—	37695
2160	2309073	—	53410	92430	641076	—	—	44250
—	110237	—	—	—	—	—	—	112860
100	336905	—	600	2387	14680	—	—	186980
131500	1801943	1219500	132000	35331	—	—	—	132017
—	—	—	—	—	—	—	—	299
—	—	—	—	—	—	—	—	23613
—	114	—	—	—	—	—	—	106267
—	—	—	—	—	—	—	—	63897
—	—	—	—	—	—	—	—	21793
337	114486	—	—	—	—	—	—	125883
—	3941	—	—	—	—	—	—	102662
—	6914	—	—	—	—	—	—	141907
—	52350	—	—	6000	—	—	—	196857
—	5061	—	—	—	—	—	—	179452
—	1024	—	—	—	—	—	—	146037
—	—	—	—	—	—	—	—	88611
—	10561	347	—	—	—	117	—	54899
—	—	—	—	—	—	—	—	11304
—	342298	—	—	—	—	—	—	42138
5690	—	—	—	—	—	—	—	13463
—	3125	825	—	—	—	—	—	15036
—	540400	1681400	—	—	225400	14500	—	548
—	13959	—	—	—	3870	—	—	15710
—	409500	88500	—	—	23500	—	—	126650
—	—	2748100	—	—	—	—	—	38300
—	—	—	—	—	—	—	—	3240
—	346067	—	2116	1445	19885	—	—	145529

林业产业总产值

林业产业总产值(一)

（按现行价格计算）　　单位:万元

指　标　名　称	合计
总　　　计	**58603258**
一、第一产业（农、林、牧、渔业）	**35180847**
其中：1. 农业	18137463
其中：花卉	2812670
茶、桑、果	12748153
中药材	1131796
2. 林业	14766696
（1）林木的培育和种植	6181796
（2）木材采运	3358563
①商品材	2272167
②农民自用材	495544
③农民烧材	590852
（3）竹材采运	691288
其中：小杂竹	164898
（4）林产品的采集	4535049
3. 畜牧业	1125847
其中：狩猎和捕捉动物	104765
4. 林业服务业	288929
二、第二产业	**20074326**
1. 采矿业	133532
2. 制造业	19468118
（1）非木质林产品加工制造业	1589951
（2）木材加工及木、竹、藤、棕、草制品业	11900689
①锯材、木片加工	1566341
②人造板制造	6738891
③木制品制造	2624752
④竹、藤、棕、草制品制造	970705

林业产业总产值（二）

（按现行价格计算）　　单位：万元

指　标　名　称	合计
（3）木质、竹藤家具制造	2378310
（4）木、竹浆造纸及纸制品业	1707256
（5）林产化学产品制造	420463
（6）专用设备、仪器仪表制造业	56920
（7）木、竹、藤工艺品制造业	923418
（8）其他	491111
3. 其他（电力、煤气、水的生产供应和建筑业）	472676
三、第三产业	**3348085**
1. 交通运输、仓储及邮政业	258329
2. 信息传输、计算机服务和软件业	3196
3. 批发和零售业	1282353
4. 住宿餐饮业	219044
5. 租赁与商务服务业	53564
6. 科学研究、技术服务和地质勘查业	52448
7. 水利、环境和公共设施管理业	937637
其中：自然保护区管理及野生动植物保护	43044
森林风景名胜区管理	731011
非自然保护区的人工森林公园管理	105156
8. 居民服务和其他服务业	111348
9. 教育	41802
10. 卫生、社会保障和社会福利业	38368
11. 文化、体育和娱乐业	8115
12. 其他（金融、房地产、公共管理和社会组织）	341881
补充资料：全部山区县茶、桑、果产值	5085555
全部丘陵县茶、桑、果产值	2827658
森林旅游业产值	961003

各地区林业

地区	总计	第一产业（农、						
		合计	其					
			农业					
			小计	其中			小计	林木的培育和种植
				花卉	茶、桑、果	中药材		
全国合计	**58603258**	**35180847**	**18137463**	**2812670**	**12748153**	**1131796**	**14766696**	**6181796**
北京	552916	343085	201381	69229	127072	4547	141193	105337
天津	35946	33733	15615	10215	5400	—	18118	13673
河北	3849131	1844004	1237421	107654	1096040	19935	482410	311031
山西	584862	581493	235788	4678	197640	16679	339399	290791
内蒙古	781105	503232	96625	2108	31355	24381	370144	209843
内蒙古集团	373218	151042	11376	—	—	—	124827	33111
辽宁	2011325	1291177	584600	105010	394076	79523	559559	256215
吉林	1288533	635323	129318	14043	32859	45598	393515	140240
吉林集团	350252	106835	7139	60	100	4487	87128	17874
黑龙江	1923306	897658	235409	3313	2129	5924	468088	169612
龙江集团	1373765	553136	172865	—	90	793	251827	16430
上海	257840	250533	159265	27364	79632	1	86591	85417
江苏	4215968	1609464	925673	226231	494437	29919	557391	330359
浙江	7787460	2847803	1844931	588697	1098328	59520	921460	216554
安徽	1544227	1086849	309978	32622	238190	32321	761410	267662
福建	4480098	2448236	1334705	199672	1087513	47236	1074525	40810
江西	2195668	1428024	615265	94240	293901	165230	776905	198742
山东	4552288	2817935	1988894	133820	1822906	12018	822106	508755
河南	2091527	1635361	817082	201913	549692	50478	796734	395518
湖北	1922586	1375827	700427	87327	342649	125096	337066	174964
湖南	3618000	1816572	553620	152926	245423	90128	1144727	520285
广东	3734280	2713733	1989273	410957	1454986	38768	467276	97174
广西	2043096	1519464	871151	6820	859738	4593	646695	144075
海南	1017567	984658	521985	45767	469316	6902	459991	49092
重庆	697420	410984	225200	49076	148787	26174	178497	130795
四川	2122973	1498226	769107	108007	608805	25873	708584	395420
贵州	497582	429048	162954	4167	116476	42311	258692	94826
云南	1442182	1220328	409172	77849	281310	49913	731668	151809
西藏	57779	27431	3052	—	3052	—	17248	6670
陕西	1002535	943610	479111	27975	330554	89345	456559	289033
甘肃	516052	484928	212560	19938	187607	1826	265533	235342
青海	51358	50654	1489	6	659	816	47594	45818
宁夏	161127	154711	70108	550	36965	31085	83431	82331
新疆	1217972	1135053	399013	496	110656	5655	287847	215573
新疆兵团	724631	724631	291301	110	16999	4	36550	35583
大兴安岭	348549	161710	37291	—	—	1	105740	8030

产业总产值（一）

单位：万元

林、牧、渔业）									
中									
林业							畜牧业		林业服务业
木材采运				竹材采运		林产品的采集	小计	其中：狩猎和捕捉动物	
计	商品材	农民自用材	农民烧材	计	其中：小杂竹				
3358563	**2272167**	**495544**	**590852**	**691288**	**164898**	**4535049**	**1125847**	**104765**	**288929**
6610	1590	5020	—	—	—	29246	30	—	481
2666	2666	—	—	—	—	1779	—	—	—
44466	33815	8797	1854	—	—	126913	101652	692	8095
1886	1351	508	27	—	—	46722	223	32	1386
115021	110564	3049	1408	—	—	45280	22530	765	6004
88898	88898	—	—	—	—	2818	10457	340	1615
155702	92847	4259	58596	—	—	147642	58904	8202	9725
210582	204231	4434	1917	—	—	42693	92438	6033	10703
65285	64285	650	350	—	—	3969	9564	188	3004
247605	245438	1592	575	—	—	50871	179599	—	13972
198075	198075	—	—	—	—	37322	121644	—	6210
700	—	700	—	—	—	474	—	—	992
165904	136550	24924	4430	10227	3429	50901	78997	17277	9091
121620	77736	28675	15209	89686	12198	493600	41885	20382	33376
198104	111145	50988	35971	41651	10203	253993	415	23	13947
364958	229313	37795	97850	116241	10353	552516	27260	27244	11746
248636	134731	15185	98720	65627	4329	263900	18757	3749	15025
88404	31356	49492	7556	—	—	224947	220	—	3036
183709	99633	70474	13602	6823	3560	210684	3668	39	6065
85610	56561	19692	9357	34722	17225	41770	185519	6112	10920
300342	172538	43727	84077	66061	9401	258039	41147	8121	68552
142251	132349	4724	5178	71065	14553	156786	77535	1893	6746
178551	168772	3889	5890	77237	8575	246832	823	354	795
28161	22309	1350	4502	9432	5049	373306	2394	—	288
13867	557	6271	7039	4236	3443	29599	3933	782	3311
121255	18947	45360	56948	58894	43146	133015	2510	12	11677
23523	7553	3219	12751	9162	9065	131181	1034	1034	6368
164701	64832	43043	56826	27306	9570	387852	56088	—	23400
7370	7370	—	—	—	—	3208	1575	1575	21
13851	214	7343	6294	2918	799	150757	2058	310	2593
3638	1101	1230	1307	—	—	26553	2925	32	3789
1217	89	860	268	—	—	559	85	30	1478
59	—	59	—	—	—	1041	918	—	254
24120	12535	8885	2700	—	—	48154	102246	72	5093
816	793	23	—	—	—	151	51895	—	4031
93474	93474	—	—	—	—	4236	18479	—	—

各地区林业

地区			第 二				
	合计	采矿业	制				
			小计	非木质林产品加工制造业	木材加工及木、竹、藤、		
					计	锯材、木片加工	人造板制造
全国合计	**20074326**	**133532**	**19468118**	**1589951**	**11900689**	**1566341**	**6738891**
北 京	192135	—	185137	1454	88830	35253	27583
天 津	—	—	—	—	—	—	—
河 北	1722930	—	1722590	426513	1102879	60933	993727
山 西	742	114	628	—	528	6	484
内蒙古	185507	3634	105438	2676	66362	13438	33563
内蒙古集团	158182	1165	80669	2610	42805	2477	23612
辽 宁	671937	3085	667615	26120	196448	35857	60623
吉 林	455223	5559	374475	26721	291677	71460	116442
吉林集团	182565	242	156784	671	116420	15679	75461
黑龙江	699919	51860	548127	40029	376713	91825	102647
龙江集团	551294	9064	449196	39077	285792	61024	93218
上 海	4114	—	4114	—	2700	2700	—
江 苏	2262634	8915	2214225	12774	1992373	158745	1458007
浙 江	4625392	3172	4606360	419674	2437842	249881	1185889
安 徽	416004	2719	395570	26629	312175	41184	213448
福 建	1857987	460	1833967	206284	875797	115805	344220
江 西	663979	1769	652228	12591	374352	86487	190905
山 东	1675547	350	1675078	97879	1177405	131922	831901
河 南	422294	7413	412862	28017	295348	94018	144737
湖 北	458350	1943	450330	1259	261796	27494	193806
湖 南	1062621	18658	1028345	236935	598464	144669	243241
广 东	980165	453	962851	3311	530641	60221	287316
广 西	494674	28	490959	222	199607	34091	134682
海 南	32563	—	31179	—	29932	17452	12474
重 庆	69889	20	69397	9387	49697	9029	10115
四 川	573233	4127	553161	2583	337756	9973	49007
贵 州	47562	—	47194	2190	34048	1645	23141
云 南	204833	10608	186634	33	110471	22436	54862
西 藏	27646	381	25432	7	24868	24868	—
陕 西	46490	390	44489	673	28797	5257	10159
甘 肃	19609	894	18449	3930	2094	288	949
青 海	—	—	—	—	—	—	—
宁 夏	2953	—	2614	—	452	—	452
新 疆	59490	33	59455	2060	31036	9486	4406
新疆兵团	—	—	—	—	—	—	—
大兴安岭	137904	6947	99215	—	69601	9918	10105

产业总产值（二）

单位：万元

产业								
造业								其他（电力、煤气、水的生产供应和建筑业）
棕、草制品业		木质、竹藤家具制造	木、竹浆造纸及纸制品业	林产化学产品制造	专用设备、仪器仪表制造业	木、竹、藤工艺品制造业	其他	
木制品制造	竹、藤、棕、草制品制造							
2624752	**970705**	**2378310**	**1707256**	**420463**	**56920**	**923418**	**491111**	**472676**
25994	—	92479	—	—	—	1185	1189	6998
—	—	—	—	—	—	—	—	—
44699	3520	136198	45162	6134	200	649	4855	340
38	—	100	—	—	—	—	—	—
18606	755	366	23544	1653	215	30	10592	76435
16716	—	163	23383	1653	215	—	9840	76348
96027	3941	427855	—	95	850	6186	10061	1237
103771	4	7162	315	10974	2364	—	35262	75189
25280	—	302	155	10090	719	—	28427	25539
180845	1396	30686	4243	5572	3654	2	87228	99932
131550	—	29291	4243	5572	3654	—	81567	93034
—	—	—	—	—	—	—	1414	—
327465	48156	133585	12599	3553	27165	12370	19806	39494
676633	325439	483010	432830	38105	5268	708134	81497	15860
44447	13096	26663	1663	2097	2739	8622	14982	17715
150832	264940	122143	443886	59386	7024	91398	28049	23560
65294	31666	149678	54874	41216	57	5794	13666	9982
141157	72425	171744	135413	2460	—	57435	32742	119
35056	21537	50955	461	3052	—	1411	33618	2019
29041	11455	127716	44088	3233	268	929	11041	6077
134139	76415	68114	70713	35875	1518	6871	9855	15618
134210	48894	281100	64344	67102	265	15549	539	16861
30778	56	17702	168100	92412	1039	4893	6984	3687
—	6	—	—	1127	—	—	120	1384
17758	12795	6522	346	2120	10	766	549	472
258202	20574	24266	171307	4186	203	270	12590	15945
808	8454	1235	2156	180	—	547	6838	368
30825	2348	2749	31154	29280	—	38	12909	7591
—	—	—	—	—	194	2	361	1833
10887	2494	8050	—	2257	3338	312	1062	1611
518	339	458	—	6135	—	25	5807	266
—	—	—	—	—	—	—	—	—
—	—	—	—	—	—	—	2162	339
17144	—	296	58	1879	—	—	24126	2
—	—	—	—	—	—	—	—	—
49578	—	7478	—	380	549	—	21207	31742

各地区林业

地区	第三								
	合计	交通运输、仓储及邮政业	信息传输、计算机服务和软件业	批发和零售业	住宿餐饮业	租赁与商务服务业	科学研究、技术服务和地质勘查业	水利、环境和	
								小计	自然保护区管理及野生动植物保护
全国合计	**3348085**	**258329**	**3196**	**1282353**	**219044**	**53564**	**52448**	**937637**	**43044**
北京	17696	604	—	897	1388	2788	—	3125	2200
天津	2213	—	—	2213	—	—	—	—	—
河北	282197	78246	370	159183	8473	3517	177	27811	707
山西	2627	53	—	412	601	155	5	227	82
内蒙古	92366	10386	557	12306	5510	89	2159	1081	434
内蒙古集团	63994	8197	557	10407	3112	—	1951	—	—
辽宁	48211	3452	2	9313	6115	930	214	23597	10850
吉林	197987	33393	1103	74731	24729	6458	3202	12507	660
吉林集团	60852	3552	45	36009	4236	903	2381	—	—
黑龙江	325729	77199	375	69473	50244	9742	5191	21008	2186
龙江集团	269335	69888	355	61728	41164	9147	5191	561	4
上海	3193	543	—	21	44	—	—	2575	—
江苏	343870	2388	87	230551	2180	820	—	6694	1470
浙江	314265	4635	—	3604	8189	562	3997	262602	1787
安徽	41374	889	—	22503	2994	271	50	7852	370
福建	173875	—	—	31056	2262	467	7046	95588	3244
江西	103665	4992	10	44310	6270	1414	827	34024	2893
山东	58806	8535	—	2828	2722	729	36	38836	565
河南	33872	494	8	8395	2225	431	507	12726	1571
湖北	88409	2550	7	27649	18249	4854	9403	12350	1345
湖南	738807	11731	245	358756	36824	3986	3931	299884	7838
广东	40382	1052	309	9075	3041	2874	2	16425	381
广西	28958	1307	—	18526	3006	924	2120	1426	176
海南	346	—	—	—	3	124	—	—	—
重庆	216547	4717	—	161516	15763	597	420	29918	1675
四川	51514	567	—	10378	7959	7434	467	16303	1048
贵州	20972	205	—	—	129	52	9901	1594	613
云南	17021	1202	—	5600	2744	479	1534	1474	247
西藏	2702	169	—	298	—	153	—	—	—
陕西	12435	106	—	2732	1726	2589	36	1354	151
甘肃	11515	1745	123	1109	921	54	166	744	137
青海	704	—	—	560	81	16	—	47	—
宁夏	3463	95	—	23	—	—	—	347	—
新疆	23429	45	—	159	727	1029	42	5285	181
新疆兵团	—	—	—	—	—	—	—	—	—
大兴安岭	48935	7029	—	14176	3925	26	1015	233	233

产业总产值（三）

单位：万元

产业							补充资料		
公共设施管理业		居民服务和其他服务业	教育	卫生、社会保障和社会福利业	文化、体育和娱乐业	其他（金融、房地产、公共管理和社会组织）	全部山区县茶、桑、果产值	全部丘陵县茶、桑、果产值	森林旅游业产值
其中									
森林风景名胜区管理	非自然保护区的人工森林公园管理								
731011	**105156**	**111348**	**41802**	**38368**	**8115**	**341881**	**5085555**	**2827658**	**961003**
141	366	8803	—	—	—	91	21870	57249	711
—	—	—	—	—	—	—	—	—	—
13247	13566	1240	—	39	—	3141	246667	81490	31715
20	124	446	8	19	—	701	12153	42548	695
505	142	6016	11072	12125	89	30976	480	11574	350
—	—	5571	10393	10759	58	12989	—	—	153
8404	4113	3451	—	27	—	1110	87134	254493	25283
11757	10	24602	3848	6176	467	6771	1995	10083	4339
—	—	4456	2439	2087	64	4680	—	—	4
1941	1086	22890	12789	9802	2205	44811	73	17	20768
—	208	20747	12739	9749	1805	36261	—	—	11344
—	850	—	—	—	10	—	—	—	—
3435	1389	800	170	110	40	100030	32934	41721	5992
218633	8787	8875	—	—	—	21801	729151	193154	254010
4802	2678	1466	2	20	—	5327	97578	32029	20627
74442	16773	2617	3129	—	—	31710	756139	76917	89276
25911	4320	1632	1655	516	120	7895	167548	76903	24179
31037	7234	—	—	—	—	5120	745566	422910	38836
6266	1347	3903	5	5	—	5173	115075	106135	8831
4390	6375	1707	1890	10	848	8892	173184	94230	39164
280000	12046	4325	336	956	593	17240	169460	94779	282130
13919	2100	3050	—	35	—	4519	811007	310176	34755
858	392	1122	—	—	—	527	82485	495147	838
—	—	37	4	3	—	175	13521	57798	—
15150	12990	963	3	—	2125	525	66758	81629	46168
13963	1279	5180	118	298	66	2744	174101	240969	19698
210	761	—	7	310	—	8774	116476	—	847
1227	—	2642	2	729	—	615	267244	14066	6922
—	—	17	—	—	—	2065	—	—	—
82	1060	1020	—	2262	10	600	96252	8749	3049
296	245	604	1393	1596	1	3059	84121	20972	768
28	19	—	—	—	—	—	659	—	65
347	—	698	—	—	—	2300	14242	—	347
—	5104	675	—	—	—	15467	1682	1920	640
—	—	—	—	—	—	—	—	—	—
—	—	2567	5371	3330	1541	9722	—	—	—

中国林业统计年鉴2003
CHINA FORESTRY STATISTICAL YEARBOOK

3

营林生产

全国营林生产主要指标2003年与2002年比较

指 标 名 称	单位	2003年	2002年	2003年比2002年增减(%)
一、营林情况				
(一)当年造林面积	公顷	9118894	7770971	17.35
1.按经济成分分				
(1)公有经济造林	公顷	3801944	—	—
①国有经济造林	公顷	1476237	1453673	1.55
②集体经济造林	公顷	2325707	—	—
(2)非公有经济造林	公顷	5316950	—	—
①私有经济造林	公顷	5273510	—	—
②港澳台经济造林	公顷	2111	—	—
③外商经济造林	公顷	41329	—	—
2.按造林方式分				
(1)当年人工造林面积	公顷	8432486	6896041	22.28
其中:竹林面积	公顷	178901	128521	39.20
(2)当年飞播造林面积	公顷	686408	874930	-21.55
3.按林种用途分				
(1)用材林	公顷	1175812	898736	30.83
其中:速生丰产林	公顷	413254	—	—
(2)经济林	公顷	797318	964211	-17.31
(3)防护林	公顷	7087319	5828810	21.59
(4)薪炭林	公顷	37070	59144	-37.32
(5)特种用途林	公顷	21374	20070	6.50
(二)迹地更新面积	公顷	285994	378999	-24.54
其中:人工更新面积	公顷	220866	298369	-25.98
(三)低产低效林改造面积	公顷	264040	575934	-54.15
(四)年末实有封山育林面积	公顷	23055394	29301513	-21.32
其中:本年新封面积	公顷	1817342	2561362	-29.05
(五)零星(四旁)植树	万株	301341	264031	14.13
(六)幼林抚育作业面积	公顷次	13879481	11746879	18.15
(七)幼林抚育实际面积	公顷	7988515	6929253	15.29
(八)成林抚育面积	公顷	6825614	7351822	-7.16
其中:中、幼龄林抚育面积	公顷	4577709	4816840	-4.96
(九)抚育改造出材量	万立方米	851.08	939.31	-9.39
其中:中、幼龄林抚育出材量	万立方米	667.17	734.59	-9.18
(十)林木种子采集量	吨	58745	55560	5.73
(十一)当年苗木产量	万株	4667463.31	3814564.50	22.36
(十二)育苗面积	公顷	571263	487129	17.27
其中:本年新增育苗面积	公顷	292462	278799	4.90
(十三)年末实有母树林面积	公顷	329505	371240	-11.24
(十四)年末实有种子园面积	公顷	94099	79097	18.97
二、主要林产品产量(含自用)				
1.生　漆	吨	8674	7198	20.50
2.油桐籽	吨	372896	388114	-3.92
3.油茶籽	吨	779492	852759	-8.59
4.乌桕籽	吨	27611	30054	-8.13
5.五倍子	吨	10132	8344	21.43
6.棕　片	吨	59902	58612	2.20
7.松　脂	吨	625777	567162	10.33
8.竹笋干	吨	425506	481957	-11.71
9.核　桃	吨	393519	343305	14.63
10.板　栗	吨	797168	701684	13.61
11.紫　胶(原胶)	吨	2092	1650	26.79

各地区按造林方式分造林面积 2003 年与 2002 年比较

单位:公顷

地　　区	造林面积			人工造林			飞播造林		
	2003 年	2002 年	增减 (%)	2003 年	2002 年	增减 (%)	2003 年	2002 年	增减 (%)
全国合计	**9118894**	**7770971**	**17.35**	**8432486**	**6896041**	**22.28**	**686408**	**874930**	**-21.55**
北　京	47168	47911	-1.55	35616	37096	-3.99	11552	10815	6.81
天　津	6894	7620	-9.53	6894	4953	39.19	—	2667	—
河　北	624215	493178	26.57	560881	439544	27.61	63334	53634	18.09
山　西	507681	680695	-25.42	418546	618555	-32.33	89135	62140	43.44
内蒙古	836123	907398	-7.85	699373	697107	0.33	136750	210291	-34.97
内蒙古集团	7512	11893	-36.84	7512	11893	-36.84	—	—	—
辽　宁	195150	237632	-17.88	195150	226953	-14.01	—	10679	—
吉　林	167924	142074	18.19	167924	134212	25.12	—	7862	—
吉林集团	1927	1319	46.10	1927	1319	46.10	—	—	—
黑龙江	277980	238687	16.46	277980	238075	16.76	—	612	—
龙江集团	24714	25075	-1.44	24714	25075	-1.44	—	—	—
上　海	16457	14029	17.31	16457	14029	17.31	—	—	—
江　苏	112413	72781	54.45	112413	72781	54.45	—	—	—
浙　江	22114	21206	4.28	22114	21206	4.28	—	—	—
安　徽	194508	317710	-38.78	194508	317710	-38.78	—	—	—
福　建	16581	17486	-5.18	16581	17486	-5.18	—	—	—
江　西	219745	162276	35.41	219745	162276	35.41	—	—	—
山　东	344078	152597	125.48	344078	152597	125.48	—	—	—
河　南	320124	266874	19.95	300168	238787	25.71	19956	28087	-28.95
湖　北	315476	270587	16.59	315476	268254	17.60	—	2333	—
湖　南	409578	100850	306.13	409578	100850	306.13	—	—	—
广　东	48020	57562	-16.58	48020	57562	-16.58	—	—	—
广　西	277969	174733	59.08	277969	174733	59.08	—	—	—
海　南	75206	21425	251.02	75206	21425	251.02	—	—	—
重　庆	352619	175521	100.90	331886	154787	114.41	20733	20734	—
四　川	723215	694644	4.11	601086	570421	5.38	122129	124223	-1.69
贵　州	377939	374309	0.97	360283	342128	5.31	17656	32181	-45.14
云　南	495135	402293	23.08	431426	307871	40.13	63709	94422	-32.53
西　藏	23233	17518	32.62	23233	17518	32.62	—	—	—
陕　西	727978	750541	-3.01	625590	608567	2.80	102388	141974	-27.88
甘　肃	582243	340650	70.92	565044	309348	82.66	17199	31302	-45.05
青　海	96908	133364	-27.34	96908	105723	-8.34	—	27641	—
宁　夏	319625	185475	72.33	307758	172142	78.78	11867	13333	-11.00
新　疆	352328	290446	21.31	342328	290446	17.86	10000	—	—
新疆兵团	88547	73522	20.44	88547	73522	20.44	—	—	—
大兴安岭	5811	6373	-8.82	5811	6373	-8.82	—	—	

注:全国合计造林面积中包括军事管理区 26456 公顷人工造林,其中经济林 1670 公顷,防护林 24786 公顷。

各地区全部营

地　区	营　　林							
	当　年　造							
	总　计	按经济成分分						
		公有经济造林			非公有经济造林			
		合　计	国有经济造林	集体经济造林	合　计	私有经济造林	港澳台经济造林	外商经济造林
全国合计	**9118894**	**3801944**	**1476237**	**2325707**	**5316950**	**5273510**	**2111**	**41329**
北　京	47168	35607	181	35426	11561	11561	—	—
天　津	6894	3052	198	2854	3842	3842	—	—
河　北	624215	233879	32983	200896	390336	390336	—	—
山　西	507681	345395	136767	208628	162286	162286	—	—
内蒙古	836123	152538	45098	107440	683585	683027	—	558
内蒙古集团	7512	7512	7512	—	—	—	—	—
辽　宁	195150	46520	9304	37216	148630	148630	—	—
吉　林	167924	117351	79200	38151	50573	50481	—	92
吉林集团	1927	1927	1927	—	—	—	—	—
黑龙江	277980	166291	110286	56005	111689	111689	—	—
龙江集团	24714	18786	18786	—	5928	5928	—	—
上　海	16457	2797	1952	845	13660	13652	—	8
江　苏	112413	32105	12528	19577	80308	79731	247	330
浙　江	22114	10718	2012	8706	11396	11396	—	—
安　徽	194508	48653	7782	40871	145855	145855	—	—
福　建	16581	7350	906	6444	9231	9030	—	201
江　西	219745	40417	12461	27956	179328	178183	7	1138
山　东	344078	87821	3082	84739	256257	253451	—	2806
河　南	320124	69839	28369	41470	250285	246542	—	3743
湖　北	315476	103742	44462	59280	211734	209694	200	1840
湖　南	409578	129482	55882	73600	280096	280038	—	58
广　东	48020	26987	11314	15673	21033	20077	—	956
广　西	277969	75333	43707	31626	202636	196808	317	5511
海　南	75206	12651	8810	3841	62555	46298	—	16257
重　庆	352619	171140	63208	107932	181479	181479	—	—
四　川	723215	370206	215085	155121	353009	351669	1340	—
贵　州	377939	185152	11230	173922	192787	192787	—	—
云　南	495135	233014	59284	173730	262121	259926	—	2195
西　藏	23233	23233	23233	—	—	—	—	—
陕　西	727978	325139	152980	172159	402839	397603	—	5236
甘　肃	582243	297879	93905	203974	284364	284364	—	—
青　海	96908	44276	22167	22109	52632	52632	—	—
宁　夏	319625	160639	19031	141608	158986	158986	—	—
新　疆	352328	210471	136563	73908	141857	141457	—	400
新疆兵团	88547	88181	88181	—	366	366	—	—
大兴安岭	5811	5811	5811	—	—	—	—	—

注:全国合计造林面积中包括军事管理区 26456 公顷人工造林,其中经济林 1670 公顷,防护林 24786 公顷。

林生产情况(一)

单位:公顷

情况								
林面积								
按造林方式分			按林种用途分					
当年人工造林面积		当年飞播造林面积	用材林		经济林	防护林	薪炭林	特种用途林
合计	其中:竹林面积		合计	其中:速生丰产林				
8432486	**178901**	**686408**	**1175812**	**413254**	**797318**	**7087319**	**37070**	**21374**
35616	—	11552	5907	5543	11581	26818	66	2796
6894	—	—	3127	3127	1617	2150	—	—
560881	—	63334	91136	28522	35645	495464	1580	390
418546	—	89135	7249	747	24386	476046	—	—
699373	—	136750	17202	3804	4852	813389	680	—
7512	—	—	7512	—	—	—	—	—
195150	—	—	23262	10011	24637	140768	6483	—
167924	—	—	19775	793	4315	140225	3574	35
1927	—	—	1199	306	—	728	—	—
277980	—	—	88883	2451	9773	169710	2760	6854
24714	—	—	23479	2451	942	293	—	—
16457	19	—	3004	—	7857	3016	—	2580
112413	73	—	30900	—	16972	64541	—	—
22114	1287	—	1771	187	4525	14758	972	88
194508	10386	—	4145	—	12073	177389	793	108
16581	688	—	6740	4554	2756	6860	199	25
219745	3992	—	21301	—	24462	172982	554	446
344078	—	—	192652	140138	92130	57709	1039	548
300168	37	19956	97518	41260	52682	168162	1208	554
315476	6247	—	101788	38211	41081	168879	3674	54
409578	26273	—	52338	541	45066	307389	47	4738
48020	197	—	25774	9728	3656	16970	1260	360
277969	7668	—	125359	87535	48385	103616	466	143
75206	81	—	4480	—	11846	58437	267	176
331886	11911	20733	27884	302	31464	292431	840	—
601086	67701	122129	73099	9729	54717	592063	2971	365
360283	16056	17656	3972	210	13030	360937	—	—
431426	19112	63709	83737	20385	90962	318492	1010	934
23233	—	—	—	—	—	23233	—	—
625590	7173	102388	46452	732	34476	644296	2724	30
565044	—	17199	—	—	21377	560798	—	68
96908	—	—	—	—	—	96908	—	—
307758	—	11867	158	—	3671	314283	1513	—
342328	—	10000	10388	4744	65654	273814	2390	82
88547	—	—	236	220	5877	82434	—	—
5811	—	—	5811	—	—	—	—	—

各地区全部营

地　区	营							林
	迹地更新面积		低产低效林改造面积	年末实有封山育林面积		零星(四旁)植树(万株)	幼林抚育作业面积(公顷次)	幼林抚育实际面积
	合　计	其中：人工更新面积		合　计	其中：本年新封面积			
全国合计	**285994**	**220866**	**264040**	**23055394**	**1817342**	**301341**	**13879481**	**7988515**
北　京	906	906	—	98783	32566	699	56945	24689
天　津	—	—	—	12680	1333	719	56548	25980
河　北	7188	5098	2428	560752	175567	12151	692070	409158
山　西	7	7	—	523249	85071	14053	169852	145555
内蒙古	18913	8009	2724	1463358	168092	3751	1225485	750516
内蒙古集团	4771	3033	—	142608	—	24	54477	43929
辽　宁	—	—	—	—	—	8422	—	—
吉　林	27732	10014	3787	468074	25205	1739	666166	355858
吉林集团	15194	2191	296	113019	—	1	115801	75281
黑龙江	9850	9850	7577	1426254	47213	6653	1143671	668016
龙江集团	8797	8797	7577	751263	—	808	268668	199725
上　海	—	—	—	—	—	328	46840	17124
江　苏	6233	6233	1215	25587	655	14255	237821	145264
浙　江	5321	5084	24509	839983	18577	2448	121104	95504
安　徽	735	561	886	488153	60577	18521	960614	488613
福　建	34080	29612	23257	533869	—	2703	195833	170391
江　西	1114	180	5900	430067	20893	6746	321226	236409
山　东	8479	7988	23109	158597	9053	17780	1487544	556610
河　南	3101	2460	4307	369558	57601	23957	1139228	608446
湖　北	3608	1818	6530	2335982	79598	12011	364961	270978
湖　南	13932	5347	58929	728158	12115	13583	475769	388159
广　东	69650	68450	42411	364266	34434	6769	201538	154144
广　西	39129	37156	28042	3819809	110850	3294	463152	357277
海　南	1487	1487	—	308446	—	566	22282	22587
重　庆	—	—	666	245716	44446	8289	127980	89279
四　川	1950	333	99	1434412	117720	78420	498398	361906
贵　州	242	242	133	845967	80317	2453	174601	172754
云　南	21868	17092	193	2685821	117892	11972	92479	79586
西　藏	1862	1862	—	151664	151664	—	—	—
陕　西	7530	—	—	489453	30727	16530	309581	208269
甘　肃	—	—	—	422539	67853	7064	376841	247362
青　海	—	—	—	406650	69272	1342	80951	63918
宁　夏	—	—	109	187554	19367	1559	442879	283569
新　疆	1077	1077	15595	985977	118370	2429	1684773	563928
新疆兵团	30	30	—	145848	27833	98	304413	108037
大兴安岭	—	—	11634	183702	—	135	42349	26666

林生产情况(二)

单位:公顷

情况									
成林抚育面积		抚育改造出材量(万立方米)		林木种子采集量(吨)	当年苗木产量(万株)	育苗面积		年末实有母树林面积	年末实有种子园面积
合计	其中:中、幼龄林抚育面积	合计	其中:中、幼龄林抚育出材量			合计	其中:本年新增育苗面积		
6825614	**4577709**	**851.08**	**667.17**	**58745**	**4667463.31**	**571263**	**292462**	**329505**	**94099**
94709	88683	0.70	0.70	191	13676.00	23787	3686	7	330
48187	29558	—	—	115	8236.90	7872	1753	—	—
405046	308541	12.14	11.10	2210	410873.00	67746	27666	3838	4419
66815	51763	1.87	1.69	1288	232178.00	34229	18475	8698	624
680071	490723	111.78	95.45	3238	345258.00	12726	9214	27037	2279
117563	115829	67.66	67.66	—	11925.30	70	18	12412	100
—	—	—	—	4680	327915.00	26389	12853	4720	2483
185896	160289	172.97	152.69	2417	128493.05	6520	4263	39606	2638
25653	24314	17.60	15.60	1035	12822.15	173	54	13799	800
192399	147295	108.49	55.32	2318	248673.90	21609	9931	132470	6816
120108	90419	10.55	8.32	1420	29071.80	1072	207	86824	1202
10372	6655	—	—	—	2965.00	18564	8661	—	—
182579	148192	13.50	8.77	192	110233.50	39733	17506	927	99
254208	103193	22.57	13.24	573	73101.25	45095	18226	6492	1193
429994	314661	39.60	31.85	1206	71109.05	18137	10797	1940	881
129529	87139	119.00	118.00	361	21403.00	365	269	2509	742
86334	56370	65.41	39.65	1026	192750.85	8949	5865	4041	347
721878	521866	14.05	7.41	7268	287286.00	70204	37739	733	185
850697	544758	5.80	4.54	1902	186019.40	34407	20010	4573	439
277823	212663	12.32	6.80	2902	138762.58	23011	10741	7205	4422
203842	165099	29.39	15.18	1242	153219.00	10557	6605	2898	669
189221	111670	8.26	4.63	61	41946.38	3760	3080	884	1143
225300	108111	55.37	48.59	388	121166.96	3279	2501	6590	653
21468	18813	0.21	0.21	—	7227.80	938	843	—	—
27189	10056	—	—	434	70590.00	5313	3729	1755	412
180353	121468	20.72	19.77	879	212942.58	13695	5594	25450	3575
41843	29243	6.16	5.30	89	212524.00	6376	5017	4258	3746
31174	25769	9.01	6.75	8276	157324.00	3303	2076	5840	4311
—	—	—	—	—	—	—	—	—	—
163635	73910	3.88	2.75	2394	356195.77	21728	15973	21180	37510
187101	90046	0.42	0.42	4470	349645.37	24766	20116	4913	3741
10667	10667	0.18	0.18	247	43185.07	3203	1337	567	1516
156136	115024	—	—	1870	74284.00	4980	2608	2112	7776
731802	390188	1.61	0.51	6308	58808.90	9937	5274	479	519
233856	60672	0.61	0.51	44	15684.90	1942	932	—	—
39346	35296	15.67	15.67	201	9469.00	84	54	7783	631

各地区全部营林生产情况(三)

地　区	主要林产品产量(含自用)(吨)										
	生　漆	油桐籽	油茶籽	乌柏籽	五倍子	棕　片	松　脂	竹笋干	核　桃	板　栗	紫胶(原胶)
全国合计	**8674**	**372896**	**779492**	**27611**	**10132**	**59902**	**625777**	**425506**	**393519**	**797168**	**2092**
北　京	—	—	—	—	—	—	—	—	10364	17788	—
天　津	—	—	—	—	—	—	—	—	384	238	—
河　北	6	—	—	—	—	—	—	—	32746	71595	—
山　西	—	—	—	—	—	—	—	—	40777	149	—
内蒙古	—	—	—	—	—	—	—	—	—	—	—
内蒙古集团	—	—	—	—	—	—	—	—	—	—	—
辽　宁	—	—	—	—	—	—	—	—	17069	38724	—
吉　林	—	—	—	—	—	—	—	—	1638	1004	—
吉林集团	—	—	—	—	—	—	—	—	—	—	—
黑龙江	—	—	—	—	—	—	—	—	—	—	—
龙江集团	—	—	—	—	—	—	—	—	—	—	—
上　海	—	—	—	—	—	—	—	5089	—	—	—
江　苏	2	195	16	—	—	—	—	1001	5	17717	—
浙　江	15	122	33035	94	—	1306	2697	147701	—	45884	—
安　徽	214	2579	8544	423	8	1135	4075	16658	327	45213	—
福　建	228	19237	64606	360	89	10194	67732	150992	108	30175	—
江　西	107	12681	163191	453	111	5092	54758	8600	252	16209	—
山　东	—	—	—	—	—	—	—	—	12391	211298	—
河　南	978	42223	6898	2055	1538	—	240	25	18364	91010	—
湖　北	2438	10650	11245	8650	1050	3565	5479	1731	1578	67363	—
湖　南	153	37713	339716	1640	820	7622	17399	14410	3945	29369	347
广　东	—	4935	30928	231	403	1246	125591	18010	—	6450	396
广　西	46	53998	92714	89	141	2151	254299	16840	201	32910	—
海　南	—	—	—	—	—	30	6068	853	—	—	—
重　庆	655	19853	2104	3796	1338	2733	7	2055	2787	4121	—
四　川	1319	50299	11854	4840	1711	7712	3738	28250	77004	15153	79
贵　州	1221	89857	9307	3983	1641	4688	5682	7896	7578	10426	10
云　南	310	18118	4548	213	129	9395	76592	4975	76118	17137	1174
西　藏	—	—	—	—	—	—	—	—	—	—	—
陕　西	963	9639	198	184	1092	3013	220	411	43144	24056	86
甘　肃	19	797	588	600	61	20	1200	9	28293	3179	—
青　海	—	—	—	—	—	—	—	—	36	—	—
宁　夏	—	—	—	—	—	—	—	—	182	—	—
新　疆	—	—	—	—	—	—	—	—	18228	—	—
新疆兵团	—	—	—	—	—	—	—	—	11	—	—
大兴安岭	—	—	—	—	—	—	—	—	—	—	—

全国森林主要灾害情况

指标名称	单位	2003年	2002年	2003年比2002年增减%
一、森林火灾				
1. 火灾次数	次	10463	7527	39.01
其中:重大火灾	次	14	24	-41.67
特大火灾	次	7	7	0.00
2. 火场总面积	公顷	1123750.7	131822.6	752.47
其中:受害森林面积	公顷	451019.9	47630.6	846.91
3. 扑火经费	万元	38463.9	18407	108.96
4. 出动扑火人工数	工日	1780065	1757444	1.29
5. 伤亡人数				
(1)受伤人数	人次	70	50	40.00
(2)死亡人数	人	72	48	50.00
二、森林病虫鼠害				
1. 发生面积	千公顷	8887.36	8412.49	5.64
2. 防治面积	千公顷	5829.19	5719.59	1.92
3. 防治率	%	65.59	67.99	-2.40(点)
(一)森林病害				
1. 发生面积	千公顷	757.46	744.98	1.68
2. 防治面积	千公顷	552.46	571.24	-3.29
3. 防治率	%	72.94	76.68	-3.74(点)
(二)森林虫害				
1. 发生面积	千公顷	7184.62	6792.32	5.78
其中:松毛虫	千公顷	1402.45	1507.67	-6.98
杨树食叶害虫	千公顷	731.11	695.47	5.12
杨树蛀干害虫	千公顷	571.60	539.06	6.04
2. 防治面积	千公顷	4633.35	4512.29	2.68
其中:松毛虫	千公顷	1045.37	1184.69	-11.76
杨树食叶害虫	千公顷	546.96	525.34	4.12
杨树蛀干害虫	千公顷	403.83	406.90	-0.75
在防治面积中:				
化学防治	公顷	2144.24	2023.54	5.96
生物防治	公顷	736.15	677.04	8.73
3. 防治率	%	64.49	66.43	-1.94(点)
(三)森林鼠害				
1. 发生面积	公顷	945.29	875.19	8.01
2. 防治面积	公顷	643.38	636.06	1.15
3. 防治率	%	68.06	72.68	-4.62(点)

各地区森林

地区	森林火灾次数(次)					火场总面积(公顷)	受害森林面积(公顷)		
	合计	森林火警	一般火灾	重大火灾	特大火灾		合计	其中 天然林	人工林
全国合计	**10463**	**5582**	**4860**	**14**	**7**	**1123750.7**	**451019.9**	**294272.0**	**33531.2**
北京	4	4	—	—	—	6.5	1.2	—	1.5
天津	2	2	—	—	—	1.0	0.8	—	0.8
河北	19	19	—	—	—	166.1	2.6	—	1.3
山西	5	3	2	—	—	10.7	7.8	—	7.8
内蒙古	151	105	40	2	4	212454.7	122294.9	18.7	1077.8
辽宁	323	257	66	—	—	573.5	328.1	119.4	189.5
吉林	86	79	7	—	—	138.7	48.2	3.8	18.5
黑龙江	232	149	79	1	3	799306.9	287407.7	287407.7	—
上海	—	—	—	—	—	—	—	—	—
江苏	97	85	12	—	—	219.0	112.5	1.0	111.4
浙江	866	210	652	4	—	11120.1	5257.9	2316.9	2941.0
安徽	67	46	21	—	—	308.3	150.5	—	150.5
福建	522	87	435	—	—	7904.6	4634.4	219.1	4342.8
江西	882	316	566	—	—	12108.3	6408.2	436.8	5971.4
山东	41	30	11	—	—	204.3	144.0	0.6	143.4
河南	40	36	4	—	—	141.3	16.6	—	16.6
湖北	244	183	61	—	—	1822.6	570.6	60.6	366.2
湖南	1839	787	1048	4	—	13595.5	9088.8	1482.0	7574.6
广东	258	99	159	—	—	3199.4	1633.1	22.6	1610.5
广西	1015	492	522	1	—	18973.8	4807.3	100.0	4186.9
海南	185	113	72	—	—	962.2	438.9	99.8	339.1
重庆	154	137	16	1	—	713.1	333.9	19.4	314.5
四川	378	302	76	—	—	5919.2	825.7	483.6	343.2
贵州	2154	1441	713	—	—	14919.1	3250.7	649.5	2478.8
云南	786	533	253	—	—	15483.8	2168.1	68.0	1101.7
西藏	11	6	5	—	—	413.8	83.5	—	—
陕西	36	13	23	—	—	272.1	129.0	—	129.0
甘肃	30	27	2	1	—	2353.6	724.1	714.9	9.3
青海	8	4	4	—	—	20.5	5.7	0.9	4.8
宁夏	3	1	2	—	—	68.1	15.8	—	15.8
新疆	25	16	9	—	—	370.1	129.3	46.7	82.6

注:本表数据由国家林业局防火办提供。

火灾情况(一)

损失林木		人员伤亡				其他损失折款(万元)	出动扑火人工(工日)	出动车辆(台)		出动飞机(架次)	扑火经费(万元)
成林蓄积(立方米)	幼林株数(万株)	计	轻伤	重伤	死亡			计	其中汽车		
2370416.1	**6498.2**	**142**	**53**	**17**	**72**	**36999.8**	**1780065**	**107948**	**78058**	**1474**	**38463.9**
2.3	0.2	—	—	—	—	—	440	40	40	—	0.9
—	—	—	—	—	—	—	50	8	8	—	0.2
67.9	1.9	—	—	—	—	—	2303	243	191	—	2.7
296.9	120.5	—	—	—	—	2.2	1289	72	72	—	2.8
1381790.1	6.5	—	—	—	—	2.1	55344	3372	2236	122	9008.5
108.9	17.1	3	—	—	3	140.7	20603	1080	1060	—	102.9
273.5	3.8	—	—	—	—	22.7	5849	550	525	7	32.1
—	—	1	—	—	1	25352.1	191774	12635	12625	1212	24577.5
—	—	—	—	—	—	—	—	—	—	—	—
356.9	2.6	—	—	—	—	9.6	10544	685	659	—	45.5
135863.6	575.4	18	6	2	10	244.7	180211	8550	7519	—	334.4
3522.0	4.7	—	—	—	—	52.3	8229	283	249	—	14.6
110307.7	726.2	1	1	—	—	47.7	111415	8767	4070	—	370.1
88984.0	443.1	2	—	1	1	2065.0	207496	9830	7384	—	1019.2
114.9	17.5	—	—	—	—	31.3	16712	307	297	—	31.1
15.6	200.8	—	—	—	—	8.5	2709	227	226	—	3.5
11035.7	23.2	4	—	1	3	7.9	24494	929	916	—	38.9
168050.1	1703.1	22	2	1	19	3207.5	172515	16095	8086	—	457.6
31786.0	69.4	—	—	—	—	246.4	46975	4210	2019	—	222.4
132677.0	284.9	19	1	2	16	408.8	135416	13993	6903	59	368.6
1014.5	8.6	1	—	—	1	—	10861	1107	608	—	17.5
15668.4	628.8	4	3	—	1	64.2	36909	1498	1271	—	80.6
4165.9	169.1	12	10	2	—	101.4	149424	4644	2859	32	466.5
61605.7	988.1	29	22	3	4	766.1	171741	8952	8818	—	158.5
86956.5	445.1	9	5	1	3	151.9	155301	7624	7309	37	470.5
—	23.3	—	—	—	—	108.0	26010	891	891	—	106.9
664.1	15.8	17	3	4	10	34.2	9111	343	266	—	35.3
135009.7	15.2	—	—	—	—	3912.8	23391	768	731	5	450.9
—	1.3	—	—	—	—	4.1	97	20	20	—	—
—	1.4	—	—	—	—	—	120	19	—	—	—
78.2	0.8	—	—	—	—	7.9	2732	206	200	—	43.8

各地区森林

地区	已查明火												
	合计	生产性火源											
		计	烧荒烧炭	炼山造林	烧牧场	烧窑	烧隔离带	火车喷漏	火车甩瓦	机车喷火	其他	计	野外吸烟	取暖做饭
全国合计	**8693**	**4320**	**3325**	**321**	**27**	**21**	**56**	**12**	**—**	**10**	**548**	**3995**	**1092**	**171**
北　京	2	1	1	—	—	—	—	—	—	—	—	1	—	—
天　津	2	1	1	—	—	—	—	—	—	—	—	—	—	—
河　北	14	3	2	—	—	—	—	—	—	—	1	10	3	—
山　西	3	—	—	—	—	—	—	—	—	—	—	3	1	—
内蒙古	114	31	13	—	1	—	5	9	—	2	1	57	16	2
辽　宁	288	63	60	2	—	—	—	—	—	—	1	207	25	2
吉　林	73	19	14	—	—	—	—	—	—	—	5	47	22	4
黑龙江	209	75	34	—	—	—	24	—	—	5	12	114	62	—
上　海	—	—	—	—	—	—	—	—	—	—	—	—	—	—
江　苏	84	2	1	—	—	—	1	—	—	—	—	81	28	—
浙　江	774	373	237	29	—	3	2	—	—	—	102	386	101	2
安　徽	50	21	12	3	—	1	—	—	—	—	5	29	9	—
福　建	422	224	187	7	1	1	—	3	—	3	22	174	79	7
江　西	810	401	321	49	4	3	—	—	—	—	24	384	102	11
山　东	32	8	8	—	—	—	—	—	—	—	—	23	7	4
河　南	33	10	8	—	—	—	—	—	—	—	2	21	5	1
湖　北	205	79	58	5	—	—	1	—	—	—	15	125	35	—
湖　南	1581	1037	701	102	1	2	19	—	—	—	212	514	148	6
广　东	199	71	44	16	—	—	1	—	—	—	10	123	35	5
广　西	808	483	370	58	6	6	1	—	—	—	42	255	68	9
海　南	141	67	33	17	2	—	1	—	—	—	14	72	8	—
重　庆	146	49	48	1	—	—	—	—	—	—	—	93	27	—
四　川	305	99	88	1	4	—	—	—	—	—	6	179	52	13
贵　州	1613	899	814	29	5	2	1	—	—	—	48	668	112	31
云　南	688	281	254	2	3	2	—	—	—	—	20	366	131	63
西　藏	7	—	—	—	—	—	—	—	—	—	—	6	2	2
陕　西	30	10	10	—	—	—	—	—	—	—	—	18	11	—
甘　肃	27	5	—	—	—	1	—	—	—	—	4	22	2	7
青　海	8	—	—	—	—	—	—	—	—	—	—	7	—	1
宁　夏	3	—	—	—	—	—	—	—	—	—	—	3	1	—
新　疆	22	8	6	—	—	—	—	—	—	—	2	7	—	1

火灾情况(二)

源 次 数												未查明火源次数	火案处理情况		
非 生 产 性 用 火							故意放火	外省(区、市)烧入	外国烧入	雷击火	其他自然火		已处理起数	已处理人数	其中刑事处罚人数
上坟烧纸	烧山驱兽	小孩玩火	痴呆弄火	家火上山	电线引起	其他									
1162	**89**	**485**	**309**	**14**	**121**	**552**	**193**	**73**	**19**	**86**	**7**	**1770**	**6302**	**6568**	**1208**
	—	—	—	—	1	—	—	—	—	—	—	2	2	2	—
	—	—	—	—	—	—	—	—	—	1	—	—	—	—	—
2	1	1	—	—	—	3	—	—	—	1	—	5	8	11	—
	—	—	1	—	—	1	—	—	—	—	—	2	3	—	—
17	—	1	2	1	1	17	1	—	4	21	—	37	26	24	7
158	—	11	5	—	3	3	14	—	—	—	4	35	104	112	7
9	—	2	5	1	1	3	6	1	—	—	—	13	77	254	6
	—	—	—	—	5	47	6	2	—	12	—	23	121	160	93
	—	—	—	—	—	—	—	—	—	—	—	—	—	—	—
37	2	6	2	—	—	6	—	—	—	1	—	13	44	52	5
178	1	23	27	—	14	40	6	2	—	7	—	92	589	610	135
16	—	2	1	—	—	1	—	—	—	—	—	17	36	34	5
20	5	11	14	—	20	18	13	1	—	9	1	100	312	254	101
97	3	34	28	3	24	82	2	6	—	16	1	72	596	597	164
6	—	1	1	—	2	2	1	—	—	—	—	9	23	25	5
6	—	7	—	—	1	1	—	2	—	—	—	7	13	6	3
45	1	15	4	1	2	22	—	1	—	—	—	39	145	146	9
165	7	59	54	5	7	63	6	22	—	2	—	258	1166	1172	201
10	7	21	26	—	3	16	2	3	—	—	—	59	170	169	21
40	30	18	34	2	6	48	41	15	12	2	—	207	571	565	82
26	14	6	1	—	—	17	2	—	—	—	—	44	61	67	9
22	2	10	12	—	—	20	2	—	—	2	—	8	124	130	17
28	2	32	6	—	7	39	18	3	—	6	—	73	292	349	32
218	3	182	31	1	5	85	41	5	—	—	—	541	1083	1070	157
47	9	34	55	—	16	11	30	9	1	1	—	98	687	686	132
	—	1	—	—	—	1	—	—	1	—	—	4	7	16	6
5	—	—	—	—	2	—	1	1	—	—	—	6	20	22	6
8	2	1	—	—	1	1	—	—	—	—	—	3	15	25	4
2	—	4	—	—	—	—	1	—	—	—	—	—	2	2	1
	—	—	—	—	—	2	—	—	—	—	—	—	2	2	—
	—	3	—	—	—	3	—	—	1	5	1	3	3	6	—

各地区森林病虫鼠

地区	森林病虫害防治检疫机构						
	省级		地级		县级		
	站数	人数	站数	人数	站数	人数	合计
全国合计	**32**	**616**	**336**	**2721**	**2421**	**12619**	**29049**
北京	1	20	—	—	13	143	319
天津	1	5	—	—	12	116	183
河北	1	15	13	104	144	894	1450
山西	1	18	11	79	79	280	848
内蒙古	1	14	13	251	121	948	1520
辽宁	1	36	14	105	68	429	1266
吉林	1	11	9	82	73	417	1500
黑龙江	2	23	14	95	95	379	1433
龙江集团	1	13	—	—	23	120	159
上海	1	40	—	—	10	110	131
江苏	1	6	13	68	76	271	562
浙江	1	15	11	58	78	399	1424
安徽	1	35	17	81	76	453	1738
福建	1	13	9	30	72	289	916
江西	1	60	11	83	93	418	1705
山东	1	21	17	94	130	702	1743
河南	1	16	18	142	138	793	1727
湖北	1	14	13	119	80	561	723
湖南	1	9	14	76	108	400	960
广东	1	20	23	230	114	563	693
广西	1	13	14	80	110	488	466
海南	1	27	1	23	16	54	127
重庆	1	50	—	—	40	196	346
四川	1	14	21	94	178	733	1000
贵州	1	10	9	49	78	340	1700
云南	1	15	14	109	117	484	1463
西藏	—	—	—	—	—	—	—
陕西	1	13	12	136	92	796	1519
甘肃	1	32	16	189	88	564	657
宁夏	1	16	5	26	17	101	142
青海	1	4	6	32	25	144	353
新疆	1	14	18	286	70	87	366
大兴安岭	1	17	—	—	10	67	69

害防治检疫机构情况

单位：个、人

		森林病虫害基层测报机构					
检 疫 员		基层测报站、点			测 报 员		
专职人员	兼职人员	合计	中心站	一般站	合计	专职人员	兼职人员
11280	**17769**	**25007**	**2062**	**22945**	**49201**	**8086**	**41115**
117	202	456	13	443	405	85	320
80	103	141	12	129	219	67	152
741	709	2073	252	1821	2408	660	1748
707	141	380	34	346	751	90	661
607	913	316	57	259	2315	275	2040
359	907	339	53	286	2550	116	2434
323	1177	575	53	522	952	194	758
341	1092	1281	85	1196	2189	343	1846
73	86	279	30	249	403	150	253
89	42	48	18	30	72	30	42
422	140	71	31	40	183	90	93
422	1002	962	49	913	1446	197	1249
532	1206	1095	171	924	1553	260	1293
550	366	1007	68	939	1423	306	1117
544	1161	2349	35	2314	2835	467	2368
631	1112	2439	181	2258	2740	462	2278
563	1164	1717	196	1521	2884	676	2208
286	437	1161	36	1125	1656	236	1420
309	651	123	40	83	1811	158	1653
286	407	1008	66	942	3296	581	2715
369	97	2169	64	2105	4260	935	3325
69	58	108	10	98	124	40	84
133	213	656	101	555	3125	192	2933
396	604	204	49	155	3635	464	3171
309	1391	286	44	242	1298	172	1126
423	1040	1611	120	1491	2087	298	1789
—	—	—	—	—	—	—	—
799	720	715	53	662	1332	266	1066
397	260	637	36	601	652	190	462
86	56	38	16	22	114	28	86
166	187	153	29	124	239	60	179
190	176	871	82	789	559	106	453
34	35	18	8	10	88	42	46

各地区森林病虫鼠

地　区	发生面积				寄主树种面积	发生率（%）
	总计	轻度	中度	重度		
全国总计	**8887362**	**4931073**	**2567725**	**1388564**	**175779517**	**5**
北　京	33444	24993	5792	2659	561353	6
天　津	18293	9229	5116	3948	91467	20
河　北	395559	217409	110950	67200	3655373	11
山　西	407196	210308	114896	81992	3007700	14
内蒙古	720660	242890	231102	246668	16475087	4
辽　宁	589786	309487	199663	80636	4645333	13
吉　林	257343	177212	33337	46794	8052000	3
黑龙江	466959	156056	232072	78831	14406667	3
龙江集团	216996	44097	129633	43266	8114667	3
上　海	18660	16857	1605	198	50120	37
江　苏	79919	52841	20077	7001	774100	10
浙　江	77155	55147	15785	6223	5299533	1
安　徽	271741	185104	60858	25779	3423333	8
福　建	174603	114199	38906	21498	7476400	2
江　西	215863	153410	42052	20401	9500000	2
山　东	431788	305236	92111	34441	3021333	14
河　南	485229	311123	117806	56300	3602180	13
湖　北	246379	147315	60717	38347	8628667	3
湖　南	256009	159484	70391	26134	9579467	3
广　东	644562	389067	171391	84104	9378753	7
广　西	205744	168834	22980	13930	9333333	2
海　南	24026	12020	6035	5971	1495073	2
重　庆	135821	68657	42567	24597	1976667	7
四　川	709027	379135	221873	108019	11723333	6
贵　州	215358	158817	36668	19873	5200051	4
云　南	314619	150655	103268	60696	12873000	2
陕　西	404432	267828	86931	49673	8488467	5
甘　肃	182801	105947	53254	23600	2918400	6
青　海	267662	121473	96633	49556	563333	48
宁　夏	291372	123189	102281	65902	898733	32
新　疆	217179	108061	75866	33252	2255634	10
新疆兵团	45203	20668	19335	5200	277249	16
大兴安岭	128173	29090	94742	4341	6424627	2

害防治情况

单位:公顷

防治面积						防治率(%)
总计	化学防治	仿生制剂	人工防治	生物防治	其他	
5829187	**2774904**	**601278**	**1361979**	**795869**	**295157**	**66**
31039	5884	18002	1420	5212	521	93
16676	12837	3373	1	398	67	91
325742	163772	113940	36128	10661	1241	82
146690	113833	1200	17305	2820	11532	36
512664	203312	81268	110781	77880	39423	71
480576	121113	62447	114190	115331	67495	81
179749	104157	2546	59750	7315	5981	70
411835	251524	61685	52716	25059	20851	88
213154	139340	13819	30924	14052	15019	98
31171	22090	8399	443	239	—	100
87412	68862	33	12597	4900	1020	100
74133	15025	4061	28054	17593	9400	96
225799	139228	6933	35810	37152	6676	83
60498	8708	—	4046	47639	105	35
135140	18511	3684	66689	33751	12505	63
294624	186931	11324	61071	28103	7195	68
348422	193543	96431	46348	10838	1262	72
123987	78908	6841	15852	18678	3708	50
87066	46083	5888	7219	26093	1783	34
40777	3850	5800	15461	14696	970	6
93088	15161	2381	1059	65268	9219	45
16000	15498	—	497	5	—	67
115735	26706	8219	11195	47003	22612	85
673768	254916	54285	262266	58929	43372	95
166998	25832	3929	108806	10444	17987	78
257304	134475	10621	58089	49721	4398	82
276955	170923	8473	72382	21143	4034	68
136326	100106	2659	32261	1300	—	75
122354	82290	10156	25744	3851	313	46
75876	20579	1907	50024	2533	833	26
179180	94306	4793	28113	51314	654	83
33001	16001	—	3134	13866	—	73
101603	75941	—	25662	—	—	79

各地区森林病害防治情况

单位:公顷

地区	发生面积				防治面积						防治率(%)
	总计	轻度	中度	重度	总计	化学防治	仿生制剂	人工防治	生物防治	其他	
全国总计	**757456**	**475219**	**207872**	**74365**	**552461**	**304376**	**18329**	**187473**	**16398**	**25885**	**73**
北　京	5087	2740	347	2000	3735	320	2714	7	667	27	73
天　津	948	643	304	1	948	867	81	—	—	—	100
河　北	35286	21192	10447	3647	21186	15265	940	4628	—	353	60
山　西	770	476	294	—	425	381	—	4	—	40	55
内蒙古	22885	14553	7038	1294	17883	12320	—	5230	333	—	78
辽　宁	40170	22504	11801	5865	31673	10810	366	13531	287	6679	79
吉　林	49511	45555	2814	1142	48269	42295	—	5974	—	—	97
黑龙江	36394	11338	21829	3227	30753	23455	127	7171	—	—	85
龙江集团	18177	2749	14225	1203	17830	14972	67	2791	—	—	98
上　海	3428	2921	399	108	7058	6705	333	20	—	—	100
江　苏	30650	17470	9342	3838	19381	8287	—	9394	1700	—	63
浙　江	27750	20010	5370	2370	27211	4297	333	15762	2296	4523	98
安　徽	30357	22630	6355	1372	27639	11521	600	14819	220	479	91
福　建	6544	5143	924	477	2247	—	—	2247	—	—	34
江　西	29225	28318	833	74	18882	989	67	14312	53	3461	65
山　东	92945	55991	22758	14196	64948	46138	867	17543	—	400	70
河　南	59576	38340	15555	5681	44574	26305	4478	12910	798	83	75
湖　北	15202	8531	4348	2323	5306	4961	33	312	—	—	35
湖　南	3089	2782	307	—	1946	333	—	940	—	673	63
广　东	21790	16973	4149	668	20549	—	253	15425	3904	967	94
广　西	44407	26960	12181	5266	9096	1516	—	872	287	6421	20
海　南	8921	5205	2673	1043	5559	5287	—	267	5	—	62
重　庆	10408	6034	1673	2701	7768	2787	—	4314	—	667	75
四　川	56801	28735	20783	7283	51608	28821	486	19387	2641	273	91
贵　州	16974	12632	3142	1200	14625	3872	1396	8924	100	333	86
云　南	24652	12613	10135	1904	19120	8193	2746	4860	3067	254	78
陕　西	20251	15257	4680	314	14978	8720	746	5507	—	5	74
甘　肃	19727	12387	5847	1493	9346	8192	—	1154	—	—	47
青　海	21267	8230	8699	4338	8981	6021	1754	959	—	247	42
宁　夏	1066	400	533	133	1067	1067	—	—	—	—	100
新　疆	5741	4223	1171	347	6045	4996	9	1000	40	—	100
新疆兵团	3733	2866	667	200	4268	3334	—	934	—	—	100
大兴安岭	15634	4433	11141	60	9655	9655	—	—	—	—	62

各地区森林虫害防治情况

单位:公顷

地区	发生面积				防治面积						防治率 %
	总计	轻度	中度	重度	总计	化学防治	仿生制剂	人工防治	生物防治	其他	
全国总计	**7184617**	**4055481**	**1973752**	**1155384**	**4633348**	**2144237**	**523733**	**994334**	**736154**	**234890**	**64**
北京	28357	22253	5445	659	27304	5564	15288	1413	4545	494	96
天津	17345	8586	4812	3947	15728	11970	3292	1	398	67	91
河北	356589	194434	100103	62052	302256	147140	113000	30567	10661	888	85
山西	393814	204060	110355	79399	142246	110680	1200	16254	2820	11292	36
内蒙古	632728	201192	200357	231179	428923	171438	64119	98724	55286	39356	68
辽宁	547354	285062	187528	74764	447144	108677	61948	100659	115044	60816	82
吉林	199503	124304	29981	45218	123529	56187	2279	52165	7015	5883	62
黑龙江	216968	81075	92875	43018	183057	120058	25032	17495	17747	2725	84
龙江集团	66459	15068	31860	19531	64205	50134	667	5970	7054	380	97
上海	15232	13936	1206	90	24113	15385	8066	423	239	—	100
江苏	49269	35371	10735	3163	68031	60575	33	3203	3200	1020	100
浙江	49405	35137	10415	3853	46922	10728	3728	12292	15297	4877	95
安徽	241248	162371	54470	24407	198067	127707	6333	20898	36932	6197	82
福建	168059	109056	37982	21021	58251	8708	—	1799	47639	105	35
江西	186638	125092	41219	20327	116258	17522	3617	52377	33698	9044	62
山东	338843	249245	69353	20245	229676	140793	10457	43528	28103	6795	68
河南	425653	272783	102251	50619	303848	167238	91953	33438	10040	1179	71
湖北	228244	135984	56236	36024	118681	73947	6808	15540	18678	3708	52
湖南	252920	156702	70084	26134	85120	45750	5888	6279	26093	1110	34
广东	622772	372094	167242	83436	20228	3850	5547	36	10792	3	3
广西	161337	141874	10799	8664	83992	13645	2381	187	64981	2798	52
海南	14630	6340	3362	4928	10348	10118	—	230	—	—	71
重庆	105346	54689	34228	16429	94767	23919	8219	6881	47003	8745	90
四川	618728	331206	191629	95893	590008	213927	53799	225646	55821	40815	95
贵州	191057	139994	32653	18410	148491	20031	2533	98129	10344	17454	78
云南	281587	132394	91394	57799	230639	120688	7408	51745	46654	4144	82
陕西	334182	219238	72251	42693	226643	144203	7727	49541	21143	4029	68
甘肃	95607	55033	27654	12920	65379	41280	2659	20140	1300	—	68
青海	137345	67585	45024	24736	51840	37889	5635	4399	3851	66	38
宁夏	56308	25736	20558	10014	14007	8995	—	4179	—	833	25
新疆	172298	83261	58251	30786	146662	74435	4784	26166	40830	447	85
新疆兵团	19868	8935	7334	3599	16066	—	—	2200	13866	—	81
大兴安岭	45251	9394	33300	2557	31190	31190	—	—	—	—	69

各地区森林鼠害防治情况

单位:公顷

地区	发生面积				防治面积						防治率%
	总计	轻度	中度	重度	总计	化学防治	仿生制剂	人工防治	生物防治	其他	
全国总计	**945289**	**400373**	**386101**	**158815**	**643378**	**326291**	**59216**	**180172**	**43317**	**34382**	**68**
北京	—	—	—	—	—	—	—	—	—	—	—
天津	—	—	—	—	—	—	—	—	—	—	—
河北	3684	1783	400	1501	2300	1367	—	933	—	—	62
山西	12612	5772	4247	2593	4019	2772	—	1047	—	200	32
内蒙古	65047	27145	23707	14195	65858	19554	17149	6827	22261	67	100
辽宁	2262	1921	334	7	1759	1626	133	—	—	—	78
吉林	8329	7353	542	434	7951	5675	267	1611	300	98	95
黑龙江	213597	63643	117368	32586	198025	108011	36526	28050	7312	18126	93
龙江集团	132360	26280	83548	22532	131119	74234	13085	22163	6998	14639	99
上海	—	—	—	—	—	—	—	—	—	—	—
江苏	—	—	—	—	—	—	—	—	—	—	—
浙江	—	—	—	—	—	—	—	—	—	—	—
安徽	136	103	33	—	93	—	—	93	—	—	68
福建	—	—	—	—	—	—	—	—	—	—	—
江西	—	—	—	—	—	—	—	—	—	—	—
山东	—	—	—	—	—	—	—	—	—	—	—
河南	—	—	—	—	—	—	—	—	—	—	—
湖北	2933	2800	133	—	—	—	—	—	—	—	—
湖南	—	—	—	—	—	—	—	—	—	—	—
广东	—	—	—	—	—	—	—	—	—	—	—
广西	—	—	—	—	—	—	—	—	—	—	—
海南	475	475	—	—	93	93	—	—	—	—	20
重庆	20067	7934	6666	5467	13200	—	—	—	—	13200	66
四川	33498	19194	9461	4843	32152	12168	—	17233	467	2284	96
贵州	7327	6191	873	263	3882	1929	—	1753	—	200	53
云南	8380	5648	1739	993	7545	5594	467	1484	—	—	90
陕西	49999	33333	10000	6666	35334	18000	—	17334	—	—	71
甘肃	67467	38527	19753	9187	61601	50634	—	10967	—	—	91
青海	109050	45658	42910	20482	61533	38380	2767	20386	—	—	56
宁夏	233998	97053	81190	55755	60802	10517	1907	45845	2533	—	26
新疆	39140	20577	16444	2119	26473	14875	—	947	10444	207	68
新疆兵团	21602	8867	11334	1401	12667	12667	—	—	—	—	59
大兴安岭	67288	15263	50301	1724	60758	35096	—	25662	—	—	90

各地区松毛虫防治情况

单位:公顷

地区	发生面积				防治面积						防治率（%）
	总计	轻度	中度	重度	总计	化学防治	仿生制剂	人工防治	生物防治	其他	
全国总计	**1402454**	**765223**	**402900**	**234331**	**1045373**	**284513**	**190836**	**107800**	**382605**	**79619**	**75**
北　京	6267	4600	1667	—	6134	267	5467	133	200	67	98
天　津	400	133	200	67	353	353	—	—	—	—	88
河　北	98987	36171	35075	27741	101825	23259	68496	4003	5587	480	100
山　西	29564	14191	10657	4716	10459	8060	533	1413	453	—	35
内蒙古	147103	43744	60552	42807	125338	18062	22017	32661	20208	32390	85
辽　宁	128742	61688	53021	14033	106495	28706	15011	15727	39673	7378	83
吉　林	8375	2443	422	5510	10119	2137	—	35	3149	4798	100
龙江集团	86078	34367	31063	20648	71741	50128	3674	2880	14892	167	83
龙江集团	40456	11112	15613	13731	38714	31601	667	—	6446	—	96
上　海	—	—	—	—	—	—	—	—	—	—	—
江　苏	4454	2853	761	840	997	997	—	—	—	—	22
浙　江	3644	3312	315	17	3323	220	23	—	2903	177	91
安　徽	79237	41753	22437	15047	80011	41818	1800	2280	29900	4213	100
福　建	34304	32742	1431	131	28294	732	—	—	27562	—	82
江　西	54003	50699	3044	260	38755	3963	1920	72	32172	628	72
山　东	32330	28510	3080	740	25431	6188	1273	10860	5270	1840	79
河　南	57492	22159	14333	21000	47583	3725	43133	153	572	—	83
湖　北	123900	68505	30751	24644	40428	9477	1401	9630	17439	2481	33
湖　南	175595	115540	50498	9557	38738	7711	5888	3145	21327	667	22
广　东	22336	19042	2841	453	16390	1303	5400	36	9648	3	73
广　西	57324	40994	8546	7784	73578	9524	2302	—	61752	—	100
海　南	—	—	—	—	—	—	—	—	—	—	—
重　庆	54356	26266	19832	8258	48620	3320	2793	2389	38413	1705	89
四　川	63825	40914	15400	7511	58597	18753	7155	9732	12403	10554	92
贵　州	21234	17934	2217	1083	19481	2848	13	3076	3631	9913	92
云　南	82783	36296	28150	18337	74266	29212	1537	9241	32118	2158	90
陕　西	24907	17820	4407	2680	16267	11600	1000	334	3333	—	65
甘　肃	2547	1480	600	467	1267	1267	—	—	—	—	50
青　海	—	—	—	—	—	—	—	—	—	—	—
宁　夏	—	—	—	—	—	—	—	—	—	—	—
新　疆	—	—	—	—	—	—	—	—	—	—	—
新疆兵团	—	—	—	—	—	—	—	—	—	—	—
大兴安岭	2667	1067	1600	—	883	883	—	—	—	—	33

各地区杨树食叶害虫防治情况

单位:公顷

地区	发生面积				防治面积						防治率（%）
	总计	轻度	中度	重度	总计	化学防治	仿生制剂	人工防治	生物防治	其他	
全国总计	**731105**	**447670**	**189787**	**93648**	**546959**	**343460**	**90449**	**54731**	**56698**	**1621**	**75**
北京	7788	6352	1096	340	8041	420	6347	—	1274	—	100
天津	3466	1026	1893	547	3287	2500	720	—	67	—	95
河北	91160	58371	25235	7554	78263	48652	18398	7387	3673	153	86
山西	1567	874	426	267	726	726	—	—	—	—	46
内蒙古	42013	16806	15560	9647	34314	13114	16134	4400	333	333	82
辽宁	5346	3286	1593	467	3927	1737	1617	133	427	13	73
吉林	18415	11661	2727	4027	14799	13974	201	68	556	—	80
黑龙江	17817	5912	10138	1767	14106	11435	273	2094	304	—	79
龙江集团	7	7	—	—	7	—	—	—	7	—	100
上海	1340	1055	231	54	2433	1187	1246	—	—	—	100
江苏	24171	16507	6319	1345	51666	50587	—	546	533	—	100
浙江	217	204	13	—	284	84	—	—	200	—	100
安徽	50042	37729	8668	3645	39678	35179	1267	1269	1753	210	79
福建	—	—	—	—	—	—	—	—	—	—	—
江西	3175	2560	441	174	1393	1386	—	7	—	—	44
山东	107989	72094	27156	8739	66622	56932	1987	1501	5653	549	62
河南	141441	104902	29026	7513	94372	44967	39225	4799	5378	3	67
湖北	12274	11544	597	133	4189	3526	—	130	333	200	34
湖南	1861	1517	344	—	47	47	—	—	—	—	3
广东	—	—	—	—	—	—	—	—	—	—	—
广西	—	—	—	—	—	—	—	—	—	—	—
海南		—	—	—	—	—	—	—	—	—	—
重庆	337	337	—	—	306	283	—	—	23	—	91
四川	1223	640	443	140	1103	1103	—	—	—	—	90
贵州	355	274	73	8	307	140	100	7	—	60	86
云南	87	20	67	—	67	—	—	—	67	—	77
陕西	25633	14467	2966	8200	14923	6143	—	8733	47	—	58
甘肃	16753	13553	2933	267	11700	9333	33	1467	867	—	70
青海	43782	16918	11650	15214	6618	4526	927	205	960	—	15
宁夏	1311	954	210	147	745	745	—	—	—	—	57
新疆	111542	48107	39982	23453	93043	34734	1974	21985	34250	100	83
新疆兵团	16867	7801	6000	3066	15933	—	—	2067	13866	—	94
大兴安岭	—	—	—	—	—	—	—	—	—	—	—

各地区杨树蛀干害虫防治情况

单位:公顷

地区	发生面积				防治面积						防治率(%)
	总计	轻度	中度	重度	总计	化学防治	仿生制剂	人工防治	生物防治	其他	
全国总计	**571600**	**350671**	**153289**	**67640**	**403828**	**221590**	**27457**	**115938**	**27120**	**11723**	**71**
北 京	93	93	—	—	93	80	—	13	—	—	100
天 津	1928	847	631	450	1591	1000	260	—	331	—	83
河 北	39113	27936	8277	2900	33552	25923	1207	5694	508	220	86
山 西	10852	5184	3334	2334	5264	4361	—	636	267	—	49
内蒙古	46235	32235	9566	4434	39181	13930	167	21151	3753	180	85
辽 宁	65699	30639	24262	10798	52243	21980	2140	12050	9295	6778	80
吉 林	76430	63166	6666	6598	52988	11391	—	41070	527	—	69
黑龙江	47774	19214	22958	5602	41800	17998	16945	5024	100	1733	87
龙江集团	896	226	670	—	845	845	—	—	—	—	94
上 海	243	226	15	2	185	145	—	40	—	—	76
江 苏	5439	4142	1223	74	3867	3180	—	687	—	—	71
浙 江	21	—	20	1	21	21	—	—	—	—	100
安 徽	49759	33324	12334	4101	33365	26196	133	4990	1632	414	67
福 建	—	—	—	—	—	—	—	—	—	—	—
江 西	2438	2337	98	3	1554	107	1400	—	—	47	64
山 东	45912	32358	11041	2513	26948	22355	—	3593	1000	—	59
河 南	44991	23696	14591	6704	34490	23321	—	10851	15	303	77
湖 北	21445	13185	5880	2380	12644	8928	—	2163	666	887	59
湖 南	35812	15453	10826	9533	18058	17343	—	715	—	—	50
广 东	—	—	—	—	—	—	—	—	—	—	—
广 西	—	—	—	—	—	—	—	—	—	—	—
海 南	—	—	—	—	—	—	—	—	—	—	—
重 庆	504	271	160	73	504	437	—	67	—	—	100
四 川	758	152	59	547	387	167	—	220	—	—	51
贵 州	1956	1165	594	197	1594	560	—	660	27	347	81
云 南	186	100	33	53	168	168	—	—	—	—	90
陕 西	46074	30488	12422	3164	27593	14690	333	3133	8770	667	60
甘 肃	4440	2133	1307	1000	3966	2533	1433	—	—	—	89
青 海	15523	7584	4707	3232	5998	3629	1289	1047	33	—	39
宁 夏	2751	1076	1003	672	1567	—	—	1567	—	—	57
新 疆	5224	3667	1282	275	4207	1147	2150	567	196	147	81
新疆兵团	—	—	—	—	—	—	—	—	—	—	—
大兴安岭	—	—	—	—	—	—	—	—	—	—	—

林业系统各地区

地区	森林公园个数(个)		森林公园面积(公顷)		职工人数(人)		旅游经营情况	
	合计	其中:国家森林公园	合计	其中:国家森林公园	合计	其中:导游	旅游收入(万元)	旅游总人数 合计
全国合计	**1658**	**503**	**13900159.65**	**9838159.14**	**86462**	**6854**	**418890.36**	**11577.17**
北京	17	6	30055.22	19422.75	237	14	861.70	92.90
天津	3	1	5035.80	2126.00	64	10	230.00	4.00
河北	54	11	354340.15	141815.29	3559	222	8595.80	589.10
山西	34	18	422733.05	383196.39	1845	297	1238.85	130.25
内蒙古	33	15	626254.13	438782.53	1694	75	1956.24	149.67
内蒙古集团	6	5	759445.00	756944.00	169	9	143.10	5.07
辽宁	53	24	183401.43	112506.43	1557	117	4464.87	208.00
吉林	28	17	2352437.19	1939824.53	3343	196	7826.00	302.81
黑龙江	56	24	509937.03	333685.36	1412	139	4374.32	289.68
龙江集团	39	20	1316152.63	1157273.63	3447	300	8343.11	116.09
上海	2	2	756.00	756.00	334	48	2744.71	76.65
江苏	38	13	72182.74	30876.13	8071	431	41984.00	937.53
浙江	72	24	321716.75	174665.35	7687	870	128257.00	1278.00
安徽	42	25	123732.26	96972.60	1461	124	3046.60	168.30
福建	43	15	120867.02	78527.49	1009	181	7038.48	334.81
江西	68	23	323511.51	192336.11	3108	482	10189.68	418.30
山东	115	30	264226.86	148140.51	9021	490	44773.81	1017.96
河南	71	21	184971.80	90204.99	3015	244	7632.83	462.68
湖北	68	18	323894.31	217926.77	5848	339	6681.76	420.80
湖南	57	24	187990.49	117485.76	6495	260	30917.09	540.16
广东	288	14	886285.50	179090.33	4416	311	31866.96	2228.10
广西	42	15	245102.45	197740.26	1176	216	12916.29	205.13
海南	9	6	152049.36	107315.99	335	15	6567.29	59.63
重庆	54	18	154084.51	117032.82	2289	398	12813.54	183.28
四川	84	25	730858.36	621966.43	4878	247	17066.90	360.06
贵州	41	11	156995.03	83805.43	1478	68	2465.50	164.52
云南	39	25	146098.92	109792.92	1490	235	2874.59	196.31
西藏	2	2	810000.00	810000.00	58	25	393.00	22.00
陕西	66	17	242991.33	97316.37	3059	198	5137.78	187.15
甘肃	68	15	745155.71	389997.54	2975	236	3117.61	282.91
青海	13	5	482202.10	286591.10	373	6	50.10	27.13
宁夏	4	4	28587.00	28587.00	297	31	806.88	19.90
新疆	49	10	636108.01	375454.33	262	20	1513.97	98.29

注:本表由国家林业局国有林场和林木种苗工作总站提供。

森林公园主要指标

	建设情况							
(万人次)	投入建设资金(万元)		本年度植树造林(公顷)	本年度改造林相(公顷)	车船总数(台/艘)	游道总数(公里)	床位总数(张)	餐位总数(个)
其中:海外游客	合计	其中:环境保护投入						
390.14	**548176.49**	**36154.60**	**83493.51**	**55295.26**	**9910**	**24936.31**	**208250**	**204310**
—	13605.00	255.00	76.00	41.50	55	—	1290	650
0.10	1300.00	100.00	15.00	100.00	3	50.00	500	800
1.83	17185.00	2364.00	7614.00	5481.00	94	462.10	28964	15662
0.45	8325.00	387.35	1368.00	33.00	22	886.90	2980	750
2.46	2364.96	537.70	1691.00	730.00	111	385.00	1373	2693
0.01	360.70	5.00	2.80	—	13	481.00	495	—
3.45	13860.00	242.70	494.20	95.50	954	471.80	5399	6020
5.80	14839.00	491.00	4939.00	484.00	262	528.60	2106	8006
26.60	17662.96	334.60	5354.04	6956.64	1025	585.00	3123	5439
9.93	14549.93	897.35	2672.83	10733.40	2379	957.21	8258	12504
0.90	1086.00	150.00	50.00	79.30	2	4.00	—	—
98.10	32000.00	4860.09	866.50	860.33	674	5560.00	9339	7339
25.00	53184.00	2915.00	—	—	—	—	23000	—
—	4978.00	126.60	—	—	—	—	—	—
6.71	10116.00	885.70	695.94	601.35	452	1019.00	3815	—
13.85	27824.00	777.20	4852.40	3790.70	528	1383.30	11949	16110
19.62	32666.10	1187.02	3266.06	2826.71	292	1960.55	11809	—
4.93	26321.90	2084.70	3893.48	1685.00	441	480.40	1467	11844
2.90	13354.00	846.70	2409.00	905.30	225	1386.00	10385	14598
27.69	40274.90	2220.81	1876.00	2102.80	363	1029.25	10903	17245
102.75	33580.10	4825.60	6056.80	7856.80	311	1145.00	12063	27101
6.45	4408.27	484.32	1868.00	1552.30	306	145.70	5916	5240
0.05	928.00	1044.00	80.00	—	27	126.00	1559	2670
3.07	21414.20	734.20	8591.00	494.30	333	528.90	15911	4311
1.37	87263.60	4905.40	7013.70	4190.50	429	1101.10	18429	34739
4.68	7178.00	301.55	606.80	289.00	97	441.40	1596	3642
3.32	18076.95	365.20	1904.43	1537.80	155	265.10	1055	4123
—	200.00	242.00	281.00	—	—	—	—	—
1.31	9067.50	710.20	3938.80	506.30	176	1352.90	6324	1710
8.30	11206.30	527.42	10488.80	1168.40	131	1453.40	3765	—
5.01	235.05	1.30	95.93	3.33	14	368.70	477	—
0.50	7908.88	30.00	214.00	20.00	4	40.00	346	220
3.02	852.19	314.89	218.00	170.00	32	338.00	3654	894

六大林业重点工程建设

六大林业重点

指　　标	总　计	天然林资源保护工程	退耕还林工程	京津风沙源治理工程	合　计
一、本年完成造林面积	**8262781**	**688257**	**6196128**	**824427**	**533544**
（一）按造林方式分					
1. 人工造林	7602308	181889	6196128	716944	486922
2. 飞播造林	660473	506368	—	107483	46622
（二）按林种用途分					
1. 用材林	791760	17315	702147	19397	32476
2. 经济林	555919	7493	486591	21078	40757
3. 防护林	6850030	662554	4950884	782638	453954
4. 薪炭林	505515	680	46000	947	2888
5. 特种用途林	14557	215	10506	367	3469
二、低效防护林改造面积	**43711**	**—**	**—**	**—**	**43711**
三、年末实有封山育林面积	**8974813**	**5663744**	**—**	**951983**	**2359086**
其中：本年新封	1376619	613930	26197	287396	324848

六大林业重点

指　　标	总　计	天然林资源保护工程	退耕还林工程	京津风沙源治理工程	合　计
一、全部林业固定资产投资完成额	**3339160**	**679020**	**2085573**	**258781**	**232083**
其中：国债资金	972395	149137	543130	122507	136239
中央财政专项资金	2005745	501167	1382889	117006	—
二、本年资金来源总计	**3373663**	**755301**	**2021790**	**264089**	**242507**
1. 上年末结余资金	127472	85476	21581	1432	14307
2. 本年资金来源合计	3246191	669825	2000209	262657	228200
其中：地方配套资金	214081	30172	72496	10747	91788
（1）国家预算内资金	2952278	654286	1870725	248549	148422
其中：国债资金	872170	140618	509640	120838	83685
中央财政专项资金	1962994	501501	1323007	120105	13438
（2）国内贷款	12006	—	—	—	1897
（3）利用外资	7075	—	—	—	—
（4）自筹资金	77028	—	—	—	64742
（5）其他资金	197804	15539	129483	14108	13139
三、群众投工投劳（折资）	**105382**	**—**	**—**	**—**	**105382**

工程建设情况(一)

单位：公顷

三北及长江流域等防护林建设工程						速生丰产用材林基地建设工程
三北防护林四期工程	长江流域防护林体系二期工程	沿海防护林体系二期工程	珠江流域防护林体系二期工程	太行山绿化二期工程	平原绿化二期工程	
275296	**108752**	**38557**	**44712**	**50049**	**16178**	**20425**
—	—	—	—	—	—	—
261963	105469	38557	44712	20043	16178	20425
13333	3283	—	—	30006	—	—
—	—	—	—	—	—	—
7793	15353	3455	2842	233	2800	20425
26429	8577	2936	950	420	1445	—
237552	84742	32047	40874	48683	10056	—
2748	68	26	46	—	—	—
774	12	93	—	713	1877	—
9491	**22282**	**5058**	**6457**	**—**	**423**	**—**
1164296	**636815**	**130606**	**147506**	**279863**	**—**	**—**
177265	75033	10431	40306	21813	—	—

工程建设情况(二)

单位：万元

三北及长江流域等防护林建设工程						野生动物植物保护及自然保护区建设工程	速生丰产用材林基地建设工程
三北防护林四期工程	长江流域防护林体系二期工程	沿海防护林体系二期工程	珠江流域防护林体系二期工程	太行山绿化二期工程	平原绿化二期工程		
85437	**41442**	**29155**	**13136**	**10436**	**52477**	**52406**	**31297**
49105	27758	20127	11083	8097	20069	20927	455
—	—	—	—	—	—	4682	—
86984	**43681**	**30847**	**18156**	**10362**	**52477**	**57759**	**32217**
2077	4698	1751	5701	80	—	4639	37
84907	38983	29096	12455	10282	52477	53120	32180
20816	16418	11869	1495	2329	38861	7002	1876
49321	31720	25189	11423	8486	22283	29611	684
44235	18540	10455	8770	1680	5	17381	8
1142	6987	2884	533	1890	2	4942	—
1817	80	—	—	—	—	—	10109
—	—	—	—	—	—	2007	5068
30081	3658	2484	727	1791	26001	—	12286
3688	3525	1423	305	5	4193	21502	4033
35671	**48842**	**11695**	**1461**	**4030**	**3683**	**—**	**—**

各地区林业重点工程造林面积

单位:公顷

地　区	全部造林面积	重点工程造林面积						其他造林面积
		合计	天然林资源保护工程	退耕还林工程	京津风沙源治理工程	三北及长江流域等防护林建设工程	速生丰产用材林建设工程	
全国合计	**9118894**	**8262781**	**688257**	**6196128**	**824427**	**533544**	**20425**	**856113**
北　京	47168	35768	—	—	24609	11159	—	11400
天　津	6894	6894	—	—	1173	5721	—	—
河　北	624215	586826	—	210690	326255	45107	4774	37389
山　西	507681	481662	61079	280383	102329	37871	—	26019
内蒙古	836123	818900	103715	340219	370061	4905	—	17223
内蒙古集团	7512	—	—	—	—	—	—	7512
辽　宁	195150	195150	—	174744	—	20406	—	—
吉　林	167924	148106	—	129486	—	18620	—	19818
吉林集团	1927	—	—	—	—	—	—	1927
黑龙江	277980	259936	—	236791	—	23145	—	18044
龙江集团	24714	6670	—	6670	—	—	—	18044
上　海	16457	1565	—	—	—	1565	—	14892
江　苏	112413	17717	—	—	—	17717	—	94696
浙　江	22114	11554	—	—	—	11478	76	10560
安　徽	194508	183684	—	161724	—	21960	—	10824
福　建	16581	10711	—	—	—	6280	4431	5870
江　西	219745	218497	—	213332	—	5165	—	1248
山　东	344078	19203	—	—	—	19203	—	324875
河　南	320124	286628	—	253337	—	33291	—	33496
湖　北	315476	309598	1600	280456	—	23877	3665	5878
湖　南	409578	406470	—	392472	—	8408	5590	3108
广　东	48020	8004	—	—	—	8004	—	40016
广　西	277969	260875	—	249085	—	9988	1802	17094
海　南	75206	73443	—	69199	—	4244	—	1763
重　庆	352619	352619	20733	331886	—	—	—	—
四　川	723215	714037	235146	478891	—	—	—	9178
贵　州	377939	377939	17656	346649	—	13634	—	—
云　南	495135	445295	90300	336565	—	18343	87	49840
西　藏	23233	20023	310	13333	—	6380	—	3210
陕　西	727978	692078	113729	562405	—	15944	—	35900
甘　肃	582243	580853	30937	526106	—	23810	—	1390
青　海	96908	94626	1185	88160	—	5281	—	2282
宁　夏	319625	319625	11867	270759	—	36999	—	—
新　疆	352328	324495	—	249456	—	75039	—	27833
新　疆	263781	235948	—	175314	—	60634	—	27833
新疆兵团	88547	88547	—	74142	—	14405	—	—
大兴安岭	5811	—	—	—	—	—	—	5811

注:全国合计造林面积中包括军事管理区26456公顷人工造林。

天然林资源保护工程建设情况

指　　标	单位	总计	东北、内蒙古国有重点林区	长江上游、黄河上中游地区
一、木材产量	**立方米**	**9234670**	**8704120**	**530550**
其中:人工林木材产量	立方米	957411	529190	428221
二、公益林建设				
1. 当年造林面积	公顷	688257	—	688257
按造林方式分:				
(1)人工造林	公顷	181889	—	181889
(2)飞播造林	公顷	506368	—	506368
按林种用途分:				
(1)用材林	公顷	17315	—	17315
(2)经济林	公顷	7493	—	7493
(3)防护林	公顷	662554	—	662554
(4)薪炭林	公顷	680	—	680
(5)特种用途林	公顷	215	—	215
2. 迹地更新面积	公顷	16497	9166	7331
其中:人工更新	公顷	83	—	83
3. 年末实有封山育林面积	公顷	5663744	1367118	4296626
其中:本年新封	公顷	613930	—	613930
4. 年末实有育苗面积	公顷	24873	48	24825
其中:本年新育	公顷	17779	10	17769
三、年末实有森林管护面积	**公顷**	**87892153**	**23591131**	**64301022**
其中:本年新增管护面积	公顷	2597953	412379	2185574
年末个体承包管护面积	公顷	16488065	6592534	9895531
四、林业单位年末全部在册职工人数	**人**	**1085200**	**849701**	**235499**
其中:大集体职工人数	人	269019	261367	7652
1. 年末在岗职工人数	人	728537	521021	207516
其中:大集体职工人数	人	62876	55398	7478
政社性人员人数	人	104123	82989	21134
2. 年末下岗待安置职工人数	人	98359	83627	14732
其中:领取生活费人数	人	32000	25961	6039
领取生活费金额	万元	8032	6318	1714
3. 年末离开本单位保留劳动关系人数	人	258304	245053	13251
五、年末其他从业人员	**人**	**45899**	**3422**	**42477**
六、林业单位全年平均在岗职工人数	**人**	**702985**	**498817**	**204168**
七、自工程实施以来累计一次性安置职工人数	**人**	**275778**	**220183**	**55595**
其中:本年一次性安置职工人数	人	30950	27253	3697
本年一次性安置费	万元	66616	58377	8239
八、年末实有离退休人数	**人**	**457482**	**304620**	**152862**
当年离退休人员生活费	万元	353809	192929	160880
九、年末参加基本养老保险社会统筹人数	**人**	**1095588**	**794859**	**300729**
其中:参加省、地、县级社会统筹人数	人	946216	703083	243133
1. 在岗职工	人	537663	381307	156356
2. 下岗待安置职工	人	126235	114354	11881
3. 其他从业人员	人	32878	28483	4395
4. 离退休人员	人	398812	270715	128097
十、全部林业投资完成额	**万元**	**679020**	**299278**	**379742**
其中:国债资金	万元	149137	5483	143654
中央财政专项资金	万元	501167	288067	213100
1. 造林(人工和飞播)	万元	83833	35	83798
2. 封山育林	万元	51068	27	51041
3. 森林管护	万元	217518	56873	160645
4. 其他	万元	326601	242343	84258
十一、本年资金来源总计	**万元**	**755301**	**301446**	**453855**
1. 上年末结余资金	万元	85476	2265	83211
2. 本年资金来源合计	万元	669825	299181	370644
其中:地方配套资金	万元	30172	6450	23722
(1)国家预算内资金	万元	654286	295219	359067
其中:国债资金	万元	140618	369	140249
中央财政专项资金	万元	501501	293807	207694
(2)其他资金	万元	15539	3962	11577

各地区天然林资源

地区	木材产量(立方米)		公益林						
			当年造林面积						
	合计	其中:人工林木材产量	合计	按造林方式分		按林种用途分			
				人工造林	飞播造林	用材林	经济林	防护林	薪炭林
全国合计	**9234670**	**957411**	**688257**	**181889**	**506368**	**17315**	**7493**	**662554**	**680**
北京	—	—	—	—	—	—	—	—	—
天津	—	—	—	—	—	—	—	—	—
河北	—	—	—	—	—	—	—	—	—
山西	—	—	61079	—	61079	—	—	61079	—
内蒙古	203995	28613	103715	—	103715	—	—	103715	—
内蒙古集团	—	—	—	—	—	—	—	—	—
辽宁	—	—	—	—	—	—	—	—	—
吉林	2302715	149216	—	—	—	—	—	—	—
吉林集团	966541	23950	—	—	—	—	—	—	—
黑龙江	3998623	379974	—	—	—	—	—	—	—
龙江集团	3998623	379974	—	—	—	—	—	—	—
上海	—	—	—	—	—	—	—	—	—
江苏	—	—	—	—	—	—	—	—	—
浙江	—	—	—	—	—	—	—	—	—
安徽	—	—	—	—	—	—	—	—	—
福建	—	—	—	—	—	—	—	—	—
江西	—	—	—	—	—	—	—	—	—
山东	—	—	—	—	—	—	—	—	—
河南	11701	11701	—	—	—	—	—	—	—
湖北	3081	3081	1600	1600	—	200	20	1380	—
湖南	—	—	—	—	—	—	—	—	—
广东	—	—	—	—	—	—	—	—	—
广西	—	—	—	—	—	—	—	—	—
海南	—	—	—	—	—	—	—	—	—
重庆	2700	2000	20733	—	20733	—	—	20733	—
四川	318097	253864	235146	113017	122129	4211	4548	225492	680
贵州	109688	83268	17656	—	17656	352	40	17264	—
云南	—	—	90300	26591	63709	2117	2481	85702	—
西藏	—	—	310	310	—	—	310	—	—
陕西	45063	35563	113729	25448	88281	10435	94	103200	—
甘肃	8749	8749	30937	13738	17199	—	—	30937	—
青海	1037	14	1185	1185	—	—	—	1185	—
宁夏	1368	1368	11867	—	11867	—	—	11867	—
新疆	113280	—	—	—	—	—	—	—	—
新疆兵团	—	—	—	—	—	—	—	—	—
大兴安岭	2114573	—	—	—	—	—	—	—	—

保护工程建设情况(一)

建设(公顷)							年末实有森林管护面积(公顷)		
	迹地更新面积		年末实有封山育林面积		年末实有育苗面积		合计	其中	
特种用途林	合计	其中:人工更新	合计	其中:本年新封	合计	其中:本年新育		本年新增管护面积	年末个体承包管护面积
215	**16497**	**83**	**5663744**	**613930**	**24873**	**17779**	**87892153**	**2597953**	**16488065**
—	—	—	—	—	—	—	—	—	—
—	—	—	—	—	—	—	—	—	—
—	—	—	—	—	—	—	—	—	—
—	—	—	149441	29286	1994	1165	2366009	10391	263955
—	9166	—	245042	69447	355	171	3371292	66658	724927
—	—	—	—	—	—	—	—	—	—
—	—	—	—	—	—	—	—	—	—
—	—	—	271229	—	—	—	3802640	34452	650986
—	—	—	113019	—	—	—	1200790	5408	100907
—	—	—	750728	—	—	—	8714542	235262	5374037
—	—	—	750728	—	—	—	8714542	235262	5374037
—	—	—	—	—	—	—	—	—	—
—	—	—	—	—	—	—	—	—	—
—	—	—	—	—	—	—	—	—	—
—	—	—	—	—	—	—	—	—	—
—	—	—	—	—	—	—	—	—	—
—	—	—	—	—	—	—	—	—	—
—	—	—	—	—	—	—	—	—	—
—	—	—	42800	17600	—	—	886926	—	158147
—	—	—	212367	77066	1876	683	3110884	68667	1395851
—	—	—	—	—	—	—	—	—	—
—	—	—	—	—	—	—	—	—	—
—	—	—	—	—	—	—	—	—	—
—	—	—	22014	—	—	—	459000	—	7067
—	—	—	241723	44446	490	373	2851684	462159	2269299
215	—	—	1279566	106338	5303	3657	19968252	610538	916640
—	83	83	446871	59238	1911	1652	5268429	12292	1310346
—	—	—	740970	70200	1025	644	11940976	677028	920581
—	—	—	1127	1127	8	8	1200875	—	—
—	7248	—	414868	30727	5536	4683	7760599	120139	1094971
—	—	—	207505	56888	5877	4575	4344944	145835	876842
—	—	—	197871	32200	466	167	1983333	—	—
—	—	—	187554	19367	—	—	396534	11867	115401
—	—	—	68366	—	32	1	1796309	142665	—
—	—	—	—	—	—	—	—	—	—
—	—	—	183702	—	—	—	7668925	—	409015

地区	林业单位年末全部在册职工人数(人)								
	合计	其中:大集体职工人数	年末在岗职工人数			年末下岗待安置职工人数			年末离开本单位保留劳动关系人数
			小计	其中		小计	其中:领取生活费人数	领取生活费金额(万元)	
				大集体职工人数	政社性人员人数				
全国合计	**1085200**	**269019**	**728537**	**62876**	**104123**	**98359**	**32000**	**8032**	**258304**
北京	—	—	—	—	—	—	—	—	—
天津	—	—	—	—	—	—	—	—	—
河北	—	—	—	—	—	—	—	—	—
山西	11634	1884	11326	1852	581	130	124	105	178
内蒙古	25580	222	17176	70	2206	6453	284	12	1951
内蒙古集团	—	—	—	—	—	—	—	—	—
辽宁	—	—	—	—	—	—	—	—	—
吉林	175106	27505	109231	5388	19384	35097	14491	3946	30778
吉林集团	71367	10681	48674	3818	8783	12792	4181	1328	9901
黑龙江	533078	171717	317143	48971	47413	34782	10594	2319	181153
龙江集团	533078	171717	317143	48971	47413	34782	10594	2319	181153
上海	—	—	—	—	—	—	—	—	—
江苏	—	—	—	—	—	—	—	—	—
浙江	—	—	—	—	—	—	—	—	—
安徽	—	—	—	—	—	—	—	—	—
福建	—	—	—	—	—	—	—	—	—
江西	—	—	—	—	—	—	—	—	—
山东	—	—	—	—	—	—	—	—	—
河南	2762	—	2704	—	654	—	—	—	58
湖北	8392	20	6669	20	1241	844	164	60	879
湖南	—	—	—	—	—	—	—	—	—
广东	—	—	—	—	—	—	—	—	—
广西	—	—	—	—	—	—	—	—	—
海南	4348	35	2310	191	313	1210	31	18	828
重庆	4792	27	4574	46	424	131	12	3	87
四川	82271	3227	71687	2940	5171	5140	3039	792	5444
贵州	20801	—	17556	—	2363	1585	1143	291	1660
云南	19148	833	18381	333	2485	66	66	30	701
西藏	—	—	—	—	—	—	—	—	—
陕西	27186	1183	23331	1641	2658	2385	834	287	1470
甘肃	29315	373	24200	385	4367	3236	626	128	1879
青海	6461	—	6461	—	323	—	—	—	—
宁夏	10123	—	10123	—	—	—	—	—	—
新疆	3743	698	3515	698	888	60	3	2	168
新疆兵团	—	—	—	—	—	—	—	—	—
大兴安岭	120460	61295	82150	341	13652	7240	589	39	31070

保护工程建设情况(二)

年末其他从业人员(人)	林业单位全年平均在岗职工人数(人)	自工程实施以来累计一次性安置职工人数(人)			年末实有离退休人数(人)	当年离退休人员生活费(万元)	年末参加基本养老保险社会统筹人数(人)		
		合 计	其中:本年一次性安置职工人数	本年一次性安置费(万元)			合 计	其中:参加省、地、县级社会统筹人数	在岗职工
45899	**702985**	**275778**	**30950**	**66616**	**457482**	**353809**	**1095588**	**946216**	**537663**
—	—	—	—	—	—	—	—	—	—
—	—	—	—	—	—	—	—	—	—
—	—	—	—	—	—	—	—	—	—
33	11388	854	95	247	4030	3911	10496	7981	7496
10	17148	1713	277	492	7287	6483	25234	14397	15704
—	—	—	—	—	—	—	—	—	—
—	—	—	—	—	—	—	—	—	—
—	114035	49408	18458	40357	67561	28470	218756	218167	104363
—	49144	22024	5685	13629	32854	23773	104221	104221	48674
3228	293149	142581	3170	5286	192578	123206	466872	417071	217321
3228	293149	142581	3170	5286	192578	123206	466872	417071	217321
—	—	—	—	—	—	—	—	—	—
—	—	—	—	—	—	—	—	—	—
—	—	—	—	—	—	—	—	—	—
—	—	—	—	—	—	—	—	—	—
—	—	—	—	—	—	—	—	—	—
—	—	—	—	—	—	—	—	—	—
—	—	—	—	—	—	—	—	—	—
831	3089	2176	138	322	1071	3439	3387	2490	2490
616	5474	10611	857	2052	5419	17482	11092	7061	5859
—	—	—	—	—	—	—	—	—	—
—	—	—	—	—	—	—	—	—	—
—	—	—	—	—	—	—	—	—	—
57	1848	960	960	2130	3574	1554	6697	1483	2262
—	4524	4954	—	—	4528	3410	8776	8397	4122
5043	73326	7829	469	631	83635	80598	154763	133450	67778
27731	17911	3988	—	—	9352	7746	13575	11724	7850
5749	17029	9059	524	1725	14772	16544	26876	20996	14423
—	—	129	—	—	—	—	—	—	—
1833	22251	6104	312	491	7351	4482	23740	18990	16974
584	22531	7173	65	149	12374	14518	25532	16468	14651
—	6464	45	—	—	639	878	680	403	550
—	10072	—	—	—	3089	3301	7817	7817	6035
143	3675	4909	—	—	2751	5197	5957	5413	3051
—	—	—	—	—	—	—	—	—	—
41	79071	23285	5625	12734	37471	32590	85338	53908	46734

各地区天然林资源

地　　区	年末参加基本养老保险社会统筹人数(人)			全部林业投资完成额(万元)					
	下岗待安置职工	其他从业人员	离退休人员	合　计	其　中		造林(人工和飞播)	封山育林	森林管护
					国债资金	中央财政专项资金			
全国合计	**126235**	**32878**	**398812**	**679020**	**149137**	**501167**	**83833**	**51068**	**217518**
北　京	—	—	—	—	—	—	—	—	—
天　津	—	—	—	—	—	—	—	—	—
河　北	—	—	—	—	—	—	—	—	—
山　西	130	56	2814	17047	6668	7068	3992	2645	6208
内蒙古	4839	115	4576	24692	12931	10829	7020	4150	6380
内蒙古集团	—	—	—	—	—	—	—	—	—
辽　宁	—	—	—	—	—	—	—	—	—
吉　林	43841	3860	66692	89011	4041	83553	—	—	10839
吉林集团	21518	1175	32854	33290	—	32261	—	—	2931
黑龙江	55504	18758	175289	122252	—	120052	—	—	21054
龙江集团	55504	18758	175289	122252	—	120052	—	—	21054
上　海	—	—	—	—	—	—	—	—	—
江　苏	—	—	—	—	—	—	—	—	—
浙　江	—	—	—	—	—	—	—	—	—
安　徽	—	—	—	—	—	—	—	—	—
福　建	—	—	—	—	—	—	—	—	—
江　西	—	—	—	—	—	—	—	—	—
山　东	—	—	—	—	—	—	—	—	—
河　南	—	—	897	6040	2113	3456	54	2107	1793
湖　北	693	216	4324	17518	7321	9460	1443	5240	7761
湖　南	—	—	—	—	—	—	—	—	—
广　东	—	—	—	—	—	—	—	—	—
广　西	—	—	—	—	—	—	—	—	—
海　南	1181	240	3014	5435	—	4335	—	—	3305
重　庆	131	87	4436	17412	5946	7633	1555	4655	6353
四　川	4684	2944	79357	104135	44295	57454	34335	8908	41206
贵　州	1176	58	4491	29192	8279	18852	1056	4970	15872
云　南	166	146	12141	60238	19413	35718	12100	4956	33655
西　藏	—	—	—	8486	—	8486	91	90	3553
陕　西	1176	446	5144	49508	20908	26176	14651	5679	20811
甘　肃	2539	168	8174	33545	12123	21022	6108	4952	10806
青　海	—	—	130	9338	3472	5224	491	2139	4867
宁　夏	—	—	1782	3770	1487	2018	937	550	810
新　疆	105	22	2779	7565	—	6135	—	—	4226
新疆兵团	—	—	—	—	—	—	—	—	—
大兴安岭	10070	5762	22772	73836	140	73696	—	27	18019

保护工程建设情况(三)

其他	本年资金来源总计(万元)							
	总计	上年末结余资金	本年资金来源合计					
			合计	其中:地方配套资金	国家预算内资金			其他资金
					小计	其中		
						国债资金	中央财政专项资金	
326601	**755301**	**85476**	**669825**	**30172**	**654286**	**140618**	**501501**	**15539**
—	—	—	—	—	—	—	—	—
—	—	—	—	—	—	—	—	—
—	—	—	—	—	—	—	—	—
4202	17047	694	16353	2239	16353	6668	7068	—
7142	26919	327	26592	1818	25500	11754	13514	1092
—	—	—	—	—	—	—	—	—
—	—	—	—	—	—	—	—	—
78172	89652	1573	88079	1500	87512	60	87449	567
30359	33471	1186	32285	1000	32103	—	32103	182
101198	122648	396	122252	2200	120052	—	120052	2200
101198	122648	396	122252	2200	120052	—	120052	2200
—	—	—	—	—	—	—	—	—
—	—	—	—	—	—	—	—	—
—	—	—	—	—	—	—	—	—
—	—	—	—	—	—	—	—	—
—	—	—	—	—	—	—	—	—
—	—	—	—	—	—	—	—	—
—	—	—	—	—	—	—	—	—
2086	8189	2133	6056	598	5794	2140	3416	262
3074	22971	1064	21907	4180	17727	7799	9928	4180
—	—	—	—	—	—	—	—	—
—	—	—	—	—	—	—	—	—
—	—	—	—	—	—	—	—	—
2130	9226	—	9226	1100	8126	—	8126	1100
4849	16230	29	16201	2588	16201	5946	7633	—
19686	141243	33742	107501	1737	105713	46957	58756	1788
7294	34210	12239	21971	1310	21971	7834	12827	—
9527	77039	20496	56543	3717	54567	19467	31580	1976
4752	8486	—	8486	—	8486	—	8486	—
8367	54828	12085	42743	2296	41225	14873	26352	1518
11679	32901	—	32901	3624	32636	11998	20637	265
1841	9338	432	8906	—	8906	3495	4787	—
1473	3770	—	3770	265	3505	1487	2018	265
3339	6768	266	6502	1000	6176	—	5176	326
—	—	—	—	—	—	—	—	—
55790	73836	—	73836	—	73836	140	73696	—

东北、内蒙古国有重点林区

地区	木材产量(立方米)		公益林						
			当年造林面积						
				按造林方式分		按林种用途分			
	合计	其中:人工林木材产量	合计	人工造林	飞播造林	用材林	经济林	防护林	薪炭林
全国合计	**8704120**	**529190**	—	—	—	—	—	—	—
北京	—	—	—	—	—	—	—	—	—
天津	—	—	—	—	—	—	—	—	—
河北	—	—	—	—	—	—	—	—	—
山西	—	—	—	—	—	—	—	—	—
内蒙古	174929	—	—	—	—	—	—	—	—
内蒙古集团	—	—	—	—	—	—	—	—	—
辽宁	—	—	—	—	—	—	—	—	—
吉林	2302715	149216	—	—	—	—	—	—	—
吉林集团	966541	23950	—	—	—	—	—	—	—
黑龙江	3998623	379974	—	—	—	—	—	—	—
龙江集团	3998623	379974	—	—	—	—	—	—	—
上海	—	—	—	—	—	—	—	—	—
江苏	—	—	—	—	—	—	—	—	—
浙江	—	—	—	—	—	—	—	—	—
安徽	—	—	—	—	—	—	—	—	—
福建	—	—	—	—	—	—	—	—	—
江西	—	—	—	—	—	—	—	—	—
山东	—	—	—	—	—	—	—	—	—
河南	—	—	—	—	—	—	—	—	—
湖北	—	—	—	—	—	—	—	—	—
湖南	—	—	—	—	—	—	—	—	—
广东	—	—	—	—	—	—	—	—	—
广西	—	—	—	—	—	—	—	—	—
海南	—	—	—	—	—	—	—	—	—
重庆	—	—	—	—	—	—	—	—	—
四川	—	—	—	—	—	—	—	—	—
贵州	—	—	—	—	—	—	—	—	—
云南	—	—	—	—	—	—	—	—	—
西藏	—	—	—	—	—	—	—	—	—
陕西	—	—	—	—	—	—	—	—	—
甘肃	—	—	—	—	—	—	—	—	—
青海	—	—	—	—	—	—	—	—	—
宁夏	—	—	—	—	—	—	—	—	—
新疆	113280	—	—	—	—	—	—	—	—
新疆兵团	—	—	—	—	—	—	—	—	—
大兴安岭	2114573	—	—	—	—	—	—	—	—

天然林资源保护工程建设情况(一)

建　设(公顷)							年末实有森林管护面积(公顷)		
	迹地更新面积		年末实有封山育林面积		年末实有育苗面积			其　中	
特种用途林	合计	其中：人工更新	合计	其中：本年新封	合计	其中：本年新育	合　计	本年新增管护面积	年末个体承包管护面积
—	**9166**	**—**	**1367118**	**—**	**48**	**10**	**23591131**	**412379**	**6592534**
—	—	—	—	—	—	—	—	—	—
—	—	—	—	—	—	—	—	—	—
—	—	—	—	—	—	—	—	—	—
—	—	—	—	—	—	—	—	—	—
—	9166	—	93093	—	16	9	1608715	—	158496
—	—	—	—	—	—	—	—	—	—
—	—	—	—	—	—	—	—	—	—
—	—	—	271229	—	—	—	3802640	34452	650986
—	—	—	113019	—	—	—	1200790	5408	100907
—	—	—	750728	—	—	—	8714542	235262	5374037
—	—	—	750728	—	—	—	8714542	235262	5374037
—	—	—	—	—	—	—	—	—	—
—	—	—	—	—	—	—	—	—	—
—	—	—	—	—	—	—	—	—	—
—	—	—	—	—	—	—	—	—	—
—	—	—	—	—	—	—	—	—	—
—	—	—	—	—	—	—	—	—	—
—	—	—	—	—	—	—	—	—	—
—	—	—	—	—	—	—	—	—	—
—	—	—	—	—	—	—	—	—	—
—	—	—	—	—	—	—	—	—	—
—	—	—	—	—	—	—	—	—	—
—	—	—	—	—	—	—	—	—	—
—	—	—	—	—	—	—	—	—	—
—	—	—	—	—	—	—	—	—	—
—	—	—	—	—	—	—	—	—	—
—	—	—	—	—	—	—	—	—	—
—	—	—	—	—	—	—	—	—	—
—	—	—	—	—	—	—	—	—	—
—	—	—	—	—	—	—	—	—	—
—	—	—	—	—	—	—	—	—	—
—	—	—	—	—	—	—	—	—	—
—	—	—	—	—	—	—	—	—	—
—	—	—	68366	—	32	1	1796309	142665	—
—	—	—	—	—	—	—	—	—	—
—	—	—	183702	—	—	—	7668925	—	409015

东北、内蒙古国有重点林区

地区	林业单位年末全部在册职工人数(人)								
	合计	其中:大集体职工人数	年末在岗职工人数			年末下岗待安置职工人数			年末离开本单位保留劳动关系人数
			小计	其中		小计	其中:领取生活费人数	领取生活费金额(万元)	
				大集体职工人数	政社性人员人数				
全国合计	**849701**	**261367**	**521021**	**55398**	**82989**	**83627**	**25961**	**6318**	**245053**
北　京	—	—	—	—	—	—	—	—	—
天　津	—	—	—	—	—	—	—	—	—
河　北	—	—	—	—	—	—	—	—	—
山　西	—	—	—	—	—	—	—	—	—
内蒙古	17314	152	8982	—	1652	6448	284	12	1884
内蒙古集团	—	—	—	—	—	—	—	—	—
辽　宁	—	—	—	—	—	—	—	—	—
吉　林	175106	27505	109231	5388	19384	35097	14491	3946	30778
吉林集团	71367	10681	48674	3818	8783	12792	4181	1328	9901
黑龙江	533078	171717	317143	48971	47413	34782	10594	2319	181153
龙江集团	533078	171717	317143	48971	47413	34782	10594	2319	181153
上　海	—	—	—	—	—	—	—	—	—
江　苏	—	—	—	—	—	—	—	—	—
浙　江	—	—	—	—	—	—	—	—	—
安　徽	—	—	—	—	—	—	—	—	—
福　建	—	—	—	—	—	—	—	—	—
江　西	—	—	—	—	—	—	—	—	—
山　东	—	—	—	—	—	—	—	—	—
河　南	—	—	—	—	—	—	—	—	—
湖　北	—	—	—	—	—	—	—	—	—
湖　南	—	—	—	—	—	—	—	—	—
广　东	—	—	—	—	—	—	—	—	—
广　西	—	—	—	—	—	—	—	—	—
海　南	—	—	—	—	—	—	—	—	—
重　庆	—	—	—	—	—	—	—	—	—
四　川	—	—	—	—	—	—	—	—	—
贵　州	—	—	—	—	—	—	—	—	—
云　南	—	—	—	—	—	—	—	—	—
西　藏	—	—	—	—	—	—	—	—	—
陕　西	—	—	—	—	—	—	—	—	—
甘　肃	—	—	—	—	—	—	—	—	—
青　海	—	—	—	—	—	—	—	—	—
宁　夏	—	—	—	—	—	—	—	—	—
新　疆	3743	698	3515	698	888	60	3	2	168
新疆兵团	—	—	—	—	—	—	—	—	—
大兴安岭	120460	61295	82150	341	13652	7240	589	39	31070

天然林资源保护工程建设情况(二)

年末其他从业人员(人)	林业单位全年平均在岗职工人数(人)	自工程实施以来累计一次性安置职工人数(人)			年末实有离退休人数(人)	当年离退休人员生活费(万元)	年末参加基本养老保险社会统筹人数(人)		
		合 计	其中:本年一次性安置职工人数	本年一次性安置费(万元)			合 计	其中:参加省、地、县级社会统筹人数	在岗职工
3422	**498817**	**220183**	**27253**	**58377**	**304620**	**192929**	**794859**	**703083**	**381307**
—	—	—	—	—	—	—	—	—	—
—	—	—	—	—	—	—	—	—	—
—	—	—	—	—	—	—	—	—	—
—	—	—	—	—	—	—	—	—	—
10	8887	—	—	—	4259	3466	17936	8524	9838
—	—	—	—	—	—	—	—	—	—
—	—	—	—	—	—	—	—	—	—
—	114035	49408	18458	40357	67561	28470	218756	218167	104363
—	49144	22024	5685	13629	32854	23773	104221	104221	48674
3228	293149	142581	3170	5286	192578	123206	466872	417071	217321
3228	293149	142581	3170	5286	192578	123206	466872	417071	217321
—	—	—	—	—	—	—	—	—	—
—	—	—	—	—	—	—	—	—	—
—	—	—	—	—	—	—	—	—	—
—	—	—	—	—	—	—	—	—	—
—	—	—	—	—	—	—	—	—	—
—	—	—	—	—	—	—	—	—	—
—	—	—	—	—	—	—	—	—	—
—	—	—	—	—	—	—	—	—	—
—	—	—	—	—	—	—	—	—	—
—	—	—	—	—	—	—	—	—	—
—	—	—	—	—	—	—	—	—	—
—	—	—	—	—	—	—	—	—	—
—	—	—	—	—	—	—	—	—	—
—	—	—	—	—	—	—	—	—	—
—	—	—	—	—	—	—	—	—	—
—	—	—	—	—	—	—	—	—	—
—	—	—	—	—	—	—	—	—	—
—	—	—	—	—	—	—	—	—	—
—	—	—	—	—	—	—	—	—	—
—	—	—	—	—	—	—	—	—	—
—	—	—	—	—	—	—	—	—	—
—	—	—	—	—	—	—	—	—	—
143	3675	4909	—	—	2751	5197	5957	5413	3051
—	—	—	—	—	—	—	—	—	—
41	79071	23285	5625	12734	37471	32590	85338	53908	46734

东北、内蒙古国有重点林区

地　区	年末参加基本养老保险社会统筹人数(人)			全部林业投资完成额(万元)					
	下岗待安置职工	其他从业人员	离退休人员	合 计	其 中		造林(人工和飞播)	封山育林	森林管护
					国债资金	中央财政专项资金			
全国合计	**114354**	**28483**	**270715**	**299278**	**5483**	**288067**	**35**	**27**	**56873**
北　京	—	—	—	—	—	—	—	—	—
天　津	—	—	—	—	—	—	—	—	—
河　北	—	—	—	—	—	—	—	—	—
山　西	—	—	—	—	—	—	—	—	—
内蒙古	4834	81	3183	6614	1302	4631	35	—	2735
内蒙古集团	—	—	—	—	—	—	—	—	—
辽　宁	—	—	—	—	—	—	—	—	—
吉　林	43841	3860	66692	89011	4041	83553	—	—	10839
吉林集团	21518	1175	32854	33290	—	32261	—	—	2931
黑龙江	55504	18758	175289	122252	—	120052	—	—	21054
龙江集团	55504	18758	175289	122252	—	120052	—	—	21054
上　海	—	—	—	—	—	—	—	—	—
江　苏	—	—	—	—	—	—	—	—	—
浙　江	—	—	—	—	—	—	—	—	—
安　徽	—	—	—	—	—	—	—	—	—
福　建	—	—	—	—	—	—	—	—	—
江　西	—	—	—	—	—	—	—	—	—
山　东	—	—	—	—	—	—	—	—	—
河　南	—	—	—	—	—	—	—	—	—
湖　北	—	—	—	—	—	—	—	—	—
湖　南	—	—	—	—	—	—	—	—	—
广　东	—	—	—	—	—	—	—	—	—
广　西	—	—	—	—	—	—	—	—	—
海　南	—	—	—	—	—	—	—	—	—
重　庆	—	—	—	—	—	—	—	—	—
四　川	—	—	—	—	—	—	—	—	—
贵　州	—	—	—	—	—	—	—	—	—
云　南	—	—	—	—	—	—	—	—	—
西　藏	—	—	—	—	—	—	—	—	—
陕　西	—	—	—	—	—	—	—	—	—
甘　肃	—	—	—	—	—	—	—	—	—
青　海	—	—	—	—	—	—	—	—	—
宁　夏	—	—	—	—	—	—	—	—	—
新　疆	105	22	2779	7565	—	6135	—	—	4226
新疆兵团	—	—	—	—	—	—	—	—	—
大兴安岭	10070	5762	22772	73836	140	73696	—	27	18019

天然林资源保护工程建设情况(三)

其他	本年资金来源总计(万元)							
	总　计	上年末结余资金	本年资金来源合计					
			合　计	其中:地方配套资金	国家预算内资金			其他资金
					小　计	其　中		
						国债资金	中央财政专项资金	
242343	**301446**	**2265**	**299181**	**6450**	**295219**	**369**	**293807**	**3962**
—	—	—	—	—	—	—	—	—
—	—	—	—	—	—	—	—	—
—	—	—	—	—	—	—	—	—
—	—	—	—	—	—	—	—	—
3844	8542	30	8512	1750	7643	169	7434	869
—	—	—	—	—	—	—	—	—
—	—	—	—	—	—	—	—	—
78172	89652	1573	88079	1500	87512	60	87449	567
30359	33471	1186	32285	1000	32103	—	32103	182
101198	122648	396	122252	2200	120052	—	120052	2200
101198	122648	396	122252	2200	120052	—	120052	2200
—	—	—	—	—	—	—	—	—
—	—	—	—	—	—	—	—	—
—	—	—	—	—	—	—	—	—
—	—	—	—	—	—	—	—	—
—	—	—	—	—	—	—	—	—
—	—	—	—	—	—	—	—	—
—	—	—	—	—	—	—	—	—
—	—	—	—	—	—	—	—	—
—	—	—	—	—	—	—	—	—
—	—	—	—	—	—	—	—	—
—	—	—	—	—	—	—	—	—
—	—	—	—	—	—	—	—	—
—	—	—	—	—	—	—	—	—
—	—	—	—	—	—	—	—	—
—	—	—	—	—	—	—	—	—
—	—	—	—	—	—	—	—	—
—	—	—	—	—	—	—	—	—
—	—	—	—	—	—	—	—	—
—	—	—	—	—	—	—	—	—
—	—	—	—	—	—	—	—	—
—	—	—	—	—	—	—	—	—
—	—	—	—	—	—	—	—	—
—	—	—	—	—	—	—	—	—
3339	6768	266	6502	1000	6176	—	5176	326
—	—	—	—	—	—	—	—	—
55790	73836	—	73836	—	73836	140	73696	—

长江上游、黄河上中游各地区

地区	木材产量(立方米)		公益林						
			当年造林面积						
	合计	其中:人工林木材产量	合计	按造林方式分		按林种用途分			
				人工造林	飞播造林	用材林	经济林	防护林	薪炭林
全国合计	**530550**	**428221**	**688257**	**181889**	**506368**	**17315**	**7493**	**662554**	**680**
北京	—	—	—	—	—	—	—	—	—
天津	—	—	—	—	—	—	—	—	—
河北	—	—	—	—	—	—	—	—	—
山西	—	—	61079	—	61079	—	—	61079	—
内蒙古	29066	28613	103715	—	103715	—	—	103715	—
内蒙古集团	—	—	—	—	—	—	—	—	—
辽宁	—	—	—	—	—	—	—	—	—
吉林	—	—	—	—	—	—	—	—	—
吉林集团	—	—	—	—	—	—	—	—	—
黑龙江	—	—	—	—	—	—	—	—	—
龙江集团	—	—	—	—	—	—	—	—	—
上海	—	—	—	—	—	—	—	—	—
江苏	—	—	—	—	—	—	—	—	—
浙江	—	—	—	—	—	—	—	—	—
安徽	—	—	—	—	—	—	—	—	—
福建	—	—	—	—	—	—	—	—	—
江西	—	—	—	—	—	—	—	—	—
山东	—	—	—	—	—	—	—	—	—
河南	11701	11701	—	—	—	—	—	—	—
湖北	3081	3081	1600	1600	—	200	20	1380	—
湖南	—	—	—	—	—	—	—	—	—
广东	—	—	—	—	—	—	—	—	—
广西	—	—	—	—	—	—	—	—	—
海南	—	—	—	—	—	—	—	—	—
重庆	2700	2000	20733	—	20733	—	—	20733	—
四川	318097	253864	235146	113017	122129	4211	4548	225492	680
贵州	109688	83268	17656	—	17656	352	40	17264	—
云南	—	—	90300	26591	63709	2117	2481	85702	—
西藏	—	—	310	310	—	—	310	—	—
陕西	45063	35563	113729	25448	88281	10435	94	103200	—
甘肃	8749	8749	30937	13738	17199	—	—	30937	—
青海	1037	14	1185	1185	—	—	—	1185	—
宁夏	1368	1368	11867	—	11867	—	—	11867	—
新疆	—	—	—	—	—	—	—	—	—
新疆兵团	—	—	—	—	—	—	—	—	—
大兴安岭	—	—	—	—	—	—	—	—	—

天然林资源保护工程建设情况(一)

建　设(公顷)							年末实有森林管护面积(公顷)		
	迹地更新面积		年末实有封山育林面积		年末实有育苗面积			其　中	
特种用途林	合 计	其中：人工更新	合 计	其中：本年新封	合 计	其中：本年新育	合 计	本年新增管护面积	年末个体承包管护面积
215	**7331**	**83**	**4296626**	**613930**	**24825**	**17769**	**64301022**	**2185574**	**9895531**
—	—	—	—	—	—	—	—	—	—
—	—	—	—	—	—	—	—	—	—
—	—	—	—	—	—	—	—	—	—
—	—	—	149441	29286	1994	1165	2366009	10391	263955
—	—	—	151949	69447	339	162	1762577	66658	566431
—	—	—	—	—	—	—	—	—	—
—	—	—	—	—	—	—	—	—	—
—	—	—	—	—	—	—	—	—	—
—	—	—	—	—	—	—	—	—	—
—	—	—	—	—	—	—	—	—	—
—	—	—	—	—	—	—	—	—	—
—	—	—	—	—	—	—	—	—	—
—	—	—	—	—	—	—	—	—	—
—	—	—	—	—	—	—	—	—	—
—	—	—	—	—	—	—	—	—	—
—	—	—	—	—	—	—	—	—	—
—	—	—	—	—	—	—	—	—	—
—	—	—	—	—	—	—	—	—	—
—	—	—	42800	17600	—	—	886926	—	158147
—	—	—	212367	77066	1876	683	3110884	68667	1395851
—	—	—	—	—	—	—	—	—	—
—	—	—	—	—	—	—	—	—	—
—	—	—	—	—	—	—	—	—	—
—	—	—	22014	—	—	—	459000	—	7067
—	—	—	241723	44446	490	373	2851684	462159	2269299
215	—	—	1279566	106338	5303	3657	19968252	610538	916640
—	83	83	446871	59238	1911	1652	5268429	12292	1310346
—	—	—	740970	70200	1025	644	11940976	677028	920581
—	—	—	1127	1127	8	8	1200875	—	—
—	7248	—	414868	30727	5536	4683	7760599	120139	1094971
—	—	—	207505	56888	5877	4575	4344944	145835	876842
—	—	—	197871	32200	466	167	1983333	—	—
—	—	—	187554	19367	—	—	396534	11867	115401
—	—	—	—	—	—	—	—	—	—
—	—	—	—	—	—	—	—	—	—
—	—	—	—	—	—	—	—	—	—

长江上游、黄河上中游各地区

地区	林业单位年末全部在册职工人数(人)								
	合计	其中:大集体职工人数	年末在岗职工人数			年末下岗待安置职工人数			年末离开本单位保留劳动关系人数
			小计	其中		小计	其中:领取生活费人数	领取生活费金额(万元)	
				大集体职工人数	政社性人员人数				
全国合计	**235499**	**7652**	**207516**	**7478**	**21134**	**14732**	**6039**	**1714**	**13251**
北京	—	—	—	—	—	—	—	—	—
天津	—	—	—	—	—	—	—	—	—
河北	—	—	—	—	—	—	—	—	—
山西	11634	1884	11326	1852	581	130	124	105	178
内蒙古	8266	70	8194	70	554	5	—	—	67
内蒙古集团	—	—	—	—	—	—	—	—	—
辽宁	—	—	—	—	—	—	—	—	—
吉林	—	—	—	—	—	—	—	—	—
吉林集团	—	—	—	—	—	—	—	—	—
黑龙江	—	—	—	—	—	—	—	—	—
龙江集团	—	—	—	—	—	—	—	—	—
上海	—	—	—	—	—	—	—	—	—
江苏	—	—	—	—	—	—	—	—	—
浙江	—	—	—	—	—	—	—	—	—
安徽	—	—	—	—	—	—	—	—	—
福建	—	—	—	—	—	—	—	—	—
江西	—	—	—	—	—	—	—	—	—
山东	—	—	—	—	—	—	—	—	—
河南	2762	—	2704	—	654	—	—	—	58
湖北	8392	20	6669	20	1241	844	164	60	879
湖南	—	—	—	—	—	—	—	—	—
广东	—	—	—	—	—	—	—	—	—
广西	—	—	—	—	—	—	—	—	—
海南	4348	35	2310	191	313	1210	31	18	828
重庆	4792	27	4574	46	424	131	12	3	87
四川	82271	3227	71687	2940	5171	5140	3039	792	5444
贵州	20801	—	17556	—	2363	1585	1143	291	1660
云南	19148	833	18381	333	2485	66	66	30	701
西藏	—	—	—	—	—	—	—	—	—
陕西	27186	1183	23331	1641	2658	2385	834	287	1470
甘肃	29315	373	24200	385	4367	3236	626	128	1879
青海	6461	—	6461	—	323	—	—	—	—
宁夏	10123	—	10123	—	—	—	—	—	—
新疆	—	—	—	—	—	—	—	—	—
新疆兵团	—	—	—	—	—	—	—	—	—
大兴安岭	—	—	—	—	—	—	—	—	—

天然林资源保护工程建设情况(二)

年末其他从业人员(人)	林业单位全年平均在岗职工人数(人)	自工程实施以来累计一次性安置职工人数(人)			年末实有离退休人数(人)	当年离退休人员生活费(万元)	年末参加基本养老保险社会统筹人数(人)		
		合 计	其中:本年一次性安置职工人数	本年一次性安置费(万元)			合 计	其中:参加省、地、县级社会统筹人数	在岗职工
42477	**204168**	**55595**	**3697**	**8239**	**152862**	**160880**	**300729**	**243133**	**156356**
—	—	—	—	—	—	—	—	—	—
—	—	—	—	—	—	—	—	—	—
—	—	—	—	—	—	—	—	—	—
33	11388	854	95	247	4030	3911	10496	7981	7496
—	8261	1713	277	492	3028	3017	7298	5873	5866
—	—	—	—	—	—	—	—	—	—
—	—	—	—	—	—	—	—	—	—
—	—	—	—	—	—	—	—	—	—
—	—	—	—	—	—	—	—	—	—
—	—	—	—	—	—	—	—	—	—
—	—	—	—	—	—	—	—	—	—
—	—	—	—	—	—	—	—	—	—
—	—	—	—	—	—	—	—	—	—
—	—	—	—	—	—	—	—	—	—
—	—	—	—	—	—	—	—	—	—
—	—	—	—	—	—	—	—	—	—
—	—	—	—	—	—	—	—	—	—
—	—	—	—	—	—	—	—	—	—
831	3089	2176	138	322	1071	3439	3387	2490	2490
616	5474	10611	857	2052	5419	17482	11092	7061	5859
—	—	—	—	—	—	—	—	—	—
—	—	—	—	—	—	—	—	—	—
—	—	—	—	—	—	—	—	—	—
57	1848	960	960	2130	3574	1554	6697	1483	2262
—	4524	4954	—	—	4528	3410	8776	8397	4122
5043	73326	7829	469	631	83635	80598	154763	133450	67778
27731	17911	3988	—	—	9352	7746	13575	11724	7850
5749	17029	9059	524	1725	14772	16544	26876	20996	14423
—	—	129	—	—	—	—	—	—	—
1833	22251	6104	312	491	7351	4482	23740	18990	16974
584	22531	7173	65	149	12374	14518	25532	16468	14651
—	6464	45	—	—	639	878	680	403	550
—	10072	—	—	—	3089	3301	7817	7817	6035
—	—	—	—	—	—	—	—	—	—
—	—	—	—	—	—	—	—	—	—
—	—	—	—	—	—	—	—	—	—

长江上游、黄河上中游各地区

地　　区	年末参加基本养老保险社会统筹人数(人)			全部林业投资完成额(万元)					
	下岗待安置职工	其他从业人员	离退休人员	合　计	其　中		造林(人工和飞播)	封山育林	森林管护
					国债资金	中央财政专项资金			
全国合计	**11881**	**4395**	**128097**	**379742**	**143654**	**213100**	**83798**	**51041**	**160645**
北　京	—	—	—	—	—	—	—	—	—
天　津	—	—	—	—	—	—	—	—	—
河　北	—	—	—	—	—	—	—	—	—
山　西	130	56	2814	17047	6668	7068	3992	2645	6208
内蒙古	5	34	1393	18078	11629	6198	6985	4150	3645
内蒙古集团	—	—	—	—	—	—	—	—	—
辽　宁	—	—	—	—	—	—	—	—	—
吉　林	—	—	—	—	—	—	—	—	—
吉林集团	—	—	—	—	—	—	—	—	—
黑龙江	—	—	—	—	—	—	—	—	—
龙江集团	—	—	—	—	—	—	—	—	—
上　海	—	—	—	—	—	—	—	—	—
江　苏	—	—	—	—	—	—	—	—	—
浙　江	—	—	—	—	—	—	—	—	—
安　徽	—	—	—	—	—	—	—	—	—
福　建	—	—	—	—	—	—	—	—	—
江　西	—	—	—	—	—	—	—	—	—
山　东	—	—	—	—	—	—	—	—	—
河　南	—	—	897	6040	2113	3456	54	2107	1793
湖　北	693	216	4324	17518	7321	9460	1443	5240	7761
湖　南	—	—	—	—	—	—	—	—	—
广　东	—	—	—	—	—	—	—	—	—
广　西	—	—	—	—	—	—	—	—	—
海　南	1181	240	3014	5435	—	4335	—	—	3305
重　庆	131	87	4436	17412	5946	7633	1555	4655	6353
四　川	4684	2944	79357	104135	44295	57454	34335	8908	41206
贵　州	1176	58	4491	29192	8279	18852	1056	4970	15872
云　南	166	146	12141	60238	19413	35718	12100	4956	33655
西　藏	—	—	—	8486	—	8486	91	90	3553
陕　西	1176	446	5144	49508	20908	26176	14651	5679	20811
甘　肃	2539	168	8174	33545	12123	21022	6108	4952	10806
青　海	—	—	130	9338	3472	5224	491	2139	4867
宁　夏	—	—	1782	3770	1487	2018	937	550	810
新　疆	—	—	—	—	—	—	—	—	—
新疆兵团	—	—	—	—	—	—	—	—	—
大兴安岭	—	—	—	—	—	—	—	—	—

天然林资源保护工程建设情况(三)

其他	本年资金来源总计(万元)								
	总 计	上年末结余资金	本年资金来源合计						
			合 计	其中:地方配套资金	国家预算内资金			其他资金
					小 计	其 中		
						国债资金	中央财政专项资金	
84258	**453855**	**83211**	**370644**	**23722**	**359067**	**140249**	**207694**	**11577**
—	—	—	—	—	—	—	—	—
—	—	—	—	—	—	—	—	—
—	—	—	—	—	—	—	—	—
4202	17047	694	16353	2239	16353	6668	7068	—
3298	18377	297	18080	68	17857	11585	6080	223
—	—	—	—	—	—	—	—	—
—	—	—	—	—	—	—	—	—
—	—	—	—	—	—	—	—	—
—	—	—	—	—	—	—	—	—
—	—	—	—	—	—	—	—	—
—	—	—	—	—	—	—	—	—
—	—	—	—	—	—	—	—	—
—	—	—	—	—	—	—	—	—
—	—	—	—	—	—	—	—	—
—	—	—	—	—	—	—	—	—
—	—	—	—	—	—	—	—	—
—	—	—	—	—	—	—	—	—
—	—	—	—	—	—	—	—	—
2086	8189	2133	6056	598	5794	2140	3416	262
3074	22971	1064	21907	4180	17727	7799	9928	4180
—	—	—	—	—	—	—	—	—
—	—	—	—	—	—	—	—	—
—	—	—	—	—	—	—	—	—
2130	9226	—	9226	1100	8126	—	8126	1100
4849	16230	29	16201	2588	16201	5946	7633	—
19686	141243	33742	107501	1737	105713	46957	58756	1788
7294	34210	12239	21971	1310	21971	7834	12827	—
9527	77039	20496	56543	3717	54567	19467	31580	1976
4752	8486	—	8486	—	8486	—	8486	—
8367	54828	12085	42743	2296	41225	14873	26352	1518
11679	32901	—	32901	3624	32636	11998	20637	265
1841	9338	432	8906	—	8906	3495	4787	—
1473	3770	—	3770	265	3505	1487	2018	265
—	—	—	—	—	—	—	—	—
—	—	—	—	—	—	—	—	—
—	—	—	—	—	—	—	—	—

退耕还林工程建设情况

指　　标	单位	合　计	退耕还林工程	京津风沙源治理工程中的退耕
一、当年人工造林面积	**公顷**	**6840890**	**6196128**	**644762**
1. 退耕地造林面积	公顷	3418116	3085926	332190
2. 荒山荒地造林面积	公顷	3422774	3110202	312572
在当年人工造林面积中:生态林面积	公顷	5466697	4934761	531936
按林种用途分:				
(1)用材林	公顷	716102	702147	13955
(2)经济林	公顷	505568	486591	18977
(3)防护林	公顷	5562340	4950884	611456
(4)薪炭林	公顷	46267	46000	267
(5)特种用途林	公顷	10613	10506	107
二、当年种草面积	**公顷**	**196853**	**195613**	**1240**
其中:退耕地种草面积	公顷	25553	25540	13
三、当年新封山育林面积	**公顷**	**43730**	**26197**	**17533**
四、补助粮、款兑现				
1. 自工程实施以来累计粮食兑现数量总计	吨	17734244	16530114	1204130
其中:当年粮食兑现数量合计	吨	9427832	8675226	752606
其中:当年新退耕地粮食兑现数量	吨	3695905	3347571	348334
2. 自工程实施以来累计现金兑现金额总计	万元	583574	555633	27941
其中:当年现金兑现金额合计	万元	281800	264329	17471
其中:当年新退耕地现金兑现金额	万元	102038	93464	8574
3. 粮款兑现涉及户数	户	18853100	17582701	1270399
五、全部林业投资完成额	**万元**	**2259879**	**2085573**	**174306**
其中:国债资金	万元	592445	543130	49315
中央财政专项资金	万元	1497443	1382889	114554
1. 粮食折资	万元	1397135	1296093	101042
2. 种苗费	万元	548093	498341	49752
3. 粮食调运费	万元	58426	56385	2041
4. 其他费用	万元	256225	234754	21471
六、本年资金来源总计	**万元**	**2197940**	**2021790**	**176150**
1. 上年末结余资金	万元	21873	21581	292
2. 本年资金来源合计	万元	2176067	2000209	175858
其中:地方配套资金	万元	78043	72496	5547
(1)国家预算内资金	万元	2042016	1870725	171291
其中:国债资金	万元	561866	509640	52226
中央财政专项资金	万元	1438620	1323007	115613
(2)其他资金	万元	134050	129483	4567

各地区全部退耕还林工程建设情况(一)

地　区	当年人工造林面积(公顷)									当年种草面积(公顷)	
	合　计	退耕地造林面积	荒山荒地造林面积	在当年人工造林面积中:生态林面积	按林种用途分					合　计	其中:退耕地种草面积
					用材林	经济林	防护林	薪炭林	特种用途林		
全国合计	**6840890**	**3418116**	**3422774**	**5466697**	**716102**	**505568**	**5562340**	**46267**	**10613**	**196853**	**25553**
北　京	15796	9298	6498	11887	589	6695	8405	—	107	—	—
天　津	1173	1173	—	485	620	553	—	—	—	—	—
河　北	464133	222086	242047	416012	57942	20541	385192	267	191	1375	1359
山　西	340055	151436	188619	313478	797	13511	325747	—	—	3078	1851
内蒙古	654897	299317	355580	547079	8748	3749	642400	—	—	—	—
内蒙古集团	—	—	—	—	—	—	—	—	—	—	—
辽　宁	174744	94618	80126	150107	23262	24637	120362	6483	—	11786	11786
吉　林	129486	115775	13711	34222	14032	8223	106877	354	—	106200	—
吉林集团	—	—	—	—	—	—	—	—	—	—	—
黑龙江	236791	141507	95284	221386	70173	9022	148283	2459	6854	29112	—
龙江集团	6670	—	6670	—	5486	287	897	—	—	—	—
上　海	—	—	—	—	—	—	—	—	—	—	—
江　苏	—	—	—	—	—	—	—	—	—	—	—
浙　江	—	—	—	—	—	—	—	—	—	—	—
安　徽	161724	73675	88049	151669	—	10055	151669	—	—	—	—
福　建	—	—	—	—	—	—	—	—	—	—	—
江　西	213332	106662	106670	167668	21030	23932	167924	—	446	—	—
山　东	—	—	—	—	—	—	—	—	—	—	—
河　南	253337	106674	146663	181113	84947	44336	121200	2037	817	—	—
湖　北	280456	138588	141868	112256	69985	36502	158947	14972	50	—	—
湖　南	392472	195476	196996	182173	59335	46814	284440	389	1494	—	—
广　东	—	—	—	—	—	—	—	—	—	—	—
广　西	249085	110700	138385	170236	110882	41222	96981	—	—	—	—
海　南	69199	34553	34646	42336	3024	11461	54684	—	30	—	—
重　庆	331886	165749	166137	307662	27884	31464	271698	840	—	874	346
四　川	478891	240127	238764	376636	64272	49984	364434	39	162	—	—
贵　州	346649	173165	173484	331282	3085	12651	330913	—	—	245	245
云　南	336565	162861	173704	259361	52773	49560	228226	5627	379	827	220
西　藏	13333	—	13333	—	—	—	13333	—	—	—	—
陕　西	562405	279641	282764	427946	33096	25104	500519	3686	—	2130	1372
甘　肃	526106	261397	264709	503642	—	19236	499002	7800	68	100	100
青　海	88160	60572	27588	88160	—	—	88160	—	—	39808	7276
宁　夏	270759	138887	131872	270759	—	—	270759	—	—	813	813
新　疆	249456	134179	115277	199142	9626	16316	222185	1314	15	505	185
新疆兵团	74142	47115	27027	63375	—	2284	71858	—	—	320	—
大兴安岭	—	—	—	—	—	—	—	—	—	—	—

各地区全部退耕

地　区	当年新封山育林面积(公顷)	补助粮、款兑现						
		自工程实施以来累计粮食兑现数量(吨)			自工程实施以来累计现金兑现金额(万元)			粮款兑现涉及户数(户)
		总　计	其中:当年粮食兑现数量		总　计	其中:当年现金总现金额		
			合　计	其中:当年新退耕地粮食兑现数量		合　计	其中:当年新退耕地现金兑现金额	
全国合计	**43730**	**17734244**	**9427832**	**3695905**	**583574**	**281800**	**102038**	**18853100**
北　京	9333	40112	24422	4050	2157	1128	262	85520
天　津	1333	3750	3080	850	92	72	34	9549
河　北	—	617845	390837	172625	15475	9736	5108	1369474
山　西	—	744693	400177	144677	17260	9618	3909	552203
内蒙古	6867	1514124	902753	412188	31915	19008	8989	1045619
内蒙古集团	—	—	—	—	—	—	—	—
辽　宁	—	249487	186455	115926	4989	3729	2318	347723
吉　林	—	92820	74558	36462	3650	2789	1259	134409
吉林集团	—	—	—	—	—	—	—	—
黑龙江	—	267546	183897	134175	105048	6126	—	164457
龙江集团	—	—	—	—	—	—	—	—
上　海	—	—	—	—	—	—	—	—
江　苏	—	—	—	—	—	—	—	—
浙　江	—	—	—	—	—	—	—	—
安　徽	—	261490	171111	91509	18594	9578	7158	663636
福　建	—	—	—	—	—	—	—	—
江　西	—	226631	113764	46094	3743	2274	1126	187072
山　东	—	—	—	—	—	—	—	—
河　南	—	535304	273687	165435	50673	21008	8560	818578
湖　北	—	691407	404022	194799	25354	12159	6880	776833
湖　南	—	683930	491031	316044	18378	12923	10654	1282371
广　东	—	—	—	—	—	—	—	—
广　西	—	316839	219749	70900	4349	3414	877	365528
海　南	—	90715	83570	53573	5358	4907	3584	46451
重　庆	—	925673	553114	191804	72338	66383	3952	1483274
四　川	3496	3979042	1583242	458778	54727	22783	6525	4513271
贵　州	—	1106131	689182	331932	14964	9032	4532	1233736
云　南	—	816676	503090	293417	14245	9253	5820	760565
西　藏	—	—	—	—	—	—	—	—
陕　西	—	2543000	1074110	85814	50107	18625	2526	1148866
甘　肃	—	772400	409235	47105	30166	15113	8000	1213949
青　海	—	466467	244113	107530	9653	5143	2200	208549
宁　夏	—	458000	266000	140000	8868	5028	2800	271743
新　疆	22701	330162	182633	80218	21471	11971	4965	169724
新疆兵团	22701	84870	46730	24430	5392	3529	2565	6804
大兴安岭	—	—	—	—	—	—	—	—

工程建设情况(二)

全部林业投资完成额(万元)						
合　计	其　中		粮食折资	种苗费	粮食调运费	其他费用
	国债资金	中央财政专项资金				
2259879	**592445**	**1497443**	**1397135**	**548093**	**58426**	**256225**
10312	2230	4024	3528	4232	70	2482
1090	980	—	119	85	—	886
106476	33720	58424	51815	33480	1813	19368
106489	25740	79721	67608	25500	13	13368
198250	50345	147121	129062	49815	767	18606
—	—	—	—	—	—	—
50332	20500	29832	26103	20500	—	3729
37935	17920	18894	12981	18321	462	6171
—	—	—	—	—	—	—
63040	25895	35680	33897	25895	331	2917
500	500	—	—	500	—	—
—	—	—	—	—	—	—
—	—	—	—	—	—	—
—	—	—	—	—	—	—
75105	23656	50237	36663	23656	110	14676
—	—	—	—	—	—	—
50103	14991	32799	29211	14991	142	5759
—	—	—	—	—	—	—
83239	19000	60646	54446	19000	2913	6880
93915	30001	40369	55307	22087	3463	13058
91030	36585	39832	55555	24532	835	10108
—	—	—	—	—	—	—
62379	18833	22496	29427	18145	382	14425
19387	5176	13204	8373	6000	183	4831
159379	25000	117300	107100	25275	15300	11704
323590	36155	267552	244286	36155	19598	23551
134045	26000	105517	96485	26000	708	10852
119068	34798	62680	71482	25818	9115	12653
1000	1000	—	—	1000	—	—
148125	51466	87831	86937	43179	348	17661
153168	39700	104586	100841	40000	50	12277
52631	11000	41630	35605	11000	1040	4986
56509	14050	42268	37240	14000	—	5269
63282	27704	34800	23064	19427	783	20008
21820	15634	6186	6630	7357	5	7828
—	—	—	—	—	—	—

各地区全部退耕还林工程建设情况(三)

地　　区	本年资金来源总计(万元)							
	总　计	上年末结余资金	本年资金来源合计					
			合　计	其中:地方配套资金	国家预算内资金			其他资金
					小　计	其　　中		
						国债资金	中央财政专项资金	
全国合计	**2197940**	**21873**	**2176067**	**78043**	**2042016**	**561866**	**1438620**	**134050**
北　京	10184	262	9922	4189	8859	1843	4024	1063
天　津	1910	—	1910	110	1800	1800	—	110
河　北	107474	—	107474	1753	97404	36260	60774	10070
山　西	106865	—	106865	1129	106861	25740	79986	4
内蒙古	196330	198	196132	557	195148	50241	144792	984
内蒙古集团	—	—	—	—	—	—	—	—
辽　宁	50332	—	50332	—	50332	20500	29832	—
吉　林	36843	2	36841	20	36835	17921	17758	6
吉林集团	—	—	—	—	—	—	—	—
黑龙江	58993	394	58599	—	43004	18500	24504	15595
龙江集团	500	—	500	—	500	500	—	—
上　海	—	—	—	—	—	—	—	—
江　苏	—	—	—	—	—	—	—	—
浙　江	—	—	—	—	—	—	—	—
安　徽	65575	685	64890	9312	51333	23666	26725	13557
福　建	—	—	—	—	—	—	—	—
江　西	48851	2732	46119	2043	43874	15808	27981	2245
山　东	—	—	—	—	—	—	—	—
河　南	90161	2	90159	1943	79646	19000	60646	10513
湖　北	133637	855	132782	2976	120790	21310	99480	11992
湖　南	84797	2774	82023	7820	81406	33429	38383	617
广　东	—	—	—	—	—	—	—	—
广　西	64229	5158	59071	1864	42011	18686	23040	17060
海　南	16129	9	16120	762	7200	6000	1200	8920
重　庆	159432	328	159104	15300	157621	25000	117300	1483
四　川	302684	6760	295924	17618	277213	34764	242449	18711
贵　州	134045	—	134045	1820	134045	26000	105517	—
云　南	112118	1507	110611	4559	100457	32178	62502	10154
西　藏	1000	—	1000	—	1000	1000	—	—
陕　西	116637	58	116579	68	115805	42333	73472	774
甘　肃	141038	—	141038	—	141038	39820	100737	—
青　海	52631	—	52631	—	52631	11000	41630	—
宁　夏	56509	—	56509	191	56318	14050	42268	191
新　疆	49535	149	49386	4009	39385	25017	13620	10001
新疆兵团	21719	—	21719	4009	13765	13017	—	7954
大兴安岭	—	—	—	—	—	—	—	—

各地区退耕还林工程建设情况(一)

地区	当年人工造林面积(公顷)									当年种草面积(公顷)	
	合计	退耕地造林面积	荒山荒地造林面积	在当年人工造林面积中:生态林面积	按林种用途分					合计	其中:退耕地种草面积
					用材林	经济林	防护林	薪炭林	特种用途林		
全国合计	**6196128**	**3085926**	**3110202**	**4934761**	**702147**	**486591**	**4950884**	**46000**	**10506**	**195613**	**25540**
北京	—	—	—	—	—	—	—	—	—	—	—
天津	—	—	—	—	—	—	—	—	—	—	—
河北	210690	86678	124012	184023	46156	14825	149518	—	191	1362	1346
山西	280383	120198	160185	257460	797	10003	269583	—	—	1851	1851
内蒙古	340219	144244	195975	315522	7788	1244	331187	—	—	—	—
内蒙古集团	—	—	—	—	—	—	—	—	—	—	—
辽宁	174744	94618	80126	150107	23262	24637	120362	6483	—	11786	11786
吉林	129486	115775	13711	34222	14032	8223	106877	354	—	106200	—
吉林集团	—	—	—	—	—	—	—	—	—	—	—
黑龙江	236791	141507	95284	221386	70173	9022	148283	2459	6854	29112	—
龙江集团	6670	—	6670	—	5486	287	897	—	—	—	—
上海	—	—	—	—	—	—	—	—	—	—	—
江苏	—	—	—	—	—	—	—	—	—	—	—
浙江	—	—	—	—	—	—	—	—	—	—	—
安徽	161724	73675	88049	151669	—	10055	151669	—	—	—	—
福建	—	—	—	—	—	—	—	—	—	—	—
江西	213332	106662	106670	167668	21030	23932	167924	—	446	—	—
山东	—	—	—	—	—	—	—	—	—	—	—
河南	253337	106674	146663	181113	84947	44336	121200	2037	817	—	—
湖北	280456	138588	141868	112256	69985	36502	158947	14972	50	—	—
湖南	392472	195476	196996	182173	59335	46814	284440	389	1494	—	—
广东	—	—	—	—	—	—	—	—	—	—	—
广西	249085	110700	138385	170236	110882	41222	96981	—	—	—	—
海南	69199	34553	34646	42336	3024	11461	54684	—	30	—	—
重庆	331886	165749	166137	307662	27884	31464	271698	840	—	874	346
四川	478891	240127	238764	376636	64272	49984	364434	39	162	—	—
贵州	346649	173165	173484	331282	3085	12651	330913	—	—	245	245
云南	336565	162861	173704	259361	52773	49560	228226	5627	379	827	220
西藏	13333	—	13333	—	—	—	13333	—	—	—	—
陕西	562405	279641	282764	427946	33096	25104	500519	3686	—	2130	1372
甘肃	526106	261397	264709	503642	—	19236	499002	7800	68	100	100
青海	88160	60572	27588	88160	—	—	88160	—	—	39808	7276
宁夏	270759	138887	131872	270759	—	—	270759	—	—	813	813
新疆	249456	134179	115277	199142	9626	16316	222185	1314	15	505	185
新疆兵团	74142	47115	27027	63375	—	2284	71858	—	—	320	—
大兴安岭	—	—	—	—	—	—	—	—	—	—	—

各地区退耕还林

地区	当年新封山育林面积（公顷）	补助粮、款兑现						
		自工程实施以来累计粮食兑现数量（吨）			自工程实施以来累计现金兑现金额（万元）			粮款兑现涉及户数（户）
		总计	其中：当年粮食兑现数量		总计	其中：当年现金总现金额		
			合计	其中：当年新退耕地粮食兑现数量		合计	其中：当年新退耕地现金兑现金额	
全国合计	**26197**	**16530114**	**8675226**	**3347571**	**555633**	**264329**	**93464**	**17582701**
北京	—	—	—	—	—	—	—	—
天津	—	—	—	—	—	—	—	—
河北	—	215996	157746	78786	5213	3728	2324	825006
山西	—	620551	325668	112234	14488	7850	3029	484552
内蒙古	—	879847	485249	195036	19257	10513	4375	482408
内蒙古集团	—	—	—	—	—	—	—	—
辽宁	—	249487	186455	115926	4989	3729	2318	347723
吉林	—	92820	74558	36462	3650	2789	1259	134409
吉林集团	—	—	—	—	—	—	—	—
黑龙江	—	267546	183897	134175	105048	6126	—	164457
龙江集团	—	—	—	—	—	—	—	—
上海	—	—	—	—	—	—	—	—
江苏	—	—	—	—	—	—	—	—
浙江	—	—	—	—	—	—	—	—
安徽	—	261490	171111	91509	18594	9578	7158	663636
福建	—	—	—	—	—	—	—	—
江西	—	226631	113764	46094	3743	2274	1126	187072
山东	—	—	—	—	—	—	—	—
河南	—	535304	273687	165435	50673	21008	8560	818578
湖北	—	691407	404022	194799	25354	12159	6880	776833
湖南	—	683930	491031	316044	18378	12923	10654	1282371
广东	—	—	—	—	—	—	—	—
广西	—	316839	219749	70900	4349	3414	877	365528
海南	—	90715	83570	53573	5358	4907	3584	46451
重庆	—	925673	553114	191804	72338	66383	3952	1483274
四川	3496	3979042	1583242	458778	54727	22783	6525	4513271
贵州	—	1106131	689182	331932	14964	9032	4532	1233736
云南	—	816676	503090	293417	14245	9253	5820	760565
西藏	—	—	—	—	—	—	—	—
陕西	—	2543000	1074110	85814	50107	18625	2526	1148866
甘肃	—	772400	409235	47105	30166	15113	8000	1213949
青海	—	466467	244113	107530	9653	5143	2200	208549
宁夏	—	458000	266000	140000	8868	5028	2800	271743
新疆	22701	330162	182633	80218	21471	11971	4965	169724
新疆兵团	22701	84870	46730	24430	5392	3529	2565	6804
大兴安岭	—	—	—	—	—	—	—	—

工程建设情况(二)

全部林业投资完成额(万元)						
合 计	其 中		粮食折资	种苗费	粮食调运费	其他费用
	国债资金	中央财政专项资金				
2085573	**543130**	**1382889**	**1296093**	**498341**	**56385**	**234754**
—	—	—	—	—	—	—
—	—	—	—	—	—	—
50232	16220	25297	21814	16250	337	11831
89505	21240	67284	57050	21000	13	11442
108574	26240	82155	72226	26110	272	9966
—	—	—	—	—	—	—
50332	20500	29832	26103	20500	—	3729
37935	17920	18894	12981	18321	462	6171
—	—	—	—	—	—	—
63040	25895	35680	33897	25895	331	2917
500	500	—	—	500	—	—
—	—	—	—	—	—	—
—	—	—	—	—	—	—
—	—	—	—	—	—	—
75105	23656	50237	36663	23656	110	14676
—	—	—	—	—	—	—
50103	14991	32799	29211	14991	142	5759
—	—	—	—	—	—	—
83239	19000	60646	54446	19000	2913	6880
93915	30001	40369	55307	22087	3463	13058
91030	36585	39832	55555	24532	835	10108
—	—	—	—	—	—	—
62379	18833	22496	29427	18145	382	14425
19387	5176	13204	8373	6000	183	4831
159379	25000	117300	107100	25275	15300	11704
323590	36155	267552	244286	36155	19598	23551
134045	26000	105517	96485	26000	708	10852
119068	34798	62680	71482	25818	9115	12653
1000	1000	—	—	1000	—	—
148125	51466	87831	86937	43179	348	17661
153168	39700	104586	100841	40000	50	12277
52631	11000	41630	35605	11000	1040	4986
56509	14050	42268	37240	14000	—	5269
63282	27704	34800	23064	19427	783	20008
21820	15634	6186	6630	7357	5	7828
—	—	—	—	—	—	—

各地区退耕还林工程建设情况(三)

地区	本年资金来源总计(万元)							
	总计	上年末结余资金	本年资金来源合计					
			合计	其中:地方配套资金	国家预算内资金			其他资金
					小计	其中		
						国债资金	中央财政专项资金	
全国合计	**2021790**	**21581**	**2000209**	**72496**	**1870725**	**509640**	**1323007**	**129483**
北京	—	—	—	—	—	—	—	—
天津	—	—	—	—	—	—	—	—
河北	50230	—	50230	1032	43103	16260	26807	7127
山西	89617	—	89617	1083	89613	21240	67284	4
内蒙古	106766	168	106598	76	106065	26158	79872	533
内蒙古集团	—	—	—	—	—	—	—	—
辽宁	50332	—	50332	—	50332	20500	29832	—
吉林	36843	2	36841	20	36835	17921	17758	6
吉林集团	—	—	—	—	—	—	—	—
黑龙江	58993	394	58599	—	43004	18500	24504	15595
龙江集团	500	—	500	—	500	500	—	—
上海	—	—	—	—	—	—	—	—
江苏	—	—	—	—	—	—	—	—
浙江	—	—	—	—	—	—	—	—
安徽	65575	685	64890	9312	51333	23666	26725	13557
福建	—	—	—	—	—	—	—	—
江西	48851	2732	46119	2043	43874	15808	27981	2245
山东	—	—	—	—	—	—	—	—
河南	90161	2	90159	1943	79646	19000	60646	10513
湖北	133637	855	132782	2976	120790	21310	99480	11992
湖南	84797	2774	82023	7820	81406	33429	38383	617
广东	—	—	—	—	—	—	—	—
广西	64229	5158	59071	1864	42011	18686	23040	17060
海南	16129	9	16120	762	7200	6000	1200	8920
重庆	159432	328	159104	15300	157621	25000	117300	1483
四川	302684	6760	295924	17618	277213	34764	242449	18711
贵州	134045	—	134045	1820	134045	26000	105517	—
云南	112118	1507	110611	4559	100457	32178	62502	10154
西藏	1000	—	1000	—	1000	1000	—	—
陕西	116637	58	116579	68	115805	42333	73472	774
甘肃	141038	—	141038	—	141038	39820	100737	—
青海	52631	—	52631	—	52631	11000	41630	—
宁夏	56509	—	56509	191	56318	14050	42268	191
新疆	49535	149	49386	4009	39385	25017	13620	10001
新疆兵团	21719	—	21719	4009	13765	13017	—	7954
大兴安岭	—	—	—	—	—	—	—	—

各地区京津风沙源治理工程中退耕还林工程建设情况(一)

地区	当年人工造林面积(公顷)									当年种草面积(公顷)	
	合计	退耕地造林面积	荒山荒地造林面积	在当年人工造林面积中:生态林面积	按林种用途分					合计	其中:退耕地种草面积
					用材林	经济林	防护林	薪炭林	特种用途林		
全国合计	**644762**	**332190**	**312572**	**531936**	**13955**	**18977**	**611456**	**267**	**107**	**1240**	**13**
北　京	15796	9298	6498	11887	589	6695	8405	—	107	—	—
天　津	1173	1173	—	485	620	553	—	—	—	—	—
河　北	253443	135408	118035	231989	11786	5716	235674	267	—	13	13
山　西	59672	31238	28434	56018	—	3508	56164	—	—	1227	—
内蒙古	314678	155073	159605	231557	960	2505	311213	—	—	—	—
内蒙古集团	—	—	—	—	—	—	—	—	—	—	—
辽　宁	—	—	—	—	—	—	—	—	—	—	—
吉　林	—	—	—	—	—	—	—	—	—	—	—
吉林集团	—	—	—	—	—	—	—	—	—	—	—
黑龙江	—	—	—	—	—	—	—	—	—	—	—
龙江集团	—	—	—	—	—	—	—	—	—	—	—
上　海	—	—	—	—	—	—	—	—	—	—	—
江　苏	—	—	—	—	—	—	—	—	—	—	—
浙　江	—	—	—	—	—	—	—	—	—	—	—
安　徽	—	—	—	—	—	—	—	—	—	—	—
福　建	—	—	—	—	—	—	—	—	—	—	—
江　西	—	—	—	—	—	—	—	—	—	—	—
山　东	—	—	—	—	—	—	—	—	—	—	—
河　南	—	—	—	—	—	—	—	—	—	—	—
湖　北	—	—	—	—	—	—	—	—	—	—	—
湖　南	—	—	—	—	—	—	—	—	—	—	—
广　东	—	—	—	—	—	—	—	—	—	—	—
广　西	—	—	—	—	—	—	—	—	—	—	—
海　南	—	—	—	—	—	—	—	—	—	—	—
重　庆	—	—	—	—	—	—	—	—	—	—	—
四　川	—	—	—	—	—	—	—	—	—	—	—
贵　州	—	—	—	—	—	—	—	—	—	—	—
云　南	—	—	—	—	—	—	—	—	—	—	—
西　藏	—	—	—	—	—	—	—	—	—	—	—
陕　西	—	—	—	—	—	—	—	—	—	—	—
甘　肃	—	—	—	—	—	—	—	—	—	—	—
青　海	—	—	—	—	—	—	—	—	—	—	—
宁　夏	—	—	—	—	—	—	—	—	—	—	—
新　疆	—	—	—	—	—	—	—	—	—	—	—
新疆兵团	—	—	—	—	—	—	—	—	—	—	—
大兴安岭	—	—	—	—	—	—	—	—	—	—	—

各地区京津风沙源治理工程

地区	当年新封山育林面积（公顷）	补助粮、款兑现						
		自工程实施以来累计粮食兑现数量(吨)			自工程实施以来累计现金兑现金额(万元)			粮款兑现涉及户数（户）
		总计	其中:当年粮食兑现数量		总计	其中:当年现金总现金额		
			合计	其中:当年新退耕地粮食兑现数量		合计	其中:当年新退耕地现金兑现金额	
全国合计	**17533**	**1204130**	**752606**	**348334**	**27941**	**17471**	**8574**	**1270399**
北　京	9333	40112	24422	4050	2157	1128	262	85520
天　津	1333	3750	3080	850	92	72	34	9549
河　北	—	401849	233091	93839	10262	6008	2784	544468
山　西	—	124142	74509	32443	2772	1768	880	67651
内蒙古	6867	634277	417504	217152	12658	8495	4614	563211
内蒙古集团	—	—	—	—	—	—	—	—
辽　宁	—	—	—	—	—	—	—	—
吉　林	—	—	—	—	—	—	—	—
吉林集团	—	—	—	—	—	—	—	—
黑龙江	—	—	—	—	—	—	—	—
龙江集团	—	—	—	—	—	—	—	—
上　海	—	—	—	—	—	—	—	—
江　苏	—	—	—	—	—	—	—	—
浙　江	—	—	—	—	—	—	—	—
安　徽	—	—	—	—	—	—	—	—
福　建	—	—	—	—	—	—	—	—
江　西	—	—	—	—	—	—	—	—
山　东	—	—	—	—	—	—	—	—
河　南	—	—	—	—	—	—	—	—
湖　北	—	—	—	—	—	—	—	—
湖　南	—	—	—	—	—	—	—	—
广　东	—	—	—	—	—	—	—	—
广　西	—	—	—	—	—	—	—	—
海　南	—	—	—	—	—	—	—	—
重　庆	—	—	—	—	—	—	—	—
四　川	—	—	—	—	—	—	—	—
贵　州	—	—	—	—	—	—	—	—
云　南	—	—	—	—	—	—	—	—
西　藏	—	—	—	—	—	—	—	—
陕　西	—	—	—	—	—	—	—	—
甘　肃	—	—	—	—	—	—	—	—
青　海	—	—	—	—	—	—	—	—
宁　夏	—	—	—	—	—	—	—	—
新　疆	—	—	—	—	—	—	—	—
新疆兵团	—	—	—	—	—	—	—	—
大兴安岭	—	—	—	—	—	—	—	—

中退耕还林工程建设情况(二)

全部林业投资完成额(万元)						
合　计	其　中		粮食折资	种苗费	粮食调运费	其他费用
	国债资金	中央财政专项资金				
174306	**49315**	**114554**	**101042**	**49752**	**2041**	**21471**
10312	2230	4024	3528	4232	70	2482
1090	980	—	119	85	—	886
56244	17500	33127	30001	17230	1476	7537
16984	4500	12437	10558	4500	—	1926
89676	24105	64966	56836	23705	495	8640
—	—	—	—	—	—	—
—	—	—	—	—	—	—
—	—	—	—	—	—	—
—	—	—	—	—	—	—
—	—	—	—	—	—	—
—	—	—	—	—	—	—
—	—	—	—	—	—	—
—	—	—	—	—	—	—
—	—	—	—	—	—	—
—	—	—	—	—	—	—
—	—	—	—	—	—	—
—	—	—	—	—	—	—
—	—	—	—	—	—	—
—	—	—	—	—	—	—
—	—	—	—	—	—	—
—	—	—	—	—	—	—
—	—	—	—	—	—	—
—	—	—	—	—	—	—
—	—	—	—	—	—	—
—	—	—	—	—	—	—
—	—	—	—	—	—	—
—	—	—	—	—	—	—
—	—	—	—	—	—	—
—	—	—	—	—	—	—
—	—	—	—	—	—	—
—	—	—	—	—	—	—
—	—	—	—	—	—	—
—	—	—	—	—	—	—
—	—	—	—	—	—	—
—	—	—	—	—	—	—
—	—	—	—	—	—	—

各地区京津风沙源治理工程中退耕还林工程建设情况(三)

地　区	本年资金来源总计(万元)							
	总　计	上年末结余资金	本年资金来源合计					
			合　计	其中:地方配套资金	国家预算内资金			其他资金
					小　计	其　中		
						国债资金	中央财政专项资金	
全国合计	**176150**	**292**	**175858**	**5547**	**171291**	**52226**	**115613**	**4567**
北　京	10184	262	9922	4189	8859	1843	4024	1063
天　津	1910	—	1910	110	1800	1800	—	110
河　北	57244	—	57244	721	54301	20000	33967	2943
山　西	17248	—	17248	46	17248	4500	12702	—
内蒙古	89564	30	89534	481	89083	24083	64920	451
内蒙古集团	—	—	—	—	—	—	—	—
辽　宁	—	—	—	—	—	—	—	—
吉　林	—	—	—	—	—	—	—	—
吉林集团	—	—	—	—	—	—	—	—
黑龙江	—	—	—	—	—	—	—	—
龙江集团	—	—	—	—	—	—	—	—
上　海	—	—	—	—	—	—	—	—
江　苏	—	—	—	—	—	—	—	—
浙　江	—	—	—	—	—	—	—	—
安　徽	—	—	—	—	—	—	—	—
福　建	—	—	—	—	—	—	—	—
江　西	—	—	—	—	—	—	—	—
山　东	—	—	—	—	—	—	—	—
河　南	—	—	—	—	—	—	—	—
湖　北	—	—	—	—	—	—	—	—
湖　南	—	—	—	—	—	—	—	—
广　东	—	—	—	—	—	—	—	—
广　西	—	—	—	—	—	—	—	—
海　南	—	—	—	—	—	—	—	—
重　庆	—	—	—	—	—	—	—	—
四　川	—	—	—	—	—	—	—	—
贵　州	—	—	—	—	—	—	—	—
云　南	—	—	—	—	—	—	—	—
西　藏	—	—	—	—	—	—	—	—
陕　西	—	—	—	—	—	—	—	—
甘　肃	—	—	—	—	—	—	—	—
青　海	—	—	—	—	—	—	—	—
宁　夏	—	—	—	—	—	—	—	—
新　疆	—	—	—	—	—	—	—	—
新疆兵团	—	—	—	—	—	—	—	—
大兴安岭	—	—	—	—	—	—	—	—

京津风沙源治理工程建设情况

指　　标	计量单位	本年实际
一、治理情况		
（一）当年造林面积	公顷	824427
按造林方式分		
1. 人工造林	公顷	716944
2. 飞播造林	公顷	107483
按林种用途分		
1. 用材林	公顷	19397
2. 经济林	公顷	21078
3. 防护林	公顷	782638
4. 薪炭林	公顷	947
5. 特种用途林	公顷	367
（二）年末实有封山（沙）育林面积	公顷	951983
其中：本年新封	公顷	287396
（三）草地治理面积	公顷	152150
（四）小流域治理面积	公顷	57577
（五）水利设施	处	5380
（六）生态移民人数	人	22246
（七）生态移民户数	户	5948
二、全部林业投资完成额	**万元**	**258781**
其中：国债资金	万元	122507
中央财政专项资金	万元	117006
（1）营造林	万元	168666
（2）科技费用	万元	585
（3）其他	万元	89530
三、本年资金来源总计	**万元**	**264089**
1. 上年末结余资金	万元	1432
2. 本年资金来源合计	万元	262657
其中：地方配套资金	万元	10747
（1）国家预算内资金	万元	248549
其中：国债资金	万元	120838
中央财政专项资金	万元	120105
（2）利用外资	万元	—
（3）其他资金	万元	14108

各地区京津风沙源治理工程建设情况

指　　标	计量单位	全国合计	北　京	天　津	河　北	山　西	内蒙古
一、治理情况							
（一）当年造林面积	公顷	824427	24609	1173	326255	102329	370061
按造林方式分							
1. 人工造林	公顷	716944	17942	1173	285587	75216	337026
2. 飞播造林	公顷	107483	6667	—	40668	27113	33035
按林种用途分							
1. 用材林	公顷	19397	589	620	16353	—	1835
2. 经济林	公顷	21078	6814	553	7350	3713	2648
3. 防护林	公顷	782638	16839	—	302285	98616	364898
4. 薪炭林	公顷	947	—	—	267	—	680
5. 特种用途林	公顷	367	367	—	—	—	—
（二）年末实有封山（沙）育林面积	公顷	951983	83775	12680	310035	72390	473103
其中：本年新封	公顷	287396	31233	1333	130520	36311	87999
（三）草地治理面积	公顷	152150	333	—	58000	22103	71714
（四）小流域治理面积	公顷	57577	3300	750	29123	14233	10171
（五）水利设施	处	5380	450	93	2186	576	2075
（六）生态移民人数	人	22246	—	—	4755	3350	14141
（七）生态移民户数	户	5948	—	—	1536	903	3509
二、全部林业投资完成额	**万元**	**258781**	**21913**	**1090**	**85903**	**41753**	**108122**
其中：国债资金	万元	122507	9988	980	42803	27778	40958
中央财政专项资金	万元	117006	4024	—	33127	13312	66543
（1）营造林	万元	168666	18634	1090	79039	25487	44416
（2）科技费用	万元	585	—	—	57	398	130
（3）其他	万元	89530	3279	—	6807	15868	63576
三、本年资金来源总计	**万元**	**264089**	**21680**	**1910**	**87257**	**42017**	**111225**
1. 上年末结余资金	万元	1432	262	—	—	1088	82
2. 本年资金来源合计	万元	262657	21418	1910	87257	40929	111143
其中：地方配套资金	万元	10747	7223	110	2195	717	502
（1）国家预算内资金	万元	248549	19157	1800	76135	40929	110528
其中：国债资金	万元	120838	9581	1800	39116	27471	42870
中央财政专项资金	万元	120105	4024	—	35722	12702	67657
（2）利用外资	万元	—	—	—	—	—	—
（3）其他资金	万元	14108	2261	110	11122	—	615

三北及长江流域等防护林工程建设情况

单位:公顷、万元

指　　标	三北、长江流域等重点防护林体系工程						
	合　计	三北防护林四期工程	长江流域防护林体系二期工程	沿海防护林体系二期工程	珠江流域防护林体系二期工程	太行山绿化二期工程	平原绿化二期工程
一、当年造林面积	**533544**	**275296**	**108752**	**38557**	**44712**	**50049**	**16178**
按造林方式分							
1. 人工造林	486922	261963	105469	38557	44712	20043	16178
其中:中央投资造林	396215	198296	102073	36377	39581	12063	7825
2. 飞播造林	46622	13333	3283	—	—	30006	—
按林种用途分							
1. 用材林	32476	7793	15353	3455	2842	233	2800
2. 经济林	40757	26429	8577	2936	950	420	1445
3. 防护林	453954	237552	84742	32047	40874	48683	10056
其中:水源涵养林	38906	16578	9098	1226	9736	2201	67
水土保持林	155750	63039	21174	11316	24014	36207	—
防风固沙林	96810	75690	11022	6902	—	2661	535
农田、牧场防护林	58506	47714	8135	902	105	—	1650
护岸护堤林	27714	11063	14036	2372	203	—	40
护路林	11834	5886	3212	1109	166	533	928
4. 薪炭林	2888	2748	68	26	46	—	—
5. 特种用途林	3469	774	12	93	—	713	1877
二、低产低效林改造面积	**43711**	**9491**	**22282**	**5058**	**6457**	**—**	**423**
三、年末实有封山育林面积	**2359086**	**1164296**	**636815**	**130606**	**147506**	**279863**	**—**
其中:本年新封面积	324848	177265	75033	10431	40306	21813	—
四、年末实有育苗面积	**112001**	**40976**	**45217**	**20751**	**213**	**1314**	**3530**
五、本年实际完成投资	**232083**	**85437**	**41442**	**29155**	**13136**	**10436**	**52477**
其中:国家投资	136239	49105	27758	20127	11083	8097	20069
1. 造林	160914	57196	27688	20539	7451	7599	40441
2. 封山育林	16201	8160	3620	778	2522	1121	—
3. 低产低效防护林改造	3866	213	1075	1220	966	—	392
4. 种苗	17255	8710	3335	2061	469	114	2566
5. 森林防火及病虫害防治	7123	3167	760	1757	211	482	746
6. 科技费用	466	178	126	3	36	23	100
7. 其他	17869	6763	3880	2467	246	890	3623
六、本年资金来源总计	**242507**	**86984**	**43681**	**30847**	**18156**	**10362**	**52477**
1. 上年末结余资金	14307	2077	4698	1751	5701	80	—
2. 本年资金来源合计	228200	84907	38983	29096	12455	10282	52477
其中:地方配套资金	91788	20816	16418	11869	1495	2329	38861
(1)国家预算内资金	148422	49321	31720	25189	11423	8486	22283
其中:国债资金	83685	44235	18540	10455	8770	1680	5
中央财政专项资金	13438	1142	6987	2884	533	1890	2
(2)国内贷款	1897	1817	80	—	—	—	—
(3)利用外资	—	—	—	—	—	—	—
(4)自筹资金	64742	30081	3658	2484	727	1791	26001
(5)其他资金	13139	3688	3525	1423	305	5	4193
七、群众投工投劳(折合资金)	**105382**	**35671**	**48842**	**11695**	**1461**	**4030**	**3683**

各地区三北及长江流域等

地区	当年造林面积	按造林方式分			按林种				
		人工造林		飞播造林	用材林	经济林	防		
		合计	其中:中央投资造林				合计	水源涵养林	水土保持林
全国合计	**533544**	**486922**	**396215**	**46622**	**32476**	**40757**	**453954**	**38906**	**155750**
北京	11159	11159	5107	—	3714	1694	3428	—	1437
天津	5721	5721	4743	—	2507	1064	2150	—	—
河北	45107	22441	17468	22666	1673	773	42461	2733	21055
山西	37871	37871	18594	—	487	1008	36376	2001	18929
内蒙古	4905	4905	3718	—	80	—	4825	—	900
内蒙古集团	—	—	—	—	—	—	—	—	—
辽宁	20406	20406	20406	—	—	—	20406	2989	8089
吉林	18620	18620	18620	—	—	—	18600	4313	5769
吉林集团	—	—	—	—	—	—	—	—	—
黑龙江	23145	23145	23145	—	717	96	22031	—	5751
龙江集团	—	—	—	—	—	—	—	—	—
上海	1565	1565	—	—	—	—	809	192	13
江苏	17717	17717	17649	—	—	—	17717	14	900
浙江	11478	11478	11478	—	525	879	10062	1403	4693
安徽	21960	21960	21960	—	68	490	21402	1820	4187
福建	6280	6280	6280	—	85	31	6155	468	3633
江西	5165	5165	5165	—	—	317	4848	1588	2635
山东	19203	19203	19203	—	10380	5310	3419	820	940
河南	33291	19335	15957	13956	4124	2483	26684	520	14570
湖北	23877	23877	23877	—	3030	1808	19039	1713	4867
湖南	8408	8408	8408	—	391	62	7955	2029	1608
广东	8004	8004	5061	—	—	—	8004	3803	1752
广西	9988	9988	9988	—	1514	256	8218	1018	5720
海南	4244	4244	3114	—	—	—	4160	198	1504
重庆	—	—	—	—	—	—	—	—	—
四川	—	—	—	—	—	—	—	—	—
贵州	13634	13634	13634	—	535	339	12760	788	11603
云南	18343	18343	15556	—	893	186	17218	3753	7903
西藏	6380	6380	6380	—	—	—	6380	—	—
陕西	15944	15944	15944	—	578	147	15219	267	6503
甘肃	23810	23810	23810	—	—	213	23597	1799	13759
青海	5281	5281	4920	—	—	—	5281	736	4078
宁夏	36999	36999	36999	—	158	3671	31657	3941	—
新疆	75039	65039	19031	10000	1017	19930	53093	—	2952
新疆兵团	14405	14405	2134	—	236	3554	10615	—	—
大兴安岭	—	—	—	—	—	—	—	—	—

防护林工程建设情况(一)

单位:公顷

用途分						低产低效林改造面积	年末实有封山育林面积		年末实有育苗面积
护林				薪炭林	特种用途林		合计	其中:本年新封面积	
其中									
防风固沙林	农田、牧场防护林	护岸护堤林	护路林						
96810	**58506**	**27714**	**11834**	**2888**	**3469**	**43711**	**2359086**	**324848**	**112001**
942	290	—	759	—	2323	—	7673	1333	5055
—	817	—	1333	—	—	—	—	—	—
6557	4589	457	603	—	200	—	173526	—	6363
6553	4204	173	313	—	—	—	121024	10480	248
1933	1279	—	53	—	—	—	57995	2334	1360
—	—	—	—	—	—	—	—	—	—
7826	797	705	—	—	—	—	—	—	7301
6456	1657	321	84	—	20	—	20505	20505	1350
—	—	—	—	—	—	—	—	—	—
5452	5194	5167	467	301	—	—	29998	23482	8687
—	—	—	—	—	—	—	—	—	—
—	—	40	250	—	756	—	—	—	—
231	1216	6089	1265	—	—	68	621	261	—
—	237	343	619	—	12	16783	33672	10620	—
663	1585	4728	453	—	—	—	75066	10212	638
924	113	910	107	—	9	—	44444	—	—
—	24	16	—	—	—	5900	63153	20893	398
—	698	—	961	94	—	—	158597	—	58244
2967	1990	370	268	—	—	—	93839	39067	1435
2498	2895	2491	565	—	—	—	40337	2532	305
10	—	174	10	—	—	4098	315541	9841	1245
1569	—	80	—	—	—	7105	15273	7073	68
1076	105	296	3	—	—	216	37907	13525	10
1772	—	166	—	—	84	—	—	—	9
—	—	—	—	—	—	—	—	—	—
—	—	—	—	—	—	50	—	—	—
—	—	203	166	—	—	—	72097	21079	42
—	—	—	—	46	—	—	24339	667	57
6380	—		—		—		—	—	—
2348	2739	846	1729	—	—	—	—	—	263
4602	2971	—	466	—	—	—	98583	10965	3002
467	—	—	—	—	—	—	152170	30405	2320
18853	5139	3724	—	1513	—	109	—	—	4980
16731	19967	415	1360	934	65	9382	722726	89574	8621
3268	6913	—	—	—	—	—	128581	5132	1831
—	—	—	—	—	—	—	—	—	—

各地区三北及长江流域等

地　　区	本年实际完成投资									
	合　计	其中：国家投资	造林	封山育林	低产低效防护林改造	种苗	森林防火及病虫害防治	科技费用	其他	总　计
全国合计	**232083**	**136239**	**160914**	**16201**	**3866**	**17255**	**7123**	**466**	**17869**	**242507**
北　京	33698	16357	27320	—	86	1111	1004	12	4164	33698
天　津	3259	1785	2622	—	—	120	122	—	395	4990
河　北	6764	4880	4254	754	—	240	184	5	136	6659
山　西	5467	5119	4608	701	40	—	8	—	110	5588
内蒙古	390	390	190	165	—	—	1	—	34	376
内蒙古集团	—	—	—	—	—	—	—	—	—	—
辽　宁	14543	12413	5828	—	—	4600	1437	—	2678	14543
吉　林	4555	4495	2916	1525	—	69	—	11	14	4855
吉林集团	—	—	—	—	—	—	—	—	—	—
黑龙江	5890	3900	5282	58	—	259	50	—	241	5890
龙江集团	—	—	—	—	—	—	—	—	—	—
上　海	27469	12128	22869	—	—	—	—	—	—	27469
江　苏	4008	2637	3216	11	25	270	48	51	97	4832
浙　江	5425	4678	3839	761	674	—	—	8	115	5736
安　徽	4228	2659	2985	538	3	309	42	6	148	4006
福　建	3279	2821	2497	414	171	79	79	3	36	3255
江　西	4378	3270	2369	944	567	181	27	18	252	4998
山　东	14554	3880	8335	—	117	1821	982	—	3299	14554
河　南	4259	3224	3524	233	—	213	19	10	80	4234
湖　北	4449	3650	3326	471	10	269	65	22	286	4917
湖　南	5066	3884	2621	1398	166	252	52	22	132	6271
广　东	7314	3955	2237	71	1567	1917	312	109	327	8829
广　西	3950	3129	3441	267	10	111	7	2	92	3976
海　南	1617	799	1162	20	237	198	—	—	—	1629
重　庆	—	—	—	—	—	—	—	—	—	—
四　川	20	10	—	—	20	—	—	—	—	10
贵　州	3530	3500	1710	1820	—	—	—	—	—	7430
云　南	2709	2385	1843	56	—	94	21	20	60	2819
西　藏	3500	3500	2500	—	—	1000	—	—	—	3500
陕　西	2352	2151	2296	—	—	—	3	—	50	2193
甘　肃	5330	5330	4011	1222	61	17	—	19	—	5330
青　海	3554	3554	1757	980	—	270	317	51	179	3554
宁　夏	6782	3943	6782	—	—	—	—	—	—	6782
新　疆	39744	11813	24574	3792	112	3855	2343	97	4944	39584
新疆兵团	24332	1839	16107	1000	112	1955	1107	54	3970	24128
大兴安岭	—	—	—	—	—	—	—	—	—	—

防护林工程建设情况(二)

单位:万元

本年资金来源总计										群众投工投劳(折合资金)
上年末结余资金	本年资金来源合计									
	合 计	其中:地方配套资金								
		小 计	国家预算内资金			国内贷款	利用外资	自筹资金	其他资金	
			计	其中						
				国债资金	中央财政专项资金					
14307	**228200**	**91788**	**148422**	**83685**	**13438**	**1897**		**64742**	**13139**	**105382**
100	33598	29561	16257	800	40	—	—	17341	—	5731
—	4990	1875	2215	1700	162	900	—	—	1875	—
470	6189	1406	5653	3000	640	—	—	—	536	3751
20	5568	578	5257	2720	1035	—	—	282	29	1554
—	376	—	376	246	80	—	—	—	—	458
—	—	—	—	—	—	—	—	—	—	—
—	14543	6920	12413	4600	417	—	—	2130	—	7894
274	4581	167	4519	4519	—	—	—	—	62	335
—	—	—	—	—	—	—	—	—	—	—
—	5890	—	3900	3900	—	195	—	1159	636	4525
—	—	—	—	—	—	—	—	—	—	—
—	27469	12289	12128	—	—	—	—	10731	4610	758
—	4832	3710	3551	3400	151	—	—	660	621	255
3558	2178	1643	1586	400	—	—	—	476	116	58
—	4006	876	2755	1954	674	—	—	504	747	1337
36	3219	355	2882	2725	—	—	—	166	171	99
911	4087	273	3357	2404	638	80	—	241	409	197
—	14554	10000	14554	3700	6100	—	—	—	—	54305
—	4234	630	3309	2083	806	—	—	554	371	791
468	4449	799	3650	3000	650	—	—	468	331	546
1241	5030	1010	3591	2590	621	—	—	1038	401	368
1870	6959	3074	6661	2268	120	—	—	275	23	24
418	3558	435	2741	2655	84	—	—	661	156	519
—	1629	—	1424	1307	117	—	—	102	103	—
—	—	—	—	—	—	—	—	—	—	—
—	10	—	—	—	—	—	—	10	—	—
3500	3930	—	3900	3900	—	—	—	—	30	749
148	2671	244	2434	1934	375	—	—	68	169	264
—	3500	500	3000	3000	—	—	—	—	500	—
—	2193	147	2008	1948	50	—	—	48	137	285
—	5330	450	5330	5330	—	—	—	—	—	2340
78	3476	56	3466	2946	—	—	—	—	10	1357
—	6782	2839	3943	3800	—	—	—	2839	—	1610
1215	38369	11951	11562	10856	678	722	—	24989	1096	15272
—	24128	11951	1856	1150	678	722	—	21070	480	1664
—	—	—	—	—	—	—	—	—	—	—

各地区三北防护林

地　区	当年造林面积	按造林方式分			按　林　种				
		人工造林		飞播造林	用材林	经济林	防		
		合　计	其中:中央投资造林				合　计	水源涵养林	水　土保持林
全国合计	**275296**	**261963**	**198296**	**13333**	**7793**	**26429**	**237552**	**16578**	**63039**
北　京	3255	3255	3255	—	1401	527	838	—	27
天　津	5215	5215	4367	—	2507	674	2034	—	—
河　北	19605	16272	12602	3333	1335	661	17409	2333	2964
山　西	25363	25363	13770	—	—	510	24853	200	12533
内蒙古	4905	4905	3718	—	80	—	4825	—	900
内蒙古集团	—	—	—	—	—	—	—	—	—
辽　宁	18115	18115	18115	—	—	—	18115	2989	7803
吉　林	18620	18620	18620	—	—	—	18600	4313	5769
吉林集团	—	—	—	—	—	—	—	—	—
黑龙江	23145	23145	23145	—	717	96	22031	—	5751
龙江集团	—	—	—	—	—	—	—	—	—
上　海	—	—	—	—	—	—	—	—	—
江　苏	—	—	—	—	—	—	—	—	—
浙　江	—	—	—	—	—	—	—	—	—
安　徽	—	—	—	—	—	—	—	—	—
福　建	—	—	—	—	—	—	—	—	—
江　西	—	—	—	—	—	—	—	—	—
山　东	—	—	—	—	—	—	—	—	—
河　南	—	—	—	—	—	—	—	—	—
湖　北	—	—	—	—	—	—	—	—	—
湖　南	—	—	—	—	—	—	—	—	—
广　东	—	—	—	—	—	—	—	—	—
广　西	—	—	—	—	—	—	—	—	—
海　南	—	—	—	—	—	—	—	—	—
重　庆	—	—	—	—	—	—	—	—	—
四　川	—	—	—	—	—	—	—	—	—
贵　州	—	—	—	—	—	—	—	—	—
云　南	—	—	—	—	—	—	—	—	—
西　藏	—	—	—	—	—	—	—	—	—
陕　西	15944	15944	15944	—	578	147	15219	267	6503
甘　肃	23810	23810	23810	—	—	213	23597	1799	13759
青　海	5281	5281	4920	—	—	—	5281	736	4078
宁　夏	36999	36999	36999	—	158	3671	31657	3941	—
新　疆	75039	65039	19031	10000	1017	19930	53093	—	2952
新疆兵团	14405	14405	2134	—	236	3554	10615	—	—
大兴安岭	—	—	—	—	—	—	—	—	—

四期工程建设情况(一)

单位:公顷

用途分						低产低效林改造面积	年末实有封山育林面积		年末实有育苗面积
护林				薪炭林	特种用途林		合计	其中:本年新封面积	
其中									
防风固沙林	农田、牧场防护林	护岸护堤林	护路林						
75690	**47714**	**11063**	**5886**	**2748**	**774**	**9491**	**1164296**	**177265**	**40976**
407	77	—	327	—	489	—	—	—	1500
—	701	—	1333	—	—	—	—	—	—
5362	4426	457	—	—	200	—	82000	—	5118
6553	2767	133	67	—	—	—	1133	—	30
1933	1279	—	53	—	—	—	57995	2334	1360
—	—	—	—	—	—	—	—	—	—
6526	797	—	—	—	—	—	—	—	3798
6456	1657	321	84	—	20	—	20505	20505	1350
—	—	—	—	—	—	—	—	—	—
5452	5194	5167	467	301	—	—	29998	23482	8687
—	—	—	—	—	—	—	—	—	—
—	—	—	—	—	—	—	—	—	—
—	—	—	—	—	—	—	—	—	—
—	—	—	—	—	—	—	—	—	—
—	—	—	—	—	—	—	—	—	—
—	—	—	—	—	—	—	—	—	—
—	—	—	—	—	—	—	—	—	—
—	—	—	—	—	—	—	—	—	—
—	—	—	—	—	—	—	—	—	—
—	—	—	—	—	—	—	—	—	—
—	—	—	—	—	—	—	—	—	—
—	—	—	—	—	—	—	—	—	—
—	—	—	—	—	—	—	—	—	—
—	—	—	—	—	—	—	—	—	—
—	—	—	—	—	—	—	—	—	—
—	—	—	—	—	—	—	—	—	—
—	—	—	—	—	—	—	—	—	—
—	—	—	—	—	—	—	—	—	—
—	—	—	—	—	—	—	—	—	—
2348	2739	846	1729	—	—	—	—	—	263
4602	2971	—	466	—	—	—	98583	10965	3002
467	—	—	—	—	—	—	151356	30405	2267
18853	5139	3724	—	1513	—	109	—	—	4980
16731	19967	415	1360	934	65	9382	722726	89574	8621
3268	6913	—	—	—	—	—	128581	5132	1831
—	—	—	—	—	—	—	—	—	—

各地区三北防护林

地区	本年实际完成投资									
	合计	其中：国家投资	造林	封山育林	低产低效防护林改造	种苗	森林防火及病虫害防治	科技费用	其他	总计
全国合计	**85437**	**49105**	**57196**	**8160**	**213**	**8710**	**3167**	**178**	**6763**	**86984**
北　京	2314	2078	2314	—	—	—	—	—	—	2314
天　津	2864	1495	2284	—	—	120	122	—	338	4604
河　北	3894	3027	2170	418	—	220	79	—	7	3734
山　西	2705	2676	2620	—	40	—	—	—	45	2705
内蒙古	390	390	190	165	—	—	1	—	34	376
内蒙古集团	—	—	—	—	—	—	—	—	—	—
辽　宁	5063	4253	—	—	—	3900	252	—	911	5063
吉　林	4555	4495	2916	1525	—	69	—	11	14	4855
吉林集团	—	—	—	—	—	—	—	—	—	—
黑龙江	5890	3900	5282	58	—	259	50	—	241	5890
龙江集团	—	—	—	—	—	—	—	—	—	—
上　海	—	—	—	—	—	—	—	—	—	—
江　苏	—	—	—	—	—	—	—	—	—	—
浙　江	—	—	—	—	—	—	—	—	—	—
安　徽	—	—	—	—	—	—	—	—	—	—
福　建	—	—	—	—	—	—	—	—	—	—
江　西	—	—	—	—	—	—	—	—	—	—
山　东	—	—	—	—	—	—	—	—	—	—
河　南	—	—	—	—	—	—	—	—	—	—
湖　北	—	—	—	—	—	—	—	—	—	—
湖　南	—	—	—	—	—	—	—	—	—	—
广　东	—	—	—	—	—	—	—	—	—	—
广　西	—	—	—	—	—	—	—	—	—	—
海　南	—	—	—	—	—	—	—	—	—	—
重　庆	—	—	—	—	—	—	—	—	—	—
四　川	—	—	—	—	—	—	—	—	—	—
贵　州	—	—	—	—	—	—	—	—	—	—
云　南	—	—	—	—	—	—	—	—	—	—
西　藏	—	—	—	—	—	—	—	—	—	—
陕　西	2352	2151	2296	—	—	—	3	—	50	2193
甘　肃	5330	5330	4011	1222	61	17	—	19	—	5330
青　海	3554	3554	1757	980	—	270	317	51	179	3554
宁　夏	6782	3943	6782	—	—	—	—	—	—	6782
新　疆	39744	11813	24574	3792	112	3855	2343	97	4944	39584
新疆兵团	24332	1839	16107	1000	112	1955	1107	54	3970	24128
大兴安岭	—	—	—	—	—	—	—	—	—	—

四期工程建设情况(二)

单位:万元

本年资金来源总计										群众投工投劳(折合资金)
上年末结余资金	本年资金来源合计									
	合 计	其中:地方配套资金								
		小 计	国家预算内资金			国内贷款	利用外资	自筹资金	其他资金	
			计	其中						
				国债资金	中央财政专项资金					
2077	**84907**	**20816**	**49321**	**44235**	**1142**	**1817**	**—**	**30081**	**3688**	**35671**
100	2214	1614	1978	500	—	—	—	236	—	2120
—	4604	1621	2083	1600	162	900	—	—	1621	—
390	3344	1017	3247	2400	—	—	—	—	97	1452
20	2685	110	2656	2290	—	—	—	—	29	374
—	376	—	376	246	80	—	—	—	—	458
—	—	—	—	—	—	—	—	—	—	—
—	5063	844	4253	3900	172	—	—	810	—	5543
274	4581	167	4519	4519	—	—	—	—	62	335
—	—	—	—	—	—	—	—	—	—	—
—	5890	—	3900	3900	—	195	—	1159	636	4525
—	—	—	—	—	—	—	—	—	—	—
—	—	—	—	—	—	—	—	—	—	—
—	—	—	—	—	—	—	—	—	—	—
—	—	—	—	—	—	—	—	—	—	—
—	—	—	—	—	—	—	—	—	—	—
—	—	—	—	—	—	—	—	—	—	—
—	—	—	—	—	—	—	—	—	—	—
—	—	—	—	—	—	—	—	—	—	—
—	—	—	—	—	—	—	—	—	—	—
—	—	—	—	—	—	—	—	—	—	—
—	—	—	—	—	—	—	—	—	—	—
—	—	—	—	—	—	—	—	—	—	—
—	—	—	—	—	—	—	—	—	—	—
—	—	—	—	—	—	—	—	—	—	—
—	—	—	—	—	—	—	—	—	—	—
—	—	—	—	—	—	—	—	—	—	—
—	—	—	—	—	—	—	—	—	—	—
—	—	—	—	—	—	—	—	—	—	—
—	—	—	—	—	—	—	—	—	—	—
—	2193	147	2008	1948	50	—	—	48	137	285
—	5330	450	5330	5330	—	—	—	—	—	2340
78	3476	56	3466	2946	—	—	—	—	10	1357
—	6782	2839	3943	3800	—	—	—	2839	—	1610
1215	38369	11951	11562	10856	678	722	—	24989	1096	15272
—	24128	11951	1856	1150	678	722	—	21070	480	1664
—	—	—	—	—	—	—	—	—	—	—

各地区长江流域防护林

地 区	当年造林面积	按造林方式分			按林种				
		人工造林		飞播造林	用材林	经济林	防		
		合 计	其中:中央投资造林				合 计	水源涵养林	水土保持林
全国合计	**108752**	**105469**	**102073**	**3283**	**15353**	**8577**	**84742**	**9098**	**21174**
北 京	—	—	—	—	—	—	—	—	—
天 津	—	—	—	—	—	—	—	—	—
河 北	—	—	—	—	—	—	—	—	—
山 西	—	—	—	—	—	—	—	—	—
内蒙古	—	—	—	—	—	—	—	—	—
内蒙古集团	—	—	—	—	—	—	—	—	—
辽 宁	—	—	—	—	—	—	—	—	—
吉 林	—	—	—	—	—	—	—	—	—
吉林集团	—	—	—	—	—	—	—	—	—
黑龙江	—	—	—	—	—	—	—	—	—
龙江集团	—	—	—	—	—	—	—	—	—
上 海	138	138	—	—	—	—	138	125	13
江 苏	12821	12821	12753	—	—	—	12821	14	900
浙 江	6893	6893	6893	—	502	373	6006	1357	2373
安 徽	15144	15144	15144	—	68	490	14586	1820	4187
福 建	—	—	—	—	—	—	—	—	—
江 西	4703	4703	4703	—	—	137	4566	1306	2635
山 东	12290	12290	12290	—	7238	3312	1672	327	400
河 南	18568	15285	12128	3283	4124	2395	12049	520	4260
湖 北	23877	23877	23877	—	3030	1808	19039	1713	4867
湖 南	7605	7605	7605	—	391	62	7152	1916	1206
广 东	—	—	—	—	—	—	—	—	—
广 西	—	—	—	—	—	—	—	—	—
海 南	—	—	—	—	—	—	—	—	—
重 庆	—	—	—	—	—	—	—	—	—
四 川	—	—	—	—	—	—	—	—	—
贵 州	—	—	—	—	—	—	—	—	—
云 南	333	333	300	—	—	—	333	—	333
西 藏	6380	6380	6380	—	—	—	6380	—	—
陕 西	—	—	—	—	—	—	—	—	—
甘 肃	—	—	—	—	—	—	—	—	—
青 海	—	—	—	—	—	—	—	—	—
宁 夏	—	—	—	—	—	—	—	—	—
新 疆	—	—	—	—	—	—	—	—	—
新疆兵团	—	—	—	—	—	—	—	—	—
大兴安岭	—	—	—	—	—	—	—	—	—

二期工程建设情况(一)

单位:公顷

用途分									
护林				薪炭林	特种用途林	低产低效林改造面积	年末实有封山育林面积		年末实有育苗面积
其中									
防风固沙林	农田、牧场防护林	护岸护堤林	护路林				合计	其中:本年新封面积	
11022	**8135**	**14036**	**3212**	**68**	**12**	**22282**	**636815**	**75033**	**45217**
—	—	—	—	—	—	—	—	—	—
—	—	—	—	—	—	—	—	—	—
—	—	—	—	—	—	—	—	—	—
—	—	—	—	—	—	—	—	—	—
—	—	—	—	—	—	—	—	—	—
—	—	—	—	—	—	—	—	—	—
—	—	—	—	—	—	—	—	—	—
—	—	—	—	—	—	—	—	—	—
—	—	—	—	—	—	—	—	—	—
—	—	—	—	—	—	—	—	—	—
—	—	—	—	—	—	—	—	—	—
—	—	—	—	—	—	—	—	—	—
231	1216	6089	1265	—	—	68	621	261	—
—	125	168	6	—	12	13156	20066	7292	—
663	1585	4728	453	—	—	—	75066	10212	638
—	—	—	—	—	—	—	—	—	—
—	24	16	—	—	—	4910	60186	18493	370
—	300	—	645	68	—	—	94476	—	41360
1240	1990	370	268	—	—	—	31734	29067	1290
2498	2895	2491	565	—	—	—	40337	2532	305
10	—	174	10	—	—	4098	301971	6509	1200
—	—	—	—	—	—	—	—	—	—
—	—	—	—	—	—	—	—	—	—
—	—	—	—	—	—	—	—	—	—
—	—	—	—	—	—	—	—	—	—
—	—	—	—	—	—	50	—	—	—
—	—	—	—	—	—	—	—	—	—
—	—	—	—	—	—	—	11544	667	1
6380	—	—	—	—	—	—	—	—	—
—	—	—	—	—	—	—	—	—	—
—	—	—	—	—	—	—	—	—	—
—	—	—	—	—	—	—	814	—	53
—	—	—	—	—	—	—	—	—	—
—	—	—	—	—	—	—	—	—	—
—	—	—	—	—	—	—	—	—	—
—	—	—	—	—	—	—	—	—	—

各地区长江流域防护林

地　区	本年实际完成投资									
	合　计	其中：国家投资	造林	封山育林	低产低效防护林改造	种苗	森林防火及病虫害防治	科技费用	其他	总　计
全国合计	**41442**	**27758**	**27688**	**3620**	**1075**	**3335**	**760**	**126**	**3880**	**43681**
北　京	—	—	—	—	—	—	—	—	—	—
天　津	—	—	—	—	—	—	—	—	—	—
河　北	—	—	—	—	—	—	—	—	—	—
山　西	—	—	—	—	—	—	—	—	—	—
内蒙古	—	—	—	—	—	—	—	—	—	—
内蒙古集团	—	—	—	—	—	—	—	—	—	—
辽　宁	—	—	—	—	—	—	—	—	—	—
吉　林	—	—	—	—	—	—	—	—	—	—
吉林集团	—	—	—	—	—	—	—	—	—	—
黑龙江	—	—	—	—	—	—	—	—	—	—
龙江集团	—	—	—	—	—	—	—	—	—	—
上　海	1892	1759	1892	—	—	—	—	—	—	1892
江　苏	3296	2068	2669	11	25	270	48	51	97	3548
浙　江	3214	2627	2272	471	407	—	—	8	28	3485
安　徽	4209	2647	2966	538	3	309	42	6	148	3987
福　建	—	—	—	—	—	—	—	—	—	—
江　西	3903	3020	2127	898	423	159	21	13	242	4523
山　东	8974	2570	4644	—	57	910	511	—	2852	8974
河　南	3455	2462	2885	149	—	164	8	4	80	3430
湖　北	4449	3650	3326	471	10	269	65	22	286	4917
湖　南	4456	3380	2369	1082	130	252	52	22	126	5330
广　东	—	—	—	—	—	—	—	—	—	—
广　西	—	—	—	—	—	—	—	—	—	—
海　南	—	—	—	—	—	—	—	—	—	—
重　庆	—	—	—	—	—	—	—	—	—	—
四　川	20	10	—	—	20	—	—	—	—	10
贵　州	—	—	—	—	—	—	—	—	—	—
云　南	74	65	38	—	—	2	13	—	21	85
西　藏	3500	3500	2500	—	—	1000	—	—	—	3500
陕　西	—	—	—	—	—	—	—	—	—	—
甘　肃	—	—	—	—	—	—	—	—	—	—
青　海	—	—	—	—	—	—	—	—	—	—
宁　夏	—	—	—	—	—	—	—	—	—	—
新　疆	—	—	—	—	—	—	—	—	—	—
新疆兵团	—	—	—	—	—	—	—	—	—	—
大兴安岭	—	—	—	—	—	—	—	—	—	—

二期工程建设情况(二)

单位:万元

上年末结余资金	本年资金来源总计：本年资金来源合计：合计	其中:地方配套资金：小计	国家预算内资金：计	国家预算内资金：其中：国债资金	国家预算内资金：其中：中央财政专项资金	国内贷款	利用外资	自筹资金	其他资金	群众投工投劳（折合资金）
4698	**38983**	**16418**	**31720**	**18540**	**6987**	**80**	**—**	**3658**	**3525**	**48842**
—	—	—	—	—	—	—	—	—	—	—
—	—	—	—	—	—	—	—	—	—	—
—	—	—	—	—	—	—	—	—	—	—
—	—	—	—	—	—	—	—	—	—	—
—	—	—	—	—	—	—	—	—	—	—
—	—	—	—	—	—	—	—	—	—	—
—	—	—	—	—	—	—	—	—	—	—
—	—	—	—	—	—	—	—	—	—	—
—	—	—	—	—	—	—	—	—	—	—
—	—	—	—	—	—	—	—	—	—	—
—	—	—	—	—	—	—	—	—	—	—
—	1892	1892	1759	—	—	—	—	133	—	—
—	3548	2610	2410	2350	60	—	—	517	621	207
2458	1027	892	515	—	—	—	—	396	116	—
—	3987	869	2743	1949	672	—	—	497	747	1327
—	—	—	—	—	—	—	—	—	—	—
761	3762	248	3032	2079	638	80	—	241	409	197
—	8974	7209	8974	2500	3703	—	—	—	—	45479
—	3430	551	2510	1533	631	—	—	554	366	736
468	4449	799	3650	3000	650	—	—	468	331	546
1011	4319	814	3076	2090	621	—	—	842	401	350
—	—	—	—	—	—	—	—	—	—	—
—	—	—	—	—	—	—	—	—	—	—
—	—	—	—	—	—	—	—	—	—	—
—	—	—	—	—	—	—	—	—	—	—
—	10	—	—	—	—	—	—	10	—	—
—	—	—	—	—	—	—	—	—	—	—
—	85	34	51	39	12	—	—	—	34	—
—	3500	500	3000	3000	—	—	—	—	500	—
—	—	—	—	—	—	—	—	—	—	—
—	—	—	—	—	—	—	—	—	—	—
—	—	—	—	—	—	—	—	—	—	—
—	—	—	—	—	—	—	—	—	—	—
—	—	—	—	—	—	—	—	—	—	—
—	—	—	—	—	—	—	—	—	—	—
—	—	—	—	—	—	—	—	—	—	—

各地区沿海防护林

地　区	当年造林面积	按造林方式分			按　林　种				
		人工造林		飞播造林	用材林	经济林	防		
		合　计	其中：中央投资造林				合　计	水源涵养林	水　土保持林
全国合计	**38557**	**38557**	**36377**	**—**	**3455**	**2936**	**32047**	**1226**	**11316**
北　京	—	—	—	—	—	—	—	—	—
天　津	506	506	376	—	—	390	116	—	—
河　北	2299	2299	2299	—	105	—	2194	—	—
山　西	—	—	—	—	—	—	—	—	—
内蒙古	—	—	—	—	—	—	—	—	—
内蒙古集团	—	—	—	—	—	—	—	—	—
辽　宁	2291	2291	2291	—	—	—	2291	—	286
吉　林	—	—	—	—	—	—	—	—	—
吉林集团	—	—	—	—	—	—	—	—	—
黑龙江	—	—	—	—	—	—	—	—	—
龙江集团	—	—	—	—	—	—	—	—	—
上　海	354	354	—	—	—	—	354	—	—
江　苏	4896	4896	4896	—	—	—	4896	—	—
浙　江	4585	4585	4585	—	23	506	4056	46	2320
安　徽	—	—	—	—	—	—	—	—	—
福　建	6280	6280	6280	—	85	31	6155	468	3633
江　西	—	—	—	—	—	—	—	—	—
山　东	6913	6913	6913	—	3142	1998	1747	493	540
河　南	—	—	—	—	—	—	—	—	—
湖　北	—	—	—	—	—	—	—	—	—
湖　南	—	—	—	—	—	—	—	—	—
广　东	1777	1777	1211	—	—	—	1777	—	128
广　西	4412	4412	4412	—	100	11	4301	21	2905
海　南	4244	4244	3114	—	—	—	4160	198	1504
重　庆	—	—	—	—	—	—	—	—	—
四　川	—	—	—	—	—	—	—	—	—
贵　州	—	—	—	—	—	—	—	—	—
云　南	—	—	—	—	—	—	—	—	—
西　藏	—	—	—	—	—	—	—	—	—
陕　西	—	—	—	—	—	—	—	—	—
甘　肃	—	—	—	—	—	—	—	—	—
青　海	—	—	—	—	—	—	—	—	—
宁　夏	—	—	—	—	—	—	—	—	—
新　疆	—	—	—	—	—	—	—	—	—
新疆兵团	—	—	—	—	—	—	—	—	—
大兴安岭	—	—	—	—	—	—	—	—	—

二期工程建设情况(一)

单位:公顷

用途分									
护林				薪炭林	特种用途林	低产低效林改造面积	年末实有封山育林面积		年末实有育苗面积
其中							合计	其中:本年新封面积	
防风固沙林	农田、牧场防护林	护岸护堤林	护路林						
6902	**902**	**2372**	**1109**	**26**	**93**	**5058**	**130606**	**10431**	**20751**
—	—	—	—	—	—	—	—	—	—
—	116	—	—	—	—	—	—	—	—
261	163	—	70	—	—	—	1332	—	335
—	—	—	—	—	—	—	—	—	—
—	—	—	—	—	—	—	—	—	—
—	—	—	—	—	—	—	—	—	—
1300	—	705	—	—	—	—	—	—	3503
—	—	—	—	—	—	—	—	—	—
—	—	—	—	—	—	—	—	—	—
—	—	—	—	—	—	—	—	—	—
—	—	—	—	—	—	—	—	—	—
—	—	40	—	—	—	—	—	—	—
—	—	—	—	—	—	—	—	—	—
—	112	175	613	—	—	3627	13606	3328	—
—	—	—	—	—	—	—	—	—	—
924	113	910	107	—	9	—	44444	—	—
—	—	—	—	—	—	—	—	—	—
—	398	—	316	26	—	—	64121	—	16884
—	—	—	—	—	—	—	—	—	—
—	—	—	—	—	—	—	—	—	—
—	—	—	—	—	—	—	—	—	—
1569	—	80	—	—	—	1431	1340	1340	17
1076	—	296	3	—	—	—	5763	5763	3
1772	—	166	—	—	84	—	—	—	9
—	—	—	—	—	—	—	—	—	—
—	—	—	—	—	—	—	—	—	—
—	—	—	—	—	—	—	—	—	—
—	—	—	—	—	—	—	—	—	—
—	—	—	—	—	—	—	—	—	—
—	—	—	—	—	—	—	—	—	—
—	—	—	—	—	—	—	—	—	—
—	—	—	—	—	—	—	—	—	—
—	—	—	—	—	—	—	—	—	—
—	—	—	—	—	—	—	—	—	—
—	—	—	—	—	—	—	—	—	—
—	—	—	—	—	—	—	—	—	—

各地区沿海防护林

地区	本年实际完成投资									
	合计	其中：国家投资	造林	封山育林	低产低效防护林改造	种苗	森林防火及病虫害防治	科技费用	其他	总计
全国合计	**29155**	**20127**	**20539**	**778**	**1220**	**2061**	**1757**	**3**	**2467**	**30847**
北京	—	—	—	—	—	—	—	—	—	—
天津	395	290	338	—	—	—	—	—	57	386
河北	686	138	633	—	—	—	—	—	53	936
山西	—	—	—	—	—	—	—	—	—	—
内蒙古	—	—	—	—	—	—	—	—	—	—
内蒙古集团	—	—	—	—	—	—	—	—	—	—
辽宁	9480	8160	5828	—	—	700	1185	—	1767	9480
吉林	—	—	—	—	—	—	—	—	—	—
吉林集团	—	—	—	—	—	—	—	—	—	—
黑龙江	—	—	—	—	—	—	—	—	—	—
龙江集团	—	—	—	—	—	—	—	—	—	—
上海	2040	1423	2040	—	—	—	—	—	—	2040
江苏	712	569	547	—	—	—	—	—	—	1284
浙江	2211	2051	1567	290	267	—	—	—	87	2251
安徽	—	—	—	—	—	—	—	—	—	—
福建	3279	2821	2497	414	171	79	79	3	36	3255
江西	—	—	—	—	—	—	—	—	—	—
山东	5580	1310	3691	—	60	911	471	—	447	5580
河南	—	—	—	—	—	—	—	—	—	—
湖北	—	—	—	—	—	—	—	—	—	—
湖南	—	—	—	—	—	—	—	—	—	—
广东	1643	1332	814	—	485	159	20	—	—	2521
广西	1512	1234	1422	54	—	14	2	—	20	1485
海南	1617	799	1162	20	237	198	—	—	—	1629
重庆	—	—	—	—	—	—	—	—	—	—
四川	—	—	—	—	—	—	—	—	—	—
贵州	—	—	—	—	—	—	—	—	—	—
云南	—	—	—	—	—	—	—	—	—	—
西藏	—	—	—	—	—	—	—	—	—	—
陕西	—	—	—	—	—	—	—	—	—	—
甘肃	—	—	—	—	—	—	—	—	—	—
青海	—	—	—	—	—	—	—	—	—	—
宁夏	—	—	—	—	—	—	—	—	—	—
新疆	—	—	—	—	—	—	—	—	—	—
新疆兵团	—	—	—	—	—	—	—	—	—	—
大兴安岭	—	—	—	—	—	—	—	—	—	—

二期工程建设情况(二)

单位:万元

本年资金来源总计										群众投工投劳(折合资金)
上年末结余资金	本年资金来源合计									
	合 计	其中:地方配套资金								
		小 计	国家预算内资金			国内贷款	利用外资	自筹资金	其他资金	
			计	其中						
				国债资金	中央财政专项资金					
1751	**29096**	**11869**	**25189**	**10455**	**2884**	**—**	**—**	**2484**	**1423**	**11695**
—	—	—	—	—	—	—	—	—	—	—
—	386	254	132	100	—	—	—	—	254	—
—	936	98	497	200	—	—	—	—	439	50
—	—	—	—	—	—	—	—	—	—	—
—	—	—	—	—	—	—	—	—	—	—
—	—	—	—	—	—	—	—	—	—	—
—	9480	6076	8160	700	245	—	—	1320	—	2351
—	—	—	—	—	—	—	—	—	—	—
—	—	—	—	—	—	—	—	—	—	—
—	—	—	—	—	—	—	—	—	—	—
—	—	—	—	—	—	—	—	—	—	—
—	2040	216	1423	—	—	—	—	200	417	150
—	1284	1100	1141	1050	91	—	—	143	—	48
1100	1151	751	1071	400	—	—	—	80	—	58
—	—	—	—	—	—	—	—	—	—	—
36	3219	355	2882	2725	—	—	—	166	171	99
—	—	—	—	—	—	—	—	—	—	—
—	5580	2791	5580	1200	2397	—	—	—	—	8826
—	—	—	—	—	—	—	—	—	—	—
—	—	—	—	—	—	—	—	—	—	—
—	—	—	—	—	—	—	—	—	—	—
615	1906	73	1678	1578	30	—	—	205	23	24
—	1485	155	1201	1195	4	—	—	268	16	89
—	1629	—	1424	1307	117	—	—	102	103	—
—	—	—	—	—	—	—	—	—	—	—
—	—	—	—	—	—	—	—	—	—	—
—	—	—	—	—	—	—	—	—	—	—
—	—	—	—	—	—	—	—	—	—	—
—	—	—	—	—	—	—	—	—	—	—
—	—	—	—	—	—	—	—	—	—	—
—	—	—	—	—	—	—	—	—	—	—
—	—	—	—	—	—	—	—	—	—	—
—	—	—	—	—	—	—	—	—	—	—
—	—	—	—	—	—	—	—	—	—	—
—	—	—	—	—	—	—	—	—	—	—
—	—	—	—	—	—	—	—	—	—	—

各地区珠江流域防护林

地区	当年造林面积	按造林方式分			按林种				
		人工造林		飞播造林	用材林	经济林	防		
		合计	其中:中央投资造林				合计	水源涵养林	水土保持林
全国合计	**44712**	**44712**	**39581**	**—**	**2842**	**950**	**40874**	**9736**	**24014**
北京	—	—	—	—	—	—	—	—	—
天津	—	—	—	—	—	—	—	—	—
河北	—	—	—	—	—	—	—	—	—
山西	—	—	—	—	—	—	—	—	—
内蒙古	—	—	—	—	—	—	—	—	—
内蒙古集团	—	—	—	—	—	—	—	—	—
辽宁	—	—	—	—	—	—	—	—	—
吉林	—	—	—	—	—	—	—	—	—
吉林集团	—	—	—	—	—	—	—	—	—
黑龙江	—	—	—	—	—	—	—	—	—
龙江集团	—	—	—	—	—	—	—	—	—
上海	—	—	—	—	—	—	—	—	—
江苏	—	—	—	—	—	—	—	—	—
浙江	—	—	—	—	—	—	—	—	—
安徽	—	—	—	—	—	—	—	—	—
福建	—	—	—	—	—	—	—	—	—
江西	462	462	462	—	—	180	282	282	—
山东	—	—	—	—	—	—	—	—	—
河南	—	—	—	—	—	—	—	—	—
湖北	—	—	—	—	—	—	—	—	—
湖南	803	803	803	—	—	—	803	113	402
广东	6227	6227	3850	—	—	—	6227	3803	1624
广西	5576	5576	5576	—	1414	245	3917	997	2815
海南	—	—	—	—	—	—	—	—	—
重庆	—	—	—	—	—	—	—	—	—
四川	—	—	—	—	—	—	—	—	—
贵州	13634	13634	13634	—	535	339	12760	788	11603
云南	18010	18010	15256	—	893	186	16885	3753	7570
西藏	—	—	—	—	—	—	—	—	—
陕西	—	—	—	—	—	—	—	—	—
甘肃	—	—	—	—	—	—	—	—	—
青海	—	—	—	—	—	—	—	—	—
宁夏	—	—	—	—	—	—	—	—	—
新疆	—	—	—	—	—	—	—	—	—
新疆兵团	—	—	—	—	—	—	—	—	—
大兴安岭	—	—	—	—	—	—	—	—	—

二期工程建设情况(一)

单位:公顷

用途分						低产低效林改造面积	年末实有封山育林面积		年末实有育苗面积
护林				薪炭林	特种用途林		合计	其中:本年新封面积	
其中									
防风固沙林	农田、牧场防护林	护岸护堤林	护路林						
—	**105**	**203**	**166**	**46**	**—**	**6457**	**147506**	**40306**	**213**
—	—	—	—	—	—	—	—	—	—
—	—	—	—	—	—	—	—	—	—
—	—	—	—	—	—	—	—	—	—
—	—	—	—	—	—	—	—	—	—
—	—	—	—	—	—	—	—	—	—
—	—	—	—	—	—	—	—	—	—
—	—	—	—	—	—	—	—	—	—
—	—	—	—	—	—	—	—	—	—
—	—	—	—	—	—	—	—	—	—
—	—	—	—	—	—	—	—	—	—
—	—	—	—	—	—	—	—	—	—
—	—	—	—	—	—	—	—	—	—
—	—	—	—	—	—	—	—	—	—
—	—	—	—	—	—	—	—	—	—
—	—	—	—	—	—	—	—	—	—
—	—	—	—	—	—	—	—	—	—
—	—	—	—	—	—	990	2967	2400	28
—	—	—	—	—	—	—	—	—	—
—	—	—	—	—	—	—	—	—	—
—	—	—	—	—	—	—	—	—	—
—	—	—	—	—	—	—	13570	3332	45
—	—	—	—	—	—	5251	13933	5733	35
—	105	—	—	—	—	216	32144	7762	7
—	—	—	—	—	—	—	—	—	—
—	—	—	—	—	—	—	—	—	—
—	—	—	—	—	—	—	—	—	—
—	—	203	166	—	—	—	72097	21079	42
—	—	—	—	46	—	—	12795	—	56
—	—	—	—	—	—	—	—	—	—
—	—	—	—	—	—	—	—	—	—
—	—	—	—	—	—	—	—	—	—
—	—	—	—	—	—	—	—	—	—
—	—	—	—	—	—	—	—	—	—
—	—	—	—	—	—	—	—	—	—
—	—	—	—	—	—	—	—	—	—
—	—	—	—	—	—	—	—	—	—

各地区珠江流域防护林

地区	本年实际完成投资									
	合计	其中：国家投资	造林	封山育林	低产低效防护林改造	种苗	森林防火及病虫害防治	科技费用	其他	总计
全国合计	**13136**	**11083**	**7451**	**2522**	**966**	**469**	**211**	**36**	**246**	**18156**
北京	—	—	—	—	—	—	—	—	—	—
天津	—	—	—	—	—	—	—	—	—	—
河北	—	—	—	—	—	—	—	—	—	—
山西	—	—	—	—	—	—	—	—	—	—
内蒙古	—	—	—	—	—	—	—	—	—	—
内蒙古集团	—	—	—	—	—	—	—	—	—	—
辽宁	—	—	—	—	—	—	—	—	—	—
吉林	—	—	—	—	—	—	—	—	—	—
吉林集团	—	—	—	—	—	—	—	—	—	—
黑龙江	—	—	—	—	—	—	—	—	—	—
龙江集团	—	—	—	—	—	—	—	—	—	—
上海	—	—	—	—	—	—	—	—	—	—
江苏	—	—	—	—	—	—	—	—	—	—
浙江	—	—	—	—	—	—	—	—	—	—
安徽	—	—	—	—	—	—	—	—	—	—
福建	—	—	—	—	—	—	—	—	—	—
江西	475	250	242	46	144	22	6	5	10	475
山东	—	—	—	—	—	—	—	—	—	—
河南	—	—	—	—	—	—	—	—	—	—
湖北	—	—	—	—	—	—	—	—	—	—
湖南	610	504	252	316	36	—	—	—	6	941
广东	3448	2614	1423	71	776	258	192	9	119	4085
广西	2438	1895	2019	213	10	97	5	2	72	2491
海南	—	—	—	—	—	—	—	—	—	—
重庆	—	—	—	—	—	—	—	—	—	—
四川	—	—	—	—	—	—	—	—	—	—
贵州	3530	3500	1710	1820	—	—	—	—	—	7430
云南	2635	2320	1805	56	—	92	8	20	39	2734
西藏	—	—	—	—	—	—	—	—	—	—
陕西	—	—	—	—	—	—	—	—	—	—
甘肃	—	—	—	—	—	—	—	—	—	—
青海	—	—	—	—	—	—	—	—	—	—
宁夏	—	—	—	—	—	—	—	—	—	—
新疆	—	—	—	—	—	—	—	—	—	—
新疆兵团	—	—	—	—	—	—	—	—	—	—
大兴安岭	—	—	—	—	—	—	—	—	—	—

二期工程建设情况(二)

单位:万元

本年资金来源总计										群众投工投劳(折合资金)
上年末结余资金	本年资金来源合计									
	合计	其中:地方配套资金								
		小计	国家预算内资金			国内贷款	利用外资	自筹资金	其他资金	
			计	其中						
				国债资金	中央财政专项资金					
5701	**12455**	**1495**	**11423**	**8770**	**533**	—	—	**727**	**305**	**1461**
—	—	—	—	—	—	—	—	—	—	—
—	—	—	—	—	—	—	—	—	—	—
—	—	—	—	—	—	—	—	—	—	—
—	—	—	—	—	—	—	—	—	—	—
—	—	—	—	—	—	—	—	—	—	—
—	—	—	—	—	—	—	—	—	—	—
—	—	—	—	—	—	—	—	—	—	—
—	—	—	—	—	—	—	—	—	—	—
—	—	—	—	—	—	—	—	—	—	—
—	—	—	—	—	—	—	—	—	—	—
—	—	—	—	—	—	—	—	—	—	—
—	—	—	—	—	—	—	—	—	—	—
—	—	—	—	—	—	—	—	—	—	—
—	—	—	—	—	—	—	—	—	—	—
—	—	—	—	—	—	—	—	—	—	—
—	—	—	—	—	—	—	—	—	—	—
150	325	25	325	325	—	—	—	—	—	—
—	—	—	—	—	—	—	—	—	—	—
—	—	—	—	—	—	—	—	—	—	—
—	—	—	—	—	—	—	—	—	—	—
230	711	196	515	500	—	—	—	196	—	18
1255	2830	784	2760	690	90	—	—	70	—	—
418	2073	280	1540	1460	80	—	—	393	140	430
—	—	—	—	—	—	—	—	—	—	—
—	—	—	—	—	—	—	—	—	—	—
—	—	—	—	—	—	—	—	—	—	—
3500	3930	—	3900	3900	—	—	—	—	30	749
148	2586	210	2383	1895	363	—	—	68	135	264
—	—	—	—	—	—	—	—	—	—	—
—	—	—	—	—	—	—	—	—	—	—
—	—	—	—	—	—	—	—	—	—	—
—	—	—	—	—	—	—	—	—	—	—
—	—	—	—	—	—	—	—	—	—	—
—	—	—	—	—	—	—	—	—	—	—
—	—	—	—	—	—	—	—	—	—	—
—	—	—	—	—	—	—	—	—	—	—

各地区太行山绿化

地区	当年造林面积	按造林方式分			按林种				
		人工造林		飞播造林	用材林	经济林	防		
		合计	其中:中央投资造林				合计	水源涵养林	水土保持林
全国合计	**50049**	**20043**	**12063**	**30006**	**233**	**420**	**48683**	**2201**	**36207**
北京	2186	2186	1852	—	—	63	1410	—	1410
天津	—	—	—	—	—	—	—	—	—
河北	23203	3870	2567	19333	233	112	22858	400	18091
山西	9937	9937	3815	—	—	157	9780	1801	6396
内蒙古	—	—	—	—	—	—	—	—	—
内蒙古集团	—	—	—	—	—	—	—	—	—
辽宁	—	—	—	—	—	—	—	—	—
吉林	—	—	—	—	—	—	—	—	—
吉林集团	—	—	—	—	—	—	—	—	—
黑龙江	—	—	—	—	—	—	—	—	—
龙江集团	—	—	—	—	—	—	—	—	—
上海	—	—	—	—	—	—	—	—	—
江苏	—	—	—	—	—	—	—	—	—
浙江	—	—	—	—	—	—	—	—	—
安徽	—	—	—	—	—	—	—	—	—
福建	—	—	—	—	—	—	—	—	—
江西	—	—	—	—	—	—	—	—	—
山东	—	—	—	—	—	—	—	—	—
河南	14723	4050	3829	10673	—	88	14635	—	10310
湖北	—	—	—	—	—	—	—	—	—
湖南	—	—	—	—	—	—	—	—	—
广东	—	—	—	—	—	—	—	—	—
广西	—	—	—	—	—	—	—	—	—
海南	—	—	—	—	—	—	—	—	—
重庆	—	—	—	—	—	—	—	—	—
四川	—	—	—	—	—	—	—	—	—
贵州	—	—	—	—	—	—	—	—	—
云南	—	—	—	—	—	—	—	—	—
西藏	—	—	—	—	—	—	—	—	—
陕西	—	—	—	—	—	—	—	—	—
甘肃	—	—	—	—	—	—	—	—	—
青海	—	—	—	—	—	—	—	—	—
宁夏	—	—	—	—	—	—	—	—	—
新疆	—	—	—	—	—	—	—	—	—
新疆兵团	—	—	—	—	—	—	—	—	—
大兴安岭	—	—	—	—	—	—	—	—	—

二期工程建设情况(一)

单位:公顷

用途分						低产低效林改造面积	年末实有封山育林面积		年末实有育苗面积
护林				薪炭林	特种用途林		合计	其中:本年新封面积	
其中									
防风固沙林	农田、牧场防护林	护岸护堤林	护路林						
2661	—	—	**533**	—	**713**	—	**279863**	**21813**	**1314**
—	—	—	—	—	713	—	7673	1333	41
—	—	—	—	—	—	—	—	—	—
934	—	—	533	—	—	—	90194	—	910
—	—	—	—	—	—	—	119891	10480	218
—	—	—	—	—	—	—	—	—	—
—	—	—	—	—	—	—	—	—	—
—	—	—	—	—	—	—	—	—	—
—	—	—	—	—	—	—	—	—	—
—	—	—	—	—	—	—	—	—	—
—	—	—	—	—	—	—	—	—	—
—	—	—	—	—	—	—	—	—	—
—	—	—	—	—	—	—	—	—	—
—	—	—	—	—	—	—	—	—	—
—	—	—	—	—	—	—	—	—	—
—	—	—	—	—	—	—	—	—	—
—	—	—	—	—	—	—	—	—	—
—	—	—	—	—	—	—	—	—	—
—	—	—	—	—	—	—	—	—	—
1727	—	—	—	—	—	—	62105	10000	145
—	—	—	—	—	—	—	—	—	—
—	—	—	—	—	—	—	—	—	—
—	—	—	—	—	—	—	—	—	—
—	—	—	—	—	—	—	—	—	—
—	—	—	—	—	—	—	—	—	—
—	—	—	—	—	—	—	—	—	—
—	—	—	—	—	—	—	—	—	—
—	—	—	—	—	—	—	—	—	—
—	—	—	—	—	—	—	—	—	—
—	—	—	—	—	—	—	—	—	—
—	—	—	—	—	—	—	—	—	—
—	—	—	—	—	—	—	—	—	—
—	—	—	—	—	—	—	—	—	—
—	—	—	—	—	—	—	—	—	—
—	—	—	—	—	—	—	—	—	—
—	—	—	—	—	—	—	—	—	—
—	—	—	—	—	—	—	—	—	—

各地区太行山绿化

地区	本年实际完成投资									
	合计	其中：国家投资	造林	封山育林	低产低效防护林改造	种苗	森林防火及病虫害防治	科技费用	其他	总计
全国合计	**10436**	**8097**	**7599**	**1121**	**—**	**114**	**482**	**23**	**890**	**10362**
北京	4958	3407	3793	—	—	45	358	12	749	4958
天津	—	—	—	—	—	—	—	—	—	—
河北	2184	1715	1451	336	—	20	105	5	76	1989
山西	2490	2213	1716	701	—	—	8	—	65	2611
内蒙古	—	—	—	—	—	—	—	—	—	—
内蒙古集团	—	—	—	—	—	—	—	—	—	—
辽宁	—	—	—	—	—	—	—	—	—	—
吉林	—	—	—	—	—	—	—	—	—	—
吉林集团	—	—	—	—	—	—	—	—	—	—
黑龙江	—	—	—	—	—	—	—	—	—	—
龙江集团	—	—	—	—	—	—	—	—	—	—
上海	—	—	—	—	—	—	—	—	—	—
江苏	—	—	—	—	—	—	—	—	—	—
浙江	—	—	—	—	—	—	—	—	—	—
安徽	—	—	—	—	—	—	—	—	—	—
福建	—	—	—	—	—	—	—	—	—	—
江西	—	—	—	—	—	—	—	—	—	—
山东	—	—	—	—	—	—	—	—	—	—
河南	804	762	639	84	—	49	11	6	—	804
湖北	—	—	—	—	—	—	—	—	—	—
湖南	—	—	—	—	—	—	—	—	—	—
广东	—	—	—	—	—	—	—	—	—	—
广西	—	—	—	—	—	—	—	—	—	—
海南	—	—	—	—	—	—	—	—	—	—
重庆	—	—	—	—	—	—	—	—	—	—
四川	—	—	—	—	—	—	—	—	—	—
贵州	—	—	—	—	—	—	—	—	—	—
云南	—	—	—	—	—	—	—	—	—	—
西藏	—	—	—	—	—	—	—	—	—	—
陕西	—	—	—	—	—	—	—	—	—	—
甘肃	—	—	—	—	—	—	—	—	—	—
青海	—	—	—	—	—	—	—	—	—	—
宁夏	—	—	—	—	—	—	—	—	—	—
新疆	—	—	—	—	—	—	—	—	—	—
新疆兵团	—	—	—	—	—	—	—	—	—	—
大兴安岭	—	—	—	—	—	—	—	—	—	—

二期工程建设情况(二)

单位:万元

本年资金来源总计										群众投工投劳（折合资金）
上年末结余资金	本年资金来源合计									
	合　计	其中:地方配套资金								
		小 计	国家预算内资金			国内贷款	利用外资	自筹资金	其他资金	
			计	其中						
				国债资金	中央财政专项资金					
80	**10282**	**2329**	**8486**	**1680**	**1890**	—	—	**1791**	**5**	**4030**
—	4958	1521	3407	300	40	—	—	1551	—	956
—	—	—	—	—	—	—	—	—	—	—
80	1909	291	1909	400	640	—	—	—	—	2249
—	2611	438	2371	430	1035	—	—	240	—	770
—	—	—	—	—	—	—	—	—	—	—
—	—	—	—	—	—	—	—	—	—	—
—	—	—	—	—	—	—	—	—	—	—
—	—	—	—	—	—	—	—	—	—	—
—	—	—	—	—	—	—	—	—	—	—
—	—	—	—	—	—	—	—	—	—	—
—	—	—	—	—	—	—	—	—	—	—
—	—	—	—	—	—	—	—	—	—	—
—	—	—	—	—	—	—	—	—	—	—
—	—	—	—	—	—	—	—	—	—	—
—	—	—	—	—	—	—	—	—	—	—
—	—	—	—	—	—	—	—	—	—	—
—	—	—	—	—	—	—	—	—	—	—
—	—	—	—	—	—	—	—	—	—	—
—	804	79	799	550	175	—	—	—	5	55
—	—	—	—	—	—	—	—	—	—	—
—	—	—	—	—	—	—	—	—	—	—
—	—	—	—	—	—	—	—	—	—	—
—	—	—	—	—	—	—	—	—	—	—
—	—	—	—	—	—	—	—	—	—	—
—	—	—	—	—	—	—	—	—	—	—
—	—	—	—	—	—	—	—	—	—	—
—	—	—	—	—	—	—	—	—	—	—
—	—	—	—	—	—	—	—	—	—	—
—	—	—	—	—	—	—	—	—	—	—
—	—	—	—	—	—	—	—	—	—	—
—	—	—	—	—	—	—	—	—	—	—
—	—	—	—	—	—	—	—	—	—	—
—	—	—	—	—	—	—	—	—	—	—
—	—	—	—	—	—	—	—	—	—	—
—	—	—	—	—	—	—	—	—	—	—
—	—	—	—	—	—	—	—	—	—	—

各地区平原绿化

地区	当年造林面积	按造林方式分			按林种				
		人工造林		飞播造林	用材林	经济林	防		
		合计	其中:中央投资造林				合计	水源涵养林	水土保持林
全国合计	**16178**	**16178**	**7825**	**—**	**2800**	**1445**	**10056**	**67**	**—**
北京	5718	5718	—	—	2313	1104	1180	—	—
天津	—	—	—	—	—	—	—	—	—
河北	—	—	—	—	—	—	—	—	—
山西	2571	2571	1009	—	487	341	1743	—	—
内蒙古	—	—	—	—	—	—	—	—	—
内蒙古集团	—	—	—	—	—	—	—	—	—
辽宁	—	—	—	—	—	—	—	—	—
吉林	—	—	—	—	—	—	—	—	—
吉林集团	—	—	—	—	—	—	—	—	—
黑龙江	—	—	—	—	—	—	—	—	—
龙江集团	—	—	—	—	—	—	—	—	—
上海	1073	1073	—	—	—	—	317	67	—
江苏	—	—	—	—	—	—	—	—	—
浙江	—	—	—	—	—	—	—	—	—
安徽	6816	6816	6816	—	—	—	6816	—	—
福建	—	—	—	—	—	—	—	—	—
江西	—	—	—	—	—	—	—	—	—
山东	—	—	—	—	—	—	—	—	—
河南	—	—	—	—	—	—	—	—	—
湖北	—	—	—	—	—	—	—	—	—
湖南	—	—	—	—	—	—	—	—	—
广东	—	—	—	—	—	—	—	—	—
广西	—	—	—	—	—	—	—	—	—
海南	—	—	—	—	—	—	—	—	—
重庆	—	—	—	—	—	—	—	—	—
四川	—	—	—	—	—	—	—	—	—
贵州	—	—	—	—	—	—	—	—	—
云南	—	—	—	—	—	—	—	—	—
西藏	—	—	—	—	—	—	—	—	—
陕西	—	—	—	—	—	—	—	—	—
甘肃	—	—	—	—	—	—	—	—	—
青海	—	—	—	—	—	—	—	—	—
宁夏	—	—	—	—	—	—	—	—	—
新疆	—	—	—	—	—	—	—	—	—
新疆兵团	—	—	—	—	—	—	—	—	—
大兴安岭	—	—	—	—	—	—	—	—	—

二期工程建设情况(一)

单位:公顷

用途分·护林·其中·防风固沙林	用途分·护林·其中·农田、牧场防护林	用途分·护林·其中·护岸护堤林	用途分·护林·其中·护路林	用途分·薪炭林	用途分·特种用途林	低产低效林改造面积	年末实有封山育林面积·合计	年末实有封山育林面积·其中:本年新封面积	年末实有育苗面积
535	**1650**	**40**	**928**	**—**	**1877**	**423**	**—**	**—**	**3530**
535	213	—	432	—	1121	—	—	—	3514
—	—	—	—	—	—	—	—	—	—
—	—	—	—	—	—	—	—	—	—
—	1437	40	246	—	—	—	—	—	—
—	—	—	—	—	—	—	—	—	—
—	—	—	—	—	—	—	—	—	—
—	—	—	—	—	—	—	—	—	—
—	—	—	—	—	—	—	—	—	—
—	—	—	—	—	—	—	—	—	—
—	—	—	—	—	—	—	—	—	—
—	—	—	—	—	—	—	—	—	—
—	—	—	250	—	756	—	—	—	—
—	—	—	—	—	—	—	—	—	—
—	—	—	—	—	—	—	—	—	—
—	—	—	—	—	—	—	—	—	—
—	—	—	—	—	—	—	—	—	—
—	—	—	—	—	—	—	—	—	—
—	—	—	—	—	—	—	—	—	—
—	—	—	—	—	—	—	—	—	—
—	—	—	—	—	—	—	—	—	—
—	—	—	—	—	—	—	—	—	—
—	—	—	—	—	—	423	—	—	16
—	—	—	—	—	—	—	—	—	—
—	—	—	—	—	—	—	—	—	—
—	—	—	—	—	—	—	—	—	—
—	—	—	—	—	—	—	—	—	—
—	—	—	—	—	—	—	—	—	—
—	—	—	—	—	—	—	—	—	—
—	—	—	—	—	—	—	—	—	—
—	—	—	—	—	—	—	—	—	—
—	—	—	—	—	—	—	—	—	—
—	—	—	—	—	—	—	—	—	—
—	—	—	—	—	—	—	—	—	—
—	—	—	—	—	—	—	—	—	—
—	—	—	—	—	—	—	—	—	—
—	—	—	—	—	—	—	—	—	—

各地区平原绿化

地区	本年实际完成投资									
	合计	其中：国家投资	造林	封山育林	低产低效防护林改造	种苗	森林防火及病虫害防治	科技费用	其他	总计
全国合计	**52477**	**20069**	**40441**	**—**	**392**	**2566**	**746**	**100**	**3623**	**52477**
北京	26426	10872	21213	—	86	1066	646	—	3415	26426
天津	—	—	—	—	—	—	—	—	—	—
河北	—	—	—	—	—	—	—	—	—	—
山西	272	230	272	—	—	—	—	—	—	272
内蒙古	—	—	—	—	—	—	—	—	—	—
内蒙古集团	—	—	—	—	—	—	—	—	—	—
辽宁	—	—	—	—	—	—	—	—	—	—
吉林	—	—	—	—	—	—	—	—	—	—
吉林集团	—	—	—	—	—	—	—	—	—	—
黑龙江	—	—	—	—	—	—	—	—	—	—
龙江集团	—	—	—	—	—	—	—	—	—	—
上海	23537	8946	18937	—	—	—	—	—	—	23537
江苏	—	—	—	—	—	—	—	—	—	—
浙江	—	—	—	—	—	—	—	—	—	—
安徽	19	12	19	—	—	—	—	—	—	19
福建	—	—	—	—	—	—	—	—	—	—
江西	—	—	—	—	—	—	—	—	—	—
山东	—	—	—	—	—	—	—	—	—	—
河南	—	—	—	—	—	—	—	—	—	—
湖北	—	—	—	—	—	—	—	—	—	—
湖南	—	—	—	—	—	—	—	—	—	—
广东	2223	9	—	—	306	1500	100	100	208	2223
广西	—	—	—	—	—	—	—	—	—	—
海南	—	—	—	—	—	—	—	—	—	—
重庆	—	—	—	—	—	—	—	—	—	—
四川	—	—	—	—	—	—	—	—	—	—
贵州	—	—	—	—	—	—	—	—	—	—
云南	—	—	—	—	—	—	—	—	—	—
西藏	—	—	—	—	—	—	—	—	—	—
陕西	—	—	—	—	—	—	—	—	—	—
甘肃	—	—	—	—	—	—	—	—	—	—
青海	—	—	—	—	—	—	—	—	—	—
宁夏	—	—	—	—	—	—	—	—	—	—
新疆	—	—	—	—	—	—	—	—	—	—
新疆兵团	—	—	—	—	—	—	—	—	—	—
大兴安岭	—	—	—	—	—	—	—	—	—	—

二期工程建设情况(二)

单位:万元

本年资金来源总计										
上年末结余资金	本年资金来源合计									群众投工投劳(折合资金)
	合　计	其中:地方配套资金								
		小 计	国家预算内资金			国内贷款	利用外资	自筹资金	其他资金	
			计	其中						
				国债资金	中央财政专项资金					
—	**52477**	**38861**	**22283**	**5**	**2**	—	—	**26001**	**4193**	**3683**
—	26426	26426	10872	—	—	—	—	15554	—	2655
—	—	—	—	—	—	—	—	—	—	—
—	—	—	—	—	—	—	—	—	—	—
—	272	30	230	—	—	—	—	42	—	410
—	—	—	—	—	—	—	—	—	—	—
—	—	—	—	—	—	—	—	—	—	—
—	—	—	—	—	—	—	—	—	—	—
—	—	—	—	—	—	—	—	—	—	—
—	—	—	—	—	—	—	—	—	—	—
—	—	—	—	—	—	—	—	—	—	—
—	—	—	—	—	—	—	—	—	—	—
—	23537	10181	8946	—	—	—	—	10398	4193	608
—	—	—	—	—	—	—	—	—	—	—
—	—	—	—	—	—	—	—	—	—	—
—	19	7	12	5	2	—	—	7	—	10
—	—	—	—	—	—	—	—	—	—	—
—	—	—	—	—	—	—	—	—	—	—
—	—	—	—	—	—	—	—	—	—	—
—	—	—	—	—	—	—	—	—	—	—
—	—	—	—	—	—	—	—	—	—	—
—	—	—	—	—	—	—	—	—	—	—
—	2223	2217	2223	—	—	—	—	—	—	—
—	—	—	—	—	—	—	—	—	—	—
—	—	—	—	—	—	—	—	—	—	—
—	—	—	—	—	—	—	—	—	—	—
—	—	—	—	—	—	—	—	—	—	—
—	—	—	—	—	—	—	—	—	—	—
—	—	—	—	—	—	—	—	—	—	—
—	—	—	—	—	—	—	—	—	—	—
—	—	—	—	—	—	—	—	—	—	—
—	—	—	—	—	—	—	—	—	—	—
—	—	—	—	—	—	—	—	—	—	—
—	—	—	—	—	—	—	—	—	—	—
—	—	—	—	—	—	—	—	—	—	—
—	—	—	—	—	—	—	—	—	—	—
—	—	—	—	—	—	—	—	—	—	—

林业系统野生动植物保护及自然保护区建设工程情况

指　　标	单位	本年实际
一、年末实有自然保护区个数	**个**	**1538**
其中：国家级	个	164
二、年末实有自然保护区面积	**百公顷**	**1177984**
其中：国家级	百公顷	713761
三、年末实有自然保护小区个数	**个**	**51218**
年末实有自然保护小区面积	百公顷	73008
四、禁猎（伐）区个数	**个**	**2664**
禁猎（伐）区面积	百公顷	491056
五、国际重要湿地个数	**个**	**16**
国际重要湿地面积	百公顷	26974
六、湿地示范区面积	**百公顷**	**19846**
七、野生动物种源繁育基地	**个**	**329**
八、珍稀野生植物培植基地	**个**	**266**
其中：植物园个数	个	88
九、鸟类环志中心（站）	**个**	**65**
鸟类环志中心（站）人员	人	245
十、野生动植物科研及监测机构	**个**	**251**
在野生动植物科研及监测机构中各类专业技术人员	人	1252
十一、野生动物园	**个**	**43**
十二、狩猎场	**个**	**62**
十三、从事野生动植物及自然保护区建设的职工人数	**人**	**31022**
其中：各类专业技术人员	人	8888
十四、野生动植物及自然保护区投资情况		
(一)投资完成额	万元	52406
其中:国债资金	万元	20927
中央财政专项资金	万元	4682
(二)本年资金来源总计	万元	57759
1. 上年末结余资金	万元	4639
2. 本年资金来源合计	万元	53120
其中:地方配套资金	万元	7002
(1)国家预算内资金	万元	29611
其中:国债资金	万元	17381
中央财政专项资金	万元	4942
(2)利用外资	万元	2007
(3)其他资金	万元	21502

全国林业系统自然保护区分类分级情况

类型		个数(个)					面积(百公顷)				
		合计	国家级	省级	市级	县级	合计	国家级	省级	市级	县级
全国合计		**1538**	**164**	**542**	**236**	**596**	**1177983.97**	**713761.30**	**340885.34**	**37279.99**	**86057.35**
按保护类型划分	森林生态系统	1029	109	318	176	426	567982.93	391441.86	117567.84	18593.20	40380.03
	湿地生态系统	180	29	82	28	41	320335.97	238939.48	62860.29	9649.26	8886.64
	荒漠生态系统	45	7	28	—	10	130956.43	46212.20	67780.64	—	16963.59
	野生植物	75	4	35	7	29	11051.65	1935.90	3592.52	629.00	4894.23
	野生动物	209	15	79	25	90	147656.99	35231.85	89084.06	8408.53	14932.56
按国土类型划分	东北山地平原区	182	23	61	29	69	92514.13	29261.41	47703.07	8829.92	6719.74
	蒙新高原荒漠区	145	26	103	2	14	247060.32	57430.65	172431.06	144.00	17054.61
	华北平原黄土高原区	108	12	57	26	13	30654.73	10895.35	13850.25	4446.84	1462.29
	青藏高原高寒区	66	8	19	2	37	602471.62	555955.51	26116.04	386.51	20013.56
	西南高山峡谷区	135	14	52	23	46	104945.95	32609.08	44280.63	12389.77	15666.47
	中南西部山地丘陵区	253	28	65	42	118	35579.63	11425.98	11068.88	3505.22	9579.55
	华东丘陵平原区	378	31	118	28	201	43587.18	8994.87	19077.67	3598.43	11916.22
	华南低山区陵区	271	22	67	84	98	21170.41	7188.45	6357.74	3979.31	3644.91

注:林业系统自然保护区总数量和总面积不含香港、澳门特别行政区和台湾省。

各地区林业系统自然保护区分类情况

地区	个数(个)						面积(百公顷)					
	合计	森林生态	湿地生态	荒漠生态	野生植物	野生动物	合计	森林生态	湿地生态	荒漠生态	野生植物	野生动物
全国合计	**1538**	**1029**	**180**	**45**	**75**	**209**	**1177983.97**	**567982.93**	**320335.97**	**130956.43**	**11051.65**	**147656.99**
北京	15	12	2	—	—	1	1214.14	914.14	100.00	—	—	200.00
天津	4	2	2	—	—	—	563.60	61.20	502.40	—	—	—
河北	13	7	4	—	—	2	2721.00	1497.00	874.00	—	—	350.00
山西	38	13	1	—	1	23	10620.00	2232.08	868.61	—	250.49	7268.82
内蒙古	70	35	15	18	—	2	91725.89	25725.33	19272.82	45617.19	—	1110.56
辽宁	52	36	2	—	—	14	7873.08	3057.57	1392.00	—	—	3423.51
吉林	28	17	6	—	1	4	22121.64	16678.30	4023.29	—	94.06	1325.99
黑龙江	81	23	22	—	1	35	35276.24	10021.17	21361.69	—	201.00	3692.38
上海	1	—	1	—	—	—	241.55	—	241.55	—	—	—
江苏	6	5	—	—	—	1	787.54	7.54	—	—	—	780.00
浙江	18	12	2	—	—	4	930.61	842.20	32.00	—	—	56.42
安徽	26	19	6	—	—	1	4711.97	2314.94	1963.70	—	—	433.33
福建	69	43	8	—	11	7	4618.28	3385.77	562.42	—	461.39	208.70
江西	128	112	6	—	—	10	8136.42	6910.74	709.66	—	—	516.02
山东	47	26	13	—	1	7	8741.13	2670.15	5349.12	—	136.10	585.76
河南	17	8	7	—	—	2	3686.89	850.56	1802.33	—	—	1034.00
湖北	39	17	7	—	9	6	7088.74	4441.33	1414.40	—	88.54	1144.47
湖南	92	84	8	—	—	—	12634.72	8021.68	4613.04	—	—	—
广东	185	163	9	—	7	6	8784.99	7477.10	432.82	—	81.85	793.23
广西	57	46	—	—	1	10	12466.18	11131.90	—	—	21.62	1312.66
海南	25	15	4	—	1	5	1259.67	994.25	154.83	—	9.92	100.67
重庆	41	18	—	—	15	8	7159.29	2872.64	—	—	3512.73	773.93
四川	109	68	21	—	10	10	71989.27	36620.50	22563.60	—	2122.71	10682.46
贵州	89	89	—	—	—	—	7133.56	7133.56	—	—	—	—
云南	123	86	13	—	10	14	27931.73	22117.48	1052.20	—	392.52	4369.53
西藏	64	23	1	16	1	23	419528.85	339326.09	257.37	47623.57	0.08	32321.74
陕西	25	17	3	—	2	3	7454.68	4524.99	937.53	—	140.34	1851.82
甘肃	41	21	8	6	—	6	84328.00	32216.00	11327.00	32864.00	—	7921.00
青海	8	1	5	2	—	—	207639.20	1729.00	202763.20	3147.00	—	—
宁夏	6	4	—	2	—	—	3917.00	2759.00	—	1158.00	—	—
新疆	21	7	4	1	4	5	94698.10	9448.73	15764.41	546.67	3538.30	65400.00

各地区林业系统自然保护区分级情况

地区	个数(个)					面积(百公顷)					占土地面积(%)	占国土面积排名
	合计	国家级	省级	市级	县级	合计	国家级	省级	市级	县级		
全国合计	**1538**	**164**	**542**	**236**	**596**	**1177983.97**	**713761.30**	**340885.34**	**37279.99**	**86057.35**	**12.27**	**—**
北京	15	1	8	—	6	1214.14	46.60	806.04	—	361.50	7.22	10
天津	4	1	2	—	1	563.60	53.60	502.40	—	7.60	4.97	17
河北	13	3	8	1	1	2721.00	549.00	2086.00	84.00	2.00	1.45	27
山西	38	4	34	—	—	10620.00	616.97	10003.04	—	—	6.80	12
内蒙古	70	13	40	7	10	91725.89	19571.73	53463.13	4924.76	13766.27	7.75	8
辽宁	52	5	12	16	19	7873.08	1657.18	1134.97	3521.91	1559.03	3.08	24
吉林	28	5	12	1	10	22121.64	5313.51	16517.76	1.44	288.93	12.24	5
黑龙江	81	9	28	5	39	35276.24	12486.32	18006.33	381.81	4401.79	7.76	7
上海	1	—	1	—	—	241.55	—	241.55	—	—	3.81	20
江苏	6	1	5	—	—	787.54	780.00	7.54	0.30	—	0.77	30
浙江	18	6	3	—	9	930.61	745.71	66.20	—	118.70	0.91	29
安徽	26	4	21	—	1	4711.97	1123.60	3572.37	—	16.00	3.62	23
福建	69	7	25	8	29	4618.28	1220.09	1144.04	1571.46	682.70	2.78	25
江西	128	5	15	1	107	8136.42	850.19	1789.18	145.39	5351.66	4.88	18
山东	47	2	15	24	6	8741.13	1580.15	2629.95	3437.84	1093.19	5.28	15
河南	17	6	11	—	—	3686.89	2357.30	1329.59	—	—	2.21	26
湖北	39	3	9	14	13	7088.74	1797.71	3060.87	1274.99	955.17	3.81	21
湖南	92	7	30	2	53	12634.72	3682.53	4816.88	186.64	3948.67	5.96	13
广东	185	5	31	79	70	8784.99	978.42	3064.79	2483.52	2258.27	1.18	28
广西	57	7	32	2	16	12466.18	1691.47	7035.12	1023.48	2716.11	5.15	16
海南	25	5	15	1	4	1259.67	448.84	653.90	92.30	64.63	0.24	31
重庆	41	3	20	—	18	7159.29	1854.67	2276.67	—	3027.95	8.70	6
四川	109	13	45	16	35	71989.27	12460.60	27857.19	12075.52	19595.97	14.74	4
贵州	89	5	2	9	73	7133.56	1799.66	488.30	1075.78	3769.82	4.05	19
云南	123	11	39	45	28	27931.73	12809.49	8972.92	3497.35	2651.98	7.09	11
西藏	64	7	14	1	42	419528.85	368924.80	34968.58	165.49	15469.98	34.96	1
陕西	25	5	14	3	3	7454.68	1882.82	4029.09	1276.32	266.45	3.62	22
甘肃	41	7	33	—	1	84328.00	42063.00	42198.00	—	67.00	18.50	3
青海	8	5	3	—	—	207639.20	204081.00	3558.20	—	—	28.81	2
宁夏	6	4	1	—	1	3917.00	3411.00	340.00	—	166.00	7.56	9
新疆	21	5	14	1	1	94698.10	6923.35	84264.75	60.00	3450.00	5.92	14

各地区林业系统野生动植物保护

地区	年末实有自然保护区个数		年末实有自然保护区面积		年末实有自然保护小区		禁猎(伐)区		国际重要湿地	
	合计	其中：国家级	合计	其中：国家级	个数	面积	个数	面积	个数	面积
全国合计	**1538**	**164**	**1177984**	**713761**	**51218**	**73008**	**2664**	**491056**	**16**	**26974**
北京	15	1	1214	47	8	202	15	803	—	—
天津	4	1	564	54	—	—	—	—	—	—
河北	13	3	2721	549	3	66	3	683	—	—
山西	38	4	10620	617	—	—	8	217	—	—
内蒙古	70	13	91726	19572	—	—	85	176066	2	7477
内蒙古集团	12	1	14985	1073	—	—	27	29275	—	—
辽宁	52	5	7873	1657	103	2422	73	6285	—	—
吉林	28	5	22121	5313	31	2211	883	4412	1	1055
吉林集团	—	—	—	—	—	—	—	—	—	—
黑龙江	78	7	28958	8519	12	1281	31	22598	3	5969
龙江集团	10	—	6791	—	2	456	24	16342	—	—
上海	1	—	242	—	—	—	—	—	1	326
江苏	6	1	787	780	14	42	6	4565	1	780
浙江	18	6	931	746	271	631	51	882	—	—
安徽	26	4	4712	1124	270	590	17	520	—	—
福建	69	7	4618	1220	3322	3369	116	5943	—	—
江西	128	5	8136	850	5000	2047	—	—	—	—
山东	47	2	8741	1580	25	225	—	—	—	—
河南	17	6	3687	2357	—	—	41	1382	—	—
湖北	39	3	7089	1798	185	1343	183	4845	—	—
湖南	92	7	12635	3682	118	17846	120	8588	3	3930
广东	185	5	8785	978	38800	4200	493	3039	2	207
广西	57	7	12466	1691	77	1431	74	1512	—	—
海南	25	5	1260	449	190	170	219	1846	1	54
重庆	41	3	7159	1855	—	—	—	—	—	—
四川	109	13	71989	12461	1926	9541	131	70228	—	—
贵州	89	5	7134	1800	72	2201	19	1777	—	—
云南	123	11	27932	12809	768	12978	54	14939	—	—
西藏	64	7	419529	368925	—	—	—	—	—	—
陕西	25	5	7455	1883	4	64	—	—	—	—
甘肃	41	7	84328	42063	19	10148	16	1970	—	—
青海	8	5	207639	204081	—	—	19	156543	1	6952
宁夏	6	4	3917	3411	—	—	—	—	—	—
新疆	21	5	94698	6923	—	—	7	1413	—	—
新疆兵团	—	—	—	—	—	—	—	—	—	—
大兴安岭	3	2	6318	3967	—	—	—	—	—	—

及自然保护区建设工程情况(一)

单位:个、百公顷、人

湿地示范区面积	野生动物种源繁育基地	珍稀野生植物培植基地		鸟类环志中心(站)	鸟类环志中心(站)人员	野生动植物科研及监测机构	在野生动植物科研及监测机构中各类专业技术人员	野生动物园	狩猎场	从事野生动植物及自然保护区建设的职工人数	
		合 计	其中:植物园个数							合 计	其中:各类专业技术人员
19846	**329**	**266**	**88**	**65**	**245**	**251**	**1252**	**43**	**62**	**31022**	**8888**
—	1	—	—	—	—	1	—	2	2	435	83
544	—	—	—	—	—	—	—	—	—	10	—
188	1	1	1	2	8	5	30	1	6	1489	135
—	—	—	—	—	—	2	9	—	—	539	162
600	1	—	—	1	7	5	63	—	3	3477	1828
—	—	—	—	1	7	3	33	—	—	622	115
—	4	1	—	3	18	59	78	1	—	1024	293
121	8	3	2	11	46	20	279	—	1	1377	358
—	—	—	—	—	—	—	—	—	—	—	—
1191	8	4	3	3	42	8	39	2	9	515	239
1191	4	1	1	1	18	1	20	1	6	303	163
1	—	—	—	1	2	—	—	—	—	30	10
321	3	2	—	1	5	2	45	2	—	194	69
12	32	2	2	—	—	11	84	2	9	531	273
8714	1	1	1	2	9	2	30	1	1	543	226
29	80	33	2	—	—	3	18	—	—	768	256
—	—	—	—	—	—	—	—	—	—	1282	412
46	—	—	—	1	5	9	54	2	—	359	87
—	2	3	3	—	—	3	15	—	—	2544	254
750	4	9	4	1	3	11	67	2	1	1836	472
736	124	164	43	8	16	34	120	8	5	4143	928
—	1	3	2	—	—	41	47	3	9	1437	330
—	1	1	—	—	—	1	6	—	—	645	139
63	40	10	6	—	—	1	4	—	—	169	21
—	2	7	6	—	—	6	54	3	1	761	148
4346	6	6	2	—	—	16	150	3	9	1359	409
—	6	5	3	25	50	2	4	11	2	622	218
112	3	8	5	4	28	6	23	—	—	2006	463
—	—	—	—	—	—	—	—	—	—	732	200
—	—	—	—	—	—	—	—	—	—	558	249
1750	—	1	1	1	2	2	28	—	2	431	104
—	—	1	1	—	—	—	—	—	2	204	12
322	—	—	—	1	4	—	—	—	—	652	440
—	1	1	1	—	—	—	—	—	—	274	55
—	—	—	—	—	—	—	—	—	—	—	—
—	—	—	—	—	—	1	5	—	—	76	15

各地区林业系统野生动植物保护及自然保护区建设工程情况(二)

单位:个、人、万元

地　区	野生动植物及自然保护区投资情况											
	投资完成额			本年资金来源总计								
	合　计	其中		总计	上年末结余资金	本年资金来源合计						
						合　计	其中:地方配套资金	国家预算内资金			利用外资	其他资金
								小　计	其中			
		国债资金	中央财政专项资金						国债资金	中央财政专项资金		
全国合计	**52406**	**20927**	**4682**	**57759**	**4639**	**53120**	**7002**	**29611**	**17381**	**4942**	**2007**	**21502**
北　京	130	—	—	130	—	130	—	130	—	—	—	—
天　津	250	—	—	323	223	100	70	30	—	—	—	70
河　北	3167	1230	—	8702	—	8702	202	2661	744	—	—	6041
山　西	1027	870	—	1027	—	1027	115	1027	870	—	—	—
内蒙古	9051	4374	494	2603	—	2603	1049	1467	973	494	—	1136
内蒙古集团	980	—	494	980	—	980	399	494	—	494	—	486
辽　宁	1068	638	—	1068	—	1068	10	944	638	—	—	124
吉　林	1108	278	—	1733	198	1535	208	325	265	—	—	1210
吉林集团	—	—	—	—	—	—	—	—	—	—	—	—
黑龙江	8548	2228	—	8548	—	8548	430	3177	2228	—	—	5371
龙江集团	1251	1001	—	1251	—	1251	—	1001	1001	—	—	250
上　海	—	—	—	—	—	—	—	—	—	—	—	—
江　苏	1216	558	—	1193	—	1193	533	660	558	—	—	533
浙　江	397	—	5	951	521	430	26	117	—	5	—	313
安　徽	240	2	120	242	7	235	26	145	2	120	—	90
福　建	1348	431	—	1772	—	1772	900	872	872	—	—	900
江　西	2144	744	18	2144	—	2144	4	762	744	18	852	530
山　东	1301	388	—	1301	—	1301	—	403	388	—	—	898
河　南	1136	690	446	1258	—	1258	100	1136	690	446	—	122
湖　北	1705	155	1056	1410	120	1290	303	1128	185	941	—	162
湖　南	1587	220	515	1908	—	1908	88	1170	660	500	—	738
广　东	2161	467	79	3489	410	3079	413	2557	837	40	—	522
广　西	512	380	10	521	50	471	—	471	342	10	—	—
海　南	475	475	—	669	—	669	—	475	475	—	75	119
重　庆	1129	313	—	1736	87	1649	229	1149	920	—	—	500
四　川	2905	1055	284	2783	49	2734	393	1740	936	554	680	314
贵　州	2567	1888	462	2567	845	1722	247	1722	1116	389	—	—
云　南	2912	1307	213	4968	1585	3383	387	2097	1221	262	400	886
西　藏	50	50	—	50	—	50	—	50	50	—	—	—
陕　西	—	—	—	366	—	366	346	366	—	—	—	—
甘　肃	—	—	—	—	—	—	—	—	—	—	—	—
青　海	519	519	—	519	519	—	—	—	—	—	—	—
宁　夏	2290	1367	—	2290	—	2290	923	1367	1367	—	—	923
新　疆	183	—	—	208	25	183	—	183	—	183	—	—
新疆兵团	—	—	—	—	—	—	—	—	—	—	—	—
大兴安岭	1280	300	980	1280	—	1280	—	1280	300	980	—	—

重点地区速生丰产用材林基地工程建设情况

指　　标	计量单位	本年实际
一、当年各种地类造林面积	**公顷**	**59096**
按地类划分:		
1. 荒山荒地造林面积	公顷	20425
2. 迹地造林面积	公顷	25275
3. 非林业用地造林面积	公顷	13396
各种地类造林面积按投资主体分:		
1. 林场(国有、集体)造林面积	公顷	16574
2. 龙头企业造林面积	公顷	7049
3. 外资造林面积	公顷	10080
4. 农户造林面积	公顷	18783
5. 其他主体造林面积	公顷	6610
二、改培面积	**公顷**	**10668**
三、当年造林和改培面积按培育目的分		
1. 浆纸原料林	公顷	11482
2. 人造板原料林	公顷	30418
3. 大径级用材林	公顷	8886
4. 其他工业原料林	公顷	18978
四、当年造林和改培面积按树种分		
1. 桉树、相思树	公顷	19157
2. 松树(南方)	公顷	9586
3. 杉木、柳杉	公顷	7485
4. 杨树、泡桐	公顷	22587
5. 柚木、楠木、西南桦、桃花心木	公顷	91
6. 落叶松	公顷	—
7. 红松、云杉、冷杉、樟子松	公顷	—
8. 水曲柳、核桃楸、黄波罗、椴树	公顷	—
9. 竹类	公顷	1964
10. 其他	公顷	8894
五、全部林业投资完成额	**万元**	**31297**
其中:国家投资	万元	455
六、本年资金来源总计	**万元**	**32217**
1. 上年末结余资金	万元	37
2. 本年资金来源合计	万元	32180
其中:地方配套资金	万元	1876
(1)国家预算内资金	万元	684
其中:国债资金	万元	8
(2)国内贷款	万元	10109
(3)利用外资	万元	5068
(4)自筹资金	万元	12286
(5)其他资金	万元	4033

各地区速生丰产用材林

地　　区	当年各种地类造林面积									改培面积
	合　计	按地类划分			各种地类造林面积按投资主体分					
		荒山荒地造林面积	迹地造林面积	非林业用地造林面积	林场(国有、集体)造林面积	龙头企业造林面积	外资造林面积	农户造林面积	其他主体造林面积	
全国合计	**59096**	**20425**	**25275**	**13396**	**16574**	**7049**	**10080**	**18783**	**6610**	**10688**
北　京	—	—	—	—	—	—	—	—	—	—
天　津	—	—	—	—	—	—	—	—	—	—
河　北	7753	4774	—	2979	61	1180	4152	2121	239	—
山　西	—	—	—	—	—	—	—	—	—	—
内蒙古	—	—	—	—	—	—	—	—	—	—
内蒙古集团	—	—	—	—	—	—	—	—	—	—
辽　宁	—	—	—	—	—	—	—	—	—	—
吉　林	—	—	—	—	—	—	—	—	—	—
吉林集团	—	—	—	—	—	—	—	—	—	—
黑龙江	—	—	—	—	—	—	—	—	—	—
龙江集团	—	—	—	—	—	—	—	—	—	—
上　海	—	—	—	—	—	—	—	—	—	—
江　苏	—	—	—	—	—	—	—	—	—	—
浙　江	76	76	—	—	—	76	—	—	—	—
安　徽	—	—	—	—	—	—	—	—	—	—
福　建	21243	4431	16812	—	6382	4504	232	4841	5284	9279
江　西	137	—	137	—	137	—	—	—	—	—
山　东	10017	—	—	10017	4508	—	—	5509	—	—
河　南	—	—	—	—	—	—	—	—	—	—
湖　北	3797	3665	132	—	—	300	2271	926	300	1250
湖　南	6162	5590	172	400	304	119	201	5386	152	—
广　东	—	—	—	—	—	—	—	—	—	—
广　西	9824	1802	8022	—	5095	870	3224	—	635	139
海　南	—	—	—	—	—	—	—	—	—	—
重　庆	—	—	—	—	—	—	—	—	—	—
四　川	—	—	—	—	—	—	—	—	—	—
贵　州	—	—	—	—	—	—	—	—	—	—
云　南	87	87	—	—	87	—	—	—	—	—
西　藏	—	—	—	—	—	—	—	—	—	—
陕　西	—	—	—	—	—	—	—	—	—	—
甘　肃	—	—	—	—	—	—	—	—	—	—
青　海	—	—	—	—	—	—	—	—	—	—
宁　夏	—	—	—	—	—	—	—	—	—	—
新　疆	—	—	—	—	—	—	—	—	—	—
新疆兵团	—	—	—	—	—	—	—	—	—	—
大兴安岭	—	—	—	—	—	—	—	—	—	—

基地工程建设情况(一)

单位:公顷

当年造林和改培面积按培育目的分				当年造林和改培面积按树种分									
浆纸原料林	人造板原料林	大径级用材林	其他工业原料林	桉树、相思树	松树(南方)	杉木、柳杉	杨树、泡桐	柚木、楠木、西南桦、桃花心木	落叶松	红松、云杉、冷杉、樟子松	水曲柳、核桃楸、黄波罗、椴树	竹类	其他
11482	**30418**	**8886**	**18978**	**19157**	**9586**	**7485**	**22587**	**91**	**—**	**—**	**—**	**1964**	**8894**
—	—	—	—	—	—	—	—	—	—	—	—	—	—
—	—	—	—	—	—	—	—	—	—	—	—	—	—
—	3340	3595	818	—	—	—	7723	—	—	—	—	—	30
—	—	—	—	—	—	—	—	—	—	—	—	—	—
—	—	—	—	—	—	—	—	—	—	—	—	—	—
—	—	—	—	—	—	—	—	—	—	—	—	—	—
—	—	—	—	—	—	—	—	—	—	—	—	—	—
—	—	—	—	—	—	—	—	—	—	—	—	—	—
—	—	—	—	—	—	—	—	—	—	—	—	—	—
—	—	—	—	—	—	—	—	—	—	—	—	—	—
—	—	—	—	—	—	—	—	—	—	—	—	—	—
—	—	—	—	—	—	—	—	—	—	—	—	—	—
—	—	—	—	—	—	—	—	—	—	—	—	—	—
—	76	—	—	—	—	—	76	—	—	—	—	—	—
—	—	—	—	—	—	—	—	—	—	—	—	—	—
5532	8328	4285	12377	9199	7216	6403	569	91	—	—	—	592	6452
—	—	137	—	—	—	100	—	—	—	—	—	—	37
2204	7813	—	—	—	—	—	10017	—	—	—	—	—	—
—	—	—	—	—	—	—	—	—	—	—	—	—	—
—	1001	432	3614	—	—	—	3447	—	—	—	—	1250	350
212	5361	39	550	84	2281	982	755	—	—	—	—	35	2025
—	—	—	—	—	—	—	—	—	—	—	—	—	—
3534	4412	398	1619	9874	89	—	—	—	—	—	—	—	—
—	—	—	—	—	—	—	—	—	—	—	—	—	—
—	—	—	—	—	—	—	—	—	—	—	—	—	—
—	—	—	—	—	—	—	—	—	—	—	—	—	—
—	—	—	—	—	—	—	—	—	—	—	—	—	—
—	87	—	—	—	—	—	—	—	—	—	—	87	—
—	—	—	—	—	—	—	—	—	—	—	—	—	—
—	—	—	—	—	—	—	—	—	—	—	—	—	—
—	—	—	—	—	—	—	—	—	—	—	—	—	—
—	—	—	—	—	—	—	—	—	—	—	—	—	—
—	—	—	—	—	—	—	—	—	—	—	—	—	—
—	—	—	—	—	—	—	—	—	—	—	—	—	—
—	—	—	—	—	—	—	—	—	—	—	—	—	—
—	—	—	—	—	—	—	—	—	—	—	—	—	—

各地区速生丰产用材林基地工程建设情况(二)

单位:万元

地区	全部林业投资完成额		本年资金来源总计									
					本年资金来源合计							
							国家预算内资金					
	合计	其中:国家投资	总计	上年末结余资金	合计	其中:地方配套资金	小计	其中:国债资金	国内贷款	利用外资	自筹资金	其他资金
全国合计	**31297**	**455**	**32217**	**37**	**32180**	**1876**	**684**	**8**	**10109**	**5068**	**12286**	**4033**
北京	—	—	—	—	—	—	—	—	—	—	—	—
天津	—	—	—	—	—	—	—	—	—	—	—	—
河北	5648	340	5571	—	5571	517	535	—	1600	1472	1292	672
山西	—	—	—	—	—	—	—	—	—	—	—	—
内蒙古	—	—	—	—	—	—	—	—	—	—	—	—
内蒙古集团	—	—	—	—	—	—	—	—	—	—	—	—
辽宁	—	—	—	—	—	—	—	—	—	—	—	—
吉林	—	—	—	—	—	—	—	—	—	—	—	—
吉林集团	—	—	—	—	—	—	—	—	—	—	—	—
黑龙江	—	—	—	—	—	—	—	—	—	—	—	—
龙江集团	—	—	—	—	—	—	—	—	—	—	—	—
上海	—	—	—	—	—	—	—	—	—	—	—	—
江苏	—	—	—	—	—	—	—	—	—	—	—	—
浙江	114	—	114	—	114	—	—	—	—	—	—	114
安徽	—	—	—	—	—	—	—	—	—	—	—	—
福建	13769	105	14485	23	14462	179	129	8	7433	49	5250	1601
江西	878	—	878	—	878	39	10	—	—	794	27	47
山东	5102	—	5102	—	5102	—	—	—	1000	200	3499	403
河南	—	—	—	—	—	—	—	—	—	—	—	—
湖北	1219	—	1219	—	1219	—	—	—	—	680	300	239
湖南	227	—	508	14	494	—	—	—	—	365	120	9
广东	—	—	—	—	—	—	—	—	—	—	—	—
广西	4330	—	4330	—	4330	1141	—	—	76	1508	1798	948
海南	—	—	—	—	—	—	—	—	—	—	—	—
重庆	—	—	—	—	—	—	—	—	—	—	—	—
四川	—	—	—	—	—	—	—	—	—	—	—	—
贵州	—	—	—	—	—	—	—	—	—	—	—	—
云南	10	10	10	—	10	—	10	—	—	—	—	—
西藏	—	—	—	—	—	—	—	—	—	—	—	—
陕西	—	—	—	—	—	—	—	—	—	—	—	—
甘肃	—	—	—	—	—	—	—	—	—	—	—	—
青海	—	—	—	—	—	—	—	—	—	—	—	—
宁夏	—	—	—	—	—	—	—	—	—	—	—	—
新疆	—	—	—	—	—	—	—	—	—	—	—	—
新疆兵团	—	—	—	—	—	—	—	—	—	—	—	—
大兴安岭	—	—	—	—	—	—	—	—	—	—	—	—

工业生产

全国森林工业主要工业产品产量2003年与2002年比较

主要指标	计量单位	2003年	2002年	2003年比2002年增减（%）
全部木材产量	万立方米	4758.87	4436.07	7.28
原木	万立方米	4319.86	4127.21	4.67
薪材	万立方米	439.01	308.86	42.14
全部人造板产量	万立方米	4553.36	2930.18	55.40
其中:胶合板	万立方米	2102.35	1135.21	85.19
纤维板	万立方米	1128.33	767.42	47.03
刨花板	万立方米	547.41	369.31	48.23
全部竹材产量	万　根	96866.51	66810.93	44.99
全部锯材产量	万立方米	1126.87	851.61	32.32
全部松香产量	吨	443306	395272	12.15
全部松节油产量	吨	47642	39573	20.39
全部栲胶产量	吨	11970	9132	31.08
全部紫胶产量	吨	1078	561	92.16

林业系统工业总产值和销售产值

单位:万元

指　　标	工业总产值		工业销售产值
	按1990年不变价格计算	按现行价格计算	
总　　计	**2079785**	**2282723**	**2114389**
其中:国有单位	870484	928815	880190
集体单位	190817	204627	190936
国有集体联营	19832	27964	24257
股份合作	425113	456791	430330
外商投资	114349	150917	109905
港澳台投资	77383	80571	74119
按主要行业分:			
(一)采矿业	32508	45282	42902
(二)非木质林产品加工业	21452	31322	26365
(三)木材加工及竹、藤、棕、草制品业	1348440	1398004	1301613
1.锯材、木片加工	201156	243290	233615
2.人造板制造	808952	813178	747768
其中:(1)胶合板制造	175273	163613	151450
(2)纤维板制造	393739	439144	389541
(3)刨花板制造	152030	140904	140893
3.木制品制造	312495	305185	289488
4.竹、藤、棕、草制品制造	25837	36351	30742
(四)木质、竹、藤家具制造	122870	125047	128253
(五)木、竹浆造纸及纸制品业	78083	82259	83647
(六)林产化学产品制造业	133146	162806	153626
(七)专用设备、仪器仪表制造业	22034	24799	21866
(八)建筑材料制造业	20812	25517	24273
(九)电力、燃气及水的生产和供应业	29566	74153	72925
(十)其他行业	270874	313534	258919

林业系统各地

(按1990年不

地区	总计	在总计中									
		国有单位	集体单位	国有集体联营	股份合作	外商投资	港澳台投资	采矿业	非木质林产品加工业	合计	锯材、木片加工
全国合计	**2079785**	**870484**	**190817**	**19832**	**425113**	**114349**	**77383**	**32508**	**21452**	**1348440**	**201156**
北京	—	—	—	—	—	—	—	—	—	—	—
天津	—	—	—	—	—	—	—	—	—	—	—
河北	15625	783	72	16	13849	—	905	—	905	13734	49
山西	266	266	—	—	—	—	—	—	—	266	—
内蒙古	50036	45578	2287	—	—	420	1751	—	—	20872	369
内蒙古集团	50036	45578	2287	—	—	420	1751	—	—	20872	369
辽宁	35373	11777	8489	—	11436	3265	144	576	2212	27567	4567
吉林	215521	81848	182	20	113237	—	14496	3590	339	149476	9729
吉林集团	127021	51615	—	—	75406	—	—	—	—	95147	1845
黑龙江	68404	58209	930	—	306	8243	168	3174	—	46604	2733
龙江集团	54404	45252	741	—	—	8243	168	296	—	38531	87
上海	—	—	—	—	—	—	—	—	—	—	—
江苏	103932	12426	8223	—	53001	—	—	5536	1794	61986	5730
浙江	25963	8789	3047	2419	2528	—	—	169	113	8782	905
安徽	81608	33482	973	2165	4080	40050	—	245	4	41272	3729
福建	254515	120564	7985	2626	54674	9668	6839	382	3339	194223	5345
江西	48694	20228	496	—	21625	6345	—	447	—	34560	2494
山东	113481	84364	—	—	—	—	29117	—	—	72956	—
河南	26846	5684	888	1320	170	—	—	894	2793	8754	2145
湖北	94782	21289	5434	—	29765	2782	7607	1624	15	84463	4969
湖南	381135	36050	103577	3875	74777	13807	—	10621	9712	224471	100537
广东	60351	35985	1652	6537	365	—	6592	89	—	35456	20127
广西	168753	153222	5518	—	—	523	8841	47	60	99494	9223
海南	18108	9875	8233	—	—	—	—	—	—	16033	15846
重庆	2699	25	—	—	1250	—	853	—	—	1712	330
四川	103894	10839	1678	—	40434	29075	—	652	40	73674	883
贵州	16881	14460	74	854	1322	171	—	—	—	14995	153
云南	68012	38012	2189	—	2239	—	70	—	121	36296	2573
西藏	—	—	—	—	—	—	—	—	—	—	—
陕西	17897	5291	12551	—	55	—	—	—	5	12634	—
甘肃	1154	1154	—	—	—	—	—	—	—	1154	—
青海	—	—	—	—	—	—	—	—	—	—	—
宁夏	2999	2999	—	—	—	—	—	—	—	—	—
新疆	—	—	—	—	—	—	—	—	—	—	—
新疆兵团	—	—	—	—	—	—	—	—	—	—	—
大兴安岭	102856	57285	16339	—	—	—	—	4462	—	67006	8720

区工业总产值

变价格计算)

单位:万元

按主要行业分												
木材加工及竹、藤、棕、草制品业						木质、竹、藤家具制造	木、竹浆造纸及纸制品业	林产化学产品制造业	专用设备、仪器仪表制造业	建筑材料制造业	电力、燃气及水的生产和供应业	其他行业
人造板制造				木制品制造	竹、藤、棕、草制品制造							
合计	其中											
	胶合板制造	纤维板制造	刨花板制造									
808952	**175273**	**393739**	**152030**	**312495**	**25837**	**122870**	**78083**	**133146**	**22034**	**20812**	**29566**	**270874**
—	—	—	—	—	—	—	—	—	—	—	—	—
—	—	—	—	—	—	—	—	—	—	—	—	—
13683	—	—	13683	2	—	39	—	—	200	—	—	747
242	—	—	242	24	—	—	—	—	—	—	—	—
17298	—	8005	9175	3205	—	1	22542	1177	189	1032	2733	1490
17298	—	8005	9175	3205	—	1	22542	1177	189	1032	2733	1490
17368	2668	11837	525	5632	—	2857	—	—	—	600	803	758
74068	6527	13264	49712	65679	—	6859	—	12664	2139	5836	2640	31978
65310	5188	6345	49712	27992	—	527	—	12632	719	5836	619	11541
41477	2465	11579	20920	2388	6	3643	2142	1663	—	2000	4997	4181
38275	32	11579	20920	169	—	3613	2142	1663	—	2000	4997	1162
—	—	—	—	—	—	—	—	—	—	—	—	—
35579	6869	21132	278	19889	788	5208	780	—	5413	3160	—	20055
6694	298	5600	—	1158	25	4	—	—	115	—	160	16620
34622	485	26938	7199	1455	1466	1808	—	265	2256	4114	—	31644
179594	44039	99576	9729	6655	2629	1054	2669	19605	7059	311	81	25792
30000	11008	10709	4917	1836	230	208	—	4000	—	—	70	9409
72956	38988	27297	6671	—	—	5317	—	—	—	—	—	35208
642	408	100	134	3915	2052	5329	—	4082	—	—	24	4970
75618	30617	6342	16207	1926	1950	996	35	413	230	51	—	6955
41188	15892	22272	1284	70754	11992	75807	2622	28331	—	1332	4168	24071
10971	1262	7727	1930	3088	1270	4631	300	9229	248	72	8861	1465
57917	3170	49251	5415	32354	—	10	30740	33849	1046	1108	—	2399
182	182	—	—	—	5	—	—	822	—	—	837	416
1382	1353	29	—	—	—	210	—	750	—	—	27	—
29204	50	29075	52	42154	1433	1200	15907	606	225	722	861	10007
12780	835	7634	1761	312	1750	30	183	—	—	—	—	1673
32383	6342	20715	1152	1099	241	—	163	13990	—	38	99	17305
—	—	—	—	—	—	—	—	—	—	—	—	—
12634	—	12551	83	—	—	308	—	1416	2458	—	—	1076
1154	—	1154	—	—	—	—	—	—	—	—	—	—
—	—	—	—	—	—	—	—	—	—	—	—	—
—	—	—	—	—	—	—	—	—	—	238	—	2761
—	—	—	—	—	—	—	—	—	—	—	—	—
—	—	—	—	—	—	—	—	—	—	—	—	—
9316	1815	952	961	48970	—	7351	—	284	456	198	3205	19894

林业系统各地

（按现行价

地区	总计	在总计中						采矿业	非木质林产品加工业		
		国有单位	集体单位	国有集体联营	股份合作	外商投资	港澳台投资			合计	锯材、木片加工
全国合计	**2282723**	**928815**	**204627**	**27964**	**456791**	**150917**	**80571**	**45282**	**31322**	**1398004**	**243290**
北京	—	—	—	—	—	—	—	—	—	—	—
天津	—	—	—	—	—	—	—	—	—	—	—
河北	30807	1777	72	16	27837	—	1105	—	1105	23955	62
山西	512	512	—	—	—	—	—	—	—	512	—
内蒙古	57513	53091	2271	—	—	420	1731	—	—	19928	337
内蒙古集团	57513	53091	2271	—	—	420	1731	—	—	19928	337
辽宁	55688	12131	10931	—	18968	5265	168	721	6137	30074	5790
吉林	218187	82269	305	17	113312	—	14496	4680	371	147912	17160
吉林集团	130534	49995	—	—	80539	—	—	—	—	95913	5557
黑龙江	79054	67881	1109	—	600	8536	206	6172	—	42796	3334
龙江集团	61112	51523	847	—	—	8536	206	491	—	35042	77
上海	—	—	—	—	—	—	—	—	—	—	—
江苏	126931	16327	9661	—	63111	—	—	8015	2300	74543	7292
浙江	35726	11608	4354	2776	3620	—	—	172	141	10640	1163
安徽	75266	42093	3495	2180	5017	21485	—	471	4	54468	9989
福建	225998	103633	9263	2835	49669	9389	6979	460	3339	155614	7860
江西	45889	18510	571	—	20426	6382	—	452	—	32165	2179
山东	112762	83462	—	—	—	—	29300	—	—	71876	—
河南	53310	7423	1398	2808	660	—	—	1868	6698	21773	4899
湖北	141559	23688	7530	1580	21963	50661	7937	1853	16	130154	7460
湖南	413130	43439	105810	4810	92959	13036	—	12511	11009	236935	106081
广东	69701	40487	2230	10168	803	—	6441	110	—	38888	24372
广西	167917	149693	6010	—	—	456	10642	28	60	81150	12634
海南	19648	10325	9323	—	—	—	—	—	—	16740	16435
重庆	5151	51	—	—	2500	—	1485	—	—	3177	660
四川	107551	13228	2638	—	30967	35058	—	822	100	73434	1398
贵州	18532	16038	101	774	1390	229	—	—	—	16389	158
云南	78600	41191	3067	—	2911	—	81	—	33	34214	4109
西藏	—	—	—	—	—	—	—	—	—	—	—
陕西	16394	6267	10049	—	78	—	—	—	9	10129	—
甘肃	947	947	—	—	—	—	—	—	—	947	—
青海	—	—	—	—	—	—	—	—	—	—	—
宁夏	4085	4085	—	—	—	—	—	—	—	—	—
新疆	—	—	—	—	—	—	—	—	—	—	—
新疆兵团	—	—	—	—	—	—	—	—	—	—	—
大兴安岭	121865	78659	14439	—	—	—	—	6947	—	69591	9918

区工业总产值

格计算）

单位:万元

按主要行业分：木材加工及竹、藤、棕、草制品业：人造板制造：合计	其中：胶合板制造	其中：纤维板制造	其中：刨花板制造	木制品制造	竹、藤、棕、草制品制造	木质、竹、藤家具制造	木、竹浆造纸及纸制品业	林产化学产品制造业	专用设备、仪器仪表制造业	建筑材料制造业	电力、燃气及水的生产和供应业	其他行业
813178	**163613**	**439144**	**140904**	**305185**	**36351**	**125047**	**82259**	**162806**	**24799**	**25517**	**74153**	**313534**
—	—	—	—	—	—	—	—	—	—	—	—	—
—	—	—	—	—	—	—	—	—	—	—	—	—
21891	—	10200	11691	2002	—	45	3780	900	200	—	—	822
484	—	—	484	28	—	—	—	—	—	—	—	—
16397	—	8316	7991	3194	—	1	19805	1221	215	1666	12702	1975
16397	—	8316	7991	3194	—	1	19805	1221	215	1666	12702	1975
16471	2864	10565	633	7653	160	6608	—	—	—	850	1237	10061
76421	5833	13888	53015	54331	—	5667	—	9948	2164	7980	6882	32583
68068	4826	6812	53015	22288	—	302	—	9861	719	7980	3284	12475
36121	628	13202	17937	3295	46	2731	2526	1663	—	2000	15575	5591
34754	27	13202	17937	211	—	2501	2526	1663	—	2000	15575	1314
—	—	—	—	—	—	—	—	—	—	—	—	—
42729	8840	23999	400	23402	1120	6761	1000	—	6937	3522	—	23853
8268	425	7000	—	1171	38	5	—	—	115	—	517	24136
39905	1053	30858	7994	2179	2395	2138	—	352	2499	4400	—	10934
138738	27569	91041	5957	6387	2629	900	2509	20849	7024	314	222	34767
27284	11059	9619	3386	2472	230	208	—	3515	—	—	53	9496
71876	37804	27662	6410	—	—	5500	—	—	—	—	—	35386
989	432	110	175	9725	6160	10924	—	2823	—	—	89	9135
109368	31517	48393	14016	10328	2998	1262	35	412	268	64	—	7495
45655	21768	20662	1085	71716	13483	68114	3485	35875	—	1518	4898	38785
9389	1021	7478	868	3525	1602	4681	300	7833	248	86	15846	1709
49666	2316	42558	4762	18850	—	10	30791	48900	1039	1547	454	3938
299	299	—	—	—	6	—	—	1103	—	—	1376	429
2517	2485	32	—	—	—	420	—	1500	—	—	54	—
35457	60	35299	63	33558	3021	1200	17674	779	203	745	1013	11581
13710	800	8358	1758	355	2166	23	140	—	—	—	—	1980
28372	5128	18206	833	1436	297	—	214	23306	—	52	143	20638
—	—	—	—	—	—	—	—	—	—	—	—	—
10129	—	10049	80	—	—	371	—	1447	3338	—	—	1100
947	—	947	—	—	—	—	—	—	—	—	—	—
—	—	—	—	—	—	—	—	—	—	—	—	—
—	—	—	—	—	—	—	—	—	—	339	—	3746
—	—	—	—	—	—	—	—	—	—	—	—	—
—	—	—	—	—	—	—	—	—	—	—	—	—
10095	1712	702	1366	49578	—	7478	—	380	549	434	13092	23394

林业系统各地

（按现行价

地　区	总　计	在总计中									
		国有单位	集体单位	国有集体联营	股份合作	外商投资	港澳台投资	采矿业	非木质林产品加工业	合 计	锯材、木片加工
全国合计	**2114389**	**880190**	**190936**	**24257**	**430330**	**109905**	**74119**	**42902**	**26365**	**1301613**	**233615**
北　京	—	—	—	—	—	—	—	—	—	—	—
天　津	—	—	—	—	—	—	—	—	—	—	—
河　北	29584	1453	72	16	26938	—	1105	—	1105	23242	62
山　西	375	375	—	—	—	—	—	—	—	375	—
内蒙古	57789	53642	1748	—	—	420	1979	—	—	19903	273
内蒙古集团	57789	53642	1748	—	—	420	1979	—	—	19903	273
辽　宁	44300	10817	10931	—	17432	4980	49	721	5675	28843	5680
吉　林	212227	81230	303	12	108971	—	14496	4673	213	144923	15984
吉林集团	128387	50934	—	—	77453	—	—	—	—	95023	5141
黑龙江	72757	62098	540	—	600	8592	206	6097	—	39726	3256
龙江集团	56185	47109	278	—	—	8592	206	489	—	32570	77
上　海	—	—	—	—	—	—	—	—	—	—	—
江　苏	102289	15027	8186	—	49696	—	—	7436	1610	62522	7072
浙　江	35132	11478	4354	2901	3590	—	—	172	141	10625	1045
安　徽	72326	42032	3357	1330	4938	19531	—	451	4	52657	9775
福　建	217764	99127	9198	2756	46685	9037	6738	435	3339	149403	7635
江　西	41901	16066	571	—	19425	5839	—	452	—	31996	2844
山　东	101112	77612	—	—	—	—	23500	—	—	66731	—
河　南	42185	6945	934	—	460	—	—	—	3146	17839	3496
湖　北	141526	20117	5385	1580	30524	47796	8372	1652	15	133856	5614
湖　南	397958	39436	104597	4768	84647	13039	—	12405	10895	228050	103959
广　东	67977	39490	2144	10012	803	—	6020	108	—	38424	24036
广　西	162643	145128	6556	—	—	500	10096	28	60	78489	12719
海　南	19023	10021	9002	—	—	—	—	—	—	16144	15839
重　庆	4021	47	—	—	2150	—	1404	—	—	2354	—
四　川	71934	13374	560	—	29449	—	—	817	120	36751	1107
贵　州	15524	13096	92	882	1283	171	—	—	—	14169	153
云　南	77899	41333	2510	—	2661	—	154	—	33	35467	3627
西　藏	—	—	—	—	—	—	—	—	—	—	—
陕　西	15657	5932	9647	—	78	—	—	—	9	9717	—
甘　肃	713	713	—	—	—	—	—	—	—	713	—
青　海	—	—	—	—	—	—	—	—	—	—	—
宁　夏	1808	1808	—	—	—	—	—	—	—	—	—
新　疆	—	—	—	—	—	—	—	—	—	—	—
新疆兵团	—	—	—	—	—	—	—	—	—	—	—
大兴安岭	107965	71793	10249	—	—	—	—	7455	—	58694	9439

区工业销售产值

格计算)

单位:万元

按主要行业分												
木材加工及竹、藤、棕、草制品业						木质、竹、藤家具制造	木、竹浆造纸及纸制品业	林产化学产品制造业	专用设备、仪器仪表制造业	建筑材料制造业	电力、燃气及水的生产和供应业	其他行业
人造板制造				木制品制造	竹、藤、棕、草制品制造							
合计	其中											
	胶合板制造	纤维板制造	刨花板制造									
747768	**151450**	**389541**	**140893**	**289488**	**30742**	**128253**	**83647**	**153626**	**21866**	**24273**	**72925**	**258919**
—	—	—	—	—	—	—	—	—	—	—	—	—
—	—	—	—	—	—	—	—	—	—	—	—	—
21874	—	10200	11674	1306	—	39	3600	846	200	—	—	552
347	—	—	347	28	—	—	—	—	—	—	—	—
16286	—	7324	8903	3344	—	5	20507	1027	223	1839	12702	1583
16286	—	7324	8903	3344	—	5	20507	1027	223	1839	12702	1583
15974	2200	10170	633	7029	160	5993	—	—	—	850	1233	985
74426	5654	12642	51963	54513	—	5128	—	9702	1660	7265	6882	31781
66642	4770	5978	51963	23240	—	359	—	9615	774	7265	3284	12067
33523	612	12557	16109	2901	46	2590	2339	1650	—	1766	14295	4294
32284	127	12557	16109	209	—	2360	2339	1650	—	1766	14295	716
—	—	—	—	—	—	—	—	—	—	—	—	—
33830	6571	17449	320	21200	420	4530	700	—	4977	3303	—	17211
8227	425	7000	—	1315	38	5	—	—	115	—	514	23560
38448	1061	29002	8385	2042	2392	1873	—	352	2396	4384	—	10209
133074	26049	88040	6122	6399	2295	515	2969	19536	7155	314	214	33884
26751	11009	9550	2847	2171	230	208	—	3481	—	—	53	5711
66731	34819	25662	6250	—	—	4914	—	—	—	—	—	29467
754	427	36	143	9295	4294	12631	—	1938	—	30	—	6601
115509	31436	52505	15927	10062	2671	445	35	361	268	64	—	4830
40781	17702	20423	1094	71272	12038	76365	3469	33624	—	1518	4847	26785
9452	1023	7478	929	3363	1573	4258	300	7278	248	86	15582	1693
48478	2075	41379	4994	17292	—	10	30761	46733	839	1515	454	3754
299	299	—	—	—	6	—	—	1037	—	—	1376	466
2354	2354	—	—	—	—	420	—	1200	—	—	47	—
398	60	241	97	32656	2590	1200	18645	758	150	663	1297	11533
11854	835	7709	1760	355	1807	30	108	—	—	—	—	1217
30237	5995	19167	965	1421	182	—	214	22382	—	46	143	19614
—	—	—	—	—	—	—	—	—	—	—	—	—
9717	—	9647	70	—	—	374	—	1353	3086	—	—	1118
713	—	713	—	—	—	—	—	—	—	—	—	—
—	—	—	—	—	—	—	—	—	—	—	—	—
—	—	—	—	—	—	—	—	—	—	196	—	1612
—	—	—	—	—	—	—	—	—	—	—	—	—
—	—	—	—	—	—	—	—	—	—	—	—	—
7731	844	647	1361	41524	—	6720	—	368	549	434	13286	20459

林业系统独立核算工业企业增加值

（按生产法、现行价格计算）

单位：万元

指 标	总 计	其中：国有企业	在总计中		
			木材加工企业	林产化学企业	专用设备、仪器仪表制造企业
工业总产出	**1267577**	**574339**	**759274**	**92049**	**23008**
1. 生产成品价值	1239230	564865	750437	91189	20866
2. 对外加工费收入	22162	6142	4849	194	1682
3. 在产品、自制半成品期末期初差额价值	6185	3332	3988	666	460
工业中间投入	**920297**	**416938**	**582964**	**76265**	**16737**
1. 直接材料费	663045	296228	431155	62054	10640
2. 制造费用中的中间投入	110231	44530	68001	3676	3353
3. 管理费用中的中间投入	62778	32936	31612	4285	1433
4. 销售费用中的中间投入	48701	22645	32726	4232	790
5. 利息支出	35542	20599	19470	2018	521
本年应交增值税	**57065**	**28060**	**33257**	**4226**	**1080**
工业增加值	**404345**	**185461**	**209567**	**20010**	**7351**

林业系统各地区独立核算工业企业增加值

（按生产法、现行价格计算）　　单位:万元

地　　区	工业总产出				工业中间投入						本年应交增值税	工业增加值
	合计	生产成品价值	对外加工费收入	在产品、自制半成品期末期初差额价值	合计	直接材料费	制造费用中的中间投入	管理费用中的中间投入	销售费用中的中间投入	利息支出		
全国合计	**1267577**	**1239230**	**22162**	**6185**	**920297**	**663045**	**110231**	**62778**	**48701**	**35542**	**57065**	**404345**
北　京	—	—	—	—	—	—	—	—	—	—	—	—
天　津	—	—	—	—	—	—	—	—	—	—	—	—
河　北	17960	17749	115	96	14154	12092	697	436	554	375	681	4487
山　西	512	512	—	—	692	211	70	124	75	212	4	-176
内蒙古	57448	57385	57	6	40708	33163	2233	2442	1981	889	4841	21581
内蒙古集团	57448	57385	57	6	40708	33163	2233	2442	1981	889	4841	21581
辽　宁	—	—	—	—	—	—	—	—	—	—	—	—
吉　林	158624	157701	540	383	119573	92509	7211	7612	10019	2222	6027	45078
吉林集团	130534	129925	508	101	99301	77285	4649	6891	8846	1630	5524	36757
黑龙江	66189	64618	904	667	50322	37469	3129	3143	4314	2267	4679	20546
龙江集团	61112	59559	886	667	46386	36394	2421	2770	2714	2087	4333	19059
上　海	—	—	—	—	—	—	—	—	—	—	—	—
江　苏	97514	86176	10140	1198	48726	37643	7095	1807	530	1651	2272	51060
浙　江	4487	4446	7	34	3868	2773	254	736	33	72	60	679
安　徽	43231	43064	14	153	36906	28710	4095	1486	1356	1259	2886	9211
福　建	135104	129112	4534	1458	100503	83056	6490	4612	4922	1423	7590	42191
江　西	45889	45212	423	254	37479	22083	6661	5149	2556	1030	1669	10079
山　东	111584	108794	2785	5	90400	65806	14853	2582	3925	3234	3619	24803
河　南	—	—	—	—	—	—	—	—	—	—	—	—
湖　北	109832	108635	348	849	86264	60224	17001	3896	2669	2474	2843	26411
湖　南	26103	25050	426	627	21503	13359	3958	1801	1942	443	741	5341
广　东	—	—	—	—	—	—	—	—	—	—	—	—
广　西	127364	126962	66	336	99353	76123	11905	3918	2305	5102	5064	33075
海　南	3728	2780	948	—	2264	1594	202	355	50	63	224	1688
重　庆	1621	1621	—	—	1358	689	325	105	88	151	189	452
四　川	47953	47696	244	13	36320	20921	7093	3651	3626	1029	3261	14894
贵　州	13588	13582	1	5	12136	8094	1691	679	796	876	808	2260
云　南	59988	59860	128	—	47482	32906	3695	5007	3535	2339	3131	15637
西　藏	—	—	—	—	—	—	—	—	—	—	—	—
陕　西	15786	15208	477	101	11188	7991	535	1251	406	1005	826	5424
甘　肃	947	947	—	—	1209	874	24	144	12	155	2	-260
青　海	—	—	—	—	—	—	—	—	—	—	—	—
宁　夏	260	260	—	—	237	117	9	4	11	96	8	31
新　疆	—	—	—	—	—	—	—	—	—	—	—	—
新疆兵团	—	—	—	—	—	—	—	—	—	—	—	—
大兴安岭	121865	121860	5	—	57652	24638	11005	11838	2996	7175	5640	69853

林业系统各地区国有独立核算工业企业增加值

（按生产法、现行价格计算）　　　　单位：万元

地区	工业总产出				工业中间投入						本年应交增值税	工业增加值
	合计	生产成品价值	对外加工费收入	在产品、自制半成品期末期初差额价值	合计	直接材料费	制造费用中的中间投入	管理费用中的中间投入	销售费用中的中间投入	利息支出		
全国合计	**574339**	**564865**	**6142**	**3332**	**416938**	**296228**	**44530**	**32936**	**22645**	**20599**	**28060**	**185461**
北　京	—	—	—	—	—	—	—	—	—	—	—	—
天　津	—	—	—	—	—	—	—	—	—	—	—	—
河　北	5135	5049	86	—	3227	2103	440	238	233	213	303	2211
山　西	512	512	—	—	692	211	70	124	75	212	4	-176
内蒙古	53091	53057	34	—	38878	32019	1997	2229	1858	775	4694	18907
内蒙古集团	53091	53057	34	—	38878	32019	1997	2229	1858	775	4694	18907
辽　宁	—	—	—	—	—	—	—	—	—	—	—	—
吉　林	78085	77246	540	299	57112	40616	5890	4747	3986	1873	3089	24062
吉林集团	49995	49470	508	17	36840	25392	3328	4026	2813	1281	2586	15741
黑龙江	56000	54518	873	609	44470	32569	2486	3088	4098	2229	3531	15061
龙江集团	51523	50059	855	609	41096	31594	1998	2757	2698	2049	3462	13889
上　海	—	—	—	—	—	—	—	—	—	—	—	—
江　苏	28272	27874	160	238	12144	6563	3185	757	390	1249	-604	15524
浙　江	616	596	—	20	628	570	17	41	—	—	16	4
安　徽	16227	16212	14	1	14066	11058	1485	508	637	378	855	3016
福　建	45732	42673	1802	1257	32218	26363	2097	1251	1838	669	2177	15691
江　西	18510	17988	268	254	14998	7408	2808	3240	1265	277	637	4149
山　东	82284	80994	1285	5	69100	49260	11753	2235	3188	2664	2759	15943
河　南	—	—	—	—	—	—	—	—	—	—	—	—
湖　北	5135	5128	5	2	4592	3406	543	335	117	191	142	685
湖　南	5609	4794	330	485	4408	3159	607	286	292	64	36	1237
广　东	—	—	—	—	—	—	—	—	—	—	—	—
广　西	50112	49990	66	56	41684	35546	1712	1237	1148	2041	2238	10666
海　南	350	350	—	—	266	142	93	18	13	—	62	146
重　庆	23	23	—	—	4	—	—	2	1	1	6	25
四　川	6332	6258	74	—	5135	3199	958	634	163	181	350	1547
贵　州	7942	7937	—	5	6525	4358	1201	277	403	286	478	1895
云　南	28769	28641	128	—	23703	17232	1165	3648	965	693	1725	6791
西　藏	—	—	—	—	—	—	—	—	—	—	—	—
陕　西	5737	5159	477	101	4014	2375	463	618	313	245	425	2148
甘　肃	947	947	—	—	1209	874	24	144	12	155	2	-260
青　海	—	—	—	—	—	—	—	—	—	—	—	—
宁　夏	260	260	—	—	237	117	9	4	11	96	8	31
新　疆	—	—	—	—	—	—	—	—	—	—	—	—
新疆兵团	—	—	—	—	—	—	—	—	—	—	—	—
大兴安岭	78659	78659	—	—	37628	17080	5527	7275	1639	6107	5127	46158

林业系统各地区独立核算木材加工企业增加值

（按生产法、现行价格计算）

单位：万元

地区	工业总产出				工业中间投入						本年应交增值税	工业增加值
	合计	生产成品价值	对外加工费收入	在产品、自制半成品期末期初差额价值	合计	直接材料费	制造费用中的中间投入	管理费用中的中间投入	销售费用中的中间投入	利息支出		
全国合计	**759274**	**750437**	**4849**	**3988**	**582964**	**431155**	**68001**	**31612**	**32726**	**19470**	**33257**	**209567**
北　京	—	—	—	—	—	—	—	—	—	—	—	—
天　津	—	—	—	—	—	—	—	—	—	—	—	—
河　北	15536	15490	46	—	13108	11377	602	307	487	335	570	2998
山　西	512	512	—	—	692	211	70	124	75	212	4	-176
内蒙古	20909	20880	23	6	14586	12893	582	491	506	114	1339	7662
内蒙古集团	20909	20880	23	6	14586	12893	582	491	506	114	1339	7662
辽　宁	—	—	—	—	—	—	—	—	—	—	—	—
吉　林	125948	125360	504	84	95028	77133	2114	5522	8491	1768	3943	34863
吉林集团	106376	105788	504	84	80775	64802	2114	5125	7468	1266	3943	29544
黑龙江	35480	35113	367	—	28598	22212	1277	881	3277	951	1933	8815
龙江集团	32333	31966	367	—	26533	21918	1111	672	1930	902	1897	7697
上　海	—	—	—	—	—	—	—	—	—	—	—	—
江　苏	41229	40051	160	1018	22056	18301	1441	647	377	1290	2063	21236
浙　江	1089	1082	7	—	756	541	54	144	7	10	34	367
安　徽	37804	37769	14	21	32165	25001	3495	1268	1196	1205	2517	8156
福　建	93181	91526	247	1408	70964	60913	4395	2306	2404	946	6486	28703
江　西	32160	31822	174	164	25775	16704	3871	2604	1857	739	1303	7688
山　东	71876	70586	1285	5	60388	44214	8776	2004	3145	2249	2430	13918
河　南	—	—	—	—	—	—	—	—	—	—	—	—
湖　北	100094	99041	345	708	77897	53588	16187	3675	2320	2127	2061	24258
湖　南	18694	17834	334	526	15444	9263	2710	1425	1674	372	608	3858
广　东	—	—	—	—	—	—	—	—	—	—	—	—
广　西	60920	60873	4	43	45483	28624	10547	2566	1116	2630	2095	17532
海　南	2753	1805	948	—	1523	1206	86	145	29	57	67	1297
重　庆	1621	1621	—	—	1358	689	325	105	88	151	189	452
四　川	39014	39011	3	—	29164	16135	6600	2489	3355	585	2505	12355
贵　州	13427	13421	1	5	11952	7961	1665	663	791	872	798	2273
云　南	35079	34959	120	—	26681	17183	2982	3294	1384	1838	1828	10226
西　藏	—	—	—	—	—	—	—	—	—	—	—	—
陕　西	11001	10734	267	—	8137	6132	198	808	135	864	482	3346
甘　肃	947	947	—	—	1209	874	24	144	12	155	2	-260
青　海	—	—	—	—	—	—	—	—	—	—	—	—
宁　夏	—	—	—	—	—	—	—	—	—	—	—	—
新　疆	—	—	—	—	—	—	—	—	—	—	—	—
新疆兵团	—	—	—	—	—	—	—	—	—	—	—	—
大兴安岭	—	—	—	—	—	—	—	—	—	—	—	—

林业系统各地区独立核算林产化学企业增加值

（按生产法、现行价格计算） 单位：万元

地　　区	工业总产出				工业中间投入						本年应交增值税	工业增加值
	合计	生产成品价值	对外加工费收入	在产品、自制半成品期末期初差额价值	合计	直接材料费	制造费用中的中间投入	管理费用中的中间投入	销售费用中的中间投入	利息支出		
全国合计	**92049**	**91189**	**194**	**666**	**76265**	**62054**	**3676**	**4285**	**4232**	**2018**	**4226**	**20010**
北　京	—	—	—	—	—	—	—	—	—	—	—	—
天　津	—	—	—	—	—	—	—	—	—	—	—	—
河　北	900	900	—	—	21	11	6	3	1	—	40	919
山　西	—	—	—	—	—	—	—	—	—	—	—	—
内蒙古	1741	1741	—	—	2151	1600	52	348	65	86	46	-364
内蒙古集团	1741	1741	—	—	2151	1600	52	348	65	86	46	-364
辽　宁	—	—	—	—	—	—	—	—	—	—	—	—
吉　林	9542	9542	—	—	8273	7305	130	207	632	-1	422	1691
吉林集团	9542	9542	—	—	8273	7305	130	207	632	-1	422	1691
黑龙江	8131	7755	151	225	7662	6222	193	600	559	88	495	964
龙江集团	8131	7755	151	225	7662	6222	193	600	559	88	495	964
上　海	—	—	—	—	—	—	—	—	—	—	—	—
江　苏	—	—	—	—	—	—	—	—	—	—	—	—
浙　江	—	—	—	—	—	—	—	—	—	—	—	—
安　徽	240	240	—	—	209	168	12	10	8	11	12	43
福　建	7853	7846	7	—	6542	5298	490	239	205	310	268	1579
江　西	3515	3494	14	7	2717	1682	476	314	178	67	118	916
山　东	—	—	—	—	—	—	—	—	—	—	—	—
河　南	—	—	—	—	—	—	—	—	—	—	—	—
湖　北	8146	8002	3	141	7100	5468	777	194	331	330	764	1810
湖　南	910	910	—	—	668	445	135	35	46	7	60	302
广　东	—	—	—	—	—	—	—	—	—	—	—	—
广　西	36333	36029	11	293	29268	26094	702	1079	660	733	1173	8238
海　南	752	752	—	—	542	368	116	31	21	6	155	365
重　庆	—	—	—	—	—	—	—	—	—	—	—	—
四　川	806	806	—	—	565	423	54	78	6	4	50	291
贵　州	161	161	—	—	184	133	26	16	5	4	10	-13
云　南	11572	11564	8	—	9296	6097	414	993	1449	343	523	2799
西　藏	—	—	—	—	—	—	—	—	—	—	—	—
陕　西	1447	1447	—	—	1067	740	93	138	66	30	90	470
甘　肃	—	—	—	—	—	—	—	—	—	—	—	—
青　海	—	—	—	—	—	—	—	—	—	—	—	—
宁　夏	—	—	—	—	—	—	—	—	—	—	—	—
新　疆	—	—	—	—	—	—	—	—	—	—	—	—
新疆兵团	—	—	—	—	—	—	—	—	—	—	—	—
大兴安岭	—	—	—	—	—	—	—	—	—	—	—	—

林业系统各地区独立核算专用设备、仪器仪表制造企业增加值

（按生产法、现行价格计算）　　单位：万元

地区	工业总产出				工业中间投入						本年应交增值税	工业增加值
	合计	生产成品价值	对外加工费收入	在产品、自制半成品期末期初差额价值	合计	直接材料费	制造费用中的中间投入	管理费用中的中间投入	销售费用中的中间投入	利息支出		
全国合计	**23008**	**20866**	**1682**	**460**	**16737**	**10640**	**3353**	**1433**	**790**	**521**	**1080**	**7351**
北京	—	—	—	—	—	—	—	—	—	—	—	—
天津	—	—	—	—	—	—	—	—	—	—	—	—
河北	—	—	—	—	—	—	—	—	—	—	—	—
山西	—	—	—	—	—	—	—	—	—	—	—	—
内蒙古	210	176	34	—	270	32	33	110	80	15	14	-46
内蒙古集团	210	176	34	—	270	32	33	110	80	15	14	-46
辽宁	—	—	—	—	—	—	—	—	—	—	—	—
吉林	8733	8398	36	299	6224	3015	2606	363	150	90	545	3054
吉林集团	215	194	4	17	205	122	44	39	—	—	42	52
黑龙江	2291	1923	368	—	1850	1030	191	442	186	1	124	565
龙江集团	2291	1923	368	—	1850	1030	191	442	186	1	124	565
上海	—	—	—	—	—	—	—	—	—	—	—	—
江苏	640	580	—	60	360	200	60	50	40	10	36	316
浙江	—	—	—	—	—	—	—	—	—	—	—	—
安徽	—	—	—	—	—	—	—	—	—	—	—	—
福建	6327	5394	933	—	4805	4445	160	87	96	17	58	1580
江西	—	—	—	—	—	—	—	—	—	—	—	—
山东	—	—	—	—	—	—	—	—	—	—	—	—
河南	—	—	—	—	—	—	—	—	—	—	—	—
湖北	254	254	—	—	196	157	5	20	10	4	18	76
湖南	—	—	—	—	—	—	—	—	—	—	—	—
广东	—	—	—	—	—	—	—	—	—	—	—	—
广西	1039	988	51	—	867	526	9	39	21	272	30	202
海南	—	—	—	—	—	—	—	—	—	—	—	—
重庆	—	—	—	—	—	—	—	—	—	—	—	—
四川	176	126	50	—	181	116	45	17	2	1	1	-4
贵州	—	—	—	—	—	—	—	—	—	—	—	—
云南	—	—	—	—	—	—	—	—	—	—	—	—
西藏	—	—	—	—	—	—	—	—	—	—	—	—
陕西	3338	3027	210	101	1984	1119	244	305	205	111	254	1608
甘肃	—	—	—	—	—	—	—	—	—	—	—	—
青海	—	—	—	—	—	—	—	—	—	—	—	—
宁夏	—	—	—	—	—	—	—	—	—	—	—	—
新疆	—	—	—	—	—	—	—	—	—	—	—	—
新疆兵团	—	—	—	—	—	—	—	—	—	—	—	—
大兴安岭	—	—	—	—	—	—	—	—	—	—	—	—

全国森林工业主要产品产量(一)

单位:万立方米、万根、万吨

产 品 名 称	全部产量	其中:林业系统
木材及竹材采伐产品		
一、木材	**4758.87**	**2473.02**
(一)原木	4319.86	2362.38
1. 直接用原木	1510.65	710.14
2. 特级原木	84.06	73.70
3. 等内加工原木	1184.48	846.47
其中:针叶原木	699.28	504.00
4. 造纸用原木	230.22	127.27
5. 胶合板材	226.78	89.22
6. 杉原条	420.74	177.87
7. 其他原木	662.93	337.71
(二)薪材	439.01	110.64
(三)在全部木材产量中:热带木材产量	269.51	143.14
二、竹材产品		
(一)竹材	96866.51	13671.88
1. 毛竹	67234.42	11380.99
2. 篙竹	29632.09	2290.89
(二)小杂竹	13509.85	199.48
补充资料:		
1. 按生产单位分的全部木材产量		
(1)系统内各种经济类型单位生产的木材	1481.88	1297.12
(2)系统内国有林场、事业单位生产的木材	965.15	757.13
(3)系统外企、事业单位采伐自营林地的木材	109.65	4.44
(4)乡(镇)集体企业及单位生产的木材	300.96	18.40
(5)村及村以下各级组织和农民个人生产的木材	1901.23	395.93
2. 农民自用材采伐量	859.57	9.35
3. 农民自用材产量	521.88	5.17
4. 农民烧材采伐量	2674.99	6.55

各地区全部木材、竹材产量(一)

单位:万立方米

地区	木材及竹材采伐产品							
	木材							
	总计	原木						
		合计	直接用原木	特级原木	等内加工原木		造纸用原木	胶合板材
					小计	其中:针叶原木		
全国合计	**4758.87**	**4319.86**	**1510.65**	**84.06**	**1184.48**	**699.28**	**230.22**	**226.78**
北京	2.57	2.57	2.43	—	—	—	—	—
天津	—	—	—	—	—	—	—	—
河北	38.61	34.20	20.44	0.28	2.43	0.64	0.33	0.75
山西	4.60	4.50	2.88	—	—	—	—	—
内蒙古	327.92	310.78	90.06	0.68	114.35	83.71	20.36	3.48
内蒙古集团	247.93	235.50	33.69	0.68	105.47	82.37	20.36	0.29
辽宁	130.08	120.63	102.10	0.01	15.15	6.53	0.06	0.40
吉林	376.51	370.20	104.41	32.85	171.99	62.93	2.18	21.34
吉林集团	96.65	94.93	6.02	14.86	45.30	10.41	1.08	9.57
黑龙江	497.80	476.03	118.42	17.50	251.70	116.10	7.58	35.03
龙江集团	399.86	388.38	65.41	15.48	226.52	116.10	7.58	35.03
上海	—	—	—	—	—	—	—	—
江苏	38.24	36.94	14.29	0.63	5.93	1.11	0.41	9.38
浙江	204.24	174.50	42.00	0.39	48.09	34.80	—	8.01
安徽	278.83	240.12	107.64	0.04	31.02	16.56	2.03	43.33
福建	518.33	461.12	169.39	1.58	71.59	50.30	16.27	35.46
江西	354.24	301.51	70.56	—	56.04	40.88	1.00	12.29
山东	42.59	39.05	17.29	—	19.01	—	0.07	2.68
河南	60.01	56.19	38.64	0.30	3.94	—	0.30	6.61
湖北	107.00	77.34	42.70	—	5.29	0.83	2.89	10.20
湖南	412.10	386.42	120.37	3.89	30.86	25.17	30.45	24.79
广东	308.24	280.12	127.81	1.34	60.13	30.04	62.76	0.30
广西	444.84	419.59	151.63	0.22	54.35	40.72	52.04	8.22
海南	70.65	41.45	26.00	1.50	3.81	0.55	3.40	0.60
重庆	0.27	0.27	0.20	—	—	—	—	—
四川	50.76	33.30	14.35	—	0.79	0.38	3.02	0.36
贵州	29.25	29.25	23.98	—	3.00	0.88	0.77	—
云南	179.77	162.94	37.40	—	82.51	54.70	15.22	3.55
西藏	20.00	15.00	15.00	—	—	—	—	—
陕西	14.93	5.38	3.84	—	—	—	—	—
甘肃	0.70	0.42	—	—	—	—	—	—
青海	2.19	2.12	1.74	—	—	—	—	—
宁夏	0.14	0.14	0.14	—	—	—	—	—
新疆	32.00	26.32	8.46	1.15	9.25	6.15	—	—
新疆兵团	—	—	—	—	—	—	—	—
大兴安岭	211.46	211.46	36.48	21.70	143.25	126.30	9.08	—

各地区全部木

地区	木材及竹材采伐产品							
	木材				竹材产品			
	原木		薪材	在全部木材产量中：热带木材产量	竹材（万根）			小杂竹（万吨）
	杉原条	其他原木			合计	毛竹	篙竹	
全国合计	**420.74**	**662.93**	**439.01**	**269.51**	**96866.51**	**67234.42**	**29632.09**	**13509.85**
北京	—	0.14	—	—	—	—	—	—
天津	—	—	—	—	—	—	—	—
河北	—	9.97	4.41	—	—	—	—	—
山西	—	1.62	0.10	—	—	—	—	—
内蒙古	—	81.85	17.14	—	—	—	—	—
内蒙古集团	—	75.01	12.43	—	—	—	—	—
辽宁	0.05	2.86	9.45	—	—	—	—	—
吉林	3.16	34.27	6.31	—	—	—	—	—
吉林集团	2.93	15.17	1.72	—	—	—	—	—
黑龙江	0.27	45.53	21.77	—	—	—	—	—
龙江集团	0.27	38.09	11.48	—	—	—	—	—
上海	—	—	—	—	—	—	—	—
江苏	2.38	3.92	1.30	—	250.28	152.24	98.04	3.54
浙江	35.08	40.93	29.74	—	10086.37	9171.23	915.14	20.87
安徽	26.34	29.72	38.71	4.10	3981.29	3400.52	580.77	2143.29
福建	5.57	161.26	57.21	—	22245.99	14528.22	7717.77	51.19
江西	108.18	53.44	52.73	—	4472.37	3646.23	826.14	489.80
山东	—	—	3.54	—	—	—	—	—
河南	0.79	5.61	3.82	—	44.72	39.72	5.00	4004.54
湖北	7.45	8.81	29.66	—	5301.11	4729.41	571.70	876.03
湖南	144.94	31.12	25.68	—	7064.34	5609.20	1455.14	1426.22
广东	10.85	16.93	28.12	64.79	7159.01	3756.03	3402.98	980.56
广西	69.05	84.08	25.25	121.58	17378.81	4761.57	12617.24	33.02
海南	—	6.14	29.20	70.65	1114.26	974.79	139.47	131.00
重庆	0.01	0.06	—	—	67.98	57.96	10.02	13.02
四川	2.18	12.60	17.46	—	7431.72	7387.72	44.00	109.20
贵州	1.22	0.28	—	—	195.95	153.27	42.68	16.89
云南	3.22	21.04	16.83	8.39	9818.00	8626.00	1192.00	755.00
西藏	—	—	5.00	—	—	—	—	—
陕西	—	1.54	9.55	—	254.31	240.31	14.00	2455.68
甘肃	—	0.42	0.28	—	—	—	—	—
青海	—	0.38	0.07	—	—	—	—	—
宁夏	—	—	—	—	—	—	—	—
新疆	—	7.46	5.68	—	—	—	—	—
新疆兵团	—	—	—	—	—	—	—	—
大兴安岭	—	0.95	—	—	—	—	—	—

材、竹材产量(二)

单位:万立方米

补充资料							
1. 按生产单位分的全部木材产量					2. 农民自用材采伐量	3. 农民自用材产量	4. 农民烧材采伐量
系统内各种经济类型单位生产的木材	系统内国有林场、事业单位生产的木材	系统外企、事业单位采伐自营林地的木材	乡(镇)集体企业及单位生产的木材	村及村以下各级组织和农民个人生产的木材			
1481.88	**965.15**	**109.65**	**300.96**	**1901.23**	**859.57**	**521.88**	**2674.99**
—	0.02	0.39	0.45	1.71	13.62	7.46	—
—	—	—	—	—	—	—	—
—	13.45	1.28	0.07	23.81	6.94	4.39	2.12
—	1.45	0.16	0.30	2.69	1.33	0.71	0.07
248.22	45.02	0.79	2.39	31.50	9.05	9.48	0.52
247.93	—	—	—	—	—	—	—
1.31	44.45	9.12	14.31	60.89	10.18	7.84	18.00
211.88	118.23	0.32	9.53	36.55	7.94	6.12	2.18
96.65	—	—	—	—	—	—	—
399.86	68.66	10.64	—	18.64	—	—	—
399.86	—	—	—	—	—	—	—
—	—	—	—	—	—	—	—
1.70	3.61	2.42	4.10	26.41	4.65	3.68	1.55
3.32	17.58	1.84	14.85	166.65	50.70	27.66	47.67
13.76	25.60	0.92	10.32	228.23	59.60	55.05	74.82
137.33	85.10	4.66	36.53	254.71	187.78	84.04	807.59
59.02	69.08	17.85	30.49	177.80	50.10	31.36	119.41
0.83	—	0.25	—	41.51	35.58	23.13	10.56
2.60	4.68	0.97	1.78	49.98	44.09	34.71	29.20
51.70	14.27	6.27	4.28	30.48	35.38	21.57	39.36
35.08	77.25	8.93	66.31	224.53	58.62	37.99	72.02
17.04	100.57	10.40	16.41	163.82	2.21	3.05	11.35
5.26	178.15	5.81	20.43	235.19	8.20	5.11	36.94
25.82	4.32	5.45	12.27	22.79	1.18	3.99	11.80
—	0.15	—	—	0.12	18.04	12.01	20.04
5.82	14.57	0.93	10.51	18.93	20.08	11.26	774.27
1.14	8.43	2.96	7.60	9.12	15.92	12.26	80.78
48.73	33.33	17.29	35.48	44.94	177.91	93.61	492.05
—	20.00	—	—	—	—	—	—
—	0.44	—	—	14.49	11.74	4.94	12.11
—	0.70	—	—	—	—	—	—
—	0.13	—	—	2.06	1.41	0.93	0.10
—	0.04	—	—	0.10	—	—	—
—	15.87	—	2.55	13.58	27.32	19.53	10.48
—	—	—	—	—	—	—	—
211.46	—	—	—	—	—	—	—

各地区林业系统

地区	木材及竹材采伐产品											
	木材											
	总计	原木									薪材	在全部木材产量中：热带木材产量
		合计	直接用原木	特级原木	等内加工原木		造纸用原木	胶合板材	杉原条	其他原木		
					小计	其中：针叶原木						
全国合计	**2473.02**	**2362.38**	**710.14**	**73.70**	**846.47**	**504.00**	**127.27**	**89.22**	**177.87**	**337.71**	**110.64**	**143.14**
北京	0.02	0.02	0.02	—	—	—	—	—	—	—	—	—
天津	—	—	—	—	—	—	—	—	—	—	—	—
河北	13.45	12.15	7.01	—	—	—	—	—	—	5.14	1.30	—
山西	1.45	1.39	1.16	—	—	—	—	—	—	0.23	0.06	—
内蒙古	292.79	276.89	68.20	0.68	109.00	83.71	20.36	0.29	—	78.36	15.90	—
内蒙古集团	247.93	235.50	33.69	0.68	105.47	82.37	20.36	0.29	—	75.01	12.43	—
辽宁	55.97	53.00	44.44	—	6.67	2.82	0.06	0.14	—	1.69	2.97	—
吉林	331.61	326.23	72.44	32.85	163.49	58.97	2.18	21.27	3.16	30.84	5.38	—
吉林集团	96.65	94.93	6.02	14.86	45.30	10.41	1.08	9.57	2.93	15.17	1.72	—
黑龙江	468.52	447.60	106.42	15.48	240.57	116.10	7.58	35.03	0.27	42.25	20.92	—
龙江集团	399.86	388.38	65.41	15.48	226.52	116.10	7.58	35.03	0.27	38.09	11.48	—
上海	—	—	—	—	—	—	—	—	—	—	—	—
江苏	3.65	3.54	0.85	0.02	0.92	0.56	—	0.24	0.26	1.25	0.11	—
浙江	25.15	25.13	7.74	—	4.67	2.07	—	2.27	6.84	3.61	0.02	—
安徽	29.61	26.73	9.80	—	4.26	2.61	0.84	—	6.88	4.95	2.88	1.60
福建	247.15	224.70	90.43	0.85	35.09	24.51	11.85	16.88	3.15	66.45	22.45	—
江西	128.10	124.70	25.31	—	21.13	14.37	0.06	1.88	54.38	21.94	3.40	—
山东	0.83	0.70	0.24	—	0.43	—	—	0.03	—	—	0.13	—
河南	6.36	5.53	2.80	—	0.25	—	—	0.48	0.70	1.30	0.83	—
湖北	65.97	65.97	41.83	—	4.51	0.47	0.39	5.22	5.45	8.57	—	—
湖南	102.15	101.09	26.34	0.40	3.06	3.04	4.88	1.39	57.45	7.57	1.06	—
广东	121.33	112.44	47.53	—	27.55	12.94	29.73	—	4.15	3.48	8.89	37.31
广西	183.41	181.86	54.61	0.22	27.19	20.47	30.90	1.41	32.69	34.84	1.55	71.69
海南	30.14	27.44	15.93	1.50	3.81	0.55	2.18	—	—	4.02	2.70	30.14
重庆	0.15	0.15	0.08	—	—	—	—	—	0.01	0.06	—	—
四川	22.35	13.98	2.12	—	0.38	0.38	3.02	—	0.52	7.94	8.37	—
贵州	9.57	9.57	7.02	—	0.39	—	0.76	—	1.22	0.18	—	—
云南	82.06	78.54	17.20	—	43.55	27.98	3.40	2.69	0.74	10.96	3.52	2.40
西藏	20.00	15.00	15.00	—	—	—	—	—	—	—	5.00	—
陕西	3.03	0.82	0.82	—	—	—	—	—	—	—	2.21	—
甘肃	0.70	0.42	—	—	—	—	—	—	—	0.42	0.28	—
青海	0.13	0.13	0.13	—	—	—	—	—	—	—	—	—
宁夏	0.04	0.04	0.04	—	—	—	—	—	—	—	—	—
新疆	15.87	15.16	8.15	—	6.30	6.15	—	—	—	0.71	0.71	—
新疆兵团	—	—	—	—	—	—	—	—	—	—	—	—
大兴安岭	211.46	211.46	36.48	21.70	143.25	126.30	9.08	—	—	0.95	—	—

木材、竹材产量

单位:万立方米

竹材产品				补充资料							
竹材(万根)			小杂竹(万吨)	1. 按生产单位分的全部木材产量					2. 农民自用材采伐量	3. 农民自用材产量	4. 农民烧材采伐量
合计	毛竹	篙竹		系统内各种经济类型单位生产的木材	系统内国有林场、事业单位生产的木材	系统外企、事业单位采伐自营林地的木材	乡(镇)集体企业及单位生产的木材	村及村以下各级组织和农民个人生产的木材			
13671.88	**11380.99**	**2290.89**	**199.48**	**1297.12**	**757.13**	**4.44**	**18.40**	**395.93**	**9.35**	**5.17**	**6.55**
—	—	—	—	—	0.02	—	—	—	—	—	—
—	—	—	—	—	—	—	—	—	—	—	—
—	—	—	—	—	13.45	—	—	—	—	—	—
—	—	—	—	—	1.45	—	—	—	—	—	—
—	—	—	—	248.19	44.60	—	—	—	—	—	—
—	—	—	—	247.93	—	—	—	—	—	—	—
—	—	—	—	1.16	43.57	—	3.86	7.38	1.02	0.77	1.28
—	—	—	—	211.88	118.23	—	1.50	—	—	—	—
—	—	—	—	96.65	—	—	—	—	—	—	—
—	—	—	—	399.86	68.66	—	—	—	—	—	—
—	—	—	—	399.86	—	—	—	—	—	—	—
—	—	—	—	—	—	—	—	—	—	—	—
16.21	11.18	5.03	0.10	0.54	2.55	0.02	0.04	0.50	—	—	—
175.73	161.83	13.90	0.01	2.57	16.83	—	1.63	4.12	0.57	0.31	—
166.24	136.94	29.30	0.59	1.21	25.60	0.37	0.89	1.54	—	—	—
510.00	377.00	133.00	0.74	—	—	—	—	247.15	—	—	—
1017.24	833.97	183.27	0.05	59.02	69.08	—	—	—	—	—	—
—	—	—	—	0.83	—	—	—	—	—	—	—
—	—	—	0.04	2.33	2.24	0.11	0.11	1.57	—	—	—
1154.30	874.30	280.00	—	51.70	14.27	—	—	—	—	—	—
1192.21	808.34	383.87	6.06	20.88	66.07	3.54	6.46	5.20	2.55	1.60	0.55
1511.35	458.03	1053.32	0.08	—	—	—	—	121.33	—	—	—
734.82	599.82	135.00	0.65	5.26	178.15	—	—	—	—	—	—
35.36	9.16	26.20	131.00	25.82	4.32	—	—	—	—	—	—
11.02	11.02	—	0.51	—	0.15	—	—	—	—	—	—
6882.10	6841.10	41.00	41.65	4.54	8.97	0.40	3.91	4.53	2.37	1.12	3.06
94.10	94.10	—	16.87	1.14	8.43	—	—	—	—	—	—
149.00	142.00	7.00	1.00	48.73	33.33	—	—	—	—	—	—
—	—	—	—	—	20.00	—	—	—	—	—	—
22.20	22.20	—	0.13	—	0.42	—	—	2.61	2.84	1.37	1.66
—	—	—	—	—	0.70	—	—	—	—	—	—
—	—	—	—	—	0.13	—	—	—	—	—	—
—	—	—	—	—	0.04	—	—	—	—	—	—
—	—	—	—	—	15.87	—	—	—	—	—	—
—	—	—	—	—	—	—	—	—	—	—	—
—	—	—	—	211.46	—	—	—	—	—	—	—

产　品　名　称	计量单位	全部产量	其中:林业系统
木材加工及竹、藤、棕、草制品			
一、锯材	万立方米	1126.87	161.18
其中:热带锯材产量	万立方米	72.60	10.32
二、木片	万实积立方米	1774.84	232.25
其中:热带材木片	万实积立方米	177.71	96.87
三、人造板	万立方米	4553.36	519.01
其中:热带材人造板	万立方米	45.63	2.57
(一)胶合板	万立方米	2102.35	74.17
1. 普通胶合板	万立方米	1918.48	46.01
其中:阔叶胶合板	万立方米	538.30	11.08
2. 特种胶合板	万立方米	38.74	2.62
3. 竹胶合板	万立方米	84.49	18.68
4. 单板层积材	万立方米	60.64	6.86
(二)纤维板	万立方米	1128.33	317.61
1. 木质纤维板	万立方米	1121.19	317.50
(1)硬质纤维板	万立方米	64.74	14.43
(2)中密度纤维板	万立方米	1048.75	303.07
(3)软质纤维板	万立方米	7.70	—
2. 非木质纤维板	万立方米	7.14	0.11
(三)刨花板	万立方米	547.41	96.90
1. 普通刨花板	万立方米	544.87	96.90
2. 水泥刨花板	万立方米	1.91	—
3. 定向刨花板	万立方米	0.01	—
4. 竹刨花板	万立方米	0.62	—
(四)其他人造板	万立方米	775.27	30.33
其中:细木工板	万立方米	617.24	27.17
四、胶合木	万立方米	173.14	6.68
其中:集成材	万立方米	18.33	2.69
重组木	万立方米	101.39	—
指接材	万立方米	39.79	0.27
五、木地板	万平方米	8642.46	1690.08
其中:热带材木地板	万平方米	3048.74	2.81
实木地板	万平方米	5645.35	657.69
实木复合地板	万平方米	652.39	377.66
强化木地板	万平方米	1321.84	575.21
竹木复合地板	万平方米	564.54	52.79

主要产品产量(二)

产 品 名 称	计量单位	全部产量	其中:林业系统
六、卫生筷子	标准箱	6600927	2212489
其中:木卫生筷子	标准箱	3959343	2185478
七、人造板表面装饰板	万平方米	28400.16	1783.83
八、热固性树脂装饰层压板	万平方米	43.52	—
九、单板	万平方米	294915.08	1306.19
其中:1. 刨切单板	万平方米	5752.68	320.70
2. 微薄木	万平方米	67.28	44.20
3. 旋切单板	万平方米	288844.04	734.07
林产化学产品			
一、松香类产品	吨	483612	208393
1. 松香	吨	443306	181782
2. 松香深加工产品	吨	40306	26611
二、松节油类产品	吨	67510	29263
1. 松节油	吨	47642	26208
2. 松节油深加工产品	吨	19868	3055
三、樟脑	吨	4532	355
其中:合成樟脑	吨	4151	355
四、冰片	吨	746	352
其中:合成冰片	吨	410	16
五、栲胶类产品	吨	13941	4712
1. 栲胶	吨	11970	4712
2. 栲胶深加工产品	吨	1971	—
六、紫胶类产品	吨	1078	715
1. 紫胶	吨	1078	715
2. 紫胶深加工产品	吨	—	—
七、木材热解产品			
其中:木炭	吨	104503	15866
活性炭	吨	101614	5527
八、软木制品			
其中:软木砖	立方米	514	117
软木纸	立方米	2700	—

各地区全部工业

地区	木材加工及竹、									
	锯材		木片		人造					
							胶合板			
	合计	其中：热带锯材产量	合计	其中：热带材木片	总计	其中：热带材人造板	合计	普通胶合板		特种胶合板
								小计	其中：阔叶胶合板	
全国合计	**1126.87**	**72.60**	**1774.84**	**177.71**	**4553.36**	**45.63**	**2102.35**	**1918.48**	**538.30**	**38.74**
北京	—	—	—	—	—	—	—	—	—	—
天津	—	—	—	—	—	—	—	—	—	—
河北	33.08	—	15.75	0.48	1029.51	—	557.87	557.79	204.62	0.01
山西	0.17	—	0.03	—	0.27	—	—	—	—	—
内蒙古	20.19	—	1253.59	—	52.61	—	12.99	12.99	12.40	—
内蒙古集团	2.79	—	3.29	—	23.20	—	0.06	0.06	—	—
辽宁	34.78	—	5.80	—	32.09	—	2.79	2.79	0.94	—
吉林	45.77	—	13.08	—	69.30	—	5.68	5.49	1.34	0.10
吉林集团	9.82	—	4.12	—	43.31	—	1.76	1.67	—	—
黑龙江	20.03	—	43.44	—	34.69	—	2.16	2.10	0.86	0.06
龙江集团	10.26	—	40.18	—	33.39	—	1.06	1.00	0.86	0.06
上海	—	—	—	—	—	—	—	—	—	—
江苏	32.15	—	8.13	—	658.47	5.00	367.85	316.21	270.53	27.90
浙江	198.34	34.72	28.85	14.20	493.15	7.30	286.57	249.76	4.33	0.30
安徽	39.00	0.04	5.70	—	153.48	—	70.15	66.95	22.57	—
福建	77.58	—	35.21	—	229.44	—	78.35	65.73	2.89	—
江西	58.97	0.04	17.53	0.02	119.35	0.05	38.77	26.33	0.14	—
山东	216.59	—	104.19	—	937.34	—	445.54	439.87	—	3.41
河南	29.99	—	16.77	—	80.75	—	24.99	19.29	4.57	—
湖北	8.53	—	0.89	—	84.50	—	21.22	9.47	6.67	2.10
湖南	115.53	2.39	9.06	—	123.50	—	57.43	24.51	0.82	—
广东	59.25	6.66	116.49	115.88	207.52	6.34	89.41	84.88	2.68	4.50
广西	45.88	5.03	25.91	13.46	116.79	10.78	16.91	16.91	—	—
海南	20.74	20.74	33.67	33.67	15.80	15.80	5.44	5.44	0.19	—
重庆	22.05	—	—	—	1.99	—	1.26	0.60	—	0.36
四川	2.28	—	1.01	—	22.61	—	4.06	1.00	—	—
贵州	2.08	—	0.22	—	18.87	—	3.16	0.62	—	—
云南	26.35	2.98	33.30	—	57.56	0.36	8.90	8.90	2.75	—
西藏	5.00	—	—	—	—	—	—	—	—	—
陕西	0.30	—	0.02	—	7.96	—	—	—	—	—
甘肃	—	—	—	—	0.88	—	—	—	—	—
青海	—	—	—	—	—	—	—	—	—	—
宁夏	—	—	—	—	—	—	—	—	—	—
新疆	—	—	—	—	—	—	—	—	—	—
新疆兵团	—	—	—	—	—	—	—	—	—	—
大兴安岭	12.24	—	6.20	—	4.93	—	0.85	0.85	—	—

产品产量(一)

单位:万立方米

藤、棕、草制品									
板									
		纤维板						刨花板	
			木质纤维板						
竹胶合板	单板层积材	合计	小计	硬质纤维板	中密度纤维板	软质纤维板	非木质纤维板	合计	普通刨花板
84.49	**60.64**	**1128.33**	**1121.19**	**64.74**	**1048.75**	**7.70**	**7.14**	**547.41**	**544.87**
—	—	—	—	—	—	—	—	—	—
—	—	—	—	—	—	—	—	—	—
—	0.07	79.10	79.10	6.01	73.07	0.02	—	205.90	205.60
—	—	—	—	—	—	—	—	0.27	0.27
—	—	12.13	12.13	—	12.13	—	—	23.11	23.11
—	—	7.63	7.63	—	7.63	—	—	14.98	14.98
—	—	18.21	18.21	0.33	17.88	—	—	0.52	0.52
—	0.09	24.17	24.17	1.73	22.44	—	—	30.76	30.76
—	0.09	13.82	13.82	—	13.82	—	—	26.51	26.51
—	—	11.25	11.25	2.96	8.29	—	—	18.91	18.91
—	—	11.25	11.25	2.96	8.29	—	—	18.91	18.91
—	—	—	—	—	—	—	—	—	—
—	23.74	104.22	104.22	0.86	97.86	5.50	—	18.72	18.02
17.93	18.58	94.25	94.15	7.59	86.56	—	0.10	27.32	26.87
2.50	0.70	56.38	56.38	—	56.38	—	—	8.09	8.09
12.59	0.03	81.90	81.90	1.53	80.37	—	—	13.10	12.37
12.42	0.02	49.91	49.91	5.31	44.60	—	—	9.88	9.88
—	2.26	228.65	221.61	5.86	215.75	—	7.04	137.89	137.89
—	5.70	41.20	41.20	3.09	35.98	2.13	—	7.27	6.95
0.45	9.20	44.40	44.40	5.09	39.26	0.05	—	5.81	5.77
32.70	0.22	36.24	36.24	16.44	19.80	—	—	2.16	2.16
—	0.03	88.19	88.19	—	88.19	—	—	15.39	15.39
—	—	77.60	77.60	7.76	69.84	—	—	7.75	7.75
—	—	10.36	10.36	—	10.36	—	—	—	—
0.30	—	0.27	0.27	—	0.27	—	—	0.29	0.29
3.06	—	14.75	14.75	—	14.75	—	—	0.80	0.80
2.54	—	7.41	7.41	—	7.41	—	—	5.17	5.17
—	—	38.07	38.07	0.18	37.89	—	—	7.24	7.24
—	—	—	—	—	—	—	—	—	—
—	—	7.96	7.96	—	7.96	—	—	—	—
—	—	0.88	0.88	—	0.88	—	—	—	—
—	—	—	—	—	—	—	—	—	—
—	—	—	—	—	—	—	—	—	—
—	—	—	—	—	—	—	—	—	—
—	—	—	—	—	—	—	—	—	—
—	—	0.83	0.83	—	0.83	—	—	1.06	1.06

各地区全部工业

木材加工及竹、

地区	人造板					胶合木			
	刨花板			其他人造板		合计	其中		
	水泥刨花板	定向刨花板	竹刨花板	合计	其中：细木工板		集成材	重组木	指接材
全国合计	**1.91**	**0.01**	**0.62**	**775.27**	**617.24**	**173.14**	**18.33**	**101.39**	**39.79**
北京	—	—	—	—	—	—	—	—	—
天津	—	—	—	—	—	—	—	—	—
河北	—	—	0.30	186.64	163.29	1.41	0.97	—	—
山西	—	—	—	—	—	—	—	—	—
内蒙古	—	—	—	4.38	3.93	0.78	0.50	—	0.28
内蒙古集团	—	—	—	0.53	0.35	0.78	0.50	—	0.28
辽宁	—	—	—	10.57	9.87	1.56	1.31	—	0.05
吉林	—	—	—	8.69	6.97	1.15	1.14	—	0.01
吉林集团	—	—	—	1.22	1.22	0.49	0.49	—	—
黑龙江	—	—	—	2.37	2.36	0.31	0.31	—	—
龙江集团	—	—	—	2.17	2.16	0.31	0.31	—	—
上海	—	—	—	—	—	—	—	—	—
江苏	0.70	—	—	167.68	141.36	1.88	1.00	0.56	0.12
浙江	0.45	—	—	85.01	79.68	99.00	—	99.00	—
安徽	—	—	—	18.86	8.06	0.11	0.11	—	—
福建	0.73	—	—	56.09	52.77	1.26	0.15	—	1.11
江西	—	—	—	20.79	19.63	0.06	—	—	—
山东	—	—	—	125.26	89.88	1.64	0.10	1.54	—
河南	—	—	0.32	7.29	2.62	4.10	—	0.10	—
湖北	0.03	0.01	—	13.07	12.03	—	—	—	—
湖南	—	—	—	27.67	13.90	2.05	0.79	—	1.26
广东	—	—	—	14.53	0.07	0.08	—	—	0.08
广西	—	—	—	14.53	0.23	—	—	—	—
海南	—	—	—	—	—	—	—	—	—
重庆	—	—	—	0.17	0.17	—	—	—	—
四川	—	—	—	3.00	2.00	—	—	—	—
贵州	—	—	—	3.13	3.13	—	—	—	—
云南	—	—	—	3.35	3.35	53.69	11.50	0.19	36.78
西藏	—	—	—	—	—	—	—	—	—
陕西	—	—	—	—	—	—	—	—	—
甘肃	—	—	—	—	—	—	—	—	—
青海	—	—	—	—	—	—	—	—	—
宁夏	—	—	—	—	—	—	—	—	—
新疆	—	—	—	—	—	—	—	—	—
新疆兵团	—	—	—	—	—	—	—	—	—
大兴安岭	—	—	—	2.19	1.94	4.06	0.45	—	0.10

产品产量(二)

单位:万立方米

藤、棕、草制品									
木地板(万平方米)						卫生筷子(标准箱)		人造板表面装饰板(万平方米)	热固性树脂装饰层压板(万平方米)
合 计	其 中					合 计	其中:木卫生筷子		
	热带材木地板	实木地板	实木复合地板	强化木地板	竹木复合地板				
8642.46	**3048.74**	**5645.35**	**652.39**	**1321.84**	**564.54**	**6600927**	**3959343**	**28400.16**	**43.52**
—	—	—	—	—	—	—	—	—	—
—	—	—	—	—	—	—	—	—	—
30.50	—	—	20.14	10.00	—	2050	2050	142.78	38.40
—	—	—	—	—	—	—	—	—	—
1.76	1.60	0.16	—	—	—	843141	843141	31.89	—
0.16	—	0.16	—	—	—	777015	777015	1.72	—
685.62	—	680.22	4.00	—	—	—	—	—	—
603.03	—	38.73	346.36	193.33	—	482749	481906	714.28	—
328.51	—	—	135.18	193.33	—	66184	66184	714.28	—
589.47	—	561.37	28.10	—	—	590022	590022	251.45	—
66.47	—	38.37	28.10	—	—	588282	588282	251.45	—
—	—	—	—	—	—	—	—	—	—
432.14	—	29.34	20.00	360.00	—	5000	5000	0.63	—
3781.91	3021.32	3687.24	31.90	9.29	7.86	1737201	42580	19974.98	—
11.88	—	1.51	1.00	—	2.50	41127	1005	196.54	—
478.88	—	75.07	0.65	247.26	153.70	675501	294160	127.60	—
756.66	—	302.58	141.10	0.08	308.04	200839	26378	3.00	5.00
164.99	—	101.76	55.14	6.00	—	40246	40246	6483.98	—
2.02	—	2.02	—	—	—	210000	210000	—	0.12
107.74	—	—	—	—	—	30860	27000	—	—
149.39	—	72.23	—	—	67.16	657391	544036	—	—
196.30	—	—	—	—	—	26926	—	—	—
133.56	—	—	—	133.56	—	—	—	472.76	—
—	—	—	—	—	—	—	—	—	—
—	—	—	—	—	—	—	—	—	—
393.79	10.00	16.95	4.00	361.00	1.84	167317	4616	—	—
24.76	—	—	—	1.32	23.44	57652	57652	0.27	—
78.47	15.82	56.58	—	—	—	56154	12800	—	—
—	—	—	—	—	—	—	—	—	—
—	—	—	—	—	—	—	—	—	—
—	—	—	—	—	—	—	—	—	—
—	—	—	—	—	—	—	—	—	—
—	—	—	—	—	—	—	—	—	—
—	—	—	—	—	—	—	—	—	—
—	—	—	—	—	—	—	—	—	—
19.59	—	19.59	—	—	—	776751	776751	—	—

地区	木材加工及竹、藤、棕、草制品 单板(万平方米)				松香类产品			松节油类产品			樟
	合计	其中			合计	松香	松香深加工产品	合计	松节油	松节油深加工产品	合计
		刨切单板	微薄木	旋切单板							
全国合计	**294915.08**	**5752.68**	**67.28**	**288844.04**	**483612**	**443306**	**40306**	**67510**	**47642**	**19868**	**4532**
北京	—	—	—	—	—	—	—	—	—	—	—
天津	—	—	—	—	—	—	—	—	—	—	—
河北	25173.52	0.01	—	25167.68	—	—	—	—	—	—	—
山西	—	—	—	—	—	—	—	—	—	—	—
内蒙古	30.17	—	—	30.17	—	—	—	—	—	—	—
内蒙古集团	—	—	—	—	—	—	—	—	—	—	—
辽宁	—	—	—	—	—	—	—	—	—	—	—
吉林	247.29	185.67	—	61.62	—	—	—	—	—	—	—
吉林集团	95.83	70.83	—	25.00	—	—	—	—	—	—	—
黑龙江	147.27	62.71	33.20	51.36	—	—	—	—	—	—	—
龙江集团	147.27	62.71	33.20	51.36	—	—	—	—	—	—	—
上海	—	—	—	—	—	—	—	—	—	—	—
江苏	101.54	0.62	—	100.52	—	—	—	—	—	—	—
浙江	6238.49	10.02	0.30	6191.17	1067	1067	—	3677	427	3250	—
安徽	3415.91	3272.43	22.78	120.70	1352	1244	108	193	168	25	—
福建	22.16	—	11.00	11.16	41989	36230	5759	6230	4260	1970	2122
江西	1.95	0.15	—	1.17	31357	31306	51	14594	5923	8671	251
山东	257680.59	1888.69	—	255791.90	—	—	—	—	—	—	—
河南	345.28	—	—	345.28	252	252	—	8	8	—	—
湖北	77.60	1.20	—	76.40	3145	3145	—	200	200	—	—
湖南	901.69	160.40	—	741.29	16075	14016	2059	2612	2531	81	4
广东	153.08	—	—	153.08	72233	61854	10379	13601	9057	4544	1919
广西	—	—	—	—	250077	228127	21950	12341	11951	390	236
海南	0.18	—	—	0.18	2643	2643	—	474	384	90	—
重庆	—	—	—	—	—	—	—	—	—	—	—
四川	—	—	—	—	2418	2418	—	569	569	—	—
贵州	—	—	—	—	3552	3552	—	327	327	—	—
云南	120.00	119.65	—	0.35	57452	57452	—	12684	11837	847	—
西藏	—	—	—	—	—	—	—	—	—	—	—
陕西	—	—	—	—	—	—	—	—	—	—	—
甘肃	—	—	—	—	—	—	—	—	—	—	—
青海	—	—	—	—	—	—	—	—	—	—	—
宁夏	—	—	—	—	—	—	—	—	—	—	—
新疆	—	—	—	—	—	—	—	—	—	—	—
新疆兵团	—	—	—	—	—	—	—	—	—	—	—
大兴安岭	258.36	51.13	—	0.01	—	—	—	—	—	—	—

产品产量(三)

单位:万立方米

林产化学产品(吨)												
脑	冰片		栲胶类产品			紫胶类产品			木材热解产品		软木制品(立方米)	
其中:合成樟脑	合计	其中:合成冰片	合计	栲胶	栲胶深加工产品	合计	紫胶	紫胶深加工产品	其中 木炭	活性炭	其中 软木砖	软木纸
4151	**746**	**410**	**13941**	**11970**	**1971**	**1078**	**1078**	**—**	**104503**	**101614**	**514**	**2700**
—	—	—	—	—	—	—	—	—	—	—	—	—
—	—	—	—	—	—	—	—	—	—	—	—	—
—	—	—	—	—	—	—	—	—	3750	50	—	—
—	—	—	—	—	—	—	—	—	—	—	—	—
—	—	—	2617	646	1971	—	—	—	291	—	—	—
—	—	—	2617	646	1971	—	—	—	291	—	—	—
—	—	—	—	—	—	—	—	—	15000	1500	—	—
—	—	—	—	—	—	—	—	—	1040	—	—	—
—	—	—	—	—	—	—	—	—	—	—	—	—
—	—	—	—	—	—	—	—	—	—	—	—	—
—	—	—	—	—	—	—	—	—	—	—	—	—
—	—	—	—	—	—	—	—	—	—	—	—	—
—	—	—	—	—	—	—	—	—	130	7000	—	—
—	—	—	—	—	—	—	—	—	12	34176	—	2700
—	16	16	—	—	—	—	—	—	15706	740	—	—
2122	—	—	—	—	—	—	—	—	1997	38372	—	—
—	1	—	—	—	—	—	—	—	34703	16252	397	—
—	—	—	—	—	—	—	—	—	6040	2515	—	—
—	—	—	—	—	—	—	—	—	—	—	—	—
—	—	—	26	26	—	—	—	—	—	—	—	—
—	335	—	280	280	—	—	—	—	9387	310	—	—
1793	394	394	17	17	—	375	375	—	10347	—	—	—
236	—	—	5756	5756	—	—	—	—	—	—	—	—
—	—	—	2910	2910	—	—	—	—	2000	—	—	—
—	—	—	—	—	—	—	—	—	—	—	—	—
—	—	—	—	—	—	22	22	—	108	—	—	—
—	—	—	287	287	—	553	553	—	—	—	—	—
—	—	—	1368	1368	—	128	128	—	3702	—	—	—
—	—	—	—	—	—	—	—	—	—	—	—	—
—	—	—	680	680	—	—	—	—	—	—	117	—
—	—	—	—	—	—	—	—	—	—	—	—	—
—	—	—	—	—	—	—	—	—	—	—	—	—
—	—	—	—	—	—	—	—	—	—	—	—	—
—	—	—	—	—	—	—	—	—	—	—	—	—
—	—	—	—	—	—	—	—	—	—	—	—	—
—	—	—	—	—	—	—	—	—	290	699	—	—

各地区林业系统

地区	木材加工及竹、									
	锯材		木片		人造					
							胶合板			
								普通胶合板		
	合计	其中：热带锯材产量	合计	其中：热带材木片	总计	其中：热带材人造板	合计	小计	其中：阔叶胶合板	特种胶合板
全国合计	**161.18**	**10.32**	**232.25**	**96.87**	**519.01**	**2.57**	**74.17**	**46.01**	**11.08**	**2.62**
北京	—	—	—	—	—	—	—	—	—	—
天津	—	—	—	—	—	—	—	—	—	—
河北	0.16	—	—	—	14.59	—	—	—	—	—
山西	—	—	—	—	0.27	—	—	—	—	—
内蒙古	4.43	—	0.04	—	0.31	—	0.26	0.26	—	—
内蒙古集团	—	—	—	—	—	—	—	—	—	—
辽宁	7.70	—	0.48	—	11.61	—	0.51	0.51	0.10	—
吉林	30.67	—	12.48	—	63.08	—	3.46	3.27	1.20	0.10
吉林集团	9.82	—	4.12	—	43.31	—	1.76	1.67	—	—
黑龙江	20.03	—	43.44	—	34.69	—	2.16	2.10	0.86	0.06
龙江集团	10.26	—	40.18	—	33.39	—	1.06	1.00	0.86	0.06
上海	—	—	—	—	—	—	—	—	—	—
江苏	1.83	—	1.30	—	3.10	—	1.25	0.95	0.80	—
浙江	3.13	—	—	—	11.15	—	1.93	1.10	—	—
安徽	7.35	0.04	0.89	—	28.78	—	0.23	0.03	—	—
福建	3.78	—	15.49	—	89.10	—	10.28	10.09	0.67	—
江西	2.21	0.01	10.03	—	23.69	—	4.20	0.92	—	—
山东	—	—	30.88	—	36.71	—	2.51	2.51	—	—
河南	7.18	—	0.10	—	3.35	—	0.05	0.05	0.05	—
湖北	2.42	—	0.72	—	65.53	—	16.55	8.18	6.63	2.10
湖南	29.61	—	3.24	—	38.71	—	19.06	5.58	0.17	—
广东	7.40	2.80	51.64	51.64	5.88	—	3.04	3.04	0.42	—
广西	2.58	—	18.40	11.56	50.14	2.57	2.76	2.76	—	—
海南	7.08	7.08	33.67	33.67	0.09	—	0.09	0.09	0.09	—
重庆	—	—	—	—	1.10	—	0.96	0.60	—	0.36
四川	0.35	—	0.01	—	2.98	—	0.90	—	—	—
贵州	1.22	—	0.09	—	7.91	—	—	—	—	—
云南	4.81	0.39	3.15	—	20.34	—	3.12	3.12	0.09	—
西藏	5.00	—	—	—	—	—	—	—	—	—
陕西	—	—	—	—	0.09	—	—	—	—	—
甘肃	—	—	—	—	0.88	—	—	—	—	—
青海	—	—	—	—	—	—	—	—	—	—
宁夏	—	—	—	—	—	—	—	—	—	—
新疆	—	—	—	—	—	—	—	—	—	—
新疆兵团	—	—	—	—	—	—	—	—	—	—
大兴安岭	12.24	—	6.20	—	4.93	—	0.85	0.85	—	—

工业产品产量(一)

单位:万立方米

藤、棕、草制品									
板									
		纤维板						刨花板	
竹胶合板	单板层积材	合计	木质纤维板				非木质纤维板	合计	普通刨花板
			小计	硬质纤维板	中密度纤维板	软质纤维板			
18.68	**6.86**	**317.61**	**317.50**	**14.43**	**303.07**	**—**	**0.11**	**96.90**	**96.90**
—	—	—	—	—	—	—	—	—	—
—	—	—	—	—	—	—	—	—	—
—	—	11.00	11.00	—	11.00	—	—	3.59	3.59
—	—	—	—	—	—	—	—	0.27	0.27
—	—	—	—	—	—	—	—	0.05	0.05
—	—	—	—	—	—	—	—	—	—
—	—	10.10	10.10	—	10.10	—	—	0.36	0.36
—	0.09	24.17	24.17	1.73	22.44	—	—	30.76	30.76
—	0.09	13.82	13.82	—	13.82	—	—	26.51	26.51
—	—	11.25	11.25	2.96	8.29	—	—	18.91	18.91
—	—	11.25	11.25	2.96	8.29	—	—	18.91	18.91
—	—	—	—	—	—	—	—	—	—
—	0.30	1.40	1.40	—	1.40	—	—	0.25	0.25
0.25	0.58	8.31	8.31	1.31	7.00	—	—	—	—
0.20	—	23.28	23.28	—	23.28	—	—	5.27	5.27
0.19	—	68.54	68.54	1.28	67.26	—	—	8.49	8.49
3.26	0.02	12.72	12.72	1.49	11.23	—	—	3.62	3.62
—	—	26.38	26.27	—	26.27	—	0.11	7.60	7.60
—	—	2.30	2.30	—	2.30	—	—	1.00	1.00
0.40	5.87	39.45	39.45	4.58	34.87	—	—	3.93	3.93
13.48	—	14.21	14.21	0.42	13.79	—	—	0.85	0.85
—	—	1.95	1.95	—	1.95	—	—	0.86	0.86
—	—	41.16	41.16	0.66	40.50	—	—	5.99	5.99
—	—	—	—	—	—	—	—	—	—
—	—	0.02	0.02	—	0.02	—	—	—	—
0.90	—	2.00	2.00	—	2.00	—	—	0.08	0.08
—	—	4.21	4.21	—	4.21	—	—	3.17	3.17
—	—	13.36	13.36	—	13.36	—	—	0.79	0.79
—	—	—	—	—	—	—	—	—	—
—	—	0.09	0.09	—	0.09	—	—	—	—
—	—	0.88	0.88	—	0.88	—	—	—	—
—	—	—	—	—	—	—	—	—	—
—	—	—	—	—	—	—	—	—	—
—	—	—	—	—	—	—	—	—	—
—	—	—	—	—	—	—	—	—	—
—	—	0.83	0.83	—	0.83	—	—	1.06	1.06

各地区林业系统

地区	木材加工及竹、								
	人造板					胶合木			
	刨花板			其他人造板		合计	其中		
	水泥刨花板	定向刨花板	竹刨花板	合计	其中：细木工板		集成材	重组木	指接材
全国合计	**—**	**—**	**—**	**30.33**	**27.17**	**6.68**	**2.69**	**—**	**0.27**
北京	—	—	—	—	—	—	—	—	—
天津	—	—	—	—	—	—	—	—	—
河北	—	—	—	—	—	—	—	—	—
山西	—	—	—	—	—	—	—	—	—
内蒙古	—	—	—	—	—	—	—	—	—
内蒙古集团	—	—	—	—	—	—	—	—	—
辽宁	—	—	—	0.64	0.34	0.27	0.07	—	—
吉林	—	—	—	4.69	3.07	1.15	1.14	—	0.01
吉林集团	—	—	—	1.22	1.22	0.49	0.49	—	—
黑龙江	—	—	—	2.37	2.36	0.31	0.31	—	—
龙江集团	—	—	—	2.17	2.16	0.31	0.31	—	—
上海	—	—	—	—	—	—	—	—	—
江苏	—	—	—	0.20	0.20	—	—	—	—
浙江	—	—	—	0.91	0.91	—	—	—	—
安徽	—	—	—	—	—	—	—	—	—
福建	—	—	—	1.79	1.59	—	—	—	—
江西	—	—	—	3.15	3.15	0.01	—	—	—
山东	—	—	—	0.22	0.10	—	—	—	—
河南	—	—	—	—	—	—	—	—	—
湖北	—	—	—	5.60	5.60	—	—	—	—
湖南	—	—	—	4.59	3.96	0.16	—	—	0.16
广东	—	—	—	0.03	—	—	—	—	—
广西	—	—	—	0.23	0.23	—	—	—	—
海南	—	—	—	—	—	—	—	—	—
重庆	—	—	—	0.12	0.12	—	—	—	—
四川	—	—	—	—	—	—	—	—	—
贵州	—	—	—	0.53	0.53	—	—	—	—
云南	—	—	—	3.07	3.07	0.72	0.72	—	—
西藏	—	—	—	—	—	—	—	—	—
陕西	—	—	—	—	—	—	—	—	—
甘肃	—	—	—	—	—	—	—	—	—
青海	—	—	—	—	—	—	—	—	—
宁夏	—	—	—	—	—	—	—	—	—
新疆	—	—	—	—	—	—	—	—	—
新疆兵团	—	—	—	—	—	—	—	—	—
大兴安岭	—	—	—	2.19	1.94	4.06	0.45	—	0.10

工业产品产量(二)

单位:万立方米

藤、棕、草制品									
木地板(万平方米)						卫生筷子(标准箱)		人造板表面装饰板(万平方米)	热固性树脂装饰层压板(万平方米)
合 计	其 中					合 计	其中:木卫生筷子		
	热带材木地板	实木地板	实木复合地板	强化木地板	竹木复合地板				
1690.08	**2.81**	**657.69**	**377.66**	**575.21**	**52.79**	**2212489**	**2185478**	**1783.83**	**—**
—	—	—	—	—	—	—	—	—	—
—	—	—	—	—	—	—	—	—	—
—	—	—	—	—	—	—	—	—	—
—	—	—	—	—	—	—	—	—	—
—	—	—	—	—	—	4	4	—	—
—	—	—	—	—	—	—	—	—	—
9.33	—	7.93	—	—	—	—	—	—	—
602.83	—	38.53	346.36	193.33	—	447749	446906	714.28	—
328.51	—	—	135.18	193.33	—	66184	66184	714.28	—
589.47	—	561.37	28.10	—	—	590022	590022	251.45	—
66.47	—	38.37	28.10	—	—	588282	588282	251.45	—
—	—	—	—	—	—	—	—	—	—
0.50	—	—	—	—	—	—	—	—	—
17.99	—	11.69	3.20	—	3.10	—	—	—	—
0.22	—	—	—	—	—	—	—	196.54	—
257.22	—	0.22	—	247.00	10.00	10982	8500	127.60	—
8.00	—	1.43	—	—	6.57	13862	5502	—	—
0.30	—	0.30	—	—	—	—	—	20.93	—
—	—	—	—	—	—	—	—	—	—
—	—	—	—	—	—	—	—	—	—
31.99	—	4.56	—	—	27.43	312167	300141	—	—
—	—	—	—	—	—	—	—	—	—
133.56	—	—	—	133.56	—	—	—	472.76	—
—	—	—	—	—	—	—	—	—	—
—	—	—	—	—	—	—	—	—	—
3.95	—	3.95	—	—	—	—	—	—	—
7.01	—	—	—	1.32	5.69	57652	57652	0.27	—
8.12	2.81	8.12	—	—	—	3300	—	—	—
—	—	—	—	—	—	—	—	—	—
—	—	—	—	—	—	—	—	—	—
—	—	—	—	—	—	—	—	—	—
—	—	—	—	—	—	—	—	—	—
—	—	—	—	—	—	—	—	—	—
—	—	—	—	—	—	—	—	—	—
—	—	—	—	—	—	—	—	—	—
19.59	—	19.59	—	—	—	776751	776751	—	—

地区	木材加工及竹、藤、棕、草制品										
	单板(万平方米)				松香类产品			松节油类产品			樟
	合计	其中									
		刨切单板	微薄木	旋切单板	合计	松香	松香深加工产品	合计	松节油	松节油深加工产品	合计
全国合计	**1306.19**	**320.70**	**44.20**	**734.07**	**208393**	**181782**	**26611**	**29263**	**26208**	**3055**	**355**
北京	—	—	—	—	—	—	—	—	—	—	—
天津	—	—	—	—	—	—	—	—	—	—	—
河北	—	—	—	—	—	—	—	—	—	—	—
山西	—	—	—	—	—	—	—	—	—	—	—
内蒙古	30.17	—	—	30.17	—	—	—	—	—	—	—
内蒙古集团	—	—	—	—	—	—	—	—	—	—	—
辽宁	—	—	—	—	—	—	—	—	—	—	—
吉林	247.29	185.67	—	61.62	—	—	—	—	—	—	—
吉林集团	95.83	70.83	—	25.00	—	—	—	—	—	—	—
黑龙江	147.27	62.71	33.20	51.36	—	—	—	—	—	—	—
龙江集团	147.27	62.71	33.20	51.36	—	—	—	—	—	—	—
上海	—	—	—	—	—	—	—	—	—	—	—
江苏	—	—	—	—	—	—	—	—	—	—	—
浙江	17.00	—	—	17.00	—	—	—	—	—	—	—
安徽	—	—	—	—	447	339	108	141	116	25	—
福建	19.55	—	11.00	8.55	15769	13009	2760	2969	1649	1320	119
江西	0.26	—	—	0.26	12356	12305	51	2911	2570	341	—
山东	—	—	—	—	—	—	—	—	—	—	—
河南	0.21	—	—	0.21	82	82	—	8	8	—	—
湖北	—	—	—	—	1180	1180	—	120	120	—	—
湖南	414.89	—	—	414.89	4704	2681	2023	517	475	42	—
广东	150.00	—	—	150.00	6796	6786	10	530	530	—	—
广西	—	—	—	—	107481	85822	21659	9039	8649	390	236
海南	—	—	—	—	2643	2643	—	474	384	90	—
重庆	—	—	—	—	—	—	—	—	—	—	—
四川	—	—	—	—	1928	1928	—	450	450	—	—
贵州	—	—	—	—	540	540	—	25	25	—	—
云南	21.19	21.19	—	—	54467	54467	—	12079	11232	847	—
西藏	—	—	—	—	—	—	—	—	—	—	—
陕西	—	—	—	—	—	—	—	—	—	—	—
甘肃	—	—	—	—	—	—	—	—	—	—	—
青海	—	—	—	—	—	—	—	—	—	—	—
宁夏	—	—	—	—	—	—	—	—	—	—	—
新疆	—	—	—	—	—	—	—	—	—	—	—
新疆兵团	—	—	—	—	—	—	—	—	—	—	—
大兴安岭	258.36	51.13	—	0.01	—	—	—	—	—	—	—

工业产品产量(三)

单位:万立方米

林产化学产品(吨)												
脑	冰片		栲胶类产品			紫胶类产品			木材热解产品		软木制品(立方米)	
其中:合成樟脑	合计	其中:合成冰片	合计	栲胶	栲胶深加工产品	合计	紫胶	紫胶深加工产品	其中:木炭	活性炭	其中:软木砖	软木纸
355	**352**	**16**	**4712**	**4712**	**—**	**715**	**715**	**—**	**15866**	**5527**	**117**	**—**
—	—	—	—	—	—	—	—	—	—	—	—	—
—	—	—	—	—	—	—	—	—	—	—	—	—
—	—	—	—	—	—	—	—	—	—	—	—	—
—	—	—	—	—	—	—	—	—	—	—	—	—
—	—	—	—	—	—	—	—	—	—	—	—	—
—	—	—	—	—	—	—	—	—	—	—	—	—
—	—	—	—	—	—	—	—	—	—	280	—	—
—	—	—	—	—	—	—	—	—	1040	—	—	—
—	—	—	—	—	—	—	—	—	—	—	—	—
—	—	—	—	—	—	—	—	—	—	—	—	—
—	—	—	—	—	—	—	—	—	—	—	—	—
—	—	—	—	—	—	—	—	—	—	—	—	—
—	—	—	—	—	—	—	—	—	—	—	—	—
—	—	—	—	—	—	—	—	—	—	—	—	—
—	16	16	—	—	—	—	—	—	216	—	—	—
119	—	—	—	—	—	—	—	—	—	4278	—	—
—	1	—	—	—	—	—	—	—	3739	270	—	—
—	—	—	—	—	—	—	—	—	—	—	—	—
—	—	—	—	—	—	—	—	—	—	—	—	—
—	—	—	26	26	—	—	—	—	—	—	—	—
—	335	—	280	280	—	—	—	—	100	—	—	—
236	—	—	17	17	—	20	20	—	10347	—	—	—
—	—	—	2469	2469	—	—	—	—	—	—	—	—
—	—	—	—	—	—	—	—	—	—	—	—	—
—	—	—	—	—	—	—	—	—	—	—	—	—
—	—	—	—	—	—	21	21	—	—	—	—	—
—	—	—	287	287	—	553	553	—	—	—	—	—
—	—	—	953	953	—	121	121	—	134	—	—	—
—	—	—	—	—	—	—	—	—	—	—	—	—
—	—	—	680	680	—	—	—	—	—	—	117	—
—	—	—	—	—	—	—	—	—	—	—	—	—
—	—	—	—	—	—	—	—	—	—	—	—	—
—	—	—	—	—	—	—	—	—	—	—	—	—
—	—	—	—	—	—	—	—	—	—	—	—	—
—	—	—	—	—	—	—	—	—	—	—	—	—
—	—	—	—	—	—	—	—	290	699	—	—	

林业系统主要工业产品产、销、存情况

主要工业产品名称	计量单位	年初库存量	本年生产量	本年销售量	盘盈	其他	年末库存量
一、木　材	万立方米	459.94	2556.89	2575.05	37.54	10.07	469.25
二、竹　材	万根	490.60	9518.44	9642.87	4.45	1.43	369.19
三、锯　材	万立方米	28.74	177.05	173.88	0.14	3.25	28.80
四、木　片	万实积立方米	8.30	239.81	240.81	0.20	0.36	7.14
五、人造板	万立方米	89.24	670.36	619.22	7.07	11.52	135.93
其中:1. 胶合板	万立方米	16.43	100.51	84.64	-0.11	0.67	31.52
2. 木质纤维板	万立方米	26.58	416.05	383.16	5.38	2.88	61.97
其中:中密度纤维板	万立方米	22.11	372.93	345.12	5.38	2.58	52.72
3. 刨花板	万立方米	32.70	115.07	113.44	1.73	7.44	28.62
六、松　香	吨	23836	190923	167566	—	24146	23047
七、栲　胶	吨	4172	6369	6562	622	1354	3247
八、紫　胶	吨	46	716	814	98	—	46
九、木地板	万平方米	527.93	2423.80	2448.32	11.30	123.87	390.84

林业系统各地区木材产、销、存情况

单位:万立方米

地　区	年初库存量	本年生产量	本年销售量	盘　盈	其　他	年末库存量
全国合计	**459.94**	**2556.89**	**2575.05**	**37.54**	**10.07**	**469.25**
北　京	—	—	—	—	—	—
天　津	—	—	—	—	—	—
河　北	0.37	13.45	13.58	0.06	—	0.30
山　西	0.15	1.45	0.74	—	0.05	0.81
内蒙古	83.18	292.78	298.03	-0.10	0.11	77.72
内蒙古集团	75.82	247.93	262.64	-0.10	0.07	60.94
辽　宁	0.67	55.97	56.01	0.03	—	0.66
吉　林	66.26	331.61	336.73	1.73	0.23	62.64
吉林集团	7.57	96.65	96.88	0.15	0.02	7.47
黑龙江	86.70	487.16	485.74	0.24	0.04	88.32
龙江集团	63.12	399.86	401.22	0.22	0.04	61.94
上　海	—	—	—	—	—	—
江　苏	4.42	34.59	36.80	—	—	2.21
浙　江	1.39	25.13	26.32	—	—	0.20
安　徽	—	41.83	41.83	4.39	2.24	2.15
福　建	24.23	247.15	238.48	—	2.55	30.35
江　西	21.49	128.10	130.94	—	0.33	18.32
山　东	—	0.83	0.83	—	—	—
河　南	0.03	3.68	3.66	—	—	0.05
湖　北	0.74	65.97	63.17	0.05	—	3.59
湖　南	21.55	171.00	167.79	9.10	0.57	33.29
广　东	7.89	121.33	119.15	0.36	1.24	9.19
广　西	38.93	183.41	187.60	0.18	1.26	33.66
海　南	0.59	30.14	28.98	—	—	1.75
重　庆	—	0.15	0.15	—	—	—
四　川	1.48	17.88	14.93	—	1.37	3.06
贵　州	0.05	9.57	5.45	—	—	4.17
云　南	15.84	82.06	84.16	7.90	0.08	21.56
西　藏	—	—	—	—	—	—
陕　西	0.90	0.05	0.05	—	—	0.90
甘　肃	—	—	—	—	—	—
青　海	—	—	—	—	—	—
宁　夏	—	0.14	0.14	—	—	—
新　疆	—	—	—	—	—	—
新疆兵团	—	—	—	—	—	—
大兴安岭	83.08	211.46	233.79	13.60	—	74.35

林业系统各地区竹材产、销、存情况

单位:万根

地　　区	年初库存量	本年生产量	本年销售量	盘　盈	其　他	年末库存量
全国合计	**490.60**	**9518.44**	**9642.87**	**4.45**	**1.43**	**369.19**
北　京	—	—	—	—	—	—
天　津	—	—	—	—	—	—
河　北	—	—	—	—	—	—
山　西	—	—	—	—	—	—
内蒙古	—	—	—	—	—	—
内蒙古集团	—	—	—	—	—	—
辽　宁	—	—	—	—	—	—
吉　林	—	—	—	—	—	—
吉林集团	—	—	—	—	—	—
黑龙江	—	—	—	—	—	—
龙江集团	—	—	—	—	—	—
上　海	—	—	—	—	—	—
江　苏	15.00	81.57	96.57	—	—	—
浙　江	2.00	175.73	177.73	—	—	—
安　徽	6.50	294.45	290.65	0.85	0.25	10.90
福　建	—	510.00	510.00	—	—	—
江　西	75.34	1017.24	1018.67	—	1.17	72.74
山　东	—	—	—	—	—	—
河　南	—	820.00	820.00	—	—	—
湖　北	178.30	1154.30	1304.80	—	—	27.80
湖　南	126.46	2784.82	2657.82	3.60	0.01	257.05
广　东	76.20	1511.35	1587.55	—	—	—
广　西	—	734.82	734.82	—	—	—
海　南	8.24	35.36	43.60	—	—	—
重　庆	—	11.02	11.02	—	—	—
四　川	0.77	144.68	145.45	—	—	—
贵　州	1.09	94.10	95.19	—	—	—
云　南	—	149.00	149.00	—	—	—
西　藏	—	—	—	—	—	—
陕　西	0.70	—	—	—	—	0.70
甘　肃	—	—	—	—	—	—
青　海	—	—	—	—	—	—
宁　夏	—	—	—	—	—	—
新　疆	—	—	—	—	—	—
新疆兵团	—	—	—	—	—	—
大兴安岭	—	—	—	—	—	—

林业系统各地区锯材产、销、存情况

单位:万立方米

地　区	年初库存量	本年生产量	本年销售量	盘　盈	其　他	年末库存量
全国合计	**28.74**	**177.05**	**173.88**	**0.14**	**3.25**	**28.80**
北　京	—	—	—	—	—	—
天　津	—	—	—	—	—	—
河　北	—	0.16	0.16	—	—	—
山　西	—	—	—	—	—	—
内蒙古	4.67	7.22	6.28	—	0.57	5.04
内蒙古集团	4.15	2.79	2.14	—	0.57	4.23
辽　宁	2.02	7.70	8.44	—	—	1.28
吉　林	1.73	30.67	29.43	0.06	0.13	2.90
吉林集团	0.56	9.82	9.48	—	0.05	0.85
黑龙江	2.50	20.03	19.47	—	0.05	3.01
龙江集团	2.31	10.26	9.74	—	0.05	2.78
上　海	—	—	—	—	—	—
江　苏	1.23	5.21	5.99	—	—	0.45
浙　江	0.01	3.13	3.14	—	—	—
安　徽	0.17	6.68	6.68	—	—	0.17
福　建	—	3.78	3.78	—	—	—
江　西	0.03	2.21	2.13	—	—	0.11
山　东	—	—	—	—	—	—
河　南	0.01	0.35	0.35	—	—	0.01
湖　北	1.07	2.42	2.35	—	—	1.14
湖　南	1.44	51.83	50.19	0.02	—	3.10
广　东	—	7.40	7.20	—	—	0.20
广　西	0.14	2.58	2.66	0.06	—	0.12
海　南	0.58	7.08	7.66	—	—	—
重　庆	—	—	—	—	—	—
四　川	0.04	0.33	0.37	—	—	—
贵　州	—	1.22	1.22	—	—	—
云　南	1.09	4.81	4.78	—	0.11	1.01
西　藏	—	—	—	—	—	—
陕　西	—	—	—	—	—	—
甘　肃	—	—	—	—	—	—
青　海	—	—	—	—	—	—
宁　夏	—	—	—	—	—	—
新　疆	—	—	—	—	—	—
新疆兵团	—	—	—	—	—	—
大兴安岭	12.01	12.24	11.60	—	2.39	10.26

林业系统各地区木片产、销、存情况

单位:万实积立方米

地　区	年初库存量	本年生产量	本年销售量	盘　盈	其　他	年末库存量
全国合计	**8.30**	**239.81**	**240.81**	**0.20**	**0.36**	**7.14**
北　京	—	—	—	—	—	—
天　津	—	—	—	—	—	—
河　北	—	—	—	—	—	—
山　西	—	—	—	—	—	—
内蒙古	0.36	3.33	2.88	—	0.36	0.45
内蒙古集团	0.36	3.29	2.84	—	0.36	0.45
辽　宁	0.20	0.48	0.38	—	—	0.30
吉　林	0.20	12.48	12.57	—	—	0.11
吉林集团	0.11	4.12	4.12	—	—	0.11
黑龙江	0.08	43.44	43.45	—	—	0.07
龙江集团	0.08	40.18	40.19	—	—	0.07
上　海	—	—	—	—	—	—
江　苏	1.01	0.80	1.51	—	—	0.30
浙　江	—	—	—	—	—	—
安　徽	—	1.08	1.08	—	—	—
福　建	—	15.49	15.49	—	—	—
江　西	—	10.03	10.03	—	—	—
山　东	—	30.88	30.88	—	—	—
河　南	0.15	0.10	0.25	—	—	—
湖　北	0.62	0.72	0.72	—	—	0.62
湖　南	0.10	7.82	7.62	—	—	0.30
广　东	1.70	51.64	51.91	—	—	1.43
广　西	3.26	18.40	18.68	0.03	—	3.01
海　南	—	33.67	33.67	—	—	—
重　庆	—	—	—	—	—	—
四　川	—	0.01	0.01	—	—	—
贵　州	—	0.09	0.09	—	—	—
云　南	—	3.15	3.15	—	—	—
西　藏	—	—	—	—	—	—
陕　西	—	—	—	—	—	—
甘　肃	—	—	—	—	—	—
青　海	—	—	—	—	—	—
宁　夏	—	—	—	—	—	—
新　疆	—	—	—	—	—	—
新疆兵团	—	—	—	—	—	—
大兴安岭	0.62	6.20	6.44	0.17	—	0.55

林业系统各地区人造板产、销、存情况

单位:万立方米

地　区	年初库存量	本年生产量	本年销售量	盘　盈	其　他	年末库存量
全国合计	**89.24**	**670.36**	**619.22**	**7.07**	**11.52**	**135.93**
北　京	—	—	—	—	—	—
天　津	—	—	—	—	—	—
河　北	0.79	14.59	14.52	—	—	0.86
山　西	0.62	0.27	0.21	—	0.08	0.60
内蒙古	4.33	23.46	24.06	2.07	2.26	3.54
内蒙古集团	4.00	23.15	23.62	2.07	2.26	3.34
辽　宁	2.70	11.61	12.61	—	0.01	1.69
吉　林	7.97	63.08	63.14	-0.04	0.15	7.72
吉林集团	4.70	43.31	43.38	0.03	0.15	4.51
黑龙江	4.89	34.67	32.51	0.22	2.66	4.61
龙江集团	4.42	33.37	30.84	0.22	2.66	4.51
上　海	—	—	—	—	—	—
江　苏	1.90	112.90	67.17	—	0.09	47.54
浙　江	0.31	11.15	11.46	—	—	—
安　徽	8.95	29.18	24.75	—	3.67	9.71
福　建	4.92	89.09	87.71	—	2.08	4.22
江　西	2.11	23.69	23.87	—	—	1.93
山　东	5.00	36.71	31.71	—	—	10.00
河　南	1.61	1.55	3.13	—	0.01	0.02
湖　北	18.06	65.53	64.30	—	—	19.29
湖　南	11.62	40.02	39.49	-0.04	—	12.11
广　东	0.04	5.88	5.78	—	—	0.14
广　西	1.35	50.14	49.70	0.01	0.10	1.70
海　南	—	0.09	0.09	—	—	—
重　庆	—	1.10	0.98	—	0.02	0.10
四　川	0.62	13.63	13.87	—	0.06	0.32
贵　州	3.14	7.91	10.80	—	—	0.25
云　南	2.15	20.34	25.29	4.85	0.33	1.72
西　藏	—	—	—	—	—	—
陕　西	2.99	7.96	7.69	—	—	3.26
甘　肃	0.06	0.88	0.78	—	—	0.16
青　海	—	—	—	—	—	—
宁　夏	—	—	—	—	—	—
新　疆	—	—	—	—	—	—
新疆兵团	—	—	—	—	—	—
大兴安岭	3.11	4.93	3.60	—	—	4.44

林业系统各地区胶合板产、销、存情况

单位:万立方米

地　　区	年初库存量	本年生产量	本年销售量	盘　盈	其　他	年末库存量
全国合计	**16.43**	**100.51**	**84.64**	**-0.11**	**0.67**	**31.52**
北　京	—	—	—	—	—	—
天　津	—	—	—	—	—	—
河　北	—	—	—	—	—	—
山　西	—	—	—	—	—	—
内蒙古	0.17	0.32	0.10	—	—	0.39
内蒙古集团	0.17	0.06	0.03	—	—	0.20
辽　宁	0.61	0.51	1.08	—	—	0.04
吉　林	1.40	3.46	4.07	-0.07	—	0.72
吉林集团	0.75	1.76	2.23	—	—	0.28
黑龙江	1.15	2.16	2.42	—	—	0.89
龙江集团	0.72	1.06	0.99	—	—	0.79
上　海	—	—	—	—	—	—
江　苏	1.85	36.98	18.81	—	—	20.02
浙　江	0.02	1.93	1.95	—	—	—
安　徽	0.80	0.33	0.36	—	—	0.77
福　建	1.54	10.27	10.15	—	0.42	1.24
江　西	0.48	4.20	4.21	—	—	0.47
山　东	—	2.51	2.51	—	—	—
河　南	1.33	0.05	1.38	—	—	—
湖　北	3.53	16.55	16.30	—	—	3.78
湖　南	1.87	10.36	10.36	-0.04	—	1.83
广　东	0.04	3.04	2.98	—	—	0.10
广　西	0.01	2.76	2.76	—	—	0.01
海　南	—	0.09	0.09	—	—	—
重　庆	—	0.96	0.96	—	—	—
四　川	0.03	0.06	0.06	—	0.01	0.02
贵　州	—	—	—	—	—	—
云　南	1.30	3.12	3.68	—	0.24	0.50
西　藏	—	—	—	—	—	—
陕　西	—	—	—	—	—	—
甘　肃	—	—	—	—	—	—
青　海	—	—	—	—	—	—
宁　夏	—	—	—	—	—	—
新　疆	—	—	—	—	—	—
新疆兵团	—	—	—	—	—	—
大兴安岭	0.30	0.85	0.41	—	—	0.74

林业系统各地区木质纤维板产、销、存情况

单位:万立方米

地　区	年初库存量	本年生产量	本年销售量	盘　盈	其　他	年末库存量
全国合计	**26.58**	**416.05**	**383.16**	**5.38**	**2.88**	**61.97**
北　京	—	—	—	—	—	—
天　津	—	—	—	—	—	—
河　北	0.03	11.00	11.00	—	—	0.03
山　西	0.08	—	—	—	0.08	—
内蒙古	0.65	7.63	6.76	0.49	0.48	1.53
内蒙古集团	0.65	7.63	6.76	0.49	0.48	1.53
辽　宁	0.82	10.10	9.93	—	0.01	0.98
吉　林	3.15	24.17	23.32	—	0.02	3.98
吉林集团	1.86	13.82	13.17	—	0.02	2.49
黑龙江	1.59	11.25	11.45	0.03	0.05	1.37
龙江集团	1.59	11.25	11.45	0.03	0.05	1.37
上　海	—	—	—	—	—	—
江　苏	—	72.47	46.06	—	0.09	26.32
浙　江	0.20	8.31	8.51	—	—	—
安　徽	0.29	23.28	21.85	—	0.61	1.11
福　建	2.25	68.53	67.11	—	1.41	2.26
江　西	0.62	12.72	12.78	—	—	0.56
山　东	5.00	26.38	21.38	—	—	10.00
河　南	0.12	1.00	1.09	—	0.01	0.02
湖　北	2.13	39.45	38.27	—	—	3.31
湖　南	5.97	16.80	16.68	—	—	6.09
广　东	—	1.95	1.95	—	—	—
广　西	0.84	41.16	40.85	0.01	0.07	1.09
海　南	—	—	—	—	—	—
重　庆	—	0.02	0.02	—	—	—
四　川	0.56	12.59	12.81	—	0.05	0.29
贵　州	0.34	4.21	4.30	—	—	0.25
云　南	0.45	13.36	17.81	4.85	—	0.85
西　藏	—	—	—	—	—	—
陕　西	0.90	7.96	7.69	—	—	1.17
甘　肃	0.06	0.88	0.78	—	—	0.16
青　海	—	—	—	—	—	—
宁　夏	—	—	—	—	—	—
新　疆	—	—	—	—	—	—
新疆兵团	—	—	—	—	—	—
大兴安岭	0.53	0.83	0.76	—	—	0.60

林业系统各地区中密度纤维板产、销、存情况

单位:万立方米

地　区	年初库存量	本年生产量	本年销售量	盘　盈	其　他	年末库存量
全国合计	**22.11**	**372.93**	**345.12**	**5.38**	**2.58**	**52.72**
北　京	—	—	—	—	—	—
天　津	—	—	—	—	—	—
河　北	0.03	11.00	11.00	—	—	0.03
山　西	—	—	—	—	—	—
内蒙古	0.48	7.63	6.76	0.49	0.31	1.53
内蒙古集团	0.48	7.63	6.76	0.49	0.31	1.53
辽　宁	0.80	10.10	9.93	—	0.01	0.96
吉　林	2.44	22.44	21.28	—	0.02	3.58
吉林集团	1.86	13.82	13.17	—	0.02	2.49
黑龙江	0.90	10.35	10.43	0.03	—	0.85
龙江集团	0.90	10.35	10.43	0.03	—	0.85
上　海	—	—	—	—	—	—
江　苏	—	42.47	21.06	—	0.09	21.32
浙　江	0.16	7.00	7.16	—	—	—
安　徽	0.29	23.28	21.85	—	0.61	1.11
福　建	1.92	67.26	65.88	—	1.41	1.89
江　西	0.36	11.23	11.20	—	—	0.39
山　东	5.00	25.91	20.91	—	—	10.00
河　南	0.12	1.00	1.09	—	0.01	0.02
湖　北	1.84	34.87	34.42	—	—	2.29
湖　南	4.91	16.09	15.99	—	—	5.01
广　东	—	1.95	1.95	—	—	—
广　西	0.75	40.50	40.10	0.01	0.07	1.09
海　南	—	—	—	—	—	—
重　庆	—	0.02	0.02	—	—	—
四　川	0.56	12.59	12.81	—	0.05	0.29
贵　州	0.34	4.21	4.30	—	—	0.25
云　南	0.45	13.36	17.81	4.85	—	0.85
西　藏	—	—	—	—	—	—
陕　西	0.42	7.96	7.63	—	—	0.75
甘　肃	0.06	0.88	0.78	—	—	0.16
青　海	—	—	—	—	—	—
宁　夏	—	—	—	—	—	—
新　疆	—	—	—	—	—	—
新疆兵团	—	—	—	—	—	—
大兴安岭	0.28	0.83	0.76	—	—	0.35

林业系统各地区刨花板产、销、存情况

单位:万立方米

地区	年初库存量	本年生产量	本年销售量	盘盈	其他	年末库存量
全国合计	**32.70**	**115.07**	**113.44**	**1.73**	**7.44**	**28.62**
北京	—	—	—	—	—	—
天津	—	—	—	—	—	—
河北	0.76	3.59	3.52	—	—	0.83
山西	0.54	0.27	0.21	—	—	0.60
内蒙古	2.97	15.03	16.70	1.58	1.63	1.25
内蒙古集团	2.64	14.98	16.33	1.58	1.63	1.24
辽宁	0.73	0.36	1.00	—	—	0.09
吉林	1.76	30.76	30.46	—	0.13	1.93
吉林集团	1.19	26.51	25.97	—	0.13	1.60
黑龙江	1.91	18.91	16.25	0.15	2.51	2.21
龙江集团	1.91	18.91	16.25	0.15	2.51	2.21
上海	—	—	—	—	—	—
江苏	0.05	3.25	2.10	—	—	1.20
浙江	—	—	—	—	—	—
安徽	7.85	5.27	2.24	—	3.06	7.82
福建	0.82	8.49	8.92	—	0.08	0.31
江西	0.68	3.62	3.66	—	—	0.64
山东	—	7.60	7.60	—	—	—
河南	0.16	—	0.16	—	—	—
湖北	6.97	3.93	3.98	—	—	6.92
湖南	3.54	2.04	2.02	—	—	3.56
广东	—	0.86	0.85	—	—	0.01
广西	0.48	5.99	5.86	—	0.03	0.58
海南	—	—	—	—	—	—
重庆	—	—	—	—	—	—
四川	0.03	0.08	0.10	—	—	0.01
贵州	2.73	3.17	5.90	—	—	—
云南	0.20	0.79	0.88	—	—	0.11
西藏	—	—	—	—	—	—
陕西	—	—	—	—	—	—
甘肃	—	—	—	—	—	—
青海	—	—	—	—	—	—
宁夏	—	—	—	—	—	—
新疆	—	—	—	—	—	—
新疆兵团	—	—	—	—	—	—
大兴安岭	0.52	1.06	1.03	—	—	0.55

林业系统各地区松香产、销、存情况

单位:吨

地　区	年初库存量	本年生产量	本年销售量	盘　盈	其　他	年末库存量
全国合计	**23836**	**190923**	**167566**	**—**	**24146**	**23047**
北　京	—	—	—	—	—	—
天　津	—	—	—	—	—	—
河　北	—	—	—	—	—	—
山　西	—	—	—	—	—	—
内蒙古	—	—	—	—	—	—
内蒙古集团	—	—	—	—	—	—
辽　宁	—	—	—	—	—	—
吉　林	—	—	—	—	—	—
吉林集团	—	—	—	—	—	—
黑龙江	—	—	—	—	—	—
龙江集团	—	—	—	—	—	—
上　海	—	—	—	—	—	—
江　苏	—	—	—	—	—	—
浙　江	—	—	—	—	—	—
安　徽	92	284	293	—	—	83
福　建	1790	13009	12099	—	731	1969
江　西	918	12305	11589	—	—	1634
山　东	—	—	—	—	—	—
河　南	—	107	107	—	—	—
湖　北	34	1180	1175	—	—	39
湖　南	849	11712	11687	—	—	874
广　东	530	6786	7275	—	11	30
广　西	8767	85822	63201	—	19650	11738
海　南	710	2643	2621	—	—	732
重　庆	—	—	—	—	—	—
四　川	31	2068	1909	—	—	190
贵　州	56	540	596	—	—	—
云　南	9809	54467	55014	—	3754	5508
西　藏	—	—	—	—	—	—
陕　西	250	—	—	—	—	250
甘　肃	—	—	—	—	—	—
青　海	—	—	—	—	—	—
宁　夏	—	—	—	—	—	—
新　疆	—	—	—	—	—	—
新疆兵团	—	—	—	—	—	—
大兴安岭	—	—	—	—	—	—

林业系统各地区栲胶产、销、存情况

单位:吨

地　区	年初库存量	本年生产量	本年销售量	盘　盈	其　他	年末库存量
全国合计	**4172**	**6369**	**6562**	**622**	**1354**	**3247**
北　京	—	—	—	—	—	—
天　津	—	—	—	—	—	—
河　北	—	—	—	—	—	—
山　西	—	—	—	—	—	—
内蒙古	1839	2617	2553	622	—	2525
内蒙古集团	1839	2617	2553	622	—	2525
辽　宁	—	—	—	—	—	—
吉　林	—	—	—	—	—	—
吉林集团	—	—	—	—	—	—
黑龙江	—	—	—	—	—	—
龙江集团	—	—	—	—	—	—
上　海	—	—	—	—	—	—
江　苏	—	—	—	—	—	—
浙　江	—	—	—	—	—	—
安　徽	—	—	—	—	—	—
福　建	—	—	—	—	—	—
江　西	—	—	—	—	—	—
山　东	—	—	—	—	—	—
河　南	—	—	—	—	—	—
湖　北	—	26	26	—	—	—
湖　南	—	—	—	—	—	—
广　东	54	17	71	—	—	—
广　西	867	2469	2655	—	49	632
海　南	—	—	—	—	—	—
重　庆	—	—	—	—	—	—
四　川	—	—	—	—	—	—
贵　州	—	287	287	—	—	—
云　南	1412	953	970	—	1305	90
西　藏	—	—	—	—	—	—
陕　西	—	—	—	—	—	—
甘　肃	—	—	—	—	—	—
青　海	—	—	—	—	—	—
宁　夏	—	—	—	—	—	—
新　疆	—	—	—	—	—	—
新疆兵团	—	—	—	—	—	—
大兴安岭	—	—	—	—	—	—

林业系统各地区紫胶产、销、存情况

单位:吨

地 区	年初库存量	本年生产量	本年销售量	盘 盈	其 他	年末库存量
全国合计	**46**	**716**	**814**	**98**	**—**	**46**
北 京	—	—	—	—	—	—
天 津	—	—	—	—	—	—
河 北	—	—	—	—	—	—
山 西	—	—	—	—	—	—
内蒙古	—	—	—	—	—	—
内蒙古集团	—	—	—	—	—	—
辽 宁	—	—	—	—	—	—
吉 林	—	—	—	—	—	—
吉林集团	—	—	—	—	—	—
黑龙江	—	—	—	—	—	—
龙江集团	—	—	—	—	—	—
上 海	—	—	—	—	—	—
江 苏	—	—	—	—	—	—
浙 江	—	—	—	—	—	—
安 徽	—	—	—	—	—	—
福 建	—	—	—	—	—	—
江 西	—	—	—	—	—	—
山 东	—	—	—	—	—	—
河 南	—	—	—	—	—	—
湖 北	—	—	—	—	—	—
湖 南	—	—	—	—	—	—
广 东	—	20	20	—	—	—
广 西	—	—	—	—	—	—
海 南	—	—	—	—	—	—
重 庆	—	—	—	—	—	—
四 川	8	22	23	—	—	7
贵 州	—	553	553	—	—	—
云 南	38	121	218	98	—	39
西 藏	—	—	—	—	—	—
陕 西	—	—	—	—	—	—
甘 肃	—	—	—	—	—	—
青 海	—	—	—	—	—	—
宁 夏	—	—	—	—	—	—
新 疆	—	—	—	—	—	—
新疆兵团	—	—	—	—	—	—
大兴安岭	—	—	—	—	—	—

林业系统各地区木地板产、销、存情况

单位:万平方米

地　区	年初库存量	本年生产量	本年销售量	盘　盈	其　他	年末库存量
全国合计	**527.93**	**2423.80**	**2448.32**	**11.30**	**123.87**	**390.84**
北　京	—	—	—	—	—	—
天　津	—	—	—	—	—	—
河　北	0.19	—	0.03	—	—	0.16
山　西	—	—	—	—	—	—
内蒙古	30.32	0.16	6.31	—	14.20	9.97
内蒙古集团	30.32	0.16	6.31	—	14.20	9.97
辽　宁	9.43	9.33	16.79	—	—	1.97
吉　林	154.45	602.83	612.18	8.56	19.36	134.30
吉林集团	72.48	328.51	341.57	3.44	1.70	61.16
黑龙江	52.71	589.47	579.48	—	—	62.70
龙江集团	52.71	66.47	58.48	—	—	60.70
上　海	—	—	—	—	—	—
江　苏	31.25	360.56	366.15	—	2.10	23.56
浙　江	2.09	38.10	39.19	—	—	1.00
安　徽	-1.36	—	0.12	—	0.46	-1.94
福　建	109.16	257.22	244.64	—	68.60	53.14
江　西	—	8.00	7.96	—	—	0.04
山　东	14.00	0.30	14.30	—	—	—
河　南	—	—	—	—	—	—
湖　北	4.93	—	—	—	4.93	—
湖　南	2.94	34.01	34.19	—	—	2.76
广　东	—	—	—	—	—	—
广　西	18.57	133.56	133.38	—	—	18.75
海　南	—	—	—	—	—	—
重　庆	—	—	—	—	—	—
四　川	31.11	355.54	361.07	—	12.99	12.59
贵　州	—	7.01	7.01	—	—	—
云　南	11.52	8.12	12.50	2.74	—	9.88
西　藏	—	—	—	—	—	—
陕　西	2.31	—	—	—	—	2.31
甘　肃	—	—	—	—	—	—
青　海	—	—	—	—	—	—
宁　夏	—	—	—	—	—	—
新　疆	—	—	—	—	—	—
新疆兵团	—	—	—	—	—	—
大兴安岭	54.31	19.59	13.02	—	1.23	59.65

林业系统国有独立核算大中型工业企业经济效益指标

指标名称	计量单位	本年实际	计算依据	
			子项	母项
一、总资产贡献率	%	5.0	152487	3055458
二、资本保值增值率	%	104.1	922065	885818
三、资产负债率	%	69.5	2152527	3099153
四、流动资产周转率	次	0.7	985367	1428953
五、成本费用利润率	%	4.4	41354	933458
六、全员劳动生产率	元/人	22056	3185947912	144446
七、产品销售率(%)	%	97.5	977741	1003032

林业系统国有独立核算大中型工业企业主要技术经济指标

指标名称	计量单位	本年实际	计算依据	
			子项 (立方米、吨)	母项 (立方米、吨、台、辆)
一、产品质量				
1. 针阔叶树锯材特等、一等品率	%	62.9	373255	593144
2. 胶合板(含热带阔叶材普通胶合板)优等、一等品率	%	78.0	149857	192127
3. 硬质纤维板优等、一等品率	%	78.2	50544	64661
4. 中密度纤维板优等、一等品率	%	79.8	1146665	1437617
5. 刨花板优等、一等品率	%	86.1	819188	951303
6. 脂松香优级、一级品率	%	88.7	92986	104809
7. 栲胶一、二等品率	%	92.0	1471	1599
二、原材料消耗				
1. 锯材出材率	%	60.3	488952	810203
2. 贮木场原条出材率	%	87.6	3339961	3813438
3. 胶合板材利用率	%	62.9	396604	630084
4. 森林资源采伐利用率	%	65.0	13065281	20087767
5. 脂松香收得率	%	76.5	107294	140316
6. 栲胶收得率	%	18.9	1599	8452
三、主要生产设备效率				
1. 每台集材拖拉机集材量	立方米/台	2388	5983409	2506
2. 每台运材森铁机车运材量	立方米/台	12962	440724	34
3. 每辆运材汽车运材量	立方米/辆	1603	9414514	5873

林业系统各地区国有独立核算大中型工业企业经济效益指标(一)

地　区	总资产贡献率			资本保值增值率			资产负债率			流动资产周转率		
	本年实际（%）	子项（万元）	母项（万元）	本年实际（%）	子项（万元）	母项（万元）	本年实际（%）	子项（万元）	母项（万元）	本年实际（次）	子项（万元）	母项（万元）
全国合计	**5.0**	**152487**	**3055458**	**104.1**	**922065**	**885818**	**69.5**	**2152527**	**3099153**	**0.7**	**985367**	**1428953**
北　京	—	—	—	—	—	—	—	—	—	—	—	—
天　津	—	—	—	—	—	—	—	—	—	—	—	—
河　北	—	—	—	—	—	—	—	—	—	—	—	—
山　西	—	—	—	—	—	—	—	—	—	—	—	—
内蒙古	4.6	5168	111623	96.0	44219	46063	61.7	67981	110115	1.5	55747	38243
内蒙古集团	4.6	5168	111623	96.0	44219	46063	61.7	67981	110115	1.5	55747	38243
辽　宁	—	—	—	—	—	—	—	—	—	—	—	—
吉　林	6.8	36973	544058	100.6	267718	266040	36.6	204279	557534	1.5	302702	204254
吉林集团	7.0	34837	499241	101.9	248978	244449	34.3	172909	504701	1.5	280878	181423
黑龙江	0.2	18211	844668	118.7	51663	43528	100.5	817015	812907	0.1	83628	591085
龙江集团	0.2	18211	844668	118.7	51663	43528	100.5	817015	812907	0.1	83628	591085
上　海	—	—	—	—	—	—	—	—	—	—	—	—
江　苏	—	—	—	—	—	—	—	—	—	—	—	—
浙　江	—	—	—	—	—	—	—	—	—	—	—	—
安　徽	14.4	4313	30035	95.4	10609	11122	64.1	19401	30258	3.0	23654	7680
福　建	7.5	11373	152365	98.7	54431	55123	51.3	81071	157969	1.9	68942	36308
江　西	—	—	—	—	—	—	—	—	—	—	—	—
山　东	14.7	10806	73364	110.6	13382	12101	83.3	69702	83636	1.1	77067	73364
河　南	—	—	—	—	—	—	—	—	—	—	—	—
湖　北	5.6	5838	104846	92.5	31160	33683	76.6	64228	83818	2.0	57526	28765
湖　南	1.7	406	22879	106.0	5791	5463	95.6	20859	21816	0.7	5021	7054
广　东	—	—	—	—	—	—	—	—	—	—	—	—
广　西	7.8	16149	207664	123.0	62808	51083	72.5	166816	230188	1.4	97864	69890
海　南	2.2	259	11686	78.6	2766	3519	76.3	8919	11686	0.2	901	4086
重　庆	—	—	—	—	—	—	—	—	—	—	—	—
四　川	6.8	7981	117051	114.6	54119	47242	67.4	88861	131776	0.3	14874	52218
贵　州	1.4	269	19067	153.5	-4423	-2882	123.4	23320	18895	1.9	7000	3631
云　南	8.2	9494	115691	110.9	51951	46845	58.3	71306	122390	1.2	41386	34053
西　藏	—	—	—	—	—	—	—	—	—	—	—	—
陕　西	—	—	—	—	—	—	—	—	—	—	—	—
甘　肃	-2.7	-129	4840	71.2	540	759	82.2	3972	4831	0.8	713	872
青　海	—	—	—	—	—	—	—	—	—	—	—	—
宁　夏	—	—	—	—	—	—	—	—	—	—	—	—
新　疆	—	—	—	—	—	—	—	—	—	—	—	—
新疆兵团	—	—	—	—	—	—	—	—	—	—	—	—
大兴安岭	3.6	25376	695621	103.5	275331	266129	61.7	444797	721334	0.5	148342	277450

林业系统各地区国有独立核算大中型工业企业经济效益指标(二)

地区	成本费用利润率			全员劳动生产率			产品销售率		
	本年实际(%)	子项(万元)	母项(万元)	本年实际(元/人)	子项(元)	母项(人)	本年实际(%)	子项(万元)	母项(万元)
全国合计	**4.4**	**41354**	**933458**	**22056**	**3185947912**	**144446**	**97.5**	**977741**	**1003032**
北京	—	—	—	—	—	—	—	—	—
天津	—	—	—	—	—	—	—	—	—
河北	—	—	—	—	—	—	—	—	—
山西	—	—	—	—	—	—	—	—	—
内蒙古	-1.0	-541	56323	23657	185680000	7849	101.1	52834	52283
内蒙古集团	-1.0	-541	56323	23657	185680000	7849	101.1	52834	52283
辽宁	—	—	—	—	—	—	—	—	—
吉林	6.1	18733	306139	23494	780357032	33215	97.3	269207	276744
吉林集团	6.4	17760	278839	22720	697147032	30684	98.4	128387	130534
黑龙江	0.9	911	101479	4007	28517124	7116	91.9	56185	61112
龙江集团	0.9	911	101479	4007	28517124	7116	91.9	56185	61112
上海	—	—	—	—	—	—	—	—	—
江苏	—	—	—	—	—	—	—	—	—
浙江	—	—	—	—	—	—	—	—	—
安徽	8.4	1831	21704	34773	51826000	1361	100.0	25575	25575
福建	7.3	4824	66359	95718	311850000	3258	95.0	77908	82032
江西	—	—	—	—	—	—	—	—	—
山东	7.9	4948	62726	53397	209050000	3915	90.9	77660	85462
河南	—	—	—	—	—	—	—	—	—
湖北	1.4	497	36178	3713	116442515	4428	99.1	64586	65173
湖南	-4.2	-207	4901	1340	131240	986	97.7	9051	9257
广东	—	—	—	—	—	—	—	—	—
广西	4.0	3898	96938	97840	336569000	3440	95.7	110144	115033
海南	-52.0	-337	648	7776	4160000	535	92.3	1256	1361
重庆	—	—	—	—	—	—	—	—	—
四川	38.0	6091	16011	6687	18376392	2748	104.1	10072	9678
贵州	-117.9	-10350	8778	-5027	-3800366	756	93.2	4910	5271
云南	7.6	2809	36766	19601	92184975	4703	92.5	44689	48316
西藏	—	—	—	—	—	—	—	—	—
陕西	—	—	—	—	—	—	—	—	—
甘肃	-26.9	-349	1298	-7163	-2600000	363	75.3	713	947
青海	—	—	—	—	—	—	—	—	—
宁夏	—	—	—	—	—	—	—	—	—
新疆	—	—	—	—	—	—	—	—	—
新疆兵团	—	—	—	—	—	—	—	—	—
大兴安岭	7.3	8596	117210	15152	1057204000	69773	105.0	172951	164788

林业系统各地区国有独立核算大中

地区	针阔叶树锯材特等、一等品率			胶合板(含热带阔叶材普通胶合板)优等、一等品率			硬质纤维板优等、一等品率		
	本年实际	子项(立方米)	母项(立方米)	本年实际	子项(立方米)	母项(立方米)	本年实际	子项(立方米)	母项(立方米)
全国合计	**62.9**	**373255**	**593144**	**78.0**	**149857**	**192127**	**78.2**	**50544**	**64661**
北京	—	—	—	—	—	—	—	—	—
天津	—	—	—	—	—	—	—	—	—
河北	—	—	—	—	—	—	—	—	—
山西	—	—	—	—	—	—	—	—	—
内蒙古	—	—	—	—	—	—	—	—	—
内蒙古集团	—	—	—	—	—	—	—	—	—
辽宁	—	—	—	—	—	—	—	—	—
吉林	51.1	85406	167267	89.0	27179	30540	75.3	41879	55644
吉林集团	33.8	33149	98202	94.3	16600	17600	72.3	27727	38350
黑龙江	62.8	34588	55114	83.4	7445	8919	96.0	8665	9017
龙江集团	62.8	34588	55114	83.4	7445	8919	96.0	8665	9017
上海	—	—	—	—	—	—	—	—	—
江苏	—	—	—	—	—	—	—	—	—
浙江	—	—	—	—	—	—	—	—	—
安徽	—	—	—	94.9	353	372	—	—	—
福建	—	—	—	97.2	10174	10463	—	—	—
江西	—	—	—	—	—	—	—	—	—
山东	—	—	—	86.0	21550	25063	—	—	—
河南	—	—	—	—	—	—	—	—	—
湖北	—	—	—	99.4	13755	13835	—	—	—
湖南	74.0	174900	199800	85.7	52164	60861	—	—	—
广东	—	—	—	—	—	—	—	—	—
广西	—	—	—	89.9	2091	2325	—	—	—
海南	—	—	—	—	—	—	—	—	—
重庆	—	—	—	—	—	—	—	—	—
四川	100.0	500	500	—	—	—	—	—	—
贵州	—	—	—	—	—	—	—	—	—
云南	57.2	27505	48087	48.5	15146	31229	—	—	—
西藏	—	—	—	—	—	—	—	—	—
陕西	—	—	—	—	—	—	—	—	—
甘肃	—	—	—	—	—	—	—	—	—
青海	—	—	—	—	—	—	—	—	—
宁夏	—	—	—	—	—	—	—	—	—
新疆	—	—	—	—	—	—	—	—	—
新疆兵团	—	—	—	—	—	—	—	—	—
大兴安岭	41.1	50356	122376	—	—	—	—	—	—

型工业企业主要技术经济指标(一)

单位:%

中密度纤维板优等、一等品率			刨花板优等、一等品率			脂松香优级、一级品率			栲胶一、二等品率		
本年实际	子项（立方米）	母项（立方米）	本年实际	子项（立方米）	母项（立方米）	本年实际	子项（吨）	母项（吨）	本年实际	子项（吨）	母项（吨）
79.8	**1146665**	**1437617**	**86.1**	**819188**	**951303**	**88.7**	**92986**	**104809**	**92.0**	**1471**	**1599**
—	—	—	—	—	—	—	—	—	—	—	—
—	—	—	—	—	—	—	—	—	—	—	—
—	—	—	—	—	—	—	—	—	—	—	—
—	—	—	—	—	—	—	—	—	—	—	—
95.3	66361	69670	84.8	107089	126222	—	—	—	100.0	646	646
95.3	66361	69670	84.8	107089	126222	—	—	—	100.0	646	646
—	—	—	—	—	—	—	—	—	—	—	—
65.3	112154	171755	96.1	295744	307601	—	—	—	—	—	—
62.2	86016	138187	98.3	260477	265111	—	—	—	—	—	—
78.1	49259	63085	81.3	179486	220749	—	—	—	—	—	—
78.1	49259	63085	81.3	179486	220749	—	—	—	—	—	—
						—	—	—	—	—	—
—	—	—	—	—	—	—	—	—	—	—	—
—	—	—	—	—	—						
—	—	—	—	—	—	—	—	—	—	—	—
77.1	39516	51284	91.8	38377	41786	—	—	—	—	—	—
97.2	225563	232076	31.5	4447	14105	84.2	154	183	—	—	—
—	—	—	—	—	—	—	—	—	—	—	—
68.8	178200	259138	80.0	60799	75999	—	—	—	—	—	—
						—	—	—	—	—	—
—	—	—	—	—	—						
91.9	40778	44361	93.5	64920	69399	85.7	30	35	—	—	—
172.8	60000	70900	84.6	1900	2200	94.0	5158	5487	—	—	—
—	—	—	—	—	—	—	—	—	—	—	—
83.2	246541	296296	84.6	41390	48930	99.3	44343	44637	—	—	—
—	—	—	—	—	—	—	—	—	—	—	—
—	—	—	—	—	—	—	—	—	—	—	—
—	—	—	—	—	—	—	—	—	—	—	—
63.0	17890	28397	36.0	9252	25725	—	—	—	—	—	—
72.6	96974	133573	82.1	6518	7939	79.5	43301	54467	86.6	825	953
—	—	—	—	—	—	—	—	—	—	—	—
—	—	—	—	—	—	—	—	—	—	—	—
86.7	7627	8794	—	—	—	—	—	—	—	—	—
—	—	—	—	—	—	—	—	—	—	—	—
—	—	—	—	—	—	—	—	—	—	—	—
—	—	—	—	—	—	—	—	—	—	—	—
—	—	—	—	—	—	—	—	—	—	—	—
70.0	5802	8288	87.0	9266	10648	—	—	—	—	—	—

林业系统各地区国有独立核算大中

地　区	锯材出材率			贮木场原条出材率			胶合板材出材率		
	本年实际	子　项（立方米）	母　项（立方米）	本年实际	子　项（立方米）	母　项（立方米）	本年实际	子　项（立方米）	母　项（立方米）
全国合计	**60.3**	**488952**	**810203**	**87.6**	**3339961**	**3813438**	**62.9**	**396604**	**630084**
北　京	—	—	—	—	—	—	—	—	—
天　津	—	—	—	—	—	—	—	—	—
河　北	—	—	—	—	—	—	—	—	—
山　西	—	—	—	—	—	—	—	—	—
内蒙古	50.0	11804	23616	84.9	1151376	1355901	63.4	641	1011
内蒙古集团	50.0	11804	23616	84.9	1151376	1355901	63.4	641	1011
辽　宁	—	—	—	—	—	—	—	—	—
吉　林	52.7	167207	316993	91.0	841089	924333	44.3	13997	31594
吉林集团	50.0	98142	195946	90.4	535160	591730	37.9	1057	2788
黑龙江	56.0	102068	182285	88.8	134980	151999	61.5	180071	293005
龙江集团	56.0	102068	182285	88.8	134980	151999	61.5	180071	293005
上　海	—	—	—	—	—	—	—	—	—
江　苏	—	—	—	—	—	—	—	—	—
浙　江	—	—	—	—	—	—	—	—	—
安　徽	87.9	36910	42000	—	—	—	—	—	—
福　建	—	—	—	—	—	—	—	—	—
江　西	—	—	—	—	—	—	—	—	—
山　东	—	—	—	—	—	—	—	—	—
河　南	—	—	—	—	—	—	—	—	—
湖　北	—	—	—	—	—	—	72.6	159821	220080
湖　南	—	—	—	—	—	—	—	—	—
广　东	—	—	—	—	—	—	—	—	—
广　西	—	—	—	—	—	—	67.9	2325	3425
海　南	—	—	—	—	—	—	—	—	—
重　庆	—	—	—	—	—	—	—	—	—
四　川	70.0	500	710	—	—	—	—	—	—
贵　州	—	—	—	—	—	—	—	—	—
云　南	67.2	48087	71558	—	—	—	47.6	31229	65607
西　藏	—	—	—	—	—	—	—	—	—
陕　西	—	—	—	—	—	—	—	—	—
甘　肃	—	—	—	—	—	—	—	—	—
青　海	—	—	—	—	—	—	—	—	—
宁　夏	—	—	—	—	—	—	—	—	—
新　疆	—	—	—	—	—	—	—	—	—
新疆兵团	—	—	—	—	—	—	—	—	—
大兴安岭	70.7	122376	173041	87.8	1212516	1381205	55.5	8520	15362

型工业企业主要技术经济指标(二)

单位:%

森林资源采伐利用率			脂松香收得率			栲胶收得率		
本年实际	子　项（立方米）	母　项（立方米）	本年实际	子　项（吨）	母　项（吨）	本年实际	子　项（吨）	母　项（吨）
65.0	**13065281**	**20087767**	**76.5**	**107294**	**140316**	**18.9**	**1599**	**8452**
—	—	—	—	—	—	—	—	—
—	—	—	—	—	—	—	—	—
—	—	—	—	—	—	—	—	—
—	—	—	—	—	—	—	—	—
64.1	2307282	3598628	—	—	—	9.4	646	6872
64.1	2307282	3598628	—	—	—	9.4	646	6872
—	—	—	—	—	—	—	—	—
73.9	1763119	2387301	—	—	—	—	—	—
75.0	954232	1273037	—	—	—	—	—	—
66.9	3998623	5979803	—	—	—	—	—	—
66.9	3998623	5979803	—	—	—	—	—	—
—	—	—	—	—	—	—	—	—
—	—	—	—	—	—	—	—	—
—	—	—	—	—	—	—	—	—
—	—	—	—	—	—	—	—	—
61.7	2471566	4005779	—	—	—	—	—	—
—	—	—	—	—	—	—	—	—
—	—	—	—	—	—	—	—	—
—	—	—	—	—	—	—	—	—
61.6	6734	10929	76.0	35	46	—	—	—
—	—	—	83.0	5487	6610	—	—	—
—	—	—	—	—	—	—	—	—
62.5	161015	257442	78.0	46877	60082	—	—	—
—	—	—	75.6	428	566	—	—	—
—	—	—	—	—	—	—	—	—
—	—	—	—	—	—	—	—	—
—	—	—	—	—	—	—	—	—
67.1	242369	361206	74.6	54467	73012	60.3	953	1580
—	—	—	—	—	—	—	—	—
—	—	—	—	—	—	—	—	—
—	—	—	—	—	—	—	—	—
—	—	—	—	—	—	—	—	—
—	—	—	—	—	—	—	—	—
—	—	—	—	—	—	—	—	—
—	—	—	—	—	—	—	—	—
60.6	2114573	3486679	—	—	—	—	—	—

林业系统各地区国有独立核算大中型工业企业主要技术经济指标(三)

单位:立方米/台、辆

地　区	每台集材拖拉机集材量			每台运材森铁机车运材量			每辆运材汽车运材量		
	本年实际	子　项(立方米)	母　项(台)	本年实际	子　项(立方米)	母　项(台)	本年实际	子　项(立方米)	母　项(辆)
全国合计	**2388**	**5983409**	**2506**	**12962**	**440724**	**34**	**1603**	**9414514**	**5873**
北　京	—	—	—	—	—	—	—	—	—
天　津	—	—	—	—	—	—	—	—	—
河　北	—	—	—	—	—	—	—	—	—
山　西	—	—	—	—	—	—	—	—	—
内蒙古	2380	1761281	740	—	—	—	2089	2523089	1208
内蒙古集团	2380	1761281	740	—	—	—	2089	2523089	1208
辽　宁	—	—	—	—	—	—	—	—	—
吉　林	2095	1089295	520	21674	173393	8	1864	2084487	1118
吉林集团	2264	715381	316	32588	65176	2	2205	943882	428
黑龙江	1631	874160	536	19281	267331	26	920	2349455	2554
龙江集团	1631	874160	536	19281	267331	26	920	2349455	2554
上　海	—	—	—	—	—	—	—	—	—
江　苏	—	—	—	—	—	—	—	—	—
浙　江	—	—	—	—	—	—	—	—	—
安　徽	—	—	—	—	—	—	—	—	—
福　建	—	—	—	—	—	—	—	—	—
江　西	—	—	—	—	—	—	—	—	—
山　东	—	—	—	—	—	—	—	—	—
河　南	—	—	—	—	—	—	—	—	—
湖　北	—	—	—	—	—	—	—	—	—
湖　南	—	—	—	—	—	—	—	—	—
广　东	—	—	—	—	—	—	—	—	—
广　西	—	—	—	—	—	—	—	—	—
海　南	—	—	—	—	—	—	—	—	—
重　庆	—	—	—	—	—	—	—	—	—
四　川	—	—	—	—	—	—	—	—	—
贵　州	—	—	—	—	—	—	—	—	—
云　南	500	4000	8	—	—	—	—	—	—
西　藏	—	—	—	—	—	—	—	—	—
陕　西	—	—	—	—	—	—	—	—	—
甘　肃	—	—	—	—	—	—	—	—	—
青　海	—	—	—	—	—	—	—	—	—
宁　夏	—	—	—	—	—	—	—	—	—
新　疆	—	—	—	—	—	—	—	—	—
新疆兵团	—	—	—	—	—	—	—	—	—
大兴安岭	3212	2254673	702	—	—	—	2475	2457483	993

林业系统国有独立核算大中型工业企业主要工业产品生产能力

产品名称	计量单位	年初生产能力	本年新增生产能力			本年减少生产能力	年末生产能力
			合　计	其中			
				基建新增	更新改造新增		
一、木　材	万立方米	2217.2	19.2	1.1	13.7	28.2	2208.2
二、锯　材	万立方米	337.1	11.0	0.2	5.4	34.8	313.3
三、胶合板	万立方米	93.4	6.0	0.3	5.5	15.3	84.1
四、木质纤维板	万立方米	171.4	24.7	—	14.7	10.0	186.1
五、刨花板	万立方米	124.2	0.4	0.1	0.3	16.1	108.5
六、松　香	吨	249674	13	—	—	15000	234687
七、栲　胶	吨	17820	—	—	—	—	17820
八、紫　胶	吨	3750	—	—	—	—	3750

林业系统木材、木材加工及林产化学主要工业产品销售实际平均价格

指　标	计量单位	本年实际		
		产品销售实际平均价格	产品销售收入	产品销售量
一、木　材	元/立方米	449	7731313180	17211171
二、锯　材	元/立方米	800	1256015902	1570170
三、木　片	元/实积立方米	215	17098040028	79361588
四、木地板	元/平方米	67	1122982528	16643891
五、胶合板	元/立方米	1955	2889875697	1478275
六、硬质纤维板	元/立方米	973	125319098	128734
七、中密度纤维板	元/立方米	1103	3257130283	2952961
八、刨花板	元/立方米	882	705113330	799025
九、松　香	元/吨	3650	468341302	128296
十、栲　胶	元/吨	3627	23702838	6535
十一、紫　胶	元/吨	16623	2427000	146

林业系统各地区国有独立核算大中型工业企业木材生产能力

单位:万立方米

地　区	年初生产能力	本年新增生产能力			本年减少生产能力	年末生产能力
		合　计	其　中			
			基建新增	更新改造新增		
全国合计	**2217.2**	**19.2**	**1.1**	**13.7**	**28.2**	**2208.2**
北　京	—	—	—	—	—	—
天　津	—	—	—	—	—	—
河　北	—	—	—	—	—	—
山　西	—	—	—	—	—	—
内蒙古	480.0	—	—	—	—	480.0
内蒙古集团	480.0	—	—	—	—	480.0
辽　宁	—	—	—	—	—	—
吉　林	425.0	—	—	—	15.0	410.0
吉林集团	186.0	—	—	—	—	186.0
黑龙江	496.0	3.4	—	1.4	9.0	490.4
龙江集团	496.0	3.4	—	1.4	9.0	490.4
上　海	—	—	—	—	—	—
江　苏	—	—	—	—	—	—
浙　江	—	—	—	—	—	—
安　徽	—	2.2	0.1	0.1	1.2	1.1
福　建	67.0	7.0	—	7.0	—	74.0
江　西	—	—	—	—	—	—
山　东	—	—	—	—	—	—
河　南	—	—	—	—	—	—
湖　北	17.3	5.5	—	5.2	3.0	19.8
湖　南	—	—	—	—	—	—
广　东	—	—	—	—	—	—
广　西	—	—	—	—	—	—
海　南	24.0	—	—	—	—	24.0
重　庆	—	—	—	—	—	—
四　川	14.5	1.0	1.0	—	—	15.5
贵　州	—	—	—	—	—	—
云　南	149.0	—	—	—	—	149.0
西　藏	—	—	—	—	—	—
陕　西	—	—	—	—	—	—
甘　肃	—	—	—	—	—	—
青　海	—	—	—	—	—	—
宁　夏	—	—	—	—	—	—
新　疆	—	—	—	—	—	—
新疆兵团	—	—	—	—	—	—
大兴安岭	544.4	—	—	—	—	544.4

林业系统各地区国有独立核算大中型工业企业锯材生产能力

单位:万立方米

地区	年初生产能力	本年新增生产能力			本年减少生产能力	年末生产能力
		合计	其中			
			基建新增	更新改造新增		
全国合计	**337.1**	**11.0**	**0.2**	**5.4**	**34.8**	**313.3**
北京	—	—	—	—	—	—
天津	—	—	—	—	—	—
河北	—	—	—	—	—	—
山西	—	—	—	—	—	—
内蒙古	64.7	—	—	—	—	64.7
内蒙古集团	64.7	—	—	—	—	64.7
辽宁	—	—	—	—	—	—
吉林	108.7	4.5	—	—	29.7	83.5
吉林集团	57.7	—	—	—	21.7	36.0
黑龙江	52.5	0.2	—	0.2	1.8	50.9
龙江集团	52.5	0.2	—	0.2	1.8	50.9
上海	—	—	—	—	—	—
江苏	0.3	0.0	—	0.0	—	0.3
浙江	—	—	—	—	—	—
安徽	—	1.0	—	0.1	0.1	0.9
福建	34.6	—	—	—	—	34.6
江西	—	—	—	—	—	—
山东	—	—	—	—	—	—
河南	—	—	—	—	—	—
湖北	15.5	5.1	—	5.1	3.2	17.4
湖南	1.0	—	—	—	—	1.0
广东	—	—	—	—	—	—
广西	—	—	—	—	—	—
海南	0.2	—	—	—	—	0.2
重庆	—	—	—	—	—	—
四川	2.9	0.2	0.2	—	—	3.1
贵州	—	—	—	—	—	—
云南	42.7	—	—	—	—	42.7
西藏	—	—	—	—	—	—
陕西	—	—	—	—	—	—
甘肃	—	—	—	—	—	—
青海	—	—	—	—	—	—
宁夏	—	—	—	—	—	—
新疆	—	—	—	—	—	—
新疆兵团	—	—	—	—	—	—
大兴安岭	14.0	—	—	—	—	14.0

林业系统各地区国有独立核算大中型工业企业胶合板生产能力

单位：万立方米

地区	年初生产能力	本年新增生产能力			本年减少生产能力	年末生产能力
		合计	其中			
			基建新增	更新改造新增		
全国合计	**93.4**	**6.0**	**0.3**	**5.5**	**15.3**	**84.1**
北京	—	—	—	—	—	—
天津	—	—	—	—	—	—
河北	—	—	—	—	—	—
山西	—	—	—	—	—	—
内蒙古	0.9	—	—	—	—	0.9
内蒙古集团	0.9	—	—	—	—	0.9
辽宁	—	—	—	—	—	—
吉林	12.3	—	—	—	6.9	5.4
吉林集团	8.1	—	—	—	5.8	2.3
黑龙江	4.2	—	—	—	0.4	3.8
龙江集团	4.2	—	—	—	0.4	3.8
上海	—	—	—	—	—	—
江苏	—	—	—	—	—	—
浙江	—	—	—	—	—	—
安徽	0.3	—	—	—	0.1	0.3
福建	26.9	—	—	—	—	26.9
江西	—	—	—	—	—	—
山东	4.1	—	—	—	—	4.1
河南	—	—	—	—	—	—
湖北	21.7	6.0	0.3	5.5	3.9	23.8
湖南	4.6	—	—	—	—	4.6
广东	—	—	—	—	—	—
广西	4.0	—	—	—	4.0	—
海南	0.6	—	—	—	—	0.6
重庆	—	—	—	—	—	—
四川	0.5	—	—	—	—	0.5
贵州	—	—	—	—	—	—
云南	11.8	—	—	—	—	11.8
西藏	—	—	—	—	—	—
陕西	—	—	—	—	—	—
甘肃	—	—	—	—	—	—
青海	—	—	—	—	—	—
宁夏	—	—	—	—	—	—
新疆	—	—	—	—	—	—
新疆兵团	—	—	—	—	—	—
大兴安岭	1.5	—	—	—	—	1.5

林业系统各地区国有独立核算大中型工业企业木质纤维板生产能力

单位:万立方米

地 区	年初生产能力	本年新增生产能力			本年减少生产能力	年末生产能力
		合 计	其中			
			基建新增	更新改造新增		
全国合计	**171.4**	**24.7**	**—**	**14.7**	**10.0**	**186.1**
北 京	—	—	—	—	—	—
天 津	—	—	—	—	—	—
河 北	—	—	—	—	—	—
山 西	—	—	—	—	—	—
内蒙古	4.9	—	—	—	—	4.9
内蒙古集团	4.9	—	—	—	—	4.9
辽 宁	—	—	—	—	—	—
吉 林	27.3	0.5	—	0.5	3.0	24.8
吉林集团	13.8	—	—	—	—	13.8
黑龙江	15.9	—	—	—	5.0	10.9
龙江集团	15.9	—	—	—	5.0	10.9
上 海	—	—	—	—	—	—
江 苏	—	—	—	—	—	—
浙 江	—	—	—	—	—	—
安 徽	4.4	0.5	—	0.5	—	4.9
福 建	33.9	11.0	—	11.0	—	44.9
江 西	—	—	—	—	—	—
山 东	8.0	—	—	—	—	8.0
河 南	—	—	—	—	—	—
湖 北	32.7	0.2	—	0.2	2.0	30.9
湖 南	6.3	—	—	—	—	6.3
广 东	—	—	—	—	—	—
广 西	21.0	12.5	—	2.5	—	33.5
海 南	—	—	—	—	—	—
重 庆	—	—	—	—	—	—
四 川	—	—	—	—	—	—
贵 州	—	—	—	—	—	—
云 南	13.5	—	—	—	—	13.5
西 藏	—	—	—	—	—	—
陕 西	—	—	—	—	—	—
甘 肃	1.5	—	—	—	—	1.5
青 海	—	—	—	—	—	—
宁 夏	—	—	—	—	—	—
新 疆	—	—	—	—	—	—
新疆兵团	—	—	—	—	—	—
大兴安岭	2.0	—	—	—	—	2.0

林业系统各地区国有独立核算大中型工业企业刨花板生产能力

单位:万立方米

地　区	年初生产能力	本年新增生产能力 合计	其中 基建新增	其中 更新改造新增	本年减少生产能力	年末生产能力
全国合计	**124.2**	**0.4**	**0.1**	**0.3**	**16.1**	**108.5**
北　京	—	—	—	—	—	—
天　津	—	—	—	—	—	—
河　北	—	—	—	—	—	—
山　西	—	—	—	—	—	—
内蒙古	14.7	—	—	—	—	14.7
内蒙古集团	14.7	—	—	—	—	14.7
辽　宁	—	—	—	—	—	—
吉　林	27.5	—	—	—	0.5	27.0
吉林集团	21.0	—	—	—	—	21.0
黑龙江	35.4	—	—	—	13.8	21.6
龙江集团	35.4	—	—	—	13.8	21.6
上　海	—	—	—	—	—	—
江　苏	—	—	—	—	—	—
浙　江	—	—	—	—	—	—
安　徽	4.0	—	—	—	—	4.0
福　建	8.8	—	—	—	—	8.8
江　西	—	—	—	—	—	—
山　东	9.1	—	—	—	—	9.1
河　南	—	—	—	—	—	—
湖　北	4.6	0.3	—	0.3	—	4.9
湖　南	6.0	—	—	—	—	6.0
广　东	—	—	—	—	—	—
广　西	6.6	—	—	—	1.8	4.8
海　南	—	—	—	—	—	—
重　庆	—	—	—	—	—	—
四　川	1.7	0.1	0.1	—	—	1.8
贵　州	—	—	—	—	—	—
云　南	5.8	—	—	—	—	5.8
西　藏	—	—	—	—	—	—
陕　西	—	—	—	—	—	—
甘　肃	—	—	—	—	—	—
青　海	—	—	—	—	—	—
宁　夏	—	—	—	—	—	—
新　疆	—	—	—	—	—	—
新疆兵团	—	—	—	—	—	—
大兴安岭	—	—	—	—	—	—

林业系统各地区国有独立核算大中型工业企业松香生产能力

单位:吨

地区	年初生产能力	本年新增生产能力			本年减少生产能力	年末生产能力
		合计	其中			
			基建新增	更新改造新增		
全国合计	**249674**	**13**	**—**	**—**	**15000**	**234687**
北京	—	—	—	—	—	—
天津	—	—	—	—	—	—
河北	—	—	—	—	—	—
山西	—	—	—	—	—	—
内蒙古	—	—	—	—	—	—
内蒙古集团	—	—	—	—	—	—
辽宁	—	—	—	—	—	—
吉林	—	—	—	—	—	—
吉林集团	—	—	—	—	—	—
黑龙江	—	—	—	—	—	—
龙江集团	—	—	—	—	—	—
上海	—	—	—	—	—	—
江苏	—	—	—	—	—	—
浙江	—	—	—	—	—	—
安徽	1500	—	—	—	—	1500
福建	93579	—	—	—	—	93579
江西	—	—	—	—	—	—
山东	—	—	—	—	—	—
河南	—	—	—	—	—	—
湖北	3000	—	—	—	—	3000
湖南	—	—	—	—	—	—
广东	—	—	—	—	—	—
广西	85000	—	—	—	15000	70000
海南	6000	—	—	—	—	6000
重庆	—	—	—	—	—	—
四川	1945	13	—	—	—	1958
贵州	—	—	—	—	—	—
云南	58650	—	—	—	—	58650
西藏	—	—	—	—	—	—
陕西	—	—	—	—	—	—
甘肃	—	—	—	—	—	—
青海	—	—	—	—	—	—
宁夏	—	—	—	—	—	—
新疆	—	—	—	—	—	—
新疆兵团	—	—	—	—	—	—
大兴安岭	—	—	—	—	—	—

林业系统各地区国有独立核算大中型工业企业栲胶生产能力

单位:吨

地　　区	年初生产能力	本年新增生产能力			本年减少生产能力	年末生产能力
		合　计	其　　中			
			基建新增	更新改造新增		
全国合计	**17820**	—	—	—	—	**17820**
北　京	—	—	—	—	—	—
天　津	—	—	—	—	—	—
河　北	—	—	—	—	—	—
山　西	—	—	—	—	—	—
内蒙古	8000	—	—	—	—	8000
内蒙古集团	8000	—	—	—	—	8000
辽　宁	—	—	—	—	—	—
吉　林	—	—	—	—	—	—
吉林集团	—	—	—	—	—	—
黑龙江	—	—	—	—	—	—
龙江集团	—	—	—	—	—	—
上　海	—	—	—	—	—	—
江　苏	—	—	—	—	—	—
浙　江	—	—	—	—	—	—
安　徽	—	—	—	—	—	—
福　建	1000	—	—	—	—	1000
江　西	—	—	—	—	—	—
山　东	—	—	—	—	—	—
河　南	—	—	—	—	—	—
湖　北	—	—	—	—	—	—
湖　南	—	—	—	—	—	—
广　东	—	—	—	—	—	—
广　西	—	—	—	—	—	—
海　南	—	—	—	—	—	—
重　庆	—	—	—	—	—	—
四　川	—	—	—	—	—	—
贵　州	—	—	—	—	—	—
云　南	8820	—	—	—	—	8820
西　藏	—	—	—	—	—	—
陕　西	—	—	—	—	—	—
甘　肃	—	—	—	—	—	—
青　海	—	—	—	—	—	—
宁　夏	—	—	—	—	—	—
新　疆	—	—	—	—	—	—
新疆兵团	—	—	—	—	—	—
大兴安岭	—	—	—	—	—	—

林业系统各地区国有独立核算大中型工业企业紫胶生产能力

单位:吨

地　　区	年初生产能力	本年新增生产能力			本年减少生产能力	年末生产能力
		合　计	其　中			
			基建新增	更新改造新增		
全国合计	**3750**	**—**	**—**	**—**	**—**	**3750**
北　京	—	—	—	—	—	—
天　津	—	—	—	—	—	—
河　北	—	—	—	—	—	—
山　西	—	—	—	—	—	—
内蒙古	—	—	—	—	—	—
内蒙古集团	—	—	—	—	—	—
辽　宁	—	—	—	—	—	—
吉　林	—	—	—	—	—	—
吉林集团	—	—	—	—	—	—
黑龙江	—	—	—	—	—	—
龙江集团	—	—	—	—	—	—
上　海	—	—	—	—	—	—
江　苏	—	—	—	—	—	—
浙　江	—	—	—	—	—	—
安　徽	—	—	—	—	—	—
福　建	250	—	—	—	—	250
江　西	—	—	—	—	—	—
山　东	—	—	—	—	—	—
河　南	—	—	—	—	—	—
湖　北	—	—	—	—	—	—
湖　南	—	—	—	—	—	—
广　东	—	—	—	—	—	—
广　西	—	—	—	—	—	—
海　南	—	—	—	—	—	—
重　庆	—	—	—	—	—	—
四　川	—	—	—	—	—	—
贵　州	—	—	—	—	—	—
云　南	3500	—	—	—	—	3500
西　藏	—	—	—	—	—	—
陕　西	—	—	—	—	—	—
甘　肃	—	—	—	—	—	—
青　海	—	—	—	—	—	—
宁　夏	—	—	—	—	—	—
新　疆	—	—	—	—	—	—
新疆兵团	—	—	—	—	—	—
大兴安岭	—	—	—	—	—	—

林业系统各地区木材、木材加工及林产化学主要工业产品销售实际平均价格(一)

单位:元/(立方米、实积立方米),元,立方米、实积立方米

地区	木材			锯材			木片		
	产品销售实际平均价格	产品销售收入	产品销售量	产品销售实际平均价格	产品销售收入	产品销售量	产品销售实际平均价格	产品销售收入	产品销售量
全国合计	**449**	**7731313180**	**17211171**	**800**	**1256015902**	**1570170**	**215**	**17098040028**	**79361588**
北京	—	—	—	—	—	—	—	—	—
天津	—	—	—	—	—	—	—	—	—
河北	—	—	—	—	—	—	—	—	—
山西	—	—	—	—	—	—	—	—	—
内蒙古	393	508388686	1293896	410	971000	2367	132	2713254	20505
内蒙古集团	393	508388686	1293896	410	971000	2367	132	2713254	20505
辽宁	409	396019505	969059	942	142841800	151588	410	8093800	19755
吉林	665	1414592699	2126981	1277	198631658	155601	178	19315367	108585
吉林集团	716	694128315	968817	1420	134684170	94844	135	5563890	41214
黑龙江	459	1696692138	3697122	1057	96140524	90982	166	48061681	290141
龙江集团	459	1680366138	3664470	1073	94613524	88198	166	48061681	290141
上海	—	—	—	—	—	—	—	—	—
江苏	464	212099994	456714	617	107703924	174538	747	15146140	20272
浙江	—	—	—	—	—	—	—	—	—
安徽	527	450778903	854564	869	125391587	144367	485	26825570	55265
福建	442	286262623	648203	829	38356633	46247	387	803110	2075
江西	376	511318640	1359890	513	56415123	109971	304	7933184	26096
山东	—	—	—	—	—	—	—	—	—
河南	—	—	—	—	—	—	—	—	—
湖北	313	75359664	240749	352	4630000	13160	805	6356000	7900
湖南	419	570361650	1361245	718	326977200	455400	215	16781668000	78054274
广东	—	—	—	—	—	—	—	—	—
广西	281	49856320	177554	—	—	—	398	8304008	20840
海南	180	52164000	289800	—	—	—	319	107407300	336700
重庆	—	—	—	—	—	—	—	—	—
四川	503	59717531	118693	919	13990000	15219	400	40000	100
贵州	361	44347871	122699	620	12866327	20757	256	219917	860
云南	386	413713187	1072179	696	51480428	74008	160	53387222	333812
西藏	—	—	—	—	—	—	—	—	—
陕西	—	—	—	—	—	—	—	—	—
甘肃	—	—	—	—	—	—	—	—	—
青海	—	—	—	—	—	—	—	—	—
宁夏	—	—	—	—	—	—	—	—	—
新疆	441	36994818	83934	—	—	—	1176	40000	34
新疆兵团	—	—	—	—	—	—	—	—	—
大兴安岭	407	952644951	2337889	687	79619698	115965	182	11725475	64374

林业系统各地区木材、木材加工及林

地　　区	木地板			胶合板		
	产品销售实际平均价格	产品销售收入	产品销售量	产品销售实际平均价格	产品销售收入	产品销售量
全国合计	67	1122982528	16643891	1955	2889875697	1478275
北　京	—	—	—	—	—	—
天　津	—	—	—	—	—	—
河北省	—	—	—	—	—	—
山　西	—	—	—	—	—	—
内蒙古	66	3619000	54908	1434	140500	98
内蒙古集团	66	3619000	54908	1434	140500	98
辽　宁	172	46319756	270055	1158	30032400	25932
吉林省	112	395587240	3547628	2178	69631018	31974
吉林集团	113	172832082	1530300	2080	46383331	22300
黑龙江	61	22732887	374278	2741	25373451	9258
龙江集团	61	22132887	364278	2741	25373451	9258
上　海	—	—	—	—	—	—
江　苏	103	6986080	67801	2082	843165198	405060
浙　江	—	—	—	—	—	—
安　徽	72	4225508	58847	1765	307224685	174097
福　建	52	64458723	1233231	1414	50261843	35538
江　西	52	70178732	1349591	2200	369054400	167752
山　东	—	—	—	—	—	—
河　南	—	—	—	—	—	—
湖　北	45	46092555	1024279	1575	407877095	259030
湖　南	83	98483401	1186547	2495	508106750	203650
广　东	—	—	—	—	—	—
广　西	36	47527874	1333796	1297	3114338	2402
海　南	—	—	—	—	—	—
重　庆	—	—	—	—	—	—
四　川	43	155007900	3615800	1670	32807500	19642
贵　州	160	8430757	52697	1050	25512054	24307
云　南	63	148538407	2344304	1814	209132465	115295
西　藏	—	—	—	—	—	—
陕　西	—	—	—	—	—	—
甘　肃	—	—	—	—	—	—
青　海	—	—	—	—	—	—
宁　夏	—	—	—	—	—	—
新　疆	—	—	—	—	—	—
新疆兵团	—	—	—	—	—	—
大兴安岭	37	4793708	130129	1991	8442000	4240

产化学主要工业产品销售实际平均价格(二)

单位:元/(立方米、平方米),元,立方米、平方米

硬质纤维板			中密度纤维板			刨　花　板		
产品销售实际平均价格	产品销售收入	产品销售量	产品销售实际平均价格	产品销售收入	产品销售量	产品销售实际平均价格	产品销售收入	产品销售量
973	**125319098**	**128734**	**1103**	**3257130283**	**2952961**	**882**	**705113330**	**799025**
—	—	—	—	—	—	—	—	—
—	—	—	—	—	—	—	—	—
—	—	—	—	—	—	—	—	—
—	—	—	—	—	—	—	—	—
—	—	—	825	16455000	19944	791	89030000	112517
—	—	—	825	16455000	19944	791	89030000	112517
612	14264000	23300	926	163893392	177079	1243	7506960	6040
1016	20722847	20403	964	205226372	212814	952	304152063	319485
—	—	—	796	104795677	131730	955	248040240	259728
1115	27807516	24949	—	—	—	707	20645880	29202
1115	27807516	24949	—	—	—	707	20645880	29202
—	—	—	—	—	—	—	—	—
1050	3780000	3600	1152	374074985	324821	988	16305480	16506
—	—	—	—	—	—	—	—	—
1099	500000	455	1402	642883280	458418	927	68602695	74010
1114	6150807	5521	1315	509745491	387541	771	12926205	16767
953	32485864	34088	1070	240170060	224458	682	37854410	55505
—	—	—	—	—	—	—	—	—
—	—	—	—	—	—	—	—	—
1509	5473404	3628	204	51082104	250685	1294	47750000	36900
—	—	—	1050	118249950	112619	809	11273415	13935
—	—	—	—	—	—	—	—	—
860	6429360	7476	1166	363481643	311728	881	42388409	48135
—	—	—	—	—	—	—	—	—
—	—	—	—	—	—	—	—	—
—	—	—	1627	208397100	128100	636	606167	953
—	—	—	1043	78226359	75027	560	27836833	49748
1450	7705300	5314	1068	271650144	254273	614	5450000	8869
—	—	—	—	—	—	—	—	—
—	—	—	—	—	—	—	—	—
—	—	—	912	7125456	7813	—	—	—
—	—	—	—	—	—	—	—	—
—	—	—	—	—	—	—	—	—
—	—	—	—	—	—	—	—	—
—	—	—	—	—	—	—	—	—
—	—	—	847	6468947	7641	1223	12784813	10453

林业系统各地区木材、木材加工及林产化学主要工业产品销售实际平均价格(三)

单位:元/吨,元,吨

地区	松香			栲胶			紫胶		
	产品销售实际平均价格	产品销售收入	产品销售量	产品销售实际平均价格	产品销售收入	产品销售量	产品销售实际平均价格	产品销售收入	产品销售量
全国合计	**3650**	**468341302**	**128296**	**3627**	**23702838**	**6535**	**16623**	**2427000**	**146**
北京	—	—	—	—	—	—	—	—	—
天津	—	—	—	—	—	—	—	—	—
河北	—	—	—	—	—	—	—	—	—
山西	—	—	—	—	—	—	—	—	—
内蒙古	—	—	—	3294	4700538	1427	—	—	—
内蒙古集团	—	—	—	3294	4700538	1427	—	—	—
辽宁	—	—	—	—	—	—	—	—	—
吉林	—	—	—	—	—	—	—	—	—
吉林集团	—	—	—	—	—	—	—	—	—
黑龙江	—	—	—	—	—	—	—	—	—
龙江集团	—	—	—	—	—	—	—	—	—
上海	—	—	—	—	—	—	—	—	—
江苏	—	—	—	—	—	—	—	—	—
浙江	—	—	—	—	—	—	—	—	—
安徽	3134	2889300	922	—	—	—	—	—	—
福建	4029	29370062	7289	—	—	—	—	—	—
江西	3426	70829124	20674	—	—	—	—	—	—
山东	—	—	—	—	—	—	—	—	—
河南	—	—	—	—	—	—	—	—	—
湖北	4100	11275000	2750	4250	110500	26	—	—	—
湖南	3492	6997968	2004	—	—	—	—	—	—
广东	—	—	—	—	—	—	—	—	—
广西	3706	113153967	30531	3805	15368000	4039	—	—	—
海南	3255	8531355	2621	—	—	—	—	—	—
重庆	—	—	—	—	—	—	—	—	—
四川	3107	5527446	1779	—	—	—	8000	8000	1
贵州	3655	11300150	3092	—	—	—	—	—	—
云南	3681	208466930	56634	3379	3523800	1043	16683	2419000	145
西藏	—	—	—	—	—	—	—	—	—
陕西	—	—	—	—	—	—	—	—	—
甘肃	—	—	—	—	—	—	—	—	—
青海	—	—	—	—	—	—	—	—	—
宁夏	—	—	—	—	—	—	—	—	—
新疆	—	—	—	—	—	—	—	—	—
新疆兵团	—	—	—	—	—	—	—	—	—
大兴安岭	—	—	—	—	—	—	—	—	—

从业人员和劳动报酬

林业系统国有单位从业人员和劳动报酬主要指标2003年与2002年比较

主要指标	计量单位	2003年	2002年	2003年比2002年增减%
一、企事业机关单位个数	**个**	**47688**	**49190**	**-3.05**
其中:1.林业	个	42233	43269	-2.39
2.工业	个	555	750	-26.00
二、从业人员年末人数	**人**	**1508654**	**1591965**	**-5.23**
其中:1.林业	人	1285105	1328867	-3.29
其中:木材及竹材采运业	人	541202	563725	-4.00
国有林场	人	379749	418703	-9.30
2.工业	人	65445	78728	-16.87
其中:木材加工及竹藤棕草制品业	人	37197	47870	-22.30
林产化学产品制造业	人	6729	8076	-16.68
三、在岗职工年末人数	**人**	**1444250**	**1524487**	**-5.26**
其中:1.林业	人	1227247	1276782	-3.88
其中:木材及竹材采运业	人	536351	558903	-4.04
国有林场	人	368484	391552	-5.89
2.工业	人	63098	72385	-12.83
其中:木材加工及竹藤棕草制品业	人	35402	44324	-20.13
林产化学产品制造业	人	6527	7743	-15.70
四、在岗职工年工资总额	**千元**	**11130206**	**10797827**	**3.08**
其中:1.林业	千元	8618720	8291462	3.95
其中:木材及竹材采运业	千元	2763913	2669146	3.55
国有林场	千元	2667293	2679373	-0.45
2.工业	千元	523153	505547	3.48
其中:木材加工及竹藤棕草制品业	千元	271513	324723	-16.39
林产化学产品制造业	千元	66731	43266	54.23
五、在岗职工年平均工资	**元**	**7790**	**7116**	**9.47**
其中:1.林业	元	7122	6563	8.52
其中:木材及竹材采运业	元	5318	4937	7.71
国有林场	元	7254	6805	6.60
2.工业	元	8146	6885	18.32
其中:木材加工及竹藤棕草制品业	元	7549	7249	4.14
林产化学产品制造业	元	10045	5796	73.31

注:由于国民经济行业分类调整原因,2002年数据按新行业分类标准作了调整。

林业系统按行业分全部单位个数、从业人员和劳动报酬情况(一)

指标	单位个数(个)	从业人员年末人数(人)	在册职工人数(人)				
			总计	在岗职工			
				合计	其中:专业技术人员		
					小计	其中	
						中级技术职称人员	高级技术职称人员
各部门总计	**48595**	**1620237**	**2128504**	**1548581**	**361650**	**125557**	**22811**
一、国有经济单位合计	**47688**	**1508654**	**1855490**	**1444250**	**355002**	**123421**	**22464**
1. 企业	3014	695901	987193	684955	154742	57638	8179
2. 事业	41561	737130	791663	685198	183525	57998	12617
3. 机关	3113	75623	76634	74097	16735	7785	1668
(一)农林牧渔业	41757	1267292	1560348	1211346	289759	96844	14165
1. 木材及竹材采运	1131	541202	752528	536351	127932	48160	6332
2. 国有林场	4403	379749	469674	368484	52609	16357	2055
3. 国有苗圃	1997	39074	43928	38173	7225	2286	292
4. 林业工作站	23484	135684	132495	128196	57871	13873	1827
5. 木材检查站	2273	20271	20237	19959	4424	957	148
6. 种苗站	745	6525	6780	6500	3109	1291	369
7. 病虫害防治站	1390	9018	9083	8950	5196	2328	657
8. 治沙站	64	678	692	674	342	85	23
9. 其他	6270	135091	124931	104059	31051	11507	2462
(二)采矿业	14	680	851	496	105	44	—
(三)制造业	524	53650	83256	51487	7941	2972	647
(1)非木质林产品加工业	9	967	1286	967	107	64	13
(2)木材加工及竹、藤、棕、草制品业	311	37197	55923	35402	5347	2024	459
①锯材、木片加工	82	4227	8245	4070	804	315	97
②人造板制造	137	25614	36428	24316	3776	1429	281
③木制品制造	75	5443	8759	5103	719	268	73
④竹、藤、棕、草制品制造	17	1913	2491	1913	48	12	8
(3)林产化学产品制造	74	6729	8813	6527	939	260	38
(4)专用设备制造	9	1769	3509	1746	533	253	65
(5)工艺品制造业	2	29	194	20	2	2	
(6)其他	119	6959	13531	6825	1013	369	72
(四)电力、燃气及水的生产供应业	17	11115	11834	11115	2226	613	75
(五)建筑业	78	12170	19487	11222	3182	1136	194
(六)交通运输、仓储及邮政业	64	2104	4069	2024	395	155	15
(七)信息传输、计算机服务和软件业	9	244	385	244	130	50	18
(八)批发和零售业	507	12065	21874	11637	2952	1346	175
(九)住宿餐饮业	105	3446	4264	3144	461	184	45
(十)金融业	—	—	—	—	—	—	—
(十一)房地产业	7	276	279	274	59	41	6
(十二)租赁和商务服务业	37	2012	3559	1993	1042	409	362
(十三)科学研究、技术服务和地质勘查业	646	27017	28255	26563	14320	5182	2506
其中:科技交流和推广服务	197	3018	3241	2997	1625	669	191
规划设计管理	88	5152	5141	4948	3331	1239	389
(十四)水利、环境和公共设施管理业	511	18400	16980	16485	3365	1197	284
其中:自然保护区管理	301	12913	11477	11186	2443	875	196
野生动植物保护	80	1233	1214	1208	389	140	54
非自然保护区的人工森林公园管理	95	3667	3694	3507	418	141	19
(十五)居民服务和其他服务业	63	1657	2339	1589	508	164	30
(十六)教育	101	10329	10283	10078	6305	2943	1457
(十七)卫生、社会保障和社会福利业	36	7172	7413	7108	4414	1960	688
(十八)文化、体育和娱乐业	15	629	595	592	396	90	50
(十九)公共管理和社会组织	3197	78396	79419	76853	17442	8091	1747
(二十)国际组织	—	—	—	—	—	—	—
二、集体经济单位合计	**618**	**74827**	**233584**	**71423**	**2948**	**870**	**93**
三、其他各种经济单位合计	**289**	**36756**	**39430**	**32908**	**3700**	**1266**	**254**

注:国家林业局机关及直属单位在岗职工共7931人(不含大兴安岭)未参加按职称、学历和按年龄分组。

林业系统按行业分全部单位个数、从业人员

指　　标	在册职工人数(人)					
	在岗职工					
	按学历结构分			按年龄结构分		
	中专及中专学历以下	大专学历	大学及大学学历以上	30岁以下(含30岁)	31~40岁	41~50岁
各部门总计	**1234435**	**229283**	**76932**	**319011**	**651436**	**435198**
一、国有经济单位合计	**1138645**	**222076**	**75598**	**297158**	**607702**	**404513**
1. 企　　业	570980	91944	22031	134648	300515	196771
2. 事　　业	537556	100467	39512	153059	278568	182144
3. 机　　关	30109	29665	14055	9451	28619	25598
(一)农林牧渔业	999539	165832	45324	252467	515554	338823
1. 木材及竹材采运	446829	73089	16433	103310	238272	154903
2. 国有林场	330337	29246	8901	72537	148929	107412
3. 国有苗圃	33809	3430	899	6877	15253	11858
4. 林业工作站	91660	28682	7835	37322	53533	28341
5. 木材检查站	16119	3358	482	4975	9321	4333
6. 种苗站	3908	1705	887	1461	2869	1660
7. 病虫害防治站	4298	2852	1685	1914	4209	2133
8. 治沙站	435	149	69	177	298	136
9. 其他	72144	23321	8133	23894	42870	28047
(二)采矿业	456	37	3	72	208	168
(三)制造业	43422	6079	1986	14760	20814	12147
(1)非木质林产品加工业	831	83	53	332	425	166
(2)木材加工及竹、藤、棕、草制品业	29881	4117	1404	10222	14349	8205
①锯材、木片加工	3531	443	96	528	1521	1361
②人造板制造	20742	2569	1005	8201	9705	4957
③木制品制造	4083	809	211	972	2279	1491
④竹、藤、棕、草制品制造	1525	296	92	521	844	396
(3)林产化学产品制造	5590	725	212	2083	2586	1437
(4)专用设备制造	1352	290	104	194	593	661
(5)工艺品制造业	17	3	—	—	12	8
(6)其他	5751	861	213	1929	2849	1670
(四)电力、燃气及水的生产供应业	9424	1335	356	1887	5202	3085
(五)建筑业	8638	2080	504	1851	5705	3035
(六)交通运输、仓储及邮政业	1742	234	48	358	722	666
(七)信息传输、计算机服务和软件业	157	52	35	37	109	82
(八)批发和零售业	9779	1377	481	2306	4304	3582
(九)住宿餐饮业	2375	492	128	974	1145	727
(十)金融业	—	—	—	—	—	—
(十一)房地产业	181	60	33	65	150	52
(十二)租赁和商务服务业	992	550	438	473	681	674
(十三)科学研究、技术服务和地质勘查业	10234	5615	5553	4233	9084	6077
其中:科技交流和推广服务	1679	749	529	547	1312	806
规划设计管理	1634	1128	1022	816	1593	1026
(十四)水利、环境和公共设施管理业	12078	2867	1121	3853	6399	4240
其中:自然保护区管理	7963	2029	775	2467	4308	2984
野生动植物保护	719	303	186	304	509	315
非自然保护区的人工森林公园管理	2994	390	123	927	1310	818
(十五)居民服务和其他服务业	970	317	56	182	601	431
(十六)教育	2970	2534	4097	1700	4160	2778
(十七)卫生、社会保障和社会福利业	3791	2226	1091	1895	3112	1560
(十八)文化、体育和娱乐业	163	118	91	68	148	121
(十九)公共管理和社会组织	31734	30271	14253	9977	29604	26265
(二十)国际组织	—	—	—	—	—	—
二、集体经济单位合计	**67279**	**3777**	**367**	**12486**	**28440**	**23977**
三、其他各种经济单位合计	**28511**	**3430**	**967**	**9367**	**15294**	**6708**

和劳动报酬情况(二)

51岁以上（含51岁）	下岗待安置职工年末人数（人）	离开本单位仍保留劳动关系的职工年末人员（人）	其他从业人员年末人数	年末实有离退休人员（人）	在岗职工年平均人数（人）	在岗职工年工资总额（千元）	离退休人员年生活费（千元）	在岗职工年平均工资（元）
135005	**138139**	**441784**	**71656**	**834228**	**1529563**	**115975776**	**6123686**	**7582**
126946	**111071**	**300169**	**64404**	**821589**	**1428815**	**11130206**	**6059355**	**7790**
53021	85687	216551	10946	508801	670838	3863442	3018377	5759
63764	25330	81135	51932	268280	684190	6248524	2401987	9133
10161	54	2483	1526	44508	73787	1018240	638991	13800
103851	89536	259466	55946	669830	1194458	8411500	4519717	7042
39866	56529	159648	4851	418216	519707	2763913	2401325	5318
39606	24173	77017	11265	168076	367703	2667293	1278859	7254
4150	1601	4154	901	14566	37711	317902	164332	8430
8981	1134	3165	7488	17394	127990	1237761	214062	9671
1330	30	248	312	1377	20036	196266	14802	9796
510	38	242	25	1401	6449	73367	38919	11376
579	46	87	68	1224	8869	108404	16626	12223
42	—	18	4	173	756	8604	1519	11381
8787	5985	14887	31032	47403	105237	1037990	389272	9863
48	—	355	184	576	489	4564	2808	9333
3766	12927	18842	2163	44039	52600	416894	229347	7926
44	20	299	—	293	960	6817	2443	7101
2626	8751	11770	1795	30009	35965	271513	165906	7549
660	1238	2937	157	8762	4410	26301	49394	5964
1453	5457	6655	1298	16668	24974	198250	89640	7938
361	1583	2073	340	4344	4697	35105	25632	7474
152	473	105	—	235	1884	11857	1240	6294
421	1108	1178	202	2891	6643	66731	13327	10045
298	1322	441	23	3408	1851	10152	8679	5485
—	41	133	9	60	34	216	12	6353
377	1685	5021	134	7378	7147	61465	38980	8600
941	20	699	—	3167	11131	101695	23969	9136
631	3438	4827	948	11658	12345	71531	75855	5794
278	240	1805	80	2437	2022	14042	15974	6945
16	119	22	—	273	246	2616	3368	10634
1445	3846	6391	428	10334	11781	88942	64828	7550
149	216	904	302	940	3158	29746	7602	9419
—	—	—	—	—	—	—	—	—
7	3	2	2	31	288	3261	183	11323
152	407	1159	19	1497	1899	23743	17712	12503
2008	109	1583	454	14927	26396	409584	245616	15517
292	32	212	21	1237	2875	42799	17674	14887
349	—	193	204	2716	4937	91844	57102	18603
1574	104	391	1915	2940	16279	214569	37626	13181
1008	30	261	1727	2171	11090	150833	27131	13601
80	—	6	25	201	1207	17581	4028	14566
452	74	113	160	536	3384	38806	6026	11467
129	51	699	68	2605	1546	16014	36462	10359
963	—	205	251	3715	10085	156421	62175	15510
541	—	305	64	5787	6990	97164	56281	13900
35	—	3	37	212	599	14176	3858	23666
10412	55	2511	1543	46621	76503	1053744	655974	13774
—	—	—	—	—	—	—	—	—
6520	**26839**	**135322**	**3404**	**4327**	**66913**	**206728**	**8584**	**3090**
1539	**229**	**6293**	**3848**	**8312**	**33835**	**260642**	**55747**	**7703**

林业系统各地区按行业分

地区	总计	国有经济					
		合计	企业	事业	机关	小计	木材及竹材采运
全国合计	**48595**	**47688**	**3014**	**41561**	**3113**	**41757**	**1131**
北京	135	134	1	118	15	114	—
天津	86	86	1	75	10	75	—
河北	1521	1519	52	1302	165	1270	—
山西	2092	2092	14	1951	127	1881	—
内蒙古	1666	1624	44	1477	103	1455	17
内蒙古集团	90	51	26	24	1	25	17
辽宁	1874	1868	26	1754	88	1731	—
吉林	1719	1693	287	1333	73	1569	18
吉林集团	35	24	21	3	—	8	8
黑龙江	2288	2120	181	1834	105	1754	40
龙江集团	279	202	124	59	19	49	40
上海	16	16	—	16	—	16	—
江苏	740	620	20	579	21	596	—
浙江	1400	1381	41	1257	83	1228	—
安徽	1822	1806	74	1573	159	1570	9
福建	2066	1977	356	1496	125	1635	241
江西	2205	2189	377	1625	187	1860	328
山东	2603	2602	26	2447	129	2407	—
河南	1640	1637	20	1464	153	1409	1
湖北	2219	1979	192	1678	109	1704	36
湖南	3009	2992	230	2621	141	2660	107
广东	2047	2017	154	1652	211	1610	53
广西	1931	1922	230	1562	130	1542	2
海南	298	298	32	248	18	242	13
重庆	1413	1411	17	1351	43	1349	2
四川	3752	3704	175	3348	181	3370	89
贵州	2217	2204	104	2005	95	2048	85
云南	2439	2420	157	2091	172	2071	49
西藏	33	33	5	23	5	23	—
陕西	1713	1707	68	1516	123	1498	11
甘肃	1507	1504	17	1394	93	1342	5
青海	371	371	1	291	79	268	1
宁夏	403	403	1	378	24	372	—
新疆	1240	1237	92	1005	140	1052	15
局直属单位	130	122	19	97	6	36	9
大兴安岭	51	43	19	22	2	18	9

企、事业及机关单位个数（一）

单位：个

单位合计								
农林牧渔业								采矿业
国有林场	国有苗圃	林业工作站	木材检查站	种苗站	病虫害防治站	治沙站	其他	
4403	**1997**	**23484**	**2273**	**745**	**1390**	**64**	**6270**	**14**
27	14	10	2	2	6	—	53	—
1	8	52	—	2	1	—	11	—
130	168	588	23	41	51	3	266	—
221	139	1138	58	32	69	3	221	—
297	104	677	31	41	68	10	210	—
2	—	—	—	—	—	—	6	—
176	49	987	43	49	60	1	366	—
301	49	840	52	9	41	—	259	—
—	—	—	—	—	—	—	—	—
372	76	704	57	49	97	—	359	3
1	—	—	—	3	2	—	3	—
3	1	11	—	—	—	—	1	—
64	29	413	24	1	12	—	53	—
109	15	822	80	22	58	—	122	1
144	75	784	126	10	97	—	325	1
107	63	805	52	17	33	3	314	—
231	72	785	223	18	50	4	149	2
153	159	1751	33	55	81	—	175	—
84	91	799	91	38	72	4	229	1
254	53	805	145	43	71	—	297	—
185	98	1642	260	44	43	2	279	1
197	65	974	107	17	34	—	163	—
156	82	580	139	40	63	—	480	—
24	10	103	61	—	9	—	22	—
92	26	1048	86	13	22	—	60	—
194	126	2356	145	25	52	—	383	4
89	43	1420	115	34	70	—	192	1
142	29	1372	108	28	44	7	292	—
7	10	—	6	—	—	—	—	—
233	112	460	126	40	38	2	476	—
215	123	545	63	60	64	13	254	—
70	25	92	5	7	14	3	51	—
57	27	220	4	—	20	—	44	—
68	55	698	8	8	49	8	143	—
—	1	3	—	—	1	1	21	—
—	—	2	—	—	—	—	7	—

林业系统各地区按行业分

地区	国有经济							
	制造业							
	小计	非木质林产品加工业	木材加工及竹、藤、棕、草制品业					林产化学产品制造
			计	锯材、木片加工	人造板制造	木制品制造	竹、藤、棕、草制品制造	
全国合计	**524**	**9**	**311**	**82**	**137**	**75**	**17**	**74**
北京	—	—	—	—	—	—	—	—
天津	—	—	—	—	—	—	—	—
河北	20	4	7	3	2	1	1	5
山西	6	—	3	—	1	2	—	1
内蒙古	4	—	3	1	1	1	—	—
内蒙古集团	2	—	1	—	1	—	—	—
辽宁	8	—	5	—	1	4	—	—
吉林	13	—	9	5	3	1	—	1
吉林集团	6	—	3	1	2	—	—	1
黑龙江	40	—	26	7	13	6	—	1
龙江集团	23	—	15	3	9	3	—	1
上海	—	—	—	—	—	—	—	—
江苏	—	—	—	—	—	—	—	—
浙江	—	—	—	—	—	—	—	—
安徽	14	—	10	1	6	2	1	1
福建	59	1	34	10	21	2	1	10
江西	51	—	24	5	16	2	1	5
山东	12	—	12	—	12	—	—	—
河南	10	—	2	—	—	1	1	—
湖北	49	—	42	9	21	12	—	4
湖南	44	1	23	5	8	8	2	7
广东	36	—	24	10	1	11	2	7
广西	26	—	15	4	9	2	—	7
海南	8	—	6	4	1	1	—	2
重庆	5	—	3	—	1	2	—	—
四川	36	—	17	4	4	4	5	6
贵州	11	—	9	3	3	2	1	1
云南	33	—	18	4	8	5	1	11
西藏	5	—	5	5	—	—	—	—
陕西	25	2	9	—	4	5	—	5
甘肃	3	—	3	—	1	1	1	—
青海	—	—	—	—	—	—	—	—
宁夏	1	—	—	—	—	—	—	—
新疆	5	1	2	2	—	—	—	—
局直属单位	—	—	—	—	—	—	—	—
大兴安岭	—	—	—	—	—	—	—	—

企、事业及机关单位个数(二)

单位:个

单位合计								
专用设备制造	工艺品制造业	其他	电力、燃气及水的生产供应业	建筑业	交通运输、仓储及邮政业	信息传输、计算机服务和软件业	批发和零售业	住宿餐饮业
9	**2**	**119**	**17**	**78**	**64**	**9**	**507**	**105**
—	—	—	—	1	—	—	—	—
—	—	—	—	—	—	—	—	—
—	—	4	—	—	4	—	6	—
—	—	2	—	—	1	—	30	4
1	—	—	1	1	—	1	3	2
1	—	—	1	1	—	1	2	1
—	1	2	—	—	—	—	7	4
2	—	1	—	3	5	—	7	5
1	—	1	—	1	—	—	4	1
3	—	10	3	37	19	1	38	26
3	—	4	3	34	2	1	13	5
—	—	—	—	—	—	—	—	—
—	—	—	—	1	—	—	—	—
—	—	—	—	1	—	—	9	1
—	—	3	—	4	1	—	25	2
2	—	12	1	7	9	—	39	10
—	—	22	1	1	3	3	7	4
—	—	—	—	2	—	—	11	2
—	—	8	—	—	—	—	8	1
—	1	2	1	4	—	3	26	8
—	—	13	1	2	5	—	20	7
—	—	5	6	—	2	—	32	2
1	—	3	—	4	3	—	163	5
—	—	—	—	—	—	—	1	—
—	—	2	—	—	—	—	6	—
—	—	13	1	2	—	—	14	4
—	—	1	—	2	4	—	—	—
—	—	4	—	1	6	—	42	5
—	—	—	—	—	—	—	—	—
—	—	9	—	1	1	—	8	3
—	—	—	—	1	1	—	—	2
—	—	—	—	—	—	—	1	—
—	—	1	—	—	—	—	—	—
—	—	2	—	2	—	—	2	—
—	—	—	2	1	—	1	2	8
—	—	—	2	1	—	1	2	5

林业系统各地区按行业分

地区	国有经济							
	金融业	房地产业	租赁和商务服务业	科学研究、技术服务和地质勘查业			水利、环境和	
				计	其中		计	自然保护区管理
					科技交流和推广服务	规划设计管理		
全国合计	**—**	**7**	**37**	**646**	**197**	**88**	**511**	**301**
北京	—	—	1	—	—	—	3	1
天津	—	—	—	—	—	—	—	—
河北	—	—	—	13	4	—	13	4
山西	—	—	—	23	6	4	11	7
内蒙古	—	1	3	17	2	2	15	10
内蒙古集团	—	1	2	2	—	—	—	—
辽宁	—	—	—	15	2	2	13	8
吉林	—	—	1	7	—	4	5	4
吉林集团	—	—	1	1	—	—	—	—
黑龙江	—	1	5	20	1	2	17	5
龙江集团	—	1	1	13	—	2	3	—
上海	—	—	—	—	—	—	—	—
江苏	—	—	—	—	—	—	1	—
浙江	—	—	—	47	33	3	10	10
安徽	—	—	—	13	5	—	15	7
福建	—	3	—	35	12	12	23	18
江西	—	—	6	41	16	9	15	4
山东	—	—	—	13	—	—	25	4
河南	—	—	—	41	6	1	8	4
湖北	—	—	6	44	14	5	12	4
湖南	—	1	4	58	14	4	35	19
广东	—	—	—	51	13	2	59	46
广西	—	—	—	20	5	2	24	17
海南	—	—	2	9	3	—	12	3
重庆	—	—	—	3	1	—	5	3
四川	—	—	3	40	27	8	37	22
贵州	—	—	—	18	6	2	22	20
云南	—	—	—	25	10	6	57	50
西藏	—	—	—	—	—	—	—	—
陕西	—	—	5	23	6	7	12	6
甘肃	—	—	—	23	5	2	24	7
青海	—	—	—	8	2	3	7	4
宁夏	—	—	—	1	—	—	4	4
新疆	—	—	—	7	2	—	23	6
局直属单位	—	1	1	31	2	8	4	4
大兴安岭	—	1	—	2	—	2	1	1

企、事业及机关单位个数(三)

单位:个

单位合计									
公共设施管理业		居民服务和其他服务业	教育	卫生、社会保障和社会福利业	文化、体育和娱乐业	公共管理和社会组织	国际组织	集体经济单位合计	其他各种经济单位合计
其中									
野生动植物保护	非自然保护区的人工森林公园管理								
80	**95**	**63**	**101**	**36**	**15**	**3197**	**—**	**618**	**289**
2	—	—	—	—	—	15	—	—	1
—	—	1	—	—	—	10	—	—	—
1	5	1	3	—	1	188	—	2	—
—	2	1	5	3	—	127	—	—	—
1	4	2	6	6	3	104	—	28	14
—	—	—	2	6	3	2	—	25	14
2	3	1	1	—	—	88	—	6	—
—	1	2	2	1	—	73	—	15	11
—	—	—	1	1	—	—	—	—	11
3	5	12	27	10	1	106	—	152	16
—	—	8	16	10	1	19	—	66	11
—	—	—	—	—	—	—	—	—	—
—	1	1	—	—	—	21	—	118	2
—	—	—	1	—	—	83	—	13	6
2	3	2	—	—	—	159	—	5	11
—	3	6	5	2	—	143	—	50	39
5	4	1	1	1	1	191	—	8	8
—	21	—	1	—	—	129	—	—	1
1	3	1	3	—	2	153	—	3	—
7	1	4	7	1	1	109	—	127	113
4	10	1	4	1	—	148	—	17	—
5	6	4	2	1	1	211	—	23	7
2	2	—	5	—	—	130	—	6	3
9	—	2	—	—	—	22	—	—	—
—	2	—	—	—	—	43	—	1	1
11	3	5	5	2	—	181	—	12	36
—	—	1	2	—	—	95	—	7	6
3	4	2	4	2	—	172	—	13	6
—	—	—	—	—	—	5	—	—	—
4	2	6	1	1	—	123	—	3	3
8	9	1	5	4	—	98	—	3	—
2	1	—	—	—	—	87	—	—	—
—	—	—	1	—	—	24	—	—	—
8	—	4	2	—	—	140	—	2	1
—	—	2	8	1	5	19	—	4	4
—	—	—	5	1	2	2	—	4	4

林业系统各地区按

地区	总计					国有经济	
		合计	企业	事业	机关	小计	木材及竹材采运
全国合计	**1620237**	**1508654**	**695901**	**737130**	**75623**	**1267292**	**541202**
北京	4721	4653	116	3815	722	3713	—
天津	1090	1090	22	912	156	912	—
河北	22508	22481	1105	18158	3218	16949	—
山西	24285	24285	362	21402	2521	19745	—
内蒙古	153044	135798	81189	52239	2370	122660	72814
内蒙古集团	102192	84975	80722	3991	262	76054	72814
辽宁	25925	25894	1813	22960	1121	23135	—
吉林	168669	158406	118736	37679	1991	149081	94015
吉林集团	55054	46797	46159	638	—	44667	44667
黑龙江	378802	321778	256951	60139	4688	290206	238603
龙江集团	320371	265099	255164	7925	2010	238808	238603
上海	829	829	—	829	—	829	—
江苏	21177	18518	3908	14401	209	17384	—
浙江	15643	15133	898	12443	1792	11989	—
安徽	29901	29393	4691	23167	1535	23751	331
福建	41242	34733	11832	18913	3988	22899	6473
江西	66766	65770	15056	44496	6218	54836	12471
山东	32661	31461	3453	25787	2221	23830	—
河南	29408	29377	764	24735	3878	22852	52
湖北	37320	35949	5955	27156	2838	25515	560
湖南	57384	57316	13710	37273	6333	43370	4985
广东	42589	40646	8441	26747	5458	29765	1420
广西	56071	55672	14092	39696	1884	41977	45
海南	6730	6730	2933	3218	579	5434	2130
重庆	8724	8701	692	6806	1203	6781	11
四川	81434	77983	32776	39690	5517	62743	21922
贵州	49924	49716	4355	43335	2026	44899	2842
云南	59118	58080	19720	31752	6608	39324	9430
西藏	156	156	13	92	51	92	—
陕西	38793	37551	5163	30728	1660	32877	3103
甘肃	36934	36868	8572	26703	1593	28409	3115
青海	8762	8762	206	7794	762	7627	206
宁夏	10123	10123	120	9764	239	8584	—
新疆	19096	19010	3762	13918	1330	16353	2075
局直属单位	90408	85792	74495	10383	914	68771	64599
大兴安岭	82191	77575	74495	2434	646	68098	64599

行业分从业人员年末人数(一)

单位:人

单位合计								
农林牧渔业								采矿业
国有林场	国有苗圃	林业工作站	木材检查站	种苗站	病虫害防治站	治沙站	其他	
379749	**39074**	**135684**	**20271**	**6525**	**9018**	**678**	**135091**	**680**
843	1348	296	21	49	114	—	1042	—
61	199	207	—	41	7	—	397	—
6694	2271	2634	180	373	448	53	4296	—
8692	2208	3972	351	253	447	36	3786	—
37711	3248	3577	238	418	618	103	3933	—
2621	—	—	—	—	—	—	619	—
12205	1089	4744	353	352	463	77	3852	—
41486	2954	4170	447	55	313	—	5641	—
—	—	—	—	—	—	—	—	—
41535	1458	2451	357	288	378	—	5136	78
50	—	—	—	59	20	—	76	—
386	180	260	—	—	—	—	3	—
11715	2307	2359	221	24	82	—	676	—
5310	239	3807	933	135	331	—	1234	124
11872	3223	3790	1279	33	452	—	2771	47
7301	481	4370	902	74	105	33	3160	—
29623	1715	5443	2768	164	324	10	2318	8
7962	2433	9953	397	370	541	—	2174	—
9273	2193	5727	1410	581	590	24	3002	5
12293	704	6820	1263	383	539	—	2953	—
17144	1744	12226	2550	311	251	10	4149	10
17615	909	6234	1070	122	176	—	2219	—
27920	758	2889	1265	263	288	—	8549	—
2057	106	422	343	—	53	—	323	—
3266	183	2560	235	82	149	—	295	—
12597	1261	9734	1089	272	257	2	15609	238
5440	456	6327	687	136	255	—	28756	170
6690	265	14108	424	330	233	29	7815	—
64	16	—	12	—	—	—	—	—
14508	1306	5302	1035	778	527	105	6213	—
13893	1509	2821	365	537	519	87	5563	—
4473	280	808	27	31	99	27	1676	—
4888	1042	1086	14	—	95	—	1459	—
4232	954	6350	35	70	229	61	2347	—
—	35	237	—	—	135	21	3744	—
—	—	218	—	—	—	—	3281	—

林业系统各地区按

地区	国有经济							
	制造业							
	小计	非木质林产品加工业	木材加工及竹、藤、棕、草制品业					林产化学产品制造
			计	锯材、木片加工	人造板制造	木制品制造	竹、藤、棕、草制品制造	
全国合计	**53650**	**967**	**37197**	**4227**	**25614**	**5443**	**1913**	**6729**
北京	—	—	—	—	—	—	—	—
天津	—	—	—	—	—	—	—	—
河北	816	48	286	40	213	—	33	70
山西	211	—	172	—	152	20	—	21
内蒙古	2489	—	2105	20	2017	68	—	—
内蒙古集团	2401	—	2017	—	2017	—	—	—
辽宁	692	—	660	—	375	285	—	—
吉林	3927	—	3014	436	918	1660	—	30
吉林集团	1117	—	792	160	632	—	—	30
黑龙江	6169	—	4801	485	3720	596	—	560
龙江集团	5668	—	4507	422	3684	401	—	560
上海	—	—	—	—	—	—	—	—
江苏	—	—	—	—	—	—	—	—
浙江	—	—	—	—	—	—	—	—
安徽	1832	—	1754	—	1569	86	99	—
福建	3322	12	2831	833	1948	15	35	320
江西	2557	—	1589	556	927	98	8	392
山东	4296	—	4296	—	4296	—	—	—
河南	610	—	39	—	—	15	24	—
湖北	3313	—	3091	355	2638	98	—	9
湖南	2236	53	1263	67	743	271	182	211
广东	1448	—	837	226	60	551	—	199
广西	5117	—	2504	148	2341	15	—	1919
海南	227	—	181	18	152	11	—	46
重庆	294	—	243	—	207	36	—	—
四川	5168	—	2727	50	358	845	1474	249
贵州	1075	—	1063	18	717	322	6	5
云南	5545	—	2704	848	1471	338	47	2498
西藏	13	—	13	13	—	—	—	—
陕西	1319	833	223	—	137	86	—	200
甘肃	703	16	687	—	655	27	5	—
青海	—	—	—	—	—	—	—	—
宁夏	120	—	—	—	—	—	—	—
新疆	151	5	114	114	—	—	—	—
局直属单位	—	—	—	—	—	—	—	—
大兴安岭	—	—	—	—	—	—	—	—

行业分从业人员年末人数(二)

单位:人

单位合计								
专用设备制造	工艺品制造业	其他	电力、燃气及水的生产供应业	建筑业	交通运输、仓储及邮政业	信息传输、计算机服务和软件业	批发和零售业	住宿餐饮业
1769	**29**	**6959**	**11115**	**12170**	**2104**	**244**	**12065**	**3446**
—	—	—	—	43	—	—	—	—
—	—	—	—	—	—	—	—	—
—	—	412	—	—	40	—	46	—
—	—	18	—	—	45	—	465	111
384	—	—	2274	230	—	127	260	138
384	—	—	2274	230	—	127	249	131
—	28	4	—	—	—	—	44	77
647	—	236	—	466	189	—	202	256
59	—	236	—	12	—	—	154	46
479	—	329	3052	5819	565	18	652	620
479	—	122	3052	5755	136	18	392	238
—	—	—	—	—	—	—	—	—
—	—	—	—	883	—	—	—	—
—	—	—	—	3	—	—	114	200
—	—	78	—	263	42	—	1384	76
25	—	134	18	991	103	—	739	204
—	—	576	—	245	12	12	45	54
—	—	—	—	30	—	—	239	88
—	—	571	—	—	—	—	111	38
—	1	212	1	182	—	—	248	117
—	—	709	21	43	112	—	389	213
—	—	412	184	—	59	—	1097	7
234	—	460	—	293	102	—	3501	206
—	—	—	—	—	—	—	31	—
—	—	51	—	—	—	—	89	—
—	—	2192	157	1215	—	—	402	225
—	—	7	—	16	208	—	—	—
—	—	343	—	148	593	—	1653	124
—	—	—	—	—	—	—	—	—
—	—	63	—	8	27	—	117	35
—	—	—	—	20	7	—	86	249
—	—	—	—	—	—	—	14	—
—	—	120	—	—	—	—	—	—
—	—	32	—	125	—	—	15	—
—	—	—	5408	1147	—	87	122	408
—	—	—	5408	1147	—	87	122	259

林业系统各地区按

<table>
<tr><th rowspan="4">地　区</th><th colspan="8">国　有　经　济</th></tr>
<tr><th rowspan="3">金融业</th><th rowspan="3">房地产业</th><th rowspan="3">租赁和商务服务业</th><th colspan="3">科学研究、技术服务和地质勘查业</th><th colspan="2">水利、环境和</th></tr>
<tr><th rowspan="2">计</th><th colspan="2">其中</th><th rowspan="2">计</th><th></th></tr>
<tr><th>科技交流和推广服务</th><th>规划设计管理</th><th>自然保护区管理</th></tr>
<tr><td>**全国合计**</td><td>**—**</td><td>**276**</td><td>**2012**</td><td>**27017**</td><td>**3018**</td><td>**5152**</td><td>**18400**</td><td>**12913**</td></tr>
<tr><td>北　京</td><td>—</td><td>—</td><td>116</td><td>—</td><td>—</td><td>—</td><td>59</td><td>45</td></tr>
<tr><td>天　津</td><td>—</td><td>—</td><td>—</td><td>—</td><td>—</td><td>—</td><td>—</td><td>—</td></tr>
<tr><td>河　北</td><td>—</td><td>—</td><td>—</td><td>356</td><td>56</td><td>—</td><td>487</td><td>311</td></tr>
<tr><td>山　西</td><td>—</td><td>—</td><td>—</td><td>448</td><td>85</td><td>69</td><td>356</td><td>195</td></tr>
<tr><td>内蒙古</td><td>—</td><td>123</td><td>948</td><td>1230</td><td>148</td><td>379</td><td>622</td><td>536</td></tr>
<tr><td>内蒙古集团</td><td>—</td><td>123</td><td>906</td><td>219</td><td>—</td><td>—</td><td>—</td><td>—</td></tr>
<tr><td>辽　宁</td><td>—</td><td>—</td><td>—</td><td>286</td><td>30</td><td>15</td><td>516</td><td>495</td></tr>
<tr><td>吉　林</td><td>—</td><td>—</td><td>163</td><td>869</td><td>—</td><td>329</td><td>908</td><td>711</td></tr>
<tr><td>吉林集团</td><td>—</td><td>—</td><td>163</td><td>401</td><td>—</td><td>—</td><td>—</td><td>—</td></tr>
<tr><td>黑龙江</td><td>—</td><td>52</td><td>53</td><td>3348</td><td>4</td><td>302</td><td>366</td><td>92</td></tr>
<tr><td>龙江集团</td><td>—</td><td>52</td><td>21</td><td>3178</td><td>—</td><td>302</td><td>58</td><td>—</td></tr>
<tr><td>上　海</td><td>—</td><td>—</td><td>—</td><td>—</td><td>—</td><td>—</td><td>—</td><td>—</td></tr>
<tr><td>江　苏</td><td>—</td><td>—</td><td>—</td><td>—</td><td>—</td><td>—</td><td>10</td><td>—</td></tr>
<tr><td>浙　江</td><td>—</td><td>—</td><td>—</td><td>599</td><td>261</td><td>80</td><td>310</td><td>310</td></tr>
<tr><td>安　徽</td><td>—</td><td>—</td><td>—</td><td>183</td><td>29</td><td>—</td><td>259</td><td>66</td></tr>
<tr><td>福　建</td><td>—</td><td>31</td><td>—</td><td>939</td><td>141</td><td>456</td><td>583</td><td>362</td></tr>
<tr><td>江　西</td><td>—</td><td>—</td><td>36</td><td>1035</td><td>189</td><td>226</td><td>387</td><td>199</td></tr>
<tr><td>山　东</td><td>—</td><td>—</td><td>—</td><td>294</td><td>—</td><td>—</td><td>450</td><td>209</td></tr>
<tr><td>河　南</td><td>—</td><td>—</td><td>—</td><td>1138</td><td>79</td><td>101</td><td>373</td><td>208</td></tr>
<tr><td>湖　北</td><td>—</td><td>—</td><td>55</td><td>1174</td><td>292</td><td>84</td><td>1704</td><td>1641</td></tr>
<tr><td>湖　南</td><td>—</td><td>14</td><td>182</td><td>1900</td><td>231</td><td>27</td><td>2092</td><td>430</td></tr>
<tr><td>广　东</td><td>—</td><td>—</td><td>—</td><td>1269</td><td>294</td><td>173</td><td>1036</td><td>719</td></tr>
<tr><td>广　西</td><td>—</td><td>—</td><td>—</td><td>897</td><td>122</td><td>40</td><td>1129</td><td>928</td></tr>
<tr><td>海　南</td><td>—</td><td>—</td><td>20</td><td>183</td><td>53</td><td>—</td><td>141</td><td>36</td></tr>
<tr><td>重　庆</td><td>—</td><td>—</td><td>—</td><td>110</td><td>11</td><td>—</td><td>224</td><td>199</td></tr>
<tr><td>四　川</td><td>—</td><td>—</td><td>96</td><td>822</td><td>286</td><td>169</td><td>637</td><td>337</td></tr>
<tr><td>贵　州</td><td>—</td><td>—</td><td>—</td><td>493</td><td>98</td><td>54</td><td>806</td><td>793</td></tr>
<tr><td>云　南</td><td>—</td><td>—</td><td>—</td><td>1703</td><td>179</td><td>676</td><td>1677</td><td>1594</td></tr>
<tr><td>西　藏</td><td>—</td><td>—</td><td>—</td><td>—</td><td>—</td><td>—</td><td>—</td><td>—</td></tr>
<tr><td>陕　西</td><td>—</td><td>—</td><td>65</td><td>451</td><td>156</td><td>56</td><td>440</td><td>358</td></tr>
<tr><td>甘　肃</td><td>—</td><td>—</td><td>263</td><td>1119</td><td>165</td><td>279</td><td>874</td><td>438</td></tr>
<tr><td>青　海</td><td>—</td><td>—</td><td>—</td><td>98</td><td>32</td><td>32</td><td>189</td><td>112</td></tr>
<tr><td>宁　夏</td><td>—</td><td>—</td><td>—</td><td>37</td><td>—</td><td>—</td><td>1044</td><td>1044</td></tr>
<tr><td>新　疆</td><td>—</td><td>—</td><td>—</td><td>376</td><td>34</td><td>—</td><td>255</td><td>79</td></tr>
<tr><td>局直属单位</td><td>—</td><td>56</td><td>15</td><td>5660</td><td>43</td><td>1605</td><td>466</td><td>466</td></tr>
<tr><td>大兴安岭</td><td>—</td><td>56</td><td>—</td><td>355</td><td>—</td><td>355</td><td>40</td><td>40</td></tr>
</table>

行业分从业人员年末人数(三)

单位:人

单位合计									
公共设施管理业		居民服务和其他服务业	教育	卫生、社会保障和社会福利业	文化、体育和娱乐业	公共管理和社会组织	国际组织	集体经济单位合计	其他各种经济单位合计
其中									
野生动植物保护	非自然保护区的人工森林公园管理								
1233	**3667**	**1657**	**10329**	**7172**	**629**	**78396**	**—**	**74827**	**36756**
14	—	—	—	—	—	722	—	—	68
—	—	22	—	—	—	156	—	—	—
4	33	—	210	—	10	3567	—	27	—
—	144	12	293	78	—	2521	—	—	—
29	57	5	553	1609	121	2409	—	11069	6177
—	—	—	230	1609	121	301	—	11040	6177
21	—	13	10	—	—	1121	—	31	—
—	197	22	209	123	—	1991	—	2006	8257
—	—	—	114	123	—	—	—	—	8257
166	46	396	2853	2800	22	4709	—	53182	3842
—	—	382	2509	2800	22	2010	—	51760	3512
—	—	—	—	—	—	—	—	—	—
—	10	32	—	—	—	209	—	1910	749
—	—	—	2	—	—	1792	—	192	318
13	138	21	—	—	—	1535	—	286	222
—	208	151	257	138	—	4358	—	559	5950
109	57	14	205	13	7	6304	—	177	819
—	241	—	13	—	—	2221	—	—	1200
32	133	10	319	—	43	3878	—	31	—
46	17	68	670	49	15	2838	—	358	1013
11	1640	2	362	10	—	6360	—	68	—
34	253	68	237	6	12	5458	—	237	1706
24	36	—	566	—	—	1884	—	64	335
105	—	21	—	—	—	673	—	—	—
—	25	—	—	—	—	1203	—	15	8
201	72	204	138	369	—	5569	—	804	2647
—	—	4	19	—	—	2026	—	35	173
20	63	7	433	265	—	6608	—	523	515
—	—	—	—	—	—	51	—	—	—
33	49	140	206	206	—	1660	—	982	260
193	243	129	1266	903	—	2840	—	66	—
72	5	—	—	—	—	834	—	—	—
—	—	—	99	—	—	239	—	—	—
106	—	25	297	—	—	1413	—	20	66
—	—	291	1112	603	399	1247	—	2185	2431
—	—	—	608	603	146	646	—	2185	2431

林业系统各地区按行

地区	总计	合计	企业	事业	机关	国有经济	
						小计	木材及竹材采运
全国合计	**2128504**	**1855490**	**987193**	**791663**	**76634**	**1560348**	**752528**
北　京	5076	5008	112	4170	726	3999	—
天　津	1090	1090	22	912	156	912	—
河　北	24337	24310	1379	19478	3453	18314	—
山　西	24853	24853	497	21799	2557	20137	—
内蒙古	201176	158760	93011	63371	2378	145167	82711
内蒙古集团	139224	96837	92451	4124	262	87489	82711
辽　宁	30931	30813	2522	27125	1166	27303	—
吉　林	260648	237281	191780	43344	2157	218629	145897
吉林集团	81576	71904	71191	713	—	66212	66212
黑龙江	603625	422353	348482	68841	5030	382291	322639
龙江集团	533078	355773	345396	8307	2070	322877	322639
上　海	956	956	—	956	—	956	—
江　苏	21349	18691	4261	14224	206	17957	—
浙　江	17298	16787	1015	13999	1773	13601	—
安　徽	34231	33633	7407	24679	1547	26145	925
福　建	44003	39070	14998	20280	3792	24804	7024
江　西	105627	104296	36493	61343	6460	88637	28427
山　东	32981	31781	3602	25903	2276	24025	—
河　南	29605	29566	1081	24629	3856	22741	52
湖　北	46310	44931	11412	30641	2878	30703	1511
湖　南	94111	93736	34225	52970	6541	71004	15449
广　东	48810	46841	10857	30128	5856	34165	2367
广　西	68384	68031	18079	48145	1807	50581	207
海　南	9142	9142	5227	3388	527	7690	4120
重　庆	8890	8859	721	6919	1219	6924	11
四　川	85508	82571	38055	39298	5218	64093	23046
贵　州	24990	24782	6115	16648	2019	20335	4420
云　南	54043	52979	20547	25995	6437	33754	9563
西　藏	156	156	13	92	51	92	—
陕　西	42344	41018	7357	31974	1687	35078	3946
甘　肃	41558	41492	11044	28858	1590	32569	4940
青　海	8762	8762	206	7794	762	7627	206
宁　夏	10123	10123	120	9764	239	8584	—
新　疆	19155	19077	3882	13862	1333	16152	2050
局直属单位	128432	123742	112671	10134	937	105379	93017
大兴安岭	120460	115770	112671	2432	667	104723	93017

业分在册职工年末人数(一)

单位:人

单位合计								
农林牧渔业								
国有林场	国有苗圃	林业工作站	木材检查站	种苗站	病虫害防治站	治沙站	其他	采矿业
469674	**43928**	**132495**	**20237**	**6780**	**9083**	**692**	**124931**	**851**
867	1562	296	21	49	115	—	1089	—
61	199	207	—	41	7	—	397	—
7604	2366	2673	181	373	448	53	4616	—
9061	2206	3995	352	260	449	35	3779	—
49530	3156	3607	246	442	638	118	4719	—
3802	—	—	—	—	—	—	976	—
16125	1257	4528	355	352	464	78	4144	—
55879	3658	4242	455	55	317	—	8126	—
—	—	—	—	—	—	—	—	—
48714	1573	2489	357	305	378	—	5836	144
50	—	—	—	59	20	—	109	—
513	180	260	—	—	—	—	3	—
12062	2492	2439	222	24	103	—	615	—
6830	272	3856	905	135	319	—	1284	124
13163	3314	3869	1263	33	451	—	3127	121
8590	532	4311	834	77	106	33	3297	—
44373	2880	5734	2763	171	329	10	3950	88
8042	2476	10004	399	374	548	—	2182	—
9519	2236	5314	1407	574	579	24	3036	27
14775	908	7241	1280	472	552	—	3964	—
31779	3231	12706	2588	336	275	10	4630	121
20101	1030	6779	1074	135	177	—	2502	—
35617	983	2729	1257	268	285	—	9235	—
2287	124	424	342	—	59	—	334	—
3433	157	2562	235	82	149	—	295	—
12059	1273	9589	1083	272	257	—	16514	225
6096	471	6331	687	188	256	—	1886	1
6023	249	9863	425	340	234	29	7028	—
64	16	—	12	—	—	—	—	—
16767	1355	5368	1053	787	529	105	5168	—
16090	1487	2811	365	534	519	86	5737	—
4473	280	808	27	31	99	27	1676	—
4888	1042	1086	14	—	95	—	1459	—
4289	928	6137	35	70	229	61	2353	—
—	35	237	—	—	117	23	11950	—
—	—	218	—	—	—	—	11488	—

林业系统各地区按行

地区	国有经济							
	制造业							
	小计	非木质林产品加工业	木材加工及竹、藤、棕、草制品业					林产化学产品制造
			计	锯材、木片加工	人造板制造	木制品制造	竹、藤、棕、草制品制造	
全国合计	**83256**	**1286**	**55923**	**8245**	**36428**	**8759**	**2491**	**8813**
北京	—	—	—	—	—	—	—	—
天津	—	—	—	—	—	—	—	—
河北	952	48	422	66	213	110	33	70
山西	260	—	221	—	201	20	—	21
内蒙古	2682	—	2174	20	2105	49	—	—
内蒙古集团	2613	—	2105	—	2105	—	—	—
辽宁	1041	—	789	—	443	346	—	—
吉林	10180	—	7700	2740	3300	1660	—	237
吉林集团	4466	—	3924	963	2961	—	—	237
黑龙江	9875	—	8116	1006	5600	1510	—	587
龙江集团	8588	—	7204	721	5564	919	—	587
上海	—	—	—	—	—	—	—	—
江苏	—	—	—	—	—	—	—	—
浙江	—	—	—	—	—	—	—	—
安徽	2225	—	1765	—	1501	165	99	101
福建	4398	12	3800	865	2821	79	35	298
江西	5992	—	3055	713	1959	375	8	392
山东	4256	—	4256	—	4256	—	—	—
河南	858	—	61	—	—	17	44	—
湖北	5498	—	4612	535	3739	338	—	489
湖南	7383	340	4697	293	2955	828	621	830
广东	1845	—	1175	414	60	616	85	258
广西	6286	—	3118	180	2857	81	—	2390
海南	304	—	258	95	152	11	—	46
重庆	243	—	243	—	207	36	—	—
四川	7917	—	2934	50	505	875	1504	264
贵州	1250	—	1211	45	564	592	10	25
云南	6056	—	3067	879	1770	371	47	2543
西藏	13	—	13	13	—	—	—	—
陕西	2291	845	980	—	327	653	—	262
甘肃	961	36	925	—	893	27	5	—
青海	—	—	—	—	—	—	—	—
宁夏	120	—	—	—	—	—	—	—
新疆	370	5	331	331	—	—	—	—
局直属单位	—	—	—	—	—	—	—	—
大兴安岭	—	—	—	—	—	—	—	—

业分在册职工年末人数(二)

单位:人

单位合计								
专用设备制造	工艺品制造业	其他	电力、燃气及水的生产供应业	建筑业	交通运输、仓储及邮政业	信息传输、计算机服务和软件业	批发和零售业	住宿餐饮业
3509	**194**	**13531**	**11834**	**19487**	**4069**	**385**	**21874**	**4264**
—	—	—	—	112	—	—	—	—
—	—	—	—	—	—	—	—	—
—	—	412	—	—	47	—	71	—
—	—	18	—	—	45	—	560	132
508	—	—	2321	252	—	129	267	147
508	—	—	2321	252	—	129	253	140
—	152	100	—	—	—	—	391	77
2007	—	236	—	2804	335	—	313	256
69	—	236	—	13	—	—	265	46
564	—	608	3197	8378	1149	18	1024	842
564	—	233	3197	8236	310	18	656	343
—	—	—	—	—	—	—	—	—
—	—	—	—	486	—	—	—	—
—	—	—	—	9	—	—	144	220
—	—	359	—	847	28	—	2243	36
123	—	165	18	1531	285	—	1559	396
—	—	2545	—	245	144	12	195	257
—	—	—	—	30	—	—	428	88
—	—	797	—	—	—	—	183	13
—	42	355	21	187	—	119	1614	122
—	—	1516	39	344	615	—	1689	336
—	—	412	187	—	202	—	1594	53
307	—	471	—	335	195	—	6109	167
—	—	—	—	—	—	—	31	—
—	—	—	—	—	—	—	118	—
—	—	4719	163	1215	—	—	1022	229
—	—	14	—	43	321	—	—	—
—	—	446	—	288	669	—	1803	141
—	—	—	—	—	—	—	—	—
—	—	204	—	8	27	—	193	69
—	—	—	—	20	7	—	129	275
—	—	—	—	—	—	—	14	—
—	—	120	—	—	—	—	—	—
—	—	34	—	197	—	—	16	—
—	—	—	5888	2156	—	107	164	408
—	—	—	5888	2156	—	107	164	259

林业系统各地区按行

地区	国有经济							
	金融业	房地产业	租赁和商务服务业	科学研究、技术服务和地质勘查业			水利、环境和	
				计	其中		计	
					科技交流和推广服务	规划设计管理		自然保护区管理
全国合计	**—**	**279**	**3559**	**28255**	**3241**	**5141**	**16980**	**11477**
北京	—	—	112	—	—	—	59	45
天津	—	—	—	—	—	—	—	—
河北	—	—	—	356	56	—	487	311
山西	—	—	—	448	85	69	331	195
内蒙古	—	123	955	1314	148	400	622	536
内蒙古集团	—	123	909	271	—	—	—	—
辽宁	—	—	—	294	30	15	518	497
吉林	—	—	189	995	—	434	1008	751
吉林集团	—	—	189	422	—	—	—	—
黑龙江	—	53	79	3507	4	304	360	92
龙江集团	—	53	25	3339	—	304	56	—
上海	—	—	—	—	—	—	—	—
江苏	—	—	—	—	—	—	10	—
浙江	—	—	—	593	261	80	309	309
安徽	—	—	—	163	29	—	257	66
福建	—	35	—	840	146	350	508	337
江西	—	—	305	1225	297	236	390	202
山东	—	—	—	294	—	—	371	204
河南	—	—	—	1145	79	101	373	208
湖北	—	—	321	1547	298	84	1170	1107
湖南	—	12	845	2169	273	27	2226	527
广东	—	—	—	1385	359	173	1010	686
广西	—	—	—	969	122	40	1034	827
海南	—	—	106	183	53	—	142	36
重庆	—	—	—	110	11	—	245	199
四川	—	—	155	936	288	192	636	326
贵州	—	—	—	495	99	54	294	281
云南	—	—	—	1680	180	669	1464	1379
西藏	—	—	—	—	—	—	—	—
陕西	—	—	147	437	156	56	435	353
甘肃	—	—	332	1118	165	279	787	308
青海	—	—	—	98	32	32	189	112
宁夏	—	—	—	37	—	—	1044	1044
新疆	—	—	—	371	30	—	241	79
局直属单位	—	56	13	5546	40	1546	460	460
大兴安岭	—	56	—	355	—	355	41	41

业分在册职工年末人数(三)

单位:人

单位合计								集体经济单位合计	其他各种经济单位合计
公共设施管理业 其中		居民服务和其他服务业	教育	卫生、社会保障和社会福利业	文化、体育和娱乐业	公共管理和社会组织	国际组织		
野生动植物保护	非自然保护区的人工森林公园管理								
1214	**3694**	**2339**	**10283**	**7413**	**595**	**79419**	**—**	**233584**	**39430**
14	—	—	—	—	—	726	—	—	68
—	—	22	—	—	—	156	—	—	—
4	33	46	206	—	10	3821	—	27	—
—	120	12	293	78	—	2557	—	—	—
29	57	5	562	1674	123	2417	—	34527	7889
—	—	—	239	1674	123	301	—	34498	7889
21	—	13	10	—	—	1166	—	118	—
—	257	29	209	177	—	2157	—	13695	9672
—	—	—	114	177	—	—	—	—	9672
166	42	688	2875	2800	22	5051	—	175339	5933
—	—	674	2509	2800	22	2070	—	171717	5588
—	—	—	—	—	—	—	—	—	—
—	10	32	—	—	—	206	—	1909	749
—	—	—	14	—	—	1773	—	192	319
11	138	21	—	—	—	1547	—	340	258
—	158	155	241	137	—	4163	—	949	3984
109	56	14	205	29	7	6551	—	372	959
—	167	—	13	—	—	2276	—	—	1200
32	133	10	318	—	42	3856	—	39	—
46	17	68	619	49	15	2878	—	366	1013
11	1677	6	344	35	—	6568	—	375	—
30	264	306	222	6	10	5856	—	257	1712
24	32	—	548	—	—	1807	—	80	273
106	—	65	—	—	—	621	—	—	—
—	46	—	—	—	—	1219	—	23	8
201	82	206	135	369	—	5270	—	1088	1849
—	—	5	19	—	—	2019	—	35	173
20	65	7	413	267	—	6437	—	534	530
—	—	—	—	—	—	51	—	—	—
33	49	232	206	208	—	1687	—	1046	280
193	286	126	1346	984	—	2838	—	66	—
72	5	—	—	—	—	834	—	—	—
—	—	—	99	—	—	239	—	—	—
92	—	25	297	—	—	1408	—	22	56
—	—	246	1089	600	366	1264	—	2185	2505
—	—	—	608	600	146	667	—	2185	2505

林业系统各地区按行

地区	总计	国有经济					
		合计	企业	事业	机关	小计	木材及竹材采运
全国合计	**1548581**	**1444250**	**684955**	**685198**	**74097**	**1211346**	**536351**
北京	4707	4639	112	3806	721	3704	—
天津	1090	1090	22	912	156	912	—
河北	22432	22405	1087	18116	3202	16910	—
山西	23965	23965	346	21104	2515	19472	—
内蒙古	151720	134484	81164	50971	2349	121420	72814
内蒙古集团	102160	84953	80722	3969	262	76054	72814
辽宁	25457	25426	1804	22504	1118	22679	—
吉林	168533	158288	118735	37562	1991	148964	94015
吉林集团	55039	46796	46158	638	—	44667	44667
黑龙江	374976	320766	256595	59548	4623	289539	238456
龙江集团	317143	264665	254845	7860	1960	238661	238456
上海	798	798	—	798	—	798	—
江苏	19331	16690	3511	12973	206	15956	—
浙江	15402	14892	864	12271	1757	11819	—
安徽	29202	28697	4482	22687	1528	23292	328
福建	35356	31386	9552	18071	3763	21027	5229
江西	63853	62913	13646	43187	6080	52510	11533
山东	31926	30726	3207	25337	2182	23476	—
河南	28745	28714	739	24119	3856	22239	52
湖北	35049	33678	5328	25613	2737	24203	560
湖南	56121	56065	13287	36483	6295	42395	4688
广东	41598	39669	8220	26006	5443	29109	1416
广西	53556	53219	12857	38586	1776	40075	45
海南	6610	6610	2873	3211	526	5367	2130
重庆	8643	8620	641	6776	1203	6751	11
四川	74911	72922	31215	36536	5171	58178	20634
贵州	21571	21363	3774	15584	2005	17448	2628
云南	51781	50767	18804	25601	6362	32663	8846
西藏	156	156	13	92	51	92	—
陕西	37173	36141	5102	29379	1660	31507	3061
甘肃	36371	36305	8572	26145	1588	28024	3115
青海	8762	8762	206	7794	762	7627	206
宁夏	10123	10123	120	9764	239	8584	—
新疆	18582	18506	3615	13573	1318	15890	1985
局直属单位	90081	85465	74462	10089	914	68716	64599
大兴安岭	82150	77534	74462	2426	646	68065	64599

业分在岗职工年末人数(一)

单位:人

单　位　合　计								
农　林　牧　渔　业								采矿业
国有林场	国有苗圃	林业工作站	木材检查站	种苗站	病虫害防治站	治沙站	其他	
368484	**38173**	**128196**	**19959**	**6500**	**8950**	**674**	**104059**	**496**
842	1347	296	21	49	114	—	1035	—
61	199	207	—	41	7	—	397	—
6658	2270	2634	180	372	448	53	4295	—
8637	2102	3935	351	253	447	35	3712	—
36663	3065	3569	238	418	618	103	3932	—
2621	—	—	—	—	—	—	619	—
12102	1073	4454	353	346	462	77	3812	—
41383	2954	4170	447	55	313	—	5627	—
—	—	—	—	—	—	—	—	—
41135	1447	2451	357	288	378	—	5027	78
50	—	—	—	59	20	—	76	—
355	180	260	—	—	—	—	3	—
10396	2284	2339	221	24	82	—	610	—
5249	223	3802	898	133	318	—	1196	124
11663	3190	3623	1259	33	450	—	2746	47
7179	476	4217	814	74	105	33	2900	—
28810	1524	5235	2696	164	321	10	2217	8
7887	2413	9736	397	370	541	—	2132	—
9150	2191	5302	1395	574	579	24	2972	5
11515	698	6395	1229	383	528	—	2895	—
16589	1682	12188	2539	311	251	10	4137	10
17188	884	6066	1066	122	175	—	2192	—
26399	748	2683	1244	263	285	—	8408	—
2000	106	421	338	—	52	—	320	—
3266	153	2560	235	82	149	—	295	—
10914	1199	9218	1083	272	257	—	14601	224
5169	456	6269	687	130	255	—	1854	—
5803	249	9791	424	330	233	29	6958	—
64	16	—	12	—	—	—	—	—
14316	1292	5299	1034	778	527	105	5095	—
13606	1468	2808	365	534	518	86	5524	—
4473	280	808	27	31	99	27	1676	—
4888	1042	1086	14	—	95	—	1459	—
4124	927	6137	35	70	228	61	2323	—
—	35	237	—	—	115	21	3709	—
—	—	218	—	—	—	—	3248	—

林业系统各地区按行

地区	国有经济							
	制造业							
	小计	非木质林产品加工业	木材加工及竹、藤、棕、草制品业					林产化学产品制造
			计	锯材、木片加工	人造板制造	木制品制造	竹、藤、棕、草制品制造	
全国合计	**51487**	**967**	**35402**	**4070**	**24316**	**5103**	**1913**	**6527**
北京	—	—	—	—	—	—	—	—
天津	—	—	—	—	—	—	—	—
河北	799	48	269	23	213	—	33	70
山西	211	—	172	—	152	20	—	21
内蒙古	2464	—	2080	20	2017	43	—	—
内蒙古集团	2401	—	2017	—	2017	—	—	—
辽宁	683	—	660	—	375	285	—	—
吉林	3926	—	3014	436	918	1660	—	29
吉林集团	1116	—	792	160	632	—	—	29
黑龙江	6040	—	4695	379	3720	596	—	560
龙江集团	5562	—	4401	316	3684	401	—	560
上海	—	—	—	—	—	—	—	—
江苏	—	—	—	—	—	—	—	—
浙江	—	—	—	—	—	—	—	—
安徽	1712	—	1639	—	1454	86	99	—
福建	2763	12	2485	828	1615	7	35	149
江西	2383	—	1444	556	782	98	8	392
山东	4117	—	4117	—	4117	—	—	—
河南	610	—	39	—	—	15	24	—
湖北	3157	—	2935	326	2558	51	—	9
湖南	2174	53	1204	67	733	222	182	208
广东	1239	—	633	226	60	347	—	194
广西	5016	—	2406	148	2243	15	—	1916
海南	227	—	181	18	152	11	—	46
重庆	243	—	243	—	207	36	—	—
四川	5046	—	2611	50	242	845	1474	249
贵州	893	—	881	18	535	322	6	5
云南	5489	—	2664	848	1431	338	47	2482
西藏	13	—	13	13	—	—	—	—
陕西	1308	833	216	—	137	79	—	197
甘肃	703	16	687	—	655	27	5	—
青海	—	—	—	—	—	—	—	—
宁夏	120	—	—	—	—	—	—	—
新疆	151	5	114	114	—	—	—	—
局直属单位	—	—	—	—	—	—	—	—
大兴安岭	—	—	—	—	—	—	—	—

业分在岗职工年末人数(二)

单位:人

单位合计								
专用设备制造	工艺品制造业	其他	电力、燃气及水的生产供应业	建筑业	交通运输、仓储及邮政业	信息传输、计算机服务和软件业	批发和零售业	住宿餐饮业
1746	**20**	**6825**	**11115**	**11222**	**2024**	**244**	**11637**	**3144**
—	—	—	—	43	—	—	—	—
—	—	—	—	—	—	—	—	—
—	—	412	—	—	40	—	46	—
—	—	18	—	—	45	—	449	111
384	—	—	2274	230	—	127	260	138
384	—	—	2274	230	—	127	249	131
—	19	4	—	—	—	—	44	77
647	—	236	—	466	189	—	202	256
59	—	236	—	12	—	—	154	46
479	—	306	3052	5785	565	18	652	594
479	—	122	3052	5721	136	18	392	226
—	—	—	—	—	—	—	—	—
—	—	—	—	486	—	—	—	—
—	—	—	—	3	—	—	107	200
—	—	73	—	263	21	—	1359	36
2	—	115	18	673	101	—	597	187
—	—	547	—	50	12	12	45	45
—	—	—	—	30	—	—	172	88
—	—	571	—	—	—	—	111	13
—	1	212	1	182	—	—	244	117
—	—	709	21	41	112	—	388	101
—	—	412	184	—	59	—	1095	7
234	—	460	—	291	102	—	3386	134
—	—	—	—	—	—	—	31	—
—	—	—	—	—	—	—	89	—
—	—	2186	157	1215	—	—	402	225
—	—	7	—	16	193	—	—	—
—	—	343	—	148	551	—	1609	123
—	—	—	—	—	—	—	—	—
—	—	62	—	8	27	—	113	35
—	—	—	—	20	7	—	86	249
—	—	—	—	—	—	—	14	—
—	—	120	—	—	—	—	—	—
—	—	32	—	125	—	—	14	—
—	—	—	5408	1147	—	87	122	408
—	—	—	5408	1147	—	87	122	259

林业系统各地区按行

地区	金融业	房地产业	租赁和商务服务业	科学研究、技术服务和地质勘查业			水利、环境和	
				计	其中		计	自然保护区管理
					科技交流和推广服务	规划设计管理		
全国合计	**—**	**274**	**1993**	**26563**	**2997**	**4948**	**16485**	**11186**
北京	—	—	112	—	—	—	59	45
天津	—	—	—	—	—	—	—	—
河北	—	—	—	356	56	—	487	311
山西	—	—	—	448	85	69	331	195
内蒙古	—	123	948	1221	148	379	622	536
内蒙古集团	—	123	906	216	—	—	—	—
辽宁	—	—	—	286	30	15	516	495
吉林	—	—	163	869	—	329	908	711
吉林集团	—	—	163	401	—	—	—	—
黑龙江	—	52	53	3346	4	302	360	92
龙江集团	—	52	21	3178	—	302	56	—
上海	—	—	—	—	—	—	—	—
江苏	—	—	—	—	—	—	10	—
浙江	—	—	—	593	261	80	287	287
安徽	—	—	—	163	29	—	255	66
福建	—	31	—	825	139	346	507	336
江西	—	—	36	1032	189	226	378	191
山东	—	—	—	294	—	—	354	188
河南	—	—	—	1138	79	101	373	208
湖北	—	—	43	1158	280	84	1087	1027
湖南	—	12	181	1869	231	27	2092	430
广东	—	—	—	1232	294	173	995	684
广西	—	—	—	879	122	40	1015	818
海南	—	—	20	183	53	—	141	36
重庆	—	—	—	110	11	—	224	199
四川	—	—	96	822	286	169	626	326
贵州	—	—	—	492	98	54	293	280
云南	—	—	—	1678	179	668	1459	1376
西藏	—	—	—	—	—	—	—	—
陕西	—	—	65	437	156	56	429	347
甘肃	—	—	263	1111	165	279	744	308
青海	—	—	—	98	32	32	189	112
宁夏	—	—	—	37	—	—	1044	1044
新疆	—	—	—	370	30	—	241	79
局直属单位	—	56	13	5516	40	1519	459	459
大兴安岭	—	56	—	355	—	355	40	40

（以上各列均属“国有经济”）

业分在岗职工年末人数(三)

单位:人

单位合计								集体经济单位合计	其他各种经济单位合计
公共设施管理业		居民服务和其他服务业	教育	卫生、社会保障和社会福利业	文化、体育和娱乐业	公共管理和社会组织	国际组织		
其中									
野生动植物保护	非自然保护区的人工森林公园管理								
1208	**3507**	**1589**	**10078**	**7108**	**592**	**76853**	**—**	**71423**	**32908**
14	—	—	—	—	—	721	—	—	68
—	—	22	—	—	—	156	—	—	—
4	33	—	206	—	10	3551	—	27	—
—	120	12	293	78	—	2515	—	—	—
29	57	5	553	1591	120	2388	—	11063	6173
—	—	—	230	1591	120	301	—	11034	6173
21	—	13	10	—	—	1118	—	31	—
—	197	22	209	123	—	1991	—	2002	8243
—	—	—	114	123	—	—	—	—	8243
166	42	376	2822	2768	22	4644	—	50393	3817
—	—	362	2478	2768	22	1960	—	48971	3507
—	—	—	—	—	—	—	—	—	—
—	10	32	—	—	—	206	—	1892	749
—	—	—	2	—	—	1757	—	192	318
9	138	21	—	—	—	1528	—	283	222
—	158	151	241	132	—	4133	—	417	3553
109	56	14	205	13	7	6163	—	121	819
—	166	—	13	—	—	2182	—	—	1200
32	133	10	317	—	42	3856	—	31	—
43	17	68	617	49	15	2737	—	358	1013
11	1640	2	335	10	—	6322	—	56	—
30	251	68	222	6	10	5443	—	223	1706
24	32	—	545	—	—	1776	—	64	273
105	—	21	—	—	—	620	—	—	—
—	25	—	—	—	—	1203	—	15	8
201	72	204	135	369	—	5223	—	678	1311
—	—	4	19	—	—	2005	—	35	173
20	63	7	413	265	—	6362	—	499	515
—	—	—	—	—	—	51	—	—	—
33	49	140	206	206	—	1660	—	772	260
193	243	126	1234	903	—	2835	—	66	—
72	5	—	—	—	—	834	—	—	—
—	—	—	99	—	—	239	—	—	—
92	—	25	297	—	—	1393	—	20	56
—	—	246	1085	595	366	1241	—	2185	2431
—	—	—	608	595	146	646	—	2185	2431

林业系统各地区按行业分

地区	总计	国有经济					
		合计	企业	事业	机关	小计	木材及竹材采运
全国合计	**361650**	**355002**	**154742**	**183525**	**16735**	**289759**	**127932**
北京	1472	1434	13	1229	192	1152	—
天津	516	516	8	483	25	483	—
河北	7310	7308	179	6028	1101	5336	—
山西	8284	8284	84	7425	775	6725	—
内蒙古	30074	28505	17486	10660	359	24360	15509
内蒙古集团	21497	19930	17424	2473	33	16872	15509
辽宁	7583	7583	124	7340	119	7133	—
吉林	38626	37346	30220	6448	678	34411	26081
吉林集团	12248	11005	10521	484	—	10183	10183
黑龙江	78827	76777	63741	11848	1188	65636	59390
龙江集团	71471	69492	63606	5180	706	59480	59390
上海	271	271	—	271	—	271	—
江苏	4174	4061	599	3359	103	3902	—
浙江	6239	6189	303	5484	402	5197	—
安徽	6998	6969	725	6106	138	6299	75
福建	10359	10025	2656	6252	1117	6537	1300
江西	10650	10510	2485	6778	1247	8116	2310
山东	13070	12970	553	12267	150	11866	—
河南	5851	5848	134	5117	597	4459	8
湖北	10594	10464	592	8633	1239	7830	116
湖南	13944	13936	2391	9526	2019	10057	959
广东	5991	5941	1017	4512	412	4481	143
广西	14680	14578	3187	10864	527	10858	19
海南	790	790	409	265	116	568	331
重庆	2307	2305	41	1961	303	1875	—
四川	13958	13774	3924	8236	1614	10044	3244
贵州	6422	6415	856	5250	309	5489	653
云南	13917	13756	2986	9747	1023	9248	1399
西藏	37	37	7	28	2	28	—
陕西	9474	9389	1081	7956	352	8117	709
甘肃	7779	7769	1223	6390	156	5586	358
青海	1417	1417	14	1403	—	1316	14
宁夏	1964	1964	45	1858	61	1725	—
新疆	5587	5570	912	4457	201	4837	498
局直属单位	22485	22301	16747	5344	210	15817	14816
大兴安岭	18354	18170	16747	1213	210	15394	14816

在岗职工中专业技术人员年末人数(一)

单位:人

单位合计								
农林牧渔业								采矿业
国有林场	国有苗圃	林业工作站	木材检查站	种苗站	病虫害防治站	治沙站	其他	
52609	**7225**	**57871**	**4424**	**3109**	**5196**	**342**	**31051**	**105**
239	272	172	9	25	69	—	366	—
17	73	123	—	28	5	—	237	—
972	654	1455	88	160	307	32	1668	—
2130	620	1871	105	134	275	35	1555	—
4864	347	1662	63	178	299	51	1387	—
1015	—	—	—	—	—	—	348	—
2749	321	2193	123	186	309	48	1204	—
4551	177	1753	138	37	192	—	1482	—
—	—	—	—	—	—	—	—	—
3672	155	1022	33	148	213	—	1003	7
1	—	—	—	33	16	—	40	—
35	60	175	—	—	—	—	1	—
1638	268	1502	81	3	40	—	370	—
884	77	2663	415	111	255	—	792	48
1865	416	2337	306	26	282	—	992	4
1283	121	2374	144	43	65	2	1205	—
2525	235	1628	440	99	151	10	718	1
1393	604	7779	223	273	435	—	1159	—
996	397	1832	139	183	237	6	661	2
3102	234	2467	372	137	248	—	1154	—
2528	338	4251	494	161	130	6	1190	6
2066	109	1340	171	41	63	—	548	—
5483	200	1393	332	158	212	—	3061	—
83	7	39	19	—	26	—	63	—
556	20	1003	19	39	81	—	157	—
1100	219	2521	102	125	138	—	2595	37
1005	175	2415	239	89	179	—	734	—
1125	62	4417	100	140	154	1	1850	—
15	13	—	—	—	—	—	—	—
2340	365	2348	154	295	243	59	1604	—
1550	228	1299	96	223	302	42	1488	—
709	94	314	—	25	66	8	86	—
452	170	834	2	—	30	—	237	—
682	163	2604	17	42	127	23	681	—
—	31	85	—	—	63	19	803	—
—	—	67	—	—	—	—	511	—

林业系统各地区按行业分

地区	国有经济							
	制造业							
	小计	非木质林产品加工业	木材加工及竹、藤、棕、草制品业					林产化学产品制造
			计	锯材、木片加工	人造板制造	木制品制造	竹、藤、棕、草制品制造	
全国合计	**7941**	**107**	**5347**	**804**	**3776**	**719**	**48**	**939**
北京	—	—	—	—	—	—	—	—
天津	—	—	—	—	—	—	—	—
河北	119	8	44	—	42	—	2	9
山西	60	—	54	—	43	11	—	—
内蒙古	296	—	176	3	173	—	—	—
内蒙古集团	293	—	173	—	173	—	—	—
辽宁	67	—	62	—	17	45	—	—
吉林	459	—	181	56	68	57	—	5
吉林集团	118	—	58	24	34	—	—	5
黑龙江	1885	—	1653	281	1155	217	—	17
龙江集团	1831	—	1626	278	1149	199	—	17
上海	—	—	—	—	—	—	—	—
江苏	—	—	—	—	—	—	—	—
浙江	—	—	—	—	—	—	—	—
安徽	139	—	126	—	114	3	9	—
福建	456	5	397	65	329	—	3	13
江西	229	—	115	31	82	2	—	15
山东	549	—	549	—	549	—	—	—
河南	123	—	2	—	—	2	—	—
湖北	277	—	271	19	222	30	—	5
湖南	275	25	108	4	40	50	14	31
广东	69	—	23	17	—	6	—	28
广西	1100	—	560	24	532	4	—	406
海南	16	—	13	4	9	—	—	3
重庆	7	—	7	—	4	3	—	—
四川	340	—	123	5	20	86	12	24
贵州	163	—	160	1	47	112	—	—
云南	988	—	576	247	238	83	8	346
西藏	7	—	7	7	—	—	—	—
陕西	163	69	40	—	34	6	—	37
甘肃	60	—	60	—	58	2	—	—
青海	—	—	—	—	—	—	—	—
宁夏	45	—	—	—	—	—	—	—
新疆	49	—	40	40	—	—	—	—
局直属单位	—	—	—	—	—	—	—	—
大兴安岭	—	—	—	—	—	—	—	—

在岗职工中专业技术人员年末人数(二)

单位:人

单位合计								
专用设备制造	工艺品制造业	其他	电力、燃气及水的生产供应业	建筑业	交通运输、仓储及邮政业	信息传输、计算机服务和软件业	批发和零售业	住宿餐饮业
533	**2**	**1013**	**2226**	**3182**	**395**	**130**	**2952**	**461**
—	—	—	—	43	—	—	—	—
—	—	—	—	—	—	—	—	—
—	—	58	—	—	6	—	29	—
—	—	6	—	—	5	—	92	22
120	—	—	401	64	—	87	138	11
120	—	—	401	64	—	87	137	9
—	2	3	—	—	—	—	9	2
233	—	40	—	385	16	—	93	30
15	—	40	—	8	—	—	70	8
152	—	63	642	968	63	15	264	146
152	—	36	642	954	41	15	225	40
—	—	—	—	—	—	—	—	—
—	—	—	—	38	—	—	—	—
—	—	—	—	3	—	—	28	40
—	—	13	—	24	2	—	233	4
1	—	40	2	546	17	—	283	19
—	—	99	—	43	2	12	5	9
—	—	—	—	11	—	—	82	11
—	—	121	—	—	—	—	9	—
—	—	1	—	23	—	—	68	17
—	—	111	4	11	29	—	82	10
—	—	18	59	—	—	—	115	2
27	—	107	—	64	23	—	986	27
—	—	—	—	—	—	—	6	—
—	—	—	—	—	—	—	15	—
—	—	193	54	486	—	—	110	11
—	—	3	—	10	36	—	—	—
—	—	66	—	116	192	—	176	10
—	—	—	—	—	—	—	—	—
—	—	17	—	2	4	—	37	11
—	—	—	—	2	—	—	2	18
—	—	—	—	—	—	—	2	—
—	—	45	—	—	—	—	—	—
—	—	9	—	21	—	—	6	—
—	—	—	1064	322	—	16	82	61
—	—	—	1064	322	—	16	82	54

林业系统各地区按行业分在岗

地区	金融业	房地产业	租赁和商务服务业	科学研究、技术服务和地质勘查业			国有经济	
				计	其中：科技交流和推广服务	其中：规划设计管理	水利、环境和…计	自然保护区管理
全国合计	**—**	**59**	**1042**	**14320**	**1625**	**3331**	**3365**	**2443**
北京	—	—	13	—	—	—	34	21
天津	—	—	—	—	—	—	—	—
河北	—	—	—	268	49	—	109	85
山西	—	—	—	250	40	40	88	53
内蒙古	—	12	787	647	61	162	76	55
内蒙古集团	—	12	759	187	—	—	—	—
辽宁	—	—	—	161	18	8	77	73
吉林	—	—	134	690	—	237	272	270
吉林集团	—	—	134	346	—	—	—	—
黑龙江	—	5	12	1848	4	171	146	23
龙江集团	—	5	1	1772	—	171	27	—
上海	—	—	—	—	—	—	—	—
江苏	—	—	—	—	—	—	10	—
浙江	—	—	—	381	171	65	90	90
安徽	—	—	—	68	16	—	58	27
福建	—	15	—	439	68	188	161	125
江西	—	—	4	585	104	182	119	49
山东	—	—	—	220	—	—	74	54
河南	—	—	—	438	40	63	73	20
湖北	—	—	14	512	108	37	77	56
湖南	—	7	27	912	82	9	204	82
广东	—	—	—	462	163	112	151	139
广西	—	—	—	498	54	28	126	74
海南	—	—	4	43	16	—	20	6
重庆	—	—	—	48	5	—	57	55
四川	—	—	19	512	244	90	125	80
贵州	—	—	—	284	72	43	116	111
云南	—	—	—	1145	84	501	365	337
西藏	—	—	—	—	—	—	—	—
陕西	—	—	3	174	62	22	143	119
甘肃	—	—	14	609	89	176	167	82
青海	—	—	—	63	13	22	36	16
宁夏	—	—	—	16	—	—	50	50
新疆	—	—	—	211	28	—	81	31
局直属单位	—	20	11	2836	34	1175	260	260
大兴安岭	—	20	—	194	—	194	21	21

职工中专业技术人员年末人数(三)

单位:人

单位合计								集体经济单位合计	其他各种经济单位合计
公共设施管理业		居民服务和其他服务业	教育	卫生、社会保障和社会福利业	文化、体育和娱乐业	公共管理和社会组织	国际组织		
其中									
野生动植物保护	非自然保护区的人工森林公园管理								
389	**418**	**508**	**6305**	**4414**	**396**	**17442**	**—**	**2948**	**3700**
10	—	—	—	—	—	192	—	—	38
—	—	8	—	—	—	25	—	—	—
4	12	—	157	—	9	1275	—	2	—
—	28	1	247	19	—	775	—	—	—
11	10	—	378	788	82	378	—	562	1007
—	—	—	187	788	82	52	—	560	1007
4	—	6	9	—	—	119	—	—	—
—	2	3	101	74	—	678	—	37	1243
—	—	—	64	74	—	—	—	—	1243
90	6	127	1758	2029	19	1207	—	1842	208
—	—	126	1579	2029	19	706	—	1783	196
—	—	—	—	—	—	—	—	—	—
—	10	8	—	—	—	103	—	84	29
—	—	—	—	—	—	402	—	2	48
7	15	—	—	—	—	138	—	12	17
—	28	68	147	98	—	1237	—	61	273
38	22	9	102	2	7	1265	—	8	132
—	20	—	7	—	—	150	—	—	100
10	43	2	140	—	5	597	—	3	—
18	3	18	332	42	15	1239	—	30	100
7	115	—	282	10	—	2020	—	8	—
6	6	9	167	6	8	412	—	8	42
1	27	—	369	—	—	527	—	11	91
14	—	2	—	—	—	131	—	—	—
—	2	—	—	—	—	303	—	—	2
33	—	40	77	262	—	1657	—	68	116
—	—	—	8	—	—	309	—	2	5
4	24	—	265	228	—	1023	—	106	55
—	—	—	—	—	—	2	—	—	—
9	15	37	153	193	—	352	—	85	—
56	29	36	680	254	—	341	—	10	—
19	1	—	—	—	—	—	—	—	—
—	—	—	67	—	—	61	—	—	—
48	—	15	149	—	—	201	—	2	15
—	—	119	710	409	251	323	—	5	179
—	—	—	327	409	57	210	—	5	179

林业系统各地区按行业分在岗

地区	总计	合计	企业	事业	机关	国有经济	
						小计	木材及竹材采运
全国合计	**125557**	**123421**	**57638**	**57998**	**7785**	**96844**	**48160**
北　京	418	408	3	315	90	303	—
天　津	280	280	5	257	18	257	—
河　北	3192	3191	88	2518	585	2197	—
山　西	2985	2985	18	2561	406	2228	—
内蒙古	9515	9079	4778	4142	159	7316	4194
内蒙古集团	6172	5738	4724	988	26	4560	4194
辽　宁	2819	2819	45	2717	57	2624	—
吉　林	14307	13952	11323	2262	367	12669	9997
吉林集团	4623	4294	4147	147	—	4017	4017
黑龙江	34376	33835	28002	5182	651	28531	26112
龙江集团	31388	30869	27928	2572	369	26152	26112
上　海	153	153	—	153	—	153	—
江　苏	971	910	103	758	49	848	—
浙　江	1883	1876	102	1602	172	1459	—
安　徽	1947	1940	258	1618	64	1660	14
福　建	4023	3825	996	2317	512	2352	476
江　西	3716	3696	951	2224	521	2620	814
山　东	3400	3340	138	3122	80	2974	—
河　南	2256	2256	18	1965	273	1637	—
湖　北	5599	5493	285	4434	774	4002	40
湖　南	3051	3048	414	1941	693	1724	137
广　东	1565	1551	300	1150	101	1077	61
广　西	4696	4673	1320	3109	244	2970	3
海　南	261	261	163	49	49	187	132
重　庆	704	704	15	525	164	501	—
四　川	4399	4374	899	2667	808	2680	445
贵　州	1156	1149	127	894	128	805	52
云　南	3274	3190	600	2245	345	1747	253
西　藏	20	20	2	18	—	18	—
陕　西	3272	3213	443	2582	188	2703	318
甘　肃	2474	2471	407	2010	54	1598	113
青　海	423	423	9	414	—	372	9
宁　夏	537	537	25	463	49	353	—
新　疆	1518	1505	333	1093	79	1155	161
局直属单位	6367	6264	5468	691	105	5124	4829
大兴安岭	6367	6264	5468	691	105	5124	4829

注:国家林业局机关及直属单位在岗职工共 7931 人(不含大兴安岭)未参加按职称分组。

职工中中级技术职称人员年末人数(一)

单位:人

单位合计								
农林牧渔业								采矿业
国有林场	国有苗圃	林业工作站	木材检查站	种苗站	病虫害防治站	治沙站	其他	
16357	**2286**	**13873**	**957**	**1291**	**2328**	**85**	**11507**	**44**
39	55	50	1	12	20	—	126	—
10	45	55	—	5	2	—	140	—
304	249	655	27	68	133	10	751	—
498	188	776	33	65	126	6	536	—
1525	142	632	34	88	159	21	521	—
233	—	—	—	—	—	—	133	—
816	133	728	65	99	175	20	588	—
1438	76	407	29	19	94	—	609	—
—	—	—	—	—	—	—	—	—
1359	60	346	17	78	118	—	441	5
1	—	—	—	15	10	—	14	—
24	60	68	—	—	—	—	1	—
292	67	391	22	—	12	—	64	—
239	22	625	77	56	144	—	296	20
515	145	456	62	12	131	—	325	—
484	38	735	37	17	35	1	529	—
1021	60	268	69	54	75	3	256	—
283	110	1928	46	97	157	—	353	—
403	176	579	49	58	102	3	267	—
1929	92	911	147	72	136	—	675	—
519	90	474	41	54	50	3	356	2
598	30	156	16	16	34	—	166	—
1527	38	228	25	58	98	—	993	—
22	1	—	2	—	9	—	21	—
151	3	195	2	20	33	—	97	—
414	65	721	39	56	56	—	884	17
123	20	267	38	37	83	—	185	—
211	16	566	22	36	66	—	577	—
10	8	—	—	—	—	—	—	—
786	107	640	46	105	81	1	619	—
415	77	373	6	72	110	10	422	—
149	30	112	—	13	31	2	26	—
77	35	105	2	—	22	—	112	—
176	48	379	3	24	36	5	323	—
—	—	47	—	—	—	—	248	—
—	—	47	—	—	—	—	248	—

林业系统各地区按行业分在岗

地　区	国有经济							
	制造业							
	小　计	非木质林产品加工业	木材加工及竹、藤、棕、草制品业					林产化学产品制造
			计	锯材、木片加工	人造板制造	木制品制造	竹、藤、棕、草制品制造	
全国合计	**2972**	**64**	**2024**	**315**	**1429**	**268**	**12**	**260**
北　京	—	—	—	—	—	—	—	—
天　津	—	—	—	—	—	—	—	—
河　北	52	—	41	—	40	—	1	1
山　西	6	—	5	—	5	—	—	—
内蒙古	92	—	54	1	53	—	—	—
内蒙古集团	91	—	53	—	53	—	—	—
辽　宁	21	—	19	—	16	3	—	—
吉　林	201	—	103	23	35	45	—	4
吉林集团	58	—	40	12	28	—	—	4
黑龙江	853	—	699	144	472	83	—	4
龙江集团	825	—	686	141	468	77	—	4
上　海	—	—	—	—	—	—	—	—
江　苏	—	—	—	—	—	—	—	—
浙　江	—	—	—	—	—	—	—	—
安　徽	90	—	81	—	77	3	1	—
福　建	174	5	146	22	124	—	—	10
江　西	139	—	71	29	40	2	—	14
山　东	161	—	161	—	161	—	—	—
河　南	15	—	2	—	—	2	—	—
湖　北	142	—	142	9	129	4	—	—
湖　南	54	8	30	1	19	10	—	4
广　东	10	—	6	1	—	5	—	3
广　西	358	—	194	2	190	2	—	134
海　南	13	—	10	3	7	—	—	3
重　庆	1	—	1	—	1	—	—	—
四　川	190	—	61	5	11	36	9	3
贵　州	56	—	55	—	12	43	—	—
云　南	198	—	99	50	23	25	1	61
西　藏	2	—	2	2	—	—	—	—
陕　西	78	51	8	—	5	3	—	19
甘　肃	11	—	11	—	9	2	—	—
青　海	—	—	—	—	—	—	—	—
宁　夏	25	—	—	—	—	—	—	—
新　疆	30	—	23	23	—	—	—	—
局直属单位	—	—	—	—	—	—	—	—
大兴安岭	—	—	—	—	—	—	—	—

职工中中级技术职称人员年末人数(二)

单位:人

单位合计								
专用设备制造	工艺品制造业	其他	电力、燃气及水的生产供应业	建筑业	交通运输、仓储及邮政业	信息传输、计算机服务和软件业	批发和零售业	住宿餐饮业
253	**2**	**369**	**613**	**1136**	**155**	**50**	**1346**	**184**
—	—	—	—	3	—	—	—	—
—	—	—	—	—	—	—	—	—
—	—	10	—	—	1	—	22	—
—	—	1	—	—	5	—	44	7
38	—	—	106	13	—	20	80	6
38	—	—	106	13	—	20	79	5
—	2	—	—	—	—	—	4	2
84	—	10	—	96	12	—	46	17
4	—	10	—	4	—	—	34	6
109	—	41	231	414	38	10	119	38
109	—	26	231	406	26	10	104	5
—	—	—	—	—	—	—	—	—
—	—	—	—	12	—	—	—	—
—	—	—	—	—	—	—	9	20
—	—	9	—	9	—	—	72	1
1	—	12	—	140	8	—	152	2
—	—	54	—	20	—	10	—	2
—	—	—	—	1	—	—	32	4
—	—	13	—	—	—	—	3	—
—	—	—	—	8	—	—	39	12
—	—	12	—	11	13	—	35	5
—	—	1	—	—	—	—	8	—
21	—	9	—	56	15	—	524	21
—	—	—	—	—	—	—	—	—
—	—	—	—	—	—	—	4	—
—	—	126	—	200	—	—	48	4
—	—	1	—	3	16	—	—	—
—	—	38	—	34	47	—	53	3
—	—	—	—	—	—	—	—	—
—	—	—	—	2	—	—	10	4
—	—	—	—	2	—	—	—	7
—	—	—	—	—	—	—	—	—
—	—	25	—	—	—	—	—	—
—	—	7	—	17	—	—	2	—
—	—	—	276	95	—	10	40	29
—	—	—	276	95	—	10	40	29

林业系统各地区按行业分在岗

地区	国有经济							
	金融业	房地产业	租赁和商务服务业	科学研究、技术服务和地质勘查业			水利、环境和	
				计	其中		计	自然保护区管理
					科技交流和推广服务	规划设计管理		
全国合计	**—**	**41**	**409**	**5182**	**669**	**1239**	**1197**	**875**
北京	—	—	3	—	—	—	9	6
天津	—	—	—	—	—	—	—	—
河北	—	—	—	118	36	—	38	32
山西	—	—	—	135	37	16	46	19
内蒙古	—	5	316	380	50	123	25	11
内蒙古集团	—	5	289	90	—	—	—	—
辽宁	—	—	—	72	10	4	35	34
吉林	—	—	28	252	—	112	189	187
吉林集团	—	—	28	101	—	—	—	—
黑龙江	—	2	9	860	2	117	61	9
龙江集团	—	2	—	829	—	117	10	—
上海	—	—	—	—	—	—	—	—
江苏	—	—	—	—	—	—	1	—
浙江	—	—	—	177	87	34	19	19
安徽	—	—	—	25	7	—	19	9
福建	—	11	—	203	40	101	53	48
江西	—	—	1	277	26	77	29	7
山东	—	—	—	57	—	—	28	24
河南	—	—	—	205	16	39	27	7
湖北	—	—	9	238	58	18	42	33
湖南	—	5	18	341	26	6	54	18
广东	—	—	—	152	48	49	114	111
广西	—	—	—	248	14	13	49	28
海南	—	—	—	11	—	—	—	—
重庆	—	—	—	20	1	—	14	14
四川	—	—	17	200	58	32	36	28
贵州	—	—	—	110	21	12	24	24
云南	—	—	—	494	58	236	83	71
西藏	—	—	—	—	—	—	—	—
陕西	—	—	3	62	29	8	40	30
甘肃	—	—	5	251	26	81	61	30
青海	—	—	—	33	7	14	18	5
宁夏	—	—	—	13	—	—	39	39
新疆	—	—	—	101	12	—	24	12
局直属单位	—	18	—	147	—	147	20	20
大兴安岭	—	18	—	147	—	147	20	20

职工中中级技术职称人员年末人数(三)

单位:人

单位合计 公共设施管理业 其中 野生动植物保护	单位合计 公共设施管理业 其中 非自然保护区的人工森林公园管理	居民服务和其他服务业	教育	卫生、社会保障和社会福利业	文化、体育和娱乐业	公共管理和社会组织	国际组织	集体经济单位合计	其他各种经济单位合计
140	**141**	**164**	**2943**	**1960**	**90**	**8091**	**—**	**870**	**1266**
2	—	—	—	—	—	90	—	—	10
—	—	5	—	—	—	18	—	—	—
—	2	—	77	—	5	681	—	1	—
—	26	1	97	10	—	406	—	—	—
8	6	—	181	323	46	170	—	131	305
—	—	—	74	323	46	37	—	129	305
1	—	—	4	—	—	57	—	—	—
—	2	3	50	22	—	367	—	26	329
—	—	—	24	22	—	—	—	—	329
39	3	52	885	1057	8	662	—	479	62
—	—	52	783	1057	8	369	—	464	55
—	—	—	—	—	—	—	—	—	—
—	1	—	—	—	—	49	—	34	27
—	—	—	—	—	—	172	—	2	5
1	6	—	—	—	—	64	—	6	1
—	1	51	73	24	—	582	—	8	190
10	6	9	61	2	1	525	—	1	19
—	4	—	3	—	—	80	—	—	60
5	15	1	91	—	4	273	—	—	—
8	1	14	204	7	2	774	—	20	86
3	33	—	92	—	—	694	—	3	—
2	1	1	85	1	2	101	—	6	8
—	12	—	188	—	—	244	—	3	20
—	—	—	—	—	—	50	—	—	—
—	—	—	—	—	—	164	—	—	—
5	—	2	38	111	—	831	—	17	8
—	—	—	7	—	—	128	—	2	5
—	12	—	142	44	—	345	—	66	18
—	—	—	—	—	—	—	—	—	—
6	4	2	35	86	—	188	—	59	—
26	5	18	272	103	—	143	—	3	—
12	1	—	—	—	—	—	—	—	—
—	—	—	58	—	—	49	—	—	—
12	—	5	92	—	—	79	—	1	12
—	—	—	208	170	22	105	—	2	101
—	—	—	208	170	22	105	—	2	101

林业系统各地区按行业分在岗

地　　区	总　计	合　计	企　业	事　业	机　关	国　有　经　济 小　计	木材及竹材采运
全国合计	**22811**	**22464**	**8179**	**12617**	**1668**	**14165**	**6332**
北　京	90	83	2	64	17	60	—
天　津	89	89	1	85	3	85	—
河　北	745	744	6	555	183	400	—
山　西	544	544	11	466	67	377	—
内蒙古	1854	1730	649	1056	25	983	556
内蒙古集团	1305	1181	646	531	4	631	556
辽　宁	481	481	2	464	15	420	—
吉　林	2634	2546	1796	665	85	1995	1294
吉林集团	973	885	781	104	—	662	662
黑龙江	6932	6889	4341	2251	297	4431	3786
龙江集团	6111	6071	4330	1492	249	3817	3786
上　海	27	27	—	27	—	27	—
江　苏	223	221	4	202	15	206	—
浙　江	284	283	11	240	32	163	—
安　徽	270	270	24	232	14	224	2
福　建	667	656	101	427	128	288	29
江　西	600	600	56	420	124	333	48
山　东	1119	1119	45	1058	16	949	—
河　南	484	484	1	437	46	271	—
湖　北	697	681	45	508	128	295	—
湖　南	533	531	41	381	109	160	7
广　东	201	201	18	170	13	90	1
广　西	516	513	122	366	25	271	—
海　南	84	84	66	10	8	70	64
重　庆	108	108	1	84	23	57	—
四　川	710	704	182	416	106	390	94
贵　州	92	92	7	79	6	42	4
云　南	436	426	41	349	36	103	9
西　藏	11	11	2	7	2	7	—
陕　西	499	477	38	411	28	367	18
甘　肃	387	386	12	359	15	178	3
青　海	62	62	5	57	—	41	5
宁　夏	180	180	20	148	12	125	—
新　疆	449	446	40	347	59	282	12
局直属单位	803	796	489	276	31	475	400
大兴安岭	803	796	489	276	31	475	400

注:国家林业局机关及直属单位在岗职工共7931人(不含大兴安岭)未参加按职称分组。

职工中高级技术职称人员年末人数(一)

单位:人

单位合计								
农林牧渔业								采矿业
国有林场	国有苗圃	林业工作站	木材检查站	种苗站	病虫害防治站	治沙站	其他	
2055	**292**	**1827**	**148**	**369**	**657**	**23**	**2462**	**—**
7	9	14	—	3	8	—	19	—
1	3	5	—	2	1	—	73	—
51	31	79	1	12	39	1	186	—
140	7	68	3	21	12	—	126	—
108	4	94	4	40	35	5	137	—
34	—	—	—	—	—	—	41	—
42	41	91	3	24	58	12	149	—
356	14	48	9	14	50	—	210	—
—	—	—	—	—	—	—	—	—
320	7	34	4	34	45	—	201	—
—	—	—	—	14	6	—	11	—
1	—	26	—	—	—	—	—	—
62	5	110	3	—	9	—	17	—
23	—	39	5	12	40	—	44	—
57	21	43	—	3	35	—	63	—
119	4	45	6	9	16	—	60	—
127	9	24	47	13	18	—	47	—
62	25	502	12	57	99	—	192	—
46	23	95	11	14	25	—	57	—
91	16	78	7	15	27	—	61	—
40	3	7	2	14	16	—	71	—
46	4	4	1	3	8	—	23	—
113	—	14	1	10	18	—	115	—
—	—	—	—	—	4	—	2	—
14	—	18	—	4	8	—	13	—
25	10	77	8	7	12	—	157	—
10	—	5	1	1	8	—	13	—
2	—	21	13	6	9	—	43	—
5	2	—	—	—	—	—	—	—
26	15	112	1	25	26	—	144	—
20	7	50	5	11	18	2	62	—
8	—	13	—	4	1	1	9	—
69	13	15	—	—	8	—	20	—
64	19	76	1	11	4	2	93	—
—	—	20	—	—	—	—	55	—
—	—	20	—	—	—	—	55	—

林业系统各地区按行业分在岗

地区	国有经济								
	制造业								
	小计	非木质林产品加工业	木材加工及竹、藤、棕、草制品业						林产化学产品制造
			计	锯材、木片加工	人造板制造	木制品制造	竹、藤、棕、草制品制造		
全国合计	**647**	**13**	**459**	**97**	**281**	**73**	**8**		**38**
北京	—	—	—	—	—	—	—		—
天津	—	—	—	—	—	—	—		—
河北	2	—	—	—	—	—	—		—
山西	4	—	4	—	4	—	—		—
内蒙古	16	—	12	—	12	—	—		—
内蒙古集团	16	—	12	—	12	—	—		—
辽宁	1	—	1	—	1	—	—		—
吉林	61	—	29	7	10	12	—		1
吉林集团	17	—	10	4	6	—	—		1
黑龙江	274	—	232	74	128	30	—		3
龙江集团	268	—	231	74	128	29	—		3
上海	—	—	—	—	—	—	—		—
江苏	—	—	—	—	—	—	—		—
浙江	—	—	—	—	—	—	—		—
安徽	12	—	12	—	4	—	8		—
福建	35	—	28	—	28	—	—		1
江西	10	—	6	1	5	—	—		—
山东	37	—	37	—	37	—	—		—
河南	1	—	—	—	—	—	—		—
湖北	40	—	40	8	32	—	—		—
湖南	5	3	1	—	—	1	—		—
广东	1	—	—	—	—	—	—		1
广西	43	—	15	—	15	—	—		23
海南	2	—	2	—	2	—	—		—
重庆	—	—	—	—	—	—	—		—
四川	34	—	27	—	2	25	—		—
贵州	2	—	2	—	—	2	—		—
云南	20	—	—	—	—	—	—		5
西藏	2	—	2	2	—	—	—		—
陕西	17	10	3	—	—	3	—		4
甘肃	1	—	1	—	1	—	—		—
青海	—	—	—	—	—	—	—		—
宁夏	20	—	—	—	—	—	—		—
新疆	7	—	5	5	—	—	—		—
局直属单位	—	—	—	—	—	—	—		—
大兴安岭	—	—	—	—	—	—	—		—

职工中高级技术职称人员年末人数(二)

单位:人

单位合计								
专用设备制造	工艺品制造业	其他	电力、燃气及水的生产供应业	建筑业	交通运输、仓储及邮政业	信息传输、计算机服务和软件业	批发和零售业	住宿餐饮业
65	**—**	**72**	**75**	**194**	**15**	**18**	**175**	**45**
—	—	—	—	—	—	—	—	—
—	—	—	—	—	—	—	—	—
—	—	2	—	—	—	—	1	—
—	—	—	—	—	—	—	7	—
4	—	—	24	5	—	5	14	1
4	—	—	24	5	—	5	14	—
—	—	—	—	—	—	—	—	—
26	—	5	—	23	1	—	29	5
1	—	5	—	2	—	—	19	2
30	—	9	23	59	7	5	78	12
30	—	4	23	53	7	5	77	5
—	—	—	—	—	—	—	—	—
—	—	—	—	—	—	—	—	—
—	—	—	—	—	—	—	1	8
—	—	—	—	—	2	—	3	1
—	—	6	—	12	1	—	9	9
—	—	4	—	3	1	2	—	—
—	—	—	—	—	—	—	8	—
—	—	1	—	—	—	—	—	—
—	—	—	—	2	—	—	3	—
—	—	1	—	—	—	—	1	3
—	—	—	—	—	—	—	—	—
5	—	—	—	5	—	—	8	2
—	—	—	—	—	—	—	—	—
—	—	—	—	—	—	—	1	—
—	—	7	—	63	—	—	1	1
—	—	—	—	—	1	—	—	—
—	—	15	—	4	2	—	5	—
—	—	—	—	—	—	—	—	—
—	—	—	—	—	—	—	1	1
—	—	—	—	—	—	—	—	—
—	—	—	—	—	—	—	2	—
—	—	20	—	—	—	—	—	—
—	—	2	—	—	—	—	—	—
—	—	—	28	18	—	6	3	2
—	—	—	28	18	—	6	3	2

林业系统各地区按行业分在岗

地区	国有经济							
	金融业	房地产业	租赁和商务服务业	科学研究、技术服务和地质勘查业			水利、环境和	
				计	其中 科技交流和推广服务	其中 规划设计管理	计	自然保护区管理
全国合计	**—**	**6**	**362**	**2506**	**191**	**389**	**284**	**196**
北　京	—	—	2	—	—	—	4	—
天　津	—	—	—	—	—	—	—	—
河　北	—	—	—	65	4	—	12	11
山　西	—	—	—	41	1	5	5	3
内蒙古	—	2	276	177	11	39	6	3
内蒙古集团	—	2	275	43	—	—	—	—
辽　宁	—	—	—	32	4	2	12	12
吉　林	—	—	79	185	—	53	46	46
吉林集团	—	—	79	78	—	—	—	—
黑龙江	—	—	2	579	2	24	36	—
龙江集团	—	—	—	545	—	24	7	—
上　海	—	—	—	—	—	—	—	—
江　苏	—	—	—	—	—	—	—	—
浙　江	—	—	—	77	33	11	2	2
安　徽	—	—	—	10	2	—	4	3
福　建	—	—	—	103	16	46	14	11
江　西	—	—	—	79	13	30	7	2
山　东	—	—	—	98	—	—	10	10
河　南	—	—	—	99	9	24	17	4
湖　北	—	—	—	108	20	6	7	3
湖　南	—	2	1	174	6	—	8	3
广　东	—	—	—	69	37	21	2	2
广　西	—	—	—	86	5	1	16	14
海　南	—	—	—	3	—	—	—	—
重　庆	—	—	—	24	—	—	3	3
四　川	—	—	2	72	4	1	1	—
贵　州	—	—	—	29	2	1	11	11
云　南	—	—	—	172	7	46	10	10
西　藏	—	—	—	—	—	—	—	—
陕　西	—	—	—	9	3	—	15	13
甘　肃	—	—	—	94	2	28	13	12
青　海	—	—	—	11	5	4	8	6
宁　夏	—	—	—	3	—	—	11	11
新　疆	—	—	—	60	5	—	3	—
局直属单位	—	2	—	47	—	47	1	1
大兴安岭	—	2	—	47	—	47	1	1

职工中高级技术职称人员年末人数(三)

单位:人

单位合计									
公共设施管理业 其中		居民服务和其他服务业	教育	卫生、社会保障和社会福利业	文化、体育和娱乐业	公共管理和社会组织	国际组织	集体经济单位合计	其他各种经济单位合计
野生动植物保护	非自然保护区的人工森林公园管理								
54	**19**	**30**	**1457**	**688**	**50**	**1747**	**—**	**93**	**254**
4	—	—	—	—	—	17	—	—	7
—	—	1	—	—	—	3	—	—	—
—	—	—	47	—	3	214	—	1	—
—	2	—	43	—	—	67	—	—	—
3	—	—	83	93	14	31	—	7	117
—	—	—	49	93	14	10	—	7	117
—	—	—	1	—	—	15	—	—	—
—	—	—	32	5	—	85	—	—	88
—	—	—	21	5	—	—	—	—	88
29	—	18	572	480	9	304	—	39	4
—	—	18	508	480	9	249	—	37	3
—	—	—	—	—	—	—	—	—	—
—	—	—	—	—	—	15	—	—	2
—	—	—	—	—	—	32	—	—	1
—	1	—	—	—	—	14	—	—	—
—	3	2	36	4	—	143	—	—	11
1	—	—	41	—	—	124	—	—	—
—	—	—	1	—	—	16	—	—	—
5	8	1	48	—	1	46	—	—	—
4	—	2	92	—	4	128	—	5	11
1	4	—	68	—	—	109	—	2	—
—	—	—	25	—	1	13	—	—	—
—	1	—	57	—	—	25	—	—	3
—	—	—	—	—	—	9	—	—	—
—	—	—	—	—	—	23	—	—	—
1	—	—	5	18	—	117	—	6	—
—	—	—	1	—	—	6	—	—	—
—	—	—	61	13	—	36	—	10	—
—	—	—	—	—	—	2	—	—	—
2	—	—	18	21	—	28	—	22	—
1	—	—	69	8	—	23	—	1	—
2	—	—	—	—	—	—	—	—	—
—	—	—	9	—	—	12	—	—	—
1	—	6	29	—	—	59	—	—	3
—	—	—	119	46	18	31	—	—	7
—	—	—	119	46	18	31	—	—	7

林业系统各地区按行业分在岗

地　区	总　计	国有经济					
		合　计	企　业	事　业	机　关	小　计	木材及竹材采运
全国合计	**1234435**	**1138645**	**570980**	**537556**	**30109**	**999539**	**446829**
北　京	3061	3023	99	2686	238	2615	—
天　津	510	510	5	499	6	499	—
河　北	16124	16099	972	13882	1245	13337	—
山　西	18044	18044	261	16526	1257	15608	—
内蒙古	132520	115974	71805	43213	956	107668	64692
内蒙古集团	89908	73381	71429	1824	128	67083	64692
辽　宁	17979	17948	1707	16046	195	16520	—
吉　林	135946	127294	94568	32121	605	121542	73561
吉林集团	44516	37715	37403	312	—	36304	36304
黑龙江	305095	255079	205950	48066	1063	237908	192480
龙江集团	255443	207122	204333	2453	336	192574	192480
上　海	611	611	—	611	—	611	—
江　苏	17224	14803	3286	11470	47	14277	—
浙　江	10970	10506	709	9210	587	9032	—
安　徽	23879	23389	4068	18783	538	19414	312
福　建	27094	23485	8097	13457	1931	16648	4591
江　西	52601	51733	12371	36664	2698	45809	10453
山　东	20473	19393	2719	16155	519	14742	—
河　南	20798	20767	508	18502	1757	17418	50
湖　北	25915	24780	4743	19017	1020	18768	509
湖　南	41976	41923	11287	28056	2580	33746	4238
广　东	33688	31832	7394	21848	2590	25246	1212
广　西	43683	43404	10826	32004	574	33723	41
海　南	5511	5511	2455	2781	275	4722	1865
重　庆	6038	6021	599	5124	298	5218	11
四　川	61135	59310	27793	29135	2382	49928	18921
贵　州	16192	16001	3189	11990	822	13903	2276
云　南	41345	40388	17242	19658	3488	27789	8248
西　藏	50	50	8	34	8	34	—
陕　西	29955	29051	4294	24040	717	26025	2560
甘　肃	29432	29390	7843	20785	762	23557	2970
青　海	7137	7137	186	6577	374	6550	186
宁　夏	8511	8511	105	8317	89	7488	—
新　疆	12492	12466	2740	9326	400	11492	1557
局直属单位	68446	64212	63151	973	88	57702	56096
大兴安岭	68446	64212	63151	973	88	57702	56096

注:国家林业局机关及直属单位在岗职工共 7931 人(不含大兴安岭)未参加按学历分组。

职工中中专及中专学历以下人员年末人数(一)

单位:人

单位合计								
农林牧渔业								采矿业
国有林场	国有苗圃	林业工作站	木材检查站	种苗站	病虫害防治站	治沙站	其他	
330337	**33809**	**91660**	**16119**	**3908**	**4298**	**435**	**72144**	**456**
622	1092	151	17	26	57	—	650	—
39	133	102	—	9	1	—	215	—
6062	1998	1653	139	268	222	30	2965	—
7563	1847	2966	316	167	279	30	2440	—
34233	2891	2478	176	248	359	68	2523	—
2067	—	—	—	—	—	—	324	—
10240	896	2828	240	170	165	42	1939	—
37735	2809	3118	336	15	147	—	3821	—
—	—	—	—	—	—	—	—	—
38479	1310	1534	275	123	134	—	3573	71
50	—	—	—	15	3	—	26	—
331	172	107	—	—	—	—	1	—
9881	2151	1517	173	23	41	—	491	—
4692	162	2630	695	50	106	—	697	120
10738	2961	2236	999	11	221	—	1936	47
6138	398	2710	655	41	45	31	2039	—
25507	1418	4310	2315	70	182	3	1551	7
5860	2093	5089	223	147	170	—	1160	—
8151	1955	3465	1124	413	289	13	1958	5
9107	571	5201	918	235	316	—	1911	—
14196	1409	9142	2011	167	115	7	2461	10
15540	737	5088	942	81	76	—	1570	—
23557	652	1907	1079	181	161	—	6145	—
1893	96	359	289	—	25	—	195	—
2813	127	1864	184	43	46	—	130	—
9763	874	6813	887	171	110	—	12389	196
4775	398	4676	513	64	106	—	1095	—
5235	218	8074	344	222	121	18	5309	—
16	10	—	8	—	—	—	—	—
12853	1119	4018	911	574	369	86	3535	—
12383	1330	1981	293	357	268	57	3918	—
3934	228	504	27	12	41	18	1600	—
4678	937	637	12	—	32	—	1192	—
3323	817	4372	18	20	94	32	1259	—
—	—	130	—	—	—	—	1476	—
—	—	130	—	—	—	—	1476	—

林业系统各地区按行业分在岗职工中

<table>
<tr><th rowspan="4">地　区</th><th colspan="8">国　有　经　济</th></tr>
<tr><th colspan="8">制　造　业</th></tr>
<tr><th rowspan="2">小　计</th><th rowspan="2">非木质林产品加工业</th><th colspan="5">木材加工及竹、藤、棕、草制品业</th><th rowspan="2">林产化学产品制造</th></tr>
<tr><th>计</th><th>锯材、木片加工</th><th>人造板制造</th><th>木制品制造</th><th>竹、藤、棕、草制品制造</th></tr>
<tr><td>全国合计</td><td>43422</td><td>831</td><td>29881</td><td>3531</td><td>20742</td><td>4083</td><td>1525</td><td>5590</td></tr>
<tr><td>北　京</td><td>—</td><td>—</td><td>—</td><td>—</td><td>—</td><td>—</td><td>—</td><td>—</td></tr>
<tr><td>天　津</td><td>—</td><td>—</td><td>—</td><td>—</td><td>—</td><td>—</td><td>—</td><td>—</td></tr>
<tr><td>河　北</td><td>721</td><td>44</td><td>219</td><td>21</td><td>168</td><td>—</td><td>30</td><td>65</td></tr>
<tr><td>山　西</td><td>176</td><td>—</td><td>142</td><td>—</td><td>122</td><td>20</td><td>—</td><td>21</td></tr>
<tr><td>内蒙古</td><td>2239</td><td>—</td><td>1904</td><td>17</td><td>1854</td><td>33</td><td>—</td><td>—</td></tr>
<tr><td>内蒙古集团</td><td>2189</td><td>—</td><td>1854</td><td>—</td><td>1854</td><td>—</td><td>—</td><td>—</td></tr>
<tr><td>辽　宁</td><td>634</td><td>—</td><td>615</td><td>—</td><td>358</td><td>257</td><td>—</td><td>—</td></tr>
<tr><td>吉　林</td><td>3324</td><td>—</td><td>2617</td><td>362</td><td>779</td><td>1476</td><td>—</td><td>23</td></tr>
<tr><td>吉林集团</td><td>945</td><td>—</td><td>693</td><td>140</td><td>553</td><td>—</td><td>—</td><td>23</td></tr>
<tr><td>黑龙江</td><td>4442</td><td>—</td><td>3391</td><td>228</td><td>2727</td><td>436</td><td>—</td><td>527</td></tr>
<tr><td>龙江集团</td><td>4020</td><td>—</td><td>3115</td><td>167</td><td>2694</td><td>254</td><td>—</td><td>527</td></tr>
<tr><td>上　海</td><td>—</td><td>—</td><td>—</td><td>—</td><td>—</td><td>—</td><td>—</td><td>—</td></tr>
<tr><td>江　苏</td><td>—</td><td>—</td><td>—</td><td>—</td><td>—</td><td>—</td><td>—</td><td>—</td></tr>
<tr><td>浙　江</td><td>—</td><td>—</td><td>—</td><td>—</td><td>—</td><td>—</td><td>—</td><td>—</td></tr>
<tr><td>安　徽</td><td>1498</td><td>—</td><td>1435</td><td>—</td><td>1251</td><td>86</td><td>98</td><td>—</td></tr>
<tr><td>福　建</td><td>2418</td><td>11</td><td>2174</td><td>784</td><td>1349</td><td>6</td><td>35</td><td>138</td></tr>
<tr><td>江　西</td><td>2164</td><td>—</td><td>1347</td><td>533</td><td>710</td><td>96</td><td>8</td><td>366</td></tr>
<tr><td>山　东</td><td>3561</td><td>—</td><td>3561</td><td>—</td><td>3561</td><td>—</td><td>—</td><td>—</td></tr>
<tr><td>河　南</td><td>405</td><td>—</td><td>28</td><td>—</td><td>—</td><td>8</td><td>20</td><td>—</td></tr>
<tr><td>湖　北</td><td>2708</td><td>—</td><td>2503</td><td>271</td><td>2183</td><td>49</td><td>—</td><td>9</td></tr>
<tr><td>湖　南</td><td>1913</td><td>37</td><td>1109</td><td>66</td><td>699</td><td>182</td><td>162</td><td>177</td></tr>
<tr><td>广　东</td><td>1176</td><td>—</td><td>598</td><td>195</td><td>59</td><td>344</td><td>—</td><td>178</td></tr>
<tr><td>广　西</td><td>4170</td><td>—</td><td>2020</td><td>130</td><td>1877</td><td>13</td><td>—</td><td>1559</td></tr>
<tr><td>海　南</td><td>168</td><td>—</td><td>135</td><td>15</td><td>112</td><td>8</td><td>—</td><td>33</td></tr>
<tr><td>重　庆</td><td>235</td><td>—</td><td>235</td><td>—</td><td>201</td><td>34</td><td>—</td><td>—</td></tr>
<tr><td>四　川</td><td>3998</td><td>—</td><td>1811</td><td>46</td><td>193</td><td>456</td><td>1116</td><td>230</td></tr>
<tr><td>贵　州</td><td>700</td><td>—</td><td>692</td><td>18</td><td>475</td><td>193</td><td>6</td><td>3</td></tr>
<tr><td>云　南</td><td>4800</td><td>—</td><td>2452</td><td>767</td><td>1351</td><td>289</td><td>45</td><td>2099</td></tr>
<tr><td>西　藏</td><td>8</td><td>—</td><td>8</td><td>8</td><td>—</td><td>—</td><td>—</td><td>—</td></tr>
<tr><td>陕　西</td><td>1137</td><td>718</td><td>201</td><td>—</td><td>129</td><td>72</td><td>—</td><td>162</td></tr>
<tr><td>甘　肃</td><td>630</td><td>16</td><td>614</td><td>—</td><td>584</td><td>25</td><td>5</td><td>—</td></tr>
<tr><td>青　海</td><td>—</td><td>—</td><td>—</td><td>—</td><td>—</td><td>—</td><td>—</td><td>—</td></tr>
<tr><td>宁　夏</td><td>105</td><td>—</td><td>—</td><td>—</td><td>—</td><td>—</td><td>—</td><td>—</td></tr>
<tr><td>新　疆</td><td>92</td><td>5</td><td>70</td><td>70</td><td>—</td><td>—</td><td>—</td><td>—</td></tr>
<tr><td>局直属单位</td><td>—</td><td>—</td><td>—</td><td>—</td><td>—</td><td>—</td><td>—</td><td>—</td></tr>
<tr><td>大兴安岭</td><td>—</td><td>—</td><td>—</td><td>—</td><td>—</td><td>—</td><td>—</td><td>—</td></tr>
</table>

中专及中专学历以下人员年末人数(二)

单位:人

单　位　合　计								
专用设备制造	工艺品制造业	其他	电力、燃气及水的生产供应业	建筑业	交通运输、仓储及邮政业	信息传输、计算机服务和软件业	批发和零售业	住宿餐饮业
1352	**17**	**5751**	**9424**	**8638**	**1742**	**157**	**9779**	**2375**
—	—	—	—	37	—	—	—	—
—	—	—	—	—	—	—	—	—
—	—	393	—	—	34	—	39	—
—	—	13	—	—	37	—	337	82
335	—	—	2008	209	—	91	157	115
335	—	—	2008	209	—	91	150	111
—	16	3	—	—	—	—	33	59
509	—	175	—	205	143	—	112	217
54	—	175	—	1	—	—	92	27
323	—	201	2550	4615	487	—	343	443
323	—	55	2550	4563	91	—	122	150
—	—	—	—	—	—	—	—	—
—	—	—	—	441	—	—	—	—
—	—	—	—	1	—	—	91	188
—	—	63	—	247	18	—	1273	31
2	—	93	18	413	78	—	465	175
—	—	451	—	18	11	2	43	39
—	—	—	—	23	—	—	122	45
—	—	377	—	—	—	—	88	10
—	1	195	1	169	—	—	211	101
—	—	590	21	27	103	—	325	73
—	—	400	181	—	55	—	996	6
183	—	408	—	235	67	—	2956	108
—	—	—	—	—	—	—	28	—
—	—	—	—	—	—	—	68	—
—	—	1957	102	782	—	—	303	195
—	—	5	—	12	165	—	—	—
—	—	249	—	84	511	—	1536	106
—	—	—	—	—	—	—	—	—
—	—	56	—	7	26	—	92	22
—	—	—	—	18	7	—	86	243
—	—	—	—	—	—	—	10	—
—	—	105	—	—	—	—	—	—
—	—	17	—	98	—	—	10	—
—	—	—	4543	997	—	64	55	117
—	—	—	4543	997	—	64	55	117

林业系统各地区按行业分在岗职工中

地区	金融业	房地产业	租赁和商务服务业	国有经济：科学研究、技术服务和地质勘查业：计	其中：科技交流和推广服务	其中：规划设计管理	水利、环境和：计	水利、环境和：自然保护区管理
全国合计	**—**	**181**	**992**	**10234**	**1679**	**1634**	**12078**	**7963**
北　京	—	—	99	—	—	—	34	31
天　津	—	—	—	—	—	—	—	—
河　北	—	—	—	107	21	—	387	234
山　西	—	—	—	175	33	28	220	145
内蒙古	—	106	230	542	79	166	494	431
内蒙古集团	—	106	218	65	—	—	—	—
辽　宁	—	—	—	108	5	4	391	378
吉　林	—	—	34	349	—	160	580	449
吉林集团	—	—	34	167	—	—	—	—
黑龙江	—	15	33	1069	3	161	177	47
龙江集团	—	15	18	970	—	161	16	—
上　海	—	—	—	—	—	—	—	—
江　苏	—	—	—	—	—	—	8	—
浙　江	—	—	—	259	100	30	227	227
安　徽	—	—	—	119	21	—	183	40
福　建	—	18	—	407	79	136	361	227
江　西	—	—	17	555	107	55	253	148
山　东	—	—	—	102	—	—	272	128
河　南	—	—	—	672	36	3	291	173
湖　北	—	—	25	646	176	45	825	794
湖　南	—	2	159	1007	139	18	1871	330
广　东	—	—	—	780	167	50	696	434
广　西	—	—	—	501	86	21	881	728
海　南	—	—	18	142	44	—	95	29
重　庆	—	—	—	42	4	—	160	147
四　川	—	—	62	402	183	68	460	240
贵　州	—	—	—	241	50	25	151	148
云　南	—	—	—	691	98	262	1117	1054
西　藏	—	—	—	—	—	—	—	—
陕　西	—	—	55	317	110	43	316	251
甘　肃	—	—	260	631	115	146	559	222
青　海	—	—	—	33	13	6	135	82
宁　夏	—	—	—	14	—	—	787	787
新　疆	—	—	—	116	10	—	130	42
局直属单位	—	40	—	207	—	207	17	17
大兴安岭	—	40	—	207	—	207	17	17

中专及中专学历以下人员年末人数(三)

单位:人

单位合计								集体经济单位合计	其他各种经济单位合计
公共设施管理业		居民服务和其他服务业	教育	卫生、社会保障和社会福利业	文化、体育和娱乐业	公共管理和社会组织	国际组织		
其中									
野生动植物保护	非自然保护区的人工森林公园管理								
719	**2994**	**970**	**2970**	**3791**	**163**	**31734**	**—**	**67279**	**28511**
3	—	—	—	—	—	238	—	—	38
—	—	5	—	—	—	6	—	—	—
2	27	—	49	—	4	1421	—	25	—
—	62	11	74	67	—	1257	—	—	—
11	52	5	150	931	43	986	—	10904	5642
—	—	—	19	931	43	158	—	10885	5642
13	—	4	4	—	—	195	—	31	—
—	131	17	75	91	—	605	—	1851	6801
—	—	—	54	91	—	—	—	—	6801
71	39	173	574	1115	—	1064	—	47013	3003
—	—	161	421	1115	—	336	—	45620	2701
—	—	—	—	—	—	—	—	—	—
—	8	30	—	—	—	47	—	1830	591
—	—	—	1	—	—	587	—	189	275
5	113	21	—	—	—	538	—	275	215
—	127	105	83	109	—	2187	—	387	3222
69	30	6	52	10	7	2740	—	91	777
—	144	—	7	—	—	519	—	—	1080
19	99	4	90	—	27	1757	—	31	—
17	14	39	225	39	3	1020	—	355	780
7	1526	2	62	8	—	2594	—	53	—
8	232	62	38	4	2	2590	—	203	1653
19	9	—	189	—	—	574	—	60	219
66	—	20	—	—	—	318	—	—	—
—	13	—	—	—	—	298	—	13	4
136	64	194	64	213	—	2411	—	638	1187
—	—	3	4	—	—	822	—	32	159
15	48	5	112	149	—	3488	—	485	472
—	—	—	—	—	—	8	—	—	—
20	45	132	86	119	—	717	—	679	225
130	207	117	739	816	—	1727	—	42	—
49	4	—	—	—	—	409	—	—	—
—	—	—	28	—	—	89	—	—	—
59	—	15	79	—	—	434	—	19	7
—	—	—	185	120	77	88	—	2073	2161
—	—	—	185	120	77	88	—	2073	2161

林业系统各地区按行业分在岗

地　区	总　计	国有经济					
		合　计	企　业	事　业	机　关	小　计	木材及竹材采运
全国合计	**229283**	**222076**	**91944**	**100467**	**29665**	**165832**	**73089**
北　京	924	919	10	631	278	612	—
天　津	470	470	11	359	100	359	—
河　北	4226	4226	61	2890	1275	2555	—
山　西	4444	4444	66	3497	881	3048	—
内蒙古	15017	14408	8104	5328	976	11358	7072
内蒙古集团	10052	9451	8054	1287	110	7733	7072
辽　宁	6044	6044	88	5303	653	5079	—
吉　林	24676	23485	19076	3584	825	21270	16308
吉林集团	7616	6574	6411	163	—	6196	6196
黑龙江	55142	51295	41288	7834	2173	42496	37794
龙江集团	48726	44913	41180	2930	803	37877	37794
上　海	98	98	—	98	—	98	—
江　苏	1607	1443	201	1156	86	1309	—
浙　江	2979	2937	111	2088	738	1982	—
安　徽	3940	3925	340	2989	596	2971	14
福　建	5073	4843	1035	2751	1057	2804	467
江　西	7743	7691	1079	4050	2562	4403	919
山　东	7678	7564	318	6232	1014	5945	—
河　南	6014	6014	212	4281	1521	3920	2
湖　北	6537	6348	422	4775	1151	4129	51
湖　南	11635	11632	1725	7034	2873	7702	411
广　东	5871	5806	688	3054	2064	3084	171
广　西	6966	6926	1300	4850	776	4790	4
海　南	802	802	318	316	168	470	199
重　庆	1814	1809	37	1244	528	1186	—
四　川	10515	10384	2943	5595	1846	6715	1509
贵　州	4056	4039	496	2722	821	2871	327
云　南	7712	7665	1338	4232	2095	4063	547
西　藏	55	55	2	28	25	28	—
陕　西	5536	5440	656	4107	677	4348	428
甘　肃	4979	4960	622	3782	556	3435	131
青　海	1221	1221	13	933	275	853	13
宁　夏	1115	1115	10	1026	79	815	—
新　疆	4196	4190	687	2946	557	3229	343
局直属单位	10198	9878	8687	752	439	7905	6379
大兴安岭	10198	9878	8687	752	439	7905	6379

注:国家林业局机关及直属单位在岗职工共 7931 人(不含大兴安岭)未参加按学历分组。

职工中大专学历人员年末人数(一)

单位:人

单位合计								
农林牧渔业								采矿业
国有林场	国有苗圃	林业工作站	木材检查站	种苗站	病虫害防治站	治沙站	其他	
29246	**3430**	**28682**	**3358**	**1705**	**2852**	**149**	**23321**	**37**
138	139	74	4	12	30	—	215	—
15	55	97	—	29	4	—	159	—
482	215	680	39	79	163	15	882	—
927	208	772	34	51	107	5	944	—
2053	145	756	49	103	162	21	997	—
459	—	—	—	—	—	—	202	—
1441	153	1414	98	136	229	18	1590	—
2643	120	796	85	19	89	—	1210	—
—	—	—	—	—	—	—	—	—
2384	121	773	79	118	169	—	1058	7
—	—	—	—	31	11	—	41	—
15	7	74	—	—	—	—	2	—
437	113	606	35	1	23	—	94	—
439	48	878	145	38	110	—	324	3
763	192	1035	220	13	135	—	599	—
672	45	915	128	17	17	2	541	—
1551	93	821	357	51	83	4	524	1
1446	260	3192	132	132	172	—	611	—
864	200	1484	247	108	201	10	804	—
1718	96	976	278	89	172	—	749	—
2140	240	2781	489	120	109	3	1409	—
1252	119	856	115	22	69	—	480	—
2088	72	646	143	50	76	—	1711	—
80	8	50	37	—	14	—	82	—
352	23	572	45	29	56	—	109	—
969	237	2001	176	64	100	—	1659	26
316	44	1396	154	29	76	—	529	—
466	29	1493	79	76	63	10	1300	—
24	2	—	2	—	—	—	—	—
1259	142	993	112	167	113	18	1116	—
1012	114	636	62	123	163	20	1174	—
456	44	231	—	9	41	5	54	—
163	66	351	1	—	36	—	198	—
681	80	1296	13	20	70	18	708	—
—	—	37	—	—	—	—	1489	—
—	—	37	—	—	—	—	1489	—

林业系统各地区按行业分在岗

地区	国有经济							
	制造业							
	小计	非木质林产品加工业	木材加工及竹、藤、棕、草制品业					林产化学产品制造
			计	锯材、木片加工	人造板制造	木制品制造	竹、藤、棕、草制品制造	
全国合计	**6079**	**83**	**4117**	**443**	**2569**	**809**	**296**	**725**
北京	—	—	—	—	—	—	—	—
天津	—	—	—	—	—	—	—	—
河北	34	4	12	2	7	—	3	5
山西	29	—	26	—	26	—	—	—
内蒙古	199	—	156	2	144	10	—	—
内蒙古集团	187	—	144	—	144	—	—	—
辽宁	43	—	39	—	12	27	—	—
吉林	449	—	273	48	98	127	—	6
吉林集团	122	—	62	11	51	—	—	6
黑龙江	1230	—	1018	128	768	122	—	30
龙江集团	1188	—	1004	127	765	112	—	30
上海	—	—	—	—	—	—	—	—
江苏	—	—	—	—	—	—	—	—
浙江	—	—	—	—	—	—	—	—
安徽	172	—	166	—	165	—	1	—
福建	221	1	198	28	169	1	—	7
江西	181	—	77	18	59	—	—	21
山东	408	—	408	—	408	—	—	—
河南	188	—	8	—	—	4	4	—
湖北	302	—	289	55	232	2	—	—
湖南	211	6	82	1	25	36	20	25
广东	58	—	34	30	1	3	—	13
广西	525	—	209	15	192	2	—	241
海南	59	—	46	3	40	3	—	13
重庆	7	—	7	—	5	2	—	—
四川	850	—	657	4	48	339	266	19
贵州	134	—	132	—	48	84	—	1
云南	568	—	190	74	71	43	2	321
西藏	2	—	2	2	—	—	—	—
陕西	108	72	7	—	5	2	—	23
甘肃	48	—	48	—	46	2	—	—
青海	—	—	—	—	—	—	—	—
宁夏	10	—	—	—	—	—	—	—
新疆	43	—	33	33	—	—	—	—
局直属单位	—	—	—	—	—	—	—	—
大兴安岭	—	—	—	—	—	—	—	—

职工中大专学历人员年末人数(二)

单位:人

单位合计								
专用设备制造	工艺品制造业	其他	电力、燃气及水的生产供应业	建筑业	交通运输、仓储及邮政业	信息传输、计算机服务和软件业	批发和零售业	住宿餐饮业
290	**3**	**861**	**1335**	**2080**	**234**	**52**	**1377**	**492**
—	—	—	—	3	—	—	—	—
—	—	—	—	—	—	—	—	—
—	—	13	—	—	5	—	6	—
—	—	3	—	—	7	—	96	25
43	—	—	236	17	—	27	70	17
43	—	—	236	17	—	27	67	16
—	3	1	—	—	—	—	10	17
121	—	49	—	206	43	—	50	24
5	—	49	—	2	—	—	32	8
91	—	91	387	1095	64	3	193	103
91	—	63	387	1084	32	3	156	45
—	—	—	—	—	—	—	—	—
—	—	—	—	45	—	—	—	—
—	—	—	—	2	—	—	11	10
—	—	6	—	11	3	—	76	5
—	—	15	—	198	16	—	75	11
—	—	83	—	27	1	6	2	6
—	—	—	—	4	—	—	27	41
—	—	180	—	—	—	—	21	3
—	—	13	—	13	—	—	30	14
—	—	98	—	11	8	—	46	25
—	—	11	3	—	4	—	91	1
35	—	40	—	38	23	—	339	23
—	—	—	—	—	—	—	3	—
—	—	—	—	—	—	—	17	—
—	—	174	53	216	—	—	83	28
—	—	1	—	4	24	—	—	—
—	—	57	—	46	35	—	57	14
—	—	—	—	—	—	—	—	—
—	—	6	—	—	1	—	19	13
—	—	—	—	—	—	—	—	5
—	—	—	—	—	—	—	2	—
—	—	10	—	—	—	—	—	—
—	—	10	—	21	—	—	2	—
—	—	—	656	123	—	16	51	107
—	—	—	656	123	—	16	51	107

林业系统各地区按行业分在岗

地区				国有经济				
	金融业	房地产业	租赁和商务服务业	科学研究、技术服务和地质勘查业			水利、环境和	
				计	其中		计	自然保护区管理
					科技交流和推广服务	规划设计管理		
全国合计	**—**	**60**	**550**	**5615**	**749**	**1128**	**2867**	**2029**
北　京	—	—	10	—	—	—	16	12
天　津	—	—	—	—	—	—	—	—
河　北	—	—	—	124	25	—	59	38
山　西	—	—	—	172	38	35	90	40
内蒙古	—	12	404	372	28	144	90	78
内蒙古集团	—	12	387	91	—	—	—	—
辽　宁	—	—	—	126	22	7	102	94
吉　林	—	—	51	249	—	103	193	141
吉林集团	—	—	51	111	—	—	—	—
黑龙江	—	29	13	1170	—	102	115	38
龙江集团	—	29	2	1142	—	102	35	—
上　海	—	—	—	—	—	—	—	—
江　苏	—	—	—	—	—	—	1	—
浙　江	—	—	—	149	81	24	41	41
安　徽	—	—	—	27	4	—	64	23
福　建	—	8	—	180	27	86	86	65
江　西	—	—	11	269	40	86	91	32
山　东	—	—	—	63	—	—	57	40
河　南	—	—	—	256	28	26	58	25
湖　北	—	—	8	275	70	20	234	217
湖　南	—	5	15	486	72	7	166	79
广　东	—	—	—	211	55	27	220	189
广　西	—	—	—	171	22	9	103	73
海　南	—	—	2	28	4	—	32	4
重　庆	—	—	—	22	7	—	49	39
四　川	—	—	23	264	90	92	123	64
贵　州	—	—	—	83	20	18	99	92
云　南	—	—	—	372	42	187	276	263
西　藏	—	—	—	—	—	—	—	—
陕　西	—	—	10	85	32	12	75	59
甘　肃	—	—	3	228	29	53	117	48
青　海	—	—	—	23	6	6	39	17
宁　夏	—	—	—	13	—	—	178	178
新　疆	—	—	—	113	7	—	79	26
局直属单位	—	6	—	84	—	84	14	14
大兴安岭	—	6	—	84	—	84	14	14

职工中大专学历人员年末人数(三)

单位:人

单位合计									
公共设施管理业		居民服务和其他服务业	教育	卫生、社会保障和社会福利业	文化、体育和娱乐业	公共管理和社会组织	国际组织	集体经济单位合计	其他各种经济单位合计
其中									
野生动植物保护	非自然保护区的人工森林公园管理								
303	**390**	**317**	**2534**	**2226**	**118**	**30271**	**—**	**3777**	**3430**
4	—	—	—	—	—	278	—	—	5
—	—	11	—	—	—	100	—	—	—
2	5	—	53	—	2	1388	—	—	—
—	47	1	85	10	—	881	—	—	—
8	4	—	104	475	47	980	—	147	462
—	—	—	42	475	47	114	—	139	462
8	—	9	5	—	—	653	—	—	—
—	52	4	98	23	—	825	—	149	1042
—	—	—	29	23	—	—	—	—	1042
39	3	177	844	1180	8	2181	—	3160	687
—	—	175	767	1180	8	803	—	3133	680
—	—	—	—	—	—	—	—	—	—
—	1	2	—	—	—	86	—	47	117
—	—	—	1	—	—	738	—	2	40
3	23	—	—	—	—	596	—	8	7
—	16	42	53	15	—	1134	—	25	205
32	20	8	83	3	—	2599	—	20	32
—	17	—	5	—	—	1014	—	—	114
6	27	4	37	—	6	1521	—	—	—
15	2	22	158	9	3	1151	—	2	187
2	82	—	72	2	—	2883	—	3	—
8	15	6	61	2	1	2064	—	20	45
5	13	—	138	—	—	776	—	4	36
28	—	1	—	—	—	207	—	—	—
—	10	—	—	—	—	528	—	2	3
47	7	9	42	98	—	1854	—	28	103
—	—	1	2	—	—	821	—	3	14
3	10	1	89	49	—	2095	—	11	36
—	—	—	—	—	—	25	—	—	—
12	4	5	56	43	—	677	—	64	32
38	31	9	247	66	—	802	—	19	—
21	1	—	—	—	—	304	—	—	—
—	—	—	20	—	—	79	—	—	—
22	—	5	106	—	—	592	—	1	5
—	—	—	175	251	51	439	—	62	258
—	—	—	175	251	51	439	—	62	258

林业系统各地区按行业分在岗

地区	总计	国有经济					
		合计	企业	事业	机关	小计	木材及竹材采运
全国合计	**76932**	**75598**	**22031**	**39512**	**14055**	**45324**	**16433**
北京	722	697	3	489	205	477	—
天津	110	110	6	54	50	54	—
河北	2082	2080	54	1344	682	1018	—
山西	1477	1477	19	1081	377	816	—
内蒙古	4183	4102	1255	2430	417	2394	1050
内蒙古集团	2200	2121	1239	858	24	1238	1050
辽宁	1434	1434	9	1155	270	1080	—
吉林	7911	7509	5091	1857	561	6152	4146
吉林集团	2907	2507	2344	163	—	2167	2167
黑龙江	14739	14392	9357	3648	1387	9135	8182
龙江集团	12974	12630	9332	2477	821	8210	8182
上海	89	89	—	89	—	89	—
江苏	500	444	24	347	73	370	—
浙江	1453	1449	44	973	432	805	—
安徽	1383	1383	74	915	394	907	2
福建	3189	3058	420	1863	775	1575	171
江西	3509	3489	196	2473	820	2298	161
山东	3775	3769	170	2950	649	2789	—
河南	1933	1933	19	1336	578	901	—
湖北	2597	2550	163	1821	566	1306	—
湖南	2510	2510	275	1393	842	947	39
广东	2039	2031	138	1104	789	779	33
广西	2907	2889	731	1732	426	1562	—
海南	297	297	100	114	83	175	66
重庆	791	790	5	408	377	347	—
四川	3261	3228	479	1806	943	1535	204
贵州	1323	1323	89	872	362	674	25
云南	2724	2714	224	1711	779	811	51
西藏	51	51	3	30	18	30	—
陕西	1682	1650	152	1232	266	1134	73
甘肃	1960	1955	107	1578	270	1032	14
青海	404	404	7	284	113	224	7
宁夏	497	497	5	421	71	281	—
新疆	1894	1850	188	1301	361	1169	85
局直属单位	3506	3444	2624	701	119	2458	2124
大兴安岭	3506	3444	2624	701	119	2458	2124

注:国家林业局机关及直属单位在岗职工共7931人(不含大兴安岭)未参加按学历分组。

职工中大学及大学学历以上人员年末人数(一)

单位:人

单位合计								
农林牧渔业								采矿业
国有林场	国有苗圃	林业工作站	木材检查站	种苗站	病虫害防治站	治沙站	其他	
8901	**899**	**7835**	**482**	**887**	**1685**	**69**	**8133**	**3**
82	116	71	—	11	27	—	170	—
7	11	8	—	3	2	—	23	—
114	57	301	2	25	63	8	448	—
147	47	197	1	35	61	—	328	—
377	29	335	13	67	97	14	412	—
95	—	—	—	—	—	—	93	—
421	24	212	15	40	68	17	283	—
1005	25	256	26	21	77	—	596	—
—	—	—	—	—	—	—	—	—
272	16	144	3	47	75	—	396	—
—	—	—	—	13	6	—	9	—
9	1	79	—	—	—	—	—	—
78	20	216	13	—	18	—	25	—
118	13	294	58	45	102	—	175	1
162	37	352	40	9	94	—	211	—
369	33	592	31	16	43	—	320	—
1752	13	104	24	43	56	3	142	—
581	60	1455	42	91	199	—	361	—
135	36	353	24	53	89	1	210	—
690	31	218	33	59	40	—	235	—
253	33	265	39	24	27	—	267	—
396	28	122	9	19	30	—	142	—
754	24	130	22	32	48	—	552	—
27	2	12	12	—	13	—	43	—
101	3	124	6	10	47	—	56	—
182	88	404	20	37	47	—	553	2
78	14	197	20	37	73	—	230	—
102	2	224	1	32	49	1	349	—
24	4	—	2	—	—	—	—	—
204	31	288	11	37	45	1	444	—
211	24	191	10	54	87	9	432	—
83	8	73	—	10	17	4	22	—
47	39	98	1	—	27	—	69	—
120	30	469	4	30	64	11	356	—
—	—	51	—	—	—	—	283	—
—	—	51	—	—	—	—	283	—

林业系统各地区按行业分在岗

地　区	国　有　经　济							
	制　造　业							
	小　计	非木质林产品加工业	木材加工及竹、藤、棕、草制品业					林产化学产品制造
			计	锯材、木片加工	人造板制造	木制品制造	竹、藤、棕、草制品制造	
全国合计	**1986**	**53**	**1404**	**96**	**1005**	**211**	**92**	**212**
北　京	—	—	—	—	—	—	—	—
天　津	—	—	—	—	—	—	—	—
河　北	44	—	38	—	38	—	—	—
山　西	6	—	4	—	4	—	—	—
内蒙古	26	—	20	1	19	—	—	—
内蒙古集团	25	—	19	—	19	—	—	—
辽　宁	6	—	6	—	5	1	—	—
吉　林	153	—	124	26	41	57	—	—
吉林集团	49	—	37	9	28	—	—	—
黑龙江	368	—	286	23	225	38	—	3
龙江集团	354	—	282	22	225	35	—	3
上　海	—	—	—	—	—	—	—	—
江　苏	—	—	—	—	—	—	—	—
浙　江	—	—	—	—	—	—	—	—
安　徽	42	—	38	—	38	—	—	—
福　建	124	—	113	16	97	—	—	4
江　西	38	—	20	5	13	2	—	5
山　东	148	—	148	—	148	—	—	—
河　南	17	—	3	—	—	3	—	—
湖　北	147	—	143	—	143	—	—	—
湖　南	50	10	13	—	9	4	—	6
广　东	5	—	1	1	—	—	—	3
广　西	321	—	177	3	174	—	—	116
海　南	—	—	—	—	—	—	—	—
重　庆	1	—	1	—	1	—	—	—
四　川	198	—	143	—	1	50	92	—
贵　州	59	—	57	—	12	45	—	1
云　南	121	—	22	7	9	6	—	62
西　藏	3	—	3	3	—	—	—	—
陕　西	63	43	8	—	3	5	—	12
甘　肃	25	—	25	—	25	—	—	—
青　海	—	—	—	—	—	—	—	—
宁　夏	5	—	—	—	—	—	—	—
新　疆	16	—	11	11	—	—	—	—
局直属单位	—	—	—	—	—	—	—	—
大兴安岭	—	—	—	—	—	—	—	—

职工中大学及大学学历以上人员年末人数(二)

单位:人

单位合计								
专用设备制造	工艺品制造业	其他	电力、燃气及水的生产供应业	建筑业	交通运输、仓储及邮政业	信息传输、计算机服务和软件业	批发和零售业	住宿餐饮业
104	**—**	**213**	**356**	**504**	**48**	**35**	**481**	**128**
—	—	—	—	3	—	—	—	—
—	—	—	—	—	—	—	—	—
—	—	6	—	—	1	—	1	—
—	—	2	—	—	1	—	16	4
6	—	—	30	4	—	9	33	6
6	—	—	30	4	—	9	32	4
—	—	—	—	—	—	—	1	1
17	—	12	—	55	3	—	40	15
—	—	12	—	9	—	—	30	11
65	—	14	115	75	14	15	116	48
65	—	4	115	74	13	15	114	31
—	—	—	—	—	—	—	—	—
—	—	—	—	—	—	—	—	—
—	—	—	—	—	—	—	5	2
—	—	4	—	5	—	—	10	—
—	—	7	—	62	7	—	57	1
—	—	13	—	5	—	4	—	—
—	—	—	—	3	—	—	23	2
—	—	14	—	—	—	—	2	—
—	—	4	—	—	—	—	3	2
—	—	21	—	3	1	—	17	3
—	—	1	—	—	—	—	8	—
16	—	12	—	18	12	—	91	3
—	—	—	—	—	—	—	—	—
—	—	—	—	—	—	—	4	—
—	—	55	2	217	—	—	16	2
—	—	1	—	—	4	—	—	—
—	—	37	—	18	5	—	16	3
—	—	—	—	—	—	—	—	—
—	—	—	—	1	—	—	2	—
—	—	—	—	2	—	—	—	1
—	—	—	—	—	—	—	2	—
—	—	5	—	—	—	—	—	—
—	—	5	—	6	—	—	2	—
—	—	—	209	27	—	7	16	35
—	—	—	209	27	—	7	16	35

林业系统各地区按行业分在岗

地区	金融业	房地产业	租赁和商务服务业	科学研究、技术服务和地质勘查业			国有经济	
				计	其中		水利、环境和	
					科技交流和推广服务	规划设计管理	计	自然保护区管理
全国合计	**—**	**33**	**438**	**5553**	**529**	**1022**	**1121**	**775**
北京	—	—	3	—	—	—	9	2
天津	—	—	—	—	—	—	—	—
河北	—	—	—	125	10	—	41	39
山西	—	—	—	101	14	6	21	10
内蒙古	—	5	314	307	41	69	38	27
内蒙古集团	—	5	301	60	—	—	—	—
辽宁	—	—	—	52	3	4	23	23
吉林	—	—	78	271	—	66	135	121
吉林集团	—	—	78	123	—	—	—	—
黑龙江	—	8	7	1107	1	39	68	7
龙江集团	—	8	1	1066	—	39	5	—
上海	—	—	—	—	—	—	—	—
江苏	—	—	—	—	—	—	1	—
浙江	—	—	—	185	80	26	19	19
安徽	—	—	—	17	4	—	8	3
福建	—	5	—	238	33	124	60	44
江西	—	—	8	208	42	85	34	11
山东	—	—	—	129	—	—	25	20
河南	—	—	—	210	15	72	24	10
湖北	—	—	10	237	34	19	28	16
湖南	—	5	7	376	20	2	55	21
广东	—	—	—	241	72	96	79	61
广西	—	—	—	207	14	10	31	17
海南	—	—	—	13	5	—	14	3
重庆	—	—	—	46	—	—	15	13
四川	—	—	11	156	13	9	43	22
贵州	—	—	—	168	28	11	43	40
云南	—	—	—	615	39	219	66	59
西藏	—	—	—	—	—	—	—	—
陕西	—	—	—	35	14	1	38	37
甘肃	—	—	—	252	21	80	68	38
青海	—	—	—	42	13	20	15	13
宁夏	—	—	—	10	—	—	79	79
新疆	—	—	—	141	13	—	32	11
局直属单位	—	10	—	64	—	64	9	9
大兴安岭	—	10	—	64	—	64	9	9

职工中大学及大学学历以上人员年末人数(三)

单位:人

单位合计 公共设施管理业 其中 野生动植物保护	单位合计 公共设施管理业 其中 非自然保护区的人工森林公园管理	居民服务和其他服务业	教育	卫生、社会保障和社会福利业	文化、体育和娱乐业	公共管理和社会组织	国际组织	集体经济单位合计	其他各种经济单位合计
186	**123**	**56**	**4097**	**1091**	**91**	**14253**	**—**	**367**	**967**
7	—	—	—	—	—	205	—	—	25
—	—	6	—	—	—	50	—	—	—
—	1	—	104	—	4	742	—	2	—
—	11	—	134	1	—	377	—	—	—
10	1	—	299	185	30	422	—	12	69
—	—	—	169	185	30	29	—	10	69
—	—	—	1	—	—	270	—	—	—
—	14	1	36	9	—	561	—	2	400
—	—	—	31	9	—	—	—	—	400
56	—	26	1404	473	14	1399	—	220	127
—	—	26	1290	473	14	821	—	218	126
—	—	—	—	—	—	—	—	—	—
—	1	—	—	—	—	73	—	15	41
—	—	—	—	—	—	432	—	1	3
1	2	—	—	—	—	394	—	—	—
—	15	4	105	8	—	812	—	5	126
8	6	—	70	—	—	824	—	10	10
—	5	—	1	—	—	649	—	—	6
7	7	2	190	—	9	578	—	—	—
11	1	7	234	1	9	566	—	1	46
2	32	—	201	—	—	845	—	—	—
14	4	—	123	—	7	789	—	—	8
—	10	—	218	—	—	426	—	—	18
11	—	—	—	—	—	95	—	—	—
—	2	—	—	—	—	377	—	—	1
18	1	1	29	58	—	958	—	12	21
—	—	—	13	—	—	362	—	—	—
2	5	1	212	67	—	779	—	3	7
—	—	—	—	—	—	18	—	—	—
1	—	3	64	44	—	266	—	29	3
25	5	—	248	21	—	306	—	5	—
2	—	—	—	—	—	121	—	—	—
—	—	—	51	—	—	71	—	—	—
11	—	5	112	—	—	367	—	—	44
—	—	—	248	224	18	119	—	50	12
—	—	—	248	224	18	119	—	50	12

林业系统各地区按行业分在岗职工中

地区	总计					国有经济	
		合计	企业	事业	机关	小计	木材及竹材采运
全国合计	**319011**	**297158**	**134648**	**153059**	**9451**	**252467**	**103310**
北京	1017	1000	62	855	83	847	—
天津	300	300	3	240	57	240	—
河北	4449	4439	330	3718	391	3508	—
山西	4866	4866	72	4416	378	4134	—
内蒙古	32543	28558	18880	9377	301	26466	17822
内蒙古集团	23859	19880	18822	1021	37	18276	17822
辽宁	4442	4439	200	4172	67	4110	—
吉林	25984	24229	17720	6353	156	22466	13070
吉林集团	7222	5601	5463	138	—	5035	5035
黑龙江	63875	54490	41295	12736	459	50342	38706
龙江集团	51456	42333	40878	1205	250	38731	38706
上海	131	131	—	131	—	131	—
江苏	2610	2258	401	1835	22	2165	—
浙江	2005	1970	187	1654	129	1538	—
安徽	5369	5258	920	4221	117	4230	46
福建	5266	4447	1393	2794	260	2994	653
江西	12334	12205	2813	8692	700	10717	2555
山东	9139	8139	1454	6588	97	5433	—
河南	8766	8765	358	7782	625	7219	12
湖北	7663	7122	1786	5074	262	4631	54
湖南	13828	13826	3430	9512	884	11287	1039
广东	7245	6325	1099	4469	757	4648	319
广西	11950	11922	3187	8582	153	8844	3
海南	1067	1067	396	585	86	923	295
重庆	1966	1966	106	1699	161	1595	—
四川	17516	16940	6712	9423	805	14391	5516
贵州	4866	4847	858	3758	231	4072	476
云南	16615	16264	6001	8878	1385	10577	2449
西藏	14	14	1	10	3	10	—
陕西	10562	10063	1208	8662	193	8933	654
甘肃	10689	10682	2621	7831	230	8618	913
青海	2385	2385	40	2155	190	2096	40
宁夏	1797	1797	70	1709	18	1362	—
新疆	5356	5318	626	4498	194	4892	378
局直属单位	22396	21126	20419	650	57	19048	18310
大兴安岭	22396	21126	20419	650	57	19048	18310

注：国家林业局机关及直属单位在岗职工共7931人（不含大兴安岭）未参加按年龄分组。

30 岁以下(含 30 岁)人员年末人数(一)

单位:人

单位合计								
农林牧渔业								采矿业
国有林场	国有苗圃	林业工作站	木材检查站	种苗站	病虫害防治站	治沙站	其他	
72537	**6877**	**37322**	**4975**	**1461**	**1914**	**177**	**23894**	**72**
137	300	46	1	4	31	—	328	—
22	46	21	—	10	3	—	138	—
1121	508	687	58	106	98	13	917	—
1909	419	736	95	40	80	14	841	—
6042	428	935	74	74	102	29	960	—
283	—	—	—	—	—	—	171	—
2031	141	1015	60	66	95	10	692	—
7146	287	904	49	5	48	—	957	—
—	—	—	—	—	—	—	—	—
9475	174	577	105	42	59	—	1204	6
8	—	—	—	9	2	—	6	—
67	5	59	—	—	—	—	—	—
1141	355	495	62	4	21	—	87	—
473	26	668	150	20	36	—	165	3
1983	409	953	262	5	73	—	499	2
974	67	801	88	4	13	5	389	—
5138	299	1531	696	30	60	2	406	3
1294	325	3065	112	64	101	—	472	—
2669	541	1806	617	214	238	2	1120	—
1882	123	1456	261	83	126	—	646	—
4094	450	4067	688	53	28	3	865	—
2122	114	1372	247	18	37	—	419	—
5340	168	885	338	31	54	—	2025	—
374	27	67	74	—	6	—	80	—
702	38	696	76	16	25	—	42	—
2817	268	2285	204	46	56	—	3199	58
745	65	2273	121	19	58	—	315	—
1773	93	4101	132	108	61	9	1851	—
8	2	—	—	—	—	—	—	—
4151	364	1700	283	233	150	49	1349	—
3999	415	973	107	143	152	16	1900	—
1188	68	208	6	9	14	9	554	—
663	130	351	5	—	22	—	191	—
1057	222	2564	4	14	67	16	570	—
—	—	25	—	—	—	—	713	—
—	—	25	—	—	—	—	713	—

林业系统各地区按行业分在岗职工中

地区	国有经济							
	制造业							
	小计	非木质林产品加工业	木材加工及竹、藤、棕、草制品业					林产化学产品制造
			计	锯材、木片加工	人造板制造	木制品制造	竹、藤、棕、草制品制造	
全国合计	**14760**	**332**	**10222**	**528**	**8201**	**972**	**521**	**2083**
北京	—	—	—	—	—	—	—	—
天津	—	—	—	—	—	—	—	—
河北	272	38	61	2	59	—	—	6
山西	39	—	34	—	33	1	—	5
内蒙古	525	—	484	1	483	—	—	—
内蒙古集团	524	—	483	—	483	—	—	—
辽宁	94	—	94	—	37	57	—	—
吉林	870	—	682	36	244	402	—	2
吉林集团	362	—	220	4	216	—	—	2
黑龙江	602	—	455	30	394	31	—	35
龙江集团	545	—	432	22	394	16	—	35
上海	—	—	—	—	—	—	—	—
江苏	—	—	—	—	—	—	—	—
浙江	—	—	—	—	—	—	—	—
安徽	638	—	632	—	498	64	70	—
福建	447	2	404	109	287	—	8	31
江西	424	—	276	86	177	13	—	21
山东	2335	—	2335	—	2335	—	—	—
河南	349	—	7	—	—	7	—	—
湖北	1514	—	1449	41	1400	8	—	—
湖南	579	14	306	1	220	60	25	62
广东	183	—	130	29	18	83	—	24
广西	1671	—	874	35	838	1	—	482
海南	6	—	4	4	—	—	—	2
重庆	82	—	82	—	57	25	—	—
四川	820	—	466	—	36	25	405	41
贵州	364	—	362	8	267	87	—	2
云南	2269	—	832	142	577	100	13	1310
西藏	1	—	1	1	—	—	—	—
陕西	377	278	29	—	21	8	—	60
甘肃	220	—	220	—	220	—	—	—
青海	—	—	—	—	—	—	—	—
宁夏	70	—	—	—	—	—	—	—
新疆	9	—	3	3	—	—	—	—
局直属单位	—	—	—	—	—	—	—	—
大兴安岭	—	—	—	—	—	—	—	—

30岁以下(含30岁)人员年末人数(二)

单位:人

单位合计								
专用设备制造	工艺品制造业	其他	电力、燃气及水的生产供应业	建筑业	交通运输、仓储及邮政业	信息传输、计算机服务和软件业	批发和零售业	住宿餐饮业
194	**—**	**1929**	**1887**	**1851**	**358**	**37**	**2306**	**974**
—	—	—	—	1	—	—	—	—
—	—	—	—	—	—	—	—	—
—	—	167	—	—	3	—	4	—
—	—	—	—	—	1	—	74	34
41	—	—	99	13	—	21	30	44
41	—	—	99	13	—	21	30	43
—	—	—	—	—	—	—	4	32
56	—	130	—	45	22	—	31	116
10	—	130	—	1	—	—	27	12
70	—	42	393	880	98	11	113	147
70	—	8	393	876	44	11	67	68
—	—	—	—	—	—	—	—	—
—	—	—	—	67	—	—	—	—
—	—	—	—	—	—	—	6	122
—	—	6	—	35	—	—	157	1
—	—	10	9	209	7	—	50	77
—	—	127	—	5	—	1	15	3
—	—	—	—	3	—	—	90	26
—	—	342	—	—	—	—	8	1
—	—	65	—	28	—	—	29	54
—	—	197	5	4	7	—	67	24
—	—	29	66	—	11	—	201	—
27	—	288	—	42	35	—	625	53
—	—	—	—	—	—	—	2	—
—	—	—	—	—	—	—	9	—
—	—	313	36	277	—	—	65	63
—	—	—	—	1	22	—	—	—
—	—	127	—	55	137	—	657	23
—	—	—	—	—	—	—	—	—
—	—	10	—	2	14	—	15	9
—	—	—	—	1	1	—	3	41
—	—	—	—	—	—	—	7	—
—	—	70	—	—	—	—	—	—
—	—	6	—	12	—	—	1	—
—	—	—	1279	171	—	4	43	104
—	—	—	1279	171	—	4	43	104

林业系统各地区按行业分在岗职工中

地区	国有经济							
	金融业	房地产业	租赁和商务服务业	科学研究、技术服务和地质勘查业			水利、环境和	
				计	其中		计	自然保护区管理
					科技交流和推广服务	规划设计管理		
全国合计	**—**	**65**	**473**	**4233**	**547**	**816**	**3853**	**2467**
北京	—	—	62	—	—	—	7	5
天津	—	—	—	—	—	—	—	—
河北	—	—	—	70	4	—	102	39
山西	—	—	—	75	9	8	74	48
内蒙古	—	18	204	103	23	30	97	82
内蒙古集团	—	18	203	16	—	—	—	—
辽宁	—	—	—	61	5	3	68	64
吉林	—	—	26	187	—	32	300	217
吉林集团	—	—	26	131	—	—	—	—
黑龙江	—	11	1	402	—	41	63	30
龙江集团	—	11	—	385	—	41	10	—
上海	—	—	—	—	—	—	—	—
江苏	—	—	—	—	—	—	2	—
浙江	—	—	—	119	52	17	53	53
安徽	—	—	—	28	4	—	50	18
福建	—	1	—	128	7	74	129	64
江西	—	—	1	204	37	57	89	35
山东	—	—	—	58	—	—	97	49
河南	—	—	—	326	23	34	148	33
湖北	—	—	16	280	56	45	121	102
湖南	—	6	29	412	60	1	415	83
广东	—	—	—	226	45	51	185	122
广西	—	—	—	156	17	5	245	177
海南	—	—	—	25	6	—	21	2
重庆	—	—	—	29	4	—	90	82
四川	—	—	8	105	34	20	168	103
贵州	—	—	—	68	26	7	79	75
云南	—	—	—	540	32	242	416	387
西藏	—	—	—	—	—	—	—	—
陕西	—	—	19	155	44	10	197	149
甘肃	—	—	107	308	47	73	194	87
青海	—	—	—	20	5	5	61	18
宁夏	—	—	—	9	—	—	322	322
新疆	—	—	—	78	7	—	55	16
局直属单位	—	29	—	61	—	61	5	5
大兴安岭	—	29	—	61	—	61	5	5

30岁以下(含30岁)人员年末人数(三)

单位:人

单位合计:公共设施管理业:其中:野生动植物保护	单位合计:公共设施管理业:其中:非自然保护区的人工森林公园管理	单位合计:居民服务和其他服务业	单位合计:教育	单位合计:卫生、社会保障和社会福利业	单位合计:文化、体育和娱乐业	单位合计:公共管理和社会组织	单位合计:国际组织	集体经济单位合计	其他各种经济单位合计
304	**927**	**182**	**1700**	**1895**	**68**	**9977**	**—**	**12486**	**9367**
2	—	—	—	—	—	83	—	—	17
—	—	3	—	—	—	57	—	—	—
—	20	—	27	—	2	451	—	10	—
—	17	6	42	9	—	378	—	—	—
9	6	—	71	543	21	303	—	2689	1296
—	—	—	34	543	21	39	—	2683	1296
4	—	3	—	—	—	67	—	3	—
—	83	1	4	5	—	156	—	134	1621
—	—	—	2	5	—	—	—	—	1621
21	2	46	354	557	4	460	—	7934	1451
—	—	43	338	557	4	250	—	7843	1280
—	—	—	—	—	—	—	—	—	—
—	2	2	—	—	—	22	—	90	262
—	—	—	—	—	—	129	—	—	35
4	15	—	—	—	—	117	—	65	46
—	64	9	44	49	—	294	—	59	760
33	15	4	28	—	—	711	—	8	121
—	48	—	—	—	—	97	—	—	1000
7	108	2	61	—	26	625	—	1	—
16	3	14	154	18	1	262	—	25	516
—	326	—	101	2	—	888	—	2	—
10	52	3	41	—	4	757	—	28	892
5	14	—	98	—	—	153	—	5	23
19	—	1	—	—	—	89	—	—	—
—	8	—	—	—	—	161	—	—	—
58	6	34	17	80	—	818	—	245	331
—	—	2	8	—	—	231	—	—	19
7	22	—	129	76	—	1385	—	157	194
—	—	—	—	—	—	3	—	—	—
10	38	22	58	69	—	193	—	418	81
33	74	30	313	241	—	605	—	7	—
39	4	—	—	—	—	201	—	—	—
—	—	—	16	—	—	18	—	—	—
27	—	—	65	—	—	206	—	—	38
—	—	—	69	246	10	57	—	606	664
—	—	—	69	246	10	57	—	606	664

林业系统各地区按行业分在岗

地区	总计	合计	企业	事业	机关	国有经济 小计	国有经济 木材及竹材采运
全国合计	**651436**	**607702**	**300515**	**278568**	**28619**	**515554**	**238272**
北京	1528	1495	25	1224	246	1194	—
天津	600	600	8	572	20	572	—
河北	8912	8895	401	7237	1257	6682	—
山西	9236	9236	92	8377	767	7609	—
内蒙古	69679	60490	37317	22314	859	54404	32937
内蒙古集团	48121	38947	37120	1737	90	34529	32937
辽宁	9414	9398	583	8526	289	8414	—
吉林	78403	72884	57627	14715	542	69199	47509
吉林集团	27497	23291	23029	262	—	22472	22472
黑龙江	151349	131897	106381	23824	1692	118620	98540
龙江集团	128887	109934	105695	3494	745	98643	98540
上海	207	207	—	207	—	207	—
江苏	6815	6000	1127	4807	66	5794	—
浙江	5973	5739	309	4847	583	4685	—
安徽	12729	12481	1962	10058	461	10323	135
福建	16127	14033	4388	8343	1302	10058	2763
江西	25431	24963	5397	17221	2345	20629	4378
山东	12772	12602	1185	10752	665	10201	—
河南	10870	10855	251	9217	1387	8537	22
湖北	14113	13949	1725	11227	997	10723	167
湖南	23021	23003	5308	15310	2385	17664	1855
广东	17378	16672	3801	10596	2275	12082	546
广西	20518	20327	4653	14952	722	15664	9
海南	2917	2917	1362	1350	205	2375	1022
重庆	4123	4103	336	3206	561	3227	9
四川	34251	33573	14057	17067	2449	26446	9193
贵州	9416	9276	1770	6684	822	7761	1398
云南	21091	20638	7193	10446	2999	13235	3491
西藏	84	84	8	56	20	56	—
陕西	14000	13731	2223	11003	505	12088	1390
甘肃	15660	15619	4412	10563	644	11962	1806
青海	3792	3792	90	3330	372	3216	90
宁夏	4772	4772	30	4654	88	4114	—
新疆	7367	7353	1656	5112	585	6214	915
局直属单位	38888	36118	34838	771	509	31599	30097
大兴安岭	38888	36118	34838	771	509	31599	30097

注：国家林业局机关及直属单位在岗职工共 7931 人（不含大兴安岭）未参加按年龄分组。

职工中31~40岁人员年末人数(一)

单位:人

单位合计								
农林牧渔业								采矿业
国有林场	国有苗圃	林业工作站	木材检查站	种苗站	病虫害防治站	治沙站	其他	
148929	**15253**	**53533**	**9321**	**2869**	**4209**	**298**	**42870**	**208**
279	426	111	10	26	44	—	298	—
35	105	168	—	28	2	—	234	—
2289	919	1224	77	166	232	18	1757	—
3480	689	1499	163	117	196	13	1452	—
16053	1416	1628	99	187	311	66	1707	—
1337	—	—	—	—	—	—	255	—
4675	410	1567	149	140	173	33	1267	—
16136	1293	1757	153	27	127	—	2197	—
—	—	—	—	—	—	—	—	—
16116	640	993	157	113	163	—	1898	24
26	—	—	—	31	12	—	34	—
82	30	94	—	—	—	—	1	—
3505	764	1060	108	8	40	—	309	—
2003	81	1424	475	56	149	—	497	47
4804	1342	1925	631	10	213	—	1263	26
3252	177	2120	376	35	54	9	1272	—
11166	513	2169	1159	80	167	8	989	3
3383	976	4295	224	176	245	—	902	—
3450	751	2192	512	210	243	12	1145	3
5179	289	2775	591	176	258	—	1288	—
7155	758	4616	1263	170	130	3	1714	2
7322	327	2301	511	53	85	—	937	—
10478	268	1138	507	130	123	—	3011	—
859	36	145	144	—	33	—	136	—
1562	75	1154	118	42	90	—	177	—
5130	592	4476	569	154	161	—	6171	103
2048	179	2717	379	74	131	—	835	—
2246	88	3736	225	142	123	16	3168	—
40	8	—	8	—	—	—	—	—
5363	465	1878	460	269	232	24	2007	—
5396	670	1175	210	240	249	48	2168	—
1663	143	460	21	14	66	15	744	—
2251	431	564	6	—	56	—	806	—
1529	392	2078	16	26	113	33	1112	—
—	—	94	—	—	—	—	1408	—
—	—	94	—	—	—	—	1408	—

林业系统各地区按行业分在岗

地区	国有经济							
	制造业							
	小计	非木质林产品加工业	木材加工及竹、藤、棕、草制品业					林产化学产品制造
			计	锯材、木片加工	人造板制造	木制品制造	竹、藤、棕、草制品制造	
全国合计	**20814**	**425**	**14349**	**1521**	**9705**	**2279**	**844**	**2586**
北京	—	—	—	—	—	—	—	—
天津	—	—	—	—	—	—	—	—
河北	259	9	103	10	81	—	12	42
山西	53	—	37	—	20	17	—	4
内蒙古	1502	—	1310	9	1264	37	—	—
内蒙古集团	1456	—	1264	—	1264	—	—	—
辽宁	359	—	347	—	150	197	—	—
吉林	1773	—	1489	117	529	843	—	12
吉林集团	449	—	333	21	312	—	—	12
黑龙江	2225	—	1685	135	1297	253	—	263
龙江集团	1994	—	1545	95	1295	155	—	263
上海	—	—	—	—	—	—	—	—
江苏	—	—	—	—	—	—	—	—
浙江	—	—	—	—	—	—	—	—
安徽	802	—	779	—	741	12	26	—
福建	1083	1	982	237	730	2	13	87
江西	1206	—	739	240	454	42	3	230
山东	1312	—	1312	—	1312	—	—	—
河南	192	—	15	—	—	5	10	—
湖北	948	—	868	192	651	25	—	1
湖南	949	16	524	15	293	95	121	91
广东	559	—	290	118	32	140	—	89
广西	1640	—	753	63	688	2	—	713
海南	93	—	69	4	60	5	—	24
重庆	124	—	124	—	113	11	—	—
四川	2412	—	1115	25	146	308	636	130
贵州	279	—	273	8	176	85	4	3
云南	2058	—	1064	297	618	135	14	850
西藏	8	—	8	8	—	—	—	—
陕西	561	385	101	—	61	40	—	47
甘肃	328	9	319	—	289	25	5	—
青海	—	—	—	—	—	—	—	—
宁夏	30	—	—	—	—	—	—	—
新疆	59	5	43	43	—	—	—	—
局直属单位	—	—	—	—	—	—	—	—
大兴安岭	—	—	—	—	—	—	—	—

职工中31～40岁人员年末人数(二)

单位:人

单位合计								
专用设备制造	工艺品制造业	其他	电力、燃气及水的生产供应业	建筑业	交通运输、仓储及邮政业	信息传输、计算机服务和软件业	批发和零售业	住宿餐饮业
593	**12**	**2849**	**5202**	**5705**	**722**	**109**	**4304**	**1145**
—	—	—	—	15	—	—	—	—
—	—	—	—	—	—	—	—	—
—	—	105	—	—	29	—	21	—
—	—	12	—	—	22	—	195	48
192	—	—	1115	110	—	60	102	70
192	—	—	1115	110	—	60	98	66
—	12	—	—	—	—	—	17	29
182	—	90	—	305	92	—	61	64
14	—	90	—	1	—	—	46	24
137	—	140	1169	3197	224	5	245	259
137	—	49	1169	3166	59	5	145	90
—	—	—	—	—	—	—	—	—
—	—	—	—	129	—	—	—	—
—	—	—	—	3	—	—	28	49
—	—	23	—	185	3	—	480	32
—	—	13	6	246	44	—	210	64
—	—	237	—	13	4	2	21	11
—	—	—	—	23	—	—	82	44
—	—	177	—	—	—	—	51	5
—	—	79	—	108	—	—	110	41
—	—	318	10	14	53	—	168	37
—	—	180	95	—	34	—	467	1
82	—	92	—	71	19	—	1256	37
—	—	—	—	—	—	—	7	—
—	—	—	—	—	—	—	40	—
—	—	1167	89	620	—	—	176	95
—	—	3	—	8	62	—	—	—
—	—	144	—	31	125	—	486	36
—	—	—	—	—	—	—	—	—
—	—	28	—	3	9	—	30	11
—	—	—	—	7	2	—	5	153
—	—	—	—	—	—	—	5	—
—	—	30	—	—	—	—	—	—
—	—	11	—	61	—	—	7	—
—	—	—	2718	556	—	42	34	59
—	—	—	2718	556	—	42	34	59

林业系统各地区按行业分在岗

地区	金融业	房地产业	租赁和商务服务业	科学研究、技术服务和地质勘查业			国有经济	
				计	其中：科技交流和推广服务	其中：规划设计管理	水利、环境和：计	自然保护区管理
全国合计	**—**	**150**	**681**	**9084**	**1312**	**1593**	**6399**	**4308**
北京	—	—	25	—	—	—	15	11
天津	—	—	—	—	—	—	—	—
河北	—	—	—	166	35	—	207	124
山西	—	—	—	167	25	38	157	85
内蒙古	—	71	369	554	60	176	250	206
内蒙古集团	—	71	347	144	—	—	—	—
辽宁	—	—	—	108	14	6	169	159
吉林	—	—	37	350	—	141	329	249
吉林集团	—	—	37	158	—	—	—	—
黑龙江	—	28	19	1485	—	148	146	23
龙江集团	—	28	9	1411	—	148	25	—
上海	—	—	—	—	—	—	—	—
江苏	—	—	—	—	—	—	4	—
浙江	—	—	—	208	104	25	135	135
安徽	—	—	—	57	18	—	95	25
福建	—	24	—	407	77	126	213	161
江西	—	—	15	455	81	103	128	55
山东	—	—	—	115	—	—	157	74
河南	—	—	—	414	35	45	114	87
湖北	—	—	10	440	109	21	257	233
湖南	—	3	65	774	88	18	739	217
广东	—	—	—	499	111	62	493	343
广西	—	—	—	311	48	12	373	294
海南	—	—	10	108	35	—	69	24
重庆	—	—	—	49	6	—	102	90
四川	—	—	56	505	194	110	310	158
贵州	—	—	—	233	40	30	106	101
云南	—	—	—	706	73	264	653	612
西藏	—	—	—	—	—	—	—	—
陕西	—	—	13	163	63	27	121	96
甘肃	—	—	62	453	58	106	345	127
青海	—	—	—	59	21	19	98	77
宁夏	—	—	—	14	—	—	478	478
新疆	—	—	—	168	17	—	115	43
局直属单位	—	24	—	116	—	116	21	21
大兴安岭	—	24	—	116	—	116	21	21

职工中31~40岁人员年末人数(三)

单位:人

单位合计								集体经济单位合计	其他各种经济单位合计
公共设施管理业		居民服务和其他服务业	教育	卫生、社会保障和社会福利业	文化、体育和娱乐业	公共管理和社会组织	国际组织		
其中									
野生动植物保护	非自然保护区的人工森林公园管理								
509	**1310**	**601**	**4160**	**3112**	**148**	**29604**	**—**	**28440**	**15294**
4	—	—	—	—	—	246	—	—	33
—	—	8	—	—	—	20	—	—	—
3	11	—	141	—	4	1386	—	17	—
—	66	3	160	55	—	767	—	—	—
16	28	5	260	697	53	868	—	6075	3114
—	—	—	102	697	53	99	—	6060	3114
10	—	8	5	—	—	289	—	16	—
—	80	7	42	83	—	542	—	1313	4206
—	—	—	21	83	—	—	—	—	4206
71	25	160	1208	1178	8	1697	—	17895	1557
—	—	153	1106	1178	8	745	—	17492	1461
—	—	—	—	—	—	—	—	—	—
—	4	7	—	—	—	66	—	408	407
—	—	—	1	—	—	583	—	7	227
3	46	17	—	—	—	461	—	124	124
—	43	84	121	26	—	1447	—	198	1896
43	25	2	79	5	7	2383	—	32	436
—	83	—	3	—	—	665	—	—	170
6	21	4	137	—	11	1387	—	15	—
14	10	28	255	25	7	997	—	62	102
5	513	1	126	8	—	2390	—	18	—
15	117	25	134	5	3	2275	—	104	602
8	11	—	234	—	—	722	—	19	172
45	—	5	—	—	—	250	—	—	—
—	12	—	—	—	—	561	—	14	6
89	48	90	65	138	—	2468	—	256	422
—	—	2	3	—	—	822	—	16	124
9	32	7	176	126	—	2999	—	259	194
—	—	—	—	—	—	20	—	—	—
14	11	72	89	66	—	505	—	169	100
95	123	53	567	516	—	1166	—	41	—
20	1	—	—	—	—	414	—	—	—
—	—	—	48	—	—	88	—	—	—
39	—	13	105	—	—	611	—	3	11
—	—	—	201	184	55	509	—	1379	1391
—	—	—	201	184	55	509	—	1379	1391

林业系统各地区按行业分在岗

地区	总计					国有经济	
		合计	企业	事业	机关	小计	木材及竹材采运
全国合计	**435198**	**404513**	**196771**	**182144**	**25598**	**338823**	**154903**
北京	1551	1540	21	1229	290	1183	—
天津	130	130	8	88	34	88	—
河北	6560	6560	305	5104	1151	4812	—
山西	7286	7286	129	6181	976	5728	—
内蒙古	41486	37909	21435	15483	991	33868	19117
内蒙古集团	26038	22468	21279	1079	110	20118	19117
辽宁	8403	8391	689	7240	462	7467	—
吉林	51070	48494	35793	11753	948	45625	28540
吉林集团	16832	14761	14582	179	—	14259	14259
黑龙江	124459	104260	84483	18029	1748	93762	78373
龙江集团	106235	86886	83954	2278	654	78426	78373
上海	347	347	—	347	—	347	—
江苏	6754	5984	1375	4543	66	5687	—
浙江	5341	5126	259	4138	729	3994	—
安徽	8151	8038	1223	6196	619	6490	89
福建	10273	9344	2806	5128	1410	6088	1495
江西	17991	17670	3612	12115	1943	14661	3120
山东	7810	7782	497	6227	1058	6091	—
河南	6635	6620	105	5209	1306	4744	11
湖北	9843	9772	1472	7190	1110	6826	202
湖南	14611	14590	3903	8568	2119	10429	1561
广东	12022	11781	2181	7876	1724	8658	431
广西	15027	14937	3519	10680	738	11128	15
海南	2020	2020	859	999	162	1596	601
重庆	2057	2054	163	1494	397	1549	2
四川	17629	17079	8225	7448	1406	13144	4197
贵州	5770	5735	888	4105	742	4457	602
云南	9698	9544	3435	4492	1617	5791	1602
西藏	46	46	4	24	18	24	—
陕西	8570	8369	1115	6582	672	7103	689
甘肃	7239	7226	1261	5500	465	5302	310
青海	1864	1864	69	1633	162	1637	69
宁夏	2958	2958	20	2850	88	2624	—
新疆	4504	4480	1165	2917	398	3656	647
局直属单位	17093	16577	15752	776	49	14264	13230
大兴安岭	17093	16577	15752	776	49	14264	13230

注:国家林业局机关及直属单位在岗职工共7931人(不含大兴安岭)未参加按年龄分组。

职工中 41 ~ 50 岁人员年末人数(一)

单位:人

单位合计								
农林牧渔业								采矿业
国有林场	国有苗圃	林业工作站	木材检查站	种苗站	病虫害防治站	治沙站	其他	
107412	**11858**	**28341**	**4333**	**1660**	**2133**	**136**	**28047**	**168**
272	448	95	8	14	33	—	313	—
3	45	16	—	2	1	—	21	—
2306	628	576	38	76	92	19	1077	—
2250	711	1356	79	81	148	7	1096	—
11420	983	877	60	131	172	7	1101	—
818	—	—	—	—	—	—	183	—
4045	412	1306	107	105	150	24	1318	—
12605	1074	1175	179	21	105	—	1926	—
—	—	—	—	—	—	—	—	—
12316	497	733	81	111	120	—	1531	45
11	—	—	—	14	4	—	24	—
146	137	64	—	—	—	—	—	—
4163	723	576	46	10	18	—	151	—
1866	87	1273	209	43	109	—	407	63
3534	1025	601	294	11	125	—	811	12
2159	173	994	281	24	26	9	927	—
8758	476	1121	532	39	64	—	551	1
2396	861	1964	56	93	147	—	574	—
2092	654	1032	216	128	77	8	526	2
3352	199	1803	321	104	121	—	724	—
4099	364	2560	472	66	75	4	1228	4
5227	315	1731	243	31	42	—	638	—
7460	208	491	294	64	80	—	2516	—
612	34	154	96	—	12	—	87	—
795	33	574	31	21	26	—	67	—
2226	258	2001	246	58	32	—	4126	41
1908	185	952	147	31	50	—	582	—
1325	45	1274	44	54	38	3	1406	—
14	6	—	4	—	—	—	—	—
3078	288	1204	197	205	106	28	1308	—
2990	298	472	38	108	88	17	981	—
1122	56	118	—	7	18	—	247	—
1740	399	133	2	—	15	—	335	—
1133	236	1029	12	22	43	10	524	—
—	—	86	—	—	—	—	948	—
—	—	86	—	—	—	—	948	—

林业系统各地区按行业分在岗

地区	国有经济							
	制造业							
	小计	非木质林产品加工业	木材加工及竹、藤、棕、草制品业					林产化学产品制造
			计	锯材、木片加工	人造板制造	木制品制造	竹、藤、棕、草制品制造	
全国合计	**12147**	**166**	**8205**	**1361**	**4957**	**1491**	**396**	**1437**
北京	—	—	—	—	—	—	—	—
天津	—	—	—	—	—	—	—	—
河北	237	1	91	10	63	—	18	21
山西	82	—	67	—	65	2	—	11
内蒙古	393	—	259	7	246	6	—	—
内蒙古集团	380	—	246	—	246	—	—	—
辽宁	161	—	152	—	130	22	—	—
吉林	944	—	682	228	105	349	—	13
吉林集团	208	—	159	94	65	—	—	13
黑龙江	2493	—	1940	181	1508	251	—	256
龙江集团	2327	—	1822	166	1476	180	—	256
上海	—	—	—	—	—	—	—	—
江苏	—	—	—	—	—	—	—	—
浙江	—	—	—	—	—	—	—	—
安徽	227	—	190	—	181	6	3	—
福建	793	5	701	264	426	—	11	20
江西	494	—	237	103	105	26	3	136
山东	418	—	418	—	418	—	—	—
河南	58	—	14	—	—	2	12	—
湖北	565	—	511	54	440	17	—	8
湖南	540	16	333	47	200	59	27	42
广东	368	—	162	60	8	94	—	53
广西	1175	—	534	37	488	9	—	495
海南	124	—	104	6	92	6	—	20
重庆	27	—	27	—	27	—	—	—
四川	1537	—	822	24	52	436	310	64
贵州	204	—	200	2	81	115	2	—
云南	852	—	537	282	173	72	10	256
西藏	4	—	4	4	—	—	—	—
陕西	251	142	55	—	38	17	—	42
甘肃	115	2	113	—	111	2	—	—
青海	—	—	—	—	—	—	—	—
宁夏	20	—	—	—	—	—	—	—
新疆	65	—	52	52	—	—	—	—
局直属单位	—	—	—	—	—	—	—	—
大兴安岭	—	—	—	—	—	—	—	—

职工中 41～50 岁人员年末人数(二)

单位:人

单位合计								
专用设备制造	工艺品制造业	其他	电力、燃气及水的生产供应业	建筑业	交通运输、仓储及邮政业	信息传输、计算机服务和软件业	批发和零售业	住宿餐饮业
661	**8**	**1670**	**3085**	**3035**	**666**	**82**	**3582**	**727**
—	—	—	—	20	—	—	—	—
—	—	—	—	—	—	—	—	—
—	—	124	—	—	3	—	14	—
—	—	4	—	—	17	—	149	23
134	—	—	749	96	—	40	104	23
134	—	—	749	96	—	40	101	21
—	7	2	—	—	—	—	13	14
234	—	15	—	89	65	—	57	58
21	—	15	—	8	—	—	33	8
202	—	95	1112	1528	182	2	219	166
202	—	47	1112	1506	29	2	135	50
—	—	—	—	—	—	—	—	—
—	—	—	—	210	—	—	—	—
—	—	—	—	—	—	—	55	22
—	—	37	—	43	8	—	517	2
—	—	67	3	146	42	—	244	38
—	—	121	—	24	8	7	4	27
—	—	—	—	2	—	—	—	13
—	—	44	—	—	—	—	38	7
—	1	45	1	40	—	—	87	18
—	—	149	5	13	37	—	134	35
—	—	153	17	—	13	—	336	5
91	—	55	—	131	41	—	1035	41
—	—	—	—	—	—	—	12	—
—	—	—	—	—	—	—	30	—
—	—	651	24	236	—	—	101	49
—	—	4	—	4	67	—	—	—
—	—	59	—	49	177	—	257	46
—	—	—	—	—	—	—	—	—
—	—	12	—	3	4	—	54	9
—	—	—	—	4	2	—	78	49
—	—	—	—	—	—	—	2	—
—	—	20	—	—	—	—	—	—
—	—	13	—	45	—	—	5	—
—	—	—	1174	352	—	33	37	82
—	—	—	1174	352	—	33	37	82

林业系统各地区按行业分在岗

地区	金融业	房地产业	租赁和商务服务业	科学研究、技术服务和地质勘查业 计	其中 科技交流和推广服务	其中 规划设计管理	国有经济 计	水利、环境和 自然保护区管理
全国合计	—	52	674	6077	806	1026	4240	2984
北京	—	—	21	—	—	—	26	18
天津	—	—	—	—	—	—	—	—
河北	—	—	—	81	16	—	103	77
山西	—	—	—	166	31	19	58	40
内蒙古	—	33	322	522	49	169	189	168
内蒙古集团	—	33	304	56	—	—	—	—
辽宁	—	—	—	75	9	4	194	188
吉林	—	—	66	261	—	127	210	177
吉林集团	—	—	66	84	—	—	—	—
黑龙江	—	8	23	1110	4	100	127	33
龙江集团	—	8	10	1055	—	100	12	—
上海	—	—	—	—	—	—	—	—
江苏	—	—	—	—	—	—	1	—
浙江	—	—	—	188	76	22	74	74
安徽	—	—	—	68	5	—	48	14
福建	—	6	—	204	41	96	120	89
江西	—	—	17	264	49	46	122	80
山东	—	—	—	97	—	—	93	58
河南	—	—	—	287	12	17	81	70
湖北	—	—	13	328	81	17	603	588
湖南	—	2	81	518	62	8	587	103
广东	—	—	—	344	99	33	254	169
广西	—	—	—	277	37	14	241	202
海南	—	—	6	40	9	—	34	6
重庆	—	—	—	25	1	—	26	21
四川	—	—	24	165	50	34	130	52
贵州	—	—	—	173	29	15	81	77
云南	—	—	—	296	54	95	322	313
西藏	—	—	—	—	—	—	—	—
陕西	—	—	18	78	32	12	64	56
甘肃	—	—	83	252	48	62	152	71
青海	—	—	—	19	6	8	27	14
宁夏	—	—	—	11	—	—	199	199
新疆	—	—	—	100	6	—	64	17
局直属单位	—	3	—	128	—	128	10	10
大兴安岭	—	3	—	128	—	128	10	10

职工中41～50岁人员年末人数(三)

单位:人

单位合计									
公共设施管理业		居民服务和其他服务业	教育	卫生、社会保障和社会福利业	文化、体育和娱乐业	公共管理和社会组织	国际组织	集体经济单位合计	其他各种经济单位合计
其中									
野生动植物保护	非自然保护区的人工森林公园管理								
315	**818**	**431**	**2778**	**1560**	**121**	**26265**	**—**	**23977**	**6708**
8	—	—	—	—	—	290	—	—	11
—	—	8	—	—	—	34	—	—	—
1	2	—	29	—	—	1281	—	—	—
—	17	2	71	14	—	976	—	—	—
4	17	—	204	309	41	1016	—	2124	1453
—	—	—	85	309	41	135	—	2117	1453
6	—	1	4	—	—	462	—	12	—
—	33	14	123	34	—	948	—	505	2071
—	—	—	61	34	—	—	—	—	2071
65	15	132	900	686	8	1757	—	19471	728
—	—	128	738	686	8	654	—	18663	686
—	—	—	—	—	—	—	—	—	—
—	1	20	—	—	—	66	—	713	57
—	—	—	1	—	—	729	—	167	48
2	26	4	—	—	—	619	—	76	37
—	30	50	51	41	—	1518	—	138	791
23	11	6	68	5	—	1962	—	73	248
—	35	—	10	—	—	1058	—	—	28
7	4	4	88	—	5	1306	—	15	—
12	3	17	155	2	7	1110	—	24	47
4	479	1	73	—	—	2131	—	21	—
5	76	25	33	1	3	1724	—	65	176
7	5	—	130	—	—	738	—	30	60
28	—	12	—	—	—	196	—	—	—
—	5	—	—	—	—	397	—	1	2
53	14	64	35	113	—	1416	—	124	426
—	—	—	7	—	—	742	—	14	21
3	6	—	80	57	—	1617	—	57	97
—	—	—	—	—	—	18	—	—	—
8	—	28	38	47	—	672	—	122	79
42	39	40	289	126	—	734	—	13	—
13	—	—	—	—	—	179	—	—	—
—	—	—	16	—	—	88	—	—	—
24	—	3	110	—	—	432	—	17	7
—	—	—	263	125	57	49	—	195	321
—	—	—	263	125	57	49	—	195	321

林业系统各地区按行业分在岗职工中

地区	总计	合计	企业	事业	机关	国有经济	
						小计	木材及竹材采运
全国合计	**135005**	**126946**	**53021**	**63764**	**10161**	**103851**	**39866**
北京	611	604	4	498	102	480	—
天津	60	60	3	12	45	12	—
河北	2511	2511	51	2057	403	1908	—
山西	2577	2577	53	2130	394	2001	—
内蒙古	8012	7527	3532	3797	198	6682	2938
内蒙古集团	4142	3658	3501	132	25	3131	2938
辽宁	3198	3198	332	2566	300	2688	—
吉林	13076	12681	7595	4741	345	11674	4896
吉林集团	3488	3143	3084	59	—	2901	2901
黑龙江	35293	30119	24436	4959	724	26815	22837
龙江集团	30565	25512	24318	883	311	22861	22837
上海	113	113	—	113	—	113	—
江苏	3152	2448	608	1788	52	2310	—
浙江	2083	2057	109	1632	316	1602	—
安徽	2953	2920	377	2212	331	2249	58
福建	3690	3562	965	1806	791	1887	318
江西	8097	8075	1824	5159	1092	6503	1480
山东	2205	2203	71	1770	362	1751	—
河南	2474	2474	25	1911	538	1739	7
湖北	3430	2835	345	2122	368	2023	137
湖南	4661	4646	646	3093	907	3015	233
广东	4953	4891	1139	3065	687	3721	120
广西	6061	6033	1498	4372	163	4439	18
海南	606	606	256	277	73	473	212
重庆	497	497	36	377	84	380	—
四川	5515	5330	2221	2598	511	4197	1728
贵州	1519	1505	258	1037	210	1158	152
云南	4377	4321	2175	1785	361	3060	1304
西藏	12	12	—	2	10	2	—
陕西	4041	3978	556	3132	290	3383	328
甘肃	2783	2778	278	2251	249	2142	86
青海	721	721	7	676	38	678	7
宁夏	596	596	—	551	45	484	—
新疆	1355	1355	168	1046	141	1128	45
局直属单位	3773	3713	3453	229	31	3154	2962
大兴安岭	3773	3713	3453	229	31	3154	2962

注：国家林业局机关及直属单位在岗职工共7931人（不含大兴安岭）未参加按年龄分组。

51岁以上(含51岁)人员年末人数(一)

单位:人

单位合计								
农林牧渔业								采矿业
国有林场	国有苗圃	林业工作站	木材检查站	种苗站	病虫害防治站	治沙站	其他	
39606	**4150**	**8981**	**1330**	**510**	**579**	**42**	**8787**	**48**
154	173	44	2	5	6	—	96	—
1	3	2	—	1	1	—	4	—
942	215	147	7	24	26	3	544	—
998	283	344	14	15	23	1	323	—
3148	238	129	5	26	33	1	164	—
183	—	—	—	—	—	—	10	—
1351	110	566	37	35	44	10	535	—
5496	300	334	66	2	33	—	547	—
—	—	—	—	—	—	—	—	—
3228	136	148	14	22	36	—	394	3
5	—	—	—	5	2	—	12	—
60	8	43	—	—	—	—	2	—
1587	442	208	5	2	3	—	63	—
907	29	437	64	14	24	—	127	11
1342	414	144	72	7	39	—	173	7
794	59	302	69	11	12	10	312	—
3748	236	414	309	15	30	—	271	1
814	251	412	5	37	48	—	184	—
939	245	272	50	22	21	2	181	—
1102	87	361	56	20	23	—	237	—
1241	110	945	116	22	18	—	330	4
2517	128	662	65	20	11	—	198	—
3121	104	169	105	38	28	—	856	—
155	9	55	24	—	1	—	17	—
207	7	136	10	3	8	—	9	—
741	81	456	64	14	8	—	1105	22
468	27	327	40	6	16	—	122	—
459	23	680	23	26	11	1	533	—
2	—	—	—	—	—	—	—	—
1724	175	517	94	71	39	4	431	—
1221	85	188	10	43	29	5	475	—
500	13	22	—	1	1	3	131	—
234	82	38	1	—	2	—	127	—
405	77	466	3	8	5	2	117	—
—	—	13	—	—	—	—	179	—
—	—	13	—	—	—	—	179	—

林业系统各地区按行业分在岗职工中

地区	国有经济							
	制造业							
	小计	非木质林产品加工业	木材加工及竹、藤、棕、草制品业					林产化学产品制造
			计	锯材、木片加工	人造板制造	木制品制造	竹、藤、棕、草制品制造	
全国合计	**3766**	**44**	**2626**	**660**	**1453**	**361**	**152**	**421**
北京	—	—	—	—	—	—	—	—
天津	—	—	—	—	—	—	—	—
河北	31	—	14	1	10	—	3	1
山西	37	—	34	—	34	—	—	1
内蒙古	44	—	27	3	24	—	—	—
内蒙古集团	41	—	24	—	24	—	—	—
辽宁	69	—	67	—	58	9	—	—
吉林	339	—	161	55	40	66	—	2
吉林集团	97	—	80	41	39	—	—	2
黑龙江	720	—	615	33	521	61	—	6
龙江集团	696	—	602	33	519	50	—	6
上海	—	—	—	—	—	—	—	—
江苏	—	—	—	—	—	—	—	—
浙江	—	—	—	—	—	—	—	—
安徽	45	—	38	—	34	4	—	—
福建	440	4	398	218	172	5	3	11
江西	259	—	192	127	46	17	2	5
山东	52	—	52	—	52	—	—	—
河南	11	—	3	—	—	1	2	—
湖北	130	—	107	39	67	1	—	—
湖南	106	7	41	4	20	8	9	13
广东	129	—	51	19	2	30	—	28
广西	530	—	245	13	229	3	—	226
海南	4	—	4	4	—	—	—	—
重庆	10	—	10	—	10	—	—	—
四川	277	—	208	1	8	76	123	14
贵州	46	—	46	—	11	35	—	—
云南	310	—	231	127	63	31	10	66
西藏	—	—	—	—	—	—	—	—
陕西	119	28	31	—	17	14	—	48
甘肃	40	5	35	—	35	—	—	—
青海	—	—	—	—	—	—	—	—
宁夏	—	—	—	—	—	—	—	—
新疆	18	—	16	16	—	—	—	—
局直属单位	—	—	—	—	—	—	—	—
大兴安岭	—	—	—	—	—	—	—	—

51岁以上(含51岁)人员年末人数(二)

单位:人

单位合计								
专用设备制造	工艺品制造业	其他	电力、燃气及水的生产供应业	建筑业	交通运输、仓储及邮政业	信息传输、计算机服务和软件业	批发和零售业	住宿餐饮业
298	**—**	**377**	**941**	**631**	**278**	**16**	**1445**	**149**
—	—	—	—	7	—	—	—	—
—	—	—	—	—	—	—	—	—
—	—	16	—	—	5	—	7	—
—	—	2	—	—	5	—	31	6
17	—	—	311	11	—	6	24	1
17	—	—	311	11	—	6	20	1
—	—	2	—	—	—	—	10	2
175	—	1	—	27	10	—	53	18
14	—	1	—	2	—	—	48	2
70	—	29	378	180	61	—	75	22
70	—	18	378	173	4	—	45	18
—	—	—	—	—	—	—	—	—
—	—	—	—	80	—	—	—	—
—	—	—	—	—	—	—	18	7
—	—	7	—	—	10	—	205	1
2	—	25	—	72	8	—	93	8
—	—	62	—	8	—	2	5	4
—	—	—	—	2	—	—	—	5
—	—	8	—	—	—	—	14	—
—	—	23	—	6	—	—	18	4
—	—	45	1	10	15	—	19	5
—	—	50	6	—	1	—	91	1
34	—	25	—	47	7	—	470	3
—	—	—	—	—	—	—	10	—
—	—	—	—	—	—	—	10	—
—	—	55	8	82	—	—	60	18
—	—	—	—	3	42	—	—	—
—	—	13	—	13	112	—	209	18
—	—	—	—	—	—	—	—	—
—	—	12	—	—	—	—	14	6
—	—	—	—	8	2	—	—	6
—	—	—	—	—	—	—	—	—
—	—	—	—	—	—	—	—	—
—	—	2	—	7	—	—	1	—
—	—	—	237	68	—	8	8	14
—	—	—	237	68	—	8	8	14

林业系统各地区按行业分在岗职工中

地区	国有经济							
	金融业	房地产业	租赁和商务服务业	科学研究、技术服务和地质勘查业			水利、环境和	
				计	其中		计	
					科技交流和推广服务	规划设计管理		自然保护区管理
全国合计	**—**	**7**	**152**	**2008**	**292**	**349**	**1574**	**1008**
北京	—	—	4	—	—	—	11	11
天津	—	—	—	—	—	—	—	—
河北	—	—	—	39	1	—	75	71
山西	—	—	—	40	20	4	42	22
内蒙古	—	1	53	42	16	4	86	80
内蒙古集团	—	1	52	—	—	—	—	—
辽宁	—	—	—	42	2	2	85	84
吉林	—	—	34	71	—	29	69	68
吉林集团	—	—	34	28	—	—	—	—
黑龙江	—	5	10	349	—	13	24	6
龙江集团	—	5	2	327	—	13	9	—
上海	—	—	—	—	—	—	—	—
江苏	—	—	—	—	—	—	3	—
浙江	—	—	—	78	29	16	25	25
安徽	—	—	—	10	2	—	62	9
福建	—	—	—	86	14	50	45	22
江西	—	—	3	109	22	20	39	21
山东	—	—	—	24	—	—	7	7
河南	—	—	—	111	9	5	30	18
湖北	—	—	4	110	34	1	106	104
湖南	—	1	6	165	21	—	351	27
广东	—	—	—	163	39	27	63	50
广西	—	—	—	135	20	9	156	145
海南	—	—	4	10	3	—	17	4
重庆	—	—	—	7	—	—	6	6
四川	—	—	8	47	8	5	18	13
贵州	—	—	—	18	3	2	27	27
云南	—	—	—	136	20	67	68	64
西藏	—	—	—	—	—	—	—	—
陕西	—	—	15	41	17	7	47	46
甘肃	—	—	11	98	12	38	53	23
青海	—	—	—	—	—	—	3	3
宁夏	—	—	—	3	—	—	45	45
新疆	—	—	—	24	—	—	7	3
局直属单位	—	—	—	50	—	50	4	4
大兴安岭	—	—	—	50	—	50	4	4

51岁以上(含51岁)人员年末人数(三)

单位:人

单位合计 公共设施管理业 其中 野生动植物保护	单位合计 公共设施管理业 其中 非自然保护区的人工森林公园管理	居民服务和其他服务业	教育	卫生、社会保障和社会福利业	文化、体育和娱乐业	公共管理和社会组织	国际组织	集体经济单位合计	其他各种经济单位合计
80	**452**	**129**	**963**	**541**	**35**	**10412**	**—**	**6520**	**1539**
—	—	—	—	—	—	102	—	—	7
—	—	3	—	—	—	45	—	—	—
—	—	—	9	—	4	433	—	—	—
—	20	1	20	—	—	394	—	—	—
—	6	—	18	42	5	201	—	175	310
—	—	—	9	42	5	28	—	174	310
1	—	1	1	—	—	300	—	—	—
—	1	—	40	1	—	345	—	50	345
—	—	—	30	1	—	—	—	—	345
9	—	38	360	347	2	730	—	5093	81
—	—	38	296	347	2	311	—	4973	80
—	—	—	—	—	—	—	—	—	—
—	3	3	—	—	—	52	—	681	23
—	—	—	—	—	—	316	—	18	8
—	51	—	—	—	—	331	—	18	15
—	21	8	25	16	—	874	—	22	106
10	5	2	30	3	—	1107	—	8	14
—	—	—	—	—	—	362	—	—	2
12	—	—	31	—	—	538	—	—	—
1	1	9	53	4	—	368	—	247	348
2	322	—	35	—	—	913	—	15	—
—	6	15	14	—	—	687	—	26	36
4	2	—	83	—	—	163	—	10	18
13	—	3	—	—	—	85	—	—	—
—	—	—	—	—	—	84	—	—	—
1	4	16	18	38	—	521	—	53	132
—	—	—	1	—	—	210	—	5	9
1	3	—	28	6	—	361	—	26	30
—	—	—	—	—	—	10	—	—	—
1	—	18	21	24	—	290	—	63	—
23	7	3	65	20	—	330	—	5	—
—	—	—	—	—	—	40	—	—	—
—	—	—	19	—	—	45	—	—	—
2	—	9	17	—	—	144	—	—	—
—	—	—	75	40	24	31	—	5	55
—	—	—	75	40	24	31	—	5	55

林业系统各地区按行业分

地　区	总　计	合　计	企　业	事　业	机　关	国有经济 小　计	国有经济 木材及竹材采运
全国合计	**138139**	**111071**	**85687**	**25330**	**54**	**89536**	**56529**
北　京	199	199	—	199	—	199	—
天　津	—	—	—	—	—	—	—
河　北	302	302	136	166	—	166	—
山　西	183	183	—	180	3	176	—
内蒙古	7683	7683	—	7683	—	7683	—
内蒙古集团	—	—	—	—	—	—	—
辽　宁	1044	958	3	955	—	955	—
吉　林	42412	35576	34498	1078	—	28676	25757
吉林集团	13897	13794	13794	—	—	10511	10511
黑龙江	37378	17554	15528	2014	12	16613	14569
龙江集团	34782	15359	15359	—	—	14569	14569
上　海	73	73	—	73	—	73	—
江　苏	944	933	—	933	—	933	—
浙　江	259	259	36	223	—	223	—
安　徽	1512	1478	1144	331	3	547	289
福　建	1580	1482	1132	350	—	428	156
江　西	1212	1212	953	259	—	1040	784
山　东	213	213	121	92	—	92	—
河　南	314	314	125	189	—	189	—
湖　北	3109	3109	2028	1074	7	1221	20
湖　南	14359	14271	10946	3321	4	9698	5277
广　东	1151	1151	727	415	9	968	493
广　西	2362	2358	1522	835	1	1047	—
海　南	1437	1437	1394	43	—	1351	1213
重　庆	62	62	32	30	—	30	—
四　川	5149	5082	3858	1213	11	3710	886
贵　州	1618	1618	1116	501	1	1329	821
云　南	196	196	178	18	—	87	82
西　藏	—	—	—	—	—	—	—
陕　西	2882	2862	1449	1413	—	2045	548
甘　肃	3101	3101	1470	1631	—	2766	1115
青　海	—	—	—	—	—	—	—
宁　夏	—	—	—	—	—	—	—
新　疆	165	165	54	111	—	54	18
局直属单位	7240	7240	7237	—	3	7237	4501
大兴安岭	7240	7240	7237	—	3	7237	4501

下岗待安置职工年末人数(一)

单位:人

单位合计								
农林牧渔业								采矿业
国有林场	国有苗圃	林业工作站	木材检查站	种苗站	病虫害防治站	治沙站	其他	
24173	**1601**	**1134**	**30**	**38**	**46**	**—**	**5985**	**—**
—	192	—	—	—	—	—	7	—
—	—	—	—	—	—	—	—	—
108	—	—	—	—	—	—	58	—
150	18	—	—	—	—	—	8	—
7506	23	—	—	—	—	—	154	—
—	—	—	—	—	—	—	—	—
891	30	1	—	—	—	—	33	—
2350	135	—	—	—	—	—	434	—
—	—	—	—	—	—	—	—	—
1858	2	—	—	—	—	—	184	—
—	—	—	—	—	—	—	—	—
73	—	—	—	—	—	—	—	—
750	144	15	—	—	21	—	3	—
204	15	1	3	—	—	—	—	—
203	—	52	—	—	—	—	3	—
226	5	2	2	—	—	—	37	—
244	12	—	—	—	—	—	—	—
18	9	34	—	—	—	—	31	—
169	6	4	—	—	—	—	10	—
623	12	395	13	6	17	—	135	—
3413	806	102	8	11	—	—	81	—
203	12	217	—	—	—	—	43	—
760	43	28	4	—	—	—	212	—
107	16	—	—	—	7	—	8	—
30	—	—	—	—	—	—	—	—
785	67	234	—	—	—	—	1738	—
438	2	44	—	21	1	—	2	—
—	—	5	—	—	—	—	—	—
—	—	—	—	—	—	—	—	—
1408	44	—	—	—	—	—	45	—
1620	8	—	—	—	—	—	23	—
—	—	—	—	—	—	—	—	—
—	—	—	—	—	—	—	—	—
36	—	—	—	—	—	—	—	—
—	—	—	—	—	—	—	2736	—
—	—	—	—	—	—	—	2736	—

林业系统各地区按行业分

地区	国有经济							
	制造业							
	小计	非木质林产品加工业	木材加工及竹、藤、棕、草制品业					林产化学产品制造
			计	锯材、木片加工	人造板制造	木制品制造	竹、藤、棕、草制品制造	
全国合计	**12927**	**20**	**8751**	**1238**	**5457**	**1583**	**473**	**1108**
北京	—	—	—	—	—	—	—	—
天津	—	—	—	—	—	—	—	—
河北	136	—	136	26	—	110	—	—
山西	—	—	—	—	—	—	—	—
内蒙古	—	—	—	—	—	—	—	—
内蒙古集团	—	—	—	—	—	—	—	—
辽宁	1	—	—	—	—	—	—	—
吉林	4585	—	3132	803	2329	—	—	143
吉林集团	3283	—	3132	803	2329	—	—	143
黑龙江	242	—	220	86	134	—	—	—
龙江集团	134	—	134	—	134	—	—	—
上海	—	—	—	—	—	—	—	—
江苏	—	—	—	—	—	—	—	—
浙江	—	—	—	—	—	—	—	—
安徽	277	—	80	—	1	79	—	101
福建	576	—	538	7	529	2	—	11
江西	94	—	—	—	—	—	—	—
山东	—	—	—	—	—	—	—	—
河南	83	—	—	—	—	—	—	—
湖北	929	—	888	95	649	144	—	—
湖南	3327	—	2322	38	1424	421	439	432
广东	139	—	121	—	—	121	—	18
广西	342	—	48	32	10	6	—	294
海南	—	—	—	—	—	—	—	—
重庆	—	—	—	—	—	—	—	—
四川	848	—	60	—	—	30	30	15
贵州	210	—	183	15	13	151	4	20
云南	92	—	45	25	20	—	—	47
西藏	—	—	—	—	—	—	—	—
陕西	677	—	629	—	110	519	—	27
甘肃	258	20	238	—	238	—	—	—
青海	—	—	—	—	—	—	—	—
宁夏	—	—	—	—	—	—	—	—
新疆	111	—	111	111	—	—	—	—
局直属单位	—	—	—	—	—	—	—	—
大兴安岭	—	—	—	—	—	—	—	—

下岗待安置职工年末人数(二)

单位:人

单位合计								
专用设备制造	工艺品制造业	其他	电力、燃气及水的生产供应业	建筑业	交通运输、仓储及邮政业	信息传输、计算机服务和软件业	批发和零售业	住宿餐饮业
1322	**41**	**1685**	**20**	**3438**	**240**	**119**	**3846**	**216**
—	—	—	—	—	—	—	—	—
—	—	—	—	—	—	—	—	—
—	—	—	—	—	—	—	—	—
—	—	—	—	—	—	—	4	—
—	—	—	—	—	—	—	—	—
—	—	—	—	—	—	—	—	—
—	—	1	—	—	—	—	2	—
1310	—	—	—	2315	—	—	—	—
8	—	—	—	—	—	—	—	—
—	—	22	—	656	—	—	31	—
—	—	—	—	656	—	—	—	—
—	—	—	—	—	—	—	—	—
—	—	—	—	—	—	—	—	—
—	—	—	—	—	—	—	36	—
—	—	96	—	220	—	—	431	—
12	—	15	—	—	35	—	401	39
—	—	94	—	—	—	—	—	—
—	—	—	—	—	—	—	121	—
—	—	83	—	—	—	—	42	—
—	41	—	20	—	—	119	783	—
—	—	573	—	233	118	—	459	164
—	—	—	—	—	—	—	29	—
—	—	—	—	—	20	—	946	2
—	—	—	—	—	—	—	—	—
—	—	—	—	—	—	—	11	—
—	—	773	—	—	—	—	474	—
—	—	7	—	14	63	—	—	—
—	—	—	—	—	4	—	13	—
—	—	—	—	—	—	—	—	—
—	—	21	—	—	—	—	51	9
—	—	—	—	—	—	—	12	2
—	—	—	—	—	—	—	—	—
—	—	—	—	—	—	—	—	—
—	—	—	—	—	—	—	—	—
—	—	—	—	—	—	—	—	—
—	—	—	—	—	—	—	—	—

林业系统各地区按行业分

地区	国有经济							
	金融业	房地产业	租赁和商务服务业	科学研究、技术服务和地质勘查业 计	其中：科技交流和推广服务	其中：规划设计管理	水利、环境和 计	自然保护区管理
全国合计	**—**	**3**	**407**	**109**	**32**	**—**	**104**	**30**
北京	—	—	—	—	—	—	—	—
天津	—	—	—	—	—	—	—	—
河北	—	—	—	—	—	—	—	—
山西	—	—	—	—	—	—	—	—
内蒙古	—	—	—	—	—	—	—	—
内蒙古集团	—	—	—	—	—	—	—	—
辽宁	—	—	—	—	—	—	—	—
吉林	—	—	—	—	—	—	—	—
吉林集团	—	—	—	—	—	—	—	—
黑龙江	—	—	—	—	—	—	—	—
龙江集团	—	—	—	—	—	—	—	—
上海	—	—	—	—	—	—	—	—
江苏	—	—	—	—	—	—	—	—
浙江	—	—	—	—	—	—	—	—
安徽	—	—	—	—	—	—	—	—
福建	—	3	—	—	—	—	—	—
江西	—	—	75	3	3	—	—	—
山东	—	—	—	—	—	—	—	—
河南	—	—	—	—	—	—	—	—
湖北	—	—	—	—	—	—	30	30
湖南	—	—	168	100	29	—	—	—
广东	—	—	—	6	—	—	—	—
广西	—	—	—	—	—	—	—	—
海南	—	—	86	—	—	—	—	—
重庆	—	—	—	—	—	—	21	—
四川	—	—	29	—	—	—	10	—
贵州	—	—	—	—	—	—	—	—
云南	—	—	—	—	—	—	—	—
西藏	—	—	—	—	—	—	—	—
陕西	—	—	30	—	—	—	—	—
甘肃	—	—	19	—	—	—	43	—
青海	—	—	—	—	—	—	—	—
宁夏	—	—	—	—	—	—	—	—
新疆	—	—	—	—	—	—	—	—
局直属单位	—	—	—	—	—	—	—	—
大兴安岭	—	—	—	—	—	—	—	—

下岗待安置职工年末人数(三)

单位:人

单位合计								集体经济单位合计	其他各种经济单位合计
公共设施管理业		居民服务和其他服务业	教育	卫生、社会保障和社会福利业	文化、体育和娱乐业	公共管理和社会组织	国际组织		
其中									
野生动植物保护	非自然保护区的人工森林公园管理								
—	**74**	**51**	**—**	**—**	**—**	**55**	**—**	**26839**	**229**
—	—	—	—	—	—	—	—	—	—
—	—	—	—	—	—	—	—	—	—
—	—	—	—	—	—	—	—	—	—
—	—	—	—	—	—	3	—	—	—
—	—	—	—	—	—	—	—	—	—
—	—	—	—	—	—	—	—	—	—
—	—	—	—	—	—	—	—	86	—
—	—	—	—	—	—	—	—	6733	103
—	—	—	—	—	—	—	—	—	103
—	74	—	—	—	—	12	—	19824	—
—	—	—	—	—	—	—	—	19423	—
—	—	—	—	—	—	—	—	—	—
—	—	—	—	—	—	—	—	11	—
—	—	—	—	—	—	—	—	—	—
—	—	—	—	—	—	3	—	34	—
—	—	—	—	—	—	—	—	34	64
—	—	—	—	—	—	—	—	—	—
—	—	—	—	—	—	—	—	—	—
—	—	—	—	—	—	—	—	—	—
—	—	—	—	—	—	7	—	—	—
—	—	—	—	—	—	4	—	88	—
—	—	—	—	—	—	9	—	—	—
—	—	—	—	—	—	1	—	4	—
—	—	—	—	—	—	—	—	—	—
—	21	—	—	—	—	—	—	—	—
—	10	—	—	—	—	11	—	25	42
—	—	1	—	—	—	1	—	—	—
—	—	—	—	—	—	—	—	—	—
—	—	—	—	—	—	—	—	—	—
—	—	50	—	—	—	—	—	—	20
—	43	—	—	—	—	1	—	—	—
—	—	—	—	—	—	—	—	—	—
—	—	—	—	—	—	—	—	—	—
—	—	—	—	—	—	—	—	—	—
—	—	—	—	—	—	3	—	—	—
—	—	—	—	—	—	3	—	—	—

林业系统各地区按行业分离开

地区	总计	国有经济					
		合计	企业	事业	机关	小计	木材及竹材采运
全国合计	**441784**	**300169**	**216551**	**81135**	**2483**	**259466**	**159648**
北京	170	170	—	165	5	96	—
天津	—	—	—	—	—	—	—
河北	1603	1603	156	1196	251	1238	—
山西	705	705	151	515	39	489	—
内蒙古	41773	16593	11847	4717	29	16064	9897
内蒙古集团	37064	11884	11729	155	—	11435	9897
辽宁	4430	4429	715	3666	48	3669	—
吉林	49703	43417	38547	4704	166	40989	26125
吉林集团	12640	11314	11239	75	—	11034	11034
黑龙江	191271	84033	76359	7279	395	76139	69614
龙江集团	181153	75749	75192	447	110	69647	69614
上海	85	85	—	85	—	85	—
江苏	1074	1068	750	318	—	1068	—
浙江	1637	1636	115	1505	16	1559	—
安徽	3517	3458	1781	1661	16	2306	308
福建	7067	6202	4314	1859	29	3349	1639
江西	40562	40171	21894	17897	380	35087	16110
山东	842	842	274	474	94	457	—
河南	546	538	217	321	—	313	—
湖北	8152	8144	4056	3954	134	5279	931
湖南	23631	23400	9992	13166	242	18911	5484
广东	6061	6021	1910	3707	404	4088	458
广西	12466	12454	3700	8724	30	9459	162
海南	1095	1095	960	134	1	972	777
重庆	185	177	48	113	16	143	—
四川	5448	4567	2982	1549	36	2205	1526
贵州	1801	1801	1225	563	13	1558	971
云南	2066	2016	1565	376	75	1004	635
西藏	—	—	—	—	—	—	—
陕西	2289	2015	806	1182	27	1526	337
甘肃	2086	2086	1002	1082	2	1779	710
青海	—	—	—	—	—	—	—
宁夏	—	—	—	—	—	—	—
新疆	408	406	213	178	15	208	47
局直属单位	31111	31037	30972	45	20	29426	23917
大兴安岭	31070	30996	30972	6	18	29421	23917

本单位仍保留劳动关系的职工年末人数(一)

单位:人

单位合计								
农林牧渔业								采矿业
国有林场	国有苗圃	林业工作站	木材检查站	种苗站	病虫害防治站	治沙站	其他	
77017	**4154**	**3165**	**248**	**242**	**87**	**18**	**14887**	**355**
25	23	—	—	—	1	—	47	—
—	—	—	—	—	—	—	—	—
838	96	39	1	1	—	—	263	—
274	86	60	1	7	2	—	59	—
5361	68	38	8	24	20	15	633	—
1181	—	—	—	—	—	—	357	—
3132	154	73	2	6	2	1	299	—
12146	569	72	8	—	4	—	2065	—
—	—	—	—	—	—	—	—	—
5721	124	38	—	17	—	—	625	66
—	—	—	—	—	—	—	33	—
85	—	—	—	—	—	—	—	—
916	64	85	1	—	—	—	2	—
1377	34	53	4	2	1	—	88	—
1297	124	194	4	—	1	—	378	74
1185	51	92	18	3	1	—	360	—
15319	1344	499	67	7	8	—	1733	80
137	54	234	2	4	7	—	19	—
200	39	8	12	—	—	—	54	22
2637	198	451	38	83	7	—	934	—
11777	743	416	41	14	24	—	412	111
2710	134	496	8	13	2	—	267	—
8458	192	18	9	5	—	—	615	—
180	2	3	4	—	—	—	6	—
137	4	2	—	—	—	—	—	—
360	7	137	—	—	—	—	175	1
489	13	18	—	37	—	—	30	1
220	—	67	1	10	1	—	70	—
—	—	—	—	—	—	—	—	—
1043	19	69	19	9	2	—	28	—
864	11	3	—	—	1	—	190	—
—	—	—	—	—	—	—	—	—
—	—	—	—	—	—	—	—	—
129	1	—	—	—	1	—	30	—
—	—	—	—	—	2	2	5505	—
—	—	—	—	—	—	—	5504	—

林业系统各地区按行业分离开

地区	国有经济							
	制造业							
	小计	非木质林产品加工业	木材加工及竹、藤、棕、草制品业					林产化学产品制造
			计	锯材、木片加工	人造板制造	木制品制造	竹、藤、棕、草制品制造	
全国合计	**18842**	**299**	**11770**	**2937**	**6655**	**2073**	**105**	**1178**
北京	—	—	—	—	—	—	—	—
天津	—	—	—	—	—	—	—	—
河北	17	—	17	17	—	—	—	—
山西	49	—	49	—	49	—	—	—
内蒙古	218	—	94	—	88	6	—	—
内蒙古集团	212	—	88	—	88	—	—	—
辽宁	357	—	129	—	68	61	—	—
吉林	1669	—	1554	1501	53	—	—	65
吉林集团	67	—	—	—	—	—	—	65
黑龙江	3593	—	3201	541	1746	914	—	27
龙江集团	2892	—	2669	405	1746	518	—	27
上海	—	—	—	—	—	—	—	—
江苏	—	—	—	—	—	—	—	—
浙江	—	—	—	—	—	—	—	—
安徽	236	—	46	—	46	—	—	—
福建	1059	—	777	30	677	70	—	138
江西	3515	—	1611	157	1177	277	—	—
山东	139	—	139	—	139	—	—	—
河南	165	—	22	—	—	2	20	—
湖北	1412	—	789	114	532	143	—	480
湖南	1882	287	1171	188	798	185	—	190
广东	467	—	421	188	—	148	85	46
广西	928	—	664	—	604	60	—	180
海南	77	—	77	77	—	—	—	—
重庆	—	—	—	—	—	—	—	—
四川	2023	—	263	—	263	—	—	—
贵州	147	—	147	12	16	119	—	—
云南	475	—	358	6	319	33	—	14
西藏	—	—	—	—	—	—	—	—
陕西	306	12	135	—	80	55	—	38
甘肃	—	—	—	—	—	—	—	—
青海	—	—	—	—	—	—	—	—
宁夏	—	—	—	—	—	—	—	—
新疆	108	—	106	106	—	—	—	—
局直属单位	—	—	—	—	—	—	—	—
大兴安岭	—	—	—	—	—	—	—	—

本单位仍保留劳动关系的职工年末人数(二)

单位:人

单位合计								
专用设备制造	工艺品制造业	其他	电力、燃气及水的生产供应业	建筑业	交通运输、仓储及邮政业	信息传输、计算机服务和软件业	批发和零售业	住宿餐饮业
441	**133**	**5021**	**699**	**4827**	**1805**	**22**	**6391**	**904**
—	—	—	—	69	—	—	—	—
—	—	—	—	—	—	—	—	—
—	—	—	—	—	7	—	25	—
—	—	—	—	—	—	—	107	21
124	—	—	47	22	—	2	7	9
124	—	—	47	22	—	2	4	9
—	133	95	—	—	—	—	345	—
50	—	—	—	23	146	—	111	—
2	—	—	—	1	—	—	111	—
85	—	280	145	1937	584	—	341	248
85	—	111	145	1859	174	—	264	117
—	—	—	—	—	—	—	—	—
—	—	—	—	—	—	—	—	—
—	—	—	—	6	—	—	1	20
—	—	190	—	364	7	—	453	—
109	—	35	—	858	149	—	561	170
—	—	1904	—	195	132	—	150	212
—	—	—	—	—	—	—	135	—
—	—	143	—	—	—	—	30	—
—	—	143	—	5	—	—	587	5
—	—	234	18	70	385	—	842	71
—	—	—	3	—	143	—	470	46
73	—	11	—	44	73	—	1777	31
—	—	—	—	—	—	—	—	—
—	—	—	—	—	—	—	18	—
—	—	1760	6	—	—	—	146	4
—	—	—	—	13	65	—	—	—
—	—	103	—	140	114	—	181	18
—	—	—	—	—	—	—	—	—
—	—	121	—	—	—	—	29	25
—	—	—	—	—	—	—	31	24
—	—	—	—	—	—	—	—	—
—	—	—	—	—	—	—	—	—
—	—	2	—	72	—	—	2	—
—	—	—	480	1009	—	20	42	—
—	—	—	480	1009	—	20	42	—

林业系统各地区按行业分离开

地区	国有经济							
	金融业	房地产业	租赁和商务服务业	科学研究、技术服务和地质勘查业			水利、环境和	
				计	其中		计	自然保护区管理
					科技交流和推广服务	规划设计管理		
全国合计	**—**	**2**	**1159**	**1583**	**212**	**193**	**391**	**261**
北　京	—	—	—	—	—	—	—	—
天　津	—	—	—	—	—	—	—	—
河　北	—	—	—	—	—	—	—	—
山　西	—	—	—	—	—	—	—	—
内蒙古	—	—	7	93	—	21	—	—
内蒙古集团	—	—	3	55	—	—	—	—
辽　宁	—	—	—	8	—	—	2	2
吉　林	—	—	26	126	—	105	100	40
吉林集团	—	—	26	21	—	—	—	—
黑龙江	—	1	26	161	—	2	—	—
龙江集团	—	1	4	161	—	2	—	—
上　海	—	—	—	—	—	—	—	—
江　苏	—	—	—	—	—	—	—	—
浙　江	—	—	—	—	—	—	22	22
安　徽	—	—	—	—	—	—	2	—
福　建	—	1	—	15	7	4	1	1
江　西	—	—	194	190	105	10	12	11
山　东	—	—	—	—	—	—	17	16
河　南	—	—	—	7	—	—	—	—
湖　北	—	—	278	389	18	—	53	50
湖　南	—	—	496	200	13	—	134	97
广　东	—	—	—	147	65	—	15	2
广　西	—	—	—	90	—	—	19	9
海　南	—	—	—	—	—	—	1	—
重　庆	—	—	—	—	—	—	—	—
四　川	—	—	30	114	2	23	—	—
贵　州	—	—	—	3	1	—	1	1
云　南	—	—	—	2	1	1	5	3
西　藏	—	—	—	—	—	—	—	—
陕　西	—	—	52	—	—	—	6	6
甘　肃	—	—	50	7	—	—	—	—
青　海	—	—	—	—	—	—	—	—
宁　夏	—	—	—	—	—	—	—	—
新　疆	—	—	—	1	—	—	—	—
局直属单位	—	—	—	30	—	27	1	1
大兴安岭	—	—	—	—	—	—	1	1

本单位仍保留劳动关系的职工年末人数(三)

单位:人

单位合计 公共设施管理业 其中 野生动植物保护	单位合计 公共设施管理业 其中 非自然保护区的人工森林公园管理	单位合计 居民服务和其他服务业	单位合计 教育	单位合计 卫生、社会保障和社会福利业	单位合计 文化、体育和娱乐业	单位合计 公共管理和社会组织	单位合计 国际组织	集体经济单位合计	其他各种经济单位合计
6	**113**	**699**	**205**	**305**	**3**	**2511**	**—**	**135322**	**6293**
—	—	—	—	—	—	5	—	—	—
—	—	—	—	—	—	—	—	—	—
—	—	46	—	—	—	270	—	—	—
—	—	—	—	—	—	39	—	—	—
—	—	—	9	83	3	29	—	23464	1716
—	—	—	9	83	3	—	—	23464	1716
—	—	—	—	—	—	48	—	1	—
—	60	7	—	54	—	166	—	4960	1326
—	—	—	—	54	—	—	—	—	1326
—	—	312	53	32	—	395	—	105122	2116
—	—	312	31	32	—	110	—	103323	2081
—	—	—	—	—	—	—	—	—	—
—	—	—	—	—	—	—	—	6	—
—	—	—	12	—	—	16	—	—	1
2	—	—	—	—	—	16	—	23	36
—	—	4	—	5	—	30	—	498	367
—	—	—	—	16	—	388	—	251	140
—	1	—	—	—	—	94	—	—	—
—	—	—	1	—	—	—	—	8	—
3	—	—	2	—	—	134	—	8	—
—	37	4	9	25	—	242	—	231	—
—	13	238	—	—	—	404	—	34	6
—	—	—	3	—	—	30	—	12	—
1	—	44	—	—	—	1	—	—	—
—	—	—	—	—	—	16	—	8	—
—	—	2	—	—	—	36	—	385	496
—	—	—	—	—	—	13	—	—	—
—	2	—	—	2	—	75	—	35	15
—	—	—	—	—	—	—	—	—	—
—	—	42	—	2	—	27	—	274	—
—	—	—	112	81	—	2	—	—	—
—	—	—	—	—	—	—	—	—	—
—	—	—	—	—	—	—	—	—	—
—	—	—	—	—	—	15	—	2	—
—	—	—	4	5	—	20	—	—	74
—	—	—	—	5	—	18	—	—	74

林业系统各地区按行

地　区	总　计	国有经济					
		合　计	企　业	事　业	机　关		
						小　计	木材及竹材采运
全国合计	**71656**	**64404**	**10946**	**51932**	**1526**	**55946**	**4851**
北　京	14	14	4	9	1	9	—
天　津	—	—	—	—	—	—	—
河　北	76	76	18	42	16	39	—
山　西	320	320	16	298	6	273	—
内蒙古	1324	1314	25	1268	21	1240	—
内蒙古集团	32	22	—	22	—	—	—
辽　宁	468	468	9	456	3	456	—
吉　林	136	118	1	117	—	117	—
吉林集团	15	1	1	—	—	—	—
黑龙江	3826	1012	356	591	65	667	147
龙江集团	3228	434	319	65	50	147	147
上　海	31	31	—	31	—	31	—
江　苏	1846	1828	397	1428	3	1428	—
浙　江	241	241	34	172	35	170	—
安　徽	699	696	209	480	7	459	3
福　建	5886	3347	2280	842	225	1872	1244
江　西	2913	2857	1410	1309	138	2326	938
山　东	735	735	246	450	39	354	—
河　南	663	663	25	616	22	613	—
湖　北	2271	2271	627	1543	101	1312	—
湖　南	1263	1251	423	790	38	975	297
广　东	991	977	221	741	15	656	4
广　西	2515	2453	1235	1110	108	1902	—
海　南	120	120	60	7	53	67	—
重　庆	81	81	51	30	—	30	—
四　川	6523	5061	1561	3154	346	4565	1288
贵　州	28353	28353	581	27751	21	27451	214
云　南	7337	7313	916	6151	246	6661	584
西　藏	—	—	—	—	—	—	—
陕　西	1620	1410	61	1349	—	1370	42
甘　肃	563	563	—	558	5	385	—
青　海	—	—	—	—	—	—	—
宁　夏	—	—	—	—	—	—	—
新　疆	514	504	147	345	12	463	90
局直属单位	327	327	33	294	—	55	—
大兴安岭	41	41	33	8	—	33	—

业分其他从业人员年末人数(一)

单位:人

单位合计								
农林牧渔业								采矿业
国有林场	国有苗圃	林业工作站	木材检查站	种苗站	病虫害防治站	治沙站	其他	
11265	**901**	**7488**	**312**	**25**	**68**	**4**	**31032**	**184**
1	1	—	—	—	—	—	7	—
—	—	—	—	—	—	—	—	—
36	1	—	—	1	—	—	1	—
55	106	37	—	—	—	1	74	—
1048	183	8	—	—	—	—	1	—
—	—	—	—	—	—	—	—	—
103	16	290	—	6	1	—	40	—
103	—	—	—	—	—	—	14	—
—	—	—	—	—	—	—	—	—
400	11	—	—	—	—	—	109	—
—	—	—	—	—	—	—	—	—
31	—	—	—	—	—	—	—	—
1319	23	20	—	—	—	—	66	—
61	16	5	35	2	13	—	38	—
209	33	167	20	—	2	—	25	—
122	5	153	88	—	—	—	260	—
813	191	208	72	—	3	—	101	—
75	20	217	—	—	—	—	42	—
123	2	425	15	7	11	—	30	—
778	6	425	34	—	11	—	58	—
555	62	38	11	—	—	—	12	—
427	25	168	4	—	1	—	27	—
1521	10	206	21	—	3	—	141	—
57	—	1	5	—	1	—	3	—
—	30	—	—	—	—	—	—	—
1683	62	516	6	—	—	2	1008	14
271	—	58	—	6	—	—	26902	170
887	16	4317	—	—	—	—	857	—
—	—	—	—	—	—	—	—	—
192	14	3	1	—	—	—	1118	—
287	41	13	—	3	1	1	39	—
—	—	—	—	—	—	—	—	—
—	—	—	—	—	—	—	—	—
108	27	213	—	—	1	—	24	—
—	—	—	—	—	20	—	35	—
—	—	—	—	—	—	—	33	—

林业系统各地区按行

地区	国有经济							
	制造业							
	小计	非木质林产品加工业	木材加工及竹、藤、棕、草制品业					林产化学产品制造
			计	锯材、木片加工	人造板制造	木制品制造	竹、藤、棕、草制品制造	
全国合计	**2163**	**—**	**1795**	**157**	**1298**	**340**	**—**	**202**
北京	—	—	—	—	—	—	—	—
天津	—	—	—	—	—	—	—	—
河北	17	—	17	17	—	—	—	—
山西	—	—	—	—	—	—	—	—
内蒙古	25	—	25	—	—	25	—	—
内蒙古集团	—	—	—	—	—	—	—	—
辽宁	9	—	—	—	—	—	—	—
吉林	1	—	—	—	—	—	—	1
吉林集团	1	—	—	—	—	—	—	1
黑龙江	129	—	106	106	—	—	—	—
龙江集团	106	—	106	106	—	—	—	—
上海	—	—	—	—	—	—	—	—
江苏	—	—	—	—	—	—	—	—
浙江	—	—	—	—	—	—	—	—
安徽	120	—	115	—	115	—	—	—
福建	559	—	346	5	333	8	—	171
江西	174	—	145	—	145	—	—	—
山东	179	—	179	—	179	—	—	—
河南	—	—	—	—	—	—	—	—
湖北	156	—	156	29	80	47	—	—
湖南	62	—	59	—	10	49	—	3
广东	209	—	204	—	—	204	—	5
广西	101	—	98	—	98	—	—	3
海南	—	—	—	—	—	—	—	—
重庆	51	—	—	—	—	—	—	—
四川	122	—	116	—	116	—	—	—
贵州	182	—	182	—	182	—	—	—
云南	56	—	40	—	40	—	—	16
西藏	—	—	—	—	—	—	—	—
陕西	11	—	7	—	—	7	—	3
甘肃	—	—	—	—	—	—	—	—
青海	—	—	—	—	—	—	—	—
宁夏	—	—	—	—	—	—	—	—
新疆	—	—	—	—	—	—	—	—
局直属单位	—	—	—	—	—	—	—	—
大兴安岭	—	—	—	—	—	—	—	—

业分其他从业人员年末人数(二)

单位:人

单位合计								
专用设备制造	工艺品制造业	其他	电力、燃气及水的生产供应业	建筑业	交通运输、仓储及邮政业	信息传输、计算机服务和软件业	批发和零售业	住宿餐饮业
23	**9**	**134**	**—**	**948**	**80**	**—**	**428**	**302**
—	—	—	—	—	—	—	—	—
—	—	—	—	—	—	—	—	—
—	—	—	—	—	—	—	—	—
—	—	—	—	—	—	—	16	—
—	—	—	—	—	—	—	—	—
—	—	—	—	—	—	—	—	—
—	9	—	—	—	—	—	—	—
—	—	—	—	—	—	—	—	—
—	—	—	—	—	—	—	—	—
—	—	23	—	34	—	—	—	26
—	—	—	—	34	—	—	—	12
—	—	—	—	—	—	—	—	—
—	—	—	—	397	—	—	—	—
—	—	—	—	—	—	—	7	—
—	—	5	—	—	21	—	25	40
23	—	19	—	318	2	—	142	17
—	—	29	—	195	—	—	—	9
—	—	—	—	—	—	—	67	—
—	—	—	—	—	—	—	—	25
—	—	—	—	—	—	—	4	—
—	—	—	—	2	—	—	1	112
—	—	—	—	—	—	—	2	—
—	—	—	—	2	—	—	115	72
—	—	—	—	—	—	—	—	—
—	—	51	—	—	—	—	—	—
—	—	6	—	—	—	—	—	—
—	—	—	—	—	15	—	—	—
—	—	—	—	—	42	—	44	1
—	—	—	—	—	—	—	—	—
—	—	1	—	—	—	—	4	—
—	—	—	—	—	—	—	—	—
—	—	—	—	—	—	—	—	—
—	—	—	—	—	—	—	—	—
—	—	—	—	—	—	—	1	—
—	—	—	—	—	—	—	—	—
—	—	—	—	—	—	—	—	—

林业系统各地区按行

地　区	国　有　经　济							
	金融业	房地产业	租赁和商务服务业	科学研究、技术服务和地质勘查业			水利、环境和	
				计	其中		计	
					科技交流和推广服务	规划设计管理		自然保护区管理
全国合计	**—**	**2**	**19**	**454**	**21**	**204**	**1915**	**1727**
北　京	—	—	4	—	—	—	—	—
天　津	—	—	—	—	—	—	—	—
河　北	—	—	—	—	—	—	—	—
山　西	—	—	—	—	—	—	25	—
内蒙古	—	—	—	9	—	—	—	—
内蒙古集团	—	—	—	3	—	—	—	—
辽　宁	—	—	—	—	—	—	—	—
吉　林	—	—	—	—	—	—	—	—
吉林集团	—	—	—	—	—	—	—	—
黑龙江	—	—	—	2	—	—	6	—
龙江集团	—	—	—	—	—	—	2	—
上　海	—	—	—	—	—	—	—	—
江　苏	—	—	—	—	—	—	—	—
浙　江	—	—	—	6	—	—	23	23
安　徽	—	—	—	20	—	—	4	—
福　建	—	—	—	114	2	110	76	26
江　西	—	—	—	3	—	—	9	8
山　东	—	—	—	—	—	—	96	21
河　南	—	—	—	—	—	—	—	—
湖　北	—	—	12	16	12	—	617	614
湖　南	—	2	1	31	—	—	—	—
广　东	—	—	—	37	—	—	41	35
广　西	—	—	—	18	—	—	114	110
海　南	—	—	—	—	—	—	—	—
重　庆	—	—	—	—	—	—	—	—
四　川	—	—	—	—	—	—	11	11
贵　州	—	—	—	1	—	—	513	513
云　南	—	—	—	25	—	8	218	218
西　藏	—	—	—	—	—	—	—	—
陕　西	—	—	—	14	—	—	11	11
甘　肃	—	—	—	8	—	—	130	130
青　海	—	—	—	—	—	—	—	—
宁　夏	—	—	—	—	—	—	—	—
新　疆	—	—	—	6	4	—	14	—
局直属单位	—	—	2	144	3	86	7	7
大兴安岭	—	—	—	—	—	—	—	—

业分其他从业人员年末人数(三)

单位:人

单位合计								集体经济单位合计	其他各种经济单位合计
公共设施管理业 其中		居民服务和其他服务业	教育	卫生、社会保障和社会福利业	文化、体育和娱乐业	公共管理和社会组织	国际组织		
野生动植物保护	非自然保护区的人工森林公园管理								
25	**160**	**68**	**251**	**64**	**37**	**1543**	**—**	**3404**	**3848**
—	—	—	—	—	—	1	—	—	—
—	—	—	—	—	—	—	—	—	—
—	—	—	4	—	—	16	—	—	—
—	24	—	—	—	—	6	—	—	—
—	—	—	—	18	1	21	—	6	4
—	—	—	—	18	1	—	—	6	4
—	—	—	—	—	—	3	—	—	—
—	—	—	—	—	—	—	—	4	14
—	—	—	—	—	—	—	—	—	14
—	4	20	31	32	—	65	—	2789	25
—	—	20	31	32	—	50	—	2789	5
—	—	—	—	—	—	—	—	—	—
—	—	—	—	—	—	3	—	18	—
—	—	—	—	—	—	35	—	—	—
4	—	—	—	—	—	7	—	3	—
—	50	—	16	6	—	225	—	142	2397
—	1	—	—	—	—	141	—	56	—
—	75	—	—	—	—	39	—	—	—
—	—	—	2	—	1	22	—	—	—
3	—	—	53	—	—	101	—	—	—
—	—	—	27	—	—	38	—	12	—
4	2	—	15	—	2	15	—	14	—
—	4	—	21	—	—	108	—	—	62
—	—	—	—	—	—	53	—	—	—
—	—	—	—	—	—	—	—	—	—
—	—	—	3	—	—	346	—	126	1336
—	—	—	—	—	—	21	—	—	—
—	—	—	20	—	—	246	—	24	—
—	—	—	—	—	—	—	—	—	—
—	—	—	—	—	—	—	—	210	—
—	—	3	32	—	—	5	—	—	—
—	—	—	—	—	—	—	—	—	—
—	—	—	—	—	—	—	—	—	—
14	—	—	—	—	—	20	—	—	10
—	—	45	27	8	33	6	—	—	—
—	—	—	—	8	—	—	—	—	—

林业系统各地区按行业分

地区	总计	国有经济					
		合计	企业	事业	机关	小计	木材及竹材采运
全国合计	**834228**	**821589**	**508801**	**268280**	**44508**	**669830**	**418216**
北京	1965	1948	4	1541	403	1469	—
天津	196	196	2	130	64	130	—
河北	6046	6046	87	4580	1379	4214	—
山西	7210	7210	161	5996	1053	5515	—
内蒙古	76742	73345	52706	18852	1787	64543	50278
内蒙古集团	61325	57930	52672	5216	42	51660	50278
辽宁	8993	8971	745	7443	783	7588	—
吉林	85318	82758	73623	7930	1205	76457	61955
吉林集团	35813	35439	35091	348	—	32540	32540
黑龙江	212956	212050	185487	21280	5283	175499	159881
龙江集团	192578	191884	184652	5584	1648	160003	159881
上海	294	294	—	294	—	294	—
江苏	9911	9905	3442	6366	97	9806	—
浙江	6472	6418	573	4886	959	4760	—
安徽	9849	9836	1667	7272	897	7469	584
福建	37349	33116	21768	8936	2412	22132	14325
江西	38466	38335	18155	17575	2605	32253	15979
山东	6931	6931	197	5666	1068	5515	—
河南	7041	7036	116	5393	1527	4825	43
湖北	14729	14681	4820	8113	1748	10187	659
湖南	35515	35397	18437	13278	3682	26301	9586
广东	27599	27475	6046	18457	2972	21397	946
广西	26657	26598	8089	16997	1512	19175	140
海南	5580	5580	4181	1057	342	5001	3615
重庆	5609	5597	767	3631	1199	4049	89
四川	81915	81302	38231	39970	3101	70653	49237
贵州	11290	11261	3835	5844	1582	8283	2726
云南	27429	27200	15469	8746	2985	16385	7174
西藏	27	27	7	—	20	—	—
陕西	11282	11259	4560	5884	815	9354	3700
甘肃	16214	16207	6485	8793	929	12545	4727
青海	1170	1170	130	919	121	989	130
宁夏	3089	3089	2	2922	165	2559	—
新疆	7956	7939	3053	4275	611	6200	1264
局直属单位	42428	42412	35956	5254	1202	34283	31178
大兴安岭	37471	37455	35956	914	585	34057	31178

年末实有离退休人数(一)

单位:人

单位合计								
农林牧渔业								采矿业
国有林场	国有苗圃	林业工作站	木材检查站	种苗站	病虫害防治站	治沙站	其他	
168076	**14566**	**17394**	**1377**	**1401**	**1224**	**173**	**47403**	**576**
500	667	40	—	11	13	—	238	—
7	21	40	—	—	—	—	62	—
2038	560	226	10	41	26	4	1309	—
3527	695	374	11	31	44	—	833	—
11346	851	888	31	103	185	25	836	—
1212	—	—	—	—	—	—	170	—
5321	506	420	22	110	80	36	1093	—
11312	766	418	58	9	61	—	1878	—
—	—	—	—	—	—	—	—	—
12849	518	472	37	94	52	—	1596	34
10	—	—	—	23	8	—	81	—
238	20	36	—	—	—	—	—	—
7861	1227	531	8	14	13	—	152	—
3760	146	248	60	51	49	—	446	188
4732	1036	386	90	17	106	—	518	68
4690	345	623	114	21	4	20	1990	—
13383	1065	343	206	38	49	—	1190	37
2799	893	1263	4	41	52	—	463	—
3148	487	617	29	64	43	12	382	4
4944	271	1023	123	63	29	—	3075	—
13478	965	878	194	40	27	—	1133	81
16959	588	1729	69	58	17	—	1031	—
15340	472	293	52	96	21	—	2761	—
1274	31	23	6	—	5	—	47	—
3441	107	172	34	8	33	19	146	—
5778	447	699	38	71	16	3	14364	161
3371	230	1064	40	13	8	—	831	3
2546	137	1687	16	190	23	5	4607	—
—	—	—	—	—	—	—	—	—
3128	308	1189	97	112	67	5	748	—
5633	304	531	7	79	77	28	1159	—
548	73	156	1	3	44	5	29	—
1197	360	152	1	—	14	—	835	—
2928	451	723	19	23	16	10	766	—
—	19	150	—	—	50	1	2885	—
—	—	141	—	—	—	—	2738	—

林业系统各地区按行业分

地区	国有经济							
	制造业							
	小计	非木质林产品加工业	木材加工及竹、藤、棕、草制品业					林产化学产品制造
			计	锯材、木片加工	人造板制造	木制品制造	竹、藤、棕、草制品制造	
全国合计	**44039**	**293**	**30009**	**8762**	**16668**	**4344**	**235**	**2891**
北京	—	—	—	—	—	—	—	—
天津	—	—	—	—	—	—	—	—
河北	54	—	42	37	5	—	—	—
山西	133	—	93	—	62	31	—	40
内蒙古	214	—	13	10	—	3	—	—
内蒙古集团	201	—	—	—	—	—	—	—
辽宁	203	—	134	—	130	4	—	—
吉林	4056	—	2656	1158	1456	42	—	394
吉林集团	2366	—	1910	454	1456	—	—	394
黑龙江	17039	—	14429	4006	8616	1807	—	120
龙江集团	16717	—	14198	3907	8610	1681	—	120
上海	—	—	—	—	—	—	—	—
江苏	—	—	—	—	—	—	—	—
浙江	—	—	—	—	—	—	—	—
安徽	147	—	63	—	38	25	—	26
福建	4461	13	2792	1192	1559	23	18	346
江西	2161	—	1098	91	842	165	—	14
山东	101	—	101	—	101	—	—	—
河南	67	—	—	—	—	—	—	—
湖北	1458	—	1144	91	715	338	—	218
湖南	2439	233	1404	135	913	356	—	190
广东	826	—	241	85	—	151	5	106
广西	2697	—	1657	61	1547	49	—	840
海南	47	—	41	41	—	—	—	6
重庆	93	—	90	—	56	34	—	—
四川	3317	—	356	14	83	55	204	52
贵州	676	—	673	30	100	543	—	2
云南	2591	—	2001	1379	310	304	8	353
西藏	7	—	7	7	—	—	—	—
陕西	725	46	452	—	39	413	—	184
甘肃	97	—	97	—	96	1	—	—
青海	—	—	—	—	—	—	—	—
宁夏	2	—	—	—	—	—	—	—
新疆	428	1	425	425	—	—	—	—
局直属单位	—	—	—	—	—	—	—	—
大兴安岭	—	—	—	—	—	—	—	—

年末实有离退休人数(二)

单位:人

单位合计								
专用设备制造	工艺品制造业	其他	电力、燃气及水的生产供应业	建筑业	交通运输、仓储及邮政业	信息传输、计算机服务和软件业	批发和零售业	住宿餐饮业
3408	**60**	**7378**	**3167**	**11658**	**2437**	**273**	**10334**	**940**
—	—	—	—	55	—	—	—	—
—	—	—	—	—	—	—	—	—
—	—	12	—	—	6	—	4	—
—	—	—	—	—	21	—	225	7
201	—	—	767	—	—	75	144	76
201	—	—	767	—	—	75	138	76
—	54	15	—	—	—	—	143	5
1006	—	—	—	18	30	—	96	27
62	—	—	—	—	—	—	67	1
1356	—	1134	1112	5091	256	—	583	150
1356	—	1043	1112	5058	75	—	510	107
—	—	—	—	—	—	—	—	—
—	—	—	—	—	—	—	—	—
—	—	—	—	1	—	—	109	—
—	—	58	—	88	3	—	1024	1
655	—	655	—	2137	341	—	813	145
—	—	1049	—	327	39	—	54	81
—	—	—	—	6	—	—	37	53
—	—	67	—	—	—	—	45	—
—	5	91	1	5	—	23	492	24
—	—	612	—	179	292	—	680	64
—	—	479	3	—	10	—	1112	39
190	—	10	—	126	124	—	1916	22
—	—	—	—	—	—	—	14	—
—	—	3	—	—	—	—	107	—
—	—	2909	22	2342	—	—	672	126
—	—	1	—	31	313	—	—	—
—	—	237	—	882	1002	—	1364	42
—	—	—	—	—	—	—	—	—
—	—	43	—	2	—	—	56	19
—	—	—	—	55	—	—	—	14
—	—	—	—	—	—	—	—	—
—	—	2	—	—	—	—	—	—
—	1	1	—	313	—	—	17	—
—	—	—	1262	—	—	175	627	45
—	—	—	1262	—	—	175	627	34

林业系统各地区按行业分

地区	国有经济							
	金融业	房地产业	租赁和商务服务业	科学研究、技术服务和地质勘查业			水利、环境和	
				计	其中：科技交流和推广服务	其中：规划设计管理	计	自然保护区管理
全国合计	**—**	**31**	**1497**	**14927**	**1237**	**2716**	**2940**	**2171**
北　京	—	—	4	—	—	—	17	15
天　津	—	—	—	—	—	—	—	—
河　北	—	—	—	176	8	—	85	84
山　西	—	—	—	110	16	4	56	41
内蒙古	—	—	665	996	107	117	166	156
内蒙古集团	—	—	662	542	—	—	—	—
辽　宁	—	—	—	100	4	—	147	143
吉　林	—	—	117	470	—	110	179	136
吉林集团	—	—	117	261	—	—	—	—
黑龙江	—	—	38	2023	—	208	69	—
龙江集团	—	—	15	1925	—	208	10	—
上　海	—	—	—	—	—	—	—	—
江　苏	—	—	—	—	—	—	—	—
浙　江	—	—	—	268	104	35	126	126
安　徽	—	—	—	94	10	—	45	5
福　建	—	2	—	290	28	190	140	40
江　西	—	—	60	531	128	86	58	28
山　东	—	—	—	129	—	—	16	8
河　南	—	—	—	337	15	26	86	84
湖　北	—	—	76	440	58	6	55	55
湖　南	—	—	385	898	92	2	289	29
广　东	—	—	—	771	246	125	81	23
广　西	—	—	—	589	83	31	235	233
海　南	—	—	29	58	16	—	12	2
重　庆	—	—	—	99	—	—	50	50
四　川	—	—	92	429	77	72	20	7
贵　州	—	—	—	312	25	34	56	56
云　南	—	—	—	1417	91	555	191	181
西　藏	—	—	—	—	—	—	—	—
陕　西	—	—	31	107	44	7	32	32
甘　肃	—	—	—	398	66	101	113	68
青　海	—	—	—	20	7	11	18	7
宁　夏	—	—	—	13	—	—	341	341
新　疆	—	—	—	161	12	—	41	5
局直属单位	—	29	—	3691	—	996	216	216
大兴安岭	—	29	—	142	—	142	—	—

年末实有离退休人数(三)

单位:人

单位合计								集体经济单位合计	其他各种经济单位合计
公共设施管理业		居民服务和其他服务业	教育	卫生、社会保障和社会福利业	文化、体育和娱乐业	公共管理和社会组织	国际组织		
其中									
野生动植物保护	非自然保护区的人工森林公园管理								
201	**536**	**2605**	**3715**	**5787**	**212**	**46621**	**—**	**4327**	**8312**
2	—	—	—	—	—	403	—	—	17
—	—	2	—	—	—	64	—	—	—
—	—	—	33	—	2	1472	—	—	—
—	15	—	72	18	—	1053	—	—	—
—	10	—	248	3549	63	1839	—	210	3187
—	—	—	103	3549	63	94	—	208	3187
4	—	—	2	—	—	783	—	22	—
—	43	16	45	42	—	1205	—	2186	374
—	—	—	45	42	—	—	—	—	374
59	—	2273	1277	1313	1	5292	—	821	85
—	—	2273	1117	1313	1	1648	—	694	—
—	—	—	—	—	—	—	—	—	—
—	—	2	—	—	—	97	—	6	—
—	—	—	7	—	—	959	—	—	54
1	34	—	—	—	—	897	—	7	6
—	92	1	71	46	—	2537	—	562	3671
17	6	—	77	7	—	2650	—	35	96
—	8	—	6	—	—	1068	—	—	—
2	—	—	145	—	—	1527	—	5	—
—	—	3	169	—	—	1748	—	48	—
1	259	8	98	1	—	3682	—	118	—
2	56	170	89	4	1	2972	—	124	—
—	1	—	202	—	—	1512	—	6	53
10	—	23	—	—	—	396	—	—	—
—	—	—	—	—	—	1199	—	1	11
13	—	68	108	147	—	3145	—	35	578
—	—	—	5	—	—	1582	—	3	26
3	7	6	195	140	—	2985	—	96	133
—	—	—	—	—	—	20	—	—	—
—	—	6	49	63	—	815	—	18	5
40	5	27	182	247	—	2529	—	7	—
11	—	—	—	—	—	143	—	—	—
—	—	—	9	—	—	165	—	—	—
36	—	—	142	—	—	637	—	17	—
—	—	—	484	210	145	1245	—	—	16
—	—	—	265	210	69	585	—	—	16

林业系统各地区按行业分

地　区	总　计	国有经济					
		合　计	企　业	事　业	机　关	小　计	木材及竹材采运
全国合计	**1529563**	**1428815**	**670838**	**684190**	**73787**	**1194458**	**519707**
北　京	4812	4744	96	3919	729	3811	—
天　津	1090	1090	22	912	156	912	—
河　北	22463	22436	1063	18136	3237	16910	—
山　西	23969	23969	324	21129	2516	19464	—
内蒙古	151972	134621	81907	50390	2324	121768	73495
内蒙古集团	102936	85614	81382	3971	261	76789	73495
辽　宁	25710	25679	1762	22770	1147	22951	—
吉　林	170708	159340	122234	35147	1959	149577	96296
吉林集团	55594	47071	46415	656	—	44826	44826
黑龙江	349274	300634	238114	57909	4611	268279	218743
龙江集团	293149	246030	236227	7861	1942	218948	218743
上　海	794	794	—	794	—	794	—
江　苏	19426	16781	3552	13026	203	16051	—
浙　江	15618	15108	874	12471	1763	12042	—
安　徽	29184	28679	4433	22790	1456	23413	340
福　建	36138	32197	9990	18414	3793	21561	5685
江　西	65563	64325	14788	43395	6142	53782	12967
山　东	31905	30705	3120	25402	2183	23542	—
河　南	28668	28637	717	24077	3843	22229	52
湖　北	34720	33349	5136	25485	2728	23986	490
湖　南	56399	56345	13311	36731	6303	42679	4711
广　东	41826	39924	8362	26166	5396	29278	1486
广　西	54396	54071	13340	38959	1772	40847	52
海　南	6643	6643	2936	3182	525	5401	2193
重　庆	8615	8592	623	6770	1199	6753	11
四　川	77101	74872	32426	37335	5111	59927	21568
贵　州	22644	22433	3854	16586	1993	18426	2632
云　南	51879	50852	19119	25510	6223	32855	9070
西　藏	156	156	13	92	51	92	—
陕　西	37184	36152	5124	29365	1663	31528	3084
甘　肃	35667	35601	7844	26176	1581	27877	3178
青　海	8702	8702	208	7734	760	7569	208
宁　夏	10072	10072	120	9745	207	8580	—
新　疆	18668	18592	3698	13607	1287	16011	2073
局直属单位	87597	82720	71728	10066	926	65563	61373
大兴安岭	79701	74824	71728	2450	646	64914	61373

在岗职工年平均人数(一)

单位:人

单位合计								
农林牧渔业								采矿业
国有林场	国有苗圃	林业工作站	木材检查站	种苗站	病虫害防治站	治沙站	其他	
367703	**37711**	**127990**	**20036**	**6449**	**8869**	**756**	**105237**	**489**
851	1465	294	21	57	115	—	1008	—
61	199	207	—	41	7	—	397	—
6663	2270	2620	180	354	459	61	4303	—
8621	2135	3842	412	253	447	42	3712	—
36654	3064	3505	205	382	585	77	3801	—
2674	—	—	—	—	—	—	620	—
12373	1091	4445	356	346	461	80	3799	—
40564	2234	4065	491	41	295	18	5573	—
—	—	—	—	—	—	—	—	—
39819	1378	2448	360	286	373	—	4872	72
50	—	—	—	59	20	—	76	—
363	180	248	—	—	—	—	3	—
10517	2314	2254	225	24	101	—	616	—
5469	223	3818	897	131	315	—	1189	124
11762	3184	3578	1278	41	449	—	2781	48
7162	526	4196	804	70	103	33	2982	—
28577	1551	5313	2678	166	323	10	2197	8
8025	2406	9742	396	369	530	—	2074	—
9157	2182	5278	1390	573	579	70	2948	5
11229	651	6459	1206	396	536	—	3019	—
16767	1765	12205	2539	311	250	11	4120	10
17278	896	6043	1069	120	177	—	2209	—
27016	834	2702	1252	263	285	—	8443	—
1974	105	431	325	—	53	—	320	—
3279	157	2560	234	80	145	14	273	—
10956	1189	9451	1065	274	243	16	15165	222
5184	454	6265	687	139	248	—	2817	—
5864	263	9729	425	325	228	27	6924	—
64	16	—	12	—	—	—	—	—
14311	1287	5293	1034	777	526	105	5111	—
13617	1352	2810	365	530	516	86	5423	—
4414	280	778	62	31	94	29	1673	—
4912	1092	1086	14	—	86	—	1390	—
4200	933	6079	54	69	225	57	2321	—
—	35	246	—	—	115	20	3774	—
—	—	227	—	—	—	—	3314	—

林业系统各地区按行业分

地区	国有经济							
	制造业							
	小计	非木质林产品加工业	木材加工及竹、藤、棕、草制品业					林产化学产品制造
			计	锯材、木片加工	人造板制造	木制品制造	竹、藤、棕、草制品制造	
全国合计	**52600**	**960**	**35965**	**4410**	**24974**	**4697**	**1884**	**6643**
北京	—	—	—	—	—	—	—	—
天津	—	—	—	—	—	—	—	—
河北	792	43	269	23	213	—	33	70
山西	209	—	170	—	150	20	—	21
内蒙古	2397	—	2011	20	1923	68	—	—
内蒙古集团	2309	—	1923	—	1923	—	—	—
辽宁	644	—	621	—	375	246	—	—
吉林	4004	—	3000	422	921	1657	—	29
吉林集团	1206	—	792	157	635	—	—	29
黑龙江	7014	—	5543	390	4198	955	—	573
龙江集团	6387	—	5121	327	4162	632	—	573
上海	—	—	—	—	—	—	—	—
江苏	—	—	—	—	—	—	—	—
浙江	—	—	—	—	—	—	—	—
安徽	1640	—	1567	—	1395	82	90	—
福建	2878	12	2595	1146	1407	7	35	150
江西	2425	—	1439	556	782	93	8	392
山东	4030	—	4030	—	4030	—	—	—
河南	588	—	17	—	—	13	4	—
湖北	3086	—	2864	323	2490	51	—	9
湖南	2175	53	1205	67	734	222	182	208
广东	1241	—	631	226	60	345	—	194
广西	5033	—	2309	150	2144	15	—	2023
海南	227	—	181	18	152	11	—	46
重庆	222	—	222	—	186	36	—	—
四川	5211	—	2632	71	981	106	1474	249
贵州	932	—	920	10	576	328	6	5
云南	5547	—	2699	854	1464	334	47	2476
西藏	13	—	13	13	—	—	—	—
陕西	1309	831	218	—	137	81	—	198
甘肃	704	16	688	—	656	27	5	—
青海	—	—	—	—	—	—	—	—
宁夏	120	—	—	—	—	—	—	—
新疆	159	5	121	121	—	—	—	—
局直属单位	—	—	—	—	—	—	—	—
大兴安岭	—	—	—	—	—	—	—	—

在岗职工年平均人数(二)

单位:人

单位合计								
专用设备制造	工艺品制造业	其他	电力、燃气及水的生产供应业	建筑业	交通运输、仓储及邮政业	信息传输、计算机服务和软件业	批发和零售业	住宿餐饮业
1851	**34**	**7147**	**11131**	**12345**	**2022**	**246**	**11781**	**3158**
—	—	—	—	48	—	—	—	—
—	—	—	—	—	—	—	—	—
—	—	410	—	—	40	—	46	—
—	—	18	—	—	49	—	461	82
386	—	—	2279	247	—	126	260	134
386	—	—	2279	247	—	126	249	127
—	23	—	—	—	—	—	42	74
662	—	313	—	823	190	—	208	258
72	—	313	—	12	—	—	162	46
560	—	338	3018	6074	487	18	650	591
560	—	133	3018	6010	136	18	390	228
—	—	—	—	—	—	—	—	—
—	—	—	—	486	—	—	—	—
—	—	—	—	3	—	—	107	195
—	—	73	—	263	21	—	1363	36
2	—	119	18	694	100	—	714	190
—	—	594	—	50	12	12	45	46
—	—	—	—	30	—	—	172	88
—	—	571	—	—	—	—	111	13
—	1	212	1	189	—	—	205	118
—	—	709	21	41	113	—	388	101
—	—	416	185	—	59	—	1183	53
241	—	460	—	291	102	—	3399	236
—	—	—	—	—	—	—	31	—
—	—	—	—	—	—	—	92	—
—	—	2330	165	1227	—	3	401	225
—	—	7	—	16	257	—	—	—
—	—	372	—	198	558	—	1613	126
—	—	—	—	—	—	—	—	—
—	—	62	—	8	27	—	113	35
—	—	—	—	17	7	—	27	149
—	—	—	—	—	—	—	14	—
—	—	120	—	—	—	—	—	—
—	10	23	—	103	—	—	14	—
—	—	—	5444	1537	—	87	122	408
—	—	—	5444	1537	—	87	122	259

林业系统各地区按行业分

地区	国有经济							
	金融业	房地产业	租赁和商务服务业	科学研究、技术服务和地质勘查业			水利、环境和	
				计	其中 科技交流和推广服务	其中 规划设计管理	计	自然保护区管理
全国合计	**—**	**288**	**1899**	**26396**	**2875**	**4937**	**16279**	**11090**
北京	—	—	96	—	—	—	60	45
天津	—	—	—	—	—	—	—	—
河北	—	—	—	356	56	—	487	311
山西	—	19	—	447	84	69	328	193
内蒙古	—	117	935	1092	54	330	624	537
内蒙古集团	—	117	893	227	—	—	—	—
辽宁	—	—	—	282	30	15	515	494
吉林	—	—	163	897	—	337	908	711
吉林集团	—	—	163	420	—	—	—	—
黑龙江	—	52	54	3332	4	303	342	82
龙江集团	—	52	21	3164	—	303	55	—
上海	—	—	—	—	—	—	—	—
江苏	—	—	—	—	—	—	9	—
浙江	—	—	8	577	258	79	287	287
安徽	—	—	—	163	29	—	255	66
福建	—	32	—	827	142	348	499	328
江西	—	—	36	1050	186	227	395	204
山东	—	—	—	293	—	—	354	188
河南	—	—	—	1132	79	101	346	208
湖北	—	—	43	1154	278	82	1089	1029
湖南	—	12	182	1846	207	27	2092	430
广东	—	—	—	1236	297	174	981	685
广西	—	—	—	863	121	40	984	769
海南	—	—	20	183	53	—	141	36
重庆	—	—	—	106	11	—	220	195
四川	—	—	96	916	286	173	608	309
贵州	—	—	—	493	98	55	293	280
云南	—	—	—	1601	174	690	1454	1370
西藏	—	—	—	—	—	—	—	—
陕西	—	—	65	423	156	56	429	347
甘肃	—	—	187	1103	166	278	663	308
青海	—	—	—	99	32	33	189	112
宁夏	—	—	—	37	—	—	1029	1029
新疆	—	—	—	373	33	—	240	79
局直属单位	—	56	14	5515	41	1520	458	458
大兴安岭	—	56	—	355	—	355	40	40

在岗职工年平均人数(三)

单位:人

单位合计 公共设施管理业 其中 野生动植物保护	 非自然保护区的人工森林公园管理	居民服务和其他服务业	教育	卫生、社会保障和社会福利业	文化、体育和娱乐业	公共管理和社会组织	国际组织	集体经济单位合计	其他各种经济单位合计
1207	**3384**	**1546**	**10085**	**6990**	**599**	**76503**	**—**	**66913**	**33835**
15	—	—	—	—	—	729	—	—	68
—	—	22	—	—	—	156	—	—	—
4	33	—	209	—	10	3586	—	27	—
—	120	14	302	78	—	2516	—	—	—
29	58	5	552	1602	120	2363	—	10818	6533
—	—	—	229	1602	120	300	—	10789	6533
21	—	13	11	—	—	1147	—	31	—
—	197	22	208	123	—	1959	—	2845	8523
—	—	—	113	123	—	—	—	—	8523
160	41	378	2824	2795	22	4632	—	44939	3701
—	—	364	2480	2795	22	1942	—	43638	3481
—	—	—	—	—	—	—	—	—	—
—	9	32	—	—	—	203	—	1896	749
—	—	—	2	—	—	1763	—	192	318
9	138	21	—	—	—	1456	—	283	222
—	158	151	239	132	—	4162	—	414	3527
113	56	14	205	13	7	6225	—	184	1054
—	166	—	13	—	—	2183	—	—	1200
32	106	10	317	—	43	3843	—	31	—
43	17	68	607	49	26	2728	—	358	1013
11	1640	2	343	10	—	6330	—	54	—
29	237	70	225	6	11	5396	—	237	1665
25	32	—	544	—	—	1772	—	52	273
105	—	21	—	—	—	619	—	—	—
—	25	—	—	—	—	1199	—	15	8
200	72	204	135	369	—	5163	—	670	1559
—	—	4	19	—	—	1993	—	37	174
20	64	10	400	267	—	6223	—	493	534
—	—	—	—	—	—	51	—	—	—
33	49	140	206	206	—	1663	—	772	260
194	161	74	1237	745	—	2811	—	66	—
72	5	—	—	—	—	831	—	—	—
—	—	—	99	—	—	207	—	—	—
92	—	25	296	—	—	1371	—	20	56
—	—	246	1092	595	360	1223	—	2479	2398
—	—	—	623	595	146	646	—	2479	2398

林业系统各地区按行业分

地　区	总　计	合　计	企　业	事　业	机　关	国有经济	
						小　计	木材及竹材采运
全国合计	**11597576**	**11130206**	**3863442**	**6248524**	**1018240**	**8411500**	**2763913**
北　京	102647	100691	1489	77517	21685	75247	—
天　津	13450	13450	283	11085	2082	11085	—
河　北	196851	196593	6064	154970	35559	138469	—
山　西	204323	204323	1196	176612	26515	159903	—
内蒙古	1060651	979251	513768	434505	30978	833730	437692
内蒙古集团	638048	556784	510413	43191	3180	462434	437692
辽　宁	191915	191791	9844	167130	14817	162834	—
吉　林	1072977	974443	724106	224762	25575	867654	567052
吉林集团	398704	312082	303810	8272	—	286963	286963
黑龙江	1641765	1512288	958967	482860	70461	1193078	843333
龙江集团	1227792	1106833	947367	123052	36414	846036	843333
上　海	16177	16177	—	16177	—	16177	—
江　苏	152908	136291	17030	115107	4154	130047	—
浙　江	263206	258702	9502	203106	46094	188680	—
安　徽	228009	224756	29189	175804	19763	178012	1899
福　建	399623	365771	93365	213973	58433	227256	46498
江　西	420807	413365	85406	256433	71526	307615	73239
山　东	309640	301000	14981	256373	29646	239303	—
河　南	238256	238110	3758	193595	40757	177826	520
湖　北	260521	249634	36282	180964	32388	162131	2350
湖　南	466853	466387	87088	306142	73157	318087	28309
广　东	485531	470121	79659	292627	97835	303339	10914
广　西	454035	451703	112341	314777	24585	320008	211
海　南	50066	50066	21423	22678	5965	39124	15743
重　庆	80074	79951	3435	61777	14739	59477	62
四　川	679418	665322	244932	352291	68099	501682	186609
贵　州	208061	206707	23592	161648	21467	145755	14459
云　南	597794	590174	186996	314763	88415	364406	78868
西　藏	3434	3434	125	2208	1101	2208	—
陕　西	320708	313887	37916	258803	17168	272212	23030
甘　肃	375262	374902	56200	296146	22556	281872	24625
青　海	80627	80627	4235	65110	11282	63480	4235
宁　夏	88529	88529	648	85417	2464	69766	—
新　疆	217446	216346	40337	155575	20434	175462	21580
局直属单位	716011	695413	459285	217588	18540	425575	382685
大兴安岭	532349	511751	459285	42244	10222	409383	382685

在岗职工年工资总额(一)

单位:千元

单位合计								
农林牧渔业								采矿业
国有林场	国有苗圃	林业工作站	木材检查站	种苗站	病虫害防治站	治沙站	其他	
2667293	**317902**	**1237761**	**196266**	**73367**	**108404**	**8604**	**1037990**	**4564**
18428	21820	7736	419	1360	3002	—	22482	—
920	2286	2405	—	508	81	—	4885	—
56317	15459	21288	1547	2681	4138	491	36548	—
67271	15833	30258	2891	2643	4094	392	36521	—
273657	27466	36089	2415	4271	7206	666	44268	—
17188	—	—	—	—	—	—	7554	—
73035	7003	35298	3589	3469	5005	1152	34283	—
202322	13806	28812	4543	519	3264	258	47078	—
—	—	—	—	—	—	—	—	—
257807	8702	22899	2920	3431	6899	—	47087	1211
500	—	—	—	818	358	—	1027	—
5085	4680	6317	—	—	—	—	95	—
65279	27511	27113	2856	192	873	—	6223	—
64985	4638	66237	16544	3429	8103	—	24744	811
72865	19811	35889	13975	501	5314	—	27758	190
80575	5860	49480	8957	966	1334	307	33279	—
131549	9527	44099	24293	1877	3143	99	19789	39
96910	19148	84718	3446	4853	6760	—	23468	—
61677	18929	50464	11414	5711	5768	601	22742	—
63939	3846	48222	11089	3533	4296	—	24856	—
100421	10770	107281	24231	3179	2703	181	41012	11
178812	8240	60463	10128	2557	3524	—	28701	—
187777	7041	25543	11864	2987	3593	—	80992	—
12689	596	3117	2417	—	787	—	3775	—
28302	1395	22043	2137	843	1612	156	2927	—
92370	10138	78447	7826	3187	2687	210	120208	2302
41313	4028	56886	6388	1340	2561	—	18780	—
59619	3037	121478	5432	4589	3203	335	87845	—
1536	384	—	288	—	—	—	—	—
125681	9632	43002	8488	6937	4413	816	50213	—
132608	11971	31377	4223	6359	6248	1062	63399	—
33969	3037	10794	1106	420	1345	425	8149	—
34706	9887	11316	167	—	1028	—	12662	—
44869	10152	64793	673	1025	2884	688	28798	—
—	1269	3897	—	—	2536	765	34423	—
—	—	3148	—	—	—	—	23550	—

林业系统各地区按行业分

地区	国有经济							
	制造业							
	小计	非木质林产品加工业	木材加工及竹、藤、棕、草制品业					林产化学产品制造
			计	锯材、木片加工	人造板制造	木制品制造	竹、藤、棕、草制品制造	
全国合计	**416894**	**6817**	**271513**	**26301**	**198250**	**35105**	**11857**	**66731**
北京	—	—	—	—	—	—	—	—
天津	—	—	—	—	—	—	—	—
河北	4385	201	1056	48	1008	—	—	402
山西	1004	—	867	—	736	131	—	55
内蒙古	17641	—	15807	100	15230	477	—	—
内蒙古集团	17064	—	15230	—	15230	—	—	—
辽宁	4188	—	4034	—	2194	1840	—	—
吉林	31453	—	24524	3045	6486	14993	—	309
吉林集团	7623	—	4778	1314	3464	—	—	309
黑龙江	38872	—	32522	2094	25871	4557	—	2205
龙江集团	36234	—	31102	1717	25754	3631	—	2205
上海	—	—	—	—	—	—	—	—
江苏	—	—	—	—	—	—	—	—
浙江	—	—	—	—	—	—	—	—
安徽	14747	—	14424	—	13302	636	486	—
福建	32438	100	28133	4298	23647	36	152	1200
江西	13676	—	8244	2664	5245	307	28	1796
山东	20783	—	20783	—	20783	—	—	—
河南	3055	—	165	—	—	145	20	—
湖北	24187	—	23638	1594	21742	302	—	36
湖南	15441	938	8812	252	5881	1444	1235	1545
广东	7183	—	3879	1802	396	1681	—	1335
广西	50934	—	22981	656	22239	86	—	22674
海南	244	—	105	48	30	27	—	139
重庆	1179	—	1179	—	939	240	—	—
四川	45867	—	15978	335	5449	667	9527	2513
贵州	7972	—	7892	62	4465	3346	19	45
云南	63943	—	28080	7624	16595	3516	345	30003
西藏	125	—	125	125	—	—	—	—
陕西	9329	5432	1170	—	712	458	—	2474
甘肃	5657	96	5561	—	5300	216	45	—
青海	—	—	—	—	—	—	—	—
宁夏	648	—	—	—	—	—	—	—
新疆	1943	50	1554	1554	—	—	—	—
局直属单位	—	—	—	—	—	—	—	—
大兴安岭	—	—	—	—	—	—	—	—

在岗职工年工资总额(二)

单位:千元

单位合计								
专用设备制造	工艺品制造业	其他	电力、燃气及水的生产供应业	建筑业	交通运输、仓储及邮政业	信息传输、计算机服务和软件业	批发和零售业	住宿餐饮业
10152	**216**	**61465**	**101695**	**71531**	**14042**	**2616**	**88942**	**29746**
—	—	—	—	969	—	—	—	—
—	—	—	—	—	—	—	—	—
—	—	2726	—	—	236	—	406	—
—	—	82	—	—	129	—	2284	946
1834	—	—	32521	2656	—	960	2369	1069
1834	—	—	32521	2656	—	960	2303	976
—	154	—	—	—	—	—	330	234
4502	—	2118	—	4297	1210	—	3179	2809
418	—	2118	—	180	—	—	2489	498
2115	—	2030	21626	22842	2609	256	7173	5635
2115	—	812	21626	22481	635	256	5479	2413
—	—	—	—	—	—	—	—	—
—	—	—	—	1701	—	—	—	—
—	—	—	—	12	—	—	1068	2164
—	—	323	—	1673	101	—	4822	300
7	—	2998	126	6516	1125	—	6962	2025
—	—	3636	—	381	49	117	334	290
—	—	—	—	237	—	—	1692	909
—	—	2890	—	—	—	—	583	120
—	4	509	4	1212	—	—	1588	784
—	—	4146	105	178	721	—	3025	767
—	—	1969	1339	—	537	—	9623	528
1694	—	3585	—	2491	634	—	21703	2129
—	—	—	—	—	—	—	130	—
—	—	—	—	—	—	—	655	—
—	—	27376	2689	13639	—	21	3041	1437
—	—	35	—	72	929	—	—	—
—	—	5860	—	1782	5634	—	15772	1109
—	—	—	—	—	—	—	—	—
—	—	253	—	60	103	—	564	261
—	—	—	—	128	25	—	158	1164
—	—	—	—	—	—	—	190	—
—	—	648	—	—	—	—	—	—
—	58	281	—	1200	—	—	126	—
—	—	—	43285	9485	—	1262	1165	5066
—	—	—	43285	9485	—	1262	1165	2669

林业系统各地区按行业分

地区	金融业	房地产业	租赁和商务服务业	科学研究、技术服务和地质勘查业			水利、环境和	
				计	其中		计	自然保护区管理
					科技交流和推广服务	规划设计管理		
全国合计	**—**	**3261**	**23743**	**409584**	**42799**	**91844**	**214569**	**150833**
北京	—	—	1489	—	—	—	1301	730
天津	—	—	—	—	—	—	—	—
河北	—	—	—	4726	514	—	5830	4067
山西	—	144	—	5923	1002	893	3142	2065
内蒙古	—	1002	9774	16482	553	5220	5761	4866
内蒙古集团	—	1002	9618	3488	—	—	—	—
辽宁	—	—	—	3575	441	176	5557	5326
吉林	—	—	6057	15141	—	7409	12455	10712
吉林集团	—	—	6057	5531	—	—	—	—
黑龙江	—	851	783	47232	31	3746	4665	806
龙江集团	—	851	193	44841	—	3746	864	—
上海	—	—	—	—	—	—	—	—
江苏	—	—	—	—	—	—	143	—
浙江	—	—	164	14949	6767	2092	4730	4730
安徽	—	—	—	2209	369	—	2899	620
福建	—	295	—	12899	1848	5908	7284	4168
江西	—	—	350	10537	1860	2989	4527	2414
山东	—	—	—	4822	—	—	3518	2154
河南	—	—	—	9357	717	170	2522	1185
湖北	—	—	350	11697	2505	633	6156	5550
湖南	—	119	1473	20096	1845	309	24632	3855
广东	—	—	—	27664	9065	8007	13092	8756
广西	—	—	—	12674	1884	338	10416	7885
海南	—	—	156	1763	505	—	1194	307
重庆	—	—	—	1523	100	—	2378	2185
四川	—	—	1026	11532	3262	2034	5719	3072
贵州	—	—	—	5438	926	643	24856	24711
云南	—	—	—	23349	2523	10033	17073	15927
西藏	—	—	—	—	—	—	—	—
陕西	—	—	539	3402	1383	394	5248	4520
甘肃	—	—	992	17165	2445	4960	8792	4969
青海	—	—	—	1728	450	659	2743	1773
宁夏	—	—	—	496	—	—	14003	14003
新疆	—	—	—	5477	470	—	5487	1031
局直属单位	—	850	590	117728	1334	35231	8446	8446
大兴安岭	—	850	—	5780	—	5780	593	593

注：表头“国有经济”横跨本页各列。

在岗职工年工资总额(三)

单位:千元

单位合计								集体经济单位合计	其他各种经济单位合计
公共设施管理业		居民服务和其他服务业	教育	卫生、社会保障和社会福利业	文化、体育和娱乐业	公共管理和社会组织	国际组织		
其中									
野生动植物保护	非自然保护区的人工森林公园管理								
17581	**38806**	**16014**	**156421**	**97164**	**14176**	**1053744**	**—**	**206728**	**260642**
571	—	—	—	—	—	21685	—	—	1956
—	—	283	—	—	—	2082	—	—	—
27	238	—	3275	—	139	39127	—	258	—
—	1021	37	3917	378	—	26516	—	—	—
290	605	37	5918	16871	1052	31409	—	38576	42824
—	—	—	2228	16871	1052	3611	—	38440	42824
231	—	105	151	—	—	14817	—	124	—
—	1743	242	3471	900	—	25575	—	11912	86622
—	—	—	1841	900	—	—	—	—	86622
2645	306	3624	44161	46336	449	70885	—	111039	18438
—	—	3484	38241	46336	449	36414	—	103747	17212
—	—	—	—	—	—	—	—	—	—
—	143	246	—	—	—	4154	—	11356	5261
—	—	—	30	—	—	46094	—	1767	2737
112	1847	40	—	—	—	19763	—	2351	902
—	2927	1119	3742	1460	—	62524	—	2792	31060
1328	339	170	2818	75	42	72345	—	1412	6030
—	1364	—	90	—	—	29646	—	—	8640
553	784	16	3515	—	359	40757	—	146	—
511	95	473	7855	486	323	32388	—	1893	8994
117	20557	13	8187	50	—	73482	—	466	—
1177	2713	422	8004	36	519	97835	—	2715	12695
255	469	—	6129	—	—	24585	—	299	2033
887	—	68	—	—	—	7387	—	—	—
—	193	—	—	—	—	14739	—	63	60
1791	608	1103	1624	4762	—	68878	—	4693	9403
—	—	13	205	—	—	21467	—	206	1148
258	888	115	5180	3396	—	88415	—	2633	4987
—	—	—	—	—	—	1101	—	—	—
363	365	950	1880	2101	—	17238	—	5261	1560
2274	1549	1196	14929	7568	—	35256	—	360	—
918	52	—	—	—	—	12486	—	—	—
—	—	—	1152	—	—	2464	—	—	—
3273	—	386	4469	—	—	21796	—	126	974
—	—	5356	25719	12745	11293	26848	—	6280	14318
—	—	—	11942	12745	2370	10222	—	6280	14318

林业系统各地区按行业分

地　区	总　计	国有经济					
		合　计	企　业	事　业	机　关	小　计	木材及竹材采运
全国合计	**6123686**	**6059355**	**3018377**	**2401987**	**638991**	**4519717**	**2401325**
北　京	21713	21575	25	12282	9268	11517	—
天　津	1985	1985	21	1325	639	1325	—
河　北	79281	79281	625	60549	18107	40919	—
山　西	73022	73022	762	59147	13113	53204	—
内蒙古	577713	554024	344344	185674	24006	469686	326544
内蒙古集团	411536	387864	344106	43222	536	338562	326544
辽　宁	82479	82410	2001	69446	10963	67236	—
吉　林	388180	384879	311053	61510	12316	345150	263735
吉林集团	256827	254128	251880	2248	—	235376	235376
黑龙江	1446885	1445842	1142256	228197	75389	1140640	982834
龙江集团	1232064	1232044	1137270	67244	27530	984153	982834
上　海	1503	1503	—	1503	—	1503	—
江　苏	73083	73053	25895	45235	1923	71116	—
浙　江	116039	115618	5875	89918	19825	85255	—
安　徽	73471	73432	7591	53642	12199	53504	2660
福　建	274319	247985	110853	90903	46229	150822	73073
江　西	189004	188458	78142	82395	27921	141432	69710
山　东	85610	85610	1726	67803	16081	64908	—
河　南	86389	86368	457	66717	19194	45210	430
湖　北	106219	106134	30467	54583	21084	67132	4549
湖　南	233973	233779	101230	89736	42813	152084	49794
广　东	222955	222323	39726	134565	48032	145828	4795
广　西	252735	252365	46604	171035	34726	178809	990
海　南	31079	31079	18513	7986	4580	24591	17529
重　庆	48652	48590	3876	30783	13931	32061	546
四　川	443912	441145	198237	198986	43922	339242	200324
贵　州	93135	92954	22690	51258	19006	62618	15463
云　南	279266	278023	109737	123861	44425	152821	50782
西　藏	581	581	101	—	480	—	—
陕　西	101081	101005	34872	56459	9674	82361	27939
甘　肃	185565	185518	54945	116670	13903	143771	35735
青　海	18869	18869	2518	14236	2115	15868	2518
宁　夏	33006	33006	12	31202	1792	27160	—
新　疆	85288	85201	23404	50481	11316	61335	9568
局直属单位	416694	413738	299819	93900	20019	290609	261807
大兴安岭	325902	322946	299819	14082	9045	286099	261807

离退休人员年生活费(一)

单位:千元

单位合计								
农林牧渔业								采矿业
国有林场	国有苗圃	林业工作站	木材检查站	种苗站	病虫害防治站	治沙站	其他	
1278859	**164332**	**214062**	**14802**	**38919**	**16626**	**1519**	**389272**	**2808**
5300	2372	771	—	249	288	—	2537	—
72	215	408	—	—	—	—	630	—
20599	4625	3527	120	455	290	—	11303	—
33106	6717	3416	88	403	468	—	9006	—
98695	18792	11268	358	2111	1959	261	9698	—
9717	—	—	—	—	—	—	2301	—
47622	3609	4100	253	1335	955	54	9308	—
61888	4325	3884	515	130	891	—	9782	—
—	—	—	—	—	—	—	—	—
127406	4421	5862	486	1496	677	—	17458	210
90	—	—	—	371	106	—	752	—
740	180	583	—	—	—	—	—	—
49664	13901	5603	87	112	165	—	1584	—
45111	27841	3895	993	954	1042	—	5419	1837
32446	5833	4790	1044	243	1273	—	5215	51
46749	3408	7606	1368	257	58	187	18116	—
53991	6454	2937	1799	473	395	—	5673	134
32421	9136	15708	35	789	1087	—	5732	—
27322	4082	8486	253	605	497	128	3406	28
28585	1486	7886	1731	702	406	—	21787	—
75862	5560	8966	1965	413	239	—	9285	521
113964	3856	12493	547	912	325	—	8936	—
113618	4016	2930	458	20936	408	—	35453	—
6458	79	109	62	—	16	—	338	—
27401	824	1288	296	87	363	145	1111	—
45578	11173	12381	490	784	163	26	68323	27
27706	2224	10543	414	172	96	—	6000	—
29368	1568	21191	187	2486	439	61	46739	—
—	—	—	—	—	—	—	—	—
28732	2601	11445	678	1432	746	51	8737	—
53126	3446	23651	311	1001	1192	333	24976	—
8329	1102	2666	13	38	700	100	402	—
12836	4623	1608	12	—	139	—	7942	—
24164	5150	11698	239	344	398	153	9621	—
—	713	2363	—	—	951	20	24755	—
—	—	2013	—	—	—	—	22279	—

林业系统各地区按行业分

地区	国有经济							
	制造业							
	小计	非木质林产品加工业	木材加工及竹、藤、棕、草制品业					林产化学产品制造
			计	锯材、木片加工	人造板制造	木制品制造	竹、藤、棕、草制品制造	
全国合计	**229347**	**2443**	**165906**	**49394**	**89640**	**25632**	**1240**	**13327**
北京	—	—	—	—	—	—	—	—
天津	—	—	—	—	—	—	—	—
河北	482	—	417	368	49	—	—	—
山西	713	—	498	—	336	162	—	215
内蒙古	1094	—	61	48	—	13	—	—
内蒙古集团	1033	—	—	—	—	—	—	—
辽宁	918	—	795	—	766	29	—	—
吉林	15226	—	12084	3269	8734	81	—	2389
吉林集团	14258	—	11289	2555	8734	—	—	2389
黑龙江	89445	—	81895	23339	46995	11561	—	556
龙江集团	88606	—	81247	23191	46969	11087	—	556
上海	—	—	—	—	—	—	—	—
江苏	—	—	—	—	—	—	—	—
浙江	—	—	—	—	—	—	—	—
安徽	562	—	138	—	25	113	—	117
福建	20291	215	12145	6485	5454	126	80	1612
江西	9781	—	5818	410	5342	66	—	54
山东	976	—	976	—	976	—	—	—
河南	193	—	—	—	—	—	—	—
湖北	7129	—	6023	750	3234	2039	—	708
湖南	13260	1697	7087	778	4633	1676	—	1038
广东	3515	—	1113	405	—	690	18	486
广西	13106	—	9279	211	8754	314	—	2462
海南	121	—	100	100	—	—	—	21
重庆	541	—	516	—	336	180	—	—
四川	20316	—	2002	83	547	264	1108	356
贵州	4620	—	4601	135	445	4021	—	12
云南	18404	—	13763	9550	2081	2098	34	2027
西藏	101	—	101	101	—	—	—	—
陕西	4423	519	2392	—	202	2190	—	1274
甘肃	740	—	740	—	731	9	—	—
青海	—	—	—	—	—	—	—	—
宁夏	12	—	—	—	—	—	—	—
新疆	3378	12	3362	3362	—	—	—	—
局直属单位	—	—	—	—	—	—	—	—
大兴安岭	—	—	—	—	—	—	—	—

离退休人员年生活费(二)

单位:千元

单位合计								
专用设备制造	工艺品制造业	其他	电力、燃气及水的生产供应业	建筑业	交通运输、仓储及邮政业	信息传输、计算机服务和软件业	批发和零售业	住宿餐饮业
8679	**12**	**38980**	**23969**	**75855**	**15974**	**3368**	**64828**	**7602**
—	—	—	—	501	—	—	—	—
—	—	—	—	—	—	—	—	—
—	—	65	—	—	30	—	40	—
—	—	—	—	—	255	—	2015	103
1033	—	—	5268	—	—	859	1509	72
1033	—	—	5268	—	—	859	1472	72
—	6	117	—	—	—	—	444	20
753	—	—	—	—	27	—	383	165
580	—	—	—	—	—	—	86	10
4343	—	2651	9558	31471	1678	—	6286	1124
4343	—	2460	9558	31130	—	—	5625	792
—	—	—	—	—	—	—	—	—
—	—	—	—	—	—	—	—	—
—	—	—	—	7	—	—	954	—
—	—	307	—	310	12	—	4753	8
1216	—	5103	—	11757	3108	—	4958	1165
—	—	3909	—	147	155	—	262	433
—	—	—	—	—	—	—	298	452
—	—	193	—	—	—	—	236	—
—	5	393	5	25	—	157	2424	306
—	—	3438	—	1096	1220	—	3602	545
—	—	1916	21	—	64	—	5483	561
1334	—	31	—	1064	358	—	10707	194
—	—	—	—	—	—	—	67	—
—	—	25	—	—	—	—	689	—
—	—	17958	160	20741	—	—	3838	1061
—	—	7	—	196	2012	—	—	—
—	—	2614	—	5837	7055	—	10469	460
—	—	—	—	—	—	—	—	—
—	—	238	—	22	—	—	380	93
—	—	—	—	402	—	—	—	194
—	—	—	—	—	—	—	—	—
—	—	12	—	—	—	—	—	—
—	1	3	—	2279	—	—	188	—
—	—	—	8957	—	—	2352	4843	646
—	—	—	8957	—	—	2352	4843	475

林业系统各地区按行业分

地区	国有经济							
	金融业	房地产业	租赁和商务服务业	科学研究、技术服务和地质勘查业			水利、环境和	
				计	其中		计	
					科技交流和推广服务	规划设计管理		自然保护区管理
全国合计	**—**	**183**	**17712**	**245616**	**17674**	**57102**	**37626**	**27131**
北京	—	—	25	—	—	—	264	216
天津	—	—	—	—	—	—	—	—
河北	—	—	—	17005	77	—	1069	1059
山西	—	—	—	1719	209	50	531	421
内蒙古	—	—	8159	14734	1268	1827	2153	2077
内蒙古集团	—	—	8140	7429	—	—	—	—
辽宁	—	—	—	1354	53	—	1462	1411
吉林	—	—	2150	4486	—	1814	2389	2113
吉林集团	—	—	2150	1051	—	—	—	—
黑龙江	—	—	204	34390	—	2891	1205	—
龙江集团	—	—	192	32775	—	2891	157	—
上海	—	—	—	—	—	—	—	—
江苏	—	—	—	—	—	—	—	—
浙江	—	—	—	6172	2049	687	1484	1484
安徽	—	—	—	1361	122	—	672	52
福建	—	3	—	5212	327	3556	1871	550
江西	—	—	431	5550	855	1203	692	359
山东	—	—	—	2547	—	—	271	223
河南	—	—	—	3737	150	45	1002	765
湖北	—	—	476	4439	650	95	288	288
湖南	—	—	2639	11274	738	31	3232	242
广东	—	—	—	14332	5671	4817	822	235
广西	—	—	—	9008	1407	149	2259	2240
海南	—	—	243	489	109	—	122	20
重庆	—	—	—	883	—	—	485	485
四川	—	—	1318	5778	777	1313	263	77
贵州	—	—	—	3785	297	499	659	659
云南	—	—	—	21465	1306	8197	3551	3395
西藏	—	—	—	—	—	—	—	—
陕西	—	—	2067	1148	449	72	667	667
甘肃	—	—	—	5372	775	1481	1371	857
青海	—	—	—	402	154	207	287	117
宁夏	—	—	—	185	—	—	3735	3735
新疆	—	—	—	2382	231	—	1893	457
局直属单位	—	180	—	66407	—	28168	2927	2927
大兴安岭	—	180	—	2323	—	2323	—	—

离退休人员年生活费(三)

单位:千元

单位合计								集体经济单位合计	其他各种经济单位合计
公共设施管理业 其中		居民服务和其他服务业	教育	卫生、社会保障和社会福利业	文化、体育和娱乐业	公共管理和社会组织	国际组织		
野生动植物保护	非自然保护区的人工森林公园管理								
4028	**6026**	**36462**	**62175**	**56281**	**3858**	**655974**	**—**	**8584**	**55747**
48	—	—	—	—	—	9268	—	—	138
—	—	21	—	—	—	639	—	—	—
—	—	—	524	—	30	19182	—	—	—
—	110	—	1179	190	—	13113	—	—	—
—	76	—	3227	21929	680	24654	—	357	23332
—	—	—	1236	21929	680	1184	—	340	23332
51	—	—	13	—	—	10963	—	69	—
—	276	130	1913	544	—	12316	—	602	2699
—	—	—	653	544	—	—	—	—	2699
1048	—	18279	15584	20181	25	75562	—	471	572
—	—	18279	13041	20181	25	27530	—	20	—
—	—	—	—	—	—	—	—	—	—
—	—	14	—	—	—	1923	—	30	—
—	—	—	84	—	—	19825	—	—	421
11	553	—	—	—	—	12199	—	27	12
—	1235	9	1250	714	—	46825	—	2354	23980
174	38	—	949	59	—	28433	—	143	403
—	48	—	77	—	—	16081	—	—	—
237	—	16400	368	—	—	19194	—	21	—
—	—	28	2641	—	—	21084	—	85	—
20	2970	47	1440	6	—	42813	—	194	—
44	543	467	3099	18	37	48076	—	632	—
—	8	—	2133	—	—	34727	—	52	318
102	—	75	—	—	—	5371	—	—	—
—	—	—	—	—	—	13931	—	3	59
186	—	382	1314	2109	—	44596	—	8	2759
—	—	—	58	—	—	19006	—	16	165
46	110	98	11353	2085	—	44425	—	462	781
—	—	—	—	—	—	480	—	—	—
—	—	35	120	15	—	9674	—	76	—
455	59	477	2965	5281	—	24945	—	47	—
170	—	—	—	—	—	2312	—	—	—
—	—	—	122	—	—	1792	—	—	—
1436	—	—	2280	—	—	11466	—	87	—
—	—	—	9482	3150	3086	21099	—	2848	108
—	—	—	4526	3150	996	9045	—	2848	108

林业系统各地区按行业分

地区	总计	合计	企业	事业	机关	国有经济	
						小计	木材及竹材采运
全国合计	**7582**	**7790**	**5759**	**9133**	**13800**	**7042**	**5318**
北京	21331	21225	15510	19780	29746	19745	—
天津	12339	12339	12864	12155	13346	12155	—
河北	8763	8762	5705	8545	10985	8189	—
山西	8524	8524	3691	8359	10539	8215	—
内蒙古	6979	7274	6273	8623	13330	6847	5955
内蒙古集团	6198	6503	6272	10877	12184	6022	5955
辽宁	7465	7469	5587	7340	12918	7095	—
吉林	6285	6115	5924	6395	13055	5801	5889
吉林集团	7172	6630	6546	12610	—	6402	6402
黑龙江	4701	5030	4027	8338	15281	4447	3855
龙江集团	4188	4499	4010	15653	18751	3864	3855
上海	20374	20374	—	20374	—	20374	—
江苏	7871	8122	4794	8837	20463	8102	—
浙江	16853	17124	10872	16286	26145	15668	—
安徽	7813	7837	6584	7714	13573	7603	5585
福建	11058	11360	9346	11620	15405	10540	8179
江西	6418	6426	5775	5909	11645	5720	5648
山东	9705	9803	4802	10093	13580	10165	—
河南	8311	8315	5241	8041	10606	8000	10000
湖北	7503	7486	7064	7101	11872	6759	4796
湖南	8278	8277	6543	8335	11607	7453	6009
广东	11608	11775	9526	11183	18131	10361	7345
广西	8347	8354	8421	8080	13874	7834	4058
海南	7537	7537	7297	7127	11362	7244	7179
重庆	9295	9305	5514	9125	12293	8807	5636
四川	8812	8886	7554	9436	13324	8372	8652
贵州	9188	9214	6121	9746	10771	7910	5494
云南	11523	11606	9781	12339	14208	11091	8695
西藏	22013	22013	9615	24000	21588	24000	—
陕西	8625	8682	7400	8813	10324	8634	7468
甘肃	10521	10531	7165	11314	14267	10111	7749
青海	9265	9265	20361	8419	14845	8387	20361
宁夏	8790	8790	5400	8765	11903	8131	—
新疆	11648	11637	10908	11433	15877	10959	10410
局直属单位	23260	23260	6403	23023	29707	24949	6235
大兴安岭	6679	6839	6403	17242	15824	6307	6235

在岗职工年平均工资(一)

单位:元

单位合计								
农林牧渔业								采矿业
国有林场	国有苗圃	林业工作站	木材检查站	种苗站	病虫害防治站	治沙站	其他	
7254	**8430**	**9671**	**9796**	**11376**	**12223**	**11381**	**9863**	**9333**
21655	14894	26313	19952	23860	26104	—	22304	—
15082	11487	11618	—	12390	11571	—	12305	—
8452	6810	8125	8594	7573	9015	8049	8494	—
7803	7416	7876	7017	10447	9159	9333	9839	—
7466	8964	10296	11780	11181	12318	8649	11646	—
6428	—	—	—	—	—	—	12184	—
5903	6419	7941	10081	10026	10857	14400	9024	—
4988	6180	7088	9253	12659	11064	14333	8448	—
—	—	—	—	—	—	—	—	—
6474	6315	9354	8111	11997	18496	—	9665	16819
10000	—	—	—	13864	17900	—	13513	—
14008	26000	25472	—	—	—	—	31667	—
6207	11889	12029	12693	8000	8644	—	10102	—
11882	20798	17349	18444	26176	25724	—	20811	6540
6195	6222	10030	10935	12220	11835	—	9981	3958
11250	11141	11792	11141	13800	12951	9303	11160	—
4603	6142	8300	9071	11307	9731	9900	9007	4875
12076	7958	8696	8702	13152	12755	—	11315	—
6736	8675	9561	8212	9967	9962	8586	7714	—
5694	5908	7466	9195	8922	8015	—	8233	—
5989	6102	8790	9544	10222	10812	16455	9954	1100
10349	9196	10005	9474	21308	19910	—	12993	—
6951	8442	9453	9476	11357	12607	—	9593	—
6428	5676	7232	7437	—	14849	—	11797	—
8631	8885	8611	9132	10538	11117	11143	10722	—
8431	8526	8300	7348	11631	11058	13125	7927	10369
7969	8872	9080	9298	9640	10327	—	6667	—
10167	11548	12486	12781	14120	14048	12407	12687	—
24000	24000	—	24000	—	—	—	—	—
8782	7484	8124	8209	8928	8390	7771	9824	—
9738	8854	11166	11570	11998	12109	12349	11691	—
7696	10846	13874	17839	13548	14309	14655	4871	—
7066	9054	10420	11929	—	11953	—	9109	—
10683	10881	10658	12463	14855	12818	12070	12408	—
—	36257	39421	—	—	22052	38250	23637	—
—	—	13868	—	—	—	—	7106	—

林业系统各地区按行业分

地区	国有经济							
	制造业							
	小计	非木质林产品加工业	木材加工及竹、藤、棕、草制品业					林产化学产品制造
			计	锯材、木片加工	人造板制造	木制品制造	竹、藤、棕、草制品制造	
全国合计	**7926**	**7101**	**7549**	**5964**	**7938**	**7474**	**6294**	**10045**
北京	—	—	—	—	—	—	—	—
天津	—	—	—	—	—	—	—	—
河北	5537	4674	3926	2087	4732	—	—	5743
山西	4804	—	5100	—	4907	6550	—	2619
内蒙古	7360	—	7860	5000	7920	7015	—	—
内蒙古集团	7390	—	7920	—	7920	—	—	—
辽宁	6503	—	6496	—	5851	7480	—	—
吉林	7855	—	8175	7216	7042	9048	—	10655
吉林集团	6321	—	6033	8369	5455	—	—	10655
黑龙江	5542	—	5867	5369	6163	4772	—	3848
龙江集团	5673	—	6073	5251	6188	5745	—	3848
上海	—	—	—	—	—	—	—	—
江苏	—	—	—	—	—	—	—	—
浙江	—	—	—	—	—	—	—	—
安徽	8992	—	9205	—	9535	7756	5400	—
福建	11271	8333	10841	3750	16807	5143	4343	8000
江西	5640	—	5729	4791	6707	3301	3500	4582
山东	5157	—	5157	—	5157	—	—	—
河南	5195	—	9706	—	—	11154	5000	—
湖北	7838	—	8253	4935	8732	5922	—	4000
湖南	7099	17698	7313	3761	8012	6505	6786	7428
广东	5788	—	6147	7973	6600	4872	—	6881
广西	10120	—	9953	4373	10373	5733	—	11208
海南	1075	—	580	2667	197	2455	—	3022
重庆	5311	—	5311	—	5048	6667	—	—
四川	8802	—	6071	4718	5555	6292	6463	10092
贵州	8554	—	8578	6200	7752	10201	3167	9000
云南	11527	—	10404	8927	11335	10527	7340	12118
西藏	9615	—	9615	9615	—	—	—	—
陕西	7127	6537	5367	—	5197	5654	—	12495
甘肃	8036	6000	8083	—	8079	8000	9000	—
青海	—	—	—	—	—	—	—	—
宁夏	5400	—	—	—	—	—	—	—
新疆	12220	10000	12843	12843	—	—	—	—
局直属单位	—	—	—	—	—	—	—	—
大兴安岭	—	—	—	—	—	—	—	—

在岗职工年平均工资(二)

单位:元

单位合计								
专用设备制造	工艺品制造业	其他	电力、燃气及水的生产供应业	建筑业	交通运输、仓储及邮政业	信息传输、计算机服务和软件业	批发和零售业	住宿餐饮业
5485	**6353**	**8600**	**9136**	**5794**	**6945**	**10634**	**7550**	**9419**
—	—	—	—	20188	—	—	—	—
—	—	—	—	—	—	—	—	—
—	—	6649	—	—	5900	—	8826	—
—	—	4556	—	—	2633	—	4954	11537
4751	—	—	14270	10753	—	7619	9112	7978
4751	—	—	14270	10753	—	7619	9249	7685
—	6696	—	—	—	—	—	7857	3162
6801	—	6767	—	5221	6368	—	15284	10888
5806	—	6767	—	15000	—	—	15364	10826
3777	—	6006	7166	3761	5357	14222	11035	9535
3777	—	6105	7166	3741	4669	14222	14049	10583
—	—	—	—	—	—	—	—	—
—	—	—	—	3500	—	—	—	—
—	—	—	—	4000	—	—	9981	11097
—	—	4425	—	6361	4810	—	3538	8333
3500	—	25193	7000	9389	11250	—	9751	10658
—	—	6121	—	7620	4083	9750	7422	6304
—	—	—	—	7900	—	—	9837	10330
—	—	5061	—	—	—	—	5252	9231
—	4000	2401	4000	6413	—	—	7746	6644
—	—	5848	5000	4341	6381	—	7796	7594
—	—	4733	7238	—	9102	—	8134	9962
7029	—	7793	—	8560	6216	—	6385	9021
—	—	—	—	—	—	—	4194	—
—	—	—	—	—	—	—	7120	—
—	—	11749	16297	11116	—	7000	7584	6387
—	—	5000	—	4500	3615	—	—	—
—	—	15753	—	9000	10097	—	9778	8802
—	—	—	—	—	—	—	—	—
—	—	4081	—	7500	3815	—	4991	7457
—	—	—	—	7529	3571	—	5852	7812
—	—	—	—	—	—	—	13571	—
—	—	5400	—	—	—	—	—	—
—	5800	12217	—	11650	—	—	9000	—
—	—	—	7951	6171	—	14506	9549	16087
—	—	—	7951	6171	—	14506	9549	10305

林业系统各地区按行业分

地区	国有经济							
	金融业	房地产业	租赁和商务服务业	科学研究、技术服务和地质勘查业			水利、环境和	
				计	其中		计	自然保护区管理
					科技交流和推广服务	规划设计管理		
全国合计	**—**	**11323**	**12503**	**15517**	**14887**	**18603**	**13181**	**13601**
北京	—	—	15510	—	—	—	21683	16222
天津	—	—	—	—	—	—	—	—
河北	—	—	—	13275	9179	—	11971	13077
山西	—	7579	—	13251	11929	12942	9579	10699
内蒙古	—	8564	10453	15093	10241	15818	9232	9061
内蒙古集团	—	8564	10770	15366	—	—	—	—
辽宁	—	—	—	12677	14700	11733	10790	10781
吉林	—	—	37160	16880	—	21985	13717	15066
吉林集团	—	—	37160	13169	—	—	—	—
黑龙江	—	16365	14500	14175	7750	12363	13640	9829
龙江集团	—	16365	9190	14172	—	12363	15709	—
上海	—	—	—	—	—	—	—	—
江苏	—	—	—	—	—	—	15889	—
浙江	—	—	20500	25908	26229	26481	16481	16481
安徽	—	—	—	13552	12724	—	11369	9394
福建	—	9219	—	15597	13014	16977	14597	12707
江西	—	—	9722	10035	10000	13167	11461	11833
山东	—	—	—	16457	—	—	9938	11457
河南	—	—	—	8266	9076	1683	7289	5697
湖北	—	—	8140	10136	9011	7720	5653	5394
湖南	—	9917	8093	10886	8913	11444	11774	8965
广东	—	—	—	22382	30522	46017	13346	12782
广西	—	—	—	14686	15570	8450	10585	10254
海南	—	—	7800	9634	9528	—	8468	8528
重庆	—	—	—	14368	9091	—	10809	11205
四川	—	—	10688	12590	11406	11757	9406	9942
贵州	—	—	—	11030	9449	11691	84833	88254
云南	—	—	—	14584	14500	14541	11742	11626
西藏	—	—	—	—	—	—	—	—
陕西	—	—	8292	8043	8865	7036	12233	13026
甘肃	—	—	5305	15562	14729	17842	13261	16133
青海	—	—	—	17455	14063	19970	14513	15830
宁夏	—	—	—	13405	—	—	13608	13608
新疆	—	—	—	14684	14242	—	22863	13051
局直属单位	—	15179	42143	21695	32537	25280	18787	18787
大兴安岭	—	15179	—	16282	—	16282	14825	14825

在岗职工年平均工资(三)

单位:元

单位合计								集体经济单位合计	其他各种经济单位合计
公共设施管理业		居民服务和其他服务业	教育	卫生、社会保障和社会福利业	文化、体育和娱乐业	公共管理和社会组织	国际组织		
其中									
野生动植物保护	非自然保护区的人工森林公园管理								
14566	**11467**	**10359**	**15510**	**13900**	**23666**	**13774**	**—**	**3090**	**7703**
38067	—	—	—	—	—	29746	—	—	28765
—	—	12864	—	—	—	13346	—	—	—
6750	7212	—	15670	—	13900	10911	—	9556	—
—	8508	2643	12970	4846	—	10539	—	—	—
10000	10431	7400	10721	10531	8767	13292	—	3566	6555
—	—	—	9729	10531	8767	12037	—	3563	6555
11000	—	8077	13727	—	—	12918	—	4000	—
—	8848	11000	16688	7317	—	13055	—	4187	10163
—	—	—	16292	7317	—	—	—	—	10163
16531	7463	9587	15638	16578	20409	15303	—	2471	4982
—	—	9571	15420	16578	20409	18751	—	2377	4945
—	—	—	—	—	—	—	—	—	—
—	15889	7688	—	—	—	20463	—	5989	7024
—	—	—	15000	—	—	26145	—	9203	8607
12444	13384	1905	—	—	—	13573	—	8307	4063
—	18525	7411	15657	11061	—	15023	—	6744	8806
11752	6054	12143	13746	5769	6000	11622	—	7674	5721
—	8217	—	6923	—	—	13580	—	—	7200
17281	7396	1640	11088	—	8349	10606	—	4710	—
11884	5588	6956	12941	9918	12423	11872	—	5288	8879
10636	12535	6500	23869	5000	—	11609	—	8630	—
40586	11447	6029	35573	6000	47182	18131	—	11456	7625
10200	14656	—	11267	—	—	13874	—	5750	7447
8448	—	3238	—	—	—	11934	—	—	—
—	7720	—	—	—	—	12293	—	4200	7500
8955	8444	5407	12030	12905	—	13341	—	7004	6031
—	—	3250	10789	—	—	10771	—	5568	6598
12900	13875	11500	12950	12719	—	14208	—	5341	9339
—	—	—	—	—	—	21588	—	—	—
11000	7449	6786	9126	10199	—	10366	—	6815	6000
11722	9621	16162	12069	10158	—	12542	—	5455	—
12750	10400	—	—	—	—	15025	—	—	—
—	—	—	11636	—	—	11903	—	—	—
35576	—	15440	15098	—	—	15898	—	6300	17393
—	—	21772	29375	21420	41696	28815	—	2533	5971
—	—	—	19169	21420	16233	15824	—	2533	5971

林业系统按行业分职工伤亡事故情况

国民经济行业	轻　伤（人次）	重　伤（人次）	死　亡（人）
总　　计	**1083**	**108**	**100**
一、农、林、牧、渔业	805	73	88
其中：国有林场	57	19	25
木材及竹材采运业	686	44	24
二、制造业	158	24	6
1. 木材加工及竹、藤、棕、草制品业	123	18	3
2. 林产化学产品制造业	11	2	1
3. 专用设备、仪器仪表制造业	1	1	1
4. 建筑材料制造加工业	3	—	—
5. 其他制造业	20	3	1
三、建筑业	94	3	2
四、其他	26	8	4

林业系统各地区按行业分职工轻伤事故情况

单位:人

地区	总计	农、林、牧、渔业			制造业						建筑业	其他
		合计	其中		合计	木材加工及竹、藤、棕、草制品业	林产化学产品制造业	专用设备、仪器仪表制造业	建筑材料制造加工业	其他制造业		
			国有林场	木材及竹材采运业								
全国合计	**1083**	**805**	**57**	**686**	**158**	**123**	**11**	**1**	**3**	**20**	**94**	**26**
北京	—	—	—	—	—	—	—	—	—	—	—	—
天津	—	—	—	—	—	—	—	—	—	—	—	—
河北	—	—	—	—	—	—	—	—	—	—	—	—
山西	—	—	—	—	—	—	—	—	—	—	—	—
内蒙古	240	238	—	238	—	—	—	—	—	—	1	1
内蒙古集团	240	238	238	—	—	—	—	—	—	—	1	1
辽宁	—	—	—	—	—	—	—	—	—	—	—	—
吉林	144	87	11	73	41	38	—	—	1	2	8	8
吉林集团	61	39	—	38	13	13	—	—	—	—	3	6
黑龙江	300	284	—	284	16	16	—	—	—	—	—	—
龙江集团	300	284	284	—	16	16	—	—	—	—	—	—
上海	—	—	—	—	—	—	—	—	—	—	—	—
江苏	—	—	—	—	—	—	—	—	—	—	—	—
浙江	—	—	—	—	—	—	—	—	—	—	—	—
安徽	15	4	3	—	11	11	—	—	—	—	—	—
福建	—	—	—	—	—	—	—	—	—	—	—	—
江西	20	18	3	15	2	2	—	—	—	—	—	—
山东	—	—	—	—	—	—	—	—	—	—	—	—
河南	—	—	—	—	—	—	—	—	—	—	—	—
湖北	2	1	—	—	—	—	—	—	—	—	—	1
湖南	11	11	9	—	—	—	—	—	—	—	—	—
广东	5	5	5	—	—	—	—	—	—	—	—	—
广西	30	2	2	—	28	12	11	1	—	4	—	—
海南	—	—	—	—	—	—	—	—	—	—	—	—
重庆	—	—	—	—	—	—	—	—	—	—	—	—
四川	148	53	—	13	17	8	—	—	2	7	77	1
贵州	—	—	—	—	—	—	—	—	—	—	—	—
云南	91	51	14	22	35	31	—	—	—	4	1	4
西藏	—	—	—	—	—	—	—	—	—	—	—	—
陕西	4	4	4	—	—	—	—	—	—	—	—	—
甘肃	—	—	—	—	—	—	—	—	—	—	—	—
青海	2	2	2	—	—	—	—	—	—	—	—	—
宁夏	1	1	1	—	—	—	—	—	—	—	—	—
新疆	3	3	3	—	—	—	—	—	—	—	—	—
大兴安岭	67	41	—	41	8	5	—	—	—	3	7	11

林业系统各地区按行业分职工重伤事故情况

单位:人

地区	总计	农、林、牧、渔业			制造业						建筑业	其他
		合计	其中		合计	木材加工及竹、藤、棕、草制品业	林产化学产品制造业	专用设备、仪器仪表制造业	建筑材料制造加工业	其他制造业		
			国有林场	木材及竹材采运业								
全国合计	**108**	**73**	**19**	**44**	**24**	**18**	**2**	**1**	**—**	**3**	**3**	**8**
北京	—	—	—	—	—	—	—	—	—	—	—	—
天津	—	—	—	—	—	—	—	—	—	—	—	—
河北	—	—	—	—	—	—	—	—	—	—	—	—
山西	—	—	—	—	—	—	—	—	—	—	—	—
内蒙古	6	5	—	5	—	—	—	—	—	—	1	—
内蒙古集团	6	5	—	5	—	—	—	—	—	—	1	—
辽宁	—	—	—	—	—	—	—	—	—	—	—	—
吉林	13	9	5	4	4	3	—	1	—	—	—	—
吉林集团	6	3	3	—	3	3	—	—	—	—	—	—
黑龙江	6	5	—	5	1	1	—	—	—	—	—	—
龙江集团	6	5	—	5	1	1	—	—	—	—	—	—
上海	—	—	—	—	—	—	—	—	—	—	—	—
江苏	—	—	—	—	—	—	—	—	—	—	—	—
浙江	—	—	—	—	—	—	—	—	—	—	—	—
安徽	4	3	3	—	1	1	—	—	—	—	—	—
福建	1	1	—	1	—	—	—	—	—	—	—	—
江西	6	6	3	3	—	—	—	—	—	—	—	—
山东	—	—	—	—	—	—	—	—	—	—	—	—
河南	1	1	1	—	—	—	—	—	—	—	—	—
湖北	1	1	—	—	—	—	—	—	—	—	—	—
湖南	—	—	—	—	—	—	—	—	—	—	—	—
广东	3	3	1	—	—	—	—	—	—	—	—	—
广西	3	1	1	—	2	1	1	—	—	—	—	—
海南	2	2	2	—	—	—	—	—	—	—	—	—
重庆	—	—	—	—	—	—	—	—	—	—	—	—
四川	6	4	—	2	—	—	—	—	—	—	2	—
贵州	—	—	—	—	—	—	—	—	—	—	—	—
云南	22	7	1	4	12	11	1	—	—	—	—	3
西藏	6	6	—	6	—	—	—	—	—	—	—	—
陕西	1	1	—	—	—	—	—	—	—	—	—	—
甘肃	—	—	—	—	—	—	—	—	—	—	—	—
青海	2	2	2	—	—	—	—	—	—	—	—	—
宁夏	2	2	—	—	—	—	—	—	—	—	—	—
新疆	—	—	—	—	—	—	—	—	—	—	—	—
大兴安岭	23	14	—	14	4	1	—	—	—	3	—	5

林业系统各地区按行业分职工死亡事故情况

单位:人

地区	总计	农、林、牧、渔业			制造业						建筑业	其他
		合计	其中		合计	木材加工及竹、藤、棕、草制品业	林产化学产品制造业	专用设备、仪器仪表制造业	建筑材料制造加工业	其他制造业		
			国有林场	木材及竹材采运业								
全国合计	**100**	**88**	**25**	**24**	**6**	**3**	**1**	**1**	**—**	**1**	**2**	**4**
北京	—	—	—	—	—	—	—	—	—	—	—	—
天津	—	—	—	—	—	—	—	—	—	—	—	—
河北	1	1	—	—	—	—	—	—	—	—	—	—
山西	—	—	—	—	—	—	—	—	—	—	—	—
内蒙古	3	3	—	3	—	—	—	—	—	—	—	—
内蒙古集团	3	3	—	3	—	—	—	—	—	—	—	—
辽宁	—	—	—	—	—	—	—	—	—	—	—	—
吉林	4	—	—	—	2	2	—	—	—	—	—	2
吉林集团	2	—	—	—	2	2	—	—	—	—	—	—
黑龙江	4	3	1	2	—	—	—	—	—	—	—	1
龙江集团	3	2	—	2	—	—	—	—	—	—	—	1
上海	—	—	—	—	—	—	—	—	—	—	—	—
江苏	2	2	—	—	—	—	—	—	—	—	—	—
浙江	—	—	—	—	—	—	—	—	—	—	—	—
安徽	10	9	4	1	1	1	—	—	—	—	—	—
福建	7	5	—	5	1	—	—	1	—	—	1	—
江西	2	2	1	1	—	—	—	—	—	—	—	—
山东	—	—	—	—	—	—	—	—	—	—	—	—
河南	1	1	—	—	—	—	—	—	—	—	—	—
湖北	—	—	—	—	—	—	—	—	—	—	—	—
湖南	2	2	—	—	—	—	—	—	—	—	—	—
广东	1	1	1	—	—	—	—	—	—	—	—	—
广西	—	—	—	—	—	—	—	—	—	—	—	—
海南	8	8	7	1	—	—	—	—	—	—	—	—
重庆	—	—	—	—	—	—	—	—	—	—	—	—
四川	10	9	2	3	1	—	—	—	—	1	—	—
贵州	1	1	—	—	—	—	—	—	—	—	—	—
云南	20	17	5	4	1	—	1	—	—	—	1	1
西藏	4	4	—	4	—	—	—	—	—	—	—	—
陕西	6	6	1	—	—	—	—	—	—	—	—	—
甘肃	7	7	—	—	—	—	—	—	—	—	—	—
青海	2	2	2	—	—	—	—	—	—	—	—	—
宁夏	—	—	—	—	—	—	—	—	—	—	—	—
新疆	5	5	1	—	—	—	—	—	—	—	—	—
大兴安岭	—	—	—	—	—	—	—	—	—	—	—	—

国家林业局机关及直属单位

单位名称	从业人员年末人数							
	总计	其中:女性	其中:使用的农村劳动力	在岗职工				合计
				合计	其中:专业技术人员		其中:长期职工	
					小计	其中:女性		
总计	**90408**	**27253**	**934**	**90081**	**22485**	**6037**	**84458**	**327**
一、农、林、牧、渔业	**673**	**175**	**21**	**651**	**423**	**133**	**574**	**22**
国家林业局天然林保护工程管理中心	28	5	—	26	11	5	26	2
国家林业局退耕还林(草)工程管理办公室	22	4	—	22	17	4	17	—
国家林业局西北华北东北防护林建设局	109	17	21	109	61	13	109	—
国家林业局防治荒漠化管理中心	21	6	—	21	19	5	19	—
国家林业局世界银行贷款项目管理中心	24	8	—	24	23	8	24	—
国家林业局濒危物种进出口管理中心	31	12	—	31	31	12	31	—
国家林业局林业工作站管理总站	19	5	—	19	18	5	19	—
国家林业局国有林场和林木种苗工作总站	35	10	—	35	31	8	35	—
国家林业局林业基金管理总站	35	12	—	35	34	12	35	—
国家林业局森林病虫害防治总站	135	38	—	115	63	28	52	20
国家林业局西南航空护林总站	131	40	—	131	92	30	124	—
国家林业局东北航空护林中心	83	18	—	83	23	3	83	—
九、住宿餐饮业	**149**	**88**	**—**	**149**	**7**	**1**	**55**	**—**
国家林业局北戴河培训中心	20	6	—	20	1	1	18	—
北京松鹤山庄宾馆	43	30	—	43	—	—	2	—
国家林业局招待所	86	52	—	86	6	—	35	—
十二、租赁和商务服务业	**15**	**8**	**—**	**13**	**11**	**5**	**13**	**2**
国家林业局人才开发交流中心	15	8	—	13	11	5	13	2
十三、科学研究、技术服务、地质勘查业	**5305**	**1550**	**687**	**5161**	**2642**	**867**	**4348**	**144**
中国林业科学研究院	3864	1168	662	3814	1565	567	3135	50
国家林业局经济发展研究中心	63	28	—	63	52	27	63	—
国家林业局科技发展中心	21	7	—	21	21	7	21	—
国家林业局对外合作项目中心	22	13	—	19	13	7	19	3
国际竹藤网络中心	85	25	15	80	10	3	14	5
国家林业局昆明勘察设计院	156	32	7	156	109	17	149	—
国家林业局林产工业规划设计院	334	98	—	260	222	87	222	74
国家林业局调查规划设计院	298	92	—	288	265	86	273	10
国家林业局华东林业调查规划设计院	142	23	3	142	122	15	139	—
国家林业局中南林业调查规划设计院	162	36	—	160	115	25	155	2
国家林业局西北林业调查规划设计院	158	28	—	158	148	26	158	—
十四、水利、环境和公共设施管理业	**426**	**120**	**7**	**419**	**239**	**69**	**347**	**7**
陕西佛坪国家级自然保护区管理局	88	18	7	81	42	5	81	7
甘肃白水江国家级自然保护区管理局	144	28	—	144	75	15	144	—
国家林业局卧龙自然保护区管理局	194	74	—	194	122	49	122	—
十五、居民服务和其他服务业	**291**	**127**	**73**	**246**	**119**	**38**	**83**	**45**
国家林业局机关服务中心	87	29	—	83	39	19	83	4
国家林业局物业管理中心	204	98	73	163	80	19	—	41
十六、教育	**504**	**225**	**30**	**477**	**383**	**180**	**477**	**27**
北京林业管理干部学院	159	77	—	159	125	55	159	—
南京森林公安高等专科学校	305	112	27	278	226	96	278	27
国家林业局幼儿园	40	36	3	40	32	29	40	—
十八、文化、体育和娱乐业	**253**	**99**	**—**	**220**	**194**	**88**	**114**	**33**
国家林业局宣传中心	31	10	—	27	15	4	27	4
中国林业出版社	106	54	—	106	92	49	—	—
中国绿色时报社	116	35	—	87	87	35	87	29
十九、公共管理和社会组织	**601**	**204**	**116**	**595**	**113**	**26**	**405**	**6**
国家林业局机关	268	70	—	268	—	—	268	—
国家林业局厦门办事处	145	88	116	145	4	—	4	—
国家林业局上海办事处	5	1	—	5	4	1	5	—
驻黑龙江省森林资源监督专员办事处	30	4	—	30	30	4	30	—
驻内蒙古自治区森林资源监督专员办事处	24	3	—	24	—	—	—	—
驻长春森林资源监督专员办事处	19	3	—	19	18	3	19	—
驻大兴安岭森林资源监督专员办事处	18	3	—	18	16	3	—	—
驻福州森林资源监督专员办事处	8	1	—	8	2	1	8	—
驻云南省森林资源监督专员办事处	6	3	—	6	4	3	6	—
驻成都森林资源监督专员办事处	7	1	—	7	3	—	—	—
中国花卉协会	11	5	—	11	9	3	11	—
中国野生动物保护协会	21	7	—	18	18	6	18	3
中国林学会	32	13	—	31	—	—	31	1
中国绿化基金会	7	2	—	5	5	2	5	2
二十、其他	**82191**	**24657**	**—**	**82150**	**18354**	**4630**	**78042**	**41**
大兴安岭林业集团公司	82191	24657	—	82150	18354	4630	78042	41

从业人员和劳动报酬情况(一)

单位:人、千元

其他从业人员		离开本单位仍保留劳动关系的职工年末人数			单位从业人员年平均人数					离开本单位仍保留劳动关系的职工年平均人数	
							其他从业人员				
其中:聘用的离退休人员	其中:聘用的港澳台和外籍人员	总计	其中:内部退养职工	其中:长期病、休假职工	总计	在岗职工	合计	其中:聘用的离退休人员	其中:聘用的港澳台和外籍人员	总计	其中:内部退养职工
272	**—**	**31111**	**214**	**6**	**87907**	**87597**	**310**	**255**	**—**	**31111**	**213**
22	**—**	**5**	**2**	**—**	**671**	**649**	**22**	**22**	**—**	**5**	**2**
2	—	—	—	—	28	26	2	2	—	—	—
—	—	—	—	—	22	22	—	—	—	—	—
—	—	—	—	—	109	109	—	—	—	—	—
—	—	2	2	—	20	20	—	—	—	2	2
—	—	—	—	—	24	24	—	—	—	—	—
—	—	—	—	—	31	31	—	—	—	—	—
—	—	—	—	—	19	19	—	—	—	—	—
—	—	—	—	—	35	35	—	—	—	—	—
—	—	—	—	—	34	34	—	—	—	—	—
20	—	2	—	—	135	115	20	20	—	2	—
—	—	—	—	—	131	131	—	—	—	—	—
—	—	1	—	—	83	83	—	—	—	1	—
—	**—**	**—**	**—**	**—**	**149**	**149**	**—**	**—**	**—**	**—**	**—**
—	—	—	—	—	25	25	—	—	—	—	—
—	—	—	—	—	44	44	—	—	—	—	—
—	—	—	—	—	80	80	—	—	—	—	—
2	**—**	**—**	**—**	**—**	**16**	**14**	**2**	**2**	**—**	**—**	**—**
2	—	—	—	—	16	14	2	2	—	—	—
143	**—**	**30**	**11**	**4**	**5285**	**5160**	**125**	**124**	**—**	**30**	**11**
50	—	—	—	—	3923	3874	49	49	—	—	—
—	—	3	—	—	57	57	—	—	—	3	—
—	—	—	—	—	21	21	—	—	—	—	—
2	—	—	—	—	23	20	3	2	—	—	—
5	—	—	—	—	28	23	5	5	—	—	—
—	—	—	—	—	151	151	—	—	—	—	—
74	—	—	—	—	323	265	58	58	—	—	—
10	—	15	—	4	301	293	8	8	—	15	—
—	—	9	9	—	140	140	—	—	—	9	9
2	—	—	—	—	159	157	2	2	—	—	—
—	—	3	2	—	159	159	—	—	—	3	2
—	**—**	**—**	**—**	**—**	**425**	**418**	**7**	**—**	**—**	**—**	**—**
—	—	—	—	—	87	80	7	—	—	—	—
—	—	—	—	—	144	144	—	—	—	—	—
—	—	—	—	—	194	194	—	—	—	—	—
27	**—**	**—**	**—**	**—**	**291**	**246**	**45**	**27**	**—**	**—**	**—**
2	—	—	—	—	87	83	4	2	—	—	—
25	—	—	—	—	204	163	41	25	—	—	—
—	**—**	**4**	**—**	**—**	**496**	**469**	**27**	**—**	**—**	**4**	**—**
—	—	—	—	—	155	155	—	—	—	—	—
—	—	4	—	—	301	274	27	—	—	4	—
—	—	—	—	—	40	40	—	—	—	—	—
31	**—**	**—**	**—**	**—**	**247**	**214**	**33**	**31**	**—**	**—**	**—**
2	—	—	—	—	31	27	4	2	—	—	—
—	—	—	—	—	102	102	—	—	—	—	—
29	—	—	—	—	114	85	29	29	—	—	—
6	**—**	**2**	**—**	**2**	**583**	**577**	**6**	**6**	**—**	**2**	**—**
—	—	2	—	2	280	280	—	—	—	2	—
—	—	—	—	—	116	116	—	—	—	—	—
—	—	—	—	—	5	5	—	—	—	—	—
—	—	—	—	—	30	30	—	—	—	—	—
—	—	—	—	—	24	24	—	—	—	—	—
—	—	—	—	—	19	19	—	—	—	—	—
—	—	—	—	—	18	18	—	—	—	—	—
—	—	—	—	—	8	8	—	—	—	—	—
—	—	—	—	—	6	6	—	—	—	—	—
—	—	—	—	—	7	7	—	—	—	—	—
—	—	—	—	—	11	11	—	—	—	—	—
3	—	—	—	—	21	18	3	3	—	—	—
1	—	—	—	—	31	30	1	1	—	—	—
2	—	—	—	—	7	5	2	2	—	—	—
41	**—**	**31070**	**201**	**—**	**79744**	**79701**	**43**	**43**	**—**	**31070**	**200**
41	—	31070	201	—	79744	79701	43	43	—	31070	200

国家林业局机关及直属单位

单位名称	单位从业人员变动情况									
	增加人数									
	合计	从农村招收	从城镇招收	录用的退伍军人	录用的大、中专、技工学校毕业生	调入		其他	合计	离休、退休、退职
						小计	其中:由外省、自治区、直辖市调入			
总　计	**3405**	**75**	**466**	**191**	**740**	**563**	**16**	**1370**	**8968**	**708**
一、农、林、牧、渔业	**20**	**—**	**—**	**—**	**5**	**6**	**—**	**9**	**14**	**8**
国家林业局天然林保护工程管理中心	1	—	—	—	—	—	—	1	—	—
国家林业局退耕还林(草)工程管理办公室	—	—	—	—	—	—	—	—	—	—
国家林业局西北华北东北防护林建设局	2	—	—	—	1	1	—	—	4	2
国家林业局防治荒漠化管理中心	1	—	—	—	—	1	—	—	2	1
国家林业局世界银行贷款项目管理中心	—	—	—	—	—	—	—	—	—	—
国家林业局濒危物种进出口管理中心	—	—	—	—	—	—	—	—	—	—
国家林业局林业工作站管理总站	—	—	—	—	—	—	—	—	1	—
国家林业局国有林场和林木种苗工作总站	1	—	—	—	1	—	—	—	—	—
国家林业局林业基金管理总站	1	—	—	—	1	—	—	—	—	—
国家林业局森林病虫害防治总站	6	—	—	—	1	2	—	3	4	3
国家林业局西南航空护林总站	6	—	—	—	1	—	—	5	2	2
国家林业局东北航空护林中心	2	—	—	—	—	2	—	—	1	—
九、住宿餐饮业	**1**	**—**	**—**	**—**	**—**	**1**	**1**	**—**	**1**	**1**
国家林业局北戴河职工培训中心	1	—	—	—	—	1	1	—	1	1
北京松鹤山庄宾馆	—	—	—	—	—	—	—	—	—	—
国家林业局招待所	—	—	—	—	—	—	—	—	—	—
十二、租赁和商务服务业	**—**	**—**	**—**	**—**	**—**	**—**	**—**	**—**	**1**	**—**
国家林业局人才开发交流中心	—	—	—	—	—	—	—	—	1	—
十三、科学研究、技术服务、地质勘查业	**160**	**—**	**—**	**—**	**122**	**21**	**2**	**17**	**267**	**183**
中国林业科学研究院	85	—	—	—	64	13	2	8	208	161
国家林业局经济发展研究中心	14	—	—	—	6	—	—	8	2	—
国家林业局科技发展中心	—	—	—	—	—	—	—	—	—	—
国家林业局对外合作项目中心	—	—	—	—	—	—	—	—	2	—
国际竹藤网络中心	—	—	—	—	—	—	—	—	—	—
国家林业局昆明勘察设计院	11	—	—	—	10	1	—	—	4	4
国家林业局林产工业规划设计院	9	—	—	—	9	—	—	—	3	3
国家林业局调查规划设计院	24	—	—	—	17	6	—	1	30	2
国家林业局华东林业调查规划设计院	5	—	—	—	5	—	—	—	5	2
国家林业局中南林业调查规划设计院	5	—	—	—	4	1	—	—	7	6
国家林业局西北林业调查规划设计院	7	—	—	—	7	—	—	—	6	5
十四、水利、环境和公共设施管理业	**76**	**—**	**—**	**—**	**14**	**62**	**—**	**—**	**64**	**6**
陕西佛坪国家级自然保护区管理局	2	—	—	—	2	—	—	—	—	—
甘肃白水江国家级自然保护区管理局	5	—	—	—	5	—	—	—	4	4
国家林业局卧龙自然保护区管理局	69	—	—	—	7	62	—	—	60	2
十五、居民服务和其他服务业	**33**	**5**	**—**	**—**	**—**	**6**	**—**	**22**	**13**	**—**
国家林业局机关服务中心	4	—	—	—	—	4	—	—	4	—
国家林业局物业管理中心	29	5	—	—	—	2	—	22	9	—
十六、教育	**25**	**—**	**—**	**—**	**13**	**12**	**7**	**—**	**12**	**9**
北京林业管理干部学院	11	—	—	—	9	2	2	—	3	3
南京森林公安高等专科学校	14	—	—	—	4	10	5	—	7	6
国家林业局幼儿园	—	—	—	—	—	—	—	—	2	—
十八、文化、体育和娱乐业	**20**	**—**	**4**	**—**	**9**	**3**	**2**	**4**	**9**	**5**
国家林业局宣传中心	2	—	—	—	1	1	—	—	2	2
中国林业出版社	13	—	—	—	8	1	1	4	1	—
中国绿色时报社	5	—	4	—	—	1	1	—	6	3
十九、公共管理和社会组织	**179**	**70**	**35**	**10**	**49**	**12**	**3**	**3**	**202**	**2**
国家林业局机关	11	—	—	—	2	9	—	—	85	1
国家林业局厦门办事处	160	70	35	10	45	—	—	—	115	—
国家林业局上海办事处	—	—	—	—	—	—	—	—	—	—
驻黑龙江省森林资源监督专员办事处	—	—	—	—	—	—	—	—	—	—
驻内蒙古自治区森林资源监督专员办事处	—	—	—	—	—	—	—	—	—	—
驻长春森林资源监督专员办事处	3	—	—	—	—	1	1	2	1	1
驻大兴安岭森林资源监督专员办事处	—	—	—	—	—	—	—	—	—	—
驻福州森林资源监督专员办事处	—	—	—	—	—	—	—	—	—	—
驻云南省森林资源监督专员办事处	1	—	—	—	—	1	1	—	1	—
驻成都森林资源监督专员办事处	—	—	—	—	—	—	—	—	—	—
中国花卉协会	—	—	—	—	—	—	—	—	—	—
中国野生动物保护协会	1	—	—	—	—	—	—	1	—	—
中国林学会	3	—	—	—	2	1	1	—	—	—
中国绿化基金会	—	—	—	—	—	—	—	—	—	—
二十、其他	**2891**	**—**	**427**	**181**	**528**	**440**	**1**	**1315**	**8385**	**494**
大兴安岭林业集团公司	2891	—	427	181	528	440	1	1315	8385	494

从业人员和劳动报酬情况(二)

单位:人、千元

减少人数						单位从业人员劳动报酬					离开本单位仍保留劳动关系的职工生活费		单位数
开除、除名、辞退	终止、解除合同	离开本单位仍保留劳动关系的职工	调出		其他	总计	在岗职工工资总额	其他从业人员劳动报酬			总计	其中:内部退养职工生活费	
			小计	其中:调到外省、自治区、直辖市				合计	其中:聘用的离退休人员	其中:聘用的港澳台和外籍人员			
122	**3540**	**951**	**820**	**9**	**2827**	**719765**	**716011**	**3754**	**2956**	**—**	**2783**	**2230**	**130**
1	**—**	**—**	**4**	**3**	**1**	**16332**	**16192**	**140**	**140**	**—**	**20**	**20**	**18**
—	—	—	—	—	—	964	944	20	20	—	—	—	1
—	—	—	—	—	—	557	557	—	—	—	—	—	1
—	—	—	2	2	—	1587	1587	—	—	—	—	—	1
—	—	—	1	—	—	765	765	—	—	—	20	20	1
—	—	—	—	—	—	884	884	—	—	—	—	—	1
—	—	—	—	—	—	1459	1459	—	—	—	—	—	1
—	—	—	—	—	1	749	749	—	—	—	—	—	1
—	—	—	—	—	—	1269	1269	—	—	—	—	—	1
—	—	—	—	—	—	1743	1743	—	—	—	—	—	1
—	—	—	1	1	—	2656	2536	120	120	—	—	—	1
—	—	—	—	—	—	2173	2173	—	—	—	—	—	7
1	—	—	—	—	—	1526	1526	—	—	—	—	—	1
—	**—**	**—**	**—**	**—**	**—**	**2397**	**2397**	**—**	**—**	**—**	**—**	**—**	**3**
—	—	—	—	—	—	398	398	—	—	—	—	—	1
—	—	—	—	—	—	472	472	—	—	—	—	—	1
—	—	—	—	—	—	1528	1528	—	—	—	—	—	1
—	**—**	**—**	**1**	**—**	**—**	**611**	**590**	**21**	**21**	**—**	**—**	**—**	**1**
—	—	—	1	—	—	611	590	21	21	—	—	—	1
5	**3**	**1**	**49**	**5**	**26**	**113695**	**111948**	**1747**	**1733**	**—**	**293**	**210**	**29**
—	1	—	21	5	25	79571	78812	759	759	—	—	—	19
—	—	—	1	—	1	1839	1839	—	—	—	—	—	1
—	—	—	—	—	—	686	686	—	—	—	—	—	1
2	—	—	—	—	—	685	648	37	23	—	—	—	1
—	—	—	—	—	—	566	512	54	54	—	—	—	1
—	—	—	—	—	—	2391	2391	—	—	—	—	—	1
—	—	—	—	—	—	8300	7450	850	850	—	—	—	1
3	—	—	25	—	—	10090	10074	16	16	—	80	—	1
—	2	—	1	—	—	3778	3778	—	—	—	177	177	1
—	—	—	1	—	—	3179	3148	31	31	—	—	—	1
—	—	1	—	—	—	2610	2610	—	—	—	36	33	1
—	**1**	**—**	**57**	**—**	**—**	**7913**	**7853**	**60**	**—**	**—**	**—**	**—**	**3**
—	—	—	—	—	—	1223	1163	60	—	—	—	—	1
—	—	—	—	—	—	2481	2481	—	—	—	—	—	1
—	1	—	57	—	—	4209	4209	—	—	—	—	—	1
—	**9**	**—**	**3**	**—**	**1**	**5898**	**5356**	**542**	**21**	**—**	**—**	**—**	**2**
—	—	—	3	—	1	2931	2890	41	21	—	—	—	1
—	9	—	—	—	—	2967	2466	501	—	—	—	—	1
—	**—**	**—**	**—**	**—**	**3**	**13973**	**13777**	**196**	**2**	**—**	**—**	**—**	**3**
—	—	—	—	—	—	5110	5110	—	—	—	—	—	1
—	—	—	—	—	1	7630	7436	194	—	—	—	—	1
—	—	—	—	—	2	1233	1231	2	2	—	—	—	1
—	**1**	**—**	**3**	**—**	**—**	**9395**	**8923**	**472**	**463**	**—**	**—**	**—**	**3**
—	—	—	—	—	—	1322	1284	38	29	—	—	—	1
—	—	—	1	—	—	3531	3531	—	—	—	—	—	1
—	1	—	2	—	—	4542	4108	434	434	—	—	—	1
105	**10**	**—**	**13**	**1**	**72**	**16783**	**16626**	**157**	**157**	**—**	**80**	**—**	**17**
—	—	—	12	—	72	8318	8318	—	—	—	80	—	4
105	10	—	—	—	—	2000	2000	—	—	—	—	—	1
—	—	—	—	—	—	202	202	—	—	—	—	—	1
—	—	—	—	—	—	697	697	—	—	—	—	—	1
—	—	—	—	—	—	620	620	—	—	—	—	—	1
—	—	—	—	—	—	584	584	—	—	—	—	—	1
—	—	—	—	—	—	588	588	—	—	—	—	—	1
—	—	—	—	—	—	211	211	—	—	—	—	—	1
—	—	—	1	1	—	175	175	—	—	—	—	—	1
—	—	—	—	—	—	162	162	—	—	—	—	—	1
—	—	—	—	—	—	656	656	—	—	—	—	—	1
—	—	—	—	—	—	1302	1240	62	62	—	—	—	1
—	—	—	—	—	—	1002	984	18	18	—	—	—	1
—	—	—	—	—	—	266	189	77	77	—	—	—	1
11	**3516**	**950**	**690**	**—**	**2724**	**532769**	**532349**	**420**	**420**	**—**	**2390**	**2000**	**51**
11	3516	950	690	—	2724	532769	532349	420	420	—	2390	2000	51

固定资产投资

林业系统固定资产投资2003年主要指标与2002年比较

指标名称	2003年	2002年	2003年与2002年比较(%)
林业固定资产投资完成额(万元)	**4072782**	**3152374**	**29.20**
其中：国家投资	3137514	2538071	23.62
一、基本建设投资完成额	3951904	3062404	29.05
其中：国家投资	3123465	2511947	24.34
二、更新改造投资完成额	67952	54595	24.47
其中：国家投资	7020	17685	-60.31
三、森工其他投资完成额	52926	35375	49.61
其中：国家投资	7029	8439	-16.71
四、本年新增固定资产	1292719	909770	42.09
营林固定资产投资完成额(万元)	**3892793**	**2976388**	**30.79**
一、基本建设投资完成额	3884708	2961367	31.18
其中：国家投资	3092898	2487550	24.34
(一)按构成分：建筑安装	156037	134151	16.31
设备工器具购置	54725	41762	31.04
其他费用	3673936	2785454	31.90
(二)按用途分：农林牧渔业用	2968458	2334265	27.17
工业、建筑业	87079	14943	482.74
其他	829171	612159	35.45
(三)本年新增固定资产	1281584	791671	61.88
二、更新改造投资完成额	8085	15021	-46.18
其中：国家投资	6009	5928	1.37
(一)按构成分：建筑工程	1317	3205	-58.91
设备工器具购置	110	252	-56.35
其他费用	6658	11564	-42.42
(二)按用途分：营造林业	5083	6714	-24.29
工业、建筑业	—	4266	-100.00
其他	3002	4041	-25.71
(三)本年新增固定资产	2263	5604	-59.62
森工固定资产投资完成额(万元)	**179989**	**175986**	**2.27**
一、森工基建基本建设投资完成额	67196	101037	-33.49
其中：国家投资	30567	24397	25.29
(一)按构成分：建筑安装	41171	61693	-33.26
设备工器具购置	14817	17255	-14.13
其他费用	11208	22089	-49.26
(二)按用途分：营造林业	6688	14097	-52.56
工业、建筑业	23694	26495	-10.57
其他	36814	60445	-39.10
(三)本年新增固定资产	45963	64677	-28.93
二、森工更新改造投资完成额	59867	39574	51.28
其中：国家投资	1011	11757	-91.40
(一)按构成分：建筑安装	28831	13496	113.63
设备工器具购置	29178	23180	25.88
其他费用	1858	2898	-35.89
(二)按用途分：营造林业	213	1960	-89.13
工业、建筑业	35975	27738	29.70
其他	23679	9876	139.76
(三)本年新增固定资产	29960	21656	38.35
三、森工其他投资完成额	52926	35375	49.61
其中：国家投资	7029	8439	-16.71
(一)按构成分：建筑安装	32047	16365	95.83
设备工器具购置	11299	5663	99.52
其他费用	9580	13347	-28.22
(二)本年新增固定资产	32949	26162	25.94

林业系统各地区林业固定资产投资完成情况

单位:万元

地　区	总　计	营林固定资产投资			森工固定资产投资			
		合　计	基本建设	更新改造	合　计	基本建设	更新改造	其他投资
全国合计	**4072782**	**3892793**	**3884708**	**8085**	**179989**	**67196**	**59867**	**52926**
北　京	88885	88885	88885	—	—	—	—	—
天　津	4349	4349	4349	—	—	—	—	—
河　北	170365	170365	170305	60	—	—	—	—
山　西	172522	172522	172522	—	—	—	—	—
内蒙古	368608	338416	338416	—	30192	2428	5150	22614
内蒙古集团	82668	52476	52476	—	30192	2428	5150	22614
辽　宁	66581	66581	66581	—	—	—	—	—
吉　林	206232	158049	157922	127	48183	18742	11000	18441
吉林集团	68803	43142	43142	—	25661	8232	3359	14070
黑龙江	215131	198925	198925	—	16206	14613	950	643
龙江集团	154283	138077	138077	—	16206	14613	950	643
上　海	137870	137870	137870	—	—	—	—	—
江　苏	129191	129191	128445	746	—	—	—	—
浙　江	11183	10904	10895	9	279	269	—	10
安　徽	84581	84494	84494	—	87	60	22	5
福　建	36599	29303	29303	—	7296	4128	1076	2092
江　西	43492	43210	43086	124	282	192	63	27
山　东	97004	97004	97004	—	—	—	—	—
河　南	91687	91687	91687	—	—	—	—	—
湖　北	107329	106246	105714	532	1083	1018	—	65
湖　南	83754	83754	83754	—	—	—	—	—
广　东	20139	20139	20139	—	—	—	—	—
广　西	153956	116420	116420	—	37536	2941	34595	—
海　南	40076	33348	33170	178	6728	365	—	6363
重　庆	185812	185812	185812	—	—	—	—	—
四　川	459876	456043	456043	—	3833	3579	50	204
贵　州	176124	176124	176124	—	—	—	—	—
云　南	179234	168232	166448	1784	11002	8770	863	1369
西　藏	6775	6775	6775	—	—	—	—	—
陕　西	165680	165391	160866	4525	289	289	—	—
甘　肃	206878	206878	206878	—	—	—	—	—
青　海	70761	70761	70761	—	—	—	—	—
宁　夏	38420	38420	38420	—	—	—	—	—
新　疆	109390	108611	108611	—	779	779	—	—
新疆兵团	37334	37334	37334	—	—	—	—	—
局直属单位	144298	128084	128084	—	16214	9023	6098	1093
大兴安岭	111180	94966	94966	—	16214	9023	6098	1093

林业系统固定资产投资

指标名称	总 计	营林固定资产投资			森工固定资产投资			
		合 计	基本建设	更新改造	合 计	基本建设	更新改造	其他投资
一、本年计划投资	**4035989**	**3854008**	**3846942**	**7066**	**181981**	**68706**	**61371**	**51904**
二、自年初累计完成投资	**4072782**	**3892793**	**3884708**	**8085**	**179989**	**67196**	**59867**	**52926**
其中:国家投资	3137514	3098907	3092898	6009	38607	30567	1011	7029
其中:国债资金	953954	945705	944429	1276	8249	7526	723	—
按构成分								
1. 建筑工程	234982	146324	145130	1194	88658	40429	16737	31492
2. 安装工程	24431	11040	10917	123	13391	742	12094	555
3. 设备、工具、器具购置	110129	54835	54725	110	55294	14817	29178	11299
4. 其他费用	3703240	3680594	3673936	6658	22646	11208	1858	9580
按行业分								
1. 营造林业	2983223	2973541	2968458	5083	9682	6688	213	2781
2. 木材及竹材采运业	114993	82186	82186	—	32807	15535	10906	6366
3. 木材加工及竹、藤、棕、草制品业	40214	4893	4893	—	35321	8159	25069	2093
其中:人造板制造业	29739	352	352	—	29387	4544	23373	1470
4. 其他	934352	832173	829171	3002	102179	36814	23679	41686
按性质分								
其中:新建	2447143	2342534	2336309	6225	104609	42947	27624	34038
扩建	999853	973701	973199	502	26152	12298	6738	7116
改建	154834	125191	123842	1349	29643	7908	13043	8692
三、本年新增固定资产	**1392719**	**1283847**	**1281584**	**2263**	**108872**	**45963**	**29960**	**32949**
四、项目个数(个)	**4907**	**4577**	**4545**	**32**	**330**	**182**	**31**	**117**
本年施工项目个数	4446	4130	4099	31	316	173	29	114
五、本年资金来源总计	**4142427**	**3963491**	**3956426**	**7065**	**178936**	**75016**	**57588**	**46332**
1. 上年末结余资金	155645	146493	146473	20	9152	6267	2516	369

和资金来源情况

单位:万元

指标名称	总 计	营林固定资产投资			森工固定资产投资			
		合 计	基本建设	更新改造	合 计	基本建设	更新改造	其他投资
2. 本年资金来源合计	3986782	3816998	3809953	7045	169784	68749	55072	45963
其中:地方配套资金	357545	356559	356414	145	986	610	—	376
(1)国家预算内资金	3071723	3033522	3028937	4585	38201	29968	841	7392
其中:国债资金	944012	935756	935212	544	8256	7533	723	—
中央财政专项资金	1769746	1758212	1754474	3738	11534	4581	—	6953
(2)国内贷款	105485	86305	85905	400	19180	993	17863	324
(3)利用外资	46572	46065	46065	—	507	195	—	312
(4)自筹资金	515904	428001	426587	1414	87903	29182	35549	23172
(5)其他资金	247098	223105	222459	646	23993	8411	819	14763
其中:育林基金	41889	36107	35939	168	5782	3614	124	2044
六、本年各项应付款合计	**575988**	**534117**	**531975**	**2142**	**41871**	**5872**	**28332**	**7667**
其中:工程款	361944	343950	343108	842	17994	3567	13663	764
设备、器材款	30371	13697	13697	—	16674	1815	14606	253
七、房屋建筑面积及竣工价值								
本年房屋施工面积(万平方米)	125.76	76.05	75.71	0.34	49.71	25.67	6.52	17.52
其中:住宅	40.41	22.62	22.62	—	17.79	1.99	1.04	14.76
其中:经济适用房	6.44	4.42	4.42	—	2.02	0.62	0.54	0.86
本年房屋竣工面积(万平方米)	80.09	45.98	45.98	—	34.11	17.58	3.61	12.92
其中:住宅	27.63	14.18	14.18	—	13.45	1.92	0.66	10.87
其中:经济适用房	4.27	2.25	2.25	—	2.02	0.62	0.54	0.86
本年房屋竣工价值(万元)	57717.82	29392.65	29358.65	34	28325.17	16314.06	2903.11	9108.00
其中:住宅	15307.59	5428.54	5428.54	—	9879.05	1533.05	682.00	7664.00
其中:经济适用房	2629.04	670.04	670.04	—	1959.00	680.00	636.00	643.00

林业系统各地区固定资产

地区	一、本年计划投资	二、自年初累计完成投资								
		合计	其中:国家投资		按构成分					
			计	其中:国债资金	1. 建筑工程	2. 安装工程	3. 设备、工具、器具购置	4. 其他费用	1. 营造林业	2. 木材及竹材采运业
全国合计	**4035989**	**4072782**	**3137514**	**953954**	**234982**	**24431**	**110129**	**3703240**	**2983223**	**114993**
北　京	88974	88885	57784	11242	1699	—	520	86666	85074	—
天　津	5300	4349	2765	1520	—	—	—	4349	4349	—
河　北	183937	170365	130895	59308	2578	20	184	167583	157198	—
山　西	171631	172522	164066	60568	293	—	874	171355	124208	—
内蒙古	401161	368608	323507	92859	23352	711	13565	330980	208198	52826
内蒙古集团	97780	82668	54904	4283	22554	671	11624	47819	3625	52826
辽　宁	71852	66581	57479	24418	493	42	1270	64776	57988	—
吉　林	234689	206232	141282	27011	38327	396	16282	151227	89432	19108
吉林集团	69945	68803	34401	338	17716	59	8247	42781	15153	7938
黑龙江	216314	215131	189699	41014	19980	325	11348	183478	81933	30191
龙江集团	155466	154283	138455	9814	18696	218	9487	125882	30057	30080
上　海	48921	137870	68056	—	180	41	129	137520	137250	—
江　苏	120836	129191	5302	4114	1250	2	1249	126690	86644	—
浙　江	12930	11183	8679	5015	1469	284	270	9160	6876	—
安　徽	83775	84581	59510	25219	1521	1430	246	81384	78516	368
福　建	41258	36599	10197	5225	6318	396	4136	25749	21474	649
江　西	42765	43492	37288	16746	2717	—	164	40611	36947	97
山　东	97004	97004	19875	7575	3959	253	3700	89092	80396	—
河　南	89337	91687	76977	29103	912	—	182	90593	83600	64
湖　北	104048	107329	73085	37605	8491	2434	1373	95031	91818	—
湖　南	83754	83754	32058	30106	3885	772	4253	74844	73043	275
广　东	20795	20139	10689	4791	4597	164	2649	12729	9824	414
广　西	153956	153956	65214	28518	17359	11762	24004	100831	74718	50
海　南	39548	40076	17716	6583	3068	39	409	36560	27907	297
重　庆	178067	185812	182282	32081	1094	77	182	184459	176752	—
四　川	480829	459876	441866	83183	9265	190	3048	447373	321398	—
贵　州	187990	176124	169365	41533	2323	16	1566	172219	141798	150
云　南	164064	179234	155131	60485	9046	242	2931	167015	119268	2
西　藏	6775	6775	6775	6775	—	—	—	6775	6775	—
陕　西	170614	165680	157950	71516	10112	—	908	154660	156844	113
甘　肃	227228	206878	198870	59246	7300	—	375	199203	161517	2816
青　海	73938	70761	69480	18208	280	40	820	69621	67927	—
宁　夏	38420	38420	33150	22854	—	—	—	38420	38420	—
新　疆	56844	109390	54823	33297	8617	150	826	99797	99493	3370
新疆兵团	22622	37334	14002	12849	23	—	12	37299	33927	—
局直属单位	138435	144298	115699	6236	44497	4645	12666	82490	75638	4203
大兴安岭	111423	111180	85932	6236	27810	102	7332	75936	75638	4203

投资和资金来源情况(一)

单位:万元

按行业分			按性质分			三、本年新增固定资产	四、项目个数(个)		五、本年资金来源总计	
3. 木材加工及竹、藤、棕、草制品业		4. 其他	其 中				合 计	本年施工项目个数	总 计	1. 上年末结余资金
合 计	其中:人造板制造业		新建	扩建	改建					
40214	**29739**	**934352**	**2447143**	**999853**	**154834**	**1392719**	**4907**	**4446**	**4142427**	**155645**
—	—	3811	953	87843	—	1872	23	20	87823	695
—	—	—	—	—	—	—	—	—	6900	—
—	—	13167	122403	40323	905	73620	171	158	172104	490
—	—	48314	4307	168185	30	217	5	5	172906	2013
785	785	106799	121149	72557	13792	89932	215	213	358650	2298
785	785	25432	8744	14255	12829	17399	87	87	74484	—
66	66	8527	52361	3701	10519	29356	219	219	66581	—
3296	1136	94396	138205	18469	46059	86678	169	153	209071	5956
1779	1035	43933	62058	834	3678	20260	79	77	69343	905
1238	211	101769	67803	138796	8368	26655	283	281	215153	424
471	211	93675	13372	133637	7110	23307	283	281	154305	22
—	—	620	137520	—	—	123314	23	22	137870	—
100	—	42447	69768	55090	1083	3483	50	49	126241	—
—	—	4307	5708	716	717	2200	57	51	14847	4353
87	82	5610	72994	3773	1951	64927	364	328	83104	462
4758	2197	9718	24837	3465	6736	27996	308	294	36336	171
—	—	6448	26795	7836	832	11832	177	136	45627	502
3400	100	13208	—	97004	—	19024	70	41	97004	—
—	—	8023	70407	11974	272	56001	227	220	92778	505
1083	18	14428	74474	24249	1474	52210	222	200	103634	1474
130	130	10306	62355	1598	4404	42189	250	219	83754	—
96	—	9805	6183	7348	2390	6102	118	92	24201	3121
24350	24300	54838	88331	39221	3637	43481	420	377	155145	9354
—	—	11872	39917	132	27	40076	32	32	40076	5637
—	—	9060	170510	15222	—	61590	85	81	184652	897
—	—	138478	385711	45547	157	32863	104	90	471125	34330
—	—	34176	36062	103506	36556	149133	244	215	204583	16593
825	714	59139	136079	25943	871	33610	301	282	199983	25371
—	—	—	6775	—	—	6775	18	18	6775	—
—	—	8723	149091	1282	7633	104976	254	237	165276	12572
—	—	42545	167901	4033	300	85278	205	184	205415	—
—	—	2834	69078	—	—	53222	—	—	70761	665
—	—	—	38420	—	—	—	4	4	38420	—
—	—	6527	77049	21000	374	31481	121	117	95497	1338
—	—	3407	31805	2810	—	4258	117	113	34525	—
—	—	64457	23997	1040	5747	32626	168	108	170135	26424
—	—	31339	23997	1040	5747	21150	—	—	111180	—

林业系统各地区固定资产

地区	五、本年资金来源总计									
	2. 本年资金来源合计									
	合计	其中：地方配套资金	(1)国家预算内资金			(2)国内贷款	(3)利用外资	(4)自筹资金	(5)其他资金	
			计	其中					计	其中：育林基金
				国债资金	中央财政专项资金					
全国合计	**3986782**	**357545**	**3071723**	**944012**	**1769746**	**105485**	**46572**	**515904**	**247098**	**41889**
北京	87128	16866	56131	10786	4426	—	189	29828	980	18
天津	6900	1915	4085	3500	212	900	—	—	1915	—
河北	171614	10570	131885	59839	65189	7733	1852	16071	14073	5
山西	170893	6678	162986	60336	88291	350	6436	598	523	231
内蒙古	356352	4732	322151	91962	215812	1033	5380	25264	2524	87
内蒙古集团	74484	399	54288	4283	45354	—	—	20196	—	—
辽宁	66581	10003	57479	24418	10343	—	786	7764	552	225
吉林	203115	3083	137338	26725	107087	2000	25	27109	36643	17984
吉林集团	68438	1000	33976	818	32103	—	—	14292	20170	11653
黑龙江	214729	7082	189699	41014	141041	195	195	20666	3974	444
龙江集团	154283	2364	138455	9814	120997	—	195	12521	3112	420
上海	137870	137235	68056	—	40	12700	—	34959	22155	—
江苏	126241	21399	5218	4114	285	390	300	103793	16540	86
浙江	10494	2169	8055	3497	13	50	—	1613	776	122
安徽	82642	11217	56082	27001	26771	5936	2539	11917	6168	116
福建	36165	4484	10007	5210	1328	7888	727	14385	3158	1621
江西	45125	735	38316	17719	15744	743	141	1892	4033	743
山东	97004	15000	19875	7575	7100	6026	2978	49840	18285	304
河南	92273	3549	70539	29684	33266	4341	1819	5694	9880	—
湖北	102160	6840	71860	36803	29365	586	1004	10806	17904	541
湖南	83754	3387	32058	30106	—	—	346	49251	2099	1078
广东	21080	3674	12154	4419	703	1000	—	4811	3115	399
广西	145791	4053	62152	27480	27016	24924	2549	43157	13009	637
海南	34439	1100	17716	6583	9605	1700	5043	1827	8153	151
重庆	183755	18596	177421	32971	125532	1445	499	422	3968	72
四川	436795	25013	409304	81394	299770	865	2132	7643	16851	1033
贵州	187990	5707	182212	41488	133656	442	850	260	4226	242
云南	174612	9590	146206	56337	76500	4714	1036	8451	14205	1679
西藏	6775	—	6775	6775	—	—	—	—	—	—
陕西	152704	2231	144286	65853	66313	—	6929	775	714	—
甘肃	205415	5428	197232	58864	135065	6907	312	781	183	—
青海	70096	883	68815	18158	46832	—	1044	117	120	—
宁夏	38420	5270	33150	22854	9398	—	1461	3809	—	—
新疆	94159	9056	64824	34311	19347	2217	—	22135	4983	162
新疆兵团	34525	8056	12891	12357	368	2217	—	17423	1994	109
局直属单位	143711	—	107656	6236	73696	10400	—	10266	15389	13909
大兴安岭	111180	—	85932	6236	73696	—	—	10246	15002	13909

投资和资金来源情况(二)

单位:万元

六、本年各项应付款合计			七、房屋建筑面积及竣工价值								
合 计	其 中		本年房屋施工面积(万平方米)			本年房屋竣工面积(万平方米)			本年房屋竣工价值		
	工程款	设备、器材款	合 计	其中:住宅		合 计	其中:住宅		合 计	其中:住宅	
				计	其中:经济适用房		计	其中:经济适用房		计	其中:经济适用房
575988	**361944**	**30371**	**125.76**	**40.41**	**6.44**	**80.09**	**27.63**	**4.27**	**57717.82**	**15307.59**	**2629.04**
1179	856	—	0.63	—	—	0.55	—	—	1743.00	—	—
—	—	—	—	—	—	—	—	—	—	—	—
16506	16416	10	0.35	—	—	0.35	—	—	836.00	—	—
270	270	—	0.02	—	—	—	—	—	—	—	—
35823	35435	388	6.14	2.45	—	5.65	2.27	—	2014.11	177.11	—
—	—	—	4.37	0.77	—	4.06	0.77	—	2014.00	177.00	—
1949	1899	—	0.09	—	—	0.04	—	—	70.00	—	—
7659	7135	—	21.04	14.72	0.73	16.17	10.84	0.73	13819.00	8040.00	580.00
—	—	—	12.3	11.03	—	8.10	7.14	—	6722	5863.00	—
271	203	46	16.68	0.77	0.56	12.31	0.56	0.56	9928.00	169.00	169.00
271	203	46	13.72	0.21	—	9.35	—	—	8378.00	—	—
—	—	—	0.14	—	—	0.14	—	—	284.00	—	—
20271	17440	560	—	—	—	—	—	—	—	—	—
168	91	17	0.32	0.04	—	0.2	0.04	—	197.00	9.00	—
31953	20669	41	0.16	—	—	0.16	—	—	98.00	—	—
6617	1109	609	1.96	0.07	0.07	0.09	0.07	0.07	731.00	30.00	30.00
10736	5033	91	15.30	0.14	—	0.35	0.09	—	337.00	70.00	—
23323	1610	966	1.40	0.80	0.50	1.30	0.80	0.50	930.00	500.00	350.00
29838	18509	—	1.16	—	—	1.16	—	—	800.00	—	—
16043	11310	4	4.14	1.42	0.06	4.14	1.42	0.06	3271.00	1248.00	33.00
42744	34982	316	2.47	0.48	—	2.32	0.32	—	709.1	50.15	—
1859	1146	201	2.5	0.97	—	1.91	0.97	—	1360.00	414.00	—
54210	24984	17468	12.53	7.59	0.96	9.37	5.24	0.96	0.61	0.33	0.04
40076	3107	409	0.88	0.15	—	0.15	0.15	—	105.00	105.00	—
—	—	—	0.80	0.80	—	0.80	0.80	—	465.00	465.00	—
33848	6331	508	3.73	0.06	—	2.78	0.86	—	1629.00	635.00	—
32187	29331	115	2.60	0.56	0.55	1.79	0.05	0.04	529.00	30.00	25.00
9884	2519	238	9.36	4.53	0.85	6.76	1.75	0.19	5159.00	1394.00	126.00
—	—	—	—	—	—	—	—	—	—	—	—
65404	48955	142	1.36	—	—	0.36	—	—	181.00	—	—
61416	53666	223	2.34	—	—	2.34	—	—	3043.00	—	—
4316	4244	37	—	—	—	—	—	—	—	—	—
—	—	—	0.63	—	—	0.63	—	—	366.00	—	—
11403	6282	359	2.00	1.00	1.00	1.00	—	—	129.00	129.00	—
—	—	—	—	—	—	—	—	—	—	—	—
16035	8412	7623	15.03	3.86	1.16	7.27	1.4	1.16	8984.00	1842.00	1316.00
—	—	—	9.33	1.16	1.16	5.76	1.16	1.16	5521.00	1316.00	1316.00

林业系统各地区营林固定

地区	一、本年计划投资	二、自年初累计完成投资			按构成分					
		合计	其中：国家投资							
			合计	其中：国债资金	1. 建筑工程	2. 安装工程	3. 设备、工具、器具购置	4. 其他费用	1. 营造林业	2. 木材及竹材采运业
全国合计	**3854008**	**3892793**	**3098907**	**945705**	**146324**	**11040**	**54835**	**3680594**	**2973541**	**82186**
北　京	88974	88885	57784	11242	1699	—	520	86666	85074	—
天　津	5300	4349	2765	1520	—	—	—	4349	4349	—
河　北	183937	170365	130895	59308	2578	20	184	167583	157198	—
山　西	171631	172522	164066	60568	293	—	874	171355	124208	—
内蒙古	366985	338416	321079	92859	5226	40	4776	328374	207926	47393
内蒙古集团	63604	52476	52476	4283	4428	—	2835	45213	3353	47393
辽　宁	71852	66581	57479	24418	493	42	1270	64776	57988	—
吉　林	183691	158049	135029	23280	5257	224	2046	150522	86324	272
吉林集团	42943	43142	32823	98	557	44	106	42435	13581	—
黑龙江	199378	198925	180929	39213	8186	166	8348	182225	81901	27211
龙江集团	138530	138077	129685	8013	6902	59	6487	124629	30025	27100
上　海	48921	137870	68056	—	180	41	129	137520	137250	—
江　苏	120836	129191	5302	4114	1250	2	1249	126690	86644	—
浙　江	12662	10904	8491	5015	1431	284	270	8919	6866	—
安　徽	83686	84494	59510	25219	1521	1425	246	81302	78516	368
福　建	32837	29303	9663	5225	3777	24	1204	24298	20827	215
江　西	42514	43210	37198	16689	2683	—	164	40363	36762	—
山　东	97004	97004	19875	7575	3959	253	3700	89092	80396	—
河　南	89337	91687	76977	29103	912	—	182	90593	83600	64
湖　北	102953	106246	73085	37605	8253	2434	528	95031	91818	—
湖　南	83754	83754	32058	30106	3885	772	4253	74844	73043	275
广　东	20795	20139	10689	4791	4597	164	2649	12729	9824	414
广　西	116420	116420	65214	28518	12316	254	3119	100731	74718	50
海　南	38548	33348	11355	6433	2766	39	409	30134	26820	145
重　庆	178067	185812	182282	32081	1094	77	182	184459	176752	—
四　川	476681	456043	440930	83183	6475	5	2533	447030	321121	—
贵　州	187990	176124	169365	41533	2323	16	1566	172219	141798	150
云　南	152838	168232	147248	58074	7943	25	1924	158340	115281	2
西　藏	6775	6775	6775	6775	—	—	—	6775	6775	—
陕　西	170325	165391	157661	71417	10112	—	908	154371	156772	—
甘　肃	227228	206878	198870	59246	7300	—	375	199203	161517	2816
青　海	73938	70761	69480	18208	280	40	820	69621	67927	—
宁　夏	38420	38420	33150	22854	—	—	—	38420	38420	—
新　疆	56844	108611	54823	33297	7980	150	684	99797	99493	2591
新疆兵团	22622	37334	14002	12849	23	—	12	37299	33927	—
局直属单位	122887	128084	110824	6236	31555	4543	9723	82263	75633	220
大兴安岭	95875	94966	81057	6236	14868	—	4389	75709	75633	220

资产投资和资金来源情况(一)

单位:万元

按行业分			按性质分			三、本年新增固定资产	四、项目个数(个)		五、本年资金来源总计	
3. 木材加工及竹、藤、棕、草制品业		4. 其他	其 中				合 计	本年施工项目个数	总 计	1. 上年末结余资金
合 计	其中:人造板制造业		新建	扩建	改建					
4893	**352**	**832173**	**2342534**	**973701**	**125191**	**1283847**	**4577**	**4130**	**3963491**	**146493**
—	—	3811	953	87843	—	1872	23	20	87823	695
—	—	—	—	—	—	—	—	—	6900	—
—	—	13167	122403	40323	905	73620	171	158	172104	490
—	—	48314	4307	168185	30	217	5	5	172906	2013
—	—	83097	112405	64938	963	77436	151	149	336540	2298
—	—	1730	—	6636	—	4903	23	23	52374	—
66	66	8527	52361	3701	10519	29356	219	219	66581	—
23	9	71430	101909	17511	37363	44979	105	93	159359	3194
—	—	29561	43142	—	—	164	17	17	43142	577
1043	16	88770	61594	130270	7061	13261	206	206	198947	424
276	16	80676	7163	125111	5803	9913	206	206	138099	22
—	—	620	137520	—	—	123314	23	22	137870	—
100	—	42447	69768	55090	1083	3483	50	49	126241	—
—	—	4038	5618	706	679	2092	53	47	14531	4305
—	—	5610	72929	3773	1929	64922	363	327	83017	462
—	—	8261	20465	2797	4480	16372	235	222	29384	54
—	—	6448	26677	7836	832	11771	175	134	45345	502
3400	100	13208	—	97004	—	19024	70	41	97004	—
—	—	8023	70407	11974	272	56001	227	220	92778	505
—	—	14428	74469	23184	1474	52127	220	200	102569	1474
130	130	10306	62355	1598	4404	42189	250	219	83754	—
96	—	9805	6183	7348	2390	6102	118	92	24201	3121
—	—	41652	67275	35136	449	36096	405	364	119679	6274
—	—	6383	33189	132	27	33348	28	28	33348	5499
—	—	9060	170510	15222	—	61590	85	81	184652	897
—	—	134922	382283	45501	2	31615	96	83	463632	34292
—	—	34176	36062	103506	36556	149133	244	215	204583	16593
35	31	52914	128459	24340	448	31268	286	269	184760	22402
—	—	—	6775	—	—	6775	18	18	6775	—
—	—	8619	148802	1282	7633	104976	253	236	164987	12572
—	—	42545	167901	4033	300	85278	205	184	205415	—
—	—	2834	69078	—	—	53222	—	—	70761	665
—	—	—	38420	—	—	—	4	4	38420	—
—	—	6527	76968	20342	374	31481	121	117	94704	1338
—	—	3407	31805	2810	—	4258	117	113	34525	—
—	—	52231	14489	126	5018	20927	168	108	153921	26424
—	—	19113	14489	126	5018	9451	—	—	94966	—

林业系统各地区营林固定

地　区	五、本年资金来源总计									
	2. 本年资金来源合计									
	合　计	其中：地方配套资金	（1）国家预算内资金			（2）国内贷款	（3）利用外资	（4）自筹资金	（5）其他资金	
			计	其　中					计	其中：育林基金
				国债资金	中央财政专项资金					
全国合计	**3816998**	**356559**	**3033522**	**935756**	**1758212**	**86305**	**46065**	**428001**	**223105**	**36107**
北　京	87128	16866	56131	10786	4426	—	189	29828	980	18
天　津	6900	1915	4085	3500	212	900	—	—	1915	—
河　北	171614	10570	131885	59839	65189	7733	1852	16071	14073	5
山　西	170893	6678	162986	60336	88291	350	6436	598	523	231
内蒙古	334242	4732	319751	91962	215812	1033	5380	5554	2524	87
内蒙古集团	52374	399	51888	4283	45354	—	—	486	—	—
辽　宁	66581	10003	57479	24418	10343	—	786	7764	552	225
吉　林	156165	3083	131675	23251	107087	2000	25	1293	21172	12870
吉林集团	42565	1000	32246	98	32103	—	—	250	10069	10069
黑龙江	198523	7082	180929	39213	141041	195	—	13753	3646	444
龙江集团	138077	2364	129685	8013	120997	—	—	5608	2784	420
上　海	137870	137235	68056	—	40	12700	—	34959	22155	—
江　苏	126241	21399	5218	4114	285	390	300	103793	16540	86
浙　江	10226	2169	7787	3497	13	50	—	1613	776	122
安　徽	82555	11217	56082	27001	26771	5936	2539	11835	6163	116
福　建	29330	4458	9775	5210	1096	7331	415	8872	2937	1423
江　西	44843	735	38226	17662	15711	743	141	1804	3929	673
山　东	97004	15000	19875	7575	7100	6026	2978	49840	18285	304
河　南	92273	3549	70539	29684	33266	4341	1819	5694	9880	—
湖　北	101095	6840	71860	36803	29365	586	1004	9741	17904	541
湖　南	83754	3387	32058	30106	—	—	346	49251	2099	1078
广　东	21080	3674	12154	4419	703	1000	—	4811	3115	399
广　西	113405	4053	62152	27480	27016	7284	2549	28791	12629	637
海　南	27849	533	11355	6433	3457	1700	5043	1827	7924	151
重　庆	183755	18596	177421	32971	125532	1445	499	422	3968	72
四　川	429340	25013	408368	81394	299730	865	2132	5491	12484	1033
贵　州	187990	5707	182212	41488	133656	442	850	260	4226	242
云　南	162358	9197	137889	53662	71609	3731	1036	7292	12410	1279
西　藏	6775	—	6775	6775	—	—	—	—	—	—
陕　西	152415	2231	143997	65754	66123	—	6929	775	714	—
甘　肃	205415	5428	197232	58864	135065	6907	312	781	183	—
青　海	70096	883	68815	18158	46832	—	1044	117	120	—
宁　夏	38420	5270	33150	22854	9398	—	1461	3809	—	—
新　疆	93366	9056	64824	34311	19347	2217	—	21342	4983	162
新疆兵团	34525	8056	12891	12357	368	2217	—	17423	1994	109
局直属单位	127497	—	102781	6236	73696	10400	—	20	14296	13909
大兴安岭	94966	—	81057	6236	73696	—	—	—	13909	13909

资产投资和资金来源情况(二)

单位:万元

六、本年各项应付款合计			七、房屋建筑面积及竣工价值								
合计	其中		本年房屋施工面积(万平方米)			本年房屋竣工面积(万平方米)			本年房屋竣工价值		
	工程款	设备、器材款	合计	其中:住宅		合计	其中:住宅		合计	其中:住宅	
				计	其中:经济适用房		计	其中:经济适用房		计	其中:经济适用房
534117	**343950**	**13697**	**76.05**	**22.62**	**4.42**	**45.98**	**14.18**	**2.25**	**29392.65**	**5428.54**	**670.04**
1179	856	—	0.63	—	—	0.55	—	—	1743.00	—	—
—	—	—	—	—	—	—	—	—	—	—	—
16506	16416	10	0.35	—	—	0.35	—	—	836.00	—	—
270	270	—	0.02	—	—	—	—	—	—	—	—
35823	35435	388	2.75	1.68	—	2.46	1.50	—	497.11	0.11	—
—	—	—	0.98	—	—	0.87	—	—	497.00	—	—
1949	1899	—	0.09	—	—	0.04	—	—	70.00	—	—
7659	7135	—	1.56	0.4	—	1.59	0.41	—	1127.00	291.00	—
—	—	—	—	—	—	—	—	—	—	—	—
22	—	—	6.78	0.77	0.56	6.57	0.56	0.56	3470.00	169.00	169.00
22	—	—	3.82	0.21	—	3.61	—	—	1920.00	—	—
—	—	—	0.14	—	—	0.14	—	—	284.00	—	—
20271	17440	560	—	—	—	—	—	—	—	—	—
168	91	17	0.32	0.04	—	0.2	0.04	—	197.00	9.00	—
31948	20669	41	0.16	—	—	0.16	—	—	98.00	—	—
5596	640	362	0.38	—	—	0.02	—	—	538.00	—	—
10639	4999	91	15.22	0.14	—	0.27	0.09	—	303.00	70.00	—
23323	1610	966	1.40	0.80	0.50	1.30	0.80	0.50	930	500	350
29838	18509	—	1.16	—	—	1.16	—	—	800.00	—	—
16043	11310	4	4	1.36	—	4.00	1.36	—	3203.00	1215.00	—
42744	34982	316	2.47	0.48	—	2.32	0.32	—	709.10	50.15	—
1859	1146	201	2.5	0.97	—	1.91	0.97	—	1360.00	414.00	—
24104	10753	1593	10.75	6.82	0.96	7.79	5.18	0.96	0.44	0.28	0.04
33348	3002	409	0.73	—	—	—	—	—	—	—	—
—	—	—	0.80	0.80	—	0.80	0.80	—	465.00	465.00	—
31048	4031	8	0.67	0.06	—	1.18	0.86	—	761.00	635.00	—
32187	29331	115	2.6	0.56	0.55	1.79	0.05	0.04	529.00	30.00	25.00
9039	1887	232	8.54	4.04	0.85	5.54	1.00	0.19	4290.00	925.00	126.00
—	—	—	—	—	—	—	—	—	—	—	—
65404	48955	142	1.36	—	—	0.36	—	—	181.00	—	—
61416	53666	223	2.34	—	—	2.34	—	—	3043.00	—	—
4316	4244	37	—	—	—	—	—	—	—	—	—
—	—	—	0.63	—	—	0.63	—	—	366.00	—	—
11383	6262	359	2.00	1.00	1.00	1.00	—	—	129.00	129.00	—
—	—	—	—	—	—	—	—	—	—	—	—
16035	8412	7623	5.70	2.70	—	1.51	0.24	—	3463.00	526.00	—
—	—	—	—	—	—	—	—	—	—	—	—

林业系统各地区营林基本

地　区	一、本年计划投资	二、自年初累计完成投资								
		合计	其中:国家投资		按构成分					
			合计	其中:国债资金	1. 建筑工程	2. 安装工程	3. 设备、工具、器具购置	4. 其他费用	1. 营造林业	2. 木材及竹材采运业
全国合计	**3846942**	**3884708**	**3092898**	**944429**	**145130**	**10917**	**54725**	**3673936**	**2968458**	**82186**
北　京	88974	88885	57784	11242	1699	—	520	86666	85074	—
天　津	5300	4349	2765	1520	—	—	—	4349	4349	—
河　北	183877	170305	130895	59308	2578	10	184	167533	157148	—
山　西	171631	172522	164066	60568	293	—	874	171355	124208	—
内蒙古	366985	338416	321079	92859	5226	40	4776	328374	207926	47393
内蒙古集团	63604	52476	52476	4283	4428	—	2835	45213	3353	47393
辽　宁	71852	66581	57479	24418	493	42	1270	64776	57988	—
吉　林	183564	157922	134996	23280	5198	224	2011	150489	86230	272
吉林集团	42943	43142	32823	98	557	44	106	42435	13581	—
黑龙江	199378	198925	180929	39213	8186	166	8348	182225	81901	27211
龙江集团	138530	138077	129685	8013	6902	59	6487	124629	30025	27100
上　海	48921	137870	68056	—	180	41	129	137520	137250	—
江　苏	120212	128445	5302	4114	504	2	1249	126690	86644	—
浙　江	12653	10895	8482	5015	1431	284	270	8910	6859	—
安　徽	83676	84494	59510	25219	1521	1425	246	81302	78516	368
福　建	32837	29303	9663	5225	3777	24	1204	24298	20827	215
江　西	42390	43086	37196	16689	2683	—	119	40284	36692	—
山　东	97004	97004	19875	7575	3959	253	3700	89092	80396	—
河　南	89337	91687	76977	29103	912	—	182	90593	83600	64
湖　北	102461	105714	73085	37605	7864	2321	498	95031	91818	—
湖　南	83754	83754	32058	30106	3885	772	4253	74844	73043	275
广　东	20795	20139	10689	4791	4597	164	2649	12729	9824	414
广　西	116420	116420	65214	28518	12316	254	3119	100731	74718	50
海　南	38361	33170	11355	6433	2766	39	409	29956	26642	145
重　庆	178067	185812	182282	32081	1094	77	182	184459	176752	—
四　川	476681	456043	440930	83183	6475	5	2533	447030	321121	—
贵　州	187990	176124	169365	41533	2323	16	1566	172219	141798	150
云　南	151052	166448	145759	58074	7943	25	1924	156556	115122	2
西　藏	6775	6775	6775	6775	—	—	—	6775	6775	—
陕　西	166678	160866	153185	70141	10112	—	908	149846	152247	—
甘　肃	227228	206878	198870	59246	7300	—	375	199203	161517	2816
青　海	73938	70761	69480	18208	280	40	820	69621	67927	—
宁　夏	38420	38420	33150	22854	—	—	—	38420	38420	—
新　疆	56844	108611	54823	33297	7980	150	684	99797	99493	2591
新疆兵团	22622	37334	14002	12849	23	—	12	37299	33927	—
局直属单位	122887	128084	110824	6236	31555	4543	9723	82263	75633	220
大兴安岭	95875	94966	81057	6236	14868	—	4389	75709	75633	220

建设投资和资金来源情况(一)

单位:万元

按行业分			按性质分			三、本年新增固定资产	四、项目个数(个)		五、本年资金来源总计	
3. 木材加工及竹、藤、棕、草制品业		4. 其他	其中				合计	本年施工项目个数	总计	1. 上年末结余资金
合计	其中:人造板制造业		新建	扩建	改建					
4893	**352**	**829171**	**2336309**	**973199**	**123842**	**1281584**	**4545**	**4099**	**3956426**	**146473**
—	—	3811	953	87843	—	1872	23	20	87823	695
—	—	—	—	—	—	—	—	—	6900	—
—	—	13157	122403	40323	845	73620	171	158	172044	490
—	—	48314	4307	168185	30	217	5	5	172906	2013
—	—	83097	112405	64938	963	77436	151	149	336540	2298
—	—	1730	—	6636	—	4903	23	23	52374	—
66	66	8527	52361	3701	10519	29356	219	219	66581	—
23	9	71397	101815	17511	37330	44885	105	93	159175	3174
—	—	29561	43142	—	—	164	17	17	43142	577
1043	16	88770	61594	130270	7061	13261	206	206	198947	424
276	16	80676	7163	125111	5803	9913	206	206	138099	22
—	—	620	137520	—	—	123314	23	22	137870	—
100	—	41701	69022	55090	1083	3483	50	49	125495	—
—	—	4036	5618	706	679	2092	53	47	14522	4305
—	—	5610	72929	3773	1929	64922	363	327	82999	462
—	—	8261	20465	2797	4480	16372	235	222	29384	54
—	—	6394	26555	7836	830	11724	170	129	45221	502
3400	100	13208	—	97004	—	19024	70	41	97004	—
—	—	8023	70407	11974	272	56001	227	220	92778	505
—	—	13896	74439	22682	1474	51625	219	199	102085	1474
130	130	10306	62355	1598	4404	42189	250	219	83754	—
96	—	9805	6183	7348	2390	6102	118	92	24201	3121
—	—	41652	67275	35136	449	36096	405	364	119679	6274
—	—	6383	33011	132	27	33348	19	19	33170	5499
—	—	9060	170510	15222	—	61590	85	81	184652	897
—	—	134922	382283	45501	2	31615	96	83	463632	34292
—	—	34176	36062	103506	36556	149133	244	215	204583	16593
35	31	51289	126675	24340	448	31268	282	266	182976	22402
—	—	—	6775	—	—	6775	18	18	6775	—
—	—	8619	145531	1282	6379	103356	240	223	161509	12572
—	—	42545	167901	4033	300	85278	205	184	205415	—
—	—	2834	69078	—	—	53222	—	—	70761	665
—	—	—	38420	—	—	—	4	4	38420	—
0	—	6527	76968	20342	374	31481	121	117	94704	1338
—	—	3407	31805	2810	—	4258	117	113	34525	—
—	—	52231	14489	126	5018	20927	168	108	153921	26424
—	—	19113	14489	126	5018	9451	—	—	94966	—

林业系统各地区营林基本

地区	五、本年资金来源总计									
	2. 本年资金来源合计									
	合计	其中：地方配套资金	(1)国家预算内资金			(2)国内贷款	(3)利用外资	(4)自筹资金	(5)其他资金	
			计	其中					计	其中：育林基金
				国债资金	中央财政专项资金					
全国合计	**3809953**	**356414**	**3028937**	**935212**	**1754474**	**85905**	**46065**	**426587**	**222459**	**35939**
北京	87128	16866	56131	10786	4426	—	189	29828	980	18
天津	6900	1915	4085	3500	212	900	—	—	1915	—
河北	171554	10560	131885	59839	65189	7733	1852	16061	14023	5
山西	170893	6678	162986	60336	88291	350	6436	598	523	231
内蒙古	334242	4732	319751	91962	215812	1033	5380	5554	2524	87
内蒙古集团	52374	399	51888	4283	45354	—	—	486	—	—
辽宁	66581	10003	57479	24418	10343	—	786	7764	552	225
吉林	156001	2989	131605	23251	107087	2000	25	1293	21078	12776
吉林集团	42565	1000	32246	98	32103	—	—	250	10069	10069
黑龙江	198523	7082	180929	39213	141041	195	—	13753	3646	444
龙江集团	138077	2364	129685	8013	120997	—	—	5608	2784	420
上海	137870	137235	68056	—	40	12700	—	34959	22155	—
江苏	125495	21399	5218	4114	285	390	300	103047	16540	86
浙江	10217	2169	7778	3497	13	50	—	1613	776	122
安徽	82537	11217	56082	27001	26771	5936	2539	11835	6145	116
福建	29330	4458	9775	5210	1096	7331	415	8872	2937	1423
江西	44719	735	38226	17662	15711	743	141	1702	3907	653
山东	97004	15000	19875	7575	7100	6026	2978	49840	18285	304
河南	92273	3549	70539	29684	33266	4341	1819	5694	9880	—
湖北	100611	6840	71803	36803	29365	586	1004	9314	17904	541
湖南	83754	3387	32058	30106	—	—	346	49251	2099	1078
广东	21080	3674	12154	4419	703	1000	—	4811	3115	399
广西	113405	4053	62152	27480	27016	7284	2549	28791	12629	637
海南	27671	533	11355	6433	3457	1700	5043	1827	7746	151
重庆	183755	18596	177421	32971	125532	1445	499	422	3968	72
四川	429340	25013	408368	81394	299730	865	2132	5491	12484	1033
贵州	187990	5707	182212	41488	133656	442	850	260	4226	242
云南	160574	9161	136868	53662	70751	3331	1036	7163	12176	1225
西藏	6775	—	6775	6775	—	—	—	—	—	—
陕西	148937	2226	140569	65210	63243	—	6929	775	664	—
甘肃	205415	5428	197232	58864	135065	6907	312	781	183	—
青海	70096	883	68815	18158	46832	—	1044	117	120	—
宁夏	38420	5270	33150	22854	9398	—	1461	3809	—	—
新疆	93366	9056	64824	34311	19347	2217	—	21342	4983	162
新疆兵团	34525	8056	12891	12357	368	2217	—	17423	1994	109
局直属单位	127497	—	102781	6236	73696	10400	—	20	14296	13909
大兴安岭	94966	—	81057	6236	73696	—	—	—	13909	13909

建设投资和资金来源情况(二)

单位:万元

六、本年各项应付款合计			七、房屋建筑面积及竣工价值								
合计	其中:工程款	其中:设备、器材款	本年房屋施工面积(万平方米) 合计	其中:住宅 计	其中:住宅 其中:经济适用房	本年房屋竣工面积(万平方米) 合计	其中:住宅 计	其中:住宅 其中:经济适用房	本年房屋竣工价值 合计	其中:住宅 计	其中:住宅 其中:经济适用房
531975	**343108**	**13697**	**75.71**	**22.62**	**4.42**	**45.98**	**14.18**	**2.25**	**29358.65**	**5428.54**	**670.04**
1179	856	—	0.63	—	—	0.55	—	—	1743.00	—	—
—	—	—	—	—	—	—	—	—	—	—	—
16506	16416	10	0.35	—	—	0.35	—	—	836.00	—	—
270	270	—	0.02	—	—	—	—	—	—	—	—
35823	35435	388	2.75	1.68	—	2.46	1.50	—	497.11	0.11	—
—	—	—	0.98	—	—	0.87	—	—	497.00	—	—
1949	1899	—	0.09	—	—	0.04	—	—	70.00	—	—
7659	7135	—	1.52	0.40	—	1.59	0.41	—	1093.00	291.00	—
—	—	—	—	—	—	—	—	—	—	—	—
22	—	—	6.78	0.77	0.56	6.57	0.56	0.56	3470.00	169.00	169.00
22	—	—	3.82	0.21	—	3.61	—	—	1920.00	—	—
—	—	—	0.14	—	—	0.14	—	—	284.00	—	—
20271	17440	560	—	—	—	—	—	—	—	—	—
168	91	17	0.32	0.04	—	0.2	0.04	—	197.00	9.00	—
31948	20669	41	0.16	—	—	0.16	—	—	98.00	—	—
5596	640	362	0.38	—	—	0.02	—	—	538.00	—	—
10639	4999	91	15.22	0.14	—	0.27	0.09	—	303.00	70.00	—
23323	1610	966	1.40	0.80	0.50	1.30	0.80	0.50	930.00	500.00	350.00
29838	18509	—	1.16	—	—	1.16	—	—	800.00	—	—
16043	11310	4	4	1.36	—	4.00	1.36	—	3203.00	1215.00	—
42744	34982	316	2.47	0.48	—	2.32	0.32	—	709.10	50.15	—
1859	1146	201	2.50	0.97	—	1.91	0.97	—	1360.00	414.00	—
24104	10753	1593	10.75	6.82	0.96	7.79	5.18	0.96	0.44	0.28	0.04
33170	3002	409	0.73	—	—	—	—	—	—	—	—
—	—	—	0.80	0.80	—	0.80	0.80	—	465.00	465.00	—
31048	4031	8	0.37	0.06	—	1.18	0.86	—	761.00	635.00	—
32187	29331	115	2.6	0.56	0.55	1.79	0.05	0.04	529.00	30.00	25.00
7917	1887	232	8.54	4.04	0.85	5.54	1	0.19	4290.00	925.00	126.00
—	—	—	—	—	—	—	—	—	—	—	—
64562	48113	142	1.36	—	—	0.36	—	—	181.00	—	—
61416	53666	223	2.34	—	—	2.34	—	—	3043.00	—	—
4316	4244	37	—	—	—	—	—	—	—	—	—
—	—	—	0.63	—	—	0.63	—	—	366.00	—	—
11383	6262	359	2.00	1.00	1.00	1.00	—	—	129.00	129.00	—
—	—	—	—	—	—	—	—	—	—	—	—
16035	8412	7623	5.70	2.70	—	1.51	0.24	—	3463.00	526.00	—
—	—	—	—	—	—	—	—	—	—	—	—

林业系统各地区营林更新

地　　区	一、本年计划投资	二、自年初累计完成投资								
		合 计	其中:国家投资		按构成分					
			合 计	其中:国债资金	1. 建筑工程	2. 安装工程	3. 设备、工具、器具购置	4. 其他费用	1. 营造林业	2. 木材及竹材采运业
全国合计	**7066**	**8085**	**6009**	**1276**	**1194**	**123**	**110**	**6658**	**5083**	**—**
北　京	—	—	—	—	—	—	—	—	—	—
天　津	—	—	—	—	—	—	—	—	—	—
河　北	60	60	—	—	—	10	—	50	50	—
山　西	—	—	—	—	—	—	—	—	—	—
内蒙古	—	—	—	—	—	—	—	—	—	—
内蒙古集团	—	—	—	—	—	—	—	—	—	—
辽　宁	—	—	—	—	—	—	—	—	—	—
吉　林	127	127	33	—	59	—	35	33	94	—
吉林集团	—	—	—	—	—	—	—	—	—	—
黑龙江	—	—	—	—	—	—	—	—	—	—
龙江集团	—	—	—	—	—	—	—	—	—	—
上　海	—	—	—	—	—	—	—	—	—	—
江　苏	624	746	—	—	746	—	—	—	—	—
浙　江	9	9	9	—	—	—	—	9	7	—
安　徽	10	—	—	—	—	—	—	—	—	—
福　建	—	—	—	—	—	—	—	—	—	—
江　西	124	124	2	—	—	—	45	79	70	—
山　东	—	—	—	—	—	—	—	—	—	—
河　南	—	—	—	—	—	—	—	—	—	—
湖　北	492	532	—	—	389	113	30	—	—	—
湖　南	—	—	—	—	—	—	—	—	—	—
广　东	—	—	—	—	—	—	—	—	—	—
广　西	—	—	—	—	—	—	—	—	—	—
海　南	187	178	—	—	—	—	—	178	178	—
重　庆	—	—	—	—	—	—	—	—	—	—
四　川	—	—	—	—	—	—	—	—	—	—
贵　州	—	—	—	—	—	—	—	—	—	—
云　南	1786	1784	1489	—	—	—	—	1784	159	—
西　藏	—	—	—	—	—	—	—	—	—	—
陕　西	3647	4525	4476	1276	—	—	—	4525	4525	—
甘　肃	—	—	—	—	—	—	—	—	—	—
青　海	—	—	—	—	—	—	—	—	—	—
宁　夏	—	—	—	—	—	—	—	—	—	—
新　疆	—	—	—	—	—	—	—	—	—	—
新疆兵团	—	—	—	—	—	—	—	—	—	—
局直属单位	—	—	—	—	—	—	—	—	—	—
大兴安岭	—	—	—	—	—	—	—	—	—	—

改造投资和资金来源情况(一)

单位:万元

按行业分			按性质分			三、本年新增固定资产	四、项目个数(个)		五、本年资金来源总计	
3. 木材加工及竹、藤、棕、草制品业		4. 其他	其中				总计	本年施工项目个数	总计	1. 上年末结余资金
合计	其中:人造板制造业		新建	扩建	改建					
—	**—**	**3002**	**6225**	**502**	**1349**	**2263**	**32**	**31**	**7065**	**20**
—	—	—	—	—	—	—	—	—	—	—
—	—	—	—	—	—	—	—	—	—	—
—	—	10	—	—	60	—	—	—	60	—
—	—	—	—	—	—	—	—	—	—	—
—	—	—	—	—	—	—	—	—	—	—
—	—	—	—	—	—	—	—	—	—	—
—	—	—	—	—	—	—	—	—	—	—
—	—	33	94	—	33	94	—	—	184	20
—	—	—	—	—	—	—	—	—	—	—
—	—	—	—	—	—	—	—	—	—	—
—	—	—	—	—	—	—	—	—	—	—
—	—	—	—	—	—	—	—	—	—	—
—	—	746	746	—	—	—	—	—	746	—
—	—	2	—	—	—	—	—	—	9	—
—	—	—	—	—	—	—	—	—	18	—
—	—	—	—	—	—	—	—	—	—	—
—	—	54	122	—	2	47	5	5	124	—
—	—	—	—	—	—	—	—	—	—	—
—	—	—	—	—	—	—	—	—	—	—
—	—	532	30	502	—	502	1	1	484	—
—	—	—	—	—	—	—	—	—	—	—
—	—	—	—	—	—	—	—	—	—	—
—	—	—	—	—	—	—	—	—	—	—
—	—	—	178	—	—	—	9	9	178	—
—	—	—	—	—	—	—	—	—	—	—
—	—	—	—	—	—	—	—	—	—	—
—	—	—	—	—	—	—	—	—	—	—
—	—	1625	1784	—	—	—	4	3	1784	—
—	—	—	—	—	—	—	—	—	—	—
—	—	—	3271	—	1254	1620	13	13	3478	—
—	—	—	—	—	—	—	—	—	—	—
—	—	—	—	—	—	—	—	—	—	—
—	—	—	—	—	—	—	—	—	—	—
—	—	—	—	—	—	—	—	—	—	—
—	—	—	—	—	—	—	—	—	—	—
—	—	—	—	—	—	—	—	—	—	—
—	—	—	—	—	—	—	—	—	—	—

林业系统各地区营林更新

地　区	五、本年资金来源总计									
	2. 本年资金来源合计									
	合　计	其中：地方配套资金	(1)国家预算内资金			(2)国内贷款	(3)利用外资	(4)自筹资金	(5)其他资金	
			计	其　中					计	其中：育林基金
				国债资金	中央财政专项资金					
全国合计	**7045**	**145**	**4585**	**544**	**3738**	**400**	**—**	**1414**	**646**	**168**
北　京	—	—	—	—	—	—	—	—	—	—
天　津	—	—	—	—	—	—	—	—	—	—
河　北	60	10	—	—	—	—	—	10	50	—
山　西	—	—	—	—	—	—	—	—	—	—
内蒙古	—	—	—	—	—	—	—	—	—	—
内蒙古集团	—	—	—	—	—	—	—	—	—	—
辽　宁	—	—	—	—	—	—	—	—	—	—
吉　林	164	94	70	—	—	—	—	—	94	94
吉林集团	—	—	—	—	—	—	—	—	—	—
黑龙江	—	—	—	—	—	—	—	—	—	—
龙江集团	—	—	—	—	—	—	—	—	—	—
上　海	—	—	—	—	—	—	—	—	—	—
江　苏	746	—	—	—	—	—	—	746	—	—
浙　江	9	—	9	—	—	—	—	—	—	—
安　徽	18	—	—	—	—	—	—	—	18	—
福　建	—	—	—	—	—	—	—	—	—	—
江　西	124	—	—	—	—	—	—	102	22	20
山　东	—	—	—	—	—	—	—	—	—	—
河　南	—	—	—	—	—	—	—	—	—	—
湖　北	484	—	57	—	—	—	—	427	—	—
湖　南	—	—	—	—	—	—	—	—	—	—
广　东	—	—	—	—	—	—	—	—	—	—
广　西	—	—	—	—	—	—	—	—	—	—
海　南	178	—	—	—	—	—	—	—	178	—
重　庆	—	—	—	—	—	—	—	—	—	—
四　川	—	—	—	—	—	—	—	—	—	—
贵　州	—	—	—	—	—	—	—	—	—	—
云　南	1784	36	1021	—	858	400	—	129	234	54
西　藏	—	—	—	—	—	—	—	—	—	—
陕　西	3478	5	3428	544	2880	—	—	—	50	—
甘　肃	—	—	—	—	—	—	—	—	—	—
青　海	—	—	—	—	—	—	—	—	—	—
宁　夏	—	—	—	—	—	—	—	—	—	—
新　疆	—	—	—	—	—	—	—	—	—	—
新疆兵团	—	—	—	—	—	—	—	—	—	—
局直属单位	—	—	—	—	—	—	—	—	—	—
大兴安岭	—	—	—	—	—	—	—	—	—	—

改造投资和资金来源情况(二)

单位:万元

六、本年各项应付款合计			七、房屋建筑面积及竣工价值								
合 计	其 中		本年房屋施工面积(万平方米)			本年房屋竣工面积(万平方米)			本年房屋竣工价值		
	工程款	设备、器材款	合 计	其中:住宅		合 计	其中:住宅		合 计	其中:住宅	
				计	其中:经济适用房		计	其中:经济适用房		计	其中:经济适用房
2142	**842**	**—**	**0.34**	**—**	**—**	**—**	**—**	**—**	**34.00**	**—**	**—**
—	—	—	—	—	—	—	—	—	—	—	—
—	—	—	—	—	—	—	—	—	—	—	—
—	—	—	—	—	—	—	—	—	—	—	—
—	—	—	—	—	—	—	—	—	—	—	—
—	—	—	—	—	—	—	—	—	—	—	—
—	—	—	—	—	—	—	—	—	—	—	—
—	—	—	—	—	—	—	—	—	—	—	—
—	—	—	0.04	—	—	—	—	—	34.00	—	—
—	—	—	—	—	—	—	—	—	—	—	—
—	—	—	—	—	—	—	—	—	—	—	—
—	—	—	—	—	—	—	—	—	—	—	—
—	—	—	—	—	—	—	—	—	—	—	—
—	—	—	—	—	—	—	—	—	—	—	—
—	—	—	—	—	—	—	—	—	—	—	—
—	—	—	—	—	—	—	—	—	—	—	—
—	—	—	—	—	—	—	—	—	—	—	—
—	—	—	—	—	—	—	—	—	—	—	—
—	—	—	—	—	—	—	—	—	—	—	—
—	—	—	—	—	—	—	—	—	—	—	—
—	—	—	—	—	—	—	—	—	—	—	—
—	—	—	—	—	—	—	—	—	—	—	—
—	—	—	—	—	—	—	—	—	—	—	—
—	—	—	—	—	—	—	—	—	—	—	—
178	—	—	—	—	—	—	—	—	—	—	—
—	—	—	—	—	—	—	—	—	—	—	—
—	—	—	0.30	—	—	—	—	—	—	—	—
—	—	—	—	—	—	—	—	—	—	—	—
1122	—	—	—	—	—	—	—	—	—	—	—
—	—	—	—	—	—	—	—	—	—	—	—
842	842	—	—	—	—	—	—	—	—	—	—
—	—	—	—	—	—	—	—	—	—	—	—
—	—	—	—	—	—	—	—	—	—	—	—
—	—	—	—	—	—	—	—	—	—	—	—
—	—	—	—	—	—	—	—	—	—	—	—
—	—	—	—	—	—	—	—	—	—	—	—
—	—	—	—	—	—	—	—	—	—	—	—
—	—	—	—	—	—	—	—	—	—	—	—

林业系统各地区森工固定

地　区	一、本年计划投资	二、自年初累计完成投资									
		合计	其中:国家投资		按构成分						
			合计	其中:国债资金	1. 建筑工程	2. 安装工程	3. 设备、工具、器具购置	4. 其他费用	1. 营造林业	2. 木材及竹材采运业
全国合计	**181981**	**179989**	**38607**	**8249**	**88658**	**13391**	**55294**	**22646**	**9682**	**32807**
北　京	—	—	—	—	—	—	—	—	—	—
天　津	—	—	—	—	—	—	—	—	—	—
河　北	—	—	—	—	—	—	—	—	—	—
山　西	—	—	—	—	—	—	—	—	—	—
内蒙古	34176	30192	2428	—	18126	671	8789	2606	272	5433
内蒙古集团	34176	30192	2428	—	18126	671	8789	2606	272	5433
辽　宁	—	—	—	—	—	—	—	—	—	—
吉　林	50998	48183	6253	3731	33070	172	14236	705	3108	18836
吉林集团	27002	25661	1578	240	17159	15	8141	346	1572	7938
黑龙江	16936	16206	8770	1801	11794	159	3000	1253	32	2980
龙江集团	16936	16206	8770	1801	11794	159	3000	1253	32	2980
上　海	—	—	—	—	—	—	—	—	—	—
江　苏	—	—	—	—	—	—	—	—	—	—
浙　江	268	279	188	—	38	—	—	241	10	—
安　徽	89	87	—	—	—	5	—	82	—	—
福　建	8421	7296	534	—	2541	372	2932	1451	647	434
江　西	251	282	90	57	34	—	—	248	185	97
山　东	—	—	—	—	—	—	—	—	—	—
河　南	—	—	—	—	—	—	—	—	—	—
湖　北	1095	1083	—	—	238	—	845	—	—	—
湖　南	—	—	—	—	—	—	—	—	—	—
广　东	—	—	—	—	—	—	—	—	—	—
广　西	37536	37536	—	—	5043	11508	20885	100	—	—
海　南	1000	6728	6361	150	302	—	—	6426	1087	152
重　庆	—	—	—	—	—	—	—	—	—	—
四　川	4148	3833	936	—	2790	185	515	343	277	—
贵　州	—	—	—	—	—	—	—	—	—	—
云　南	11226	11002	7883	2411	1103	217	1007	8675	3987	—
西　藏	—	—	—	—	—	—	—	—	—	—
陕　西	289	289	289	99	—	—	—	289	72	113
甘　肃	—	—	—	—	—	—	—	—	—	—
青　海	—	—	—	—	—	—	—	—	—	—
宁　夏	—	—	—	—	—	—	—	—	—	—
新　疆	—	779	—	—	637	—	142	—	—	779
新疆兵团	—	—	—	—	—	—	—	—	—	—
局直属单位	15548	16214	4875	—	12942	102	2943	227	5	3983
大兴安岭	15548	16214	4875	—	12942	102	2943	227	5	3983

资产投资和资金来源情况(一)

单位:万元

按行业分			按性质分			三、本年新增固定资产	四、项目个数(个)		五、本年资金来源总计	
3. 木材加工及竹、藤、棕、草制品业		4. 其他	其中				合计	本年施工项目个数	总计	1. 上年末结余资金
合计	其中:人造板制造业		新建	扩建	改建					
35321	**29387**	**102179**	**104609**	**26152**	**29643**	**108872**	**330**	**316**	**178936**	**9152**
—	—	—	—	—	—	—	—	—	—	—
—	—	—	—	—	—	—	—	—	—	—
—	—	—	—	—	—	—	—	—	—	—
—	—	—	—	—	—	—	—	—	—	—
785	785	23702	8744	7619	12829	12496	64	64	22110	—
785	785	23702	8744	7619	12829	12496	64	64	22110	—
—	—	—	—	—	—	—	—	—	—	—
3273	1127	22966	36296	958	8696	41699	64	60	49712	2762
1779	1035	14372	18916	834	3678	20096	62	60	26201	328
195	195	12999	6209	8526	1307	13394	77	75	16206	—
195	195	12999	6209	8526	1307	13394	77	75	16206	—
—	—	—	—	—	—	—	—	—	—	—
—	—	—	—	—	—	—	—	—	—	—
—	—	269	90	10	38	108	4	4	316	48
87	82	—	65	—	22	5	1	1	87	—
4758	2197	1457	4372	668	2256	11624	73	72	6952	117
—	—	—	118	—	—	61	2	2	282	—
—	—	—	—	—	—	—	—	—	—	—
—	—	—	—	—	—	—	—	—	—	—
1083	18	—	5	1065	—	83	2	—	1065	—
—	—	—	—	—	—	—	—	—	—	—
—	—	—	—	—	—	—	—	—	—	—
24350	24300	13186	21056	4085	3188	7385	15	13	35466	3080
—	—	5489	6728	—	—	6728	4	4	6728	138
—	—	—	—	—	—	—	—	—	—	—
—	—	3556	3428	46	155	1248	8	7	7493	38
—	—	—	—	—	—	—	—	—	—	—
790	683	6225	7620	1603	423	2342	15	13	15223	2969
—	—	—	—	—	—	—	—	—	—	—
—	—	104	289	—	—	—	1	1	289	—
—	—	—	—	—	—	—	—	—	—	—
—	—	—	—	—	—	—	—	—	—	—
—	—	—	—	—	—	—	—	—	—	—
—	—	—	81	658	—	—	—	—	793	—
—	—	—	—	—	—	—	—	—	—	—
—	—	12226	9508	914	729	11699	—	—	16214	—
—	—	12226	9508	914	729	11699	—	—	16214	—

林业系统各地区森工固定

地　区	五、本年资金来源总计									
	2. 本年资金来源合计									
	合　计	其中：地方配套资金	(1)国家预算内资金			(2)国内贷款	(3)利用外资	(4)自筹资金	(5)其他资金	
			计	其中：国债资金	其中：中央财政专项资金				计	其中：育林基金
全国合计	**169784**	**986**	**38201**	**8256**	**11534**	**19180**	**507**	**87903**	**23993**	**5782**
北　京	—	—	—	—	—	—	—	—	—	—
天　津	—	—	—	—	—	—	—	—	—	—
河　北	—	—	—	—	—	—	—	—	—	—
山　西	—	—	—	—	—	—	—	—	—	—
内蒙古	22110	—	2400	—	—	—	—	19710	—	—
内蒙古集团	22110	—	2400	—	—	—	—	19710	—	—
辽　宁	—	—	—	—	—	—	—	—	—	—
吉　林	46950	—	5663	3474	—	—	—	25816	15471	5114
吉林集团	25873	—	1730	720	—	—	—	14042	10101	1584
黑龙江	16206	—	8770	1801	—	—	195	6913	328	—
龙江集团	16206	—	8770	1801	—	—	195	6913	328	—
上　海	—	—	—	—	—	—	—	—	—	—
江　苏	—	—	—	—	—	—	—	—	—	—
浙　江	268	—	268	—	—	—	—	—	—	—
安　徽	87	—	—	—	—	—	—	82	5	—
福　建	6835	26	232	—	232	557	312	5513	221	198
江　西	282	—	90	57	33	—	—	88	104	70
山　东	—	—	—	—	—	—	—	—	—	—
河　南	—	—	—	—	—	—	—	—	—	—
湖　北	1065	—	—	—	—	—	—	1065	—	—
湖　南	—	—	—	—	—	—	—	—	—	—
广　东	—	—	—	—	—	—	—	—	—	—
广　西	32386	—	—	—	—	17640	—	14366	380	—
海　南	6590	567	6361	150	6148	—	—	—	229	—
重　庆	—	—	—	—	—	—	—	—	—	—
四　川	7455	—	936	—	40	—	—	2152	4367	—
贵　州	—	—	—	—	—	—	—	—	—	—
云　南	12254	393	8317	2675	4891	983	—	1159	1795	400
西　藏	—	—	—	—	—	—	—	—	—	—
陕　西	289	—	289	99	190	—	—	—	—	—
甘　肃	—	—	—	—	—	—	—	—	—	—
青　海	—	—	—	—	—	—	—	—	—	—
宁　夏	—	—	—	—	—	—	—	—	—	—
新　疆	793	—	—	—	—	—	—	793	—	—
新疆兵团	—	—	—	—	—	—	—	—	—	—
局直属单位	16214	—	4875	—	—	—	—	10246	1093	—
大兴安岭	16214	—	4875	—	—	—	—	10246	1093	—

资产投资和资金来源情况(二)

单位:万元

六、本年各项应付款合计			七、房屋建筑面积及竣工价值								
合计	其中		本年房屋施工面积(万平方米)			本年房屋竣工面积(万平方米)			本年房屋竣工价值		
	工程款	设备、器材款	合计	其中:住宅		合计	其中:住宅		合计	其中:住宅	
				计	其中:经济适用房		计	其中:经济适用房		计	其中:经济适用房
41871	**17994**	**16674**	**49.71**	**17.79**	**2.02**	**34.11**	**13.45**	**2.02**	**28325.17**	**9879.05**	**1959.00**
—	—	—	—	—	—	—	—	—	—	—	—
—	—	—	—	—	—	—	—	—	—	—	—
—	—	—	—	—	—	—	—	—	—	—	—
—	—	—	—	—	—	—	—	—	—	—	—
—	—	—	3.39	0.77	—	3.19	0.77	—	1517.00	177.00	—
—	—	—	3.39	0.77	—	3.19	0.77	—	1517.00	177.00	—
—	—	—	—	—	—	—	—	—	—	—	—
—	—	—	19.48	14.32	0.73	14.58	10.43	0.73	12692.00	7749.00	580.00
—	—	—	12.3	11.03	—	8.10	7.14	—	6722.00	5863.00	—
249	203	46	9.90	—	—	5.74	—	—	6458.00	—	—
249	203	46	9.90	—	—	5.74	—	—	6458.00	—	—
—	—	—	—	—	—	—	—	—	—	—	—
—	—	—	—	—	—	—	—	—	—	—	—
—	—	—	—	—	—	—	—	—	—	—	—
5	—	—	—	—	—	—	—	—	—	—	—
1021	469	247	1.58	0.07	0.07	0.07	0.07	0.07	193.00	30.00	30.00
97	34	—	0.08	—	—	0.08	—	—	34.00	—	—
—	—	—	—	—	—	—	—	—	—	—	—
—	—	—	—	—	—	—	—	—	—	—	—
—	—	—	0.14	0.06	0.06	0.14	0.06	0.06	68.00	33.00	33.00
—	—	—	—	—	—	—	—	—	—	—	—
—	—	—	—	—	—	—	—	—	—	—	—
30106	14231	15875	1.78	0.77	—	1.58	0.06	—	0.17	0.05	—
6728	105	—	0.15	0.15	—	0.15	0.15	—	105.00	105.00	—
—	—	—	—	—	—	—	—	—	—	—	—
2800	2300	500	3.06	—	—	1.60	—	—	868.00	—	—
—	—	—	—	—	—	—	—	—	—	—	—
845	632	6	0.82	0.49	—	1.22	0.75	—	869.00	469.00	—
—	—	—	—	—	—	—	—	—	—	—	—
—	—	—	—	—	—	—	—	—	—	—	—
—	—	—	—	—	—	—	—	—	—	—	—
—	—	—	—	—	—	—	—	—	—	—	—
—	—	—	—	—	—	—	—	—	—	—	—
20	20	—	—	—	—	—	—	—	—	—	—
—	—	—	—	—	—	—	—	—	—	—	—
—	—	—	9.33	1.16	1.16	5.76	1.16	1.16	5521.00	1316.00	1316.00
—	—	—	9.33	1.16	1.16	5.76	1.16	1.16	5521.00	1316.00	1316.00

林业系统各地区森工基本

地区	一、本年计划投资	二、自年初累计完成投资								
		合计	其中：国家投资		按构成分					
			合计	其中：国债资金	1. 建筑工程	2. 安装工程	3. 设备、工具、器具购置	4. 其他费用	1. 营造林业	2. 木材及竹材采运业
全国合计	**68706**	**67196**	**30567**	**7526**	**40429**	**742**	**14817**	**11208**	**6688**	**15535**
北京	—	—	—	—	—	—	—	—	—	—
天津	—	—	—	—	—	—	—	—	—	—
河北	—	—	—	—	—	—	—	—	—	—
山西	—	—	—	—	—	—	—	—	—	—
内蒙古	2428	2428	2428	—	823	—	1555	50	272	1348
内蒙古集团	2428	2428	2428	—	823	—	1555	50	272	1348
辽宁	—	—	—	—	—	—	—	—	—	—
吉林	20160	18742	6253	3731	14243	22	4084	393	1478	8594
吉林集团	8900	8232	1578	240	5312	—	2845	75	—	4400
黑龙江	15343	14613	8009	1078	10459	159	2754	1241	20	2720
龙江集团	15343	14613	8009	1078	10459	159	2754	1241	20	2720
上海	—	—	—	—	—	—	—	—	—	—
江苏	—	—	—	—	—	—	—	—	—	—
浙江	258	269	178	—	38	—	—	231	—	—
安徽	64	60	—	—	—	—	—	60	—	—
福建	5543	4128	382	—	1973	150	1453	552	429	—
江西	161	192	63	57	34	—	—	158	158	34
山东	—	—	—	—	—	—	—	—	—	—
河南	—	—	—	—	—	—	—	—	—	—
湖北	1030	1018	—	—	205	—	813	—	—	—
湖南	—	—	—	—	—	—	—	—	—	—
广东	—	—	—	—	—	—	—	—	—	—
广西	2941	2941	—	—	1387	130	1424	—	—	—
海南	213	365	213	150	302	—	—	63	63	152
重庆	—	—	—	—	—	—	—	—	—	—
四川	3888	3579	797	—	2660	185	515	219	227	—
贵州	—	—	—	—	—	—	—	—	—	—
云南	8740	8770	7080	2411	208	—	729	7833	3964	—
西藏	—	—	—	—	—	—	—	—	—	—
陕西	289	289	289	99	—	—	—	289	72	113
甘肃	—	—	—	—	—	—	—	—	—	—
青海	—	—	—	—	—	—	—	—	—	—
宁夏	—	—	—	—	—	—	—	—	—	—
新疆	—	779	—	—	637	—	142	—	—	779
新疆兵团	—	—	—	—	—	—	—	—	—	—
局直属单位	7648	9023	4875	—	7460	96	1348	119	5	1795
大兴安岭	7648	9023	4875	—	7460	96	1348	119	5	1795

建设投资和资金来源情况(一)

单位:万元

按行业分			按性质分			三、本年新增固定资产	四、项目个数(个)		五、本年资金来源总计	
3. 木材加工及竹、藤、棕、草制品业		4. 其他	其中				合计	本年施工项目个数	总计	1. 上年末结余资金
合计	其中:人造板制造业		新建	扩建	改建					
8159	**4544**	**36814**	**42947**	**12298**	**7908**	**45963**	**182**	**173**	**75016**	**6267**
—	—	—	—	—	—	—	—	—	—	—
—	—	—	—	—	—	—	—	—	—	—
—	—	—	—	—	—	—	—	—	—	—
—	—	—	—	—	—	—	—	—	—	—
—	—	808	—	—	2428	1568	21	21	2400	—
—	—	808	—	—	2428	1568	21	21	2400	—
—	—	—	—	—	—	—	—	—	—	—
1067	883	7603	13756	939	3697	17793	34	32	20271	2762
1067	883	2765	6560	834	488	7871	33	32	8772	328
195	195	11678	6186	7056	1207	12705	67	65	14613	—
195	195	11678	6186	7056	1207	12705	67	65	14613	—
—	—	—	—	—	—	—	—	—	—	—
—	—	—	—	—	—	—	—	—	—	—
—	—	269	90	10	38	108	4	4	306	48
60	60	—	60	—	—	—	—	—	60	—
3261	880	438	3695	—	433	3481	26	26	3784	117
—	—	—	91	—	—	34	2	2	192	—
—	—	—	—	—	—	—	—	—	—	—
—	—	—	—	—	—	—	—	—	—	—
1018	18	—	5	1000	—	18	—	—	1000	—
—	—	—	—	—	—	—	—	—	—	—
—	—	—	—	—	—	—	—	—	—	—
1875	1825	1066	2056	885	—	998	6	4	3125	634
—	—	150	365	—	—	365	3	3	365	—
—	—	—	—	—	—	—	—	—	—	—
—	—	3352	3348	46	105	1248	8	7	7239	38
—	—	—	—	—	—	—	—	—	—	—
683	683	4123	6375	1147	—	1227	10	8	11556	2668
—	—	—	—	—	—	—	—	—	—	—
—	—	104	289	—	—	—	1	1	289	—
—	—	—	—	—	—	—	—	—	—	—
—	—	—	—	—	—	—	—	—	—	—
—	—	—	—	—	—	—	—	—	—	—
—	—	—	81	658	—	—	—	—	793	—
—	—	—	—	—	—	—	—	—	—	—
—	—	7223	6550	557	—	6418	—	—	9023	—
—	—	7223	6550	557	—	6418	—	—	9023	—

林业系统各地区森工基本

地　区	五、本年资金来源总计									
	2. 本年资金来源合计									
	合　计	其中：地方配套资金	(1)国家预算内资金			(2)国内贷款	(3)利用外资	(4)自筹资金	(5)其他资金	
			计	其　中					计	其中：育林基金
				国债资金	中央财政专项资金					
全国合计	**68749**	**610**	**29968**	**7533**	**4581**	**993**	**195**	**29182**	**8411**	**3614**
北　京	—	—	—	—	—	—	—	—	—	—
天　津	—	—	—	—	—	—	—	—	—	—
河　北	—	—	—	—	—	—	—	—	—	—
山　西	—	—	—	—	—	—	—	—	—	—
内蒙古	2400	—	2400	—	—	—	—	—	—	—
内蒙古集团	2400	—	2400	—	—	—	—	—	—	—
辽　宁	—	—	—	—	—	—	—	—	—	—
吉　林	17509	—	5663	3474	—	—	—	8204	3642	3530
吉林集团	8444	—	1730	720	—	—	—	6602	112	—
黑龙江	14613	—	8009	1078	—	—	195	6409	—	—
龙江集团	14613	—	8009	1078	—	—	195	6409	—	—
上　海	—	—	—	—	—	—	—	—	—	—
江　苏	—	—	—	—	—	—	—	—	—	—
浙　江	258	—	258	—	—	—	—	—	—	—
安　徽	60	—	—	—	—	—	—	60	—	—
福　建	3667	2	80	—	80	—	—	3573	14	14
江　西	192	—	63	57	6	—	—	25	104	70
山　东	—	—	—	—	—	—	—	—	—	—
河　南	—	—	—	—	—	—	—	—	—	—
湖　北	1000	—	—	—	—	—	—	1000	—	—
湖　南	—	—	—	—	—	—	—	—	—	—
广　东	—	—	—	—	—	—	—	—	—	—
广　西	2491	—	—	—	—	310	—	2181	—	—
海　南	365	215	213	150	—	—	—	—	152	—
重　庆	—	—	—	—	—	—	—	—	—	—
四　川	7201	—	797	—	40	—	—	2037	4367	—
贵　州	—	—	—	—	—	—	—	—	—	—
云　南	8888	393	7321	2675	4265	683	—	752	132	—
西　藏	—	—	—	—	—	—	—	—	—	—
陕　西	289	—	289	99	190	—	—	—	—	—
甘　肃	—	—	—	—	—	—	—	—	—	—
青　海	—	—	—	—	—	—	—	—	—	—
宁　夏	—	—	—	—	—	—	—	—	—	—
新　疆	793	—	—	—	—	—	—	793	—	—
新疆兵团	—	—	—	—	—	—	—	—	—	—
局直属单位	9023	—	4875	—	—	—	—	4148	—	—
大兴安岭	9023	—	4875	—	—	—	—	4148	—	—

建设投资和资金来源情况(二)

单位:万元

六、本年各项应付款合计			七、房屋建筑面积及竣工价值								
合 计	其 中		本年房屋施工面积(万平方米)			本年房屋竣工面积(万平方米)			本年房屋竣工价值		
	工程款	设备、器材款	合 计	其中:住宅		合 计	其中:住宅		合 计	其中:住宅	
				计	其中:经济适用房		计	其中:经济适用房		计	其中:经济适用房
5872	**3567**	**1815**	**25.67**	**1.99**	**0.62**	**17.58**	**1.92**	**0.62**	**16314.06**	**1533.05**	**680.00**
—	—	—	—	—	—	—	—	—	—	—	—
—	—	—	—	—	—	—	—	—	—	—	—
—	—	—	—	—	—	—	—	—	—	—	—
—	—	—	—	—	—	—	—	—	—	—	—
—	—	—	0.45	—	—	0.25	—	—	121.00	—	—
—	—	—	0.45	—	—	0.25	—	—	121.00	—	—
—	—	—	—	—	—	—	—	—	—	—	—
—	—	—	3.37	0.40	—	3.06	0.40	—	3501.00	302.00	—
—	—	—	1.21	0.40	—	0.9	0.40	—	687.00	302.00	—
180	180	—	7.60	—	—	5.74	—	—	6458.00	—	—
180	180	—	7.60	—	—	5.74	—	—	6458.00	—	—
—	—	—	—	—	—	—	—	—	—	—	—
—	—	—	—	—	—	—	—	—	—	—	—
—	—	—	—	—	—	—	—	—	—	—	—
—	—	—	—	—	—	—	—	—	—	—	—
200	200	—	1.50	—	—	—	—	—	—	—	—
34	34	—	0.08	—	—	0.08	—	—	34.00	—	—
—	—	—	—	—	—	—	—	—	—	—	—
—	—	—	—	—	—	—	—	—	—	—	—
—	—	—	0.08	—	—	0.08	—	—	35.00	—	—
—	—	—	—	—	—	—	—	—	—	—	—
—	—	—	—	—	—	—	—	—	—	—	—
1898	583	1315	1.69	0.77	—	0.79	0.06	—	0.06	0.05	—
365	82	—	0.09	0.09	—	0.09	0.09	—	82.00	82.00	—
—	—	—	—	—	—	—	—	—	—	—	—
2800	2300	500	3.06	—	—	1.60	—	—	868.00	—	—
—	—	—	—	—	—	—	—	—	—	—	—
375	168	—	0.24	0.11	—	1.22	0.75	—	869.00	469.00	—
—	—	—	—	—	—	—	—	—	—	—	—
—	—	—	—	—	—	—	—	—	—	—	—
—	—	—	—	—	—	—	—	—	—	—	—
—	—	—	—	—	—	—	—	—	—	—	—
—	—	—	—	—	—	—	—	—	—	—	—
20	20	—	—	—	—	—	—	—	—	—	—
—	—	—	—	—	—	—	—	—	—	—	—
—	—	—	7.51	0.62	0.62	4.67	0.62	0.62	4346.00	680.00	680.00
—	—	—	7.51	0.62	0.62	4.67	0.62	0.62	4346.00	680.00	680.00

林业系统各地区森工更新

地　　区	一、本年计划投资	二、自年初累计完成投资									
		合计	其中:国家投资		按构成分						
			合计	其中:国债资金	1. 建筑工程	2. 安装工程	3. 设备、工具、器具购置	4. 其他费用	1. 营造林业	2. 木材及竹材采运业
全国合计	**61371**	**59867**	**1011**	**723**	**16737**	**12094**	**29178**	**1858**	**213**	**10906**
北　京	—	—	—	—	—	—	—	—	—	—
天　津	—	—	—	—	—	—	—	—	—	—
河　北	—	—	—	—	—	—	—	—	—	—
山　西	—	—	—	—	—	—	—	—	—	—
内蒙古	5760	5150	—	—	2065	138	1930	1017	—	4085
内蒙古集团	5760	5150	—	—	2065	138	1930	1017	—	4085
辽　宁	—	—	—	—	—	—	—	—	—	—
吉　林	11532	11000	—	—	5193	135	5503	169	39	5428
吉林集团	3359	3359	—	—	2154	—	1042	163	—	169
黑龙江	950	950	761	723	904	—	46	—	—	—
龙江集团	950	950	761	723	904	—	46	—	—	—
上　海	—	—	—	—	—	—	—	—	—	—
江　苏	—	—	—	—	—	—	—	—	—	—
浙　江	—	—	—	—	—	—	—	—	—	—
安　徽	20	22	—	—	—	—	—	22	—	—
福　建	744	1076	—	—	91	220	629	136	124	60
江　西	63	63	—	—	—	—	—	63	—	63
山　东	—	—	—	—	—	—	—	—	—	—
河　南	—	—	—	—	—	—	—	—	—	—
湖　北	—	—	—	—	—	—	—	—	—	—
湖　南	—	—	—	—	—	—	—	—	—	—
广　东	—	—	—	—	—	—	—	—	—	—
广　西	34595	34595	—	—	3656	11378	19461	100	—	—
海　南	—	—	—	—	—	—	—	—	—	—
重　庆	—	—	—	—	—	—	—	—	—	—
四　川	50	50	50	—	50	—	—	—	50	—
贵　州	—	—	—	—	—	—	—	—	—	—
云　南	936	863	200	—	346	217	50	250	—	—
西　藏	—	—	—	—	—	—	—	—	—	—
陕　西	—	—	—	—	—	—	—	—	—	—
甘　肃	—	—	—	—	—	—	—	—	—	—
青　海	—	—	—	—	—	—	—	—	—	—
宁　夏	—	—	—	—	—	—	—	—	—	—
新　疆	—	—	—	—	—	—	—	—	—	—
新疆兵团	—	—	—	—	—	—	—	—	—	—
局直属单位	6721	6098	—	—	4432	6	1559	101	—	1270
大兴安岭	6721	6098	—	—	4432	6	1559	101	—	1270

改造投资和资金来源情况(一)

单位:万元

按行业分:3. 木材加工及竹、藤、棕、草制品业:合计	按行业分:3. 木材加工及竹、藤、棕、草制品业:其中:人造板制造业	按行业分:4. 其他	按性质分:其中:新建	按性质分:其中:扩建	按性质分:其中:改建	三、本年新增固定资产	四、项目个数(个):合计	四、项目个数(个):本年施工项目个数	五、本年资金来源总计:总计	五、本年资金来源总计:1. 上年末结余资金
25069	**23373**	**23679**	**27624**	**6738**	**13043**	**29960**	**31**	**29**	**57588**	**2516**
—	—	—	—	—	—	—	—	—	—	—
—	—	—	—	—	—	—	—	—	—	—
—	—	—	—	—	—	—	—	—	—	—
—	—	—	—	—	—	—	—	—	—	—
—	—	1065	—	1951	3199	705	8	8	5150	—
—	—	1065	—	1951	3199	705	8	8	5150	—
—	—	—	—	—	—	—	—	—	—	—
1833	244	3700	5899	19	4913	10882	5	4	11000	—
339	152	2851	—	—	3190	3359	5	4	3359	—
—	—	950	—	904	46	46	2	2	950	—
—	—	950	—	904	46	46	2	2	950	—
—	—	—	—	—	—	—	—	—	—	—
—	—	—	—	—	—	—	—	—	—	—
—	—	—	—	—	—	—	—	—	—	—
22	22	—	—	—	22	—	—	—	22	—
632	632	260	162	—	914	6647	5	4	1076	—
—	—	—	—	—	—	—	—	—	63	—
—	—	—	—	—	—	—	—	—	—	—
—	—	—	—	—	—	—	—	—	—	—
—	—	—	—	—	—	—	—	—	—	—
—	—	—	—	—	—	—	—	—	—	—
—	—	—	—	—	—	—	—	—	—	—
22475	22475	12120	19000	3200	3188	6387	9	9	32341	2446
—	—	—	—	—	—	—	—	—	—	—
—	—	—	—	—	—	—	—	—	—	—
—	—	—	—	—	50	—	—	—	50	—
—	—	—	—	—	—	—	—	—	—	—
107	—	756	—	456	407	416	2	2	838	70
—	—	—	—	—	—	—	—	—	—	—
—	—	—	—	—	—	—	—	—	—	—
—	—	—	—	—	—	—	—	—	—	—
—	—	—	—	—	—	—	—	—	—	—
—	—	—	—	—	—	—	—	—	—	—
—	—	—	—	—	—	—	—	—	—	—
—	—	—	—	—	—	—	—	—	—	—
—	—	4828	2563	208	304	4877	—	—	6098	—
—	—	4828	2563	208	304	4877	—	—	6098	—

林业系统各地区森工更新

地　　区	五、本年资金来源总计									
	2. 本年资金来源合计									
	合　计	其中：地方配套资金	(1)国家预算内资金			(2)国内贷款	(3)利用外资	(4)自筹资金	(5)其他资金	
			计	其　中					计	其中：育林基金
				国债资金	中央财政专项资金					
全国合计	**55072**	**—**	**841**	**723**	**—**	**17863**	**—**	**35549**	**819**	**124**
北　京	—	—	—	—	—	—	—	—	—	—
天　津	—	—	—	—	—	—	—	—	—	—
河　北	—	—	—	—	—	—	—	—	—	—
山　西	—	—	—	—	—	—	—	—	—	—
内蒙古	5150	—	—	—	—	—	—	5150	—	—
内蒙古集团	5150	—	—	—	—	—	—	5150	—	—
辽　宁	—	—	—	—	—	—	—	—	—	—
吉　林	11000	—	—	—	—	—	—	11000	—	—
吉林集团	3359	—	—	—	—	—	—	3359	—	—
黑龙江	950	—	761	723	—	—	—	189	—	—
龙江集团	950	—	761	723	—	—	—	189	—	—
上　海	—	—	—	—	—	—	—	—	—	—
江　苏	—	—	—	—	—	—	—	—	—	—
浙　江	—	—	—	—	—	—	—	—	—	—
安　徽	22	—	—	—	—	—	—	22	—	—
福　建	1076	—	—	—	—	233	—	719	124	124
江　西	63	—	—	—	—	—	—	63	—	—
山　东	—	—	—	—	—	—	—	—	—	—
河　南	—	—	—	—	—	—	—	—	—	—
湖　北	—	—	—	—	—	—	—	—	—	—
湖　南	—	—	—	—	—	—	—	—	—	—
广　东	—	—	—	—	—	—	—	—	—	—
广　西	29895	—	—	—	—	17330	—	12185	380	—
海　南	—	—	—	—	—	—	—	—	—	—
重　庆	—	—	—	—	—	—	—	—	—	—
四　川	50	—	50	—	—	—	—	—	—	—
贵　州	—	—	—	—	—	—	—	—	—	—
云　南	768	—	30	—	—	300	—	123	315	—
西　藏	—	—	—	—	—	—	—	—	—	—
陕　西	—	—	—	—	—	—	—	—	—	—
甘　肃	—	—	—	—	—	—	—	—	—	—
青　海	—	—	—	—	—	—	—	—	—	—
宁　夏	—	—	—	—	—	—	—	—	—	—
新　疆	—	—	—	—	—	—	—	—	—	—
新疆兵团	—	—	—	—	—	—	—	—	—	—
局直属单位	6098	—	—	—	—	—	—	6098	—	—
大兴安岭	6098	—	—	—	—	—	—	6098	—	—

改造投资和资金来源情况(二)

单位:万元

六、本年各项应付款合计			七、房屋建筑面积及竣工价值								
合 计	其 中		本年房屋施工面积(万平方米)			本年房屋竣工面积(万平方米)			本年房屋竣工价值		
	工程款	设备、器材款	合 计	其中:住宅		合 计	其中:住宅		合 计	其中:住宅	
				计	其中:经济适用房		计	其中:经济适用房		计	其中:经济适用房
28332	**13663**	**14606**	**6.52**	**1.04**	**0.54**	**3.61**	**0.66**	**0.54**	**2903.11**	**682.00**	**636.00**
—	—	—	—	—	—	—	—	—	—	—	—
—	—	—	—	—	—	—	—	—	—	—	—
—	—	—	—	—	—	—	—	—	—	—	—
—	—	—	—	—	—	—	—	—	—	—	—
—	—	—	0.58	—	—	0.58	—	—	412.00	—	—
—	—	—	0.58	—	—	0.58	—	—	412.00	—	—
—	—	—	—	—	—	—	—	—	—	—	—
—	—	—	1.15	0.12	—	1.15	0.12	—	1316.00	46.00	—
—	—	—	—	—	—	—	—	—	—	—	—
46	—	46	2.30	—	—	—	—	—	—	—	—
46	—	46	2.30	—	—	—	—	—	—	—	—
—	—	—	—	—	—	—	—	—	—	—	—
—	—	—	—	—	—	—	—	—	—	—	—
—	—	—	—	—	—	—	—	—	—	—	—
—	—	—	—	—	—	—	—	—	—	—	—
15	15	—	—	—	—	—	—	—	—	—	—
63	—	—	—	—	—	—	—	—	—	—	—
—	—	—	—	—	—	—	—	—	—	—	—
—	—	—	—	—	—	—	—	—	—	—	—
—	—	—	—	—	—	—	—	—	—	—	—
—	—	—	—	—	—	—	—	—	—	—	—
—	—	—	—	—	—	—	—	—	—	—	—
28208	13648	14560	0.09	—	—	0.79	—	—	0.11	—	—
—	—	—	—	—	—	—	—	—	—	—	—
—	—	—	—	—	—	—	—	—	—	—	—
—	—	—	—	—	—	—	—	—	—	—	—
—	—	—	—	—	—	—	—	—	—	—	—
—	—	—	0.58	0.38	—	—	—	—	—	—	—
—	—	—	—	—	—	—	—	—	—	—	—
—	—	—	—	—	—	—	—	—	—	—	—
—	—	—	—	—	—	—	—	—	—	—	—
—	—	—	—	—	—	—	—	—	—	—	—
—	—	—	—	—	—	—	—	—	—	—	—
—	—	—	—	—	—	—	—	—	—	—	—
—	—	—	—	—	—	—	—	—	—	—	—
—	—	—	1.82	0.54	0.54	1.09	0.54	0.54	1175.00	636.00	636.00
—	—	—	1.82	0.54	0.54	1.09	0.54	0.54	1175.00	636.00	636.00

林业系统各地区森工其他

地区	一、本年计划投资	二、自年初累计完成投资								
		合计	其中:国家投资		按构成分					
			合计	其中:国债资金	1. 建筑工程	2. 安装工程	3. 设备、工具、器具购置	4. 其他费用	1. 营造林业	2. 木材及竹材采运业
全国合计	**51904**	**52926**	**7029**	**—**	**31492**	**555**	**11299**	**9580**	**2781**	**6366**
北京	—	—	—	—	—	—	—	—	—	—
天津	—	—	—	—	—	—	—	—	—	—
河北	—	—	—	—	—	—	—	—	—	—
山西	—	—	—	—	—	—	—	—	—	—
内蒙古	25988	22614	—	—	15238	533	5304	1539	—	—
内蒙古集团	25988	22614	—	—	15238	533	5304	1539	—	—
辽宁	—	—	—	—	—	—	—	—	—	—
吉林	19306	18441	—	—	13634	15	4649	143	1591	4814
吉林集团	14743	14070	—	—	9693	15	4254	108	1572	3369
黑龙江	643	643	—	—	431	—	200	12	12	260
龙江集团	643	643	—	—	431	—	200	12	12	260
上海	—	—	—	—	—	—	—	—	—	—
江苏	—	—	—	—	—	—	—	—	—	—
浙江	10	10	10	—	—	—	—	10	10	—
安徽	5	5	—	—	—	5	—	—	—	—
福建	2134	2092	152	—	477	2	850	763	94	374
江西	27	27	27	—	—	—	—	27	27	—
山东	—	—	—	—	—	—	—	—	—	—
河南	—	—	—	—	—	—	—	—	—	—
湖北	65	65	—	—	33	—	32	—	—	—
湖南	—	—	—	—	—	—	—	—	—	—
广东	—	—	—	—	—	—	—	—	—	—
广西	—	—	—	—	—	—	—	—	—	—
海南	787	6363	6148	—	—	—	—	6363	1024	—
重庆	—	—	—	—	—	—	—	—	—	—
四川	210	204	89	—	80	—	—	124	—	—
贵州	—	—	—	—	—	—	—	—	—	—
云南	1550	1369	603	—	549	—	228	592	23	—
西藏	—	—	—	—	—	—	—	—	—	—
陕西	—	—	—	—	—	—	—	—	—	—
甘肃	—	—	—	—	—	—	—	—	—	—
青海	—	—	—	—	—	—	—	—	—	—
宁夏	—	—	—	—	—	—	—	—	—	—
新疆	—	—	—	—	—	—	—	—	—	—
新疆兵团	—	—	—	—	—	—	—	—	—	—
局直属单位	1179	1093	—	—	1050	—	36	7	—	918
大兴安岭	1179	1093	—	—	1050	—	36	7	—	918

投资和资金来源情况(一)

单位:万元

按行业分			按性质分			三、本年新增固定资产	四、项目个数(个)		五、本年资金来源总计	
3. 木材加工及竹、藤、棕、草制品业		4. 其他	其中				合计	本年施工项目个数	总计	1. 上年末结余资金
合计	其中:人造板制造业		新建	扩建	改建					
2093	**1470**	**41686**	**34038**	**7116**	**8692**	**32949**	**117**	**114**	**46332**	**369**
—	—	—	—	—	—	—	—	—	—	—
—	—	—	—	—	—	—	—	—	—	—
—	—	—	—	—	—	—	—	—	—	—
—	—	—	—	—	—	—	—	—	—	—
785	785	21829	8744	5668	7202	10223	35	35	14560	—
785	785	21829	8744	5668	7202	10223	35	35	14560	—
—	—	—	—	—	—	—	—	—	—	—
373	—	11663	16641	—	86	13024	25	24	18441	—
373	—	8756	12356	—	—	8866	24	24	14070	—
—	—	371	23	566	54	643	8	8	643	—
—	—	371	23	566	54	643	8	8	643	—
—	—	—	—	—	—	—	—	—	—	—
—	—	—	—	—	—	—	—	—	—	—
—	—	—	—	—	—	—	—	—	10	—
5	—	—	5	—	—	5	1	1	5	—
865	685	759	515	668	909	1496	42	42	2092	—
—	—	—	27	—	—	27	—	—	27	—
—	—	—	—	—	—	—	—	—	—	—
—	—	—	—	—	—	—	—	—	—	—
65	—	—	—	65	—	65	2	—	65	—
—	—	—	—	—	—	—	—	—	—	—
—	—	—	—	—	—	—	—	—	—	—
—	—	—	—	—	—	—	—	—	—	—
—	—	5339	6363	—	—	6363	1	1	6363	138
—	—	—	—	—	—	—	—	—	—	—
—	—	204	80	—	—	—	—	—	204	—
—	—	—	—	—	—	—	—	—	—	—
—	—	1346	1245	—	16	699	3	3	2829	231
—	—	—	—	—	—	—	—	—	—	—
—	—	—	—	—	—	—	—	—	—	—
—	—	—	—	—	—	—	—	—	—	—
—	—	—	—	—	—	—	—	—	—	—
—	—	—	—	—	—	—	—	—	—	—
—	—	—	—	—	—	—	—	—	—	—
—	—	—	—	—	—	—	—	—	—	—
—	—	175	395	149	425	404	—	—	1093	—
—	—	175	395	149	425	404	—	—	1093	—

林业系统各地区森工其他

地　区	五、本年资金来源总计									
	2. 本年资金来源合计									
	合　计	其中：地方配套资金	(1)国家预算内资金			(2)国内贷款	(3)利用外资	(4)自筹资金	(5)其他资金	
			计	其中：国债资金	其中：中央财政专项资金				计	其中：育林基金
全国合计	**45963**	**376**	**7392**	**—**	**6953**	**324**	**312**	**23172**	**14763**	**2044**
北　京	—	—	—	—	—	—	—	—	—	—
天　津	—	—	—	—	—	—	—	—	—	—
河　北	—	—	—	—	—	—	—	—	—	—
山　西	—	—	—	—	—	—	—	—	—	—
内蒙古	14560	—	—	—	—	—	—	14560	—	—
内蒙古集团	14560	—	—	—	—	—	—	14560	—	—
辽　宁	—	—	—	—	—	—	—	—	—	—
吉　林	18441	—	—	—	—	—	—	6612	11829	1584
吉林集团	14070	—	—	—	—	—	—	4081	9989	1584
黑龙江	643	—	—	—	—	—	—	315	328	—
龙江集团	643	—	—	—	—	—	—	315	328	—
上　海	—	—	—	—	—	—	—	—	—	—
江　苏	—	—	—	—	—	—	—	—	—	—
浙　江	10	—	10	—	—	—	—	—	—	—
安　徽	5	—	—	—	—	—	—	—	5	—
福　建	2092	24	152	—	152	324	312	1221	83	60
江　西	27	—	27	—	27	—	—	—	—	—
山　东	—	—	—	—	—	—	—	—	—	—
河　南	—	—	—	—	—	—	—	—	—	—
湖　北	65	—	—	—	—	—	—	65	—	—
湖　南	—	—	—	—	—	—	—	—	—	—
广　东	—	—	—	—	—	—	—	—	—	—
广　西	—	—	—	—	—	—	—	—	—	—
海　南	6225	352	6148	—	6148	—	—	—	77	—
重　庆	—	—	—	—	—	—	—	—	—	—
四　川	204	—	89	—	—	—	—	115	—	—
贵　州	—	—	—	—	—	—	—	—	—	—
云　南	2598	—	966	—	626	—	—	284	1348	400
西　藏	—	—	—	—	—	—	—	—	—	—
陕　西	—	—	—	—	—	—	—	—	—	—
甘　肃	—	—	—	—	—	—	—	—	—	—
青　海	—	—	—	—	—	—	—	—	—	—
宁　夏	—	—	—	—	—	—	—	—	—	—
新　疆	—	—	—	—	—	—	—	—	—	—
新疆兵团	—	—	—	—	—	—	—	—	—	—
局直属单位	1093	—	—	—	—	—	—	—	1093	—
大兴安岭	1093	—	—	—	—	—	—	—	1093	—

投资和资金来源情况(二)

单位:万元

六、本年各项应付款合计			七、房屋建筑面积及竣工价值								
合 计	其 中		本年房屋施工面积(万平方米)			本年房屋竣工面积(万平方米)			本年房屋竣工价值		
	工程款	设备、器材款	合 计	其中:住宅		合 计	其中:住宅		合 计	其中:住宅	
				计	其中:经济适用房		计	其中:经济适用房		计	其中:经济适用房
7667	**764**	**253**	**17.52**	**14.76**	**0.86**	**12.92**	**10.87**	**0.86**	**9108.00**	**7664.00**	**643.00**
—	—	—	—	—	—	—	—	—	—	—	—
—	—	—	—	—	—	—	—	—	—	—	—
—	—	—	—	—	—	—	—	—	—	—	—
—	—	—	—	—	—	—	—	—	—	—	—
—	—	—	2.36	0.77	—	2.36	0.77	—	984.00	177.00	—
—	—	—	2.36	0.77	—	2.36	0.77	—	984.00	177.00	—
—	—	—	—	—	—	—	—	—	—	—	—
—	—	—	14.96	13.8	0.73	10.37	9.91	0.73	7875.00	7401.00	580.00
—	—	—	11.09	10.63	—	7.20	6.74	—	6035.00	5561.00	—
23	23	—	—	—	—	—	—	—	—	—	—
23	23	—	—	—	—	—	—	—	—	—	—
—	—	—	—	—	—	—	—	—	—	—	—
—	—	—	—	—	—	—	—	—	—	—	—
—	—	—	—	—	—	—	—	—	—	—	—
5	—	—	—	—	—	—	—	—	—	—	—
806	254	247	0.08	0.07	0.07	0.07	0.07	0.07	193.00	30.00	30.00
—	—	—	—	—	—	—	—	—	—	—	—
—	—	—	—	—	—	—	—	—	—	—	—
—	—	—	—	—	—	—	—	—	—	—	—
—	—	—	0.06	0.06	0.06	0.06	0.06	0.06	33.00	33.00	33.00
—	—	—	—	—	—	—	—	—	—	—	—
—	—	—	—	—	—	—	—	—	—	—	—
—	—	—	—	—	—	—	—	—	—	—	—
6363	23	—	0.06	0.06	—	0.06	0.06	—	23.00	23.00	—
—	—	—	—	—	—	—	—	—	—	—	—
—	—	—	—	—	—	—	—	—	—	—	—
—	—	—	—	—	—	—	—	—	—	—	—
470	464	6	—	—	—	—	—	—	—	—	—
—	—	—	—	—	—	—	—	—	—	—	—
—	—	—	—	—	—	—	—	—	—	—	—
—	—	—	—	—	—	—	—	—	—	—	—
—	—	—	—	—	—	—	—	—	—	—	—
—	—	—	—	—	—	—	—	—	—	—	—
—	—	—	—	—	—	—	—	—	—	—	—
—	—	—	—	—	—	—	—	—	—	—	—
—	—	—	—	—	—	—	—	—	—	—	—
—	—	—	—	—	—	—	—	—	—	—	—

国家林业局机关及直属单位基本

单　　位	本年计划投　资	本年完成投　资	其中：住宅		
				建筑工程	安装工程
总计	**138436**	**144298**	**2417**	**44498**	**4644**
一、中国林业科学研究院	**5988**	**3351**	**—**	**2104**	**—**
院部	1141	1010	—	620	—
林业研究所	1170	168	—	—	—
木材工业研究所	440	77	—	77	—
森林生态环境与保护研究所	80	155	—	144	—
林业科技信息研究所	—	—	—	—	—
资源信息研究所	555	—	—	—	—
华北林业实验中心	43	40	—	33	—
热带林业研究所	80	89	—	89	—
亚热带林业研究所	90	202	—	200	—
林产化学工业研究所	1410	209	—	209	—
热带林业实验中心	25	20	—	—	—
亚热带林业实验中心	5	6	—	—	—
沙漠林业实验中心	180	151	—	88	—
资源昆虫研究所	125	50	—	26	—
国家林业局泡桐研究开发中心	40	142	—	142	—
国家林业局桉树研究开发中心	99	—	—	—	—
国家林业局竹子研究开发中心	—	—	—	—	—
国际竹藤网络中心	—	278	—	261	—
北京林业机械研究所	20	81	—	61	—
哈尔滨林业机械研究所	201	101	—	101	—
南方种苗示范基地	284	572	—	53	—
二、林业教育	**6915**	**17533**	**189**	**8388**	**2245**
北京林业管理干部学院	1765	2255	—	1905	—
南京森林公安高等专科学校	5150	15278	189	6483	2245
三、森林保护	**3545**	**2756**	**—**	**450**	**512**
国家林业局森林病虫害防治总站	1130	1300	—	11	—
陕西佛坪国家级自然保护区管理局	633	387	—	133	—
甘肃白水江国家级自然保护区管理局	593	363	—	152	—
国家林业局卧龙自然保护区管理局	1189	706	—	154	512
四、森林防火	**1081**	**847**	**—**	**272**	**574**
国家林业局西南航空护林总站	—	5	—	4	—
国家林业局东北航空护林中心	1081	842	—	268	574
五、勘察设计	**336**	**197**	**—**	**102**	**—**
国家林业局昆明勘察设计院	67	65	—	—	—
国家林业局林产工业规划设计院	269	132	—	102	—
六、调查规划	**2910**	**2392**	**3**	**1191**	**1150**
国家林业局调查规划设计院	2314	1847	—	774	1073
国家林业局华东林业调查规划设计院	56	56	—	21	—

建设投资和资金来源情况（一）

单位:万元

按构成分					本年新增固定资产	本年施工房屋面积(平方米)		本年竣工房屋面积(平方米)	
设备工器具购置		其他费用							
合计	其中:购置旧设备	合计	其中:旧建筑物购置费	其中:土地购置费		合计	其中:住宅	合计	其中:住宅
12666	**—**	**82490**	**124**	**3920**	**32626**	**149292**	**38760**	**72670**	**14146**
869	**—**	**378**	**—**	**—**	**1441**	**22100**	**15400**	**—**	**—**
365	—	25	—	—	316	5600	5600	—	—
72	—	96	—	—	72	—	—	—	—
—	—	—	—	—	—	—	—	—	—
—	—	11	—	—	144	—	—	—	—
—	—	—	—	—	—	—	—	—	—
—	—	—	—	—	—	—	—	—	—
7	—	—	—	—	53	—	—	—	—
—	—	—	—	—	—	—	—	—	—
1	—	1	—	—	202	—	—	—	—
—	—	—	—	—	209	—	—	—	—
20	—	—	—	—	—	—	—	—	—
6	—	—	—	—	11	—	—	—	—
3	—	60	—	—	—	—	—	—	—
24	—	—	—	—	353	14700	9800	—	—
—	—	—	—	—	—	—	—	—	—
—	—	—	—	—	—	—	—	—	—
—	—	—	—	—	—	—	—	—	—
17	—	—	—	—	—	—	—	—	—
20	—	—	—	—	81	—	—	—	—
—	—	—	—	—	—	—	—	—	—
334	—	185	—	—	—	1800	—	—	—
1359	**—**	**5541**	**—**	**3920**	**60**	**3774**	**—**	**3774**	**—**
350	—	—	—	—	60	3774	—	3774	—
1009	—	5541	—	3920	—	—	—	—	—
1568	**—**	**227**	**—**	**—**	**3775**	**2250**	**2250**	**—**	**—**
1289	—	—	—	—	1130	—	—	—	—
163	—	91	—	—	387	2250	2250	—	—
76	—	136	—	—	115	—	—	—	—
40	—	—	—	—	2143	—	—	—	—
1	**—**	**—**	**—**	**—**	**1600**	**22072**	**8506**	**4518**	**—**
1	—	—	—	—	5	17554	8506	—	—
—	—	—	—	—	1595	4518	—	4518	—
65	**—**	**30**	**—**	**—**	**157**	**—**	**—**	**—**	**—**
65	—	—	—	—	65	—	—	—	—
—	—	30	—	—	92	—	—	—	—
52	**—**	**—**	**—**	**—**	**2011**	**6700**	**—**	**1246**	**—**
—	—	—	—	—	1847	—	—	—	—
35	—	—	—	—	56	—	—	1246	—

国家林业局机关及直属单位基本

单　　位	本年计划投　资	本年完成投　资	其中：住宅	建筑工程	安装工程
国家林业局中南林业调查规划设计院	150	88	—	19	70
国家林业局西北林业调查规划设计院	390	401	3	377	7
七、资源监督	**344**	**282**	**44**	**134**	**—**
驻黑龙江省森林资源监督专员办事处	60	60	—	—	—
驻内蒙古自治区森林资源监督专员办事处	—	—	—	—	—
驻长春森林资源监督专员办事处	89	89	44	44	—
驻大兴安岭森林资源监督专员办事处	—	—	—	—	—
驻福州森林资源监督专员办事处	97	15	—	—	—
驻云南省森林资源监督专员办事处	—	20	—	—	—
驻成都森林资源监督专员办事处	98	98	—	90	—
八、其他	**117317**	**116940**	**2181**	**31858**	**163**
国家林业局天然林保护工程管理中心	—	—	—	—	—
国家林业局退耕还林(草)工程管理办公室	240	36	—	—	—
国家林业局西北华北东北防护林建设局	95	—	—	—	—
国家林业局防治荒漠化管理中心	25	25	—	—	—
国家林业局世界银行贷款项目工作中心	—	—	—	—	—
国家林业局林业工作站管理总站	3	3	—	—	—
国家林业局国有林场和林木种苗工作总站	—	—	—	—	—
国家林业局林业基金管理总站	30	—	—	—	—
国家林业局宣传中心	—	5	—	—	—
国家林业局经济发展研究中心	—	118	118	118	—
国家林业局科技发展中心	—	—	—	—	—
国家林业局对外合作项目中心	—	—	—	—	—
国家林业局濒危物种进出口管理中心	712	809	—	809	—
国家林业局人才开发交流中心	—	—	—	—	—
中国花卉协会	—	—	—	—	—
中国野生动物保护协会	30	1085	790	790	—
中国林学会	565	503	—	478	—
中国绿化基金会	—	—	—	—	—
全国绿化委员会办公室	—	—	—	—	—
中国林业出版社	410	339	—	—	62
中国绿色时报社	88	101	—	—	—
国家林业局基建办	2850	1783	—	1074	—
国家林业局幼儿园	—	—	—	—	—
北京松鹤山庄宾馆	—	—	—	—	—
国家林业局厦门办事处	699	699	—	575	—
国家林业局上海办事处	—	2	—	2	—
国家林业局北戴河培训中心	146	252	—	201	—
国家林业局招待所	—	—	—	—	—
大兴安岭林业集团公司	111424	111180	1273	27811	101

建设投资和资金来源情况(二)

单位:万元

按构成分					本年新增固定资产	本年施工房屋面积(平方米)		本年竣工房屋面积(平方米)	
设备工器具购置		其他费用							
合计	其中:购置旧设备	合计	其中:旧建筑物购置费	其中:土地购置费		合计	其中:住宅	合计	其中:住宅
—	—	—	—	—	70	—	—	—	—
17	—	—	—	—	38	6700	—	—	—
139	**—**	**8**	**—**	**—**	**294**	**150**	**150**	**680**	**150**
60	—	—	—	—	60	—	—	—	—
—	—	—	—	—	—	—	—	—	—
45	—	—	—	—	89	150	150	150	150
—	—	—	—	—	10	—	—	—	—
6	—	8	—	—	15	—	—	—	—
20	—	—	—	—	22	—	—	—	—
8	—	—	—	—	98	—	—	530	—
8613	**—**	**76306**	**124**	**—**	**23288**	**92246**	**12454**	**62452**	**13996**
—	—	—	—	—	—	—	—	—	—
6	—	30	—	—	6	—	—	—	—
—	—	—	—	—	—	—	—	—	—
25	—	—	—	—	—	—	—	—	—
—	—	—	—	—	—	—	—	—	—
3	—	—	—	—	3	—	—	—	—
—	—	—	—	—	—	—	—	—	—
—	—	—	—	—	—	—	—	—	—
5	—	—	—	—	5	—	—	—	—
—	—	—	—	—	—	—	—	—	—
—	—	—	—	—	—	—	—	—	—
—	—	—	—	—	—	—	—	—	—
—	—	—	—	—	100	—	—	—	—
—	—	—	—	—	—	—	—	—	—
—	—	—	—	—	—	—	—	—	—
295	—	—	—	—	1085	—	—	2958	2242
25	—	—	—	—	25	—	700	—	—
—	—	—	—	—	—	—	—	—	—
—	—	—	—	—	—	—	—	—	—
93	—	184	—	—	275	—	—	—	—
101	—	—	—	—	127	—	—	—	—
709	—	—	—	—	—	—	—	—	—
—	—	—	—	—	—	—	—	—	—
—	—	—	—	—	—	—	—	—	—
—	—	124	124	—	124	—	—	—	—
—	—	—	—	—	—	—	—	—	—
19	—	32	—	—	388	—	—	1948	—
—	—	—	—	—	—	—	—	—	—
7332	—	75936	—	—	21150	92246	11754	57546	11754

国家林业局机关及直属单位基本

单位	本年竣工房屋价值		施工项目个数(个)		本年资金来源合计	上年末结余资金
	合计	其中：住宅	合计	其中:本年新开工		
总计	**8984**	**1642**	**168**	**108**	**170135**	**26424**
一、中国林业科学研究院	**—**	**—**	**117**	**75**	**13127**	**7139**
院部	—	—	13	5	3458	2317
林业研究所	—	—	22	7	1459	289
木材工业研究所	—	—	3	1	663	223
森林生态环境与保护研究所	—	—	7	7	299	219
林业科技信息研究所	—	—	—	—	—	—
资源信息研究所	—	—	3	—	711	156
华北林业实验中心	—	—	7	7	57	14
热带林业研究所	—	—	12	4	374	294
亚热带林业研究所	—	—	6	6	236	146
林产化学工业研究所	—	—	6	3	1544	134
热带林业实验中心	—	—	2	2	25	—
亚热带林业实验中心	—	—	5	5	7	2
沙漠林业实验中心	—	—	6	6	323	143
资源昆虫研究所	—	—	11	11	221	96
国家林业局泡桐研究开发中心	—	—	1	1	150	110
国家林业局桉树研究开发中心	—	—	1	1	99	—
国家林业局竹子研究开发中心	—	—	—	—	—	—
国际竹藤网络中心	—	—	4	2	2137	2137
北京林业机械研究所	—	—	3	3	90	70
哈尔滨林业机械研究所	—	—	4	3	201	—
南方种苗示范基地	—	—	1	1	1073	789
二、林业教育	**986**	**—**	**10**	**4**	**18400**	**6235**
北京林业管理干部学院	986	—	10	4	2850	1085
南京森林公安高等专科学校	—	—	—	—	15550	5150
三、森林保护	**—**	**—**	**9**	**8**	**6938**	**3919**
国家林业局森林病虫害防治总站	—	—	—	—	1838	1698
陕西佛坪国家级自然保护区管理局	—	—	3	3	387	—
甘肃白水江国家级自然保护区管理局	—	—	4	4	895	302
国家林业局卧龙自然保护区管理局	—	—	2	1	3818	1919
四、森林防火	**842**	**—**	**4**	**3**	**2956**	**1875**
国家林业局西南航空护林总站	—	—	—	—	139	139
国家林业局东北航空护林中心	842	—	4	3	2817	1736
五、勘察设计	**—**	**—**	**—**	**—**	**917**	**648**
国家林业局昆明勘察设计院	—	—	—	—	67	67
国家林业局林产工业规划设计院	—	—	—	—	850	581
六、调查规划	**366**	**—**	**6**	**6**	**4399**	**1485**
国家林业局调查规划设计院	—	—	1	1	3566	1252
国家林业局华东林业调查规划设计院	366	—	—	—	96	36

建设投资和资金来源情况(三)

单位:万元、平方米、个

本年资金来源合计							各项应付款合计		
计	国家预算内资金	国内贷款	债券	利用外资	自筹资金	其他资金	计	其中	
								工程款	设备、器材款
143711	**107656**	**10400**	**387**	**—**	**10266**	**15002**	**16035**	**8412**	**7623**
5988	**5988**	**—**	**—**	**—**	**—**	**—**	**—**	**—**	**—**
1141	1141	—	—	—	—	—	—	—	—
1170	1170	—	—	—	—	—	—	—	—
440	440	—	—	—	—	—	—	—	—
80	80	—	—	—	—	—	—	—	—
—	—	—	—	—	—	—	—	—	—
555	555	—	—	—	—	—	—	—	—
43	43	—	—	—	—	—	—	—	—
80	80	—	—	—	—	—	—	—	—
90	90	—	—	—	—	—	—	—	—
1410	1410	—	—	—	—	—	—	—	—
25	25	—	—	—	—	—	—	—	—
5	5	—	—	—	—	—	—	—	—
180	180	—	—	—	—	—	—	—	—
125	125	—	—	—	—	—	—	—	—
40	40	—	—	—	—	—	—	—	—
99	99	—	—	—	—	—	—	—	—
—	—	—	—	—	—	—	—	—	—
—	—	—	—	—	—	—	—	—	—
20	20	—	—	—	—	—	—	—	—
201	201	—	—	—	—	—	—	—	—
284	284	—	—	—	—	—	—	—	—
12165	**1765**	**10400**	**—**	**—**	**—**	**—**	**15567**	**7974**	**7593**
1765	1765	—	—	—	—	—	14	—	14
10400	—	10400	—	—	—	—	15553	7974	7579
3019	**2632**	**—**	**387**	**—**	**—**	**—**	**—**	**—**	**—**
140	140	—	—	—	—	—	—	—	—
387	—	—	387	—	—	—	—	—	—
593	593	—	—	—	—	—	—	—	—
1899	1899	—	—	—	—	—	—	—	—
1081	**1081**	**—**	**—**	**—**	**—**	**—**	**1**	**1**	**—**
—	—	—	—	—	—	—	—	—	—
1081	1081	—	—	—	—	—	1	1	—
269	**269**	**—**	**—**	**—**	**—**	**—**	**—**	**—**	**—**
—	—	—	—	—	—	—	—	—	—
269	269	—	—	—	—	—	—	—	—
2914	**2914**	**—**	**—**	**—**	**—**	**—**	**406**	**375**	**30**
2314	2314	—	—	—	—	—	—	—	—
60	60	—	—	—	—	—	—	—	—

国家林业局机关及直属单位基本

单位	本年竣工房屋价值		施工项目个数(个)		本年资金来源合计	上年末结余资金
	合计	其中:住宅	合计	其中:本年新开工		
国家林业局中南林业调查规划设计院	—	—	4	4	150	—
国家林业局西北林业调查规划设计院	—	—	1	1	587	197
七、资源监督	**134**	**44**	**3**	**3**	**561**	**130**
驻黑龙江省森林资源监督专员办事处	—	—	2	2	60	—
驻内蒙古自治区森林资源监督专员办事处	—	—	—	—	125	—
驻长春森林资源监督专员办事处	44	44	1	1	89	—
驻大兴安岭森林资源监督专员办事处	—	—	—	—	10	—
驻福州森林资源监督专员办事处	—	—	—	—	97	—
驻云南省森林资源监督专员办事处	—	—	—	—	51	36
驻成都森林资源监督专员办事处	90	—	—	—	129	94
八、其他	**6656**	**1598**	**19**	**9**	**122837**	**4993**
国家林业局天然林保护工程管理中心	—	—	—	—	—	—
国家林业局退耕还林(草)工程管理办公室	—	—	—	—	281	41
国家林业局西北华北东北防护林建设局	—	—	—	—	95	—
国家林业局防治荒漠化管理中心	—	—	—	—	35	10
国家林业局世界银行贷款项目工作中心	—	—	—	—	—	—
国家林业局林业工作站管理总站	—	—	—	—	3	—
国家林业局国有林场和林木种苗工作总站	—	—	—	—	25	—
国家林业局林业基金管理总站	—	—	—	—	30	—
国家林业局宣传中心	—	—	—	—	5	5
国家林业局经济发展研究中心	—	—	—	—	150	—
国家林业局科技发展中心	—	—	—	—	—	—
国家林业局对外合作项目中心	—	—	—	—	—	—
国家林业局濒危物种进出口管理中心	—	—	—	—	1012	300
国家林业局人才开发交流中心	—	—	—	—	—	—
中国花卉协会	—	—	—	—	—	—
中国野生动物保护协会	790	482	—	—	1485	1455
中国林学会	—	—	2	2	565	—
中国绿化基金会	—	—	—	—	—	—
全国绿化委员会办公室	—	—	—	—	—	—
中国林业出版社	—	—	2	1	410	—
中国绿色时报社	—	—	7	2	214	126
国家林业局基建办	—	—	—	—	4425	979
国家林业局幼儿园	—	—	—	—	—	—
北京松鹤山庄宾馆	—	—	—	—	—	—
国家林业局厦门办事处	—	—	1	1	699	—
国家林业局上海办事处	—	—	—	—	62	62
国家林业局北戴河培训中心	345	—	7	3	2161	2015
国家林业局招待所	—	—	—	—	—	—
大兴安岭林业集团公司	5521	1116	—	—	111180	—

建设投资和资金来源情况(四)

单位:万元、平方米、个

本年资金来源合计							各项应付款合计		
计	国家预算内资金	国内贷款	债券	利用外资	自筹资金	其他资金	计	其中	
								工程款	设备、器材款
150	150	—	—	—	—	—	62	31	30
390	390	—	—	—	—	—	344	344	—
431	**431**	**—**	**—**	**—**	**—**	**—**	**—**	**—**	**—**
60	60	—	—	—	—	—	—	—	—
125	125	—	—	—	—	—	—	—	—
89	89	—	—	—	—	—	—	—	—
10	10	—	—	—	—	—	—	—	—
97	97	—	—	—	—	—	—	—	—
15	15	—	—	—	—	—	—	—	—
35	35	—	—	—	—	—	—	—	—
117844	**92576**	**—**	**—**	**—**	**10266**	**15002**	**62**	**62**	**—**
—	—	—	—	—	—	—	—	—	—
240	240	—	—	—	—	—	—	—	—
95	95	—	—	—	—	—	—	—	—
25	25	—	—	—	—	—	—	—	—
—	—	—	—	—	—	—	—	—	—
3	3	—	—	—	—	—	—	—	—
25	25	—	—	—	—	—	—	—	—
30	30	—	—	—	—	—	—	—	—
—	—	—	—	—	—	—	—	—	—
150	150	—	—	—	—	—	—	—	—
—	—	—	—	—	—	—	—	—	—
—	—	—	—	—	—	—	—	—	—
712	712	—	—	—	—	—	—	—	—
—	—	—	—	—	—	—	—	—	—
—	—	—	—	—	—	—	—	—	—
30	10	—	—	—	20	—	—	—	—
565	565	—	—	—	—	—	—	—	—
—	—	—	—	—	—	—	—	—	—
—	—	—	—	—	—	—	—	—	—
410	410	—	—	—	—	—	—	—	—
88	88	—	—	—	—	—	—	—	—
3446	3446	—	—	—	—	—	—	—	—
—	—	—	—	—	—	—	—	—	—
—	—	—	—	—	—	—	—	—	—
699	699	—	—	—	—	—	—	—	—
—	—	—	—	—	—	—	25	25	—
146	146	—	—	—	—	—	37	37	—
—	—	—	—	—	—	—	—	—	—
111180	85932	—	—	—	10246	15002	—	—	—

林业系统按事业分的营林基本建设投资完成情况

单位:万元

指 标	本年完成投资			在总计中:国有林场、苗圃
	总 计	其中:国家投资		
		合计	其中:由国家林业局安排	
总 计	**3884708**	**3092898**	**1425845**	**200680**
一、造林	2220614	1737414	652189	54154
二、封山育林	93325	87777	55860	16338
三、迹地更新	12343	2582	950	4897
四、森林管护	243401	231471	125983	35599
五、低产林改造	6882	5041	2508	1980
六、中、幼龄林抚育	31207	8734	680	3379
七、种苗工程	148431	107985	62741	15183
八、森林防火	54297	40746	26402	6239
九、森林病虫鼠害防治	22219	15292	5523	2158
十、林业工作站	5125	2795	2114	80
十一、森林公安	32085	29348	26068	1799
十二、森林公园	13613	5415	2727	4890
十三、自然保护区及野生动植物保护	31140	27784	14246	2750
十四、花卉	24738	1415	145	197
十五、林政及木材检查站	3417	1720	895	597
十六、林业调查规划设计	8518	6354	2610	29
十七、林业教育	64578	64126	45972	808
十八、林业科技及重点实验室	15865	13391	7479	650
十九、其他	852910	703508	390753	48953

林业系统各地区按事业分的营林基本建设投资完成额(一)

单位:万元

地　　区	合　计	一、造林	二、封山育林	三、迹地更新	四、森林管护	五、低产林改造	六、中、幼龄林抚育	七、种苗工程	八、森林防火	九、森林病虫鼠害防治
全国合计	**3884708**	**2220614**	**93325**	**12343**	**243401**	**6882**	**31207**	**148431**	**54297**	**22219**
北　京	88885	61612	3232	115	2446	86	6577	3158	3444	1143
天　津	4349	3832	—	—	—	—	—	120	70	122
河　北	170305	143198	10017	108	1848	—	276	1858	886	357
山　西	172522	76273	6854	—	6679	2285	—	1608	989	1040
内蒙古	338416	155943	12290	3	24391	—	65	5485	4508	969
内蒙古集团	52476	—	—	—	17942	—	—	—	761	—
辽　宁	66581	55875	—	—	3515	—	—	2449	1387	1476
吉　林	157922	30143	2469	1374	9276	9	3671	5396	618	424
吉林集团	43142	431	944	1317	2931	9	3510	798	183	111
黑龙江	198925	46207	766	35	23803	—	450	3770	8979	632
龙江集团	138077	500	—	—	21054	—	—	740	5848	14
上　海	137870	119321	—	—	—	—	1427	14294	108	793
江　苏	128445	78766	205	105	1186	214	679	6033	2085	882
浙　江	10895	4322	567	18	369	527	25	339	461	898
安　徽	84494	69348	650	62	2459	77	1325	2694	1114	679
福　建	29303	12178	727	1663	1374	20	401	1538	720	678
江　西	43086	28268	511	99	2351	347	402	4129	739	281
山　东	97004	66554	1089	993	2556	362	5621	9277	2496	2112
河　南	91687	60875	1092	281	2322	30	144	1315	1178	165
湖　北	105714	67163	5742	266	8025	72	893	7171	1375	341
湖　南	83754	66016	1305	270	2347	267	737	2515	157	80
广　东	20139	3225	134	1011	344	2215	228	2577	1770	764
广　西	116420	60368	343	5101	2380	109	1503	3344	855	272
海　南	33170	22561	213	178	666	—	771	1906	30	13
重　庆	185812	161624	4656	—	6513	—	—	1092	1305	782
四　川	456043	287529	9058	—	40999	32	320	37430	3239	766
贵　州	176124	140437	6790	2	15872	150	82	3033	1678	573
云　南	166448	74938	4567	152	23129	27	672	10012	2930	713
西　藏	6775	6775	—	—	—	—	—	—	—	—
陕　西	160866	111817	5664	499	15753	—	1455	4413	1378	114
甘　肃	206878	83083	5694	—	10661	—	9	7426	1195	913
青　海	70761	14270	3423	—	4789	—	—	280	1214	878
宁　夏	38420	30469	937	—	810	—	—	1315	820	484
新　疆	108611	77273	4303	8	7335	53	3474	2422	298	1123
新疆兵团	37334	29097	1281	—	886	3	3176	493	78	726
局直属单位	128084	351	27	—	19203	—	—	32	6271	1752
大兴安岭	94966	351	27	—	19203	—	—	32	5424	452

林业系统各地区按事业分的营林基本建设投资完成额(二)

单位:万元

地区	十、林业工作站	十一、森林公安	十二、森林公园	十三、自然保护区及野生动植物保护	十四、花卉	十五、林政及木材检查站	十六、林业调查规划设计	十七、林业教育	十八、林业科技及重点实验室	十九、其他
全国合计	**5125**	**32085**	**13613**	**31140**	**24738**	**3417**	**8518**	**64578**	**15865**	**852910**
北京	78	45	10	195	234	48	81	—	84	6297
天津	70	—	20	75	—	—	40	—	—	—
河北	—	55	110	3133	57	4	12	7	12	8367
山西	81	508	52	1044	139	30	105	114	992	73729
内蒙古	49	5213	54	1617	—	20	62	664	950	126133
内蒙古集团	—	4283	—	980	—	—	—	—	—	28510
辽宁	110	73	45	432	500	56	41	—	20	602
吉林	138	4720	480	401	70	743	214	8056	3190	86530
吉林集团	12	2582	—	—	—	711	10	4417	3052	22124
黑龙江	268	5896	2851	3427	—	40	—	25884	18	75899
龙江集团	—	5692	2263	1251	—	—	—	25884	—	74831
上海	82	—	—	40	995	—	75	5	135	595
江苏	150	105	531	1199	16403	80	52	5	22	19743
浙江	76	47	1991	46	—	15	—	—	27	1167
安徽	127	89	268	186	10	70	87	14	256	4979
福建	694	336	3342	1274	405	443	11	149	79	3271
江西	106	124	500	9	45	113	37	—	7	5018
山东	176	50	850	633	176	80	55	31	136	3757
河南	48	471	30	1028	—	30	32	—	218	22428
湖北	77	122	103	246	4635	29	1050	158	83	8163
湖南	300	98	371	3206	107	60	68	52	390	5408
广东	85	72	345	1187	—	41	273	2	68	5798
广西	64	101	765	818	301	237	110	101	69	39579
海南	16	143	—	475	22	6	12	27	—	6131
重庆	—	890	225	1153	150	30	313	—	1	7078
四川	229	239	165	1993	30	91	59	—	622	73242
贵州	1060	135	55	1013	26	30	40	20	936	4192
云南	439	1196	10	837	—	26	46	246	396	46112
西藏	—	—	—	—	—	—	—	—	—	—
陕西	83	789	71	530	—	51	10	160	237	17842
甘肃	169	1807	178	235	420	28	70	866	625	93499
青海	39	38	—	117	—	20	341	20	542	44790
宁夏	90	30	150	1552	—	15	30	20	720	978
新疆	221	629	41	248	13	717	147	194	84	10028
新疆兵团	61	—	—	—	—	—	44	4	14	1471
局直属单位	—	8064	—	2791	—	264	5045	27783	4946	51555
大兴安岭	—	8064	—	1335	—	264	2174	10250	1595	45795

林业系统各地区按事业分的营林基本建设国家投资完成额(一)

单位:万元

地　区	合　计	一、造林	二、封山育林	三、迹地更新	四、森林管护	五、低产林改造	六、中、幼龄林抚育	七、种苗工程	八、森林防火	九、森林病虫鼠害防治
全国合计	**3092898**	**1737414**	**87777**	**2582**	**231471**	**5041**	**8734**	**107985**	**40746**	**15292**
北　京	57784	40053	3224	115	681	86	5203	1691	2052	718
天　津	2765	2554	—	—	—	—	—	20	35	61
河　北	130895	107495	9752	99	1843	—	101	1835	845	258
山　西	164066	69297	6716	—	6479	2285	—	1461	949	992
内蒙古	321079	141439	12290	—	24344	—	25	5485	4493	948
内蒙古集团	52476	—	—	—	17942	—	—	—	761	—
辽　宁	57479	52502	—	—	2388	—	—	457	620	907
吉　林	134996	25800	2022	137	9131	—	136	4665	353	227
吉林集团	32823	—	497	80	2931	—	—	80	10	38
黑龙江	180929	39206	399	—	23803	—	—	3170	5457	607
龙江集团	129685	500	—	—	21054	—	—	520	2913	10
上　海	68056	67157	—	—	—	—	11	241	58	133
江　苏	5302	2776	8	—	23	—	—	685	80	251
浙　江	8482	3846	503	18	369	487	25	303	326	831
安　徽	59510	49470	431	—	2037	3	174	2562	752	582
福　建	9663	3061	580	176	974	2	47	858	406	499
江　西	37196	25362	496	68	1934	342	366	4098	684	272
山　东	19875	12405	—	—	2556	—	—	1607	2196	98
河　南	76977	47365	1062	233	2145	—	—	1248	1076	129
湖　北	73085	49235	5603	80	7629	20	79	4710	969	157
湖　南	32058	22897	1145	192	1725	191	629	1017	157	40
广　东	10689	2719	131	753	110	1526	114	892	1328	713
广　西	65214	44546	210	105	1949	29	20	2745	461	170
海　南	11355	5294	—	—	666	—	—	1906	—	—
重　庆	182282	159727	4526	—	6481	—	—	1092	1210	732
四　川	440930	284368	8960	—	40508	20	166	37280	3234	727
贵　州	169365	137277	6790	—	14762	—	—	3033	1678	393
云　南	145759	65672	4494	107	22653	15	112	9862	2504	514
西　藏	6775	6775	—	—	—	—	—	—	—	—
陕　西	153185	104985	5654	499	15753	—	1455	4395	1325	88
甘　肃	198870	82991	5632	—	10661	—	9	7426	1178	899
青　海	69480	14150	3423	—	4789	—	—	280	1214	878
宁　夏	33150	25199	937	—	810	—	—	1315	820	484
新　疆	54823	41791	2762	—	5913	35	62	1646	205	296
新疆兵团	14002	12385	884	—	213	—	62	240	20	35
局直属单位	110824	—	27	—	18355	—	—	—	4081	1688
大兴安岭	81057	—	27	—	18355	—	—	—	3234	388

林业系统各地区按事业分的营林基本建设国家投资完成额(二)

单位:万元

地　区	十、林业工作站	十一、森林公安	十二、森林公园	十三、自然保护区及野生动植物保护	十四、花卉	十五、林政及木材检查站	十六、林业调查规划设计	十七、林业教育	十八、林业科技及重点实验室	十九、其他
全国合计	**2795**	**29348**	**5415**	**27784**	**1415**	**1720**	**6354**	**64126**	**13391**	**703508**
北　京	78	45	10	195	234	30	51	—	30	3288
天　津	35	—	10	30	—	—	20	—	—	—
河　北	—	55	110	2839	44	2	10	5	12	5590
山　西	76	508	47	1038	138	30	105	114	961	72870
内蒙古	49	5206	54	1617	—	20	62	664	950	123433
内蒙古集团	—	4283	—	980	—	—	—	—	—	28510
辽　宁	55	51	5	421	7	46	7	—	13	—
吉　林	78	4646	280	208	—	20	—	8056	3042	76195
吉林集团	—	2582	—	—	—	—	—	4417	3037	19151
黑龙江	126	4704	1687	3177	—	40	—	25884	18	72651
龙江集团	—	4500	1165	1001	—	—	—	25884	—	72138
上　海	80	—	—	40	—	—	75	5	135	121
江　苏	13	—	—	1066	80	—	—	—	10	310
浙　江	76	47	724	46	—	15	—	—	27	839
安　徽	68	56	160	129	—	25	44	—	218	2799
福　建	201	63	673	575	204	35	1	70	39	1199
江　西	45	114	—	9	45	12	20	—	7	3322
山　东	70	50	15	428	—	80	55	—	80	235
河　南	47	455	10	1025	—	10	17	—	218	21937
湖　北	38	81	30	184	15	17	130	36	15	4057
湖　南	80	65	371	3206	97	30	20	51	145	—
广　东	65	72	175	777	—	41	137	—	65	1071
广　西	54	47	220	818	218	69	94	—	69	13390
海　南	—	—	—	475	—	—	—	—	—	3014
重　庆	—	885	225	566	123	30	296	—	1	6388
四　川	229	239	165	1950	—	75	57	—	602	62350
贵　州	500	135	15	823	—	30	40	20	835	3034
云　南	195	712	10	719	—	13	35	246	381	37515
西　藏	—	—	—	—	—	—	—	—	—	—
陕　西	83	581	71	530	—	45	10	160	210	17341
甘　肃	165	1804	178	235	210	25	70	866	625	85896
青　海	39	38	—	117	—	20	341	20	542	43629
宁　夏	90	30	150	1552	—	15	30	20	720	978
新　疆	160	595	20	248	—	681	50	126	70	163
新疆兵团	—	—	—	—	—	—	—	—	—	163
局直属单位	—	8064	—	2741	—	264	4577	27783	3351	39893
大兴安岭	—	8064	—	1285	—	264	1706	10250	—	37484

林业系统各地区按事业分的营林基本建设由国家林业局安排的国家投资完成额(一)

单位:万元

地 区	合 计	一、造林	二、封山育林	三、迹地更新	四、森林管护	五、低产林改造	六、中、幼龄林抚育	七、种苗工程	八、森林防火	九、森林病虫鼠害防治
全国合计	**1425845**	**652189**	**55860**	**950**	**125983**	**2508**	**680**	**62741**	**26402**	**5523**
北 京	1092	155	—	—	—	—	—	35	355	194
天 津	2765	2554	—	—	—	—	—	20	35	61
河 北	43067	37352	3536	—	170	—	—	396	478	—
山 西	68281	40545	5590	—	26	2131	—	1100	649	340
内蒙古	306904	132594	11754	—	24310	—	—	5123	3614	440
内蒙古集团	52476	—	—	—	17942	—	—	—	761	—
辽 宁	24418	23534	—	—	—	—	—	166	384	112
吉 林	90951	7328	632	80	8484	—	—	1176	303	185
吉林集团	31823	—	497	80	2931	—	—	80	10	38
黑龙江	147519	11595	—	—	22967	—	—	1770	4932	267
龙江集团	129685	500	—	—	21054	—	—	520	2913	10
上 海	635	515	—	—	—	—	—	5	10	10
江 苏	2029	1451	8	—	—	—	—	415	40	82
浙 江	5682	2850	257	10	236	294	15	207	316	708
安 徽	27590	24402	153	—	725	3	1	1246	117	68
福 建	3955	1269	335	—	426	—	35	257	99	269
江 西	5176	2896	158	—	659	5	—	238	442	106
山 东	8780	3880	—	—	300	—	—	1607	1947	98
河 南	43643	22653	652	233	1222	—	—	632	656	14
湖 北	30488	17780	2781	—	4097	—	—	1989	408	136
湖 南	31753	22897	1145	129	1725	15	629	1017	157	40
广 东	1018	185	—	—	—	40	—	30	230	147
广 西	8983	4342	22	—	531	—	—	1141	109	52
海 南	—	—	—	—	—	—	—	—	—	—
重 庆	164820	150755	3879	—	5048	—	—	822	1000	39
四 川	90452	34504	8881	—	—	20	—	37132	2623	384
贵 州	58995	29232	6790	—	14762	—	—	2953	1558	393
云 南	28973	12155	787	—	6901	—	—	2633	337	64
西 藏	—	—	—	—	—	—	—	—	—	—
陕 西	46263	33278	3237	498	4778	—	—	115	523	22
甘 肃	26556	12470	1309	—	5472	—	—	106	413	211
青 海	66798	14000	3423	—	4789	—	—	280	1123	531
宁 夏	898	153	—	—	—	—	—	35	270	40
新 疆	6304	4865	504	—	—	—	—	95	40	122
新疆兵团	5429	4765	504	—	—	—	—	—	—	2
局直属单位	81057	—	27	—	18355	—	—	—	3234	388
大兴安岭	81057	—	27	—	18355	—	—	—	3234	388

林业系统各地区按事业分的营林基本建设由国家林业局安排的国家投资完成额(二)

单位:万元

地区	十、林业工作站	十一、森林公安	十二、森林公园	十三、自然保护区及野生动植物保护	十四、花卉	十五、林政及木材检查站	十六、林业调查规划设计	十七、林业教育	十八、林业科技及重点实验室	十九、其他
全国合计	**2114**	**26068**	**2727**	**14246**	**145**	**895**	**2610**	**45972**	**7479**	**390753**
北京	78	45	10	40	—	30	30	—	20	100
天津	35	—	10	30	—	—	20	—	—	—
河北	—	50	90	393	—	—	—	—	4	598
山西	62	45	15	890	—	25	10	—	849	16004
内蒙古	47	5084	3	1617	—	20	60	664	887	120687
内蒙古集团	—	4283	—	980	—	—	—	—	—	28510
辽宁	47	38	5	117	—	15	—	—	—	—
吉林	74	4484	—	208	—	20	—	8045	3042	56890
吉林集团	—	2582	—	—	—	—	—	4417	3037	18151
黑龙江	42	4560	1405	1401	—	40	—	25884	18	72638
龙江集团	—	4500	1165	1001	—	—	—	25884	—	72138
上海	5	—	—	20	—	—	15	—	35	20
江苏	13	—	—	—	—	—	—	—	10	10
浙江	60	42	265	28	—	15	—	—	15	364
安徽	59	43	50	118	—	24	—	—	167	414
福建	169	36	169	40	—	5	1	10	20	815
江西	16	40	—	9	45	1	16	—	4	541
山东	70	50	15	428	—	80	55	—	80	170
河南	10	351	10	14	—	4	9	—	95	17088
湖北	36	32	—	137	3	17	29	10	15	3018
湖南	80	65	305	3206	97	30	20	51	145	—
广东	30	72	—	35	—	41	125	—	65	18
广西	31	15	—	252	—	20	—	—	30	2438
海南	—	—	—	—	—	—	—	—	—	—
重庆	—	875	10	328	—	30	—	—	—	2034
四川	194	228	165	1923	—	70	30	—	424	3874
贵州	500	65	15	823	—	30	40	20	835	979
云南	6	146	5	508	—	—	20	116	5	5290
西藏	—	—	—	—	—	—	—	—	—	—
陕西	62	331	—	129	—	—	3	160	15	3112
甘肃	99	1159	10	85	—	19	—	692	222	4289
青海	39	38	—	67	—	20	341	20	407	41720
宁夏	90	30	150	65	—	15	30	20	—	—
新疆	160	80	20	50	—	60	50	30	70	158
新疆兵团	—	—	—	—	—	—	—	—	—	158
局直属单位	—	8064	—	1285	—	264	1706	10250	—	37484
大兴安岭	—	8064	—	1285	—	264	1706	10250	—	37484

林业系统各地区按事业分的国有林场、苗圃营林基本建设投资完成额(一)

单位:万元

地区	合计	一、造林	二、封山育林	三、迹地更新	四、森林管护	五、低产林改造	六、中、幼龄林抚育	七、种苗工程	八、森林防火	九、森林病虫鼠害防治
全国合计	**200680**	**54154**	**16338**	**4897**	**35599**	**1980**	**3379**	**15183**	**6239**	**2158**
北　京	4882	896	529	100	25	—	827	1115	288	90
天　津	—	—	—	—	—	—	—	—	—	—
河　北	5932	3303	245	99	301	—	80	275	410	192
山　西	13887	3439	2717	—	3166	1581	—	502	148	254
内蒙古	27026	5988	1309	3	4166	—	65	1986	996	123
内蒙古集团	—	—	—	—	—	—	—	—	—	—
辽　宁	1695	636	—	—	628	—	—	2	65	39
吉　林	18916	3556	213	49	467	—	96	272	166	123
吉林集团	—	—	—	—	—	—	—	—	—	—
黑龙江	12220	4681	588	35	2285	—	341	1650	1100	257
龙江集团	—	—	—	—	—	—	—	—	—	—
上　海	43	—	—	—	—	—	1	42	—	—
江　苏	1457	315	65	16	135	18	43	241	408	20
浙　江	2372	70	27	10	76	11	—	6	10	64
安　徽	2588	735	107	62	156	—	315	463	71	2
福　建	1637	33	23	294	298	—	77	692	7	6
江　西	1727	336	18	28	438	39	127	406	44	13
山　东	2434	480	—	—	70	—	20	617	223	84
河　南	1622	164	50	48	171	30	18	124	55	3
湖　北	7649	2162	1851	85	1028	7	83	1129	119	52
湖　南	750	333	94	27	4	—	—	225	21	20
广　东	5786	110	7	536	323	269	75	1606	15	12
广　西	17605	6258	34	3298	226	25	969	934	38	13
海　南	1474	465	8	178	435	—	127	184	7	—
重　庆	4772	568	1116	—	1532	—	—	—	172	106
四　川	14441	5629	1412	—	5816	—	—	165	127	26
贵　州	1923	145	30	—	1051	—	3	117	80	13
云　南	4420	796	199	—	1056	—	112	812	231	61
西　藏	—	—	—	—	—	—	—	—	—	—
陕　西	12513	5731	1406	29	3815	—	—	198	277	27
甘　肃	19493	6460	2707	—	4507	—	—	105	360	228
青　海	6380	807	1384	—	3129	—	—	—	490	325
宁　夏	3448	25	199	—	295	—	—	1315	299	—
新　疆	1588	33	—	—	—	—	—	—	12	5
新疆兵团	—	—	—	—	—	—	—	—	—	—
局直属单位	—	—	—	—	—	—	—	—	—	—
大兴安岭	—	—	—	—	—	—	—	—	—	—

林业系统各地区按事业分的国有林场、苗圃营林基本建设投资完成额(二)

单位:万元

地　　区	十、林业工作站	十一、森林公安	十二、森林公园	十三、自然保护区及野生动植物保护	十四、花卉	十五、林政及木材检查站	十六、林业调查规划设计	十七、林业教育	十八、林业科技及重点实验室	十九、其他
全国合计	**80**	**1799**	**4890**	**2750**	**197**	**597**	**29**	**808**	**650**	**48953**
北　京	—	—	10	110	—	—	—	—	2	890
天　津	—	—	—	—	—	—	—	—	—	—
河　北	—	—	105	160	1	—	—	—	3	758
山　西	13	32	15	548	—	5	—	—	437	1030
内蒙古	—	246	—	—	—	2	—	664	2	11476
内蒙古集团	—	—	—	—	—	—	—	—	—	—
辽　宁	—	—	30	63	11	—	11	—	—	210
吉　林	20	234	280	—	70	12	—	11	30	13317
吉林集团	—	—	—	—	—	—	—	—	—	—
黑龙江	—	120	420	376	—	40	—	—	—	327
龙江集团	—	—	—	—	—	—	—	—	—	—
上　海	—	—	—	—	—	—	—	—	—	—
江　苏	—	45	99	2	20	—	—	—	—	30
浙　江	—	—	1971	—	—	—	—	—	—	127
安　徽	—	—	252	2	—	—	6	—	11	406
福　建	—	30	10	—	—	—	5	—	12	150
江　西	—	—	—	—	45	—	2	—	3	228
山　东	—	—	850	—	—	5	—	—	—	85
河　南	—	191	10	207	—	—	—	—	—	551
湖　北	—	29	38	20	28	—	3	3	—	1012
湖　南	—	—	—	24	—	—	—	2	—	—
广　东	5	—	170	69	—	—	—	2	—	2587
广　西	—	—	10	35	—	—	—	—	—	5765
海　南	—	48	—	—	22	—	—	—	—	—
重　庆	—	60	215	10	—	3	2	—	—	988
四　川	—	8	155	86	—	—	—	—	—	1017
贵　州	—	4	—	—	—	—	—	—	—	480
云　南	—	41	—	78	—	—	—	—	1	1033
西　藏	—	—	—	—	—	—	—	—	—	—
陕　西	—	4	70	—	—	30	—	—	—	926
甘　肃	12	312	5	18	—	10	—	—	4	4765
青　海	—	—	—	—	—	—	—	—	10	235
宁　夏	—	7	150	942	—	—	—	—	135	81
新　疆	30	388	25	—	—	490	—	126	—	479
新疆兵团	—	—	—	—	—	—	—	—	—	—
局直属单位	—	—	—	—	—	—	—	—	—	—
大兴安岭	—	—	—	—	—	—	—	—	—	—

林业利用外资基本情况

单位:万美元

指 标	项目个数（个）	实际利用外资金额			
		合计	国外借款	外商投资	无偿援助
总 计	**479**	**37234**	**8976**	**24385**	**3873**
一、按工程分					
（一）天然林资源保护工程	—	—	—	—	—
（二）退耕还林工程	9	668	30	638	—
（三）京津风沙源治理工程	1	10	—	—	10
（四）三北及长江流域等防护林工程	8	1658	40	53	1565
（五）野生动植物保护及自然保护区建设工程	21	271	—	—	271
（六）速生丰产用材林基地建设工程	66	2045	1448	591	6
（七）其他	374	32582	7458	23103	2021
二、按建设项目分					
（一）营造林	260	15122	8843	2881	3398
（二）木竹材加工	95	9396	1	9395	—
（三）林产化工	4	239	—	239	—
（四）非木质林产品加工	14	1223	—	1223	—
（五）花卉、种苗	18	4635	—	4635	—
（六）科学研究	9	30	—	—	30
（七）其他	79	6589	132	6012	445

各地区林业利用

地　　区	合　计	一、按工程分					
		(一)天然林资源保护工程	(二)退耕还林工程	(三)京津风沙源治理工程	(四)三北及长江流域等防护林工程	(五)野生动植物保护及自然保护区建设工程	(六)速生丰产用材林基地建设工程
全国合计	**479**	**—**	**9**	**1**	**8**	**21**	**66**
北　京	5	—	—	—	—	—	—
天　津	—	—	—	—	—	—	—
河　北	16	—	—	—	—	—	9
山　西	2	—	—	—	—	—	—
内蒙古	3	—	—	1	—	—	—
内蒙古集团	—	—	—	—	—	—	—
辽　宁	17	—	—	—	—	—	—
吉　林	—	—	—	—	—	—	—
吉林集团	—	—	—	—	—	—	—
黑龙江	1	—	—	—	—	—	—
龙江集团	1	—	—	—	—	—	—
上　海	—	—	—	—	—	—	—
江　苏	23	—	1	—	—	—	—
浙　江	2	—	—	—	—	—	—
安　徽	96	—	—	—	1	—	17
福　建	139	—	—	—	—	—	4
江　西	38	—	—	—	—	—	11
山　东	7	—	—	—	1	—	4
河　南	3	—	—	—	—	—	—
湖　北	5	—	—	—	—	—	1
湖　南	19	—	—	—	1	—	5
广　东	3	—	—	—	—	—	3
广　西	28	—	7	—	—	—	12
海　南	1	—	1	—	—	—	—
重　庆	5	—	—	—	—	—	—
四　川	16	—	—	—	—	12	—
贵　州	2	—	—	—	—	—	—
云　南	16	—	—	—	—	9	—
西　藏	—	—	—	—	—	—	—
陕　西	29	—	—	—	4	—	—
甘　肃	1	—	—	—	—	—	—
青　海	1	—	—	—	—	—	—
宁　夏	1	—	—	—	1	—	—
新　疆	—	—	—	—	—	—	—
新疆兵团	—	—	—	—	—	—	—
局直属单位	—	—	—	—	—	—	—
大兴安岭	—	—	—	—	—	—	—

外资项目个数

单位：个

	二、按建设项目分：						
（七）其他	（一）营造林	（二）木竹材加工	（三）林产化工	（四）非木质林产品加工	（五）花卉、种苗	（六）科学研究	（七）其他
374	**260**	**95**	**4**	**14**	**18**	**9**	**79**
5	1	—	—	—	—	4	—
—	—	—	—	—	—	—	—
7	16	—	—	—	—	—	—
2	2	—	—	—	—	—	—
2	3	—	—	—	—	—	—
—	—	—	—	—	—	—	—
17	17	—	—	—	—	—	—
—	—	—	—	—	—	—	—
—	—	—	—	—	—	—	—
1	—	1	—	—	—	—	—
1	—	1	—	—	—	—	—
—	—	—	—	—	—	—	—
22	4	5	—	1	2	—	11
2	—	—	—	—	1	—	1
78	87	—	—	—	—	—	9
135	14	79	1	10	14	—	21
27	22	2	2	1	1	—	10
2	5	—	—	2	—	—	—
3	3	—	—	—	—	—	—
4	1	2	1	—	—	—	1
13	10	4	—	—	—	—	5
—	3	—	—	—	—	—	—
9	25	1	—	—	—	—	2
—	1	—	—	—	—	—	—
5	3	1	—	—	—	—	1
4	4	—	—	—	—	5	7
2	2	—	—	—	—	—	—
7	7	—	—	—	—	—	9
—	—	—	—	—	—	—	—
25	28	—	—	—	—	—	1
1	1	—	—	—	—	—	—
1	—	—	—	—	—	—	1
—	1	—	—	—	—	—	—
—	—	—	—	—	—	—	—
—	—	—	—	—	—	—	—
—	—	—	—	—	—	—	—
—	—	—	—	—	—	—	—

各地区林业实际

地　　区	合　计	一、按工程分					
		（一）天然林资源保护工程	（二）退耕还林工程	（三）京津风沙源治理工程	（四）三北及长江流域等防护林工程	（五）野生动植物保护及自然保护区建设工程	（六）速生丰产用材林基地建设工程
全国合计	**37234**	**—**	**668**	**10**	**1658**	**271**	**2045**
北　京	44	—	—	—	—	—	—
天　津	—	—	—	—	—	—	—
河　北	248	—	—	—	—	—	177
山　西	867	—	—	—	—	—	—
内蒙古	695	—	—	10	—	—	—
内蒙古集团	—	—	—	—	—	—	—
辽　宁	201	—	—	—	—	—	—
吉　林	—	—	—	—	—	—	—
吉林集团	—	—	—	—	—	—	—
黑龙江	24	—	—	—	—	—	—
龙江集团	24	—	—	—	—	—	—
上　海	—	—	—	—	—	—	—
江　苏	3232	—	37	—	—	—	—
浙　江	245	—	—	—	—	—	—
安　徽	918	—	—	—	53	—	503
福　建	16114	—	—	—	—	—	52
江　西	937	—	—	—	—	—	144
山　东	195	—	—	—	8	—	45
河　南	1092	—	—	—	—	—	—
湖　北	480	—	—	—	—	—	195
湖　南	2778	—	—	—	43	—	85
广　东	470	—	—	—	—	—	470
广　西	611	—	110	—	—	—	374
海　南	600	—	521	—	—	—	—
重　庆	88	—	—	—	—	—	—
四　川	331	—	—	—	—	92	—
贵　州	102	—	—	—	—	—	—
云　南	981	—	—	—	—	179	—
西　藏	—	—	—	—	—	—	—
陕　西	4384	—	—	—	93	—	—
甘　肃	16	—	—	—	—	—	—
青　海	120	—	—	—	—	—	—
宁　夏	1461	—	—	—	1461	—	—
新　疆	—	—	—	—	—	—	—
新疆兵团	—	—	—	—	—	—	—
局直属单位	—	—	—	—	—	—	—
大兴安岭	—	—	—	—	—	—	—

利用外资金额

单位:万美元

	二、按建设项目分						
(七)其他	(一)营造林	(二)木竹材加工	(三)林产化工	(四)非木质林产品加工	(五)花卉、种苗	(六)科学研究	(七)其他
32582	**15122**	**9396**	**239**	**1223**	**4635**	**30**	**6589**
44	19	—	—	—	—	25	—
—	—	—	—	—	—	—	—
71	248	—	—	—	—	—	—
867	867	—	—	—	—	—	—
685	695	—	—	—	—	—	—
—	—	—	—	—	—	—	—
201	201	—	—	—	—	—	—
—	—	—	—	—	—	—	—
—	—	—	—	—	—	—	—
24	—	24	—	—	—	—	—
24	—	24	—	—	—	—	—
—	—	—	—	—	—	—	—
3195	71	1345	—	80	71	—	1665
245	—	—	—	—	50	—	195
362	900	—	—	—	—	—	18
16062	1396	6643	86	924	4502	—	2563
793	462	99	97	77	12	—	190
142	53	—	—	142	—	—	—
1092	1092	—	—	—	—	—	—
285	195	217	56	—	—	—	12
2650	224	1051	—	—	—	—	1503
—	470	—	—	—	—	—	—
127	592	8	—	—	—	—	11
79	600	—	—	—	—	—	—
88	54	9	—	—	—	—	25
239	226	—	—	—	—	5	100
102	102	—	—	—	—	—	—
802	802	—	—	—	—	—	179
—	—	—	—	—	—	—	—
4291	4378	—	—	—	—	—	6
16	14	—	—	—	—	—	2
120	—	—	—	—	—	—	120
—	1461	—	—	—	—	—	—
—	—	—	—	—	—	—	—
—	—	—	—	—	—	—	—
—	—	—	—	—	—	—	—
—	—	—	—	—	—	—	—

各地区林业利用

地　区	合　计	一、按工程分					
		(一)天然林资源保护工程	(二)退耕还林工程	(三)京津风沙源治理工程	(四)三北及长江流域等防护林工程	(五)野生动植物保护及自然保护区建设工程	(六)速生丰产用材林基地建设工程
全国合计	**8976**	**—**	**30**	**—**	**40**	**—**	**1448**
北　京	—	—	—	—	—	—	—
天　津	—	—	—	—	—	—	—
河　北	228	—	—	—	—	—	161
山　西	867	—	—	—	—	—	—
内蒙古	651	—	—	—	—	—	—
内蒙古集团	—	—	—	—	—	—	—
辽　宁	177	—	—	—	—	—	—
吉　林	—	—	—	—	—	—	—
吉林集团	—	—	—	—	—	—	—
黑龙江	—	—	—	—	—	—	—
龙江集团	—	—	—	—	—	—	—
上　海	—	—	—	—	—	—	—
江　苏	—	—	—	—	—	—	—
浙　江	—	—	—	—	—	—	—
安　徽	514	—	—	—	—	—	497
福　建	—	—	—	—	—	—	—
江　西	167	—	—	—	—	—	114
山　东	45	—	—	—	—	—	45
河　南	1043	—	—	—	—	—	—
湖　北	195	—	—	—	—	—	195
湖　南	180	—	—	—	—	—	85
广　东	—	—	—	—	—	—	—
广　西	480	—	30	—	—	—	351
海　南	—	—	—	—	—	—	—
重　庆	—	—	—	—	—	—	—
四　川	36	—	—	—	—	—	—
贵　州	—	—	—	—	—	—	—
云　南	62	—	—	—	—	—	—
西　藏	—	—	—	—	—	—	—
陕　西	4331	—	—	—	40	—	—
甘　肃	—	—	—	—	—	—	—
青　海	—	—	—	—	—	—	—
宁　夏	—	—	—	—	—	—	—
新　疆	—	—	—	—	—	—	—
新疆兵团	—	—	—	—	—	—	—
局直属单位	—	—	—	—	—	—	—
大兴安岭	—	—	—	—	—	—	—

国外借款金额

单位:万美元

	二、按建设项目分						
(七)其他	(一)营造林	(二)木竹材加工	(三)林产化工	(四)非木质林产品加工	(五)花卉、种苗	(六)科学研究	(七)其他
7458	**8843**	**1**	**—**	**—**	**—**	**—**	**132**
—	—	—	—	—	—	—	—
—	—	—	—	—	—	—	—
67	228	—	—	—	—	—	—
867	867	—	—	—	—	—	—
651	651	—	—	—	—	—	—
—	—	—	—	—	—	—	—
177	177	—	—	—	—	—	—
—	—	—	—	—	—	—	—
—	—	—	—	—	—	—	—
—	—	—	—	—	—	—	—
—	—	—	—	—	—	—	—
—	—	—	—	—	—	—	—
—	—	—	—	—	—	—	—
—	—	—	—	—	—	—	—
17	507	—	—	—	—	—	7
—	—	—	—	—	—	—	—
53	153	—	—	—	—	—	14
—	45	—	—	—	—	—	—
1043	1043	—	—	—	—	—	—
—	195	—	—	—	—	—	—
95	86	—	—	—	—	—	94
—	—	—	—	—	—	—	—
99	468	1	—	—	—	—	11
—	—	—	—	—	—	—	—
—	—	—	—	—	—	—	—
36	36	—	—	—	—	—	—
—	—	—	—	—	—	—	—
62	62	—	—	—	—	—	—
—	—	—	—	—	—	—	—
4291	4325	—	—	—	—	—	6
—	—	—	—	—	—	—	—
—	—	—	—	—	—	—	—
—	—	—	—	—	—	—	—
—	—	—	—	—	—	—	—
—	—	—	—	—	—	—	—
—	—	—	—	—	—	—	—
—	—	—	—	—	—	—	—

各地区林业利用

地　区	合　计	一、按工程分					
		（一）天然林资源保护工程	（二）退耕还林工程	（三）京津风沙源治理工程	（四）三北及长江流域等防护林工程	（五）野生动植物保护及自然保护区建设工程	（六）速生丰产用材林基地建设工程
全国合计	**24385**	**—**	**638**	**—**	**53**	**—**	**591**
北　京	—	—	—	—	—	—	—
天　津	—	—	—	—	—	—	—
河　北	16	—	—	—	—	—	16
山　西	—	—	—	—	—	—	—
内蒙古	—	—	—	—	—	—	—
内蒙古集团	—	—	—	—	—	—	—
辽　宁	—	—	—	—	—	—	—
吉　林	—	—	—	—	—	—	—
吉林集团	—	—	—	—	—	—	—
黑龙江	24	—	—	—	—	—	—
龙江集团	24	—	—	—	—	—	—
上　海	—	—	—	—	—	—	—
江　苏	3228	—	37	—	—	—	—
浙　江	245	—	—	—	—	—	—
安　徽	123	—	—	—	53	—	—
福　建	16114	—	—	—	—	—	52
江　西	491	—	—	—	—	—	30
山　东	142	—	—	—	—	—	—
河　南	49	—	—	—	—	—	—
湖　北	273	—	—	—	—	—	—
湖　南	2451	—	—	—	—	—	—
广　东	470	—	—	—	—	—	470
广　西	131	—	80	—	—	—	23
海　南	600	—	521	—	—	—	—
重　庆	9	—	—	—	—	—	—
四　川	13	—	—	—	—	—	—
贵　州	—	—	—	—	—	—	—
云　南	6	—	—	—	—	—	—
西　藏	—	—	—	—	—	—	—
陕　西	—	—	—	—	—	—	—
甘　肃	—	—	—	—	—	—	—
青　海	—	—	—	—	—	—	—
宁　夏	—	—	—	—	—	—	—
新　疆	—	—	—	—	—	—	—
新疆兵团	—	—	—	—	—	—	—
局直属单位	—	—	—	—	—	—	—
大兴安岭	—	—	—	—	—	—	—

外商投资金额

单位:万美元

	二、按建设项目分						
(七)其他	(一)营造林	(二)木竹材加工	(三)林产化工	(四)非木质林产品加工	(五)花卉、种苗	(六)科学研究	(七)其他
23103	**2881**	**9395**	**239**	**1223**	**4635**	**—**	**6012**
—	—	—	—	—	—	—	—
—	—	—	—	—	—	—	—
—	16	—	—	—	—	—	—
—	—	—	—	—	—	—	—
—	—	—	—	—	—	—	—
—	—	—	—	—	—	—	—
—	—	—	—	—	—	—	—
—	—	—	—	—	—	—	—
—	—	—	—	—	—	—	—
24	—	24	—	—	—	—	—
24	—	24	—	—	—	—	—
—	—	—	—	—	—	—	—
3191	67	1345	—	80	71	—	1665
245	—	—	—	—	50	—	195
70	123	—	—	—	—	—	—
16062	1396	6643	86	924	4502	—	2563
461	30	99	97	77	12	—	176
142	—	—	—	142	—	—	—
49	49	—	—	—	—	—	—
273	—	217	56	—	—	—	—
2451	—	1051	—	—	—	—	1400
—	470	—	—	—	—	—	—
28	124	7	—	—	—	—	—
79	600	—	—	—	—	—	—
9	—	9	—	—	—	—	—
13	—	—	—	—	—	—	13
—	—	—	—	—	—	—	—
6	6	—	—	—	—	—	—
—	—	—	—	—	—	—	—
—	—	—	—	—	—	—	—
—	—	—	—	—	—	—	—
—	—	—	—	—	—	—	—
—	—	—	—	—	—	—	—
—	—	—	—	—	—	—	—
—	—	—	—	—	—	—	—
—	—	—	—	—	—	—	—
—	—	—	—	—	—	—	—

各地区林业利用国

地　区	合　计	一、按工程分					
		(一)天然林资源保护工程	(二)退耕还林工程	(三)京津风沙源治理工程	(四)三北及长江流域等防护林工程	(五)野生动植物保护及自然保护区建设工程	(六)速生丰产用材林基地建设工程
全国合计	**3873**	**—**	**—**	**10**	**1565**	**271**	**6**
北　京	44	—	—	—	—	—	—
天　津	—	—	—	—	—	—	—
河　北	4	—	—	—	—	—	—
山　西	—	—	—	—	—	—	—
内蒙古	44	—	—	10	—	—	—
内蒙古集团	—	—	—	—	—	—	—
辽　宁	24	—	—	—	—	—	—
吉　林	—	—	—	—	—	—	—
吉林集团	—	—	—	—	—	—	—
黑龙江	—	—	—	—	—	—	—
龙江集团	—	—	—	—	—	—	—
上　海	—	—	—	—	—	—	—
江　苏	4	—	—	—	—	—	—
浙　江	—	—	—	—	—	—	—
安　徽	281	—	—	—	—	—	6
福　建	—	—	—	—	—	—	—
江　西	279	—	—	—	—	—	—
山　东	8	—	—	—	8	—	—
河　南	—	—	—	—	—	—	—
湖　北	12	—	—	—	—	—	—
湖　南	147	—	—	—	43	—	—
广　东	—	—	—	—	—	—	—
广　西	—	—	—	—	—	—	—
海　南	—	—	—	—	—	—	—
重　庆	79	—	—	—	—	—	—
四　川	282	—	—	—	—	92	—
贵　州	102	—	—	—	—	—	—
云　南	913	—	—	—	—	179	—
西　藏	—	—	—	—	—	—	—
陕　西	53	—	—	—	53	—	—
甘　肃	16	—	—	—	—	—	—
青　海	120	—	—	—	—	—	—
宁　夏	1461	—	—	—	1461	—	—
新　疆	—	—	—	—	—	—	—
新疆兵团	—	—	—	—	—	—	—
局直属单位	—	—	—	—	—	—	—
大兴安岭	—	—	—	—	—	—	—

外无偿援助金额

单位:万美元

(七)其他	二、按建设项目分						
	(一)营造林	(二)木竹材加工	(三)林产化工	(四)非木质林产品加工	(五)花卉、种苗	(六)科学研究	(七)其他
2021	**3398**	**—**	**—**	**—**	**—**	**30**	**445**
44	19	—	—	—	—	25	—
—	—	—	—	—	—	—	—
4	4	—	—	—	—	—	—
—	—	—	—	—	—	—	—
34	44	—	—	—	—	—	—
—	—	—	—	—	—	—	—
24	24	—	—	—	—	—	—
—	—	—	—	—	—	—	—
—	—	—	—	—	—	—	—
—	—	—	—	—	—	—	—
—	—	—	—	—	—	—	—
—	—	—	—	—	—	—	—
4	4	—	—	—	—	—	—
—	—	—	—	—	—	—	—
275	270	—	—	—	—	—	11
—	—	—	—	—	—	—	—
279	279	—	—	—	—	—	—
—	8	—	—	—	—	—	—
—	—	—	—	—	—	—	—
12	—	—	—	—	—	—	12
104	138	—	—	—	—	—	9
—	—	—	—	—	—	—	—
—	—	—	—	—	—	—	—
—	—	—	—	—	—	—	—
79	54	—	—	—	—	—	25
190	190	—	—	—	—	5	87
102	102	—	—	—	—	—	—
734	734	—	—	—	—	—	179
—	—	—	—	—	—	—	—
—	53	—	—	—	—	—	—
16	14	—	—	—	—	—	2
120	—	—	—	—	—	—	120
—	1461	—	—	—	—	—	—
—	—	—	—	—	—	—	—
—	—	—	—	—	—	—	—
—	—	—	—	—	—	—	—
—	—	—	—	—	—	—	—

林业系统林业建设资金到位情况

单位:万元

指　　标	本年应拨、贷资金额	自年初累计实际到位资金额
总　　计	**5283233**	**4713368**
在总计中:地方配套资金	475693	439378
其中:天保工程配套资金	62981	44732
其中:东北、内蒙古天保工程配套资金	14387	12259
退耕还林工程配套资金	65224	58434
一、国家预算内资金	3961414	3468194
1. 国家预算内基本建设资金	195868	178971
2. 国债资金	1002131	956042
(1) 天然林资源保护工程国债资金	161511	159749
公益林建设	133619	129878
森林防火	15595	14672
种苗工程	9306	11977
科技及其他	2991	3222
(2) 退耕还林工程国债资金	534503	510267
种苗	506377	495606
科技及其他	28126	14661
(3) 京津风沙源治理工程	102452	99159
(4) 防护林工程(三北四期及长江流域等)	86557	84262
(5) 种苗工程	32970	28007
(6) 野生动植物保护及自然保护区建设工程	24353	19889
(7) 病虫害防治工程	6580	5442
(8) 森林防火工程	17397	15273
(9) 其他	35808	33994
3. 中央财政专项资金	2379785	2000979
(1) 天然林资源保护工程	548060	538697
东北、内蒙古等天保工程	349981	339878
长江、黄河流域天保工程	198079	198819
(2)退耕还林工程	1636200	1281245
(3)京津风沙源治理工程	89503	86421
(4)农业综合开发资金	15944	14081
(5)扶贫资金	7282	7093
(6)其他	82796	73442
4. 其他国家预算内资金	383630	332202
二、国内贷款	351501	311169
其中:林业贴息贷款	294859	252473
三、利用外资	130434	118827
四、自筹资金	543728	528414
五、其他资金	296156	286764

林业系统各地区本年应拨、贷资金额(一)

单位:万元

地　区	总　计	其中:地方配套资金				国家预算内资金	
		合　计	其　中			合　计	国家预算内基本建设资金
			天保工程配套资金	其中:东北、内蒙古天保工程配套资金	退耕还林工程配套资金		
全国合计	**5283233**	**475693**	**62981**	**14387**	**65224**	**3961414**	**195868**
北　京	65988	—	—	—	—	29788	3380
天　津	6900	1915	—	—	—	4085	373
河　北	213775	11300	—	—	4826	183411	1579
山　西	186299	3461	2435	—	1026	171178	3561
内蒙古	402595	8234	4096	3845	383	350829	18240
内蒙古集团	97780	—	—	—	—	65546	15796
辽　宁	125987	11128	—	—	—	108045	3455
吉　林	234689	5090	1500	1500	20	167012	4404
吉林集团	69945	1000	1000	1000	—	34611	1181
黑龙江	259295	8571	2200	2200	—	207258	9151
龙江集团	155466	2364	2200	2200	—	138455	7644
上　海	128997	128362	—	—	—	68056	61828
江　苏	169271	23306	—	—	—	8497	1003
浙　江	91433	5314	—	—	—	41484	2888
安　徽	122599	10992	—	—	8376	86034	2448
福　建	83135	5057	—	—	—	30750	2237
江　西	89135	1519	—	—	430	46609	1070
山　东	222552	15000	—	—	—	58261	1470
河　南	136141	1506	—	—	200	101527	659
湖　北	186237	8395	4409	—	2976	150089	1325
湖　南	141129	7136	70	—	—	130457	32058
广　东	143332	92254	—	—	—	116396	1215
广　西	187127	5364	—	—	1930	75985	881
海　南	35114	1100	1100	1100	—	17716	428
重　庆	185936	20508	2648	—	15300	180411	314
四　川	489658	39649	19662	—	19153	440953	2238
贵　州	187990	5707	1310	—	1820	182212	1361
云　南	203128	21552	7831	24	7932	169060	4303
西　藏	14851	—	—	—	—	14851	—
陕　西	328059	5737	3025	—	—	315782	1334
甘　肃	250790	8972	6274	—	—	218041	1672
青　海	73938	1060	438	—	341	72647	991
宁　夏	68437	5270	265	—	191	33298	678
新　疆	103829	3368	1000	1000	320	73803	976
新疆兵团	35855	2368	—	—	320	23348	58
局直属单位	144887	8866	4718	4718	—	106889	28348
大兴安岭	112356	8866	4718	4718	—	85165	6624

林业系统各地区本年

<table>
<tr><th rowspan="4">地　区</th><th colspan="10">国　　家　　预</th></tr>
<tr><th colspan="10">国　债　资　金</th></tr>
<tr><th rowspan="2">计</th><th colspan="5">天然林资源保护工程国债资金</th><th colspan="3">退耕还林工程国债资金</th><th rowspan="2">京津风沙源工程</th></tr>
<tr><th>小计</th><th>公益林建设</th><th>森林防火</th><th>种苗工程</th><th>科技及其他</th><th>小计</th><th>种苗</th><th>科技及其他</th></tr>
<tr><td>全国合计</td><td>1002131</td><td>161511</td><td>133619</td><td>15595</td><td>9306</td><td>2991</td><td>534503</td><td>506377</td><td>28126</td><td>102452</td></tr>
<tr><td>北　京</td><td>10728</td><td>—</td><td>—</td><td>—</td><td>—</td><td>—</td><td>—</td><td>—</td><td>—</td><td>9770</td></tr>
<tr><td>天　津</td><td>3500</td><td>—</td><td>—</td><td>—</td><td>—</td><td>—</td><td>—</td><td>—</td><td>—</td><td>1800</td></tr>
<tr><td>河　北</td><td>61868</td><td>—</td><td>—</td><td>—</td><td>—</td><td>—</td><td>36260</td><td>36000</td><td>260</td><td>19116</td></tr>
<tr><td>山　西</td><td>59630</td><td>6708</td><td>5820</td><td>600</td><td>—</td><td>288</td><td>21510</td><td>21510</td><td>—</td><td>26796</td></tr>
<tr><td>内蒙古</td><td>93038</td><td>11403</td><td>10733</td><td>520</td><td>—</td><td>150</td><td>26130</td><td>26000</td><td>130</td><td>44970</td></tr>
<tr><td>内蒙古集团</td><td>4396</td><td>—</td><td>—</td><td>—</td><td>—</td><td>—</td><td>—</td><td>—</td><td>—</td><td>—</td></tr>
<tr><td>辽　宁</td><td>29958</td><td>468</td><td>468</td><td>—</td><td>—</td><td>—</td><td>20500</td><td>20500</td><td>—</td><td>—</td></tr>
<tr><td>吉　林</td><td>31213</td><td>—</td><td>—</td><td>—</td><td>—</td><td>—</td><td>18000</td><td>18000</td><td>—</td><td>—</td></tr>
<tr><td>吉林集团</td><td>1327</td><td>—</td><td>—</td><td>—</td><td>—</td><td>—</td><td>—</td><td>—</td><td>—</td><td>—</td></tr>
<tr><td>黑龙江</td><td>37087</td><td>—</td><td>—</td><td>—</td><td>—</td><td>—</td><td>18500</td><td>18500</td><td>—</td><td>—</td></tr>
<tr><td>龙江集团</td><td>9814</td><td>—</td><td>—</td><td>—</td><td>—</td><td>—</td><td>500</td><td>500</td><td>—</td><td>—</td></tr>
<tr><td>上　海</td><td>100</td><td>—</td><td>—</td><td>—</td><td>—</td><td>—</td><td>—</td><td>—</td><td>—</td><td>—</td></tr>
<tr><td>江　苏</td><td>6068</td><td>—</td><td>—</td><td>—</td><td>—</td><td>—</td><td>—</td><td>—</td><td>—</td><td>—</td></tr>
<tr><td>浙　江</td><td>3432</td><td>—</td><td>—</td><td>—</td><td>—</td><td>—</td><td>—</td><td>—</td><td>—</td><td>—</td></tr>
<tr><td>安　徽</td><td>32300</td><td>—</td><td>—</td><td>—</td><td>—</td><td>—</td><td>28615</td><td>23517</td><td>5098</td><td>—</td></tr>
<tr><td>福　建</td><td>6462</td><td>—</td><td>—</td><td>—</td><td>—</td><td>—</td><td>—</td><td>—</td><td>—</td><td>—</td></tr>
<tr><td>江　西</td><td>22014</td><td>—</td><td>—</td><td>—</td><td>—</td><td>—</td><td>16210</td><td>16000</td><td>210</td><td>—</td></tr>
<tr><td>山　东</td><td>7575</td><td>—</td><td>—</td><td>—</td><td>—</td><td>—</td><td>—</td><td>—</td><td>—</td><td>—</td></tr>
<tr><td>河　南</td><td>26542</td><td>2402</td><td>1232</td><td>1020</td><td>—</td><td>150</td><td>19150</td><td>19000</td><td>150</td><td>—</td></tr>
<tr><td>湖　北</td><td>35825</td><td>8494</td><td>6602</td><td>1197</td><td>—</td><td>695</td><td>21310</td><td>21000</td><td>310</td><td>—</td></tr>
<tr><td>湖　南</td><td>30106</td><td>—</td><td>—</td><td>—</td><td>—</td><td>—</td><td>25453</td><td>23766</td><td>1687</td><td>—</td></tr>
<tr><td>广　东</td><td>5212</td><td>—</td><td>—</td><td>—</td><td>—</td><td>—</td><td>—</td><td>—</td><td>—</td><td>—</td></tr>
<tr><td>广　西</td><td>33978</td><td>—</td><td>—</td><td>—</td><td>—</td><td>—</td><td>21856</td><td>19378</td><td>2478</td><td>—</td></tr>
<tr><td>海　南</td><td>6583</td><td>—</td><td>—</td><td>—</td><td>—</td><td>—</td><td>6000</td><td>6000</td><td>—</td><td>—</td></tr>
<tr><td>重　庆</td><td>32988</td><td>5946</td><td>4946</td><td>1000</td><td>—</td><td>—</td><td>25000</td><td>25000</td><td>—</td><td>—</td></tr>
<tr><td>四　川</td><td>82365</td><td>44541</td><td>42291</td><td>2250</td><td>—</td><td>—</td><td>35000</td><td>35000</td><td>—</td><td>—</td></tr>
<tr><td>贵　州</td><td>41488</td><td>7834</td><td>6234</td><td>1600</td><td>—</td><td>—</td><td>26000</td><td>26000</td><td>—</td><td>—</td></tr>
<tr><td>云　南</td><td>60723</td><td>24514</td><td>20932</td><td>2084</td><td>820</td><td>678</td><td>28977</td><td>24781</td><td>4196</td><td>—</td></tr>
<tr><td>西　藏</td><td>14851</td><td>8486</td><td>—</td><td>—</td><td>8486</td><td>—</td><td>1000</td><td>1000</td><td>—</td><td>—</td></tr>
<tr><td>陕　西</td><td>68007</td><td>20456</td><td>17956</td><td>2500</td><td>—</td><td>—</td><td>42000</td><td>42000</td><td>—</td><td>—</td></tr>
<tr><td>甘　肃</td><td>62981</td><td>14403</td><td>12771</td><td>1404</td><td>—</td><td>228</td><td>40000</td><td>40000</td><td>—</td><td>—</td></tr>
<tr><td>青　海</td><td>20744</td><td>3517</td><td>2647</td><td>870</td><td>—</td><td>—</td><td>11000</td><td>11000</td><td>—</td><td>—</td></tr>
<tr><td>宁　夏</td><td>22952</td><td>1487</td><td>937</td><td>550</td><td>—</td><td>—</td><td>14000</td><td>14000</td><td>—</td><td>—</td></tr>
<tr><td>新　疆</td><td>44346</td><td>—</td><td>—</td><td>—</td><td>—</td><td>—</td><td>32032</td><td>18425</td><td>13607</td><td>—</td></tr>
<tr><td>新疆兵团</td><td>22392</td><td>—</td><td>—</td><td>—</td><td>—</td><td>—</td><td>20032</td><td>6425</td><td>13607</td><td>—</td></tr>
<tr><td>局直属单位</td><td>7467</td><td>852</td><td>50</td><td>—</td><td>—</td><td>802</td><td>—</td><td>—</td><td>—</td><td>—</td></tr>
<tr><td>大兴安岭</td><td>7467</td><td>852</td><td>50</td><td>—</td><td>—</td><td>802</td><td>—</td><td>—</td><td>—</td><td>—</td></tr>
</table>

应拨、贷资金额(二)

单位:万元

算	内	资	金			中央财政专项资金					
							天然林资源保护工程				
防护林工程(三北四期及长江流域等)	种苗工程	野生动植物保护及自然保护区建设工程	病虫害防治工程	森林防火工程	其他	合 计	小 计	东北、内蒙古等天保工程	长江、黄河流域天保工程	退耕还林工程	京津风沙源治理工程
86557	**32970**	**24353**	**6580**	**17397**	**35808**	**2379785**	**548060**	**349981**	**198079**	**1636200**	**89503**
600	—	—	158	—	200	5878	—	—	—	—	4863
600	1000	—	100	—	—	212	—	—	—	—	—
3000	1500	744	305	943	—	106763	—	—	—	96000	—
3000	800	816	—	—	—	99306	7097	—	7097	75200	15200
1000	1800	973	327	1529	4906	228264	72053	65922	6131	83200	69440
—	—	—	—	—	4396	45354	44860	44860	—	—	—
4600	1650	638	655	847	600	55423	—	—	—	44800	—
5000	530	2727	8	1265	3683	131263	87566	87566	—	42120	—
—	480	—	8	10	829	32103	32103	32103	—	—	—
3900	2350	2228	310	4024	5775	161020	120052	120052	—	40023	—
—	500	1001	10	2268	5535	120997	120052	120052	—	—	—
—	—	—	100	—	—	—	—	—	—	—	—
3400	1800	508	360	—	—	1426	—	—	—	—	—
400	153	1347	526	786	220	1135	—	—	—	—	—
1815	686	110	24	447	603	48570	—	—	—	42428	—
3300	1450	872	300	390	150	7980	—	—	—	—	—
3000	1500	744	250	310	—	18316	—	—	—	5400	—
3700	1500	388	300	1687	—	7100	—	—	—	—	—
2600	1700	690	—	—	—	65436	3110	—	3110	60646	—
3000	1700	896	305	120	—	111319	9833	—	9833	99480	—
2929	747	450	23	190	314	65126	1270	—	1270	52038	—
2900	1200	837	145	—	130	1395	—	—	—	—	—
2795	578	949	75	126	7599	28949	—	—	—	20264	—
—	—	475	108	—	—	9605	8125	—	8125	1200	—
—	1100	920	22	—	—	126440	7633	—	7633	117300	—
—	1000	730	213	—	881	328798	60778	—	60778	267582	—
3900	1500	803	303	428	720	133656	12827	—	12827	119600	—
1907	326	1180	67	457	3295	92357	31860	—	31860	58189	—
5000	—	50	115	200	—	—	—	—	—	—	—
2000	1600	864	250	—	837	244647	21535	—	21535	222572	—
6093	—	—	370	492	1623	150801	20637	—	20637	127214	—
3400	1400	705	352	—	370	46877	5225	—	5225	41652	—
3800	1400	1367	178	—	720	9668	2018	—	2018	5320	—
8918	2000	248	322	816	10	20981	5367	5367	—	13972	—
2218	100	—	12	20	10	898	191	191	—	352	—
—	1094	9	2340	3172	71074	71074	71074	—	—	—	—
—	1094	9	2340	3172	71074	71074	71074	—	—	—	—

林业系统各地区本年应拨、贷资金额(三)

单位:万元

地区	国家预算内资金				国内贷款		利用外资	自筹资金	其他资金
	中央财政专项资金			其他国家预算内资金	合计	其中:林业贴息贷款			
	农业综合开发资金	扶贫资金	其他						
全国合计	**15944**	**7282**	**82796**	**383630**	**351501**	**294859**	**130434**	**543728**	**296156**
北京	332	150	533	9802	13869	13869	189	22142	—
天津	—	50	162	—	900	900	—	—	1915
河北	1630	250	8883	13201	27000	27000	1665	—	1699
山西	960	250	599	8681	4000	4000	10000	597	524
内蒙古	537	609	2425	11287	1719	1013	10221	37312	2514
内蒙古集团	—	—	494	—	—	—	—	32234	—
辽宁	303	240	10080	19209	3100	3100	1650	12640	552
吉林	207	776	594	132	—	—	25	30161	37491
吉林集团	—	—	—	—	—	—	—	14520	20814
黑龙江	945	—	—	—	12605	12410	195	28070	11167
龙江集团	945	—	—	—	—	—	195	13704	3112
上海	—	—	—	6128	12700	2500	—	26586	21655
江苏	80	100	1246	—	6000	6000	17892	101960	34922
浙江	228	60	847	34029	15965	12713	1660	14043	18281
安徽	915	323	4904	2716	11775	11598	2773	14901	7116
福建	416	100	7464	14071	10000	10000	28000	14385	—
江西	1310	550	11056	5209	15750	15000	7470	4891	14415
山东	691	—	6409	42116	32700	32700	4424	94468	32699
河南	1680	—	—	8890	16591	16591	8635	6255	3133
湖北	1010	400	596	1620	11800	10000	3984	10888	9476
湖南	1537	114	10167	3167	1258	1158	1432	2484	5498
广东	—	100	1295	108574	6427	5427	3888	11557	5064
广西	742	447	7496	12177	52474	28381	3473	44013	11182
海南	80	200	—	1100	2375	2375	5043	1827	8153
重庆	78	200	1229	20669	1445	1412	499	365	3216
四川	149	50	239	27552	1891	1891	2675	24280	19859
贵州	—	350	879	5707	442	442	850	260	4226
云南	321	105	1882	11677	4527	1091	2252	7404	19885
西藏	—	—	—	—	—	—	—	—	—
陕西	140	400	—	1794	1000	800	7397	846	3034
甘肃	1343	708	899	2587	30469	30469	1399	781	100
青海	—	—	—	4035	—	—	1044	127	120
宁夏	310	250	1770	—	29869	29869	1461	3809	—
新疆	—	500	1142	7500	12450	12150	238	15119	2219
新疆兵团	—	—	355	—	1100	800	—	11407	—
局直属单位	—	—	—	—	10400	—	—	11557	16041
大兴安岭	—	—	—	—	—	—	—	11537	15654

林业系统各地区本年实际到位资金额(一)

单位:万元

地　区	总　计	其中:地方配套资金				国家预算内资金	
		合　计	其　中			合　计	国家预算内基本建设资金
			天保工程配套资金	其中:东北、内蒙古天保工程配套资金	退耕还林工程配套资金		
全国合计	**4713368**	**439378**	**44732**	**12259**	**58434**	**3468194**	**178971**
北　京	59913	—	—	—	—	23713	3380
天　津	6900	1915	—	—	—	4085	373
河　北	187155	12095	—	—	4826	147826	1579
山　西	154906	3414	2435	—	979	145614	3561
内蒙古	357335	7294	1776	1717	362	323034	6268
内蒙古集团	74484	—	—	—	—	54288	4651
辽　宁	109603	11128	—	—	—	91661	3455
吉　林	205431	2426	1500	1500	20	138825	3431
吉林集团	68438	1000	1000	1000	—	33976	1055
黑龙江	251507	8571	2200	2200	—	207258	9151
龙江集团	154283	2364	2200	2200	—	138455	7644
上　海	137870	137235	—	—	—	68056	61828
江　苏	169322	23406	—	—	—	8497	1003
浙　江	91008	5235	—	—	—	41249	2858
安　徽	95325	10935	—	—	8316	61314	605
福　建	86135	2000	—	—	—	30750	2237
江　西	75661	1360	—	—	458	36696	1070
山　东	204765	15000	—	—	—	49894	1470
河　南	136041	1506	—	—	200	101527	659
湖　北	175221	6928	4180	—	2551	142948	1325
湖　南	127473	2563	70	—	—	119389	32058
广　东	121977	82726	—	—	—	92748	1215
广　西	172679	4374	—	—	1469	63844	804
海　南	34439	1100	1100	1100	—	17716	428
重　庆	157326	15167	2101	—	10694	152491	279
四　川	439207	26513	9153	—	16916	411718	2172
贵　州	187990	5707	1310	—	1820	182212	1361
云　南	202026	19687	6863	24	6517	165789	4353
西　藏	14851	—	—	—	—	14851	—
陕　西	166234	3519	1908	—	—	159154	1142
甘　肃	215593	5504	3715	—	—	197492	892
青　海	70761	1021	438	—	341	69480	843
宁　夏	68289	5270	265	—	191	33150	898
新　疆	89660	6913	1000	1000	2774	61044	1003
新疆兵团	34831	5913	—	—	2774	12090	85
局直属单位	140765	8866	4718	4718	—	104169	27270
大兴安岭	108234	8866	4718	4718	—	82445	5546

林业系统各地区本年

地　区	国家预									
	国债资金									
	计	天然林保护工程国债资金					退耕还林工程国债资金			京津风沙源治理工程
		小计	公益林建设	森林防火	种苗工程	科技及其他	小计	种苗	科技及其他	
全国合计	**956042**	**159749**	**129878**	**14672**	**11977**	**3222**	**510267**	**495606**	**14661**	**99159**
北　京	5237	—	—	—	—	—	—	—	—	4279
天　津	3500	—	—	—	—	—	—	—	—	1800
河　北	61868	—	—	—	—	—	36260	36000	260	19116
山　西	55588	6298	5579	431	—	288	16470	16470	—	28558
内蒙古	94645	13924	10668	504	2584	168	25938	25808	130	45406
内蒙古集团	4283	—	—	—	—	—	—	—	—	—
辽　宁	29303	468	468	—	—	—	20500	20500	—	—
吉　林	28117	—	—	—	—	—	17921	17921	—	—
吉林集团	818	—	—	—	—	—	—	—	—	—
黑龙江	37087	—	—	—	—	—	18500	18500	—	—
龙江集团	9814	—	—	—	—	—	500	500	—	—
上　海	100	—	—	—	—	—	—	—	—	—
江　苏	6068	—	—	—	—	—	—	—	—	—
浙　江	3432	—	—	—	—	—	—	—	—	—
安　徽	28997	—	—	—	—	—	25570	22737	2833	—
福　建	6462	—	—	—	—	—	—	—	—	—
江　西	20010	—	—	—	—	—	15720	15563	157	—
山　东	7575	—	—	—	—	—	—	—	—	—
河　南	26542	2402	1232	1020	—	150	19150	19000	150	—
湖　北	35452	8584	6602	1197	90	695	20678	20368	310	—
湖　南	30106	—	—	—	—	—	25453	23766	1687	—
广　东	4419	—	—	—	—	—	—	—	—	—
广　西	30567	—	—	—	—	—	20449	18612	1837	—
海　南	6583	—	—	—	—	—	6000	6000	—	—
重　庆	31615	5611	4624	987	—	—	24140	24140	—	—
四　川	81286	45420	43178	2196	46	—	33114	33107	7	—
贵　州	41488	7834	6234	1600	—	—	26000	26000	—	—
云　南	59513	22976	19150	1600	771	1455	29155	24915	4240	—
西　藏	14851	8486	—	—	8486	—	1000	1000	—	—
陕　西	68007	20456	17956	2500	—	—	42000	42000	—	—
甘　肃	59136	12007	10600	1217	—	190	40000	40000	—	—
青　海	17919	3470	2600	870	—	—	11000	11000	—	—
宁　夏	22854	1487	937	550	—	—	14050	14050	—	—
新　疆	31890	—	—	—	—	—	21199	18149	3050	—
新疆兵团	11437	—	—	—	—	—	9199	6149	3050	—
局直属单位	5825	326	50	—	—	276	—	—	—	—
大兴安岭	5825	326	50	—	—	276	—	—	—	—

实际到位资金额(二)

单位:万元

算	内	资	金								
						中央财政专项资金					
							天然林资源保护工程				
防护林工程(三北四期及长江流域等)	种苗工程	野生动植物保护及自然保护区建设工程	病虫害防治工程	森林防火工程	其他	合 计	小 计	东北、内蒙古等天保工程	长江、黄河流域天保工程	退耕还林工程	京津风沙源治理工程
84262	**28007**	**19889**	**5442**	**15273**	**33994**	**2000979**	**538697**	**339878**	**198819**	**1281245**	**86421**
600	—	—	158	—	200	5294	—	—	—	—	4279
600	1000	—	100	—	—	212	—	—	—	—	—
3000	1500	744	305	943	—	71178	—	—	—	60774	—
2740	706	816	—	—	—	79641	6941	—	6941	58668	12702
1496	940	545	225	1508	4663	213928	61950	55914	6036	79263	69440
—	—	—	—	—	4283	45354	44860	44860	—	—	—
4600	1650	638	—	847	600	40127	—	—	—	29832	—
4519	265	265	53	10	5084	107145	87449	87449	—	17758	—
—	80	—	8	10	720	32103	32103	32103	—	—	—
3900	2350	2228	310	4024	5775	161020	120052	120052	—	40023	—
—	500	1001	10	2268	5535	120997	120052	120052	—	—	—
—	—	—	100	—	—	—	—	—	—	—	—
3400	1800	508	360	—	—	1426	—	—	—	—	—
400	153	1347	526	786	220	1065	—	—	—	—	—
1815	661	110	22	445	374	29332	—	—	—	23655	—
3300	1450	872	300	390	150	7980	—	—	—	—	—
2808	926	—	246	310	—	14836	—	—	—	5400	—
3700	1500	388	300	1687	—	7100	—	—	—	—	—
2600	1700	690	—	—	—	65436	3110	—	3110	60646	—
3000	1700	896	340	175	79	104854	9833	—	9833	93178	—
2929	747	450	23	190	314	55944	1270	—	1270	45873	—
2713	724	837	145	—	—	820	—	—	—	—	—
2758	452	949	75	126	5758	23153	—	—	—	15974	—
—	—	475	108	—	—	9605	8125	—	8125	1200	—
—	922	920	22	—	—	104591	6982	—	6982	96641	—
—	920	730	221	—	881	301275	62279	—	62279	238599	—
3900	1500	803	303	428	720	133656	12827	—	12827	119600	—
1913	416	1122	76	597	3258	90231	32001	—	32001	56133	—
5000	—	50	115	200	—	—	—	—	—	—	—
2000	1600	864	250	—	837	88263	21535	—	21535	66188	—
5330	—	—	335	276	1188	134901	20637	—	20637	111574	—
2667	370	—	132	—	280	46843	5225	—	5225	41618	—
3800	1280	1367	150	—	720	9398	2018	—	2018	5028	—
8774	775	183	133	816	10	20651	5389	5389	—	13620	—
2099	100	—	9	20	10	568	213	213	—	—	—
—	—	1092	9	1515	2883	71074	71074	71074	—	—	—
—	—	1092	9	1515	2883	71074	71074	71074	—	—	—

林业系统各地区本年实际到位资金额(三)

单位:万元

地区	国家预算内资金				国内贷款		利用外资	自筹资金	其他资金
	中央财政专项资金			其他国家预算内资金	合计	其中:林业贴息贷款			
	农业综合开发资金	扶贫资金	其他						
全国合计	**14081**	**7093**	**73442**	**332202**	**311169**	**252473**	**118827**	**528414**	**286764**
北京	332	150	533	9802	13869	13869	189	22142	—
天津	—	50	162	—	900	900	—	—	1915
河北	1271	250	8883	13201	25000	25000	2058	—	12271
山西	960	250	120	6824	1200	1200	7000	597	495
内蒙古	537	609	2129	8193	1133	503	5380	25274	2514
内蒙古集团	—	—	494	—	—	—	—	20196	—
辽宁	153	240	9902	18776	3100	3100	1650	12640	552
吉林	174	776	988	132	2000	2000	25	28300	36281
吉林集团	—	—	—	—	—	—	—	14292	20170
黑龙江	945	—	—	—	6000	6000	195	26887	11167
龙江集团	945	—	—	—	—	—	195	12521	3112
上海	—	—	—	6128	12700	2500	—	34959	22155
江苏	80	100	1246	—	6000	6000	17892	102011	34922
浙江	158	60	847	33894	15965	12713	1660	13973	18161
安徽	916	331	4430	2380	9430	9298	2677	14835	7069
福建	416	100	7464	14071	13000	13000	28000	14385	—
江西	1214	550	7672	780	12250	11500	7619	4936	14160
山东	691	—	6409	33749	32700	32700	4392	94453	23326
河南	1680	—	—	8890	16591	16591	8635	6155	3133
湖北	1010	400	433	1317	9389	8000	3984	10158	8742
湖南	902	114	7785	1281	1206	1106	1582	2496	2800
广东	—	100	720	86294	7927	5427	3888	12702	4712
广西	542	373	6264	9320	51231	27453	3291	43382	10931
海南	80	200	—	1100	1700	1700	5043	1827	8153
重庆	78	115	775	16006	1445	1412	499	365	2526
四川	93	50	254	26985	1391	1391	2332	7288	16478
贵州	—	350	879	5707	442	442	850	260	4226
云南	308	67	1722	11692	4527	1091	2152	9830	19728
西藏	—	—	—	—	—	—	—	—	—
陕西	140	400	—	1742	—	—	4779	670	1631
甘肃	1091	708	891	2563	16908	16908	312	781	100
青海	—	—	—	3875	—	—	1044	117	120
宁夏	310	250	1792	—	29869	29869	1461	3809	—
新疆	—	500	1142	7500	2896	800	238	22905	2577
新疆兵团	—	—	355	—	2896	800	—	19193	652
局直属单位	—	—	—	—	10400	—	—	10277	15919
大兴安岭	—	—	—	—	—	—	—	10257	15532

林业教育

2003～2004学年初普通高、中等林业院校和其他高、中等院校林科基本情况

单位：人

名　　称	学校数（所、个）	毕业生数	招生数	在校学生数	毕业班学生数	教职工数	
						计	其中：专任教师
总计	**—**	**52000**	**77293**	**229036**	**57997**	**13423**	**6679**
一、研究生	**39**	**1000**	**2877**	**6150**	**1417**	**—**	**—**
1. 高等林业院校	5	735	1934	4197	1020	—	—
2. 其他高等院校（林科）	29	239	830	1712	342	—	—
3. 科研单位	5	26	113	241	55	—	—
二、普通本专科生	**198**	**20343**	**44696**	**134777**	**27454**	**8843**	**4167**
1. 高等林业院校	6	9961	22068	72741	13851	8566	4041
2. 森林公安高等学校	1	316	1000	2197	582	277	126
3. 其他高等院校（林科）	191	10066	21628	59839	13021	—	—
三、中专生	**429**	**30657**	**29720**	**88109**	**29126**	**4580**	**2512**
1. 中等林业（园林）职业学校	45	18607	15774	50651	17109	4580	2512
2. 其他中等职业学校（林科）	384	12050	13946	37458	12017	—	—

注："学校数"中不仅含有学校个数，也含有专业个数，故总计数未加总。

2003～2004学年初普通高等林业院校教职工情况(一)

单位:人

学校名称	教职工数									
	总计	校本部教职工								
		合计	专任教师						行政人员	教辅人员
			计	正高级	副高级	中级	初级	无职称者		
总计	**8843**	**7488**	**4167**	**522**	**1184**	**1281**	**899**	**281**	**1479**	**978**
一、高等林业院校	**8566**	**7228**	**4041**	**519**	**1138**	**1247**	**857**	**280**	**1407**	**949**
北京林业大学	1369	1051	606	140	186	167	75	38	253	162
东北林业大学	2295	1744	924	124	268	281	183	68	307	292
南京林业大学	1533	1232	745	67	193	260	218	7	250	124
浙江林学院	780	748	433	27	62	120	162	62	129	97
浙江林学院天目学院	138	138	124	—	39	47	38	—	5	9
中南林学院	1716	1580	810	117	285	267	102	39	292	190
西南林学院	735	735	399	44	105	105	79	66	171	75
二、森林公安高等学校	**277**	**260**	**126**	**3**	**46**	**34**	**42**	**1**	**72**	**29**
南京森林公安高等专科学校	277	260	126	3	46	34	42	1	72	29

2003～2004学年初普通高等林业院校教职工情况(二)

单位:人

学校名称	教职工数				另有其他人员			
	工勤人员	科研机构人员	校办企业职工	其他附设机构人员	聘请校外教师	离退休人员	附属中小学幼儿园教职工	集体所有制人员
总计	**864**	**176**	**395**	**784**	**458**	**3856**	**247**	**329**
一、高等林业院校	**831**	**174**	**395**	**769**	**447**	**3712**	**247**	**329**
北京林业大学	30	29	97	192	316	634	46	—
东北林业大学	221	60	121	370	48	1003	38	271
南京林业大学	113	85	110	106	21	872	84	58
浙江林学院	89	—	—	32	17	—	—	—
浙江林学院天目学院	—	—	—	—	—	—	—	—
中南林学院	288	—	67	69	45	921	31	—
西南林学院	90	—	—	—	—	282	48	—
二、森林公安高等学校	**33**	**2**	**—**	**15**	**11**	**144**	**—**	**—**
南京森林公安高等专科学校	33	2	—	15	11	144	—	—

学校名称	合计	教学及辅助用房				
		计	教室	图书馆	实验室、实习场所	体育馆
一、学校产权建筑面积	**2789430**	**1102760**	**478031**	**179136**	**382646**	**56657**
1. 高等林业院校	2624568	1028117	460336	162079	358767	40645
北京林业大学	447236	122475	35207	31876	44453	9472
东北林业大学	609313	162315	89815	21850	45801	1150
南京林业大学	552092	281640	113096	49109	102595	16840
中南林学院	470374	232338	71762	15922	136879	6651
西南林学院	191811	71376	37571	14814	16569	2422
浙江林学院	353742	157973	112885	28508	12470	4110
2. 森林公安高等学校	164862	74643	17695	17057	23879	16012
南京森林公安高等专科学校	164862	74643	17695	17057	23879	16012
二、正在施工面积	**138642**	**118529**	**20000**	**—**	**98529**	**—**
1. 高等林业院校	138642	118529	20000	—	98529	—
北京林业大学	—	—	—	—	—	—
东北林业大学	37388	37388	—	—	37388	—
南京林业大学	51415	38519	—	—	38519	—
中南林学院	48622	42622	20000	—	22622	—
西南林学院	1217	—	—	—	—	—
浙江林学院	—	—	—	—	—	—
2. 森林公安高等学校	—	—	—	—	—	—
南京森林公安高等专科学校	—	—	—	—	—	—
三、非学校产权建筑面积	**186226**	**81226**	**58000**	**—**	**23226**	**—**
1. 高等林业院校	186226	81226	58000	—	23226	—
北京林业大学	—	—	—	—	—	—
东北林业大学	—	—	—	—	—	—
南京林业大学	—	—	—	—	—	—
中南林学院	186226	81226	58000	—	23226	—
西南林学院	—	—	—	—	—	—
浙江林学院	48100	—	—	—	—	—
2. 森林公安高等学校	—	—	—	—	—	—
南京森林公安高等专科学校	—	—	—	—	—	—

高等林业院校校舍情况

单位:平方米

会堂	行政办公用房	生活用房 计	学生宿舍	学生食堂	教工单身宿舍	教工食堂	生活福利及其他用房	教工住宅
6290	**74439**	**921312**	**629895**	**100298**	**35516**	**7543**	**148060**	**690919**
6290	66822	860950	598975	83722	34556	7543	136154	668679
1467	25441	139909	111787	6400	—	—	21722	159411
3699	13718	197857	141884	24021	4806	1957	25189	235423
—	3311	142428	116882	6512	6493	1903	10638	124713
1124	10174	149995	59147	12301	10262	3183	65102	77867
—	—	75561	49965	9661	6103	500	9332	44874
—	14178	155200	119310	24827	6892	—	4171	26391
—	7617	60362	30920	16576	960	—	11906	22240
—	7617	60362	30920	16576	960	—	11906	22240
—	**—**	**20113**	**—**	**18896**	**—**	**—**	**1217**	**—**
—	—	20113	—	18896	—	—	1217	—
—	—	—	—	—	—	—	—	—
—	—	—	—	—	—	—	—	—
—	—	12896	—	12896	—	—	—	—
—	—	6000	—	6000	—	—	—	—
—	—	1217	—	—	—	—	1217	—
—	—	—	—	—	—	—	—	—
—	—	—	—	—	—	—	—	—
—	—	—	—	—	—	—	—	—
—	**—**	**105000**	**105000**	**—**	**—**	**—**	**—**	**—**
—	—	105000	105000	—	—	—	—	—
—	—	—	—	—	—	—	—	—
—	—	—	—	—	—	—	—	—
—	—	—	—	—	—	—	—	—
—	—	105000	105000	—	—	—	—	—
—	—	—	—	—	—	—	—	—
—	—	48100	40308	5000	2792	—	—	—
—	—	—	—	—	—	—	—	—
—	—	—	—	—	—	—	—	—

2003～2004 学年初普通高等林业院校资产情况

学校名称	占地面积(平方米)			图书资料		拥有教学用计算机(台)	语音实验室座位数(个)	多媒体教室座位数(个)	网上教学课程数(种)	固定资产总值(万元)	
	总面积	其中:绿化用地	其中:运动场地	一般图书(万册)	电子图书(片)					合计	教学、科研仪器设备资产
一、学校产权	**5997082**	**2066009**	**376116**	**454**	**418056**	**12702**	**4846**	**30302**	**9**	**255756**	**46729**
1. 高等林业院校	5225482	1720009	309842	435	417442	12132	4510	28522	9	251455	45287
北京林业大学	445556	33500	44800	87	8130	2750	866	6279	6	72874	12487
东北林业大学	1008179	426832	61210	97	140000	2442	1516	4420	—	52595	10199
南京林业大学	825367	163990	29226	68	3671	1207	246	1410	—	32000	5796
中南林学院	1085807	420000	63300	104	250000	2696	670	6730	3	29906	8972
西南林学院	394053	180754	18654	40	1575	1090	318	1720	—	10950	3499
浙江林学院	1466520	494933	92652	39	14066	1947	894	7963	—	53130	4334
2. 森林公安高等专科学校	771600	346000	66274	19	614	570	336	1780	—	4301	1442
南京森林公安高等专科学校	771600	346000	66274	19	614	570	336	1780	—	4301	1442
二、非学校产权	**590329**	**60000**	**10000**	**23**	**50000**	**750**	**210**	**620**	**—**	**9700**	**3040**
1. 高等林业院校	590329	60000	10000	23	50000	750	210	620	—	9700	3040
北京林业大学	—	—	—	—	—	—	—	—	—	—	—
东北林业大学	—	—	—	—	—	—	—	—	—	—	—
南京林业大学	—	—	—	—	—	—	—	—	—	—	—
中南林学院	153000	60000	10000	23	50000	750	210	620	—	9700	3040
西南林学院	437329	—	—	—	—	—	—	—	—	—	—
浙江林学院	—	—	—	—	—	—	—	—	—	—	—
2. 森林公安高等专科学校	—	—	—	—	—	—	—	—	—	—	—
南京森林公安高等专科学校	—	—	—	—	—	—	—	—	—	—	—

2003～2004学年初普通高等林业院校和其他高等院校、科研院所林科研究生情况

单位：人

学校名称	毕业生数	招生数	在校学生数	毕业班学生数
总计	**1000**	**2877**	**6150**	**1417**
一、博士生	**205**	**496**	**1198**	**359**
1. 高等林业院校	183	446	1089	336
北京林业大学	73	181	423	111
东北林业大学	46	145	361	121
南京林业大学	54	92	246	89
中南林学院	10	28	59	15
2. 科研单位	22	50	109	23
中国林业科学研究院	22	50	109	23
二、硕士生	**795**	**2381**	**4952**	**1058**
1. 高等林业院校	552	1488	3108	684
北京林业大学	182	480	1016	218
东北林业大学	173	433	875	172
南京林业大学	103	279	616	153
中南林学院	70	211	425	99
西南林学院	24	85	176	42
2. 其他高等院校（林科）	239	830	1712	342
中国人民大学	—	—	1	1
中国农业大学	6	15	33	8
河北农业大学	19	43	87	22
山西农业大学	5	19	43	7
内蒙古农业大学	20	46	104	25
沈阳农业大学	15	45	109	26
北华大学	—	17	25	—
上海交通大学	—	6	10	—
南京农业大学	7	26	48	10
浙江大学	3	10	24	6
安徽农业大学	7	32	64	13
福建农林大学	34	94	225	57
江西农业大学	6	33	64	14
山东农业大学	11	22	58	14
莱阳农学院	1	13	25	3
河南农业大学	7	26	44	6
华中农业大学	16	45	96	26
湖南师范大学	—	—	1	—
华南农业大学	2	21	40	8
广西大学	—	9	12	—
广西师范大学	—	20	36	—
西南农业大学	2	24	48	8
四川农业大学	21	72	154	30
西华师范大学	1	12	23	5
贵州大学	3	11	24	5
云南农业大学	—	15	22	—
西北农林科技大学	43	118	223	39
甘肃农业大学	6	17	35	3
新疆农业大学	4	19	34	6
3. 科研单位（林科）	4	63	132	32
中国林业科学研究院	1	50	104	24
中国农业科学院研究生院	2	2	4	1
中国科学院南京土壤研究所	1	2	10	7
水土保持与生态环境研究中心	—	4	9	—
中国科学院新疆生态与地理研究所	—	5	5	—

2003～2004学年初普通高等林业院校和其他高等院校、科研院所林科研究生分专业情况

单位：人

专业名称	毕业生数	招生数	在校学生数	毕业班学生数
总计	**1000**	**2877**	**6150**	**1417**
一、博士生	**205**	**496**	**1198**	**359**
城市规划与设计	7	5	15	3
机械设计及理论	7	19	58	19
林产化学加工工程	18	21	51	16
林木遗传育种	9	29	65	20
林业经济管理	22	72	185	62
木材科学与技术	16	49	138	47
农林经济管理	—	5	5	—
森林保护学	7	25	55	14
森林工程	3	14	32	12
森林经理学	13	35	73	16
森林培育	33	53	132	39
生态学	28	67	151	47
水土保持与荒漠化防治	11	36	75	18
野生动植物保护与利用	3	11	24	8
园林植物与观赏园艺	10	25	50	6
植物学	18	30	89	32
二、硕士生	**795**	**2381**	**4952**	**1058**
车辆工程	—	4	6	—
城市规划与设计	29	99	185	38
道路与铁道工程	5	33	55	10
动物学	5	5	17	3
管理科学与工程	—	22	35	—
环境科学	—	14	21	—
环境与资源保护法学	30	44	99	26
会计学	16	35	74	13
机械设计及理论	20	47	94	16
计算机应用技术	—	20	25	—
控制理论与控制工程	15	15	28	5
林产化学加工工程	18	47	119	34
林木遗传育种	34	85	200	49
林业经济管理	42	64	171	42
旅游管理	—	6	9	—
马克思主义理论与思想政治教育	—	19	29	—
木材科学与技术	54	167	395	104
农林经济管理	3	9	30	13
农业生物环境与能源工程	—	10	18	—
企业管理	—	12	17	—
森林保护学	62	104	275	89
森林工程	17	72	156	42
森林经理学	71	172	374	90
森林培育	140	307	654	157
生态学	35	99	230	59
生物化工	—	7	12	—
生物化学与分子生物学	—	23	35	—
水土保持与荒漠化防治	54	144	316	67
特种经济动物饲养	—	16	25	—
统计学	—	14	20	—
土壤学	7	16	31	8
野生动植物保护与利用	14	110	195	25
遗传学	—	7	10	—
英语语言文学	—	27	39	2
园林植物与观赏园艺	75	387	706	114
载运工具运用工程	8	14	29	6
植物学	38	90	186	41
制浆造纸工程	3	15	32	5

2003～2004学年初普通高等林业院校和其他高等院校林科分学校学生情况(一)

单位:人

学校名称	毕业生数			招生数			在校学生数			毕业班学生数		
	计	本科生	专科生	计	本科生	专科生	计	本科生	专科生	计	本科生	专科生
总　　计	**20343**	**13436**	**6907**	**44696**	**29229**	**15467**	**134777**	**98162**	**36615**	**27454**	**18338**	**9116**
一、普通高等林业院校	**9961**	**8182**	**1779**	**22068**	**20412**	**1656**	**72741**	**67766**	**4975**	**13851**	**12249**	**1602**
北京林业大学	1780	1445	335	3672	3154	518	12662	11716	946	2585	2232	353
东北林业大学	2186	2045	141	4410	3948	462	15910	14763	1147	3407	3079	328
南京林业大学	2027	1476	551	4121	3943	178	14203	13254	949	2710	2383	327
中南林学院	1595	1435	160	4212	4212	—	13045	13045	—	2298	2298	—
西南林学院	939	896	43	2194	1825	369	6829	5814	1015	1155	1071	84
浙江林学院	1434	885	549	3459	3330	129	10092	9174	918	1696	1186	510
二、森林公安高等专科学校	**316**	**—**	**316**	**1000**	**—**	**1000**	**2197**	**—**	**2197**	**582**	**—**	**582**
南京森林公安高等专科学校	316	—	316	1000	—	1000	2197	—	2197	582	—	582
三、其他高等院校(林科)	**10066**	**5254**	**4812**	**21628**	**8817**	**12811**	**59839**	**30396**	**29443**	**13021**	**6089**	**6932**
中国农业大学	—	—	—	205	60	145	408	154	254	—	—	—
浙江大学	24	24	—	25	25	—	113	113	—	30	30	—
湛江海洋大学	125	31	94	107	107	—	308	285	23	—	—	—
云南农业大学	60	60	—	168	168	—	586	515	71	122	116	6
扬州大学	—	—	—	97	97	—	363	363	—	61	61	—
延边大学		38		34	34	—	79	79	—	26	26	—
延安大学	—	—	—	40	40	—	101	40	61	33	—	33
徐州师范大学	—	—	—	67	67	—	67	67	—	—	—	—
新疆农业大学	85	55	30	214	187	27	1113	1019	94	224	157	67
西南农业大学	202	132	70	347	209	138	1149	865	284	216	186	30
西南交通大学	—	—	—	58	58	—	66	66	—	—	—	—
西华师范大学	—	—	—	46	46	—	192	192	—	—	—	—
西北农林科技大学	656	484	172	573	336	237	2619	1826	793	912	621	291
西北工业大学	—	—	—	—	—	—	66	—	66	34	—	34
天津科技大学	—	—	—	30	30	—	112	112	—	—	—	—
四川农业大学	238	218	20	729	554	175	2992	2396	596	568	416	152
四川大学	—	—	—	18	18	—	18	18	—	—	—	—
石河子大学	69	69	—	45	45	—	174	174	—	47	47	—
沈阳农业大学科学技术学院	—	—	—	70	70	—	249	249	—	54	54	—
沈阳农业大学	282	117	165	292	192	100	995	796	199	225	167	58
沈阳大学	—	—	—	35	35	—	35	35	—	—	—	—
上海交通大学	98	71	27	—	—	—	192	165	27	94	67	27
山西师范大学	—	—	—	42	42	—	42	42	—	—	—	—
山西农业大学	335	260	75	250	250	—	923	874	49	189	168	21
山东农业大学	287	152	135	543	299	244	1728	754	974	487	139	348
三峡大学	46	—	46	—	—	—	31	—	31	31	—	31
青海大学	47	—	47	33	33	—	142	142	—	34	34	—
青岛大学	—	—	—	—	—	—	36	—	36	36	—	36
齐齐哈尔大学	—	—	—	29	29	—	29	29	—	—	—	—
平原大学	—	—	—	43	—	43	43	—	43	—	—	—
彭城职业大学	47	—	47	84	—	84	169	—	169	40	—	40
宁夏大学	71	71		85	85	—	274	274	—	76	76	—
南京农业大学	70	70	—	57	57	—	231	231	—	48	48	—
内蒙古农业大学	390	306	84	611	514	97	1772	1517	255	362	276	86
内蒙古民族大学	—	—	—	47	47	—	91	91	—	—	—	—
闽西职业大学	39	—	39	58	—	58	114	—	114	10	—	10
辽宁工程技术大学	—	—	—	24	24	—	24	24	—	—	—	—
江西农业大学	221	171	50	264	186	78	677	599	78	150	150	—
江西财经大学	—	—	—	22	22	—	22	22	—	—	—	—
吉首大学	46	—	46	31	—	31	102	—	102	35	—	35

2003～2004学年初普通高等林业院校和其他高等院校林科分学校学生情况(二)

单位:人

学校名称	毕业生数			招生数			在校学生数			毕业班学生数		
	计	本科生	专科生	计	本科生	专科生	计	本科生	专科生	计	本科生	专科生
吉林农业大学	352	326	26	517	396	121	1410	1136	274	323	269	54
华中农业大学	157	157	—	218	218	—	604	604	—	125	125	—
华南热带农业大学	69	69	—	214	77	137	427	290	137	69	69	—
华南农业大学	191	185	6	292	292	—	1012	972	40	142	142	—
湖南农业大学	70	70	—	177	90	87	490	395	95	103	103	—
黑龙江大学	—	—	—	22	22	—	22	22	—	—	—	—
黑龙江八一农垦大学	64	—	64	104	104	—	104	104	—	—	—	—
河南农业大学	178	178	—	202	202	—	786	786	—	187	187	—
河南科技大学	97	—	97	40	40	—	365	40	325	221	—	221
河北农业大学	340	207	133	539	241	298	1661	939	722	342	245	97
海南大学	—	—	—	47	47	—	100	100	—	—	—	—
贵州师范大学	—	—	—	147	56	91	198	107	91	—	—	—
贵州工业大学	—	—	—	39	39	—	100	100	—	—	—	—
贵州大学	148	148	—	121	121	—	553	553	—	184	184	—
广西大学	217	217	—	265	265	—	1007	1007	—	277	277	—
甘肃农业大学	131	111	20	219	219	—	738	727	11	172	172	—
福建农林大学	492	406	86	360	360	—	1331	1293	38	426	388	38
东北农业大学	238	78	160	196	144	52	845	484	361	245	75	170
长江大学	100	100		123	123	—	687	620	67	131	—	131
长春大学	—	—	—	49	—	49	214		214	74	—	74
北京农学院	132	97	35	249	123	126	769	580	189	195	168	27
北京联合大学	—	—	—	13	—	13	46	—	46	13	—	13
北华大学	201	201	—	173	153	20	707	605	102	154	154	—
安徽农业大学	259	152	107	505	319	186	1582	1181	401	367	297	70
安徽建筑工业学院	—	—	—	66	66	—	185	185	—	—	—	—
安庆职业技术学院	—	—	—	18	—	18	18	—	18	—	—	—
安顺职业技术学院	—	—	—	11	—	11	11	—	11	—	—	—
巴音郭楞职业技术学院	—	—	—	45	—	45	77	—	77	—	—	—
保定职业技术学院	—	—	—	74	—	74	160	—	160	—	—	—
北京城市学院	—	—	—	96	—	96	96	—	96	—	—	—
北京农业职业学院	—	—	—	104	—	104	172	—	172	—	—	—
本溪冶金高等专科学校	30	—	30	105	—	105	201	—	201	25	—	25
滨州职业学院	—	—	—	43	—	43	84	—	84	9	—	9
沧州职业技术学院	54	—	54	29	—	29	93	—	93	64	—	64
藏大农学院	27	—	27	132	82	50	236	164	72	21	21	—
长沙特殊教育职业学院	—	—	—	29	—	29	33	—	33	—	—	—
成都农业科技职业学院	—	—	—	163	—	163	271	—	271	—	—	—
承德民族职业技术学院	68	—	68	92	—	92	230	—	230	66	—	66
池州职业技术学院	—	—	—	21	—	21	42	—	42	—	—	—
大兴安岭职业学院	—	—	—	117	—	117	150	—	150	33	—	33
涪陵职业技术学院	—	—	—	8	—	8	8	—	8	—	—	—
福建林业职业技术学院	—	—	—	166	—	166	166	—	166	—	—	—
福建农业职业技术学院	—	—	—	110	—	110	110	—	110	110	—	110
福建师范大学福清分校	43	—	43	47	—	47	115	—	115	35	—	35
阜新高等专科学校	2	—	2	32	—	32	74	—	74	8	—	8
甘肃林业职业技术学院	—	—	—	227	—	227	516	—	516	206	—	206
广东科学技术职业学院	—	—	—	—	—	—	120	—	120	—	—	—
广东省农业管理干部学院	54	—	54	73	—	73	182	—	182	109	—	109
广西生态工程职业技术学院	50	—	50	262	—	262	692	—	692	131	—	131
广州市乡镇企业管理干部学院	—	—	—	31	—	31	31	—	31	—	—	—
硅湖职业技术学院	9	—	9	22	—	22	69	—	69	28	—	28

2003～2004 学年初普通高等林业院校和其他高等院校林科分学校学生情况(三)

单位:人

学校名称	毕业生数			招生数			在校学生数			毕业班学生数		
	计	本科生	专科生	计	本科生	专科生	计	本科生	专科生	计	本科生	专科生
海南师范学院	—	—	—	—	—	—	23	—	23	—	—	—
杭州万向职业技术学院	—	—	—	93	—	93	169	—	169	—	—	—
河北北方学院	—	—	—	69	—	69	189	—	189	51	—	51
河北工程学院	48	—	48	—	—	—	112	—	112	89	—	89
河北科技师范学院	93	93	—	106	106	—	408	349	59	80	61	19
河南职业技术师范学院	51	—	51	149	149	—	558	497	61	67	—	67
河南职业技术学院	—	—	—	145	—	145	187	—	187	—	—	—
河西学院	42	—	42	25	—	25	47	—	47	22	—	22
黑龙江林业职业技术学院	—	—	—	292	—	292	542	—	542	75	—	75
黑龙江农垦林业职业技术学院	—	—	—	10	—	10	10	—	10	—	—	—
黑龙江农业工程职业学院	—	—	—	200	—	200	424	—	424	90	—	90
黑龙江农业职业技术学院	—	—	—	55	—	55	172	—	172	53	—	53
黑龙江省森林工业管理干部学院	29	—	29	54	—	54	85	—	85	15	—	15
黑龙江水利专科学校	45	—	45	20	—	20	93	—	93	53	—	53
衡水师范专科学校	37	—	37	64	—	64	181	—	181	117	—	117
湖北民族学院	37	37		49	49	—	204	204	—	69	69	—
湖北农学院工程技术学院	—	—	—	36	25	11	36	25	11	—	—	—
湖北生物生态职业技术学院	—	—	—	193	—	193	251	—	251	—	—	—
湖南城市学院	16	—	16	68	—	68	147	—	147	25	—	25
湖南环境生物职业技术学院	347	—	347	551	—	551	1640	—	1640	433	—	433
湖南农业大学东方科技学院	—	—	—	46	46	—	105	105	—	—	—	—
湖南生物与机电工程职业技术学院	—	—	—	180	—	180	349	—	349	85	—	85
怀化职业技术学院	—	—	—	28	—	28	40	—	40	—	—	—
淮阴工学院	—	—	—	47	—	47	73	—	73	—	—	—
黄冈职业技术学院	28	—	28	19	—	19	39	—	39	20	—	20
黄山学院	—	—	—	84	—	84	341	—	341	142	—	142
吉林经济职业技术学院	—	—	—	69	—	69	89	—	89	—	—	—
吉林特产高等专科学校	—	—	—	44	—	44	147	—	147	35	—	35
嘉兴职业技术学院	110	—	110	98	—	98	275	—	275	79	—	79
江苏农林职业技术学院	—	—	—	244	—	244	458	—	458	—	—	—
江苏省广播电视大学	—	—	—	—	—	—	54	—	54	—	—	—
江西环境工程职业学院	—	—	—	55	—	55	89	—	89	—	—	—
江西生物科技职业学院	—	—	—	35	—	35	35	—	35	—	—	—
金陵科技学院(筹)	36	36	—	—	—	—	69	69	—	36	36	—
金陵职业大学	91	—	91	163	—	163	403	—	403	89	—	89
九江学院	23	—	23	39	—	39	162	—	162	41	—	41
莱阳农学院	140	—	140	232	140	92	929	561	368	338	124	214
丽水职业技术学院	113	—	113	303	—	303	672	—	672	140	—	140
辽宁林业职业技术学院	—	—	—	244	—	244	244	—	244	—	—	—
辽宁农业职业技术学院	164	—	164	56	—	56	526	—	526	289	—	289
临沂师范学院	—	—	—	57	34	23	57	34	23	—	—	—
眉山职业技术学院	—	—	—	4	—	4	12	—	12	—	—	—
绵阳师范学院	—	—	—	29	—	29	29	—	29	—	—	—
牡丹江师范学院	38	—	38	—	—	—	—	—	—	—	—	—
内江职业技术学院	—	—	—	8	—	8	8	—	8	—	—	—
南昌水利水电高等专科学校	27	—	27	114	—	114	200	—	200	49	—	49
宁波城市职业技术学院	—	—	—	111	—	111	111	—	111	—	—	—
黔东南民族职业技术学院	—	—	—	250	—	250	284	—	284	34	—	34
黔南民族师范学院	—	—	—	—	—	—	45	—	45	29	—	29
黔南民族职业技术学院	—	—	—	9	—	9	109	—	109	—	—	—

2003～2004 学年初普通高等林业院校和其他高等院校林科分学校学生情况(四)

单位:人

学校名称	毕业生数			招生数			在校学生数			毕业班学生数		
	计	本科生	专科生	计	本科生	专科生	计	本科生	专科生	计	本科生	专科生
山东农业大学东岳学院	—	—	—	65	65	—	111	111	—	—	—	—
山西林业职业技术学院	—	—	—	198	—	198	491		491	—	—	—
商丘职业技术学院	—	—	—	59	—	59	121	—	121	—	—	—
上海城市管理职业技术学院	79	—	79	127	—	127	256	—	256	82	—	82
上海济光职业技术学院	—	—	—	—	—	—	37	—	37	—	—	—
上海农林职业技术学院	—	—	—	134	—	134	290	—	290	—	—	—
上海商业职业技术学院	—	—	—	86	—	86	296	—	296	66	—	66
邵阳学院	36	—	36	23	—	23	74	—	74	37	—	37
深圳职业技术学院	62	—	62	80	—	80	225	—	225	63	—	63
沈阳建筑工程学院	—	—	—	30	30	—	109	109	—	27	27	—
顺德职业技术学院	11	—	11	23	—	23	73	—	73	22	—	22
私立华联学院	—	—	—	20	—	20	37	—	37	—	—	—
苏州科技学院	—	—	—	59	59	—	252	252	—	—	—	—
苏州农业职业技术学院	—	—	—	156	—	156	156	—	156	—	—	—
宿州职业技术学院	—	—	—	25	—	25	91	—	91	34	—	34
塔里木农垦大学	—	—	—	72	72	—	294	294	—	—	—	—
台州职业技术学院	—	—	—	61	—	61	86	—	86	—	—	—
唐山职业技术学院	—	—	—	69	—	69	69	—	69	—	—	—
天津滨海职业学院	—	—	—	47	—	47	86	—	86	—	—	—
天津城市建设学院	—	—	—	52	52	—	95	95	—	—	—	—
天津农学院	30	—	30	204	90	114	501	247	254	68	—	68
潍坊学院	—	—	—	30	—	30	30	—	30	—	—	—
潍坊职业学院	—	—	—	133	—	133	369	—	369	54	—	54
无锡市城建职工大学	—	—	—	15	—	15	42	—	42	—	—	—
芜湖职业技术学院	—	—	—	76	—	76	153	—	153	—	—	—
武汉生物工程职业技术学院	196	—	196	784	—	784	1578	—	1578	299	—	299
西昌学院	176	—	176	186	—	186	379	—	379	57	—	57
孝感学院	67	—	67	—	—	—	59	—	59	29	—	29
新疆农业职业技术学院	—	—	—	180	—	180	213	—	213	—	—	—
信阳农业高等专科学校	34	—	34	194	—	194	438	—	438	62	—	62
扬州环境资源职业技术学院	—	—	—	35	—	35	35	—	35	—	—	—
杨凌职业技术学院	278	—	278	216	—	216	740	—	740	276	—	276
宜宾职业技术学院	—	—	—	108	—	108	108	—	108	—	—	—
宜春学院	23	—	23	—	—	—	—	—	—	—	—	—
永州职业技术学院	24	—	24	54	—	54	128	—	128	68	—	68
渝西学院	39	—	39	56	—	56	153	—	153	44	—	44
玉溪师范学院	—	—	—	—	—	—	28	—	28	28	—	28
云南国土资源职业学院	—	—	—	58	—	58	82	—	82	—	—	—
云南科技信息职业技术学院	—	—	—	85	—	85	132	—	132	5	—	5
运城学院	—	—	—	45	—	45	85	—	85	40	—	40
漳州职业技术学院	—	—	—	47	—	47	97	—	97	—	—	—
肇庆学院	54	—	54	41	—	41	130	—	130	44	—	44
浙江建设职业技术学院	—	—	—	96	—	96	140	—	140	—	—	—
浙江教育学院	—	—	—	35	—	35	92	—	92	—	—	—
浙江树人学院	64	—	64	82	—	82	277	—	277	60	—	60
浙江万里学院	—	—	—	—	—	—	47	—	47	16	—	16
郑州牧业工程高等专科学校	—	—	—	143	—	143	229	—	229	—	—	—
钟山职业技术学院	16	—	16	27	—	27	99	—	99	35	—	35
仲恺农业技术学院	113	57	56	135	135	—	394	322	72	121	57	64
重庆三峡职业学院	—	—	—	53	—	53	53	—	53	—	—	—

2003～2004 学年初普通高等林业院校和其他高等院校林科分专业学生情况(一)

单位:人

专业名称	毕业生数			招生数			在校学生数			毕业班学生数		
	计	本科生	专科生	计	本科生	专科生	计	本科生	专科生	计	本科生	专科生
总计	**20343**	**13436**	**6907**	**44696**	**29229**	**15467**	**134777**	**98162**	**36615**	**27454**	**18338**	**9116**
一、林科专业	**13088**	**8006**	**5082**	**25508**	**12437**	**13071**	**74588**	**44193**	**30395**	**16708**	**9541**	**7167**
1. 林业工程类	1894	1571	323	2304	1713	591	8487	7108	1379	2077	1750	327
森林工程	359	359	—	409	292	117	1454	1304	150	417	384	33
木材科学与工程	1100	946	154	1073	1002	71	4960	4460	500	1285	1136	149
林产化工	305	237	68	419	419	—	1300	1300	—	230	230	—
林业工程类	29	29	—	20	—	20	103	44	59	—	—	—
林业工程类新专业	101	—	101	383	—	383	670	—	670	145	—	145
2. 森林资源类	3224	2462	762	4835	3365	1470	16156	12491	3665	3921	2913	1008
林学	2288	1835	453	2710	2103	607	9661	8065	1596	2499	2080	419
森林资源保护与游憩	563	446	117	1363	1096	267	4325	3727	598	808	675	133
野生动物与自然保护区管理	181	181	—	251	166	85	959	699	260	246	158	88
森林资源类	14	—	14	—	—	—	—	—	—	—	—	—
森林资源类新专业	178	—	178	473	—	473	1211	—	1211	368	—	368
3. 环境生态类	7794	3797	3997	18032	7022	11010	48472	23181	25291	10355	4523	5832
园林	7181	3307	3874	17035	6228	10807	45530	20756	24774	9600	3949	5651
水土保持与荒漠化防治	613	490	123	997	794	203	2942	2425	517	755	574	181
4. 农林经济管理类	176	176	—	337	337	—	1473	1413	60	355	355	—
农林经济管理	176	176	—	337	337	—	1473	1413	60	355	355	—
二、林业院校非林科专业	**7255**	**5430**	**1825**	**19188**	**16792**	**2396**	**60189**	**53969**	**6220**	**10746**	**8797**	**1949**
环境生态类	29	—	29	93	—	93	224	—	224	78	—	78
农村区域发展	—	—	—	45	45	—	45	45	—	—	—	—
包装工程	—	—	—	176	176	—	343	343	—	—	—	—
播音与主持艺术	—	—	—	95	95	—	352	352	—	75	75	—
材料化学	—	—	—	45	45	—	86	86	—	—	—	—
草业科学	—	—	—	59	59	—	171	171	—	—	—	—
测绘工程	—	—	—	29	29	—	29	29	—	—	—	—
测控技术与仪器	—	—	—	52	52	—	52	52	—	—	—	—
车辆工程	—	—	—	48	48	—	48	48	—	—	—	—
城市规划	90	90	—	462	462	—	1474	1474	—	230	230	—
地理信息系统	—	—	—	233	233	—	303	303	—	—	—	—
电气工程及其自动化	—	—	—	78	78	—	247	247	—	26	26	—
电子商务	118	—	118	157	78	79	300	88	212	94	—	94
电子信息工程	206	148	58	321	321	—	1336	1336	—	277	277	—
电子信息科学与技术	—	—	—	61	61	—	191	191	—	—	—	—
电子信息科学与技术类新专业	42	—	42	76	—	76	100	—	100	24	—	24
动画	—	—	—	65	65	—	223	189	34	69	35	34
动物医学	—	—	—	46	46	—	46	46	—	—	—	—
俄语	—	—	—	28	28	—	28	28	—	—	—	—
法学	335	335	—	535	535	—	2216	2216	—	440	440	—
高分子材料与工程	—	—	—	203	203	—	529	529	—	70	70	—
工程管理	—	—	—	208	208	—	472	472	—	58	58	—
工商管理	354	354	—	757	757	—	2530	2530	—	472	472	—
工业工程	—	—	—	67	67	—	194	194	—	34	34	—
工业设计	84	84	—	472	472	—	1568	1511	57	246	224	22
公安技术类新专业	—	—	—	60	—	60	60	—	60	—	—	—
公安学类新专业	—	—	—	119	—	119	190	—	190	—	—	—
公共管理类新专业	58	—	58	79	—	79	137	—	137	58	—	58
公共事业管理	—	—	—	45	45	—	102	102	—	—	—	—
广播电视编导	24	—	24	31	31	—	31	31	—	—	—	—
广告学	115	36	79	436	436	—	1113	1069	44	132	132	—
国际经济与贸易	364	159	205	941	941	—	2888	2584	304	465	275	190
过程装备与控制工程	—	—	—	57	57	—	57	57	—	—	—	—
汉语言文学	65	65	—	63	63	—	258	258	—	65	65	—
化学	25	25	—	34	34	—	193	193	—	68	68	—
化学工程与工艺	100	100	—	224	224	—	665	665	—	146	146	—

2003～2004 学年初普通高等林业院校和其他高等院校林科分专业学生情况(二)

单位:人

专业名称	毕业生数			招生数			在校学生数			毕业班学生数		
	计	本科生	专科生	计	本科生	专科生	计	本科生	专科生	计	本科生	专科生
环境工程	—	—	—	218	218	—	714	714	—	61	61	—
环境科学	138	138	—	313	313	—	1387	1387	—	302	302	—
会计学	436	391	45	779	661	118	2943	2652	291	643	545	98
机械类新专业	—	—	—	37	—	37	75	—	75	—	—	—
机械设计制造及其自动化	342	342	—	621	621	—	2223	2223	—	384	384	—
计算机科学与技术	665	446	219	1164	767	397	4082	3204	878	760	664	96
建筑环境与设备工程	—	—	—	64	64	—	230	230	—	25	25	—
交通工程	50	50	—	169	169	—	504	504	—	82	82	—
交通运输	269	224	45	334	307	27	1359	1239	120	302	268	34
交通运输类新专业	20	—	20	61	—	61	171	—	171	50	—	50
金融学	—	—	—	62	62	—	263	263	—	63	63	—
经济学类新专业	31	—	31	88	—	88	107	—	107	19	—	19
旅游管理	441	322	119	655	599	56	1977	1864	113	362	305	57
农业建筑环境与能源工程	22	22	—	—	—	—	50	50	—	50	50	—
轻化工程	74	74	—	171	171	—	784	699	85	222	197	25
热能与动力工程	—	—	—	30	30	—	119	119	—	33	33	—
人力资源管理	—	—	—	132	132	—	381	381	—	70	70	—
日语	—	—	—	184	184	—	342	342	—	—	—	—
社会工作	—	—	—	48	48	—	48	48	—	—	—	—
摄影	—	—	—	170	170	—	541	534	7	83	76	7
生态学	—	—	—	96	96	—	96	96	—	—	—	—
生物工程	34	34	—	266	266	—	721	721	—	37	37	—
生物技术	219	219	—	426	426	—	1715	1715	—	409	409	—
生物科学	67	67	—	186	186	—	535	535	—	119	119	—
生物科学类新专业	—	—	—	64	—	64	214	31	183	67	—	67
食品科学与工程	26	26	—	218	218	—	826	826	—	138	138	—
市场营销	54	—	54	250	250	—	840	808	32	32	—	32
数学与应用数学	44	44	—	88	88	—	295	295	—	84	84	—
通信工程	—	—	—	73	73	—	227	227	—	—	—	—
统计学	124	124	—	102	102	—	439	439	—	119	119	—
土木工程	481	481	—	771	712	59	2576	2416	160	533	501	32
物理学	24	24	—	44	44	—	198	198	—	61	61	—
消防工程	45	—	45	79	39	40	171	39	132	50	—	50
心理学	—	—	—	59	59	—	117	117	—	—	—	—
信息管理与信息系统	91	91	—	382	382	—	1340	1340	—	225	225	—
信息与计算科学	—	—	—	335	335	—	417	417	—	—	—	—
刑事科学技术	—	—	—	140	—	140	283	—	283	66	—	66
行政管理	—	—	—	67	67	—	131	131	—	—	—	—
管理学	—	—	—	—	—	—	29	—	29	—	—	—
经济学	—	—	—	123	123	—	123	123	—	—	—	—
艺术类新专业	49	—	49	—	—	—	88	—	88	59	—	59
艺术设计	638	517	121	1267	1157	110	4240	4049	191	747	702	45
印刷工程	—	—	—	49	49	—	142	104	38	38	—	38
英语	372	296	76	663	614	49	2126	1999	127	346	307	39
园艺	—	—	—	282	282	—	661	661	—	64	64	—
侦查学	33	—	33	205	—	205	1263	661	602	234	—	234
政治学与行政学	37	37	—	51	51	—	265	265	—	83	83	—
职业技术教育类新专业	101	—	101	67	—	67	115	—	115	48	—	48
植物保护	—	—	—	36	36	—	66	66	—	—	—	—
植物生产类新专业	16	—	16	134	—	134	420	—	420	121	—	121
治安学	238	—	238	238	—	238	611	—	611	232	—	232
中药学	—	—	—	84	84	—	84	84	—	—	—	—
资源环境与城乡规划管理	—	—	—	286	286	—	938	938	—	122	122	—
自动化	65	65	—	257	257	—	776	776	—	74	74	—

2003～2004学年初普通中等林业(园林)职业学校和其他中等职业学校林科分学校基本情况

单位:人

学校名称	学校数(所)	毕业生数	招生数	在校学生数	毕业班学生数
总计	**429**	**30657**	**29720**	**88109**	**29126**
一、中等林业(园林)职业学校	**45**	**18607**	**15774**	**50651**	**17109**
北京市园林学校	1	121	650	1759	534
北京市丰台区城市园林建设学校	1	435	603	1424	381
天津市园林学校	1	467	156	865	477
河北林业学校	1	509	298	861	228
内蒙古扎兰屯林业学校	1	221	207	589	54
内蒙古大兴安岭林业学校	1	134	191	599	196
辽宁园林学校	1	258	200	691	258
延边林业学校	1	325	298	660	182
黑龙江省伊春林业学校	1	390	455	1374	604
上海市园林学校	1	284	273	1343	400
黑龙江省齐齐哈尔林业学校	1	516	482	1731	643
福建三明林业学校	1	813	1074	2407	584
安徽省合肥林业学校	1	298	82	573	335
河南省林业学校	1	1116	693	2219	878
河南省信阳林业学校	1	853	939	1959	364
河南省汝南园林学校	1	188	350	1040	415
湖北省园林工程学校	1	96	309	542	162
黄冈林业学校	1	159	355	595	67
广东省林业学校	1	406	731	2049	673
桂林林业学校	1	525	580	1408	292
广西梧州林业学校	1	417	210	808	338
贵州省林业学校	1	765	364	829	185
云南省林业学校	1	727	592	2058	816
云南省思茅林业学校	1	265	714	1126	138
延安林业学校	1	166	114	443	265
陕西省榆林林业学校	1	174	756	1920	474
甘肃省庆阳林业学校	1	450	164	841	349
宁夏林业学校	1	385	384	854	95
新疆林业学校	1	284	206	560	211
牙克石林业职工中等专业学校	1	64	24	99	25
辽宁林业职业技术学院	1	797	189	1372	564
白山市林业职业高中	1	37	—	132	132
松江河林业职业中等专业学校	1	67	62	169	18
山西林业职业技术学院	1	1092	325	1300	505
黑龙江林业职业技术学院	1	595	205	2250	745
黑龙江农垦林业职业技术学院	1	710	145	2513	1062
福建省林业成人中专学校	1	—	216	248	—
福建林业职业技术学院	1	1073	449	1885	750
龙岩林业职业中专学校	1	125	135	334	89
广西林业干部学校	1	15	—	—	—
广西林业成人中等专业学校	1	335	265	1064	347
四川省林业干部学校	1	—	56	219	163
陕西省林业广播电视学校	1	1163	832	2094	1262
涿鹿县宝峰寺林业职业中学	1	65	60	169	32
甘肃林业职业技术学院	1	722	381	2676	817
二、其他中等专业学校(林科)	**384**	**12050**	**13946**	**37458**	**12017**

2003～2004学年初普通中等林业(园林)职业学校和其他中等职业学校林科分专业基本情况(一)

单位:人

专业名称	毕业生数	招生数	在校学生数	毕业班学生数
总计	**30657**	**29720**	**88109**	**29126**
一、林科专业	**22034**	**20859**	**62548**	**21822**
林业	7173	6017	18183	7456
林学	57	—	94	73
果树与林业	79	16	107	41
花卉	65	—	136	69
经济林	149	—	57	36
经济林木	36	—	43	—
景观园林设计	—	7	7	—
林产化工	69	—	41	41
林果	57	68	98	—
林特产品加工	260	41	311	269
林政法规	—	—	258	—
林政管理	34	—	2	2
绿化	—	—	63	63
绿化景观	—	25	25	—
木材加工	313	154	622	268
风景园林(3+2学制前3年)	—	25	25	—
高中园林	19	21	21	21
森保	35	—	—	—
森林保护	58	—	54	11
森林采运工程	40	—	—	—
森林旅游	82	—	13	13
森林资源与林政管理	787	462	2974	1326
生态环境保护	—	17	66	37
生态旅游	—	13	120	76
施工园林	—	—	21	—
水土保持生态环境	801	76	735	371
现代林业技术	46	8	12	—
园林	11471	13435	37496	11254
林科	30	—	—	—
林业信息管理(3+2学制前3年)	—	16	16	—
木材加工	106	2	125	123
木制工艺品及装潢	—	—	1	1
木制工艺品设计与制作	23	—	—	—
森林旅游资源开发与管理	7	—	55	55
森林生态旅游	—	157	352	144
森林生态与环境保护	25	—	—	—
室内设计	—	49	49	—
室内装潢	24	—	—	—
现代林业技术	46	8	12	—
药材与花卉种植	30	—	—	—
野生动植物保护	—	—	34	34
资源与环境类新专业	112	193	271	38
营林	—	49	49	—
二、中等林业(园林)学校非林科专业	**8623**	**8861**	**25561**	**7304**
播音与节目主持	150	9	120	40
财会电算化	63	41	121	57
财经类新专业	404	172	490	167
财务会计	42	—	—	—

2003~2004学年初普通中等林业(园林)职业学校和其他中等职业学校林科分专业基本情况(二)

单位:人

专业名称	毕业生数	招生数	在校学生数	毕业班学生数
测量工程技术	—	—	14	14
城镇环境治理工程	—	—	55	38
城镇建设	90	—	29	—
导游服务与管理	—	31	31	—
电工电子	17	44	62	18
电脑财会	60	18	60	—
电子电器应用与维修	25	36	165	44
电子技术应用	39	196	315	27
电子商务	40	359	983	231
电子与信息技术	46	231	351	46
法律(3+2学制前3年)	164	244	465	124
法律事务	138	—	409	57
饭店服务与管理	—	65	65	—
高中课改班	—	23	58	—
工业与民用建筑	63	43	143	50
工艺美术	25	—	86	40
公安保卫	281	103	504	326
公路与桥梁	—	30	92	28
规划设计	—	—	404	300
国土资源调查	47	—	40	40
果树	91	—	—	—
环境保护与监测	285	—	116	103
环境工程	—	44	100	17
环境监理	82	49	131	36
环境艺术	—	—	7	—
环境治理技术	30	23	160	30
会计	742	296	1444	670
会计电算化	87	16	16	—
会计学	—	—	52	3
机电技术应用	14	—	15	—
机电一体化	34	—	83	46
计算机	33	10	30	—
计算机及外设维修	—	89	103	—
计算机及应用	1182	1598	4956	1646
计算机及应用(3+2学制前3年)	—	80	80	—
计算机软件	131	90	225	63
计算机网络技术	93	454	1022	215
计算机应用	—	56	73	17
计算机应用与维护	—	51	92	—
计算机应用与维修	—	139	171	—
加工制造类新专业	87	17	497	264
建筑管理	131	—	41	41
建筑经济管理	51	1	22	20
建筑与工程材料	—	—	46	46
建筑装饰	205	93	172	24
金融与保险	20	—	—	—
经济法律事物	22	—	—	—
经济管理	—	20	88	49
经济贸易	24	—	—	—

2003～2004学年初普通中等林业(园林)职业学校和其他中等职业学校林科分专业基本情况(三)

单位:人

专业名称	毕业生数	招生数	在校学生数	毕业班学生数
旅游服务与管理	403	248	741	219
旅游服务与酒店管理	—	10	10	—
旅游管理	—	35	63	—
旅游英语	—	37	111	—
美术与装潢	—	43	43	—
能源类新专业	22	—	14	14
农村经济管理	40	—	—	—
农村能源开发与利用	22	—	—	—
农业水利技术	—	—	1	—
农艺	162	—	97	45
烹饪	15	12	32	—
葡萄栽培与酿造	118	120	350	5
其他新专业	—	761	1118	37
汽车运用与维修	126	55	115	49
商贸与旅游类新专业	345	262	515	86
商品经营	39	—	85	58
商务外语	153	139	693	270
商务外语(3+2学制前3年)	—	33	33	—
商务英语	—	18	18	—
生态环境管理	120	—	—	—
生物制药	—	36	63	—
市场营销	—	63	71	—
市政工程施工	101	—	213	166
水利水电工程技术	9	7	89	40
水文与水资源	39	—	2	—
土木水利工程类新专业	127	49	327	123
外语导游	—	17	171	90
文化艺术与体育类新专业	194	25	74	18
文秘	158	665	2002	84
文秘与旅游	—	52	52	—
物业管理	27	34	134	39
小学计算机教育	23	—	30	11
小学教育	85	13	46	24
小学美术教育	—	—	7	6
小学体育教育	—	—	19	—
小学音乐教育	—	—	2	—
小学英语教育	32	16	69	20
小学中文教育	—	—	11	—
信息技术类新专业	55	139	228	52
休闲体育服务与管理	—	17	17	—
畜牧兽医	—	9	9	—
医学生物技术	39	104	247	70
音乐	10	1	21	20
印刷技术	—	—	26	—
影像与影视艺术	87	—	20	20
制浆造纸工艺	—	88	88	—
治安管理(3+2学制前3年)	—	—	48	—
中文导游	—	25	25	—
农林类新专业	807	493	1630	539
农林	15	55	136	30
农林类	212	400	827	227
装潢设计	—	9	14	5

2003～2004学年初普通中等林业(园林)职业学校教职工基本情况

学校名称	校本部职工数	校本部教职工										校办厂(场)职工	附设机构人员	兼任教师(不在教职工数中)
		合计	专任教师						教辅人员	行政人员	工勤人员			
			计	正高级	副高级	中级	初级	无职称者						
一、中等林业(园林)职业学校	**4580**	**4503**	**2512**	**5**	**630**	**1072**	**670**	**135**	**427**	**731**	**833**	**37**	**40**	**475**
安徽省合肥林业学校	113	113	67	—	28	20	19	—	18	11	17	—	—	6
北京市丰台区城市园林建设学校	256	256	145	—	35	67	36	7	23	62	26	—	—	—
北京市园林学校	109	109	60	—	9	24	18	9	8	24	17	—	—	39
福建三明林业学校	101	101	67	—	23	24	19	1	3	15	16	—	—	49
甘肃省庆阳林业学校	97	97	72	—	15	30	25	2	11	7	7	—	—	—
广东省林业学校	212	212	118	—	25	58	21	14	25	32	37	—	—	1
广西梧州林业学校	73	73	59	—	6	31	15	7	4	3	7	—	—	8
贵州省林业学校	169	169	85	—	17	38	30	—	18	38	28	—	—	—
桂林林业学校	101	101	75	—	9	38	28	—	8	15	3	—	—	27
河北林业学校	168	162	62	—	21	30	9	2	25	48	27	—	6	5
河南省林业学校	207	207	118	—	29	50	36	3	9	36	44	—	—	—
河南省汝南园林学校	105	105	65	—	24	18	20	3	5	5	30	—	—	3
河南省信阳林业学校	173	173	131	—	27	41	39	24	9	26	7	—	—	—
黑龙江省齐齐哈尔林业学校	184	182	86	—	68	15	2	1	14	34	48	2	—	—
黑龙江省伊春林业学校	166	156	76	—	38	32	6	—	12	30	38	10	—	—
湖北省园林工程学校	82	80	46	—	15	17	10	4	4	20	10	2	—	—
黄冈林业学校	134	102	51	—	14	31	6	—	10	6	35	—	32	6
辽宁园林学校	43	43	35	—	4	10	19	2	—	5	3	—	—	—
内蒙古大兴安岭林业学校	209	209	108	—	29	43	33	3	17	30	54	—	—	—
内蒙古扎兰屯林业学校	119	119	86	—	22	27	35	2	4	8	21	—	—	1
宁夏林业学校	78	76	45	—	12	16	10	7	5	11	15	—	2	21
陕西省榆林林业学校	211	211	95	—	17	45	33	—	39	15	62	—	—	22
上海市园林学校	74	74	30	—	2	17	11	—	18	10	16	—	—	—
天津市园林学校	157	157	73	—	24	33	16	—	12	21	51	—	—	—
新疆林业学校	223	223	95	—	13	41	37	4	17	53	58	—	—	—
延安林业学校	92	92	48	—	10	20	14	4	15	16	13	—	—	2
延边林业学校	89	89	42	—	7	22	11	2	8	22	17	—	—	—
云南省林业学校	227	227	120	—	45	47	28	—	34	28	45	—	—	8
云南省思茅林业学校	57	57	38	—	3	20	13	2	3	7	9	—	—	—
白山市林业职业高中	56	56	40	—	1	19	20	—	9	4	3	—	—	—
福建林业职业技术学院	—	—	—	—	—	—	—	—	—	—	—	—	—	—
福建省林业成人中专学校	78	78	45	—	11	25	9	—	3	17	13	—	—	6
甘肃林业职业技术学院	—	—	—	—	—	—	—	—	—	—	—	—	—	—
广西林业成人中等专业学校	62	62	14	—	—	13	1	—	2	29	17	—	—	33
广西林业干部学校	25	25	12	—	2	10	—	—	13	—	—	—	—	—
黑龙江林业职业技术学院	—	—	—	—	—	—	—	—	—	—	—	—	—	—
黑龙江农垦林业职业技术学院	—	—	—	—	—	—	—	—	—	—	—	—	—	—
辽宁林业职业技术学院	—	—	—	—	—	—	—	—	—	—	—	—	—	—
龙岩林业职业中专学校	29	29	20	—	2	6	6	6	—	3	6	—	—	—
山西林业职业技术学院	—	—	—	—	—	—	—	—	—	—	—	—	—	—
陕西省林业广播电视学校	113	113	89	3	17	23	20	26	12	12	—	—	—	220
四川省林业干部学校	53	53	22	—	3	16	3	—	2	12	17	—	—	—
松江河林业职业中等专业学校	76	53	40	1	—	37	2	—	5	4	4	23	—	—
牙克石林业职工中等专业学校	28	28	21	1	3	10	7	—	2	3	2	—	—	18
涿鹿县宝峰寺林业中学	31	31	11	—	—	8	3	—	1	9	10	—	—	—
二、其他中等职业学校(林科)	—	—	—	—	—	—	—	—	—	—	—	—	—	—

国有林区 135 个木材采运企业和 20 个重点营林局主要统计指标

国有林区重点森工企业基本情况

企业名称	计量单位	合　计	135 个木材采运企业小计	20 个重点营林局小计
经营总面积	公顷	53134146	45657056	7477090
其中:林业用地面积	公顷	40691417	35321594	5369823
其中:有林地面积	公顷	32314860	28337454	3977406
森林蓄积量	立方米	3436754178	3133498671	303255507
所属非独立核算产业活动单位个数	个	4440	4076	364
其中:林场	个	1238	1111	127
贮木场	个	140	124	16
制材厂	个	146	137	9
人造板厂	个	66	62	4
家具厂	个	17	15	2
林化厂	个	5	5	—
林机厂	个	10	9	1
非木质林产品加工厂	个	40	39	1
学校	个	668	634	34
医院	个	176	159	17
公、检、法	个	294	277	17
其他非生产性单位	个	1545	1413	132
木材生产能力	立方米	19340440	18795489	544951
锯材生产能力	立方米	1751289	1694000	57289
人造板生产能力	立方米	871857	852357	19500
木地板生产能力	平方米	1854195	1854195	—
家具生产能力	件	1247862	1145362	102500
全部在岗职工人数	人	600348	570176	30172
其中:全民	人	532522	504193	28329
集体	人	58977	58636	341

国有林区分企业重点森工企业基本情况(一)

单位:公顷、立方米、个

企业名称	经营总面积	其中:林业用地面积	其中:有林地面积	森林蓄积量	所属非独立核算产业活动单位个数	其中:林场	贮木场
全国合计	**53134146**	**40691417**	**32314860**	**3436754178**	**4440**	**1238**	**140**
135个木材采运企业小计	45657056	35321594	28337454	3133498671	4076	1111	124
20个重点营林局小计	7477090	5369823	3977406	303255507	364	127	16
内蒙古	**11405077**	**9835636**	**8585046**	**1066255928**	**771**	**159**	**35**
内蒙古大兴安岭	**7374040**	**6653733**	**6190476**	**900372585**	**551**	**99**	**23**
阿尔山	483861	420656	344888	22840710	33	8	1
绰　尔	427390	397148	340422	30774097	43	8	1
绰　源	313168	271644	241759	27556246	27	4	2
乌尔旗汉	592606	482273	466479	45400609	40	6	1
库都尔	502646	483603	409242	26771725	32	3	2
图里河	379339	319094	296828	24313075	29	6	1
伊图里河	410657	338525	330026	23942413	27	7	2
克一河	362857	338500	325571	21974951	28	5	2
甘　河	357258	333402	327538	24304329	38	7	1
吉　文	362970	324768	309325	175930	20	6	1
阿里河	451958	384983	368269	27441093	33	10	1
根　河	632424	565998	528773	461666318	55	9	1
金　河	517228	484037	464854	35678408	27	4	2
阿龙山	357427	345365	328682	23461485	26	3	2
满　归	390295	372244	359712	34246140	28	3	1
得耳布尔	255360	234142	211209	17113091	28	4	1
莫尔道嘎	576596	557351	536899	52711965	37	6	1
内蒙古集团营林局	**1318063**	**958263**	**778446**	**55867274**	**53**	**16**	**2**
大杨树	789267	429467	398446	14867274	36	16	—
毕拉河	528796	528796	380000	41000000	17	—	2
内蒙古厅营林局	**2712974**	**2223640**	**1616124**	**110016069**	**167**	**44**	**10**
免渡河	278717	225854	197511	14540764	32	4	1
乌奴尔	214995	214995	158787	13748098	32	8	1
巴　林	287964	240123	220103	12763506	21	5	1
南　木	311430	272337	244712	13000632	18	6	1
红花尔基	598000	471000	213000	15220000	22	6	1
柴　河	354770	322604	256521	23816019	15	5	2
五岔沟	581875	391504	263537	16926702	20	6	2
白　狼	85223	85223	61953	348	7	4	1
吉林	**3926169**	**3766620**	**3497050**	**458946762**	**838**	**242**	**22**
吉林集团	**1326209**	**1293099**	**1190640**	**158122277**	**295**	**75**	**9**
临　江	171549	171549	158415	19043013	31	9	1
三岔子	223438	223438	201886	24409546	28	7	1
湾　沟	89403	89017	76240	7671400	36	11	1
松江河	158568	158255	146233	19407645	43	14	1

国有林区分企业重点

企业名称	制材厂	人造板厂	家具厂	林化厂	林机厂	非木质林产品加工厂	学校	医院	公、检、法	其他非生产性单位
全国合计	**146**	**66**	**17**	**5**	**10**	**40**	**668**	**176**	**294**	**1545**
135个木材采运企业小计	137	62	15	5	9	39	634	159	277	1413
20个重点营林局小计	9	4	2	—	1	1	34	17	17	132
内蒙古	**45**	**12**	**2**	—	**3**	**17**	**90**	**26**	**24**	**330**
内蒙古大兴安岭	**39**	**10**	**1**	—	**2**	**16**	**66**	**16**	**17**	**238**
阿尔山	1	—	—	—	—	—	3	1	1	18
绰　尔	19	2	—	—	—	2	4	1	1	5
绰　源	1	—	1	—	—	8	2	1	1	7
乌尔旗汉	2	—	—	—	—	1	4	1	1	24
库都尔	5	1	—	—	—	—	5	1	1	14
图里河	—	—	—	—	—	—	6	1	1	14
伊图里河	—	1	—	—	—	3	1	1	1	11
克一河	1	—	—	—	—	1	3	1	1	5
甘　河	2	1	—	—	—	—	7	1	1	18
吉　文	—	—	—	—	—	—	2	1	1	9
阿里河	1	2	—	—	—	—	4	1	1	6
根　河	—	—	—	—	1	1	8	—	1	27
金　河	—	—	—	—	—	—	3	1	1	16
阿龙山	—	—	—	—	—	—	3	1	1	15
满　归	3	1	—	—	1	—	4	1	1	13
得耳布尔	4	2	—	—	—	—	3	1	1	12
莫尔道嘎	—	—	—	—	—	—	4	1	1	24
内蒙古集团营林局	—	—	—	—	**1**	—	**4**	**2**	**2**	**26**
大杨树	—	—	—	—	1	—	2	1	1	15
毕拉河	—	—	—	—	—	—	2	1	1	11
内蒙古营林局	**6**	**2**	**1**	—	—	**1**	**20**	**8**	**5**	**66**
免渡河	3	1	—	—	—	—	2	1	1	18
乌奴尔	—	1	—	—	—	—	2	1	1	18
巴　林	1	—	—	—	—	—	4	1	1	5
南　木	1	—	—	—	—	—	1	1	—	8
红花尔基	—	—	—	—	—	1	3	1	1	9
柴　河	—	—	—	—	—	—	1	1	1	5
五岔沟	1	—	1	—	—	—	6	1	—	3
白　狼	—	—	—	—	—	—	1	1	—	—
吉林	**32**	**25**	**6**	**1**	**3**	**14**	**109**	**23**	**49**	**312**
吉林集团	**11**	**9**	**2**	—	—	**3**	**54**	**10**	**18**	**104**
临　江	1	1	1	—	—	—	14	3	1	—
三岔子	1	—	—	—	—	—	3	1	3	12
湾　沟	—	—	—	—	—	—	5	1	3	15
松江河	1	—	—	—	—	2	6	1	1	17

森工企业基本情况(一)

单位:立方米、平方米、平方米、个、人、件

木材生产能力	锯材生产能力	人造板生产能力	木地板生产能力	家具生产能力	全部在岗职工人数	其中:全民	集体
19340440	**1751289**	**871857**	**1854195**	**1247862**	**600348**	**532522**	**58977**
18795489	1694000	852357	1854195	1145362	570176	504193	58636
544951	57289	19500	—	102500	30172	28329	341
3837494	**217289**	**63500**	**700**	**12900**	**96349**	**80756**	**13963**
3603000	**183000**	**61000**	**700**	**10400**	**82894**	**68847**	**13919**
200000	30000	2000	500	10000	4386	3483	903
140000	3000	3000	200	—	5107	3176	1931
120000	—	—	—	—	2311	1800	511
170000	10000	—	—	—	5466	5299	167
110000	10000	—	—	—	7033	5551	1482
200000	15000	—	—	—	5982	3152	2830
170000	—	—	—	400	2822	2573	249
198000	15000	10000	—	—	3679	2801	878
130000	10000	10000	—	—	7748	5794	1954
220000	10000	—	—	—	2860	2813	47
145000	50000	22000	—	—	5098	5095	3
350000	—	—	—	—	7261	6856	405
220000	—	—	—	—	3936	3936	—
310000	10000	—	—	—	5507	3672	1707
300000	20000	—	—	—	4096	4096	—
240000	—	14000	—	—	4448	3596	852
380000	—	—	—	—	5154	5154	—
5000	—	—	—	—	2813	2769	44
—	—	—	—	—	**1695**	**1657**	**38**
5000	—	—	—	—	1118	1112	6
229494	34289	2500	—	2500	10642	9140	—
26985	2222	—	—	—	2353	2353	—
23676	**10000**	**2500**	—	—	**1664**	**1664**	—
8300	—	—	—	—	663	663	—
8561	1067	—	—	—	647	647	—
11972	—	—	—	—	968	968	—
—	—	—	—	—	783	783	—
100000	20000	—	—	2500	1502	—	—
50000	1000	—	—	—	2062	2062	—
4383054	755000	471000	1262500	421000	108383	102983	5045
1860000	**360000**	**248000**	**700000**	**10000**	**48674**	**44856**	**3818**
320000	—	**95000**	—	—	**8714**	**8714**	—
330000	60000	—	—	—	6114	5295	819
60000	—	—	—	—	2736	2606	130
240000	100000	18000	—	—	8147	7124	1023

国有林区分企业重点

企业名称	经营总面积	其中:林业用地面积	其中:有林地面积	森林蓄积量	所属非独立核算产业活动单位个数	其中:林场	贮木场
泉　阳	106287	103430	94791	11355982	44	8	1
露水河	121295	121295	113918	19566360	41	8	1
白石山	156498	133328	123361	14653411	32	7	2
红　石	299171	292787	275796	42014920	40	11	1
延边林管局	**2227426**	**2128676**	**1978970**	**262710922**	**479**	**139**	**10**
黄泥河	196596	196493	175332	20684563	57	19	1
敦　化	237355	229839	214725	27521560	51	20	1
大石头	257505	256845	230332	26447294	48	15	1
八家子	155966	151061	143158	22256400	41	12	1
和　龙	170489	170406	163402	26617940	63	13	1
汪　清	299870	299723	288532	37638554	47	14	1
大兴沟	127200	109509	99363	9964596	33	11	1
天桥岭	194106	184647	177165	23422743	42	14	1
白　河	183547	182375	171279	25466770	62	10	1
珲　春	404792	347778	315682	42690502	35	11	1
吉林省厅营林局	**372534**	**344845**	**327440**	**38113563**	**64**	**28**	**3**
上　营	114707	97949	94868	11830000	22	10	1
辉　南	56530	56128	52641	5485090	15	10	1
长　白	92056	90711	85029	11246289	1	1	—
安　图	109241	100057	94902	9552184	26	7	1
长白山	—	—	—	—	—	—	—
龙江集团	**9933515**	**8684968**	**7968393**	**687257255**	**1767**	**582**	**45**
牡丹江林管局	**3036667**	**2700969**	**2364288**	**158120475**	**446**	**187**	**9**
大海林	266310	253885	249586	22637544	48	20	1
柴　河	345272	317552	271902	30028208	51	21	1
东京城	401273	401273	349682	27574370	59	26	1
穆　棱	267530	266205	231095	20118564	42	19	1
绥　阳	516451	476284	447811	—	46	23	1
海　林	156311	144842	143608	12163680	39	14	—
林　口	273025	270397	199120	9310632	33	16	1
八面通	171891	148855	142989	7135372	29	18	1
东方红	421676	421676	328495	29152105	55	13	1
迎　春	216928	—	—	—	44	17	1
合江林管局	**837506**	**681895**	**634630**	**45767537**	**193**	**58**	**4**
桦　南	228017	150806	134642	8241487	56	18	1
双鸭山	155772	123679	117477	7352455	37	12	1
鹤　立	71316	60133	58185	3007056	33	9	1
鹤　北	382401	347277	324326	27166539	67	19	1
伊春林管局	**3375657**	**2998528**	**2777872**	**158558310**	**611**	**181**	**19**
乌伊岭	308127	258488	251895	15879700	39	12	1

森工企业基本情况(二)

单位:公顷、立方米、个

制材厂	人造板厂	家具厂	林化厂	林机厂	非木质林产品加工厂	学校	医院	公、检、法	其他非生产性单位
1	1	—	—	—	—	4	1	3	25
5	—	—	—	—	1	4	1	1	20
1	1	—	—	—	—	8	1	3	9
1	6	1	—	—	—	10	1	3	6
19	**15**	**3**	**1**	**3**	**11**	**49**	**10**	**28**	**191**
1	**1**	—	—	—	—	**18**	**1**	**3**	**13**
1	**2**	**1**	—	—	**1**	**4**	**1**	**3**	**17**
1	**1**	—	—	—	—	**4**	**1**	**3**	**22**
7	**1**	—	—	**1**	**2**	**3**	**1**	**3**	**10**
5	**2**	**1**	—	**1**	—	**4**	**1**	**3**	**32**
1	**3**	—	**1**	**1**	—	**5**	**1**	**1**	**19**
1	**2**	—	—	—	—	**2**	**1**	**3**	**12**
1	**1**	—	—	—	**2**	**3**	**1**	**3**	**16**
1	**2**	**1**	—	—	**4**	**6**	**1**	**3**	**33**
—	—	—	—	—	**2**	—	**1**	**3**	**17**
2	**1**	**1**	—	—	—	**6**	**3**	**3**	**17**
1	—	1	—	—	—	4	1	1	3
—	—	—	—	—	—	—	1	1	2
—	—	—	—	—	—	—	—	—	—
1	1	—	—	—	—	2	1	1	12
—	—	—	—	—	—	—	—	—	—
51	**20**	**7**	**2**	**2**	**8**	**327**	**40**	**125**	**515**
24	**5**	—	—	**1**	**5**	**37**	**10**	**24**	**123**
9	1	—	—	—	—	5	1	1	—
2	2	—	—	1	3	7	1	3	10
1	1	—	—	—	1	5	1	3	20
3	—	—	—	—	—	4	1	3	—
—	—	—	—	—	—	2	1	3	16
5	—	—	—	—	—	3	1	3	13
—	—	—	—	—	—	2	1	1	12
—	—	—	—	—	—	1	1	1	7
3	—	—	—	—	1	7	1	3	26
1	1	—	—	—	—	1	1	3	19
4	**2**	**1**	**1**	—	**1**	**12**	**4**	**12**	**92**
1	1	1	—	—	—	4	1	3	26
—	—	—	—	—	1	1	1	3	18
2	1	—	1	—	—	2	1	3	13
1	—	—	—	—	—	5	1	3	35
2	**5**	**2**	**1**	**1**	—	**191**	**16**	**43**	**140**
—	—	1	—	—	—	9	1	3	12

国有林区分企业重点森工企业基本情况(二)

单位:立方米、个、件、人

企业名称	木材生产能力	锯材生产能力	人造板生产能力	木地板生产能力	家具生产能力	全部在岗职工人数	其中:全民	集体
泉　阳	100000	25000	—	200000	—	5662	4842	820
露水河	300000	100000	2000	200000	—	6357	5890	467
白石山	150000	25000	62000	200000	—	4306	3759	547
红　石	360000	50000	71000	100000	10000	6638	6626	12
延边林管局	**2240000**	**375000**	**221000**	**562500**	**311000**	**52768**	**51272**	**1141**
黄泥河	250000	20000	5000	5000	—	4622	4622	—
敦　化	340000	100000	18000	—	250000	10829	10829	—
大石头	280000	30000	7000	4000	—	4968	4968	—
八家子	180000	40000	12000	1500	1000	4715	4185	175
和　龙	240000	50000	63000	—	10000	4499	4355	144
汪　清	200000	30000	40000	—	—	6389	5609	780
大兴沟	120000	—	13000	—	—	2018	1976	42
天桥岭	180000	35000	3000	—	—	4634	4634	—
白　河	300000	50000	60000	2000	50000	7052	7052	—
珲　春	150000	20000	—	550000	—	3042	3042	—
吉林省营林局	**283054**	**20000**	**2000**	—	**100000**	**6941**	**6855**	**86**
上　营	100000	10000	—	—	100000	2632	2632	—
辉　南	37054	—	—	—	—	1123	1037	86
长　白	76000	—	—	—	—	952	952	—
安　图	70000	10000	2000	—	—	2234	2234	—
长白山	—	—	—	—	—	—	—	—
龙江集团	**4851137**	**482300**	**213857**	**465993**	**809962**	**282645**	**238641**	**37690**
牡丹江林管局	**1286434**	**119262**	**9922**	**302012**	—	**67094**	**60137**	**5617**
大海林	168000	—	—	—	—	8194	8194	—
柴　河	150000	50000	5000	—	—	8234	7277	957
东京城	175262	380	2055	—	—	11300	9518	1782
穆　棱	159000	1000	—	1000	—	6610	6155	167
绥　阳	119000	—	—	—	—	4395	4395	—
海　林	54982	1465	1318	1012	—	4467	4182	285
林　口	51000	—	1000	300000	—	5548	4798	750
八面通	30993	—	—	—	—	4279	2841	386
东方红	312000	65000	—	—	—	9832	8542	1290
迎　春	66197	1417	549	—	—	4235	4235	—
合江林管局	**268000**	**79000**	**24000**	**1417**	**2000**	**18134**	**17835**	**299**
桦　南	39000	40000	2000	417	2000	4377	4251	126
双鸭山	26000	10000	2000	1000	—	3671	3657	14
鹤　立	3000	5000	20000	—	—	3408	3379	29
鹤　北	200000	24000	—	—	—	6678	6548	130
伊春林管局	**1450122**	**45000**	**152400**	**3667**	**804500**	**124058**	**98729**	**21640**
乌伊岭	99296	—	—	—	—	4441	4441	—

国有林区分企业重点森工企业基本情况(三)

单位:公顷、立方米、个、人

企业名称	经营总面积	其中:林业用地面积	其中:有林地面积	森林蓄积量	所属非独立核算产业活动单位个数	其中:林场	贮木场
新　青	289780	249799	241836	19398567	56	16	1
红　星	266526	193381	179336	135962	26	12	1
上甘岭	144840	140030	100976	5631019	21	12	1
友　好	280888	242988	227276	16576000	41	14	1
翠　峦	155103	147729	139902	6961022	20	9	1
乌马河	122531	109479	105377	6025681	51	11	1
美　溪	229139	207941	197060	13500000	20	6	1
金山屯	184173	176167	169853	10110929	27	11	1
南　岔	286426	260810	215555	11216963	49	4	4
朗　乡	264696	264696	255345	23000000	46	17	1
桃　山	171274	141580	135616	6563070	45	13	1
铁　力	204234	177261	172674	10650000	71	15	1
双　丰	131996	107585	102640	6450000	42	11	1
汤旺河	215351	201245	175077	—	26	10	1
五　营	120573	119349	107454	6459397	31	8	1
松花江林管局	**2586943**	**2210495**	**2104175**	**314145131**	**460**	**143**	**12**
山河屯	206409	205510	179671	12043202	51	17	1
苇　河	191417	172959	161986	11879515	42	10	1
亚布力	305636	272746	255157	173332290	72	18	3
方　正	203582	187313	182729	13657644	57	16	1
兴　隆	301819	282807	277940	21161980	66	20	2
清　河	143441	127997	126726	11123670	19	11	1
绥　棱	214802	178241	171541	13575104	44	15	1
通　北	268554	182486	175665	9643930	42	15	1
沾　河	751283	600436	572760	47727796	67	21	1
省直属企业	**96742**	**93081**	**87428**	**10665802**	**57**	**13**	**1**
带岭实验局	96742	93081	87428	10665802	57	13	1
大兴安岭	**7745754**	**7190154**	**6155114**	**477157829**	**454**	**63**	**26**
大兴安岭林业集团公司	**6779644**	**6434861**	**5625563**	**453344532**	**433**	**53**	**26**
松　岭	907028	801265	699329	59380113	29	5	5
新　林	869971	845972	732929	67211103	41	8	5
塔　河	918000	873088	746926	49734418	64	10	4
呼　中	770031	754878	727708	56457675	68	6	3
阿木尔	552247	522602	469988	31227047	48	6	2
图　强	504609	497137	440567	27950256	37	7	2
西林吉	729660	718699	594311	59656872	100	5	1
十八站	688997	668508	543810	47368411	36	5	3
韩家园	839101	752712	669995	54358637	10	1	1
大兴安岭营林局	**966110**	**755293**	**529551**	**23813297**	**21**	**10**	—
加格达奇	966110	755293	529551	23813297	21	10	—

国有林区分企业重点

企业名称	制材厂	人造板厂	家具厂	林化厂	林机厂	非木质林产品加工厂	学校	医院	公、检、法	其他非生产性单位
新　青	—	—	—	—	—	—	18	1	3	17
红　星	—	—	—	—	—	—	4	1	3	5
上甘岭	—	—	—	—	—	—	4	1	3	—
友　好	—	—	—	—	—	—	12	1	3	10
翠　峦	1	—	—	—	—	—	7	1	1	—
乌马河	1	1	—	—	—	—	14	1	3	19
美　溪	—	—	—	—	—	—	11	1	1	—
金山屯	—	—	—	—	—	—	6	1	3	5
南　岔	—	1	1	—	1	—	22	1	4	11
朗　乡	—	2	—	1	—	—	6	1	3	15
桃　山	—	—	—	—	—	—	19	1	1	—
铁　力	—	1	—	—	—	—	23	1	3	27
双　丰	—	—	—	—	—	—	12	1	3	14
汤旺河	—	—	—	—	—	—	6	1	3	5
五　营	—	—	—	—	—	—	18	1	3	—
松花江林管局	**21**	**8**	**4**	—	—	**2**	**75**	**9**	**43**	**133**
山河屯	1	2	—	—	—	—	4	1	3	22
苇　河	1	1	—	—	—	—	15	1	3	10
亚布力	—	—	—	—	—	—	4	1	23	23
方　正	—	1	—	—	—	—	21	1	3	11
兴　隆	3	1	1	—	—	—	2	2	2	28
清　河	5	1	1	—	—	—	—	—	—	—
绥　棱	1	1	1	—	—	2	19	1	3	—
通　北	—	—	—	—	—	—	2	1	3	18
沾　河	10	1	1	—	—	—	8	1	3	21
省直属企业	—	—	—	—	—	—	**12**	**1**	**3**	**27**
带岭实验局	—	—	—	—	—	—	12	1	3	27
大兴安岭	**15**	**6**	**2**	—	**1**	—	**85**	**23**	**26**	**204**
大兴安岭林业集团公司	**15**	**6**	**2**	—	**1**	—	**85**	**23**	**25**	**194**
松　岭	—	2	—	—	—	—	9	5	3	—
新　林	—	1	1	—	1	—	15	7	3	—
塔　河	—	—	—	—	—	—	21	2	3	21
呼　中	8	1	—	—	—	—	12	3	3	32
阿木尔	2	—	—	—	—	—	9	1	3	25
图　强	2	1	—	—	—	—	—	1	3	21
西林吉	1	—	—	—	—	—	9	1	3	80
十八站	1	1	1	—	—	—	9	2	3	11
韩家园	1	—	—	—	—	—	1	1	1	4
大兴安岭营林局	—	—	—	—	—	—	—	—	**1**	**10**
加格达奇	—	—	—	—	—	—	—	—	1	10

森工企业基本情况(三)

单位:立方米、平方米、个、件、人

木材生产能力	锯材生产能力	人造板生产能力	木地板生产能力	家具生产能力	全部在岗职工人数	其中:全民	集体
170000	—	—	—	—	6260	6062	198
90000	—	—	—	—	8411	5389	174
140000	—	—	—	—	4458	4458	—
143676	—	—	—	—	21580	12858	8722
56605	—	—	3167	—	6607	5769	838
70000	25000	22400	—	—	6809	5706	1103
65000	—	—	—	—	6781	5796	985
70000	—	—	—	—	8458	6230	2228
45000	—	3000	—	4500	14268	8940	5328
165000	20000	110000	—	—	9600	9600	—
20000	—	—	—	—	3548	3548	—
70000	—	15000	—	—	4787	4787	—
40000	—	2000	500	800000	5661	3878	1500
160545	—	—	—	—	6809	5887	364
45000	—	—	—	—	5580	5380	200
1666581	**189038**	**27535**	**158897**	**3462**	**67459**	**56958**	**9216**
93659	5000	7000	100000	—	8648	8488	160
203000	35000	5000	—	—	7905	7463	442
180000	20000	2000	—	—	5592	5463	129
224000	4000	4000	—	—	8369	7113	—
196245	6762	163	—	—	11922	8089	3833
125677	13776	3372	28897	1462	5610	4528	1082
150000	4500	3000	30000	2000	8738	5409	3300
40000	—	—	—	—	3235	3235	—
454000	100000	3000	—	—	7440	7170	270
180000	**50000**	**—**	**—**	**—**	**5900**	**4982**	**918**
180000	50000	—	—	—	5900	4982	918
5444000	**215700**	**70500**	**5000**	**4000**	**69634**	**67340**	**1744**
5444000	**215700**	**70500**	**5000**	**4000**	**67554**	**65470**	**1534**
470000	—	5000	—	—	7146	6574	22
1020000	7000	2000	—	—	12692	11180	1512
930000	60000	5000	3000	—	8238	8238	—
1080000	35000	30500	—	—	6962	6962	—
445000	—	1000	—	—	5005	5005	—
525000	10000	15500	1000	—	7374	7374	—
272000	23700	6500	—	—	7453	7453	—
522000	80000	5000	1000	4000	7858	7858	—
180000	—	—	—	—	4826	4826	—
—	**—**	**—**	**—**	**—**	**2080**	**1870**	**210**
—	—	—	—	—	2080	1870	210

国有林区分企业重点

企业名称	经营总面积	其中:林业用地面积	其中:有林地面积	森林蓄积量	所属非独立核算产业活动单位个数	其中:林场	贮木场
湖北	**2503001**	**229432**	**174259**	**11942901**	**102**	**6**	**—**
湖北省重点林业企业	**2503001**	**229432**	**174259**	**11942901**	**102**	**6**	—
神农架	2503001	229432	174259	11942901	102	6	—
海南	**243833**	**236533**	**143093**	**25696558**	**24**	**4**	**—**
海南省重点林业企业	**243833**	**236533**	**143093**	**25696558**	**24**	**4**	—
尖峰岭	87600	87200	17647	1959527	3	—	—
霸王岭	44100	40200	32933	5040000	9	4	—
吊罗山	70933	67933	62613	10256731	9	—	—
黎母山	41200	41200	29900	8440300	3	—	—
四川	**7862307**	**5150258**	**2025945**	**312334930**	**140**	**74**	**—**
阿坝州林管局	**2882751**	**1675230**	**808402**	**113830091**	**56**	**33**	—
川　西	250412	107672	70550	8427495	8	3	—
黑　水	503168	241493	136145	24074234	8	6	—
马尔康	368199	231415	136976	25058817	—	—	—
小　金	248769	117757	58779	9549799	7	5	—
观音桥	590833	289236	167975	26799113	8	5	—
松　潘	397429	372551	69320	11282752	11	6	—
南　坪	283314	188560	108110	2546	9	6	—
壤　塘	240627	126546	60547	8635335	5	2	—
甘孜州林管局	**3309593**	**2072623**	**528839**	**87702034**	**29**	**14**	—
道　孚	491120	424213	107800	16711145	4	—	—
新　龙	745546	503310	75883	11355905	13	10	—
丹　巴	494848	394193	109016	11843829	3	—	—
炉　霍	342452	286478	55569	8600000	7	4	—
白　玉	870082	225067	100801	29970996	—	—	—
力邱河	225440	151102	49009	6159893	2	—	—
翁　达	140105	88260	30761	3060266	—	—	—
其他地、州	**1669963**	**1402405**	**688704**	**110802805**	**55**	**27**	—
川　南	120589	119571	—	8430515	17	11	—
雷　波	211465	211355	95315	11557091	7	4	—
凉　北	147808	147808	90966	933770	6	3	—
夹金山	165040	124567	90660	16529084	—	—	—
木　里	901389	685978	320225	63399000	12	9	—
普　威	73238	62880	50461	5478681	12	—	—
盐　边	50434	50246	41077	4474664	1	—	—
云南	**2140758**	**1766841**	**1439882**	**39880239**	**67**	**30**	**3**
华　坪	156782	156782	100851	—	—	—	—
碧　泉	30130	28068	23652	837970	5	3	—
黑白水	300365	175978	124387	—	—	—	—
中　甸	—	—	—	—	—	—	—

森工企业基本情况(四)

单位:公顷、立方米、个、人

制材厂	人造板厂	家具厂	林化厂	林机厂	非木质林产品加工厂	学校	医院	公、检、法	其他非生产性单位
—	**—**	**—**	**—**	**1**	**—**	**2**	**1**	**11**	**72**
—	**—**	**—**	**—**	**1**	**—**	**2**	**1**	**11**	**72**
—	—	—	—	1	—	2	1	11	72
—	**—**	**—**	**2**	**—**	**—**	**4**	**4**	**4**	**6**
—	**—**	**—**	**2**	**—**	**—**	**4**	**4**	**4**	**6**
—	—	—	—	—	—	1	1	1	—
—	—	—	2	—	—	1	1	1	—
—	—	—	—	—	—	1	1	1	6
—	—	—	—	—	—	1	1	1	—
—	**—**	**—**	**—**	**—**	**—**	**12**	**17**	**16**	**9**
—	**—**	**—**	**—**	**—**	**—**	**4**	**7**	**7**	**5**
—	—	—	—	—	—	1	1	1	2
—	—	—	—	—	—	—	1	1	—
—	—	—	—	—	—	—	—	—	—
—	—	—	—	—	—	—	1	1	—
—	—	—	—	—	—	—	1	1	1
—	—	—	—	—	—	1	1	1	2
—	—	—	—	—	—	1	1	1	—
—	—	—	—	—	—	1	1	1	—
—	**—**	**—**	**—**	**—**	**—**	**4**	**5**	**5**	**1**
—	—	—	—	—	—	1	1	1	1
—	—	—	—	—	—	1	1	1	—
—	—	—	—	—	—	1	1	1	—
—	—	—	—	—	—	1	1	1	—
—	—	—	—	—	—	—	—	—	—
—	—	—	—	—	—	—	1	1	—
—	—	—	—	—	—	—	—	—	—
—	**—**	**—**	**—**	**—**	**—**	**4**	**5**	**4**	**3**
—	—	—	—	—	—	1	1	1	3
—	—	—	—	—	—	1	1	1	—
—	—	—	—	—	—	1	1	1	—
—	—	—	—	—	—	—	—	—	—
—	—	—	—	—	—	1	1	1	—
—	—	—	—	—	—	—	—	—	—
—	—	—	—	—	—	—	1	—	—
1	**1**	**—**	**—**	**—**	**—**	**6**	**6**	**8**	**12**
—	—	—	—	—	—	—	—	—	—
—	—	—	—	—	—	—	—	—	2
—	—	—	—	—	—	—	—	—	—
—	—	—	—	—	—	—	—	—	—

国有林区分企业重点森工企业基本情况(四)

单位:立方米、平方米、个、件、人

企业名称	木材生产能力	锯材生产能力	人造板生产能力	木地板生产能力	家具生产能力	全部在岗职工人数	其中:全民	集体
湖北	—	—	—	—	—	779	776	3
湖北省重点林业企业	—	—	—	—	—	779	776	3
神农架	—	—	—	—	—	779	776	3
海南	—	—	—	—	—	2148	2148	—
海南省重点林业企业	—	—	—	—	—	2148	2148	—
尖峰岭	—	—	—	—	—	786	786	—
霸王岭	—	—	—	—	—	730	730	—
吊罗山	—	—	—	—	—	462	462	—
黎母山	—	—	—	—	—	**170**	**170**	—
四川	**240000**	**7000**	—	**2**	—	**15706**	**15267**	**439**
阿坝州林管局	—	—	—	—	—	4639	4200	439
川　西	—	—	—	—	—	371	371	—
黑　水	—	—	—	—	—	589	508	81
马尔康	—	—	—	—	—	503	503	—
小　金	—	—	—	—	—	484	484	—
观音桥	—	—	—	—	—	920	792	128
松　潘	—	—	—	—	—	483	483	—
南　坪	—	—	—	—	—	769	769	—
壤　塘	—	—	—	—	—	**520**	**290**	**230**
甘孜州林管局	—	—	—	—	—	4783	4783	—
道　孚	—	—	—	—	—	951	951	—
新　龙	—	—	—	—	—	1240	1240	—
丹　巴	—	—	—	—	—	1055	1055	—
炉　霍	—	—	—	—	—	453	453	—
白　玉	—	—	—	—	—	579	579	—
力邱河	—	—	—	—	—	322	322	—
翁　达	—	—	—	—	—	183	183	—
其他地、州	**240000**	**7000**	—	**2**	—	**6284**	**6284**	—
川　南	—	—	—	—	—	2322	2322	—
雷　波	60000	7000	—	—	—	455	455	—
凉　北	—	—	—	—	—	586	586	—
夹金山	—	—	—	—	—	700	700	—
木　里	180000	—	—	—	—	1425	1425	—
普　威	—	—	—	1	—	541	541	—
盐　边	—	—	—	1	—	255	255	—
云南	**210000**	**10000**	**35000**	**120000**	—	**5396**	**5304**	**92**
华　坪	—	—	—	—	—	366	366	—
碧　泉	—	—	—	—	—	271	271	—
黑白水	—	—	—	—	—	274	274	—
中　甸	—	—	—	—	—	—	—	—

国有林区分企业重点森工企业基本情况(五)

单位:公顷、立方米、个、人

企业名称	经营总面积	其中:林业用地面积	其中:有林地面积	森林蓄积量	所属非独立核算产业活动单位个数	其中:林场	贮木场
巨　甸	96099	96099	92461	—	1	—	—
红　旗	18666	18666	14105	440000	8	5	—
云台山	755090	655090	573936	27341315	6	4	—
漾　江	333	333	—	—	7	4	—
景　东	358067	268200	251733	2286674	17	7	2
墨　江	18971	16712	16358	1102360	12	4	—
卫　国	72333	63047	60764	7871920	8	3	1
江　边	—	—	—	—	—	—	—
清水江	—	—	—	—	—	—	—
南盘江	—	—	—	—	—	—	—
新　平	65066	65066	—	—	3	—	—
宁　蒗	268856	222800	181635	—	—	—	—
陕西	**500650**	**496965**	**468686**	**52166617**	**68**	**22**	**—**
陕西省森工局	**440682**	**436997**	**421320**	**48062054**	**58**	**19**	**—**
宁　西	108093	108093	108093	13610000	10	4	—
太　白	138147	137040	131567	15022884	28	7	—
长　青	37728	37587	34867	4200000	5	—	—
宁　东	83680	81953	80680	11230000	8	5	—
汉　西	40527	40344	36753	3999000	1	—	—
龙草坪	32507	31980	29360	170	6	3	—
陕西省营林局	59968	59968	47366	4104563	10	3	—
马头滩	34668	34668	26666	2134563	5	3	—
辛家山	25300	25300	20700	1970000	5	—	—
甘肃	**1879902**	**1673196**	**754778**	**98289529**	**167**	**48**	**1**
甘肃省林管局	**1049871**	**1041600**	**352850**	**69634713**	**130**	**27**	**—**
舟　曲	131000	130066	68373	8293198	13	5	—
迭　部	347405	345267	150165	36449643	49	10	—
洮　河	479533	475200	101952	19078997	52	10	—
白水江	91933	91067	32360	5812875	16	2	—
甘肃省营林局	**830031**	**631596**	**401928**	**28654816**	**37**	**21**	**1**
小陇山	830031	631596	401928	28654816	37	21	1
青海	**101600**	**64849**	**23385**	**4100000**	**5**	**3**	**—**
青海省林管局	**101600**	**64849**	**23385**	**4100000**	**5**	**3**	**—**
玛可河	101600	64849	23385	4100000	5	3	—
新疆	**4891580**	**1595965**	**1079229**	**202725630**	**37**	**5**	**8**
新疆国有森工局	**3674170**	**1199747**	**802678**	**160039705**	**25**	**—**	**8**
天山西部	1661155	490350	326847	64840051	25	—	8
阿尔泰山	2013015	709397	475831	95199654	—	—	—
新疆营林局	**1217410**	**396218**	**276551**	**42685925**	**12**	**5**	**—**
天山中东部	1217410	396218	276551	42685925	12	5	—

国有林区分企业重点

企业名称	制材厂	人造板厂	家具厂	林化厂	林机厂	非木质林产品加工厂	学校	医院	公、检、法	其他非生产性单位
巨　甸	—	—	—	—	—	—	—	—	1	—
红　旗	—	—	—	—	—	—	1	1	1	—
云台山	—	—	—	—	—	—	—	—	1	1
漾　江	—	—	—	—	—	—	1	1	1	—
景　东	—	—	—	—	—	—	1	1	1	5
墨　江	1	—	—	—	—	—	1	1	1	4
卫　国	—	1	—	—	—	—	1	1	1	—
江　边	—	—	—	—	—	—	—	—	—	—
清水江	—	—	—	—	—	—	—	—	—	—
南盘江	—	—	—	—	—	—	—	—	—	—
新　平	—	—	—	—	—	—	1	1	1	—
宁　蒗	—	—	—	—	—	—	—	—	—	—
陕西	**—**	**1**	**—**	**—**	**—**	**—**	**6**	**7**	**7**	**25**
陕西省林管局	**—**	**1**	**—**	**—**	**—**	**—**	**5**	**5**	**5**	**23**
宁　西	—	—	—	—	—	—	1	1	1	3
太　白	—	—	—	—	—	—	2	2	1	16
长　青	—	1	—	—	—	—	—	—	—	4
宁　东	—	—	—	—	—	—	1	1	1	—
汉　西	—	—	—	—	—	—	—	—	1	—
龙草坪	—	—	—	—	—	—	1	1	1	—
陕西省营林局	**—**	**—**	**—**	**—**	**—**	**—**	**1**	**2**	**2**	**2**
马头滩	—	—	—	—	—	—	—	1	1	—
辛家山	—	—	—	—	—	—	1	1	1	2
甘肃	**—**	**1**	**—**	**—**	**—**	**1**	**22**	**24**	**11**	**59**
甘肃省林管局	**—**	**—**	**—**	**—**	**—**	**1**	**21**	**23**	**10**	**48**
舟　曲	—	—	—	—	—	—	—	1	1	6
迭　部	—	—	—	—	—	—	10	11	3	15
洮　河	—	—	—	—	—	1	9	8	3	21
白水江	—	—	—	—	—	—	2	3	3	6
甘肃省营林局	**—**	**1**	**—**	**—**	**—**	**—**	**1**	**1**	**1**	**11**
小陇山	—	1	—	—	—	—	1	1	1	11
青海	**—**	**—**	**—**	**—**	**—**	**—**	**—**	**1**	**1**	**—**
青海省林管局	**—**	**—**	**—**	**—**	**—**	**—**	**—**	**1**	**1**	**—**
玛可河	—	—	—	—	—	—	—	1	1	—
新疆	**2**	**—**	**—**	**—**	**—**	**—**	**5**	**4**	**12**	**1**
新疆国有森工局	**1**	**—**	**—**	**—**	**—**	**—**	**3**	**3**	**9**	**1**
天山西部	1	—	—	—	—	—	3	3	9	1
阿尔泰山	—	—	—	—	—	—	—	—	—	—
新疆营林局	**1**	**—**	**—**	**—**	**—**	**—**	**2**	**1**	**3**	**—**
天山中东部	1	—	—	—	—	—	2	1	3	—

森工企业基本情况(五)

单位:立方米、平方米、个、件、人

木材生产能力	锯材生产能力	人造板生产能力	木地板生产能力	家具生产能力	全部在岗职工人数	其中:全民	集体
—	—	—	—	—	183	183	—
—	—	—	—	—	254	254	—
—	—	—	—	—	723	646	77
—	—	—	—	—	389	389	—
40000	5000	—	—	—	421	406	15
100000	5000	—	—	—	364	364	—
70000	—	35000	120000	—	1162	1162	—
—	—	—	—	—	—	—	—
—	—	—	—	—	—	—	—
—	—	—	—	—	—	—	—
—	—	—	—	—	165	165	—
—	—	—	—	—	824	824	—
—	—	—	—	—	**3038**	**3038**	—
—	—	—	—	—	**2710**	**2710**	—
—	—	—	—	—	675	675	—
—	—	—	—	—	996	996	—
—	—	—	—	—	131	131	—
—	—	—	—	—	514	514	—
—	—	—	—	—	204	204	—
—	—	—	—	—	190	190	—
—	—	—	—	—	**328**	**328**	—
—	—	—	—	—	147	147	—
—	—	—	—	—	181	181	—
315000	**61000**	**18000**	—	—	**12524**	**12524**	—
315000	**61000**	**3000**	—	—	**6643**	**6643**	—
100000	26000	—	—	—	1655	1655	—
115000	20000	3000	—	—	2350	2350	—
70000	—	—	—	—	2088	2088	—
30000	15000	—	—	—	550	550	—
—	—	**15000**	—	—	**5881**	**5881**	—
—	—	15000	—	—	5881	5881	—
—	—	—	—	—	206	206	—
—	—	—	—	—	206	206	—
—	—	—	—	—	206	206	—
59755	**3000**	—	—	—	**3540**	**3539**	**1**
32352	—	—	—	—	**2053**	**2053**	—
—	—	—	—	—	1164	1164	—
32352	—	—	—	—	889	889	—
27403	**3000**	—	—	—	**1487**	**1486**	**1**
27403	3000	—	—	—	1487	1486	1

国有林区工业总产值、销售产值和增加值

单位:万元

指标名称	合计	135 个木材采运企业	20 个重点营林局
企业总产值(现价)	2297567	2209876	87691
第一产业	1128052	1070175	57877
农业	208107	199195	8912
林业	747857	708338	39519
营造林	160936	143828	17108
木材采运	537042	515611	21431
竹材采运	16	—	16
林产品采集	49863	48899	964
畜牧业	149365	141171	8194
林业服务业	17548	16296	1252
其他	5175	5175	—
第二产业	828940	815555	13385
工业总产值(现价)	702597	690561	12036
非木质林产品加工	42694	42665	29
锯材木片加工	101306	95878	5428
人造板制造	123258	121952	1306
木制品制造	244649	241527	3122
木质家具	39478	38647	831
其他	151212	149892	1320
工业总产值(1990 年不变价)	626625	617349	9276
非木质林产品加工	29366	29339	27
锯材木片加工	66122	63283	2839
人造板制造	117791	116340	1451
木制品制造	242966	239814	3152
木质家具	36850	36010	840
其他	133530	132563	967
建筑业产值	126343	124994	1349
第三产业	340575	324146	16429
企业销售产值	1285210	1228331	56879
企业增加值	1031475	1000690	30785

国有林区分企业的工业总产值、销售产值和增加值(一)

单位:万元

企业名称	企业总产值										
	总计	第一产业									
		合计	农业	林业					畜牧业	林业服务业	其他
				小计	营造林	木材采运	竹材采运	林产品采集			
全国合计	**2297567**	**1128052**	**208107**	**747857**	**160936**	**537042**	**16**	**49863**	**149365**	**17548**	**5175**
135个木材采运企业小计	2209876	1070175	199195	708338	143828	515611	—	48899	141171	16296	5175
20个重点营林局小计	87691	57877	8912	39519	17108	21431	16	964	8194	1252	—
内蒙古	**204655**	**144835**	**5450**	**132432**	**35834**	**94925**	**—**	**1673**	**6429**	**524**	**—**
内蒙古大兴安岭	**169274**	**122725**	**2237**	**119187**	**29444**	**88717**	**—**	**1026**	**1301**	**—**	**—**
阿尔山	7393	5262	300	4962	1921	3041	—	—	—	—	—
绰尔	9853	7797	80	7713	1928	5232	—	553	4	—	—
绰源	5962	4834	88	4685	1349	3188	—	148	61	—	—
乌尔旗汉	12597	8761	211	8384	2193	6007	—	184	166	—	—
库都尔	9246	4170	69	3853	1051	2766	—	36	248	—	—
图里河	8307	5876	945	4729	1964	2765	—	—	202	—	—
伊图里河	4705	3675	63	3536	2020	1489	—	27	76	—	—
克一河	7119	5137	11	5106	1489	3617	—	—	20	—	—
甘河	11400	8048	—	8048	2470	5578	—	—	—	—	—
吉文	6739	5607	—	5524	1345	4179	—	—	83	—	—
阿里河	13994	8603	181	8133	2010	6058	—	65	289	—	—
根河	14710	10735	189	10394	1586	8795	—	13	152	—	—
金河	11883	10364	—	10364	2093	8271	—	—	—	—	—
阿龙山	9933	9044	—	9044	1821	7223	—	—	—	—	—
满归	12905	8071	—	8071	999	7072	—	—	—	—	—
得耳布尔	8428	5534	—	5534	1502	4032	—	—	—	—	—
莫尔道嘎	14100	11207	100	11107	1703	9404	—	—	—	—	—
内蒙古集团营林局	**6466**	**4092**	**223**	**3848**	**3667**	**181**	**—**	**—**	**21**	**—**	**—**
大杨树	3969	2288	223	2065	2065	—	—	—	—	—	—
毕拉河	2497	1804	—	1783	1602	181	—	—	21	—	—
内蒙古营林局	**28915**	**18018**	**2990**	**9397**	**2723**	**6027**	**—**	**647**	**5107**	**524**	**—**
免渡河	5556	3666	1002	1782	512	999	—	271	630	252	—
乌奴尔	3983	2068	58	1445	321	1012	—	112	544	21	—
巴林	1752	1277	162	727	379	348	—	—	371	17	—
南木	1898	1321	303	731	406	325	—	—	257	30	—
红花尔基	2249	1484	104	983	539	306	—	138	228	169	—
柴河	2291	1579	211	1333	466	867	—	—	—	35	—
五岔沟	9217	4977	900	1000	100	800	—	100	3077	—	—
白狼	1969	1646	250	1396	—	1370	—	26	—	—	—
吉林	**471366**	**215302**	**11756**	**186224**	**30887**	**145921**	**—**	**9416**	**11555**	**5702**	**65**
吉林集团	**199557**	**94900**	**4444**	**83834**	**16458**	**65285**	**—**	**2091**	**3618**	**3004**	**—**
临江	29090	13843	3164	9560	1646	7267	—	647	895	224	—
三岔子	22135	16128	130	14926	2184	12575	—	167	607	465	—
湾沟	21711	8558	300	7992	6132	1860	—	—	201	65	—
松江河	24693	12777	—	12153	814	11339	—	—	65	559	—

国有林区分企业的工业总产

<table>
<tr><th rowspan="4">企业名称</th><th colspan="8">企 业 总</th></tr>
<tr><th colspan="8">第 二</th></tr>
<tr><th rowspan="2">合计</th><th colspan="7">工业总产值(现价)</th></tr>
<tr><th>小计</th><th>非木质林产品加工</th><th>锯材木片加工</th><th>人造板制造</th><th>木制品制造</th><th>木质家具</th><th>其他</th></tr>
<tr><td>全国合计</td><td>828940</td><td>702597</td><td>42694</td><td>101306</td><td>123258</td><td>244649</td><td>39478</td><td>151212</td></tr>
<tr><td>135 个木材采运企业小计</td><td>815555</td><td>690561</td><td>42665</td><td>95878</td><td>121952</td><td>241527</td><td>38647</td><td>149892</td></tr>
<tr><td>20 个重点营林局小计</td><td>13385</td><td>12036</td><td>29</td><td>5428</td><td>1306</td><td>3122</td><td>831</td><td>1320</td></tr>
<tr><td>内蒙古</td><td>29842</td><td>25805</td><td>456</td><td>1832</td><td>7886</td><td>11684</td><td>914</td><td>3033</td></tr>
<tr><td>内蒙古大兴安岭</td><td>27845</td><td>24119</td><td>442</td><td>1304</td><td>7755</td><td>11035</td><td>862</td><td>2721</td></tr>
<tr><td>阿尔山</td><td>1462</td><td>962</td><td>—</td><td>—</td><td>525</td><td>—</td><td>—</td><td>437</td></tr>
<tr><td>绰 尔</td><td>1212</td><td>1162</td><td>—</td><td>—</td><td>100</td><td>85</td><td>832</td><td>145</td></tr>
<tr><td>绰 源</td><td>478</td><td>458</td><td>—</td><td>—</td><td>32</td><td>426</td><td>—</td><td>—</td></tr>
<tr><td>乌尔旗汉</td><td>1835</td><td>1535</td><td>11</td><td>787</td><td>—</td><td>693</td><td>10</td><td>34</td></tr>
<tr><td>库都尔</td><td>3923</td><td>3502</td><td>24</td><td>—</td><td>—</td><td>3478</td><td>—</td><td>—</td></tr>
<tr><td>图里河</td><td>1237</td><td>1117</td><td>77</td><td>—</td><td>—</td><td>1040</td><td>—</td><td>—</td></tr>
<tr><td>伊图里河</td><td>400</td><td>354</td><td>—</td><td>—</td><td>—</td><td>132</td><td>20</td><td>202</td></tr>
<tr><td>克一河</td><td>671</td><td>671</td><td>104</td><td>171</td><td>96</td><td>300</td><td>—</td><td>—</td></tr>
<tr><td>甘 河</td><td>1663</td><td>1023</td><td>185</td><td>6</td><td>612</td><td>220</td><td>—</td><td>—</td></tr>
<tr><td>吉 文</td><td>462</td><td>32</td><td>—</td><td>32</td><td>—</td><td>—</td><td>—</td><td>—</td></tr>
<tr><td>阿里河</td><td>4165</td><td>4165</td><td>—</td><td>58</td><td>3552</td><td>551</td><td>—</td><td>4</td></tr>
<tr><td>根 河</td><td>2457</td><td>2074</td><td>—</td><td>—</td><td>544</td><td>886</td><td>—</td><td>644</td></tr>
<tr><td>金 河</td><td>249</td><td>77</td><td>—</td><td>40</td><td>—</td><td>37</td><td>—</td><td>—</td></tr>
<tr><td>阿龙山</td><td>263</td><td>122</td><td>—</td><td>122</td><td>—</td><td>—</td><td>—</td><td>—</td></tr>
<tr><td>满 归</td><td>4220</td><td>4220</td><td>—</td><td>—</td><td>1342</td><td>1633</td><td>—</td><td>1245</td></tr>
<tr><td>得耳布尔</td><td>1740</td><td>1680</td><td>—</td><td>—</td><td>952</td><td>728</td><td>—</td><td>—</td></tr>
<tr><td>莫尔道嘎</td><td>1408</td><td>965</td><td>41</td><td>88</td><td>—</td><td>826</td><td>—</td><td>10</td></tr>
<tr><td>内蒙古集团营林局</td><td>304</td><td>23</td><td>—</td><td>—</td><td>—</td><td>—</td><td>—</td><td>23</td></tr>
<tr><td>大杨树</td><td>304</td><td>23</td><td>—</td><td>—</td><td>—</td><td>—</td><td>—</td><td>23</td></tr>
<tr><td>比拉河</td><td>—</td><td>—</td><td>—</td><td>—</td><td>—</td><td>—</td><td>—</td><td>—</td></tr>
<tr><td>内蒙古营林局</td><td>1693</td><td>1663</td><td>14</td><td>528</td><td>131</td><td>649</td><td>52</td><td>289</td></tr>
<tr><td>免渡河</td><td>333</td><td>333</td><td>14</td><td>167</td><td>—</td><td>—</td><td>—</td><td>152</td></tr>
<tr><td>乌奴尔</td><td>764</td><td>734</td><td>—</td><td>25</td><td>131</td><td>578</td><td>—</td><td>—</td></tr>
<tr><td>巴 林</td><td>57</td><td>57</td><td>—</td><td>—</td><td>—</td><td>—</td><td>—</td><td>57</td></tr>
<tr><td>南 木</td><td>64</td><td>64</td><td>—</td><td>64</td><td>—</td><td>—</td><td>—</td><td>—</td></tr>
<tr><td>红花尔基</td><td>—</td><td>—</td><td>—</td><td>—</td><td>—</td><td>—</td><td>—</td><td>—</td></tr>
<tr><td>柴 河</td><td>—</td><td>—</td><td>—</td><td>—</td><td>—</td><td>—</td><td>—</td><td>—</td></tr>
<tr><td>五岔沟</td><td>395</td><td>395</td><td>—</td><td>272</td><td>—</td><td>71</td><td>52</td><td>—</td></tr>
<tr><td>白 狼</td><td>80</td><td>80</td><td>—</td><td>—</td><td>—</td><td>—</td><td>—</td><td>80</td></tr>
<tr><td>吉林</td><td>214810</td><td>167445</td><td>1709</td><td>29432</td><td>47697</td><td>52143</td><td>5889</td><td>30575</td></tr>
<tr><td>吉林集团</td><td>87046</td><td>72004</td><td>671</td><td>15679</td><td>21871</td><td>9537</td><td>302</td><td>23944</td></tr>
<tr><td>临 江</td><td>13676</td><td>12176</td><td>—</td><td>—</td><td>7666</td><td>3861</td><td>—</td><td>649</td></tr>
<tr><td>三岔子</td><td>3976</td><td>2099</td><td>—</td><td>2075</td><td>—</td><td>—</td><td>—</td><td>24</td></tr>
<tr><td>湾 沟</td><td>10963</td><td>10963</td><td>32</td><td>—</td><td>—</td><td>—</td><td>—</td><td>10931</td></tr>
<tr><td>松江河</td><td>10570</td><td>9488</td><td>—</td><td>3628</td><td>3114</td><td>672</td><td>—</td><td>2074</td></tr>
</table>

值、销售产值和增加值(一)

单位:万元

产值									企业销售产值	企业增加值
产业										
工业总产值(1990年不变价)							建筑业产值	第三产业		
小计	非木质林产品加工	锯材木片加工	人造板制造	木制品制造	木质家具	其他				
626625	**29366**	**66122**	**117791**	**242966**	**36850**	**133530**	**126343**	**340575**	**1285210**	**1031475**
617349	29339	63283	116340	239814	36010	132563	124994	324146	1228331	1000690
9276	27	2839	1451	3152	840	967	1349	16429	56879	30785
25042	**451**	**2001**	**7507**	**12405**	**78**	**2600**	**4037**	**29978**	**170395**	**127953**
23691	**437**	**1609**	**7414**	**11767**	**30**	**2434**	**3726**	**18704**	**153224**	**121088**
700	—	263	—	—	—	437	500	669	6739	5509
1349	—	88	160	961	—	140	50	844	8443	7619
396	—	—	29	367	—	—	20	650	3451	3943
1400	11	723	—	622	10	34	300	2001	9387	8203
3502	24	—	—	3478	—	—	421	1153	10426	6836
1117	77	—	—	1040	—	—	120	1194	6262	3890
354	—	—	—	132	20	202	46	630	4181	2529
598	104	132	120	242	—	—	—	1311	6024	4265
1029	185	3	612	229	—	—	640	1689	8683	6960
20	—	20	—	—	—	—	430	670	7047	4382
3157	—	57	2545	551	—	4	—	1226	11690	9932
2020	—	—	778	880	—	362	383	1518	13095	12147
77	—	40	—	37	—	—	172	1270	10607	9472
131	—	131	—	—	—	—	141	626	8780	6636
4712	—	—	1834	1633	—	1245	—	614	14862	12625
2064	—	—	1336	728	—	—	60	1154	7061	5625
1065	36	152	—	867	—	10	443	1485	16486	10515
14	—	—	—	—	—	14	281	2070	2038	3382
14	—	—	—	—	—	14	281	1377	1202	1995
—	—	—	—	—	—	—	—	693	836	1387
1337	**14**	**392**	**93**	**638**	**48**	**152**	**30**	**9204**	**15133**	**3483**
270	14	104	—	—	—	152	—	1557	1419	270
696	—	26	93	577	—	—	30	1151	2284	945
—	—	—	—	—	—	—	—	418	339	117
58	—	58	—	—	—	—	—	513	381	163
—	—	—	—	—	—	—	—	765	398	128
—	—	—	—	—	—	—	—	712	593	545
313	—	204	—	61	48	—	—	3845	9201	1239
—	—	—	—	—	—	—	—	243	518	76
148513	**1724**	**13466**	**42700**	**60410**	**7236**	**22977**	**47365**	**41254**	**355798**	**158430**
54351	**611**	**5847**	**24652**	**8610**	**527**	**14104**	**15042**	**17611**	**161302**	**82839**
12605	—	—	8576	3409	—	620	1500	1571	19097	10229
1755	—	1731	—	—	—	24	1877	2031	14671	10549
6180	32	—	—	—	—	6148	—	2190	12146	5810
7643	—	1295	4486	670	—	1192	1082	1346	20942	11002

国有林区分企业的工业总产

企业名称	企业总产值										
	总计	第一产业									
		合计	农业	林业					畜牧业	林业服务业	其他
				小计	营造林	木材采运	竹材采运	林产品采集			
泉阳	12955	5830	—	5658	757	4901	—	—	—	172	—
露水河	33497	13220	100	12141	1325	10216	—	600	160	819	—
白石山	27390	13550	750	10560	1350	8533	—	677	1690	550	—
红石	28086	10994	—	10844	2250	8594	—	—	—	150	—
延边林管局	**242520**	**103024**	**5331**	**87437**	**12949**	**67420**	—	**7068**	**7572**	**2619**	**65**
黄泥河	27137	13175	1855	8601	1681	5841	—	1079	2050	669	—
敦化	49734	17940	803	14553	906	11598	—	2049	2487	97	—
大石头	21136	9754	1230	8246	1592	5529	—	1125	60	153	65
八家子	18532	8790	59	7419	916	5295	—	1208	832	480	—
和龙	25644	9372	—	9235	849	8386	—	—	—	137	—
汪清	26430	11300	561	9377	1374	7003	—	1000	1036	326	—
大兴沟	5906	2818	155	2629	274	2355	—	—	3	31	—
天桥岭	11339	8050	—	7969	3181	4788	—	—	—	81	—
白河	41074	15892	662	13481	1764	11110	—	607	1104	645	—
珲春	15588	5933	6	5927	412	5515	—	—	—	—	—
吉林省营林局	**29289**	**17378**	**1981**	**14953**	**1480**	**13216**	—	**257**	**365**	**79**	—
上营	11575	5878	662	5216	10	5006	—	200	—	—	—
辉南	3756	2005	7	1958	405	1553	—	—	—	40	—
长白	6703	5426	1312	4076	331	3688	—	57	38	—	—
安图	7255	4069	—	3703	734	2969	—	—	327	39	—
长白山	—	—	—	—	—	—	—	—	—	—	—
龙江集团	**1250468**	**550267**	**171809**	**248828**	**15322**	**197628**	—	**35878**	**117117**	**7403**	**5110**
牡丹江林管局	**267650**	**133210**	**33280**	**67105**	**4162**	**55118**	—	**7825**	**30157**	**2668**	—
大海林	31888	14745	1634	10005	459	7507	—	2039	3106	—	—
柴河	32075	15343	1898	7974	567	6937	—	470	4247	1224	—
东京城	35601	19500	5815	9488	389	8851	—	248	3611	586	—
穆棱	25952	12744	1450	8924	383	6311	—	2230	2103	267	—
绥阳	27572	12488	3939	5434	348	4862	—	224	3100	15	—
海林	29974	11273	4298	4468	244	2930	—	1294	2452	55	—
林口	16143	7799	3185	1967	271	1696	—	—	2647	—	—
八面通	13863	8015	4409	2236	232	1205	—	799	1370	—	—
东方红	38012	23047	3831	12781	583	12053	—	145	5914	521	—
迎春	16570	8256	2821	3828	686	2766	—	376	1607	—	—
合江林管局	**94797**	**54541**	**15780**	**19922**	**1056**	**12274**	—	**6592**	**13310**	**419**	**5110**
桦南	27950	15091	5875	3776	139	1524	—	2113	502	60	4878
双鸭山	23355	13319	4442	2905	508	1118	—	1279	5878	94	—
鹤立	13437	8186	2851	2330	227	967	—	1136	2953	52	—
鹤北	30055	17945	2612	10911	182	8665	—	2064	3977	213	232
伊春林管局	**569960**	**189158**	**68745**	**77678**	**5734**	**57356**	—	**14588**	**41125**	**1610**	—
乌伊岭	22437	9646	3187	5170	350	4433	—	387	1289	—	—

单位:万元

企业总产值							
第二产业							
合计	工业总产值(现价)						
	小计	非木质林产品加工	锯材木片加工	人造板制造	木制品制造	木质家具	其他
6845	5005	—	320	—	—	—	4685
13925	6861	259	3848	—	2245	—	509
10650	9850	380	251	4279	75	—	4865
16441	15562	—	5557	6812	2684	302	207
118910	**86590**	**1023**	**8863**	**25598**	**40133**	**5037**	**5936**
11765	3937	—	307	1850	1139	—	641
31005	26357	—	2187	1381	17786	4632	371
7630	6650	—	1266	1914	3470	—	—
5998	4647	69	1069	462	3047	—	—
14697	11285	—	591	7642	1389	55	1608
11054	9902	—	1587	4554	1748	—	2013
1451	946	—	162	626	158	—	—
3289	2853	869	—	—	1621	—	363
23352	12717	—	1099	7169	3332	177	940
8669	7296	85	595	—	6443	173	—
8854	**8851**	**15**	**4890**	**228**	**2473**	**550**	**695**
5246	5246	10	4686	—	—	550	—
879	876	5	134	—	160	—	577
1220	1220	—	—	—	1112	—	108
1509	1509	—	70	228	1201	—	10
—	—	—	—	—	—	—	—
474180	**409236**	**39076**	**59737**	**53504**	**131244**	**27750**	**97925**
81140	**68310**	**9808**	**8107**	**2877**	**28968**	**—**	**18550**
10220	9336	—	3054	319	2424	—	3539
11006	7749	1377	1148	659	2939	—	1626
7599	7385	—	730	135	3532	—	2988
7123	4759	587	536	1447	1649	—	540
10877	8317	4512	182	90	3400	—	133
10923	10763	—	48	102	8217	—	2396
5970	5080	301	30	62	986	—	3701
3441	2974	—	15	—	1889	—	1070
10904	9883	2605	2010	—	2805	—	2463
3077	2064	426	354	63	1127	—	94
22760	**19615**	**3807**	**2496**	**1203**	**2280**	**42**	**9787**
6578	6078	—	599	601	102	42	4734
6129	6043	1296	405	—	695	—	3647
3384	2825	1145	296	602	36	—	746
6669	4669	1366	1196	—	1447	—	660
286646	**247267**	**11041**	**27819**	**43380**	**86555**	**26897**	**51575**
8960	7118	—	2502	897	1679	41	1999

国有林区分企业的企业总产值、销售产值和增加值(二)

单位:万元

企业名称	企业总产值									企业销售产值	企业增加值
	第二产业								第三产业		
	工业总产值(1990年不变价)							建筑业产值			
	小计	非木质林产品加工	锯材木片加工	人造板制造	木制品制造	木质家具	其他				
泉　阳	3965	—	95	—	—	—	3870	1840	280	9980	6542
露水河	3496	259	811	—	1931	—	495	7064	6352	32855	13063
白石山	7223	320	70	5245	40	—	1548	800	3190	25350	11200
红　石	11484	—	1845	6345	2560	527	207	879	651	26261	14444
延边林管局	**87725**	**1100**	**5180**	**17844**	**49286**	**6162**	**8153**	**32320**	**20586**	**176520**	**64026**
黄泥河	3501	—	284	1595	981	—	641	7828	2197	9593	4610
敦　化	34774	—	1141	1250	24415	5634	2334	4648	789	48335	13722
大石头	5975	—	336	1284	4355	—	—	980	3752	11735	4508
八家子	4164	69	630	416	3049	—	—	1351	3744	11644	4298
和　龙	4338	—	294	582	1753	49	1660	3412	1575	13838	8118
汪　清	10929	—	916	4883	3341	—	1789	1152	4076	21313	6523
大兴沟	1402	—	166	573	158	—	505	505	1637	4045	1711
天桥岭	2784	946	—	—	1554	—	284	436	—	2746	2993
白　河	12905	—	888	7261	3510	306	940	10635	1830	39431	12757
珲　春	6953	85	525	—	6170	173	—	1373	986	13840	4786
吉林省营林局	**6437**	**13**	**2439**	**204**	**2514**	**547**	**720**	**3**	**3057**	**17976**	**11565**
上　营	2816	8	2261	—	—	547	—	—	451	5017	4146
辉　南	802	5	112	—	106	—	579	3	872	3293	1109
长　白	1311	—	—	—	1203	—	108	—	57	5603	4700
安　图	1508	—	66	204	1205	—	33	—	1677	4063	1610
长白山	—	—	—	—	—	—	—	—	—	—	—
龙江集团	**360093**	**26427**	**41835**	**53094**	**121180**	**26015**	**91542**	**64944**	**226021**	**505393**	**555248**
牡丹江林管局	**49960**	**1855**	**3645**	**1235**	**22649**	**—**	**20576**	**12830**	**53300**	**98580**	**126268**
大海林	6652	—	1155	289	2002	—	3206	884	6923	14313	17370
柴　河	4866	1072	—	250	2043	—	1501	3257	5726	17195	14591
东京城	10339	—	300	217	2026	—	7796	214	8502	10044	19130
穆　棱	2286	—	527	—	621	—	1138	2364	6085	9893	10842
绥　阳	1868	512	122	—	700	—	534	2560	4207	5875	12845
海　林	9089	—	59	198	8307	—	525	160	7778	13119	9342
林　口	4792	253	30	131	2268	—	2110	890	2374	1698	8979
八面通	3111	—	42	18	24	—	3027	467	2407	1077	7863
东方红	4798	—	1345	—	2805	—	648	1021	4061	21288	18648
迎　春	2159	18	65	132	1853	—	91	1013	5237	4078	6658
合江林管局	**18656**	**2695**	**2186**	**838**	**4236**	**29**	**8672**	**3145**	**17496**	**68110**	**30053**
桦　南	4012	—	439	237	54	29	3253	500	6281	20803	13310
双鸭山	5471	1683	212	—	451	—	3125	86	3907	23341	6786
鹤　立	2573	—	276	601	62	—	1634	559	1867	1170	2851
鹤　北	6600	1012	1259	—	3669	—	660	2000	5441	22796	7106
伊春林管局	**229207**	**9256**	**24936**	**45723**	**77740**	**25199**	**46353**	**39379**	**94156**	**212636**	**277235**
乌伊岭	6110	—	2159	807	1430	36	1678	1842	3831	4619	12886

国有林区分企业的工业总产值、销售产值和增加值(三)

单位:万元

企业名称	企业总产值										
	总计	第一产业									
		合计	农业	林业					畜牧业	林业服务业	其他
				小计	营造林	木材采运	竹材采运	林产品采集			
新　青	40111	13826	3766	7186	251	6709	—	226	2270	604	—
红　星	39305	14436	8674	4760	254	3498	—	1008	1002	—	—
上甘岭	18503	4981	1845	1730	285	861	—	584	1406	—	—
友　好	59037	26566	4850	8975	370	6653	—	1952	12741	—	—
翠　峦	31117	7089	1391	3827	397	2445	—	985	1871	—	—
乌马河	40360	10220	2195	4520	405	3150	—	965	3445	60	—
美　溪	30799	10798	5017	5781	1123	3575	—	1083	—	—	—
金山屯	51372	9655	2240	4335	423	2912	—	1000	2160	920	—
南　岔	29158	6947	2704	2766	—	1785	—	981	1477	—	—
朗　乡	42332	16695	2841	10253	184	7782	—	2287	3601	—	—
桃　山	24910	13046	7771	1900	259	805	—	836	3349	26	—
铁　力	25592	12282	7323	2737	331	2377	—	29	2222	—	—
双　丰	25617	9368	5129	2258	330	1528	—	400	1981	—	—
汤旺河	56400	14530	5388	7520	300	6907	—	313	1622	—	—
五　营	32910	9073	4424	3960	472	1936	—	1552	689	—	—
松花江林管局	**284519**	**163117**	**51860**	**77926**	**4051**	**67327**	**—**	**6548**	**30648**	**2683**	**—**
山河屯	25615	17714	5863	6114	897	5217	—	—	5677	60	—
苇　河	32673	18924	11552	5878	231	5647	—	—	1290	204	—
亚布力	34722	17467	3240	11904	282	10122	—	1500	2000	323	—
方　正	42837	22461	7204	11307	635	9152	—	1520	3928	22	—
兴　隆	37506	25620	2134	13726	1075	12461	—	190	9614	146	—
清　河	34859	16048	2884	10166	41	6787	—	3338	2886	112	—
绥　棱	25300	14384	8308	5966	213	5753	—	—	—	110	—
通　北	20853	12697	8356	1839	369	1470	—	—	2410	92	—
沾　河	30154	17802	2319	11026	308	10718	—	—	2843	1614	—
省直属企业	**33542**	**10241**	**2144**	**6197**	**319**	**5553**	**—**	**325**	**1877**	**23**	**—**
带岭实验局	33542	10241	2144	6197	319	5553	—	325	1877	23	—
大兴安岭	**263546**	**132681**	**16450**	**103002**	**7294**	**93472**	**—**	**2236**	**13229**	**—**	**—**
大兴安岭林业集团公司	**254293**	**124716**	**14864**	**98846**	**3726**	**92884**	**—**	**2236**	**11006**	**—**	**—**
松　岭	51561	22933	6602	15474	429	14798	—	247	857	—	—
新　林	34611	22352	1108	17745	400	16790	—	555	3499	—	—
塔　河	20793	9246	—	9246	665	8581	—	—	—	—	—
呼　中	34193	16622	4127	9751	247	8280	—	1224	2744	—	—
阿木尔	12064	7333	803	5937	547	5390	—	—	593	—	—
图　强	14232	8388	286	7642	250	7392	—	—	460	—	—
西林吉	44070	16388	1660	13263	287	12766	—	210	1465	—	—
十八站	25988	12764	—	12764	444	12320	—	—	—	—	—
韩家园	16781	8690	278	7024	457	6567	—	—	1388	—	—
大兴安岭营林局	**9253**	**7965**	**1586**	**4156**	**3568**	**588**	**—**	**—**	**2223**	**—**	**—**
加格达奇	9253	7965	1586	4156	3568	588	—	—	2223	—	—

国有林区分企业的工业总产

企业名称	企业总							
	第二							
	合计	工业总产值(现价)						
		小计	非木质林产品加工	锯材木片加工	人造板制造	木制品制造	木质家具	其他
新　青	22171	18884	1093	10744	3555	2336	1156	—
红　星	17005	14697	—	—	504	12613	—	1580
上甘岭	11052	10279	—	680	5016	4073	450	60
友　好	29751	25788	—	—	3765	5067	6734	10222
翠　峦	18427	14357	—	87	248	7763	429	5830
乌马河	24070	19109	—	900	2218	13263	933	1795
美　溪	12840	11243	2880	1033	350	4457	312	2211
金山屯	27729	21952	2380	4969	3421	1020	4929	5233
南　岔	14341	11621	—	39	521	4670	135	6256
朗　乡	20238	18610	—	964	7457	2725	—	7464
桃　山	6988	6843	—	—	4120	1410	161	1152
铁　力	9861	8611	—	1497	1341	4344	463	966
双　丰	12519	12019	—	1000	170	140	9909	800
汤旺河	35714	32464	—	2120	9413	15945	125	4861
五　营	14980	13672	4688	1284	384	5050	1120	1146
松花江林管局	**69961**	**61356**	**14420**	**15162**	**5702**	**10869**	**686**	**14517**
山河屯	3938	3894	—	76	285	470	—	3063
苇　河	9281	9230	829	2942	3255	122	—	2082
亚布力	3919	3089	—	878	—	2211	—	—
方　正	13358	10596	947	2908	492	1210	—	5039
兴　隆	6662	5532	1512	1694	43	2224	59	—
清　河	14781	14523	8510	4324	973	627	89	—
绥　棱	4918	4010	1327	483	18	1243	28	911
通　北	4779	4518	—	501	—	1045	—	2972
沾　河	8325	5964	1295	1356	636	1717	510	450
省直属企业	**13673**	**12688**	**—**	**6153**	**342**	**2572**	**125**	**3496**
带岭实验局	13673	12688	—	6153	342	2572	125	3496
大兴安岭	**96697**	**88878**	**—**	**9918**	**10095**	**49578**	**3457**	**15830**
大兴安岭林业集团公司	**95409**	**88625**	**—**	**9908**	**10095**	**49578**	**3306**	**15738**
松　岭	16263	15980	—	1413	1708	5239	—	7620
新　林	10003	9810	—	13	1050	7876	720	151
塔　河	9756	8947	—	1280	1252	5571	—	844
呼　中	11320	11289	—	—	2774	6221	2261	33
阿木尔	4731	4673	—	—	150	4188	—	335
图　强	5844	5731	—	147	33	4472	—	1079
西林吉	19946	18167	—	258	2800	9971	276	4862
十八站	12763	11655	—	6324	144	4773	49	365
韩家园	4783	2373	—	473	184	1267	—	449
大兴安岭营林局	**1288**	**253**	**—**	**10**	**—**	**—**	**151**	**92**
加格达奇	1288	253	—	10	—	—	151	92

值、销售产值和增加值(三)

单位:万元

产值									企业销售产值	企业增加值
产业										
工业总产值(1990年不变价)							建筑业产值	第三产业		
小计	非木质林产品加工	锯材木片加工	人造板制造	木制品制造	木质家具	其他				
17781	996	9469	3867	2293	1156	—	3287	4114	20018	20414
14681	—	—	504	12597	—	1580	2308	7864	17150	20028
9210	—	644	4416	3700	400	50	773	2470	8403	9983
26050	—	—	3001	4830	6734	11485	3963	2720	27850	27742
13146	—	114	540	7093	410	4989	4070	5601	13190	12045
15781	—	475	2458	10929	480	1439	4961	6070	19843	20784
9598	1793	1148	350	3794	302	2211	1597	7161	10272	17274
20255	2124	3982	3690	980	5429	4050	5777	13988	18855	26355
9303	—	51	529	3700	135	4888	2720	7870	13479	16771
19498	—	965	9706	3040	—	5787	1628	5399	9220	17990
6322	—	—	3814	1322	151	1035	145	4876	6012	6608
9891	—	1598	1998	4905	463	927	1250	3449	6035	10327
10034	—	940	219	122	7978	775	500	3730	1528	7947
30812	—	2524	9391	14459	125	4313	3250	6156	21182	33840
10735	4343	867	433	2546	1400	1146	1308	8857	14980	16241
53695	**12621**	**6795**	**5059**	**14498**	**687**	**14035**	**8605**	**51441**	**92566**	**107873**
3708	—	25	254	592	—	2837	44	3963	9542	9614
6476	588	934	2733	101	—	2120	51	4468	9543	13295
3270	—	228	—	3042	—	—	830	13336	12668	16725
6903	167	1419	622	1210	—	3485	2762	7018	10868	17813
5965	1512	1083	40	2141	59	1130	1130	5224	16763	18119
11927	8285	1412	813	1177	90	150	258	4030	8969	8197
4109	1014	344	33	1799	28	891	908	5998	8140	6759
4518	—	501	—	1045	—	2972	261	3377	3220	6171
6819	1055	849	564	3391	510	450	2361	4027	12853	11180
8575	**—**	**4273**	**239**	**2057**	**100**	**1906**	**985**	**9628**	**33501**	**13819**
8575	—	4273	239	2057	100	1906	985	9628	33501	13819
84868	**—**	**8720**	**9316**	**48971**	**3329**	**14532**	**7819**	**34168**	**234419**	**184316**
84629	**—**	**8712**	**9316**	**48971**	**3179**	**14451**	**6784**	**34168**	**217446**	**174066**
15862	—	1017	1791	5723	—	7331	283	12365	27476	28951
11188	—	11	631	9783	612	151	193	2256	32936	22584
8676	—	1122	1330	5550	—	674	809	1791	25955	18382
10224	—	—	3026	4901	2261	36	31	6251	26954	24584
4228	—	—	150	3829	—	249	58	—	15950	10857
5424	—	126	46	4106	—	1146	113	—	14210	12368
14874	—	137	1711	8504	276	4246	1779	7736	29967	27736
10938	—	5826	331	4576	30	175	1108	461	30449	18887
3215	—	473	300	1999	—	443	2410	3308	13549	9717
239	**—**	**8**	**—**	**—**	**150**	**81**	**1035**	**—**	**16973**	**10250**
239	—	8	—	—	150	81	1035	—	16973	10250

国有林区分企业的工业总产

企业名称	企业总产值										
	总计	第一产业									
		合计	农业	林业					畜牧业	林业服务业	其他
				小计	营造林	木材采运	竹材采运	林产品采集			
湖北	**4595**	**2128**	**39**	**1142**	**1142**	**—**	**—**	**—**	**111**	**836**	**—**
湖北省重点林业企业	**4595**	**2128**	**39**	**1142**	**1142**	**—**	**—**	**—**	**111**	**836**	**—**
神农架	4595	2128	39	1142	1142	—	—	—	111	836	—
海南	**2464**	**657**	**—**	**375**	**96**	**—**	**—**	**279**	**—**	**282**	**—**
海南省重点林业企业	**2464**	**657**	**—**	**375**	**96**	**—**	**—**	**279**	**—**	**282**	**—**
尖峰岭	640	577	—	295	39	—	—	256	—	282	—
霸王岭	1361	—	—	—	—	—	—	—	—	—	—
吊罗山	382	23	—	23	—	—	—	23	—	—	—
黎母山	81	57	—	57	57	—	—	—	—	—	—
四川	**21287**	**19908**	**7**	**19227**	**19227**	**—**	**—**	**—**	**—**	**674**	**—**
阿坝州林管局	**9114**	**8190**	**7**	**7646**	**7646**	**—**	**—**	**—**	**—**	**537**	**—**
川　西	1227	589	—	477	477	—	—	—	—	112	—
黑　水	1156	1156	2	921	921	—	—	—	—	233	—
马尔康	1372	1366	—	1366	1366	—	—	—	—	—	—
小　金	1009	988	—	940	940	—	—	—	—	48	—
观音桥	1403	1365	5	1360	1360	—	—	—	—	—	—
松　潘	1148	1059	—	1006	1006	—	—	—	—	53	—
南　坪	1130	1130	—	1039	1039	—	—	—	—	91	—
壤　塘	669	537	—	537	537	—	—	—	—	—	—
甘孜州林管局	**4074**	**4064**	**—**	**3945**	**3945**	**—**	**—**	**—**	**—**	**119**	**—**
道　孚	774	764	—	754	754	—	—	—	—	10	—
新　龙	799	799	—	742	742	—	—	—	—	57	—
丹　巴	754	754	—	744	744	—	—	—	—	10	—
炉　霍	504	504	—	494	494	—	—	—	—	10	—
白　玉	541	541	—	531	531	—	—	—	—	10	—
力邱河	419	419	—	409	409	—	—	—	—	10	—
翁　达	283	283	—	271	271	—	—	—	—	12	—
其他地、州	**8099**	**7654**	**—**	**7636**	**7636**	**—**	**—**	**—**	**—**	**18**	**—**
川　南	2864	2531	—	2513	2513	—	—	—	—	18	—
雷　波	955	945	—	945	945	—	—	—	—	—	—
凉　北	1221	1145	—	1145	1145	—	—	—	—	—	—
夹金山	—	—	—	—	—	—	—	—	—	—	—
木　里	2550	2524	—	2524	2524	—	—	—	—	—	—
普　威	509	509	—	509	509	—	—	—	—	—	—
盐　边	—	—	—	—	—	—	—	—	—	—	—
云南	**10707**	**4921**	**68**	**4827**	**4802**	**25**	**—**	**—**	**2**	**24**	**—**
华　坪	2102	—	—	—	—	—	—	—	—	—	—
碧　泉	—	—	—	—	—	—	—	—	—	—	—
黑白水	253	—	—	—	—	—	—	—	—	—	—

值、销售产值和增加值(四)

单位:万元

企业总产值							
第二产业							
合计	工业总产值(现价)						
	小计	非木质林产品加工	锯材木片加工	人造板制造	木制品制造	木质家具	其他
2214	**254**	—	—	—	—	—	**254**
2214	**254**	—	—	—	—	—	**254**
2214	254	—	—	—	—	—	254
1711	**1711**	**321**	—	—	—	**1390**	—
1711	**1711**	**321**	—	—	—	**1390**	—
14	14	—	—	—	—	14	—
1361	1361	321	—	—	—	1040	—
330	330	—	—	—	—	330	—
6	6	—	—	—	—	—	
893	**893**	—	**203**	—	—	—	**690**
549	**549**	—	**6**	—	—	—	**543**
543	543	—	—	—	—	—	543
—	—	—	—	—	—	—	—
6	6	—	6	—	—	—	—
—	—	—	—	—	—	—	—
—	—	—	—	—	—	—	—
—	—	—	—	—	—	—	—
—	—	—	—	—	—	—	—
—	—	—	—	—	—	—	—
—	—	—	—	—	—	—	—
—	—	—	—	—	—	—	—
—	—	—	—	—	—	—	—
—	—	—	—	—	—	—	—
—	—	—	—	—	—	—	—
—	—	—	—	—	—	—	—
—	—	—	—	—	—	—	—
—	—	—	—	—	—	—	—
344	**344**	—	**197**	—	—	—	**147**
288	288	—	197	—	—	—	91
—	—	—	—	—	—	—	—
56	56	—	—	—	—	—	56
—	—	—	—	—	—	—	—
—	—	—	—	—	—	—	—
—	—	—	—	—	—	—	—
—	—	—	—	—	—	—	—
5501	**5501**	—	**184**	**3129**	—	—	**2188**
2102	2102	—	—	—	—	—	2102
—	—	—	—	—	—	—	—
33	33	—	—	—	—	—	33

国有林区分企业的工业总产值、销售产值和增加值（四）

单位:万元

企业名称	企业总产值									企业销售产值	企业增加值
	第二产业								第三产业		
	工业总产值(1990年不变价)							建筑业产值			
	小计	非木质林产品加工	锯材木片加工	人造板制造	木制品制造	木质家具	其他				
湖北	**203**	—	—	—	—	—	**203**	**1960**	**253**	**343**	**76**
湖北省重点林业企业	**203**	—	—	—	—	—	**203**	**1960**	**253**	**343**	**76**
神农架	203	—	—	—	—	—	203	1960	253	343	76
海南	**141**	—	—	—	—	**97**	**44**	—	**96**	**2195**	**714**
海南省重点林业企业	**141**	—	—	—	—	**97**	**44**	—	**96**	**2195**	**714**
尖峰岭	44	—	—	—	—	—	44	—	49	609	179
霸王岭	—	—	—	—	—	—	—	—	—	1256	416
吊罗山	93	—	—	—	—	93	—	—	29	330	119
黎母山	4	—	—	—	—	4	—	—	18	—	—
四川	**547**	**102**	**19**	—	—	—	**426**	—	**486**	**1140**	**223**
阿坝州林管局	**283**	—	—	—	—	—	**283**	—	**375**	**833**	**254**
川　西	283	—	—	—	—	—	283	—	95	827	253
黑　水	—	—	—	—	—	—	—	—	—	—	—
马尔康	—	—	—	—	—	—	—	—	—	6	1
小　金	—	—	—	—	—	—	—	—	21	—	—
观音桥	—	—	—	—	—	—	—	—	38	—	—
松　潘	—	—	—	—	—	—	—	—	89	—	—
南　坪	—	—	—	—	—	—	—	—	—	—	—
壤　塘	—	—	—	—	—	—	—	—	132	—	—
甘孜州林管局	—	—	—	—	—	—	—	—	10	—	—
道　孚	—	—	—	—	—	—	—	—	10	—	—
新　龙	—	—	—	—	—	—	—	—	—	—	—
丹　巴	—	—	—	—	—	—	—	—	—	—	—
炉　霍	—	—	—	—	—	—	—	—	—	—	—
白　玉	—	—	—	—	—	—	—	—	—	—	—
力邱河	—	—	—	—	—	—	—	—	—	—	—
翁　达	—	—	—	—	—	—	—	—	—	—	—
其他地、州	**264**	**102**	**19**	—	—	—	**143**	—	**101**	**307**	**-31**
川　南	186	102	19	—	—	—	65	—	45	249	—
雷　波	—	—	—	—	—	—	—	—	10	—	—
凉　北	78	—	—	—	—	—	78	—	20	58	-31
夹金山	—	—	—	—	—	—	—	—	—	—	—
木　里	—	—	—	—	—	—	—	—	26	—	—
普　威	—	—	—	—	—	—	—	—	—	—	—
盐　边	—	—	—	—	—	—	—	—	—	—	—
云南	**5408**	**121**	**81**	**4020**	—	—	**1186**	—	**285**	**5523**	**1590**
华　坪	1147	—	—	—	—	—	1147	—	—	2145	432
碧　泉	—	—	—	—	—	—	—	—	—	—	—
黑白水	121	121	—	—	—	—	—	—	220	121	616

国有林区分企业的工业总产值、销售产值和增加值(五)

单位:万元

企业名称	企业总产值										
	总计	第一产业									
		合计	农业	林业					畜牧业	林业服务业	其他
				小计	营造林	木材采运	竹材采运	林产品采集			
中甸	—	—	—	—	—	—	—	—	—	—	—
巨甸	—	—	—	—	—	—	—	—	—	—	—
红旗	391	391	—	391	391	—	—	—	—	—	—
云台山	—	—	—	—	—	—	—	—	—	—	—
漾江	245	207	—	207	207	—	—	—	—	—	—
景东	1207	1155	15	1131	1131	—	—	—	2	7	—
墨江	1198	987	—	987	987	—	—	—	—	—	—
卫国	5311	2181	53	2111	2086	25	—	—	—	17	—
江边	—	—	—	—	—	—	—	—	—	—	—
清水江	—	—	—	—	—	—	—	—	—	—	—
南盘江	—	—	—	—	—	—	—	—	—	—	—
新平	—	—	—	—	—	—	—	—	—	—	—
宁蒗	—	—	—	—	—	—	—	—	—	—	—
陕西	**4473**	**2440**	**—**	**2418**	**2138**	**—**	**16**	**264**	**—**	**22**	**—**
陕西省林管局	**4237**	**2338**	—	**2330**	**2066**	—	—	**264**	—	**8**	—
宁西	195	78	—	70	47	—	—	23	—	8	—
太白	1897	942	—	942	841	—	—	101	—	—	—
长青	816	6	—	6	6	—	—	—	—	—	—
宁东	672	655	—	655	605	—	—	50	—	—	—
汉西	296	296	—	296	206	—	—	90	—	—	—
龙草坪	361	361	—	361	361	—	—	—	—	—	—
陕西省营林局	**236**	**102**	—	**88**	**72**	—	**16**	—	—	**14**	—
马头滩	99	10	—	10	—	—	10	—	—	—	—
辛家山	137	92	—	78	72	—	6	—	—	14	—
甘肃	**52830**	**45125**	**68**	**43794**	**43401**	**276**	**—**	**117**	**110**	**1153**	**—**
甘肃省林管局	**44776**	**39386**	**58**	**38272**	**38215**	—	—	**57**	—	**1056**	—
舟曲	6456	5079	4	4339	4339	—	—	—	—	736	—
迭部	11874	10425	34	10391	10334	—	—	57	—	—	—
洮河	23144	21353	—	21353	21353	—	—	—	—	—	—
白水江	3302	2529	20	2189	2189	—	—	—	—	320	—
甘肃省营林局	**8054**	**5739**	**10**	**5522**	**5186**	**276**	—	**60**	**110**	**97**	—
小陇山	8054	5739	10	5522	5186	276	—	60	110	97	—
青海	**29**	**29**	**—**	**29**	**29**	**—**	**—**	**—**	**—**	**—**	**—**
青海省林管局	**29**	**29**	—	**29**	**29**	—	—	—	—	—	—
玛可河	29	29	—	29	29	—	—	—	—	—	—
新疆	**11147**	**9759**	**2460**	**5559**	**764**	**4795**	**—**	**—**	**812**	**928**	**—**
新疆国有森工局	**5669**	**5176**	**338**	**4004**	**352**	**3652**	—	—	**444**	**390**	—
天山西部	4472	4082	328	3085	271	2814	—	—	294	375	—
阿尔泰山	1197	1094	10	919	81	838	—	—	150	15	—
新疆营林局	**5478**	**4583**	**2122**	**1555**	**412**	**1143**	—	—	**368**	**538**	—
天山中东部	5478	4583	2122	1555	412	1143	—	—	368	538	—

国有林区分企业的工业总产

企业名称	企业总							
	第二							
	合计	工业总产值(现价)						
		小计	非木质林产品加工	锯材木片加工	人造板制造	木制品制造	木质家具	其他
中　甸	—	—	—	—	—	—	—	—
巨　甸	—	—	—	—	—	—	—	—
红　旗	—	—	—	—	—	—	—	—
云台山	—	—	—	—	—	—	—	—
漾　江	—	—	—	—	—	—	—	—
景　东	52	52	—	—	—	—	—	52
墨　江	184	184	—	184	—	—	—	—
卫　国	3130	3130	—	—	3129	—	—	1
江　边	—	—	—	—	—	—	—	—
清水江	—	—	—	—	—	—	—	—
南盘江	—	—	—	—	—	—	—	—
新　平	—	—	—	—	—	—	—	—
宁　蒗	—	—	—	—	—	—	—	—
陕西	**1200**	**1067**	**591**	**—**	**—**	**—**	**—**	**476**
陕西省林管局	**1200**	**1067**	**591**	**—**	**—**	**—**	**—**	**476**
宁　西	93	93	—	—	—	—	—	93
太　白	912	779	591	—	—	—	—	188
长　青	195	195	—	—	—	—	—	195
宁　东	—	—	—	—	—	—	—	—
汉　西	—	—	—	—	—	—	—	—
龙草坪	—	—	—	—	—	—	—	—
陕西省营林局	—	—	—	—	—	—	—	—
马头滩	—	—	—	—	—	—	—	—
辛家山	—	—	—	—	—	—	—	—
甘肃	**1671**	**1586**	**541**	**—**	**947**	**—**	**78**	**20**
甘肃省林管局	**646**	**561**	**541**	**—**	**—**	**—**	**—**	**20**
舟　曲	—	—	—	—	—	—	—	—
迭　部	20	20	—	—	—	—	—	20
洮　河	541	541	541	—	—	—	—	—
白水江	85	—	—	—	—	—	—	—
甘肃省营林局	**1025**	**1025**	**—**	**—**	**947**	**—**	**78**	**—**
小陇山	1025	1025	—	—	947	—	78	—
青海	**—**	**—**	**—**	**—**	**—**	**—**	**—**	**—**
青海省林管局	—	—	—	—	—	—	—	—
玛可河	—	—	—	—	—	—	—	—
新疆	**221**	**221**	**—**	**—**	**—**	**—**	**—**	**221**
新疆国有森工局	—	—	—	—	—	—	—	—
天山西部	—	—	—	—	—	—	—	—
阿尔泰山	—	—	—	—	—	—	—	—
新疆营林局	**221**	**221**	**—**	**—**	**—**	**—**	**—**	**221**
天山中东部	221	221	—	—	—	—	—	221

值、销售产值和增加值(五)

单位:万元

产值										
产业									企业销售产值	企业增加值
工业总产值(1990 年不变价)							建筑业产值	第三产业		
小计	非木质林产品加工	锯材木片加工	人造板制造	木制品制造	木质家具	建筑业产值				
—	—	—	—	—	—	—	—	—	—	—
—	—	—	—	—	—	—	—	—	—	—
—	—	—	—	—	—	—	—	—	—	—
—	—	—	—	—	—	—	—	—	—	—
—	—	—	—	—	—	—	—	38	—	—
38	—	—	—	—	—	38	—	—	46	6
81	—	81	—	—	—	—	—	27	184	29
4021	—	—	4020	—	—	1	—	—	3027	507
—	—	—	—	—	—	—	—	—	—	—
—	—	—	—	—	—	—	—	—	—	—
—	—	—	—	—	—	—	—	—	—	—
—	—	—	—	—	—	—	—	—	—	—
—	—	—	—	—	—	—	—	—	—	—
—	—	—	—	—	—	—	**133**	**833**	**1114**	**230**
—	—	—	—	—	—	—	**133**	**699**	**1114**	**230**
—	—	—	—	—	—	—	—	24	93	-164
—	—	—	—	—	—	—	133	43	810	279
—	—	—	—	—	—	—	—	615	195	—
—	—	—	—	—	—	—	—	17	16	—
—	—	—	—	—	—	—	—	—	—	—
—	—	—	—	—	—	—	—	—	—	115
—	—	—	—	—	—	—	—	134	—	—
—	—	—	—	—	—	—	—	89	—	—
—	—	—	—	—	—	—	—	45	—	—
1810	**541**	—	**1154**	—	**95**	**20**	**85**	**6034**	**1290**	**-779**
561	541	—	—	—	—	20	85	4744	—	—
—	—	—	—	—	—	—	—	1377	—	—
20	—	—	—	—	—	20	—	1429	—	—
541	541	—	—	—	—	—	—	1250	—	—
—	—	—	—	—	—	—	85	688	—	—
1249	—	—	**1154**	—	**95**	—	—	**1290**	**1290**	**-779**
1249	—	—	1154	—	95	—	—	1290	1290	-779
—	—	—	—	—	—	—	—	—	—	—
—	—	—	—	—	—	—	—	—	—	—
—	—	—	—	—	—	—	—	—	—	—
—	—	—	—	—	—	—	—	**1167**	**7600**	**3474**
—	—	—	—	—	—	—	—	493	4131	590
—	—	—	—	—	—	—	—	390	3571	166
—	—	—	—	—	—	—	—	103	560	424
—	—	—	—	—	—	—	—	**674**	**3469**	**2884**
—	—	—	—	—	—	—	—	674	3469	2884

国有林区主要产品产量

单位:立方米

指标名称	合计	135 个木材采运企业 小计	20 个重点营林局 小计
木材产量	11174236	10735207	439029
原木	10885792	10462944	422848
薪材	288444	272263	16181
木材销售量	11531604	11145698	385906
其中:出口材	47630	47630	—
胶合板材	539805	539805	—
木材实际库存量	2457026	2271454	185572
锯材产量	411998	393167	18831
人造板产量	644169	633511	10658
其中:胶合板	37223	35359	1864
纤维板	323042	314248	8794
刨花板	189776	189776	—
木片产量(实积立方米)	1089509	1088179	1330
木地板(平方米)	2598255	2598255	—
卫生筷子(标准箱)	2263111	2178181	84930

国有林区分企业的主要产品产量(一)

单位:立方米

企业名称	木材产量			木材销售量			木材实际库存量
					其中		
	合计	原木	薪材	合计	出口材	胶合板材	
全国合计	**11174236**	**10885792**	**288444**	**11531604**	**47630**	**539805**	**2457026**
135个木材采运企业小计	10735207	10462944	272263	11145698	47630	539805	2271454
20个重点营林局小计	439029	422848	16181	385906	—	—	185572
内蒙古	**2654277**	**2530018**	**124259**	**2771444**	**—**	**—**	**689019**
内蒙古大兴安岭	**2474598**	**2350339**	**124259**	**2615006**	**—**	**—**	**605203**
阿尔山	79681	79681	—	93692	—	—	16890
绰尔	140000	140000	—	144284	—	—	34260
绰源	75998	75273	725	72184	—	—	13848
乌尔旗汉	167316	160612	6704	174035	—	—	37002
库都尔	108337	102157	6180	125899	—	—	36357
图里河	70000	70000	—	90616	—	—	6177
伊图里河	41372	40972	400	57508	—	—	8711
克一河	84807	74246	10561	99911	—	—	7959
甘河	130000	105031	24969	153029	—	—	12015
吉文	100603	100603	—	113826	—	—	29009
阿里河	151039	139748	11291	155560	—	—	28266
根河	285532	285532	—	237611	—	—	81534
金河	219196	219196	—	239997	—	—	64521
阿龙山	183160	161140	22020	176599	—	—	89014
满归	261229	219820	41409	257629	—	—	99073
得耳布尔	104912	104912	—	124290	—	—	16814
莫尔道嘎	271416	271416	—	298336	—	—	23753
内蒙古集团营林局	**4750**	**4750**	**—**	**11436**	**—**	**—**	**1992**
大杨树	—	—	—	—	—	—	—
毕拉河	4750	4750	—	11436	—	—	1992
内蒙古营林局	**174929**	**174929**	**—**	**145002**	**—**	**—**	**81824**
免渡河	26985	26985	—	30103	—	—	7377
乌奴尔	23676	23676	—	22706	—	—	6995
巴林	8300	8300	—	8064	—	—	236
南木	8561	8561	—	6780	—	—	3240
红花尔基	11972	11972	—	14747	—	—	1019
柴河	25435	25435	—	17286	—	—	25575
五岔沟	20000	20000	—	19396	—	—	10795
白狼	50000	50000	—	25920	—	—	26587
吉林	**2302715**	**2260826**	**41889**	**2338158**	**42768**	**243605**	**355450**
吉林集团	**966541**	**949265**	**17276**	**968872**	**38680**	**126197**	**74776**
临江	107998	104520	3478	108006	—	19498	6213
三岔子	174002	171048	2954	174009	—	10228	12831
湾沟	31000	31000	—	31630	—	—	2330
松江河	148636	143497	5139	151695	7436	27913	12290

国有林区分企业的主要产品产量(一)

单位:立方米

企业名称	锯材产量	人造板产量				木片产量（实积立方米）	木地板（平方米）	卫生筷子（标准箱）
		合计	其中					
			胶合板	纤维板	刨花板			
全国合计	**411998**	**644169**	**37223**	**323042**	**189776**	**1089509**	**2598255**	**2263111**
135 个木材采运企业小计	393167	633511	35359	314248	189776	1088179	2598255	2178181
20 个重点营林局小计	18831	10658	1864	8794	—	1330	—	84930
内蒙古	**33479**	**60953**	**1658**	**6621**	**48042**	**18030**	**1580**	**659220**
内蒙古大兴安岭	**25485**	**59936**	**641**	**6621**	**48042**	**18030**	**1580**	**622094**
阿尔山	4877	—	—	—	—	—	—	—
绰　尔	—	3213	—	—	3213	4082	1580	68251
绰　源	—	158	—	—	—	—	—	27102
乌尔旗汉	12876	—	—	—	—	—	—	63172
库都尔	—	—	—	—	—	—	—	248950
图里河	—	—	—	—	—	—	—	65774
伊图里河	—	—	—	—	—	—	—	10000
克一河	2812	523	508	—	—	—	—	—
甘　河	90	6621	—	6621	—	—	—	—
吉　文	804	—	—	—	—	—	—	35210
阿里河	1242	16143	—	—	14358	—	—	3994
根　河	—	513	—	—	—	—	—	—
金　河	—	—	—	—	—	3773	—	—
阿龙山	2784	—	—	—	—	—	—	—
满　归	—	20327	—	—	20327	—	—	57881
得耳布尔	—	12438	133	—	10144	—	—	—
莫尔道嘎	—	—	—	—	—	10175	—	41760
内蒙古集团营林局	—	—	—	—	—	—	—	—
大杨树	—	—	—	—	—	—	—	—
毕拉河	—	—	—	—	—	—	—	—
内蒙古营林局	**7994**	**1017**	**1017**	—	—	—	—	**37126**
免渡河	2222	—	—	—	—	—	—	—
乌奴尔	555	1017	1017	—	—	—	—	31126
巴　林	—	—	—	—	—	—	—	—
南　木	1517	—	—	—	—	—	—	—
红花尔基	—	—	—	—	—	—	—	—
柴　河	—	—	—	—	—	—	—	—
五岔沟	2700	—	—	—	—	—	—	6000
白　狼	1000	—	—	—	—	—	—	—
吉林	**151122**	**395278**	**14954**	**241678**	**92497**	**109056**	**2016266**	**362058**
吉林集团	**71372**	**201944**	**1167**	**138187**	**50007**	**41265**	—	**66184**
临　江	—	61400	909	—	50007	10722	—	34252
三岔子	17307	—	—	—	—	10360	—	—
湾　沟	—	—	—	—	—	—	—	—
松江河	19281	38878	—	38350	—	4090	—	—

国有林区分企业的主要产品产量(二)

单位:立方米

企业名称	木材产量			木材销售量			木材实际库存量
	合 计	原 木	薪 材	合 计	其中		
					出口材	胶合板材	
泉 阳	68672	67693	979	67504	2202	24104	9023
露水河	133230	132973	257	134447	5159	24968	13372
白石山	101000	100375	625	103593	—	19486	6917
红 石	202003	198159	3844	197988	23883	—	11800
延边林管局	**1106887**	**1095671**	**11216**	**1158164**	**4088**	**117408**	**183906**
黄泥河	95750	95750	—	108178	—	17719	—
敦 化	168019	166498	1521	156385	—	25114	42175
大石头	100163	99952	211	91945	835	6709	31943
八家子	83000	83000	—	90919	—	4100	24939
和 龙	131000	131000	—	154631	—	20401	23293
汪 清	145000	145000	—	167868	—	6877	15045
大兴沟	41983	41983	—	46238	—	—	14731
天桥岭	84000	84000	—	84011	3253	8798	2489
白 河	153000	149985	3015	157193	—	27690	3503
珲 春	104972	98503	6469	100796	—	—	25788
吉林省营林局	**229287**	**215890**	**13397**	**211122**	—	—	**96768**
上 营	64000	53000	11000	60400	—	—	12000
辉 南	37054	35369	1685	27067	—	—	11087
长 白	75133	74652	481	77974	—	—	54275
安 图	53100	52869	231	45681	—	—	19406
长白山	—	—	—	—	—	—	—
龙江集团	**3973047**	**3858218**	**114829**	**3986621**	**4862**	**296200**	**619543**
牡丹江林管局	**1132696**	**1073461**	**59235**	**1154626**	**218**	**75902**	**102027**
大海林	166455	166455	—	179945	—	—	5909
柴 河	136938	128943	7995	143421	—	13579	7548
东京城	175262	171755	3507	164595	—	—	11322
穆 棱	138410	106372	32038	140510	—	—	25050
绥 阳	119000	113175	5825	128927	—	—	555
海 林	54982	54982	—	54982	—	—	398
林 口	43667	41047	2620	47157	—	—	12085
八面通	30993	30993	—	30258	—	—	17576
东方红	200792	200792	—	204908	218	57914	13150
迎 春	66197	58947	7250	59923	—	4409	8434
合江林管局	**267431**	**267005**	**426**	**292980**	—	**36904**	**104579**
桦 南	37439	37439	—	33310	—	—	12929
双鸭山	26000	26000	—	28708	—	—	6554
鹤 立	24000	24000	—	29043	—	—	883
鹤 北	179992	179566	426	201919	—	36904	84213
伊春林管局	**1335562**	**1300592**	**34970**	**1347419**	—	—	**114236**
乌伊岭	99296	99296	—	107257	—	—	12589

国有林区分企业的主要产品产量(二)

单位:立方米

企业名称	锯材产量	人造板产量				木片产量(实积立方米)	木地板(平方米)	卫生筷子(标准箱)
		合计	其中					
			胶合板	纤维板	刨花板			
泉 阳	2024	—	—	—	—	—	—	—
露水河	23066	—	—	—	—	4046	—	—
白石山	1494	45091	147	43721	—	—	—	—
红 石	8200	56575	111	56116	—	12047	—	31932
延边林管局	**69065**	**192487**	**12940**	**103491**	**42490**	**66461**	**2016266**	**248070**
黄泥河	56	5637	1934	—	—	2000	—	9042
敦 化	26314	16326	—	16326	—	—	1134124	—
大石头	5981	7642	1939	968	—	—	233146	16761
八家子	8885	2373	651	—	—	5434	1130	1751
和 龙	6804	55159	1213	52629	—	—	—	49903
汪 清	5431	38258	3833	33568	—	40532	—	108919
大兴沟	—	1802	95	—	—	3600	—	—
天桥岭	—	—	—	—	—	—	—	32295
白 河	14797	65290	3275	—	42490	—	91530	29399
珲 春	797	—	—	—	—	14895	556336	—
吉林省营林局	**10685**	**847**	**847**	—	—	**1330**	—	**47804**
上 营	8500	—	—	—	—	—	—	11000
辉 南	—	—	—	—	—	—	—	17517
长 白	—	—	—	—	—	—	—	19287
安 图	2185	847	847	—	—	1330	—	—
长白山	—	—	—	—	—	—	—	—
龙江集团	**102581**	**97104**	**10392**	**29619**	**35582**	**900438**	**384318**	**464982**
牡丹江林管局	**43193**	**7856**	**2510**	—	**2055**	**642698**	**141766**	**284982**
大海林	29847	1206	450	—	—	28581	—	38245
柴 河	—	1535	318	—	—	—	—	—
东京城	380	2634	579	—	2055	18239	—	52864
穆 棱	56	—	—	—	—	30761	34505	—
绥 阳	498	—	—	—	—	6064	—	—
海 林	927	1318	—	—	—	1990	66772	14908
林 口	—	614	614	—	—	2000	40489	92785
八面通	—	—	—	—	—	1331	—	—
东方红	10470	—	—	—	—	552332	—	13700
迎 春	1015	549	549	—	—	1400	—	72480
合江林管局	—	—	—	—	—	**24963**	—	—
桦 南	—	—	—	—	—	—	—	—
双鸭山	—	—	—	—	—	—	—	—
鹤 立	—	—	—	—	—	—	—	—
鹤 北	—	—	—	—	—	24963	—	—
伊春林管局	**1600**	**73567**	**1218**	**20602**	**33527**	**85643**	**211122**	—
乌伊岭	—	—	—	—	—	—	—	—

国有林区分企业的主要产品产量(三)

单位:立方米

企业名称	木材产量			木材销售量			木材实际库存量
	合计	原木	薪材	合计	其中		
					出口材	胶合板材	
新青	170000	170000	—	169865	—	—	13133
红星	88962	87982	980	87253	—	—	4535
上甘岭	20000	20000	—	36479	—	—	521
友好	143676	141615	2061	149090	—	—	4402
翠峦	56605	56605	—	56586	—	—	1251
乌马河	70000	69996	4	79539	—	—	3200
美溪	65000	65000	—	65170	—	—	803
金山屯	65000	62900	2100	65000	—	—	—
南岔	40230	36361	3869	40299	—	—	21894
朗乡	184403	172800	11603	167051	—	—	39413
桃山	19854	19008	846	10618	—	—	10095
铁力	67038	66227	811	67038	—	—	—
双丰	40002	38406	1596	40003	—	—	—
汤旺河	160500	149400	11100	160500	—	—	2400
五营	44996	44996	—	45671	—	—	—
松花江林管局	**1136200**	**1121262**	**14938**	**1097130**	**4644**	**176795**	**271760**
山河屯	93659	86168	7491	101295	—	10856	4250
苇河	99337	97297	2040	63360	—	—	38898
亚布力	169679	168347	1332	163920	—	56915	25640
方正	162138	161871	267	147653	—	32940	52123
兴隆	196245	195639	606	202483	—	61042	64641
清河	125677	125002	675	120987	4644	15042	35894
绥棱	102890	101990	900	118520	—	—	9617
通北	34995	33368	1627	42732	—	—	10080
沾河	151580	151580	—	136180	—	—	30617
省直属企业	**101158**	**95898**	**5260**	**94466**	**—**	**6599**	**26941**
带岭实验局	101158	95898	5260	94466	—	6599	26941
大兴安岭	**2114573**	**2114573**	**—**	**2337889**	**—**	**—**	**743813**
大兴安岭林业集团公司	**2114500**	**2114500**	**—**	**2337816**	**—**	**—**	**743813**
松岭	298000	298000	—	300943	—	—	110133
新林	365000	365000	—	403734	—	—	122252
塔河	228700	228700	—	251614	—	—	61603
呼中	200000	200000	—	271401	—	—	95981
阿木尔	120000	120000	—	108550	—	—	50730
图强	187000	187000	—	201249	—	—	34735
西林吉	256100	256100	—	238973	—	—	65820
十八站	279900	279900	—	328581	—	—	128320
韩家园	179800	179800	—	232771	—	—	74239
大兴安岭营林局	**73**	**73**	**—**	**73**	**—**	**—**	**—**
加格达奇	73	73	—	73	—	—	—

国有林区分企业的主要产品产量(三)

单位:立方米

企业名称	锯材产量	人造板产量 合计	其中 胶合板	其中 纤维板	其中 刨花板	木片产量(实积立方米)	木地板(平方米)	卫生筷子(标准箱)
新　青	—	—	—	—	—	—	—	—
红　星	—	—	—	—	—	—	—	—
上甘岭	—	—	—	—	—	—	—	—
友　好	—	20602	—	20602	—	—	—	—
翠　峦	—	—	—	—	—	—	211122	—
乌马河	—	19200	—	—	19200	—	—	—
美　溪	—	—	—	—	—	—	—	—
金山屯	—	—	—	—	—	743	—	—
南　岔	—	1788	1218	—	—	—	—	—
朗　乡	—	—	—	—	—	—	—	—
桃　山	—	—	—	—	—	—	—	—
铁　力	—	14327	—	—	14327	—	—	—
双　丰	—	—	—	—	—	—	—	—
汤旺河	—	17650	—	—	—	84900	—	—
五　营	1600	—	—	—	—	—	—	—
松花江林管局	**57788**	**15681**	**6664**	**9017**	—	**102134**	**31430**	**180000**
山河屯	243	2433	24	2409	—	—	1200	—
苇　河	13690	7070	462	6608	—	13333	—	—
亚布力	3840	—	—	—	—	—	—	—
方　正	10400	—	—	—	—	28416	—	—
兴　隆	2486	—	—	—	—	20217	1333	—
清　河	13776	3372	3372	—	—	—	28897	—
绥　棱	4536	156	156	—	—	9600	—	70000
通　北	—	—	—	—	—	3944	—	—
沾　河	8817	2650	2650	—	—	26624	—	110000
省直属企业	—	—	—	—	—	**45000**	—	—
带岭实验局	—	—	—	—	—	45000	—	—
大兴安岭	**122376**	**49292**	**8520**	**8288**	**10648**	**61951**	**195852**	**776751**
大兴安岭林业集团公司	**122224**	**49292**	**8520**	**8288**	**10648**	**61951**	**195852**	**776751**
松　岭	18072	9000	7000	—	—	1245	45000	151621
新　林	199	7000	—	—	7000	—	—	211320
塔　河	4393	6912	1520	—	500	53166	49700	121525
呼　中	—	19036	—	8288	2638	—	—	78494
阿木尔	—	1000	—	—	—	245	—	33684
图　强	1105	510	—	—	510	4077	55419	45515
西林吉	—	1607	—	—	—	—	—	2000
十八站	95500	2227	—	—	—	3218	45733	78437
韩家园	2955	2000	—	—	—	—	—	54155
大兴安岭营林局	**152**	—	—	—	—	—	—	—
加格达奇	152	—	—	—	—	—	—	—

国有林区分企业的主要产品产量(四)

单位:立方米

企业名称	木材产量			木材销售量			木材实际库存量
	合 计	原 木	薪 材	合 计	其中:出口材	其中:胶合板材	
湖北	—	—	—	—	—	—	—
湖北省重点林业企业	—	—	—	—	—	—	—
神农架	—	—	—	—	—	—	—
海南	—	—	—	—	—	—	—
海南省重点林业企业	—	—	—	—	—	—	—
尖峰岭	—	—	—	—	—	—	—
霸王岭	—	—	—	—	—	—	—
吊罗山	—	—	—	—	—	—	—
黎母山	—	—	—	—	—	—	—
四川	—	—	—	—	—	—	—
阿坝州林管局	—	—	—	—	—	—	—
川 西	—	—	—	—	—	—	—
黑 水	—	—	—	—	—	—	—
马尔康	—	—	—	—	—	—	—
小 金	—	—	—	—	—	—	—
观音桥	—	—	—	—	—	—	—
松 潘	—	—	—	—	—	—	—
南 坪	—	—	—	—	—	—	—
壤 塘	—	—	—	—	—	—	—
甘孜州林管局	—	—	—	—	—	—	—
道 孚	—	—	—	—	—	—	—
新 龙	—	—	—	—	—	—	—
丹 巴	—	—	—	—	—	—	—
炉 霍	—	—	—	—	—	—	—
白 玉	—	—	—	—	—	—	—
力邱河	—	—	—	—	—	—	—
翁 达	—	—	—	—	—	—	—
其他地、州	—	—	—	—	—	—	—
川 南	—	—	—	—	—	—	—
雷 波	—	—	—	—	—	—	—
凉 北	—	—	—	—	—	—	—
夹金山	—	—	—	—	—	—	—
木 里	—	—	—	—	—	—	—
普 威	—	—	—	—	—	—	—
盐 边	—	—	—	—	—	—	—
云南	**1679**	**1679**	—	**670**	—	—	**1009**
华 坪	—	—	—	—	—	—	—
碧 泉	—	—	—	—	—	—	—
黑白水	—	—	—	—	—	—	—

国有林区分企业的主要产品产量(四)

单位:立方米

企业名称	锯材产量	人造板产量				木片产量（实积立方米）	木地板（平方米）	卫生筷子（标准箱）
		合计	其中					
			胶合板	纤维板	刨花板			
湖北	**—**	**—**	**—**	**—**	**—**	**—**	**—**	**—**
湖北省重点林业企业	—	—	—	—	—	—	—	—
神农架	—	—	—	—	—	—	—	—
海南	**—**	**—**	**—**	**—**	**—**	**—**	**—**	**—**
海南省重点林业企业	—	—	—	—	—	—	—	—
尖峰岭	—	—	—	—	—	—	—	—
霸王岭	—	—	—	—	—	—	—	—
吊罗山	—	—	—	—	—	—	—	—
黎母山	—	—	—	—	—	—	—	—
四川	**263**	**—**	**—**	**—**	**—**	**—**	**—**	**—**
阿坝州林管局	—	—	—	—	—	—	—	—
川　西	—	—	—	—	—	—	—	—
黑　水	—	—	—	—	—	—	—	—
马尔康	—	—	—	—	—	—	—	—
小　金	—	—	—	—	—	—	—	—
观音桥	—	—	—	—	—	—	—	—
松　潘	—	—	—	—	—	—	—	—
南　坪	—	—	—	—	—	—	—	—
壤　塘	—	—	—	—	—	—	—	—
甘孜州林管局	—	—	—	—	—	—	—	—
道　孚	—	—	—	—	—	—	—	—
新　龙	—	—	—	—	—	—	—	—
丹　巴	—	—	—	—	—	—	—	—
炉　霍	—	—	—	—	—	—	—	—
白　玉	—	—	—	—	—	—	—	—
力邱河	—	—	—	—	—	—	—	—
翁　达	—	—	—	—	—	—	—	—
其他地、州	**263**	—	—	—	—	—	—	—
川　南	263	—	—	—	—	—	—	—
雷　波	—	—	—	—	—	—	—	—
凉　北	—	—	—	—	—	—	—	—
夹金山	—	—	—	—	—	—	—	—
木　里	—	—	—	—	—	—	—	—
普　威	—	—	—	—	—	—	—	—
盐　边	—	—	—	—	—	—	—	—
云南	**2177**	**32748**	**1699**	**28042**	**3007**	**—**	**239**	**—**
华　坪	—	—	—	—	—	—	—	—
碧　泉	—	—	—	—	—	—	—	—
黑白水	—	—	—	—	—	—	—	—

国有林区分企业的主要产品产量(五)

单位:立方米

企业名称	木材产量			木材销售量			木材实际库存量
	合 计	原 木	薪 材	合 计	其中		
					出口材	胶合板材	
中 甸	—	—	—	—	—	—	—
巨 甸	—	—	—	—	—	—	—
红 旗	—	—	—	—	—	—	—
云台山	—	—	—	—	—	—	—
漾 江	—	—	—	—	—	—	—
景 东	—	—	—	—	—	—	—
墨 江	—	—	—	—	—	—	—
卫 国	1679	1679	—	670	—	—	1009
江 边	—	—	—	—	—	—	—
清水江	—	—	—	—	—	—	—
南盘江	—	—	—	—	—	—	—
新 平	—	—	—	—	—	—	—
宁 蒗	—	—	—	—	—	—	—
陕西	**—**	**—**	**—**	**—**	**—**	**—**	**—**
陕西省林管局	—	—	—	—	—	—	—
宁 西	—	—	—	—	—	—	—
太 白	—	—	—	—	—	—	—
长 青	—	—	—	—	—	—	—
宁 东	—	—	—	—	—	—	—
汉 西	—	—	—	—	—	—	—
龙草坪	—	—	—	—	—	—	—
陕西省营林局	—	—	—	—	—	—	—
马头滩	—	—	—	—	—	—	—
辛家山	—	—	—	—	—	—	—
甘肃	**6954**	**4170**	**2784**	**—**	**—**	**—**	**—**
甘肃省林管局	—	—	—	—	—	—	—
舟 曲	—	—	—	—	—	—	—
迭 部	—	—	—	—	—	—	—
洮 河	—	—	—	—	—	—	—
白水江	—	—	—	—	—	—	—
甘肃省营林局	**6954**	**4170**	**2784**	—	—	—	—
小陇山	6954	4170	2784	—	—	—	—
青海	**—**	**—**	**—**	**—**	**—**	**—**	**—**
青海省林管局	—	—	—	—	—	—	—
玛可河	—	—	—	—	—	—	—
新疆	**120991**	**116308**	**4683**	**96822**	**—**	**—**	**48192**
新疆国有森工局	**97955**	**93272**	**4683**	**78549**	—	—	**43204**
天山西部	65603	60920	4683	67437	—	—	1925
阿尔泰山	32352	32352	—	11112	—	—	41279
新疆营林局	**23036**	**23036**	—	**18273**	—	—	**4988**
天山中东部	23036	23036	—	18273	—	—	4988

国有林区分企业的主要产品产量(五)

单位:立方米

企业名称	锯材产量	人造板产量				木片产量(实积立方米)	木地板(平方米)	卫生筷子(标准箱)
		合 计	其 中					
			胶合板	纤维板	刨花板			
中 甸	—	—	—	—	—	—	—	—
巨 甸	—	—	—	—	—	—	—	—
红 旗	—	—	—	—	—	—	—	—
云台山	—	—	—	—	—	—	—	—
漾 江	—	—	—	—	—	—	—	—
景 东	—	—	—	—	—	—	—	—
墨 江	2177	—	—	—	—	—	—	—
卫 国	—	32748	1699	28042	3007	—	239	—
江 边	—	—	—	—	—	—	—	—
清水江	—	—	—	—	—	—	—	—
南盘江	—	—	—	—	—	—	—	—
新 平	—	—	—	—	—	—	—	—
宁 蒗	—	—	—	—	—	—	—	—
陕西	**—**	**—**	**—**	**—**	**—**	**—**	**—**	**—**
陕西省林管局	—	—	—	—	—	—	—	—
宁 西	—	—	—	—	—	—	—	—
太 白	—	—	—	—	—	—	—	—
长 青	—	—	—	—	—	—	—	—
宁 东	—	—	—	—	—	—	—	—
汉 西	—	—	—	—	—	—	—	—
龙草坪	—	—	—	—	—	—	—	—
陕西省营林局	—	—	—	—	—	—	—	—
马头滩	—	—	—	—	—	—	—	—
辛家山	—	—	—	—	—	—	—	—
甘肃	**—**	**8794**	**—**	**8794**	**—**	**—**	**—**	**—**
甘肃省林管局	—	—	—	—	—	—	—	—
舟 曲	—	—	—	—	—	—	—	—
迭 部	—	—	—	—	—	—	—	—
洮 河	—	—	—	—	—	—	—	—
白水江	—	—	—	—	—	—	—	—
甘肃省营林局	—	**8794**	—	**8794**	—	—	—	—
小陇山	—	8794	—	8794	—	—	—	—
青海	**—**	**—**	**—**	**—**	**—**	**—**	**—**	**—**
青海省林管局	—	—	—	—	—	—	—	—
玛可河	—	—	—	—	—	—	—	—
新疆	**—**	**—**	**—**	**—**	**—**	**34**	**—**	**100**
新疆国有森工局	—	—	—	—	—	**34**	—	**100**
天山西部	—	—	—	—	—	34	—	100
阿尔泰山	—	—	—	—	—	—	—	—
新疆营林局	—	—	—	—	—	—	—	—
天山中东部	—	—	—	—	—	—	—	—

国有林区非木材产品产量

指标名称	合　计	135 个木材采运企业	20 个重点营林局
主要 11 种林产品产量合计(吨)	15109	14040	1069
中药材(吨)	6816	6142	674
食用菌(吨)	5333	4709	624
山野菜(吨)	14835	13189	1646
年末大牲畜存栏头数(万只)	7664	32	7632
年末家禽存栏头数(万只)	1269	319	950
森林旅游人数(人次)	1986662	1743230	243432

国有林区分企业的非木材产品产量(一)

企业名称	主要11种林产品产量合计(吨)	中药材(吨)	食用菌(吨)	山野菜(吨)	年末大牲畜存栏头数(万只)	年末家禽存栏头数(万只)	森林旅游人数(人次)
全国合计	**15109**	**6816**	**5333**	**14835**	**7664**	**1269**	**1986662**
135个木材采运企业小计	14040	6142	4709	13189	32	319	1743230
20个重点营林局小计	1069	674	624	1646	7632	950	243432
内蒙古	—	**1209**	**1253**	**4191**	**7375**	**947**	**92709**
内蒙古大兴安岭	—	**991**	**954**	**3415**	**1**	**16**	**70709**
阿尔山	—	—	1	400	—	1	20000
绰　尔	—	—	1	2033	—	—	—
绰　源	—	—	31	270	—	2	—
乌尔旗汉	—	900	3	497	—	—	500
库都尔	—	—	3	45	—	3	—
图里河	—	—	57	3	—	1	—
伊图里河	—	—	250	—	—	—	—
克一河	—	—	448	70	—	5	10000
甘　河	—	39	19	35	—	1	—
吉　文	—	50	2	—	—	—	—
阿里河	—	—	60	50	—	—	5000
根　河	—	—	7	—	—	1	20000
金　河	—	—	—	—	—	—	—
阿龙山	—	—	60	4	1	—	—
满　归	—	—	—	—	—	—	209
得耳布尔	—	1	12	4	—	2	—
莫尔道嘎	—	1	—	4	—	—	15000
内蒙古集团营林局	—	—	**14**	**31**	—	—	**5000**
大杨树	—	—	14	31	—	—	—
毕拉河	—	—	—	—	—	—	5000
内蒙古营林局	—	**218**	**285**	**745**	**7374**	**931**	**17000**
免渡河	—	—	70	142	2150	430	—
乌奴尔	—	—	6	450	—	—	—
巴　林	—	—	8	4	—	—	—
南　木	—	—	16	8	5215	500	—
红花尔基	—	8	18	101	1	—	15000
柴　河	—	—	8	1	—	—	—
五岔沟	—	210	156	36	8	1	2000
白　狼	—	—	3	3	—	—	—
吉林	**3524**	**1943**	**1732**	**4360**	**13**	**68**	**211815**
吉林集团	—	**720**	**35**	**2082**	—	**13**	**983**
临　江	—	507	9	270	—	1	—
三岔子	—	7	6	205	—	—	—
湾　沟	—	—	—	107	—	—	—
松江河	—	—	—	—	—	—	983

国有林区分企业的非木材产品产量(二)

企业名称	主要11种林产品产量合计(吨)	中药材(吨)	食用菌(吨)	山野菜(吨)	年末大牲畜存栏头数(万只)	年末家禽存栏头数(万只)	森林旅游人数(人次)
泉　阳	—	—	—	—	—	—	—
露水河	—	200	—	1000	—	10	—
白石山	—	6	20	500	—	2	—
红　石	—	—	—	—	—	—	—
延边林管局	**2455**	**768**	**1383**	**1489**	**8**	**41**	**177732**
黄泥河	3	393	296	269	1	—	5200
敦　化	—	—	—	—	—	—	—
大石头	865	110	270	320	3	29	20000
八家子	301	98	55	304	1	5	—
和　龙	—	4	25	20	—	3	1626
汪　清	420	31	137	278	—	—	—
大兴沟	—	—	270	105	1	1	—
天桥岭	50	—	30	—	1	3	—
白　河	816	132	300	193	1	—	150000
珲　春	—	—	—	—	—	—	906
吉林省营林局	**1069**	**455**	**314**	**789**	**5**	**14**	**33100**
上　营	500	10	300	500	1	1	—
辉　南	66	10	4	194	4	11	30000
长　白	—	431	—	—	—	—	—
安　图	503	4	10	95	—	2	3100
长白山	—	—	—	—	—	—	—
龙江集团	**11561**	**3403**	**2300**	**6026**	**12**	**223**	**724139**
牡丹江林管局	**6241**	**3104**	**1908**	**3482**	**5.68**	**112**	**43000**
大海林	1443	176	10	186	—	17	10300
柴　河	1500	400	150	600	0.2	29	18000
东京城	1229	10	609	450	1	12	14700
穆　棱	—	80	365	420	1	2	—
绥　阳	23	339	380	80	0.2	8	—
海　林	670	764	214	606	1	9	—
林　口	720	3	—	150	1	8	—
八面通	213	—	—	140	0.18	16	—
东方红	429	1330	130	650	0.3	3	—
迎　春	14	2	50	200	0.8	8	—
合江林管局	**5304**	**253**	**386**	**2452**	**6.4**	**101**	**29011**
桦　南	1310	100	—	650	1	2	—
双鸭山	1731	55	—	465	4	28	24000
鹤　立	105	98	386	163	0.4	45	—
鹤　北	2158	—	—	1174	1	26	5011
伊春林管局	—	—	—	—	—	—	**601759**
乌伊岭	—	—	—	—	—	—	—

国有林区分企业的非木材产品产量(三)

企业名称	主要11种林产品产量合计(吨)	中药材(吨)	食用菌(吨)	山野菜(吨)	年末大牲畜存栏头数(万只)	年末家禽存栏头数(万只)	森林旅游人数(人次)
新　青	—	—	—	—	—	—	—
红　星	—	—	—	—	—	—	—
上甘岭	—	—	—	—	—	—	30000
友　好	—	—	—	—	—	—	—
翠　峦	—	—	—	—	—	—	8000
乌马河	—	—	—	—	—	—	—
美　溪	—	—	—	—	—	—	71100
金山屯	—	—	—	—	—	—	100000
南　岔	—	—	—	—	—	—	43073
朗　乡	—	—	—	—	—	—	18000
桃　山	—	—	—	—	—	—	49200
铁　力	—	—	—	—	—	—	68386
双　丰	—	—	—	—	—	—	—
汤旺河	—	—	—	—	—	—	66000
五　营	—	—	—	—	—	—	148000
松花江林管局	—	—	—	—	—	—	—
山河屯	—	—	—	—	—	—	—
苇　河	—	—	—	—	—	—	—
亚布力	—	—	—	—	—	—	—
方　正	—	—	—	—	—	—	—
兴　隆	—	—	—	—	—	—	—
清　河	—	—	—	—	—	—	—
绥　棱	—	—	—	—	—	—	—
通　北	—	—	—	—	—	—	—
沾　河	—	—	—	—	—	—	—
省直属企业	**16**	**46**	**6**	**92**	**—**	**10**	**50369**
带岭实验局	16	46	6	92	—	10	50369
大兴安岭	**—**	**12**	**—**	**225**	**17**	**30**	**38276**
大兴安岭林业集团公司	—	**12**	—	**145**	**9**	**26**	**38276**
松　岭	—	—	—	—	1	2	—
新　林	—	2	—	—	2	4	—
塔　河	—	—	—	—	2	8	2000
呼　中	—	—	—	21	1	3	1000
阿木尔	—	—	—	80	1	1	—
图　强	—	—	—	—	—	3	—
西林吉	—	10	—	44	1	3	35276
十八站	—	—	—	—	1	1	—
韩家园	—	—	—	—	—	1	—
大兴安岭营林局	—	—	—	**80**	**8**	**4**	—
加格达奇	—	—	—	80	8	4	—

国有林区分企业的非木材产品产量(四)

企业名称	主要11种林产品产量合计(吨)	中药材(吨)	食用菌(吨)	山野菜(吨)	年末大牲畜存栏头数(万只)	年末家禽存栏头数(万只)	森林旅游人数(人次)
湖北	**24**	**248**	**37**	—	—	—	**502503**
湖北省重点林业企业	**24**	**248**	**37**	—	—	—	**502503**
神农架	24	248	37	—	—	—	502503
海南	—	—	—	—	—	—	**27300**
海南省重点林业企业	—	—	—	—	—	—	**27300**
尖峰岭	—	—	—	—	—	—	12300
霸王岭	—	—	—	—	—	—	—
吊罗山	—	—	—	—	—	—	—
黎母山	—	—	—	—	—	—	15000
四川	—	—	—	—	—	—	**360**
阿坝州林管局	—	—	—	—	—	—	—
川　西	—	—	—	—	—	—	—
黑　水	—	—	—	—	—	—	—
马尔康	—	—	—	—	—	—	—
小　金	—	—	—	—	—	—	—
观音桥	—	—	—	—	—	—	—
松　潘	—	—	—	—	—	—	—
南　坪	—	—	—	—	—	—	—
壤　塘	—	—	—	—	—	—	—
甘孜州林管局	—	—	—	—	—	—	—
道　孚	—	—	—	—	—	—	—
新　龙	—	—	—	—	—	—	—
丹　巴	—	—	—	—	—	—	—
炉　霍	—	—	—	—	—	—	—
白　玉	—	—	—	—	—	—	—
力邱河	—	—	—	—	—	—	—
翁　达	—	—	—	—	—	—	—
其他地、州	—	—	—	—	—	—	**360**
川　南	—	—	—	—	—	—	360
雷　波	—	—	—	—	—	—	—
凉　北	—	—	—	—	—	—	—
夹金山	—	—	—	—	—	—	—
木　里	—	—	—	—	—	—	—
普　威	—	—	—	—	—	—	—
盐　边	—	—	—	—	—	—	—
云南	—	—	—	—	—	—	**153480**
华　坪	—	—	—	—	—	—	—
碧　泉	—	—	—	—	—	—	—
黑白水	—	—	—	—	—	—	150000

国有林区分企业的非木材产品产量(五)

企业名称	主要11种林产品产量合计(吨)	中药材(吨)	食用菌(吨)	山野菜(吨)	年末大牲畜存栏头数(万只)	年末家禽存栏头数(万只)	森林旅游人数(人次)
中　甸	—	—	—	—	—	—	—
巨　甸	—	—	—	—	—	—	—
红　旗	—	—	—	—	—	—	—
云台山	—	—	—	—	—	—	—
漾　江	—	—	—	—	—	—	—
景　东	—	—	—	—	—	—	—
墨　江	—	—	—	—	—	—	—
卫　国	—	—	—	—	—	—	—
江　边	—	—	—	—	—	—	—
清水江	—	—	—	—	—	—	—
南盘江	—	—	—	—	—	—	—
新　平	—	—	—	—	—	—	—
宁　蒗	—	—	—	—	—	—	3480
陕西	**—**	**1**	**11**	**1**	**—**	**—**	**25652**
陕西省林管局	—	—	—	—	—	—	—
宁　西	—	—	—	—	—	—	—
太　白	—	—	—	—	—	—	—
长　青	—	—	—	—	—	—	—
宁　东	—	—	—	—	—	—	—
汉　西	—	—	—	—	—	—	—
龙草坪	—	—	—	—	—	—	—
陕西省营林局	—	**1**	**11**	**1**	—	—	**25652**
马头滩	—	—	—	—	—	—	20652
辛家山	—	1	11	1	—	—	5000
甘肃	**—**	**—**	**—**	**32**	**—**	**1**	**105307**
甘肃省林管局	—	—	—	**32**	—	—	**5307**
舟　曲	—	—	—	32	—	—	307
迭　部	—	—	—	—	—	—	2000
洮　河	—	—	—	—	—	—	3000
白水江	—	—	—	—	—	—	—
甘肃省营林局	—	—	—	—	—	**1**	**100000**
小陇山	—	—	—	—	—	1	100000
青海	**—**	**—**	**—**	**—**	**—**	**—**	**—**
青海省林管局	—	—	—	—	—	—	—
玛可河	—	—	—	—	—	—	—
新疆	**—**	**—**	**—**	**—**	**247**	**—**	**105121**
新疆国有森工局	—	—	—	—	**2**	—	**42441**
天山西部	—	—	—	—	2	—	42441
阿尔泰山	—	—	—	—	—	—	—
新疆营林局	—	—	—	—	**245**	—	**62680**
天山中东部	—	—	—	—	245	—	62680

国有林区主要经济效益指标

指标名称	计量单位	合计	135个木材采运企业	20个重点营林局
总资产贡献率	%	2.8	3.0	0.7
资本保值增值率	%	99.4	99.2	101.1
资产负债率	%	66.1	67.8	46.4
流动资产周转率	次	0.6	0.6	0.2
成本费用利润率	%	5.7	5.8	0.2
全员劳动生产率	元/人	11669	12328	4487
产品销售率	%	102.3	102.3	102.9

国有林区营林生产情况

单位:公顷

指标名称	合 计	135个木材采运企业	20个重点营林局
造林面积	130456	115371	15085
人工造林	102437	87352	15085
飞播造林	28019	28019	—
迹地更新面积	33891	33314	577
其中:人工更新	14973	14396	577
年末实有封山育林面积	2396137	2244669	151468
其中:本年新封	63324	51656	11668
低产低效林改造面积	18774	18672	102
森林管护面积	39346995	34818044	4528951
幼林抚育实际面积	488686	460312	28374
幼林抚育作业面积(公顷次)	690636	645103	45533
成林抚育面积	370164	345134	25030
其中:中、幼龄林抚育面积	330422	307777	22645
抚育改造出材量(立方米)	2109758	1703716	406042
年末实有育苗面积	2339	2055	284
其中:本年新育	540.5	453.2	87.3

国有林区分企业的

<table>
<tr><th rowspan="2">企业名称</th><th colspan="3">总资产贡献率</th><th colspan="3">资本保值增值率</th><th colspan="3">资产负债率</th></tr>
<tr><th>指标</th><th>子项（万元）</th><th>母项（万元）</th><th>指标</th><th>子项（万元）</th><th>母项（万元）</th><th>指标</th><th>子项（万元）</th><th>母项（万元）</th></tr>
<tr><td>全国合计</td><td>2.8</td><td>57646</td><td>2042505</td><td>99.4</td><td>732809</td><td>736968</td><td>66.1</td><td>1420531</td><td>2149731</td></tr>
<tr><td>135 个木材采运企业小计</td><td>3.0</td><td>56497</td><td>1875335</td><td>99.2</td><td>642309</td><td>647440</td><td>67.8</td><td>1339943</td><td>1976083</td></tr>
<tr><td>20 个重点营林局小计</td><td>0.7</td><td>1149</td><td>167170</td><td>101.1</td><td>90500</td><td>89528</td><td>46.4</td><td>80588</td><td>173648</td></tr>
<tr><td>内蒙古</td><td>2.4</td><td>20860</td><td>857124</td><td>96.4</td><td>282928</td><td>293474</td><td>68.9</td><td>631149</td><td>915479</td></tr>
<tr><td>内蒙古大兴安岭</td><td>2.7</td><td>19930</td><td>744007</td><td>95.6</td><td>227802</td><td>238204</td><td>71.5</td><td>571198</td><td>799000</td></tr>
<tr><td>阿尔山</td><td>1.5</td><td>609</td><td>41928</td><td>119.7</td><td>13893</td><td>11606</td><td>69.0</td><td>30958</td><td>44851</td></tr>
<tr><td>绰　尔</td><td>2.3</td><td>973</td><td>43216</td><td>100.5</td><td>14460</td><td>14381</td><td>70.2</td><td>34046</td><td>48506</td></tr>
<tr><td>绰　源</td><td>1.5</td><td>452</td><td>30062</td><td>104.8</td><td>7568</td><td>7218</td><td>77.1</td><td>25542</td><td>33110</td></tr>
<tr><td>乌尔旗汉</td><td>3.0</td><td>1651</td><td>55558</td><td>101.8</td><td>15095</td><td>14823</td><td>75.0</td><td>45247</td><td>60342</td></tr>
<tr><td>库都尔</td><td>-0.3</td><td>-140</td><td>44275</td><td>101.2</td><td>21003</td><td>20751</td><td>59.6</td><td>30926</td><td>51929</td></tr>
<tr><td>图里河</td><td>-1.8</td><td>-686</td><td>39159</td><td>37.8</td><td>3713</td><td>9831</td><td>89.9</td><td>33047</td><td>36760</td></tr>
<tr><td>伊图里河</td><td>0.8</td><td>172</td><td>22153</td><td>102.2</td><td>8843</td><td>8654</td><td>63.2</td><td>15208</td><td>24051</td></tr>
<tr><td>克一河</td><td>1.8</td><td>492</td><td>27612</td><td>105.2</td><td>13158</td><td>12502</td><td>56.5</td><td>17060</td><td>30218</td></tr>
<tr><td>甘　河</td><td>3.5</td><td>1274</td><td>36493</td><td>105.1</td><td>14434</td><td>13736</td><td>64.4</td><td>26120</td><td>40554</td></tr>
<tr><td>吉　文</td><td>2.7</td><td>755</td><td>28145</td><td>103.8</td><td>8402</td><td>8091</td><td>73.0</td><td>22743</td><td>31145</td></tr>
<tr><td>阿里河</td><td>4.2</td><td>1873</td><td>44342</td><td>101.9</td><td>15389</td><td>15103</td><td>67.9</td><td>32541</td><td>47930</td></tr>
<tr><td>根　河</td><td>3.6</td><td>2124</td><td>59042</td><td>81.7</td><td>22721</td><td>27819</td><td>61.2</td><td>35812</td><td>58533</td></tr>
<tr><td>金　河</td><td>4.3</td><td>2827</td><td>65627</td><td>54.9</td><td>7471</td><td>13602</td><td>89.1</td><td>60869</td><td>68340</td></tr>
<tr><td>阿龙山</td><td>2.6</td><td>1274</td><td>48500</td><td>102.5</td><td>10826</td><td>10560</td><td>79.5</td><td>42030</td><td>52856</td></tr>
<tr><td>满　归</td><td>2.4</td><td>1568</td><td>65485</td><td>103.1</td><td>20159</td><td>19561</td><td>71.6</td><td>50790</td><td>70949</td></tr>
<tr><td>得耳布尔</td><td>2.3</td><td>726</td><td>31124</td><td>102.4</td><td>12647</td><td>12348</td><td>61.3</td><td>20044</td><td>32691</td></tr>
<tr><td>莫尔道嘎</td><td>6.5</td><td>3986</td><td>61286</td><td>102.3</td><td>18020</td><td>17618</td><td>72.8</td><td>48215</td><td>66235</td></tr>
<tr><td>内蒙古集团营林局</td><td>0.7</td><td>249</td><td>34173</td><td>103.9</td><td>19315</td><td>18589</td><td>48.0</td><td>17846</td><td>37161</td></tr>
<tr><td>大杨树</td><td>0.8</td><td>172</td><td>21959</td><td>105.3</td><td>12345</td><td>11725</td><td>47.7</td><td>11258</td><td>23603</td></tr>
<tr><td>毕拉河</td><td>0.6</td><td>77</td><td>12214</td><td>101.5</td><td>6970</td><td>6864</td><td>48.6</td><td>6588</td><td>13558</td></tr>
<tr><td>内蒙古营林局</td><td>0.9</td><td>681</td><td>78944</td><td>97.6</td><td>35811</td><td>36681</td><td>53.1</td><td>42105</td><td>79318</td></tr>
<tr><td>免渡河</td><td>-0.9</td><td>-123</td><td>13262</td><td>97.7</td><td>7322</td><td>7493</td><td>44.3</td><td>5824</td><td>13146</td></tr>
<tr><td>乌奴尔</td><td>1.0</td><td>130</td><td>13580</td><td>100.4</td><td>9274</td><td>9241</td><td>37.7</td><td>5615</td><td>14890</td></tr>
<tr><td>巴　林</td><td>0.4</td><td>28</td><td>6660</td><td>104.7</td><td>2979</td><td>2844</td><td>57.9</td><td>4094</td><td>7073</td></tr>
<tr><td>南　木</td><td>0.3</td><td>18</td><td>5376</td><td>112.5</td><td>441</td><td>392</td><td>66.3</td><td>3629</td><td>5472</td></tr>
<tr><td>红花尔基</td><td>0.6</td><td>46</td><td>7927</td><td>105.9</td><td>5317</td><td>5021</td><td>33.6</td><td>2693</td><td>8010</td></tr>
<tr><td>柴　河</td><td>1.7</td><td>149</td><td>8850</td><td>107.3</td><td>3160</td><td>2946</td><td>64.7</td><td>5803</td><td>8963</td></tr>
<tr><td>五岔沟</td><td>1.3</td><td>230</td><td>18111</td><td>72.3</td><td>4298</td><td>5941</td><td>74.1</td><td>12288</td><td>16586</td></tr>
<tr><td>白　狼</td><td>3.9</td><td>203</td><td>5178</td><td>107.7</td><td>3020</td><td>2803</td><td>41.7</td><td>2159</td><td>5178</td></tr>
<tr><td>吉林</td><td>6.9</td><td>22366</td><td>323386</td><td>101.6</td><td>125491</td><td>123468</td><td>61.5</td><td>199674</td><td>324417</td></tr>
<tr><td>吉林集团</td><td>6.9</td><td>22366</td><td>323386</td><td>101.6</td><td>125491</td><td>123468</td><td>61.5</td><td>199674</td><td>324417</td></tr>
<tr><td>临　江</td><td>7.3</td><td>2527</td><td>34807</td><td>108.2</td><td>18934</td><td>17505</td><td>46.7</td><td>15475</td><td>33135</td></tr>
<tr><td>三岔子</td><td>6.7</td><td>2252</td><td>33441</td><td>117.2</td><td>9241</td><td>7887</td><td>74.7</td><td>27311</td><td>36552</td></tr>
<tr><td>湾　沟</td><td>7.9</td><td>2297</td><td>28935</td><td>94.8</td><td>7599</td><td>8018</td><td>74.1</td><td>21748</td><td>29346</td></tr>
<tr><td>松江河</td><td>5.7</td><td>3281</td><td>57267</td><td>101.2</td><td>16506</td><td>16315</td><td>66.1</td><td>33339</td><td>50448</td></tr>
</table>

主要经济效益指标(一)

单位:%

流动资产周转率(次)			成本费用利润率			全员劳动生产率(元/人·年)			产品销售率		
指标	子项（万元）	母项（万元）	指标	子项（万元）	母项（万元）	指标	子项（元）	母项（人）	指标	子项（万元）	母项（万元）
0.6	**456276**	**765157**	**5.7**	**21040**	**368716**	**11669**	**2047009656**	**175422**	**102.3**	**324971**	**317791**
0.6	444921	714743	5.8	21026	360448	12328	1980807566	160669	102.3	322561	315450
0.2	11355	50414	0.2	14	8268	4487	66202090	14753	102.9	2410	2341
0.4	**140361**	**312408**	**6.8**	**8222**	**121738**	**10215**	**866670000**	**84843**	**101.1**	**128905**	**127547**
0.5	**130881**	**277289**	**6.7**	**7795**	**116329**	**11302**	**830630000**	**73495**	**101.0**	**126932**	**125680**
0.3	5575	17262	0.1	3	5297	6988	33250000	4758	110.4	4701	4259
0.5	5846	11943	9.0	456	5094	16108	45440000	2821	88.1	6658	7554
0.3	2800	10713	3.8	99	2595	10065	23370000	2322	90.8	3312	3646
0.4	8527	19884	16.2	1131	7001	10508	54400000	5177	97.6	7799	7993
0.5	8317	18446	-9.7	-866	8884	7961	43990000	5526	118.9	8887	7472
0.5	7638	15330	-13.2	-1113	8451	3707	23240000	6269	121.2	4653	3838
0.3	2458	8057	-7.4	-172	2330	3606	9930000	2754	91.4	2568	2810
0.5	4887	10096	2.5	110	4382	10364	27340000	2638	112.6	4712	4184
0.4	6286	14996	12.4	662	5358	7095	40770000	5746	106.9	7055	6601
0.4	4471	10239	8.0	310	3889	10634	30520000	2870	106.5	4451	4179
0.7	10102	13826	9.8	870	8898	12660	64060000	5060	99.4	10156	10219
0.4	10597	23690	11.1	1038	9342	14337	99770000	6959	87.8	11847	13498
0.4	10934	27537	19.3	1676	8682	15976	64670000	4048	110.5	9933	8990
0.3	7514	25845	7.4	486	6610	12677	46320000	3654	97.1	7133	7344
0.7	13367	19766	4.1	485	11771	25200	103070000	4090	88.5	12786	14455
0.5	6744	12543	-0.2	-13	6538	10583	38150000	3605	107.2	5626	5248
0.9	14818	17116	23.5	2633	11207	15841	82340000	5198	109.4	14655	13390
0.2	**2301**	**10266**	—	—	**1690**	**453**	**1210000**	**2674**	**224.5**	**458**	**204**
0.2	1532	7544	—	—	950	69	120000	1727	100.0	23	23
0.3	769	2722	—	—	740	1151	1090000	947	240.3	435	181
0.3	**7179**	**24853**	**11.5**	**427**	**3719**	**4015**	**34830000**	**8674**	**91.1**	**1515**	**1663**
0.2	1285	7140	24.8	217	876	1141	2700000	2366	80.2	267	333
0.3	1482	4909	-4.7	-45	965	5762	9450000	1640	90.5	664	734
0.1	339	3029	6.4	9	141	1706	1170000	686	98.2	56	57
0.4	381	875	—	—	128	2519	1630000	647	165.6	106	64
0.2	431	2306	1.3	6	475	1322	1280000	968	—	—	—
0.2	593	3365	0.6	3	482	7286	5450000	748	—	—	—
3.4	1816	537	14.7	50	340	8249	12390000	1502	98.7	390	395
0.3	852	2692	59.9	187	312	6496	760000	117	40.0	32	80
1.4	**170686**	**122031**	**7.2**	**9623**	**133094**	**14221**	**181260000**	**12746**	**93.9**	**36356**	**38701**
1.4	**170686**	**122031**	**7.2**	**9623**	**133094**	**14221**	**181260000**	**12746**	**93.9**	**36356**	**38701**
1.9	25554	13199	2.5	604	24193	15210	37690000	2478	99.0	12055	12176
1.2	18203	14830	7.7	1254	16385	—	—	—	—	—	—
2.1	12094	5741	5.5	403	7281	21400	58100000	2715	93.5	10248	10963
0.9	28431	30406	6.0	1495	25098	—	—	—	—	—	—

国有林区分企业的

企业名称	总资产贡献率			资本保值增值率			资产负债率		
	指标	子项（万元）	母项（万元）	指标	子项（万元）	母项（万元）	指标	子项（万元）	母项（万元）
泉　阳	6.6	1757	26791	101.7	5010	4928	81.6	22150	27159
露水河	6.7	2749	40758	86.6	6780	7825	84.8	37325	44030
白石山	7.3	1933	26537	87.2	7179	8230	73.9	20368	27547
红　石	7.4	5570	74850	102.8	54242	52760	28.8	21958	76200
延边林管局	—	—	—	—	—	—	—	—	—
黄泥河	—	—	—	—	—	—	—	—	—
敦　化	—	—	—	—	—	—	—	—	—
大石头	—	—	—	—	—	—	—	—	—
八家子	—	—	—	—	—	—	—	—	—
和　龙	—	—	—	—	—	—	—	—	—
汪　清	—	—	—	—	—	—	—	—	—
大兴沟	—	—	—	—	—	—	—	—	—
天桥岭	—	—	—	—	—	—	—	—	—
白　河	—	—	—	—	—	—	—	—	—
珲　春	—	—	—	—	—	—	—	—	—
吉林省营林局	—	—	—	—	—	—	—	—	—
上　营	—	—	—	—	—	—	—	—	—
辉　南	—	—	—	—	—	—	—	—	—
长　白	—	—	—	—	—	—	—	—	—
安　图	—	—	—	—	—	—	—	—	—
长白山	—	—	—	—	—	—	—	—	—
龙江集团	—	—	—	—	—	—	—	—	—
牡丹江林管局	**3.1**	**14776**	**471838**	**107.0**	**112694**	**105336**	**77.0**	**363060**	**471491**
大海林	3.4	1092	32128	108.3	5999	5541	81.7	26262	32160
柴　河	3.0	1038	34127	105.0	4652	4432	86.3	29407	34059
东京城	4.4	1721	38982	102.3	6960	6805	81.6	30835	37795
穆　棱	3.7	1184	32073	100.9	6099	6047	80.7	25535	31633
绥　阳	2.8	6148	223292	109.6	61397	56043	72.7	163159	224526
海　林	1.3	263	20158	102.0	6309	6185	70.4	14717	20903
林　口	3.3	598	18223	106.1	4008	3778	100.0	18121	18121
八面通	-0.4	-40	10809	99.6	3375	3388	69.5	7686	11061
东方红	5.1	2243	43894	105.9	10146	9581	76.5	33032	43178
迎　春	2.9	529	18152	106.0	3749	3536	79.2	14306	18055
合江林管局	**2.1**	**1949**	**93578**	**103.9**	**28039**	**26991**	**70.5**	**67136**	**95175**
桦　南	2.9	648	22466	115.1	4173	3627	81.6	18522	22695
双鸭山	-0.2	-31	19630	94.7	3689	3896	81.8	16567	20256
鹤　立	0.04	7	14850	101.7	4953	4870	66.4	9806	14759
鹤　北	3.6	1325	36632	104.3	15224	14598	59.4	22241	37465
伊春林管局	**0.5**	**2505**	**517129**	**97.5**	**87776**	**90042**	**82.1**	**402574**	**490195**
乌伊岭	1.4	273	19177	103.2	2838	2749	85.2	16340	19177

主要经济效益指标(二)

单位:%

流动资产周转率(次)			成本费用利润率			全员劳动生产率(元/人·年)			产品销售率		
指标	子项（万元）	母项（万元）	指标	子项（万元）	母项（万元）	指标	子项（万元）	母项（万元）	指标	子项（万元）	母项（万元）
2.1	13023	6223	5.6	482	8607	—	—	—	—	—	—
1.0	20837	21642	10.0	895	8918	—	—	—	—	—	—
2.0	16842	8402	3.4	508	14931	—	—	—	—	—	—
1.7	35702	21588	14.4	3982	27681	11316	85470000	7553	90.3	14053	15562
—	—	—	—	—	—	—	—	—	—	—	—
—	—	—	—	—	—	—	—	—	—	—	—
—	—	—	—	—	—	—	—	—	—	—	—
—	—	—	—	—	—	—	—	—	—	—	—
—	—	—	—	—	—	—	—	—	—	—	—
—	—	—	—	—	—	—	—	—	—	—	—
—	—	—	—	—	—	—	—	—	—	—	—
—	—	—	—	—	—	—	—	—	—	—	—
—	—	—	—	—	—	—	—	—	—	—	—
—	—	—	—	—	—	—	—	—	—	—	—
—	—	—	—	—	—	—	—	—	—	—	—
—	—	—	—	—	—	—	—	—	—	—	—
—	—	—	—	—	—	—	—	—	—	—	—
—	—	—	—	—	—	—	—	—	—	—	—
—	—	—	—	—	—	—	—	—	—	—	—
—	—	—	—	—	—	—	—	—	—	—	—
—	—	—	—	—	—	—	—	—	—	—	—
—	—	—	—	—	—	—	—	—	—	—	—
0.7	**140420**	**213235**	**1.8**	**1669**	**92677**	—	—	—	—	—	—
0.6	9238	15721	2.7	268	9761	—	—	—	—	—	—
0.6	9542	16191	0.9	50	5411	—	—	—	—	—	—
0.8	11059	13319	7.0	590	8461	—	—	—	—	—	—
0.7	9591	12957	3.3	220	6694	—	—	—	—	—	—
0.6	61613	108972	1.2	508	41532	—	—	—	—	—	—
1.3	12328	9561	-9.6	-246	2554	—	—	—	—	—	—
0.7	4309	5930	-8.6	-260	3032	—	—	—	—	—	—
0.6	2496	4498	-17.6	-447	2537	—	—	—	—	—	—
0.8	16061	19443	9.5	900	9460	—	—	—	—	—	—
0.6	4183	6643	2.7	86.0	3235	—	—	—	—	—	—
0.5	**20308**	**39826**	**4.5**	**671**	**14781**	—	—	—	—	—	—
0.4	4878	10895	1.7	79	4567	—	—	—	—	—	—
0.3	2604	9998	11.1	246	2216	—	—	—	—	—	—
0.5	3113	5766	-6.7	-99	1469	—	—	—	—	—	—
0.7	9713	13167	6.8	445	6529	—	—	—	—	—	—
0.3	**59689**	**236063**	**-23.4**	**-10407**	**44507**	—	—	—	—	—	—
0.4	4443	10722	-4.3	-71	1657	—	—	—	—	—	—

国有林区分企业的

企业名称	总资产贡献率			资本保值增值率			资产负债率		
	指标	子项（万元）	母项（万元）	指标	子项（万元）	母项（万元）	指标	子项（万元）	母项（万元）
新　青	1.1	573	53845	94.6	5598	5917	89.5	47608	53207
红　星	—	-21	47755	100.5	3626	3609	84.9	20432	24058
上甘岭	-0.8	-159	19974	94.2	2795	2967	86.0	17215	20010
友　好	2.5	918	36425	102.8	13862	13480	60.7	21370	35232
翠　峦	-2.2	-517	23408	-110.9	-306	276	101.3	23714	23408
乌马河	0.2	66	29822	96.5	3420	3543	88.7	26980	30401
美　溪	-1.0	-241	23673	91.6	4034	4403	81.9	18264	22297
金山屯	2.3	687	29743	94.7	6629	6999	78.0	23467	30097
南　岔	-1.4	-362	26129	91.4	5902	6456	76.0	18668	24570
朗　乡	1.3	607	45794	103	5903	5729	87.1	40034	45937
桃　山	-1.7	-509	29580	83.6	2374	2841	92.0	27163	29537
铁　力	-0.8	-328	40581	91.9	8742	9511	76.7	28705	37447
双　丰	0.7	191	26782	103.9	6660	6408	75.2	19759	26263
汤旺河	3.1	1290	41232	106.1	12029	11333	73.0	32573	44602
五　营	0.2	37	23209	96.0	3670	3821	84.7	20282	23952
松花江林管局	**3.5**	**10937**	**309845**	**106.3**	**71601**	**67360**	**78.8**	**239167**	**303461**
山河屯	2.5	758	29906	109.6	4671	4261	84.7	25811	30483
苇　河	5.0	1121	22609	104.0	7764	7462	66.6	15495	23259
亚布力	5.3	1679	31845	109.0	8178	7504	70.5	22103	31334
方　正	4.0	1457	36730	104.0	5780	5559	85.0	32728	38509
兴　隆	5.6	2457	43665	102.5	17932	17496	59.4	26213	44145
清　河	4.6	1270	27572	107.5	5815	5407	79.9	23184	28999
绥　棱	4.0	1019	25697	116.2	7646	6579	68.8	16822	24468
通　北	-0.4	-89	23965	111.9	1593	1424	93.5	22831	24424
沾　河	1.9	1265	67856	104.7	12222	11668	93.3	53980	57840
省直属企业	**2.2**	**496**	**22830**	**104.1**	**8472**	**8135**	**62.4**	**14061**	**22532**
带岭实验局	2.2	496	22830	104.1	8472	8135	62.4	14061	22532
大兴安岭	**3.3**	**20157**	**620213**	**103.5**	**263963**	**255070**	**59.1**	**381634**	**646190**
大兴安岭林业集团公司	**3.6**	**20720**	**582334**	**102.6**	**234608**	**228709**	**61.3**	**372275**	**607477**
松　岭	21.7	3234	14934	107.5	18552	17258	59.2	26906	45457
新　林	4.7	4163	88450	104.4	28249	27058	67.5	58788	87038
塔　河	2.9	2093	71037	105.9	38985	36816	45.5	32496	71480
呼　中	1.2	1063	88124	99.8	32922	32998	61.5	52773	85771
阿木尔	1.7	887	53748	103.9	31242	30070	41.1	21820	53062
图　强	2.7	1860	68197	98.5	35045	35562	48.7	33756	69319
西林吉	3.7	3157	86098	100.0	40982	40982	53.4	47038	88020
十八站	4.9	3056	62026	106.1	4211	3970	93.0	55853	60064
韩家园	2.4	1207	49720	110.6	4420	3995	90.6	42845	47266
大兴安岭营林局	**-1.5**	**-563**	**37879**	**111.4**	**29355**	**26361**	**24.2**	**9359**	**38713**
加格达奇	-1.5	-563	37879	111.4	29355	26361	24.2	9359	38713

主要经济效益指标(三)

单位:%

流动资产周转率(次)			成本费用利润率			全员劳动生产率(元/人·年)			产品销售率		
指标	子项(万元)	母项(万元)	指标	子项(万元)	母项(万元)	指标	子项(元)	母项(人)	指标	子项(万元)	母项(万元)
0.2	6749	29758	2.1	89	4327	—	—	—	—	—	—
0.3	3438	12382	-17.5	-388	2219	—	—	—	—	—	—
0.2	1403	8576	-11.6	-304	2629	—	—	—	—	—	—
0.3	5984	17393	4.1	209	5078	—	—	—	—	—	—
0.3	3518	10661	-48.1	-741	1539	—	—	—	—	—	—
0.2	3509	15384	-13.7	-280	2045	—	—	—	—	—	—
0.2	2922	12066	-50.5	-501	993	—	—	—	—	—	—
1.4	2853	1978	-31.3	-706	2254	—	—	—	—	—	—
0.1	1462	11380	-69.1	-554	802	—	—	—	—	—	—
0.3	8055	27802	2.6	194	7579	—	—	—	—	—	—
—	415	19928	-35.2	-563	1598	—	—	—	—	—	—
0.2	3433	18036	-14.6	-599	4113	—	—	—	—	—	—
0.2	2656	13960	2.2	49	2217	—	—	—	—	—	—
0.3	6907	24713	19.8	700	3532	—	—	—	—	—	—
1.5	1942	1324	-360.6	-6941	1925	—	—	—	—	—	—
0.6	**79448**	**143326**	**2.8**	**1496**	**52741**	—	—	—	—	—	—
0.4	6657	18389	-5.4	-261	4839	—	—	—	—	—	—
1.5	9920	6559	—	—	10008	—	—	—	—	—	—
1.0	10503	10205	2.8	1496	52741	—	—	—	—	—	—
0.4	8615	22515	9.1	425	4676	—	—	—	—	—	—
0.9	15415	16260	9.9	856	8640	—	—	—	—	—	—
0.6	6985	12528	10.5	657	6280	—	—	—	—	—	—
0.8	8974	10756	0.6	32	4994	—	—	—	—	—	—
0.2	2582	12238	-26.1	-804	3078	—	—	—	—	—	—
0.3	9797	33876	—	1	7291	—	—	—	—	—	—
0.3	**3889**	**12425**	**0.5**	**17**	**3532**	—	—	—	—	—	—
0.3	3889	12425	0.5	17	3532	—	—	—	—	—	—
0.5	**124287**	**246524**	**9.6**	**9025**	**93991**	**14885**	**937864000**	**63009**	**106.0**	**148742**	**140301**
0.5	**124084**	**239033**	**10.5**	**9734**	**92684**	**15371**	**936542000**	**60929**	**106.0**	**148486**	**140048**
0.5	14120	26029	21.4	1888	8835	18951	121496000	6411	90.0	14575	16199
0.7	20130	28118	16.0	3806	23785	17945	194181000	10821	120.1	25950	21600
0.6	12938	22739	9.7	782	8061	9031	69675000	7715	115.2	10068	8738
0.3	13969	48282	0.5	51	9662	2309	15239000	6601	103.3	17019	16471
0.4	6738	15553	6.2	285	4579	13087	69141000	5283	82.0	8249	10064
0.5	11183	21604	5.8	452	7860	10965	80857000	7374	109.8	13378	12186
0.6	17464	27446	11.8	1457	12336	35802	232000000	6480	96.9	29967	30933
0.6	16848	28589	9.3	946	10225	17145	92891000	5418	120.2	18469	15365
0.5	10694	20673	0.9	67	7341	12653	61062000	4826	127.3	10811	8492
—	**203**	**7491**	**-54.2**	**-709**	**1307**	**636**	**1322000**	**2080**	**101.2**	**256**	**253**
—	203	7491	-54.2	-709	1307	636	1322000	2080	101.2	256	253

国有林区分企业的

企业名称	总资产贡献率			资本保值增值率			资产负债率		
	指标	子项（万元）	母项（万元）	指标	子项（万元）	母项（万元）	指标	子项（万元）	母项（万元）
湖北	**0.1**	**11**	**13009**	**100.2**	**4699**	**4688**	**64.4**	**8517**	**13216**
湖北省重点林业企业	**0.1**	**11**	**13009**	**100.2**	**4699**	**4688**	**64.4**	**8517**	**13216**
神农架	0.1	11	13009	100.2	4699	4688	64.4	8517	13216
海南	**1.8**	**266**	**14919**	**78.7**	**3914**	**4976**	**73.8**	**11004**	**14919**
海南省重点林业企业	**1.8**	**266**	**14919**	**78.7**	**3914**	**4976**	**73.8**	**11004**	**14919**
尖峰岭	—	—	—	—	—	—	—	—	—
霸王岭	2.2	259	11686	78.6	2766	3519	76.3	8919	11686
吊罗山	0.2	7	3233	78.8	1148	1457	64.5	2085	3233
黎母山	—	—	—	—	—	—	—	—	—
四川	**-14.9**	**-6596**	**44385**	**89.4**	**2835**	**3170**	**113.7**	**62434**	**54898**
阿坝州林管局	**-29.1**	**-6310**	**21661**	**41.3**	**-3050**	**-7382**	**149.1**	**41500**	**27837**
川　西	-3.4	-151	4482	680.3	-449	-66	111.0	4519	4070
黑　水	—	—	—	—	—	—	171.2	12080	7058
马尔康	-54.7	-4831	8824	-122.0	2665	-2184	125.1	10867	8684
小　金	-20.5	-591	2882	134.6	-3390	-2519	236.0	5893	2497
观音桥	-13.5	-737	5473	71.8	-1876	-2613	147.3	8141	5528
松　潘	—	—	—	—	—	—	—	—	—
南　坪	—	—	—	—	—	—	—	—	—
壤　塘	—	—	—	—	—	—	—	—	—
甘孜州林管局	—	—	—	—	—	—	—	—	—
道　孚	—	—	—	—	—	—	—	—	—
新　龙	—	—	—	—	—	—	—	—	—
丹　巴	—	—	—	—	—	—	—	—	—
炉　霍	—	—	—	—	—	—	—	—	—
白　玉	—	—	—	—	—	—	—	—	—
力邱河	—	—	—	—	—	—	—	—	—
翁　达	—	—	—	—	—	—	—	—	—
其他地、州	**-1.3**	**-286**	**22724**	**55.8**	**5885**	**10552**	**77.4**	**20934**	**27061**
川　南	-1.7	-332	19169	94.0	5899	6277	68.7	12967	18866
雷　波	—	—	—	—	—	—	—	—	—
凉　北	1.3	46	3555	-6.0	-228	3783	99.6	3541	3555
夹金山	—	—	—	—	—	—	—	—	—
木　里	—	—	—	—	—	—	—	—	—
普　威	—	—	—	43.5	214	492	95.4	4426	4640
盐　边	—	—	—	—	—	—	—	—	—
云南	**5.5**	**2418**	**43680**	**77.9**	**3630**	**4657**	**87.4**	**43297**	**49553**
华　坪	2.1	72	3361	102.8	398	387	88.1	2952	3350
碧　泉	—	—	—	—	—	—	48.0	2665	5548
黑白水	4.5	308	6875	88.3	1798	2037	73.9	5090	6886

主要经济效益指标(四)

单位:%

流动资产周转率(次)			成本费用利润率			全员劳动生产率(元/人·年)			产品销售率		
指标	子项（万元）	母项（万元）	指标	子项（万元）	母项（万元）	指标	子项（万元）	母项（万元）	指标	子项（万元）	母项（万元）
0.1	**341**	**5368**	**1.4**	**5**	**348**	**972**	**760000**	**782**	**135.0**	**343**	**254**
0.1	**341**	**5368**	**1.4**	**5**	**348**	**972**	**760000**	**782**	**135.0**	**343**	**254**
0.1	341	5368	1.4	5	348	972	760000	782	135.0	343	254
1.4	**1283**	**911**	**-42.1**	**-380**	**903**	**5366**	**5350000**	**997**	**92.7**	**1586**	**1711**
1.4	**1283**	**911**	**-42.1**	**-380**	**903**	**5366**	**5350000**	**997**	**92.7**	**1586**	**1711**
—	—	—	—	—	—	—	—	—	—	—	14
6.4	901	141	-52.0	-337	648	7776	4160000	535	92.3	1256	1361
0.5	382	770	-16.9	-43	255	2576	1190000	462	100.0	330	330
—	—	—	—	—	—	—	—	—	—	—	6
0.2	**1459**	**9030**	**-46.5**	**-1160**	**2492**	**2120**	**2220000**	**1047**	**127.8**	**1134**	**887**
0.1	**751**	**5451**	**-85.4**	**-1121**	**1312**	**6571**	**2530000**	**385**	**152.3**	**827**	**543**
0.4	745	1693	-75.0	-384	512	6571	2530000	385	152.3	827	543
—	—	—	—	—	—	—	—	—	—	—	—
—	6	3758	—	—	—	—	—	—	—	—	—
—	—	—	—	—	—	—	—	—	—	—	—
—	—	—	-92.1	-737	800	—	—	—	—	—	—
—	—	—	—	—	—	—	—	—	—	—	—
—	—	—	—	—	—	—	—	—	—	—	—
—	—	—	—	—	—	—	—	—	—	—	—
—	—	—	—	—	—	—	—	—	—	—	—
—	—	—	—	—	—	—	—	—	—	—	—
—	—	—	—	—	—	—	—	—	—	—	—
—	—	—	—	—	—	—	—	—	—	—	—
—	—	—	—	—	—	—	—	—	—	—	—
—	—	—	—	—	—	—	—	—	—	—	—
—	—	—	—	—	—	—	—	—	—	—	—
—	—	—	—	—	—	—	—	—	—	—	—
0.2	**708**	**3579**	**-3.3**	**-39**	**1180**	**-468**	**-310000**	**662**	**89.2**	**307**	**344**
0.1	290	3161	-0.5	-4	732	—	—	73	86.5	249	288
—	—	—	—	—	—	—	—	—	—	—	—
1.0	418	418	-7.8	-35	448	-526	-310000	589	103.6	58	56
—	—	—	—	—	—	—	—	—	—	—	—
—	—	—	—	—	—	—	—	—	—	—	—
—	—	—	—	—	—	—	—	—	—	—	—
—	—	—	—	—	—	—	—	—	—	—	—
0.6	**9628**	**14893**	**-13.1**	**-807**	**6144**	**7634**	**15840000**	**2075**	**96.7**	**5336**	**5516**
1.2	2241	1838	0.1	2	2067	17280	4320000	250	98.0	2102	2145
0.1	480	5548	—	—	—	—	—	—	—	—	—
2.6	2740	1069	17.0	105	617	26325	6160000	234	100.0	33	33

国有林区分企业的

企业名称	总资产贡献率			资本保值增值率			资产负债率		
	指标	子项（万元）	母项（万元）	指标	子项（万元）	母项（万元）	指标	子项（万元）	母项（万元）
中　甸	—	—	—	—	—	—	—	—	—
巨　甸	93.0	2113	2271	112.5	413	367	93.0	2113	2272
红　旗	—	—	—	100.0	-544	-544	223.1	986	442
云台山	—	—	—	—	—	—	—	—	—
漾　江	-4.2	-65	1555	115.7	-1847	-1597	229.3	3276	1429
景　东	0.2	4	2311	104.4	307	294	85.5	1821	2129
墨　江	-2.3	-70	3002	75.4	224	297	92.4	2696	2919
卫　国	3.3	582	17680	101.7	3983	3917	77.1	13428	17411
江　边	—	—	—	—	—	—	—	—	—
清水江	—	—	—	—	—	—	—	—	—
南盘江	—	—	—	—	—	—	—	—	—
新　平	—	—	—	65.9	-184	-279	116.5	1297	1113
宁　蒗	-7.9	-526	6625	413.5	-918	-222	115.2	6973	6054
陕西	**-0.9**	**-366**	**39997**	**94.0**	**12185**	**12959**	**66.8**	**28055**	**41972**
陕西省林管局	**-0.9**	**-366**	**39997**	**94.0**	**12185**	**12959**	**66.8**	**28055**	**41972**
宁　西	-2.3	-251	10842	93.8	5476	5836	53.9	6405	11880
太　白	1.3	136	10180	99.4	4830	4858	55.1	5926	10756
长　青	-2.2	-157	7045	112.1	-1985	-1770	103.6	7269	7016
宁　东	-1.4	-57	4016	96.6	1833	1897	59.5	2698	4532
汉　西	-0.8	-19	2506	98.1	1032	1052	59.4	1510	2541
龙草坪	-0.3	-18	5408	92.0	999	1086	80.9	4247	5247
陕西省营林局	—	—	—	—	—	—	—	—	—
马头滩	—	—	—	—	—	—	—	—	—
辛家山	—	—	—	—	—	—	—	—	—
甘肃	**-2.1**	**-618**	**29970**	**94.1**	**12845**	**13648**	**55.7**	**16144**	**28990**
甘肃省林管局	—	—	—	—	—	—	—	—	—
舟　曲	—	—	—	—	—	—	—	—	—
迭　部	—	—	—	—	—	—	—	—	—
洮　河	—	—	—	—	—	—	—	—	—
白水江	—	—	—	—	—	—	—	—	—
甘肃省营林局	**-2.1**	**-618**	**29970**	**94.1**	**12845**	**13648**	**55.7**	**16144**	**28990**
小陇山	-2.1	-618	29970	94.1	12845	13648	55.7	16144	28990
青海	—	—	—	—	—	—	—	—	—
青海省林管局	—	—	—	—	—	—	—	—	—
玛可河	—	—	—	—	—	—	—	—	—
新疆	**-1.5**	**-852**	**55822**	**97.4**	**20319**	**20858**	**64.3**	**38623**	**60097**
新疆国有森工局	**-4.1**	**-1634**	**39648**	**110.3**	**14300**	**12961**	**65.7**	**27345**	**41641**
天山西部	-0.7	-212	29211	94.5	10237	10829	65.5	19413	29649
阿尔泰山	-13.6	-1422	10437	190.6	4063	2132	66.1	7932	11992
新疆营林局	**4.8**	**782**	**16174**	**76.2**	**6019**	**7897**	**61.1**	**11278**	**18456**
天山中东部	4.8	782	16174	76.2	6019	7897	61.1	11278	18456

主要经济效益指标(五)

单位:%

流动资产周转率(次)			成本费用利润率			全员劳动生产率(元/人·年)			产品销售率		
指标	子项（万元）	母项（万元）	指标	子项（万元）	母项（万元）	指标	子项（万元）	母项（万元）	指标	子项（万元）	母项（万元）
—	—	—	—	—	—	—	—	—	—	—	
0.9	518	569	-0.2	1	-654	—	—	—	—	—	—
—	—	—	—	—	—	—	—	—	—	—	—
—	—	—	—	—	—	—	—	—	—	—	—
—	—	234	-520.8	-250	48	—	—	—	—	—	—
—	5	1142	—	—	—	—	—	—	—	—	—
—	—	—	—	—	—	755	290000	384	100.0	184	184
1.3	2981	2373	1	31	3214	4200	5070000	1207	95.7	3017	3154
—	—	—	—	—	—	—	—	—	—	—	—
—	—	—	—	—	—	—	—	—	—	—	—
—	—	—	—	—	—	—	—	—	—	—	—
—	—	—	—	—	—	—	—	—	—	—	—
0.3	663	2120	-81.7	-696	852	—	—	—	—	—	—
0.1	**1733**	**15506**	**-33.2**	**-773**	**2331**	**1240**	**2300000**	**1855**	**102.9**	**1098**	**1067**
0.1	**1733**	**15506**	**-33.2**	**-773**	**2331**	**1240**	**2300000**	**1855**	**102.9**	**1098**	**1067**
0.1	188	3417	-120.3	-361	300	-2430	-1640000	675	100.0	93	93
0.2	967	4465	-2.8	-28	1007	2798	2790000	997	104.0	810	779
0.2	456	2003	-28.4	-215	757	—	—	—	100.0	195	195
—	16	3654	-688.9	-62	9	—	—	—	—	—	—
0.1	94	765	-18.2	-20	110	—	—	—	—	—	—
—	12	1202	-58.8	-87	148	6284	1150000	183	—	—	—
—	—	—	—	—	—	—	—	—	—	—	—
—	—	—	—	—	—	—	—	—	—	—	—
—	—	—	—	—	—	—	—	—	—	—	—
0.1	**1290**	**12331**	**-38.7**	**-814**	**2104**	—	**-779**	**4654**	**81.3**	**1290**	**1586**
—	—	—	—	—	—	—	—	—	—	—	561
—	—	—	—	—	—	—	—	—	—	—	—
—	—	—	—	—	—	—	—	—	—	—	20
—	—	—	—	—	—	—	—	—	—	—	541
—	—	—	—	—	—	—	—	—	—	—	—
0.1	**1290**	**12331**	**-38.7**	**-814**	**2104**	—	**-779**	**4654**	**125.9**	**1290**	**1025**
0.1	**1290**	**12331**	**-38.7**	**-814**	**2104**	—	**-779**	**4654**	**125.9**	**1290**	**1025**
—	—	—	—	—	—	—	—	—	—	—	—
—	—	—	—	—	—	—	—	—	—	—	—
—	—	—	—	—	—	—	—	—	—	—	—
0.2	**5208**	**26155**	**-34.1**	**-1901**	**5571**	**10178**	**34746435**	**3414**	**81.9**	**181**	**221**
0.2	**3536**	**18351**	**-54.7**	**-2197**	**4019**	**2827**	**5906345**	**2089**	—	—	—
0.2	3125	12632	-20.2	-710	3520	1388	1660000	1196	—	—	—
0.1	411	5719	-298	-1487	499	4755	4246345	893	—	—	—
0.2	**1672**	**7804**	**19.1**	**296**	**1552**	**21766**	**28840090**	**1325**	**81.9**	**181**	**221**
0.2	1672	7804	19.1	296	1552	21766	28840090	1325	81.9	181	221

国有林区分企业的

企业名称	造林面积			迹地更新面积		年末实有封山育林面积		低产低效林改造面积
	合计	人工造林	飞播造林	合计	其中：人工更新	合计	其中：本年新封	
全国合计	**130456**	**102437**	**28019**	**33891**	**14973**	**2396137**	**63324**	**18774**
135 个木材采运企业小计	115371	87352	28019	33314	14396	2244669	51656	18672
20 个重点营林局小计	15085	15085	—	577	577	151468	11668	102
内蒙古	**12180**	**12180**	—	**4902**	**3166**	**181869**	—	—
内蒙古大兴安岭	**6690**	**6690**	—	**4706**	**2970**	**123675**	—	—
阿尔山	1679	1679	—	67	—	6633	—	—
绰　尔	967	967	—	80	13	6767	—	—
绰　源	667	667	—	133	67	5848	—	—
乌尔旗汉	158	158	—	300	212	7167	—	—
库都尔	267	267	—	547	414	10912	—	—
图里河	—	—	—	310	240	10716	—	—
伊图里河	400	400	—	67	—	11574	—	—
克一河	133	133	—	137	69	10650	—	—
甘　河	134	134	—	287	204	5930	—	—
吉　文	335	335	—	67	—	4704	—	—
阿里河	543	543	—	275	139	6387	—	—
根　河	539	539	—	349	204	5972	—	—
金　河	—	—	—	334	201	6612	—	—
阿龙山	—	—	—	606	473	6607	—	—
满　归	201	201	—	140	—	6278	—	—
得耳布尔	667	667	—	474	334	5645	—	—
莫尔道嘎	—	—	—	533	400	5273	—	—
内蒙古集团营林局	**823**	**823**	—	**64**	**64**	**18935**	—	—
大杨树	823	823	—	64	64	9507	—	—
毕拉河	—	—	—	—	—	9428	—	—
内蒙古营林局	**4667**	**4667**	—	**132**	**132**	**39259**	—	—
免渡河	—	—	—	32	32	3069	—	—
乌奴尔	—	—	—	100	100	2405	—	—
巴　林	—	—	—	—	—	3142	—	—
南　木	—	—	—	—	—	4550	—	—
红花尔基	—	—	—	—	—	7568	—	—
柴　河	—	—	—	—	—	5159	—	—
五岔沟	4667	4667	—	—	—	4200	—	—
白　狼	—	—	—	—	—	9166	—	—
吉林	**5040**	**5040**	—	**20296**	**3114**	**355207**	**4200**	**1033**
吉林集团	**1927**	**1927**	—	**15194**	**2191**	**113019**	—	**296**
临　江	661	661	—	1018	—	22322	—	15
三岔子	80	80	—	2906	379	22966	—	—
湾　沟	728	728	—	329	329	4688	—	—
松江河	46	46	—	2182	54	20795	—	—

营林生产情况(一)

单位:公顷

森林管护面积	幼林抚育实际面积	幼林抚育作业面积(公顷次)	成林抚育面积		抚育改造出材量(立方米)	年末实有育苗面积	
			合计	其中:中、幼龄林抚育面积		合计	其中:本年新育
39346995	**488686**	**690636**	**370164**	**330422**	**2109758**	**2339**	**540.5**
34818044	460312	645103	345134	307777	1703716	2055	453.2
4528951	28374	45533	25030	22645	406042	284	87.3
8756828	**44388**	**55153**	**126499**	**122739**	**851511**	**84**	**30**
6346023	**39226**	**48892**	**117231**	**115497**	**671832**	**64**	**19**
420656	4813	6492	6873	6873	36958	5	1
338234	4247	5227	10000	10000	60192	4	1
241886	2534	3267	6005	6005	40710	3	1
456436	2603	2974	9333	9333	54399	3	1
377235	3600	4267	5901	5901	36148	6	2
319094	620	887	6890	5156	32648	1	—
330026	1667	2067	5163	5163	21478	3	1
337873	1002	1204	6197	6197	33705	2	1
333319	1825	2162	9801	9801	54195	2	1
347250	1209	1544	7562	7562	42695	2	1
392479	3975	4657	10676	10676	57794	11	2
528773	2662	3405	9338	9338	57582	6	2
484037	732	933	4682	4682	25796	1	1
328682	1800	2267	3874	3874	18300	1	1
360976	745	946	6068	6068	52652	3	1
211209	3659	4660	3532	3532	17680	9	1
537858	1533	1933	5336	5336	28900	2	1
802090	**4703**	**5587**	**332**	**332**	**4750**	**3**	**1**
398446	4636	5520	—	—	—	3	1
403644	67	67	332	332	4750	—	—
1608715	**459**	**674**	**8936**	**6910**	**174929**	**17**	**10**
200000	244	244	2261	1640	26985	3	1
158178	215	430	1446	1284	23676	4	2
217000	—	—	1202	1202	8300	4	3
232000	—	—	563	563	8561	2	2
213000	—	—	1097	1097	11972	1	1
325000	—	—	1124	1124	25435	3	1
263537	—	—	1243	—	20000	—	—
—	—	—	—	—	50000	—	—
3606175	**137773**	**205214**	**82204**	**80558**	**990791**	**306**	**83**
1200790	**75281**	**115801**	**25653**	**24314**	**175967**	**173**	**54**
171549	7251	7251	8015	8015	21236	18	11
201886	12717	13358	2144	2144	46001	29	9
54900	1725	2554	1171	1171	18114	1	1
146233	20375	40750	1192	1192	18787	29	11

国有林区分企业的

企业名称	造林面积			迹地更新面积		年末实有封山育林面积		低产低效林改造面积
	合计	人工造林	飞播造林	合计	其中：人工更新	合计	其中：本年新封	
泉　阳	93	93	—	1039	1022	5135	—	36
露水河	—	—	—	2080	24	2556	—	—
白石山	249	249	—	862	329	15909	—	206
红　石	70	70	—	4778	54	18648	—	39
延边林管局	**2783**	**2783**	—	**4721**	**542**	**239359**	**4027**	**635**
黄泥河	1097	1097	—	137	137	19234	—	209
敦　化	336	336	—	576	73	21850	1048	—
大石头	168	168	—	9	9	22292	—	151
八家子	438	438	—	628	—	95500	2979	40
和　龙	—	—	—	516	—	17908	—	—
汪　清	244	244	—	58	58	17932	—	235
大兴沟	131	131	—	68	68	12473	—	—
天桥岭	185	185	—	56	—	5732	—	—
白　河	67	67	—	2093	93	16112	—	—
珲　春	117	117	—	580	104	10326	—	—
吉林省营林局	**330**	**330**	—	**381**	**381**	**2829**	**173**	**102**
上　营	—	—	—	122	122	—	—	—
辉　南	—	—	—	163	163	—	—	16
长　白	51	51	—	57	57	2829	173	—
安　图	279	279	—	39	39	—	—	86
长白山	—	—	—	—	—	—	—	—
龙江集团	**24081**	**24081**	—	**8693**	**8693**	**748305**	—	**6240**
牡丹江林管局	**7352**	**7352**	—	**1533**	**1533**	**283470**	—	**1466**
大海林	1005	1005	—	28	28	18451	—	333
柴　河	506	506	—	294	294	18218	—	—
东京城	1138	1138	—	255	255	36173	—	133
穆　棱	795	795	—	92	92	24833	—	—
绥　阳	955	955	—	186	186	64197	—	—
海　林	534	534	—	—	—	14452	—	—
林　口	333	333	—	354	354	26608	—	333
八面通	480	480	—	324	324	18166	—	—
东方红	870	870	—	—	—	47004	—	667
迎　春	736	736	—	—	—	15368	—	—
合江林管局	**2603**	**2603**	—	—	—	**66560**	—	**100**
桦　南	468	468	—	—	—	13525	—	—
双鸭山	600	600	—	—	—	11266	—	—
鹤　立	334	334	—	—	—	6213	—	100
鹤　北	1201	1201	—	—	—	35556	—	—
伊春林管局	**11322**	**11322**	—	**4221**	**4221**	**279076**	—	**1206**
乌伊岭	285	285	—	595	595	8364	—	—

营林生产情况(二)

单位:公顷

森林管护面积	幼林抚育实际面积	幼林抚育作业面积（公顷次）	成林抚育面积		抚育改造出材量（立方米）	年末实有育苗面积	
			合计	其中:中、幼龄林抚育面积		合计	其中:本年新育
103234	9608	13587	2510	1951	7977	10	2
113938	7442	9413	4090	3310	24700	25	7
133254	6332	13498	2149	2149	13560	43	8
275796	9831	15390	4382	4382	25592	18	5
2062227	**59336**	**84120**	**44098**	**43791**	**594707**	**116**	**23**
196504	6759	10382	5316	5316	74602	12	3
229839	9409	11320	1086	1086	14528	15	3
256975	2313	2693	5710	5710	84858	7	1
155814	5445	10890	1602	1602	83000	7	2
170406	9491	12282	4614	4614	38562	18	—
219327	2486	4885	7885	7885	107253	19	4
127200	826	1173	3060	3060	38024	4	1
194106	7625	7936	4679	4679	82428	11	4
182375	9272	15738	6175	5868	14809	9	2
329681	5710	6821	3971	3971	56643	14	3
343158	**3156**	**5293**	**12453**	**12453**	**220117**	**17**	**6**
97189	394	910	5070	5070	64000	2	1
56128	1302	1949	2810	2810	37054	6	4
90738	824	1162	2527	2527	65963	6	—
99103	636	1272	2046	2046	53100	3	1
—	—	—	—	—	—	—	—
8691092	**196518**	**264482**	**118706**	**88879**	**105110**	**1056**	**206**
2426531	**49214**	**75487**	**33687**	**29266**	**14656**	**223**	**50**
188988	6967	11779	4900	4000	—	31	6
271902	6600	8600	3387	2667	—	19	5
351248	6314	9585	3667	3333	—	28	5
238616	4607	7695	4000	4000	—	20	5
397000	6000	9867	2333	2000	—	24	5
146778	4107	6000	1333	1333	—	26	6
205348	2453	3741	3667	3333	13804	12	2
143896	3806	5410	2800	2800	—	19	4
338212	4560	7201	5000	3333	852	28	8
144543	3800	5609	2600	2467	—	16	4
720781	**13886**	**19102**	**5434**	**5434**	**25489**	**79**	**16**
161071	1260	1900	2000	2000	12955	13	4
132390	1906	3039	667	667	7532	16	4
70597	1533	2136	1000	1000	1522	13	3
356723	9187	12027	1767	1767	3480	37	5
3109499	**87852**	**108606**	**46503**	**26016**	**64442**	**551**	**86**
281009	5399	6286	3282	2762	—	19	4

国有林区分企业的

企业名称	造林面积			迹地更新面积		年末实有封山育林面积		低产低效林改造面积
	合计	人工造林	飞播造林	合计	其中：人工更新	合计	其中：本年新封	
新　青	695	695	—	—	—	20373	—	—
红　星	561	561	—	—	—	8303	—	—
上甘岭	303	303	—	—	—	10637	—	—
友　好	1413	1413	—	7	7	59006	—	—
翠　峦	692	692	—	—	—	26205	—	—
乌马河	392	392	—	688	688	20139	—	—
美　溪	1130	1130	—	—	—	11830	—	—
金山屯	622	622	—	408	408	12696	—	—
南　岔	1297	1297	—	89	89	19914	—	—
朗　乡	660	660	—	1026	1026	5995	—	—
桃　山	857	857	—	113	113	10741	—	200
铁　力	349	349	—	478	478	17397	—	—
双　丰	493	493	—	817	817	16270	—	339
汤旺河	1140	1140	—	—	—	15242	—	667
五　营	433	433	—	—	—	15964	—	—
松花江林管局	**2539**	**2539**	—	**2802**	**2802**	**106790**	—	**3468**
山河屯	406	406	—	—	—	15379	—	—
苇　河	123	123	—	459	459	8017	—	135
亚布力	467	467	—	—	—	9547	—	—
方　正	146	146	—	235	235	15984	—	1333
兴　隆	67	67	—	937	937	9305	—	—
清　河	112	112	—	355	355	16212	—	—
绥　棱	895	895	—	—	—	5040	—	—
通　北	101	101	—	633	633	13342	—	2000
沾　河	222	222	—	183	183	13964	—	—
省直属企业	**265**	**265**	—	**137**	**137**	**12409**	—	—
带岭实验局	265	265	—	137	137	12409	—	—
大兴安岭	**4143**	**4143**	—	—	—	**183702**	—	**11501**
大兴安岭林业集团公司	**1463**	**1463**	—	—	—	**179102**	—	**11501**
松　岭	227	227	—	—	—	3600	—	—
新　林	74	74	—	—	—	7350	—	—
塔　河	72	72	—	—	—	18082	—	1500
呼　中	88	88	—	—	—	33183	—	—
阿木尔	76	76	—	—	—	70233	—	1500
图　强	253	253	—	—	—	33368	—	2001
西林吉	527	527	—	—	—	5286	—	4500
十八站	86	86	—	—	—	4900	—	1000
韩家园	60	60	—	—	—	3100	—	1000
大兴安岭营林局	**2680**	**2680**	—	—	—	**4600**	—	—
加格达奇	2680	2680	—	—	—	4600	—	—

营林生产情况(三)

单位:公顷

森林管护面积	幼林抚育实际面积	幼林抚育作业面积(公顷次)	成林抚育面积		抚育改造出材量(立方米)	年末实有育苗面积	
			合计	其中:中、幼龄林抚育面积		合计	其中:本年新育
249799	4982	5882	2763	2763	24811	36	4
263872	6258	8000	3580	—	—	24	10
140030	2130	2625	3000	—	1207	14	1
246641	10267	10733	5231	—	—	26	2
139902	5980	7530	1652	1652	1605	42	12
114272	4274	6040	—	—	—	24	4
197060	3944	5377	4162	—	4521	53	5
176064	5620	7833	3456	2667	—	50	2
286426	6703	9256	3735	3735	3117	63	11
255345	7620	9642	2881	2881	—	66	15
145032	1517	1542	640	640	—	13	—
204234	7398	9024	3396	3396	16646	31	4
107746	3690	3285	2520	2520	12535	45	8
182442	5780	8227	4200	3000	—	25	2
119625	6290	7324	2005	—	—	20	2
2341325	**43351**	**58200**	**29807**	**28163**	**523**	**194**	**52**
179356	3269	3888	3341	3341	—	18	18
161986	3467	5267	513	—	—	17	10
305636	3911	6330	6000	6000	—	22	—
183679	4333	5600	4267	4267	523	19	5
277940	7891	10321	6681	5667	—	37	9
129036	4618	6025	4133	4133	—	14	2
172478	8991	10959	1338	1338	—	25	2
179931	2000	3400	1533	1533	—	21	3
751283	4871	6410	2001	1884	—	21	3
92956	**2215**	**3087**	**3275**	—	—	**9**	**2**
92956	2215	3087	3275	—	—	9	2
7668925	**21276**	**33539**	**39296**	**35296**	**154669**	**64**	**32**
6913632	**8918**	**13822**	**39296**	**35296**	**154669**	**28**	**10**
801265	3225	4250	8600	8600	—	5	3
845972	400	625	7150	5650	—	6	4
904041	3000	5000	2500	—	—	4	2
923159	411	685	3603	3603	28143	3	1
523401	—	—	1635	1635	19300	2	—
497746	817	1614	2805	2805	15600	2	—
752576	—	—	1995	1995	15000	2	—
687790	832	1214	5000	5000	35000	4	—
977682	233	434	6008	6008	41626	—	—
755293	**12358**	**19717**	—	—	—	**36**	**22**
755293	12358	19717	—	—	—	36	22

国有林区分企业的

企业名称	造林面积			迹地更新面积		年末实有封山育林面积		低产低效林改造面积
	合计	人工造林	飞播造林	合计	其中：人工更新	合计	其中：本年新封	
湖北	**667**	**667**	—	—	—	**121133**	**8000**	—
湖北省重点林业企业	**667**	**667**	—	—	—	**121133**	**8000**	—
神农架	667	667	—	—	—	121133	8000	—
海南	—	—	—	—	—	**4380**	—	—
海南省重点林业企业	—	—	—	—	—	**4380**	—	—
尖峰岭	—	—	—	—	—	1714	—	—
霸王岭	—	—	—	—	—	—	—	—
吊罗山	—	—	—	—	—	1333	—	—
黎母山	—	—	—	—	—	1333	—	—
四川	**43428**	**26923**	**16505**	—	—	**356111**	**19771**	—
阿坝州林管局	**9590**	**9590**	—	—	—	**139395**	**9396**	—
川　西	533	533	—	—	—	2709	927	—
黑　水	1705	1705	—	—	—	25009	1480	—
马尔康	2468	2468	—	—	—	53920	1113	—
小　金	760	760	—	—	—	16305	1160	—
观音桥	1474	1474	—	—	—	5770	1547	—
松　潘	800	800	—	—	—	10461	990	—
南　坪	1383	1383	—	—	—	14930	1396	—
壤　塘	467	467	—	—	—	10291	783	—
甘孜州林管局	**8273**	**3621**	**4652**	—	—	**86248**	**3441**	—
道　孚	1508	648	860	—	—	19911	636	—
新　龙	1729	696	1033	—	—	17965	729	—
丹　巴	1200	567	633	—	—	11026	606	—
炉　霍	1208	508	700	—	—	9868	578	—
白　玉	1140	447	693	—	—	12697	400	—
力邱河	988	428	560	—	—	6772	265	—
翁　达	500	327	173	—	—	8009	227	—
其他地、州	**25565**	**13712**	**11853**	—	—	**130468**	**6934**	—
川　南	7260	5927	1333	—	—	3231	1453	—
雷　波	2666	1333	1333	—	—	24484	1167	—
凉　北	2678	1428	1250	—	—	11200	1087	—
夹金山	1261	1261	—	—	—	28020	788	—
木　里	5334	2667	2667	—	—	31921	1573	—
普　威	3561	668	2893	—	—	12945	866	—
盐　边	2805	428	2377	—	—	18667	—	—
云南	**19559**	**14059**	**5500**	—	—	**102788**	**8931**	—
华　坪	600	533	67	—	—	17233	200	—
碧　泉	2167	500	1667	—	—	21118	1067	—
黑白水	7	7	—	—	—	10433	633	—

营林生产情况(四)

单位:公顷

森林管护面积	幼林抚育实际面积	幼林抚育作业面积(公顷次)	成林抚育面积		抚育改造出材量(立方米)	年末实有育苗面积	
			合计	其中:中、幼龄林抚育面积		合计	其中:本年新育
172217	**6000**	**6000**	—	—	—	—	—
172217	**6000**	**6000**	—	—	—	—	—
172217	6000	6000	—	—	—	—	—
314900	—	—	—	—	—	—	—
314900	—	—	—	—	—	—	—
87200	—	—	—	—	—	—	—
118600	—	—	—	—	—	—	—
67900	—	—	—	—	—	—	—
41200	—	—	—	—	—	—	—
4604705	**28756**	**42352**	—	—	—	**146**	**51**
1729483	**15885**	**20764**	—	—	—	**54**	**19**
102327	600	600	—	—	—	3	1
236312	3121	6242	—	—	—	6	2
212459	2121	—	—	—	—	6	2
179563	900	1800	—	—	—	16	2
282714	3407	3407	—	—	—	6	4
354260	2061	5040	—	—	—	8	5
209120	3675	3675	—	—	—	5	2
152728	—	—	—	—	—	4	1
1667450	—	—	—	—	—	**37**	**16**
361200	—	—	—	—	—	9	4
367804	—	—	—	—	—	7	3
341200	—	—	—	—	—	2	1
222100	—	—	—	—	—	5	2
184146	—	—	—	—	—	10	4
131300	—	—	—	—	—	2	1
59700	—	—	—	—	—	2	1
1207772	**12871**	**21588**	—	—	—	**55**	**16**
119571	3582	3582	—	—	—	17	2
166224	3414	6828	—	—	—	2	1
142384	1200	1771	—	—	—	9	4
104860	2366	7098	—	—	—	8	3
567780	—	—	—	—	—	12	3
58914	1000	1000	—	—	—	6	2
48039	1309	1309	—	—	—	1	1
2007616	**2000**	**4000**	**100**	—	**1063**	**32**	**14**
100693	—	—	—	—	—	3	3
228747	—	—	—	—	—	—	—
192733	—	—	—	—	—	2	1

国有林区分企业的

企业名称	造林面积			迹地更新面积		年末实有封山育林面积		低产低效林改造面积
	合计	人工造林	飞播造林	合计	其中：人工更新	合计	其中：本年新封	
中　甸	—	—	—	—	—	—	—	—
巨　甸	7789	7789	—	—	—	5698	5698	—
红　旗	127	127	—	—	—	10518	200	—
云台山	—	—	—	—	—	—	—	—
漾　江	167	167	—	—	—	4815	400	—
景　东	1117	1117	—	—	—	6933	—	—
墨　江	2337	1171	1166	—	—	5867	133	—
卫　国	2048	2048	—	—	—	2040	67	—
江　边	—	—	—	—	—	—	—	—
清水江	—	—	—	—	—	—	—	—
南盘江	—	—	—	—	—	—	—	—
新　平	200	200	—	—	—	133	133	—
宁　蒗	3000	400	2600	—	—	18000	400	—
陕西	**200**	**200**	**—**	**—**	**—**	**161776**	**3133**	**—**
陕西省林管局	—	—	—	—	—	**150817**	**3133**	—
宁　西	—	—	—	—	—	35779	333	—
太　白	—	—	—	—	—	34695	333	—
长　青	—	—	—	—	—	15422	—	—
宁　东	—	—	—	—	—	35003	1667	—
汉　西	—	—	—	—	—	9951	333	—
龙草坪	—	—	—	—	—	19967	467	—
陕西省营林局	**200**	**200**	—	—	—	**10959**	—	—
马头滩	—	—	—	—	—	4426	—	—
辛家山	200	200	—	—	—	6533	—	—
甘肃	**20419**	**14405**	**6014**	**—**	**—**	**58728**	**18348**	**—**
甘肃省林管局	**14281**	**8267**	**6014**	—	—	**13053**	**6993**	—
舟　曲	2553	1800	753	—	—	1473	533	—
迭　部	4860	2733	2127	—	—	4167	2640	—
洮　河	5334	2867	2467	—	—	7045	3687	—
白水江	1534	867	667	—	—	368	133	—
甘肃省营林局	**6138**	**6138**	—	—	—	**45675**	**11355**	—
小陇山	6138	6138	—	—	—	45675	11355	—
青海	**54**	**54**	**—**	**—**	**—**	**41203**	**801**	**—**
青海省林管局	**54**	**54**	—	—	—	**41203**	**801**	—
玛可河	54	54	—	—	—	41203	801	—
新疆	**685**	**685**	**—**	**—**	**—**	**80935**	**140**	**—**
新疆国有森工局	**438**	**438**	—	—	—	**51724**	—	—
天山西部	438	438	—	—	—	35450	—	—
阿尔泰山	—	—	—	—	—	16274	—	—
新疆营林局	**247**	**247**	—	—	—	**29211**	**140**	—
天山中东部	247	247	—	—	—	29211	140	—

营林生产情况(五)

单位:公顷

森林管护面积	幼林抚育实际面积	幼林抚育作业面积(公顷次)	成林抚育面积		抚育改造出材量(立方米)	年末实有育苗面积	
			合计	其中:中、幼龄林抚育面积		合计	其中:本年新育
—	—	—	—	—	—	—	—
128467	—	—	—	—	—	2	2
109333	—	—	—	—	—	2	2
—	—	—	—	—	—	—	—
110553	—	—	—	—	—	2	2
251733	—	—	—	—	—	—	—
207205	2000	4000	—	—	—	3	2
390285	—	—	100	—	1063	6	2
—	—	—	—	—	—	—	—
—	—	—	—	—	—	—	—
—	—	—	—	—	—	—	—
65067	—	—	—	—	—	—	—
222800	—	—	—	—	—	12	—
479066	**36955**	**58490**	—	—	—	**63**	**18**
430066	**36422**	**57957**	—	—	—	**50**	**16**
108093	14091	28182	—	—	—	5	2
134867	12719	12719	—	—	—	16	12
36413	—	—	—	—	—	4	—
80680	4320	8291	—	—	—	9	—
38967	1534	5007	—	—	—	7	1
31046	3758	3758	—	—	—	9	1
49000	**533**	**533**	—	—	—	**13**	**2**
28000	—	—	—	—	—	—	—
21000	533	533	—	—	—	13	2
1178643	**8871**	**15009**	**764**	**764**	**4170**	**433**	**94**
681808	**2733**	**2733**	—	—	—	**310**	**56**
99800	—	—	—	—	—	34	10
234200	2733	2733	—	—	—	101	19
283867	—	—	—	—	—	145	20
63941	—	—	—	—	—	30	7
496835	**6138**	**12276**	**764**	**764**	**4170**	**123**	**38**
496835	6138	12276	764	764	4170	123	38
48000	—	—	—	—	—	**15**	**4**
—	—	—	—	—	—	**15**	**4**
48000	—	—	—	—	—	15	4
1818828	**6149**	**6397**	**2595**	**2186**	**2444**	**140**	**8.5**
1344968	**5122**	**4944**	**50**	—	**368**	**65**	**0.2**
490350	4747	4944	50	—	368	48	0.2
854618	375	—	—	—	—	17	—
473860	**1027**	**1453**	**2545**	**2186**	**2076**	**75**	**8.3**
473860	1027	1453	2545	2186	2076	75	8.3

国有林区从业人员和劳动报酬情况

单位:人

指标名称	合 计	135 个木材采运企业	20 个重点营林局
年末全部在册职工人数	958329	911283	47046
其中:大集体职工人数	220396	218683	1713
1. 在岗职工人数	609583	581737	27846
其中:大集体职工人数	65427	65115	312
2. 下岗待安置职工人数	81888	74669	7219
其中:领取生活费职工人数	23464	22753	711
3. 离开本单位仍保留劳动关系人员	266858	254877	11981
其他从业人员	3671	3600	71
在岗职工平均人数	576284	546828	29456
在岗职工工资总额(千元)	2914456	2716280	198176
工程实施以来累计一次性安置人数	229884	220652	9232
本年一次性安置人数	28854	23247	5607
本年一次性安置费(万元)	61952	49539	12413
年末参加各级养老统筹保险人数	998802	956518	42284
年末离退休人员人数	396518	384166	12352
离退休人员年生活费(千元)	2325860	2220402	105458
林区总人口	3078419	2945442	132977
林区总户数(户)	1007280	967638	39642

国有林区固定资产投资和资金来源情况

单位:万元

指标名称	合　计	135 个木材采运企业	20 个重点营林局
固定资产投资	522983	494730	28253
其中:国家投资	415836	392502	23334
营林固定资产投资	439779	412246	27533
其中:公益林建设	35507	32484	3023
森工固定资产投资	83204	82484	720
本年新增固定资产	100575	96217	4358
本年资金来源	515472	487790	27682
其中:地方配套资金	15032	11761	3271
1. 国家预算内资金	418269	395143	23126
其中:国债资金	40488	37073	3415
中央财政专项资金	363681	346645	17036
2. 国内贷款	6187	6187	—
3. 利用外资	195	195	—
4. 自筹资金	55637	52009	3628
5. 其他资金	35184	34256	928
本年房屋竣工面积(平方米)	290162	276748	13414
本年房屋竣工价值(万元)	24439	23558	881
本年新增公路里程(公里)	539	529	10

国有林区分企业的从业

企业名称	年末全部在册职工人数						
	总计	其中：大集体职工人数	1. 在岗职工人数		2. 下岗待安置职工人数		3. 离开本单位仍保留劳动关系人员
			合计	其中:大集体职工人数	合计	其中:领取生活费职工人数	
全国合计	**958329**	**220396**	**609583**	**65427**	**81888**	**23464**	**266858**
135 个木材采运企业小计	911283	218683	581737	65115	74669	22753	254877
20 个重点营林局小计	47046	1713	27846	312	7219	711	11981
内蒙古	**139829**	**35272**	**95687**	**10501**	**6561**	**284**	**37581**
内蒙古大兴安岭	**116538**	**33827**	**83271**	**10457**	—	—	**33267**
阿尔山	5979	665	4701	315	—	—	1278
绰　尔	6194	2601	4864	1931	—	—	1330
绰　源	2746	—	2311	—	—	—	435
乌尔旗汉	6986	1482	6781	1482	—	—	205
库都尔	6468	167	5718	167	—	—	750
图里河	7791	829	6194	212	—	—	1597
伊图里河	3533	693	2821	248	—	—	712
克一河	7190	3645	3130	329	—	—	4060
甘　河	11196	3679	7748	1954	—	—	3448
吉　文	3170	—	2860	—	—	—	310
阿里河	8603	2768	5118	23	—	—	3485
根　河	12919	5301	7261	405	—	—	5658
金　河	6989	2546	3936	—	—	—	3053
阿龙山	9049	4837	5379	1707	—	—	3670
满　归	4107	—	4093	—	—	—	14
得耳布尔	7632	3782	4448	852	—	—	3184
莫尔道嘎	5986	832	5908	832	—	—	78
内蒙古集团营林局	**5095**	**1293**	**2665**	**44**	—	—	**2430**
大杨树	3827	1287	1695	38	—	—	2132
毕拉河	1268	6	970	6	—	—	298
内蒙古营林局	**18196**	**152**	**9751**	—	**6561**	**284**	**1884**
免渡河	2774	—	2353	—	—	—	421
乌奴尔	2834	—	1664	—	—	—	1170
巴　林	1664	—	663	—	1001	284	—
南　木	1778	—	647	—	1059	—	72
红花尔基	1189	—	968	—	—	—	221
柴　河	1554	152	783	—	771	—	—
五岔沟	4350	—	1502	—	2848	—	—
白　狼	2053	—	1171	—	882	—	—
吉林	**174218**	**27162**	**108383**	**5045**	**32816**	**14576**	**33019**
吉林集团	**71367**	**10681**	**48674**	**3818**	**10511**	**4266**	**12182**
临　江	13123	—	8714	—	1175	22	3234
三岔子	7375	1211	6114	819	879	803	382
湾　沟	5017	359	2736	130	—	—	2281
松江河	13113	4080	8147	1023	1039	411	3927

人员和劳动报酬情况(一)

单位:人

其他从业人员	在岗职工		工程实施以来累计一次性安置人数	本年一次性安置		年末参加各级养老统筹保险人数	年末离退休人员人数	离退休人员年生活费(千元)	林区总人口	林区总户数(户)
	平均人数	工资总额(千元)		安置人数	安置费(万元)					
3671	**576284**	**2914456**	**229884**	**28854**	**61952**	**998802**	**296518**	**2325860**	**3078419**	**1007280**
3600	546828	2716280	220652	23247	49539	956518	384166	2220402	2945442	967638
71	**29456**	**198176**	**9232**	**5607**	**12413**	**42284**	**12352**	**105458**	**132977**	**39642**
19	**85969**	**500105**	**27463**	**881**	**2114**	**154648**	**55749**	**378838**	**372781**	**125853**
—	73495	437092	25834	—	—	132992	50278	326567	313908	109039
—	4758	27684	1973	—	—	9186	3872	28539	26161	9360
—	2821	17110	1188	—	—	5354	1761	12406	15338	5389
—	2322	13818	797	—	—	3637	891	5696	7694	2782
—	5177	27684	1425	—	—	8558	3054	23135	26559	9000
—	5526	30920	1743	—	—	10768	4464	28979	19206	6859
—	6269	31573	1635	—	—	10053	3091	20580	19684	6274
—	2754	14876	966	—	—	5619	2779	15712	17872	4356
—	2638	16089	1382	—	—	6212	2667	18185	13197	4682
—	5746	30991	1972	—	—	11602	4085	29616	26032	9117
—	2870	16947	1082	—	—	5458	2288	14855	12815	4809
—	5060	29751	1751	—	—	9131	3296	22252	24288	7679
—	6959	43074	1817	—	—	12803	5185	38588	29273	11676
—	4048	25327	1908	—	—	8064	3621	2393	17462	6484
—	3654	21369	1719	—	—	6388	2176	14599	13358	4244
—	4090	25077	1991	—	—	6472	2365	17731	13300	5047
—	3605	24612	948	—	—	6036	2186	15476	13952	4880
—	**5198**	**40190**	**1537**	**—**	**—**	**7651**	**2497**	**17825**	**17717**	**6401**
—	2674	17188	748	—	—	5014	1212	9717	12043	3877
—	1727	11500	457	—	—	3450	910	7475	8118	2870
—	**947**	**5688**	**291**	**—**	**—**	**1564**	**302**	**2242**	**3925**	**1007**
19	9800	45825	881	881	2114	16642	4259	42554	46830	12937
—	2366	7559	—	—	—	3622	848	8944	10619	3123
—	1640	8077	—	—	—	2104	653	7090	9202	1840
10	686	2703	—	—	—	1665	619	6973	4474	1429
—	684	3033	—	—	—	2230	452	5090	4425	1420
—	968	6135	—	—	—	1381	223	2659	3150	1050
—	783	4342	—	—	—	1402	157	2016	4048	1265
—	1502	8460	—	—	—	3356	1001	6864	8117	2030
9	**1171**	**5516**	**881**	**881**	**2114**	**882**	**306**	**2918**	**2795**	**780**
—	**113187**	**670222**	**49408**	**18458**	**40357**	**218167**	**67357**	**283264**	**670679**	**216232**
—	49144	321563	22024	5685	13629	104221	32854	237725	366467	113394
—	7804	47399	4011	1596	2491	19764	6641	51042	55000	12674
—	7073	50200	5191	22	1840	13839	6464	45952	47933	17016
—	2715	18380	2576	799	1562	7674	2657	18866	130000	40238
—	7342	53708	2914	888	1974	19362	6249	38028	40571	10677

国有林区分企业的从业

<table>
<tr><th rowspan="3">企业名称</th><th colspan="8">年末全部在册职工人数</th></tr>
<tr><th rowspan="2">总计</th><th rowspan="2">其中：大集体职工人数</th><th colspan="2">1. 在岗职工人数</th><th colspan="2">2. 下岗待安置职工人数</th><th rowspan="2">3. 离开本单位仍保留劳动关系人员</th></tr>
<tr><th>合计</th><th>其中：大集体职工人数</th><th>合计</th><th>其中：领取生活费职工人数</th></tr>
<tr><td>泉　阳</td><td>7919</td><td>2017</td><td>5662</td><td>820</td><td>2245</td><td>627</td><td>12</td></tr>
<tr><td>露水河</td><td>8913</td><td>1438</td><td>6357</td><td>467</td><td>2556</td><td>2079</td><td>—</td></tr>
<tr><td>白石山</td><td>6994</td><td>1561</td><td>4306</td><td>547</td><td>1995</td><td>79</td><td>693</td></tr>
<tr><td>红　石</td><td>8913</td><td>15</td><td>6638</td><td>12</td><td>622</td><td>245</td><td>1653</td></tr>
<tr><td>延边林管局</td><td>94447</td><td>16395</td><td>52768</td><td>1141</td><td>21972</td><td>10181</td><td>19707</td></tr>
<tr><td>黄泥河</td><td>10684</td><td>1749</td><td>4622</td><td>—</td><td>2657</td><td>644</td><td>3405</td></tr>
<tr><td>敦　化</td><td>18015</td><td>2634</td><td>10829</td><td>—</td><td>6769</td><td>3498</td><td>417</td></tr>
<tr><td>大石头</td><td>11490</td><td>1043</td><td>4968</td><td>—</td><td>1911</td><td>1911</td><td>4611</td></tr>
<tr><td>八家子</td><td>8366</td><td>3595</td><td>4715</td><td>175</td><td>425</td><td>425</td><td>3226</td></tr>
<tr><td>和　龙</td><td>8508</td><td>3947</td><td>4499</td><td>144</td><td>2619</td><td>—</td><td>1390</td></tr>
<tr><td>汪　清</td><td>11521</td><td>2601</td><td>6389</td><td>780</td><td>3742</td><td>183</td><td>1390</td></tr>
<tr><td>大兴沟</td><td>3985</td><td>497</td><td>2018</td><td>42</td><td>—</td><td>—</td><td>1967</td></tr>
<tr><td>天桥岭</td><td>6293</td><td>—</td><td>4634</td><td>—</td><td>—</td><td>—</td><td>1659</td></tr>
<tr><td>白　河</td><td>11754</td><td>329</td><td>7052</td><td>—</td><td>3604</td><td>3275</td><td>1098</td></tr>
<tr><td>珲　春</td><td>3831</td><td>—</td><td>3042</td><td>—</td><td>245</td><td>245</td><td>544</td></tr>
<tr><td>吉林省营林局</td><td>8404</td><td>86</td><td>6941</td><td>86</td><td>333</td><td>129</td><td>1130</td></tr>
<tr><td>上　营</td><td>3430</td><td>—</td><td>2632</td><td>—</td><td>80</td><td>80</td><td>718</td></tr>
<tr><td>辉　南</td><td>1376</td><td>86</td><td>1123</td><td>86</td><td>253</td><td>49</td><td>—</td></tr>
<tr><td>长　白</td><td>1160</td><td>—</td><td>952</td><td>—</td><td>—</td><td>—</td><td>208</td></tr>
<tr><td>安　图</td><td>2438</td><td>—</td><td>2234</td><td>—</td><td>—</td><td>—</td><td>204</td></tr>
<tr><td>长白山</td><td>—</td><td>—</td><td>—</td><td>—</td><td>—</td><td>—</td><td>—</td></tr>
<tr><td>龙江集团</td><td>489693</td><td>155207</td><td>294073</td><td>47144</td><td>34544</td><td>6460</td><td>161076</td></tr>
<tr><td>牡丹江林管局</td><td>111246</td><td>26695</td><td>66494</td><td>5017</td><td>25974</td><td>5512</td><td>18778</td></tr>
<tr><td>大海林</td><td>16392</td><td>6631</td><td>8194</td><td>—</td><td>980</td><td>980</td><td>7218</td></tr>
<tr><td>柴　河</td><td>14389</td><td>3513</td><td>8234</td><td>957</td><td>6023</td><td>1044</td><td>132</td></tr>
<tr><td>东京城</td><td>15964</td><td>4680</td><td>11300</td><td>1782</td><td>2898</td><td>857</td><td>1766</td></tr>
<tr><td>穆　棱</td><td>11853</td><td>2366</td><td>6610</td><td>167</td><td>4862</td><td>510</td><td>381</td></tr>
<tr><td>绥　阳</td><td>9411</td><td>1612</td><td>4395</td><td>—</td><td>1214</td><td>—</td><td>3802</td></tr>
<tr><td>海　林</td><td>7046</td><td>1207</td><td>4467</td><td>285</td><td>992</td><td>790</td><td>1587</td></tr>
<tr><td>林　口</td><td>7552</td><td>750</td><td>5548</td><td>750</td><td>210</td><td>210</td><td>1794</td></tr>
<tr><td>八面通</td><td>5277</td><td>1014</td><td>4279</td><td>386</td><td>233</td><td>233</td><td>765</td></tr>
<tr><td>东方红</td><td>18510</td><td>4826</td><td>9232</td><td>690</td><td>8562</td><td>888</td><td>716</td></tr>
<tr><td>迎　春</td><td>4852</td><td>96</td><td>4235</td><td>—</td><td>—</td><td>—</td><td>617</td></tr>
<tr><td>合江林管局</td><td>27426</td><td>5280</td><td>18007</td><td>172</td><td>1858</td><td>948</td><td>7561</td></tr>
<tr><td>桦　南</td><td>8687</td><td>1900</td><td>4380</td><td>129</td><td>401</td><td>395</td><td>3906</td></tr>
<tr><td>双鸭山</td><td>7248</td><td>2967</td><td>3671</td><td>14</td><td>561</td><td>153</td><td>3016</td></tr>
<tr><td>鹤　立</td><td>3792</td><td>283</td><td>3408</td><td>29</td><td>—</td><td>—</td><td>384</td></tr>
<tr><td>鹤　北</td><td>7699</td><td>130</td><td>6548</td><td>—</td><td>896</td><td>400</td><td>255</td></tr>
<tr><td>伊春林管局</td><td>238622</td><td>93067</td><td>133610</td><td>31422</td><td>—</td><td>—</td><td>105012</td></tr>
<tr><td>乌伊岭</td><td>7142</td><td>470</td><td>4532</td><td>—</td><td>—</td><td>—</td><td>2610</td></tr>
</table>

人员和劳动报酬情况(二)

单位:人

其他从业人员	在岗职工		工程实施以来累计一次性安置人数	本年一次性安置		年末参加各级养老统筹保险人数	年末离退休人员人数	离退休人员年生活费(千元)	林区总人口	林区总户数(户)
	平均人数	工资总额(千元)		安置人数	安置费(万元)					
—	5659	31716	2554	780	1794	11394	3475	25775	31317	8900
—	6357	36572	1853	288	1610	12224	3311	26581	23400	8886
—	4641	23752	2238	1032	1748	9473	2479	17781	20246	7703
—	7553	59836	687	280	610	10491	1578	13700	18000	7300
—	**55718**	**307624**	**22789**	**8178**	**16711**	**104835**	**31561**	**28994**	**266384**	**91117**
—	4732	22088	2934	1059	1955	14297	3613	679	27951	11270
—	11111	69579	2690	1065	2300	16325	5793	1123	60516	19276
—	5089	25845	3262	791	1840	15025	4578	948	38856	11705
—	4790	23263	2006	668	1380	9814	2889	1085	29998	9096
—	4668	27671	1920	917	1840	8508	2954	2100	19543	7331
—	6248	34274	2660	822	1840	10824	4280	2856	25756	9344
—	2107	11489	1344	249	506	5559	1574	1145	10898	4341
—	5061	23729	2347	992	1840	6293	2975	17690	19747	7754
—	8979	51263	2575	1233	2530	14151	2397	168	25701	8978
—	2933	18423	1051	382	680	4039	508	1200	7418	2022
—	**8325**	**41035**	**4595**	**4595**	**10017**	**9111**	**2942**	**16545**	**37828**	**11721**
—	2821	11090	330	330	824	4448	1018	6245	10769	2991
—	1954	8172	1684	1684	3671	2046	670	4424	4529	1435
—	1750	8497	1636	1636	3157	952	489	4494	9629	2990
—	1800	13276	945	945	2365	1665	765	1382	12901	4305
—	—	—	—	—	—	—	—	—	—	—
2897	**268308**	**973839**	**107662**	**2934**	**4905**	**429721**	**163673**	**1005265**	**1474283**	**498552**
—	**58644**	**229319**	**22659**	**415**	**693**	**114759**	**43935**	**288781**	**326666**	**115888**
—	7077	27640	5540	200	339	8359	5614	38364	43746	15585
—	8193	35501	2754	—	—	16909	6033	40310	56147	20852
—	8224	34215	3360	—	—	20054	6415	41540	42707	15144
—	6841	22578	1501	73	124	14212	5045	31828	32308	9794
—	4060	23825	1949	30	48	10675	4120	25778	29058	10626
—	4626	17045	1717	—	—	8781	3736	25961	24781	8372
—	5619	13444	1061	—	—	8128	2370	15331	16444	7858
—	4127	11969	1239	112	182	6809	2547	15094	20275	7215
—	6063	27536	2447	—	—	14711	5947	39507	45220	15374
—	3814	15566	1091	—	—	6121	2108	15068	15980	5068
152	**17342**	**61177**	**23753**	**175**	**293**	**29653**	**10113**	**61452**	**88440**	**28898**
—	3684	17575	2093	100	169	8115	3463	20100	30900	10032
134	3571	11026	1730	—	—	6362	2552	15394	22318	7116
—	3425	9512	17575	28	46	5007	1498	9774	14878	4806
18	6662	23064	2355	47	78	10169	2600	16184	20344	6944
3	**120470**	**407041**	**33018**	**1108**	**1855**	**171758**	**66077**	**397541**	**677431**	**220424**
—	4324	15886	843	—	—	5390	2350	17039	22984	6970

国有林区分企业的从业

企业名称	年末全部在册职工人数						
	总计	其中:大集体职工人数	1.在岗职工人数		2.下岗待安置职工人数		3.离开本单位仍保留劳动关系人员
			合计	其中:大集体职工人数	合计	其中:领取生活费职工人数	
新　青	9078	616	6839	579	—	—	2239
红　星	14524	7029	8461	2464	—	—	6063
上甘岭	12490	5510	5758	1200	—	—	6732
友　好	24394	8442	21580	8442	—	—	2814
翠　峦	11089	1827	6607	838	—	—	4482
乌马河	10130	2261	7706	2000	—	—	2424
美　溪	17750	8715	10696	4850	—	—	7054
金山屯	14457	5540	8458	2228	—	—	5999
南　岔	17707	6725	14268	5328	—	—	3439
朗　乡	15382	4021	10187	—	—	—	5195
桃　山	24418	14864	5413	1429	—	—	19005
铁　力	23081	14998	5055	—	—	—	18026
双　丰	9025	2400	5661	1500	—	—	3364
汤旺河	15740	6124	6809	364	—	—	8931
五　营	12215	3525	5580	200	—	—	6635
松花江林管局	**99315**	**22535**	**70062**	**9615**	—	—	**29253**
山河屯	14561	3941	10430	1782	—	—	4131
苇　河	13630	3323	7905	442	—	—	5725
亚布力	9839	1964	5592	129	—	—	4247
方　正	11025	2750	8369	1256	—	—	2656
兴　隆	13629	3894	9882	1793	—	—	3747
清　河	5942	1082	5171	643	—	—	771
绥　棱	13337	3319	12038	3300	—	—	1299
通　北	8191	1958	3235	—	—	—	4956
沾　河	9161	304	7440	270	—	—	1721
省直属企业	**13084**	**7630**	**5900**	**918**	**6712**	—	**472**
带岭实验局	13084	7630	5900	918	6712	—	472
大兴安岭	**104093**	**1549**	**70167**	**1549**	**4501**	**369**	**29425**
大兴安岭林业集团公司	**96564**	**1549**	**68142**	**1549**	**4501**	**369**	**23921**
松　岭	7710	22	7146	22	—	—	564
新　林	15989	1512	12692	1512	231	231	3066
塔　河	21166	—	8238	—	2854	—	10074
呼　中	13435	15	8421	15	—	—	5014
阿木尔	7093	—	5005	—	138	138	1950
图　强	8534	—	7374	—	—	—	1160
西林吉	6853	—	6582	—	—	—	271
十八站	10242	—	7858	—	1278	—	1106
韩家园	5542	—	4826	—	—	—	716
大兴安岭营林局	**7529**	—	**2025**	—	—	—	**5504**
加格达奇	7529	—	2025	—	—	—	5504

人员和劳动报酬情况(三)

单位:人

其他从业人员	在岗职工		工程实施以来累计一次性安置人数	本年一次性安置		年末参加各级养老统筹保险人数	年末离退休人员人数	离退休人员年生活费(千元)	林区总人口	林区总户数(户)
	平均人数	工资总额(千元)		安置人数	安置费(万元)					
—	7037	26274	3836	—	—	11379	5119	27012	50578	18397
—	8442	26644	1006	—	—	10258	2758	17144	27821	9289
—	4711	13991	1268	254	430	7844	2492	15003	34577	12499
—	14842	49434	1762	204	346	20912	5142	31680	60805	19280
—	7425	25707	1521	—	—	11971	6202	37091	49707	14395
—	7757	27030	1117	200	336	8100	3075	22466	36858	13048
—	6122	27568	1487	50	85	8985	3089	21148	32188	8792
—	8160	28052	1179	50	84	11079	3807	20338	44249	14784
—	13181	29176	1268	50	85	7844	5559	29466	46410	13375
—	10175	26002	6153	—	—	15589	6857	42550	46204	17524
3	6227	23795	1560	200	339	9118	3610	20787	49085	16361
—	4278	20598	6153	—	—	15589	5385	28020	74441	20769
—	5408	20103	1242	—	—	10458	3663	23987	30526	8721
—	6771	33025	1355	100	150	9398	3511	22856	36421	13721
—	5610	13756	1268	—	—	7844	3458	20954	34577	12499
2742	**66386**	**257772**	**25770**	**1136**	**1894**	**104929**	**40380**	**239831**	**344248**	**120423**
2159	8263	31841	3890	200	311	15346	5137	29331	39894	15787
110	8085	34089	4765	231	391	17910	4099	25752	42052	14838
—	5728	27672	2000	150	254	12838	4657	27779	36632	12592
—	8162	37278	2386	—	—	11210	4828	29351	40044	13495
—	10222	34018	2103	—	—	10305	5259	33646	48710	16726
439	4036	21400	1808	—	—	5553	2862	14312	24367	9086
—	11353	34061	3192	55	91	12823	6134	36250	47659	17216
—	3248	12080	2590	500	847	10025	3792	23391	32020	9823
34	7289	25333	3036	—	—	8919	3612	20019	32870	10860
—	**5466**	**18530**	**2462**	**100**	**170**	**8622**	**3168**	**17660**	**37498**	**12919**
—	5466	18530	2462	100	170	8622	3168	17660	37498	12919
—	**67469**	**410068**	**21649**	**5579**	**12622**	**84262**	**32339**	**271153**	**304621**	**101355**
—	**65389**	**395888**	**19452**	**5448**	**12340**	**80586**	**31178**	**230337**	**300371**	**99345**
—	6411	39018	—	—	—	—	3551	29642	35720	12094
—	12799	52900	3564	1100	2882	22427	6095	50506	47733	16718
—	7715	54935	3673	1656	3604	22250	6367	55479	61829	19000
—	8060	65677	3458	1013	2201	—	6214	49302	49889	16525
—	5283	33000	2201	357	733	7811	2465	21170	19611	6568
—	8069	36223	2061	672	1518	8026	1973	17320	17131	5188
—	6480	47860	1661	400	835	8818	2584	22300	35209	10059
—	5418	41545	1978	50	113	6156	1657	14150	22929	8693
—	5154	24730	856	200	414	5098	272	1938	10320	4500
—	**2080**	**14180**	**2197**	**131**	**282**	**3672**	**1161**	**9346**	**4250**	**2010**
—	2080	14180	2197	131	282	3672	1161	9346	4250	2010

国有林区分企业的从业

企业名称	年末全部在册职工人数						
	总计	其中：大集体职工人数	1. 在岗职工人数		2. 下岗待安置职工人数		3. 离开本单位仍保留劳动关系人员
			合计	其中:大集体职工人数	合计	其中:领取生活费职工人数	
湖北	**1219**	**—**	**779**	**—**	**—**	**—**	**440**
湖北省重点林业企业	**1219**	**—**	**779**	**—**	**—**	**—**	**440**
神农架	1219	—	779	—	—	—	440
海南	**3842**	**462**	**1861**	**370**	**1189**	**—**	**792**
海南省重点林业企业	**3842**	**462**	**1861**	**370**	**1189**	**—**	**792**
尖峰岭	2397	—	786	—	1076	—	535
霸王岭	730	—	535	—	—	—	195
吊罗山	462	462	370	370	92	—	—
黎母山	253	—	170	—	21	—	62
四川	**17995**	**495**	**15706**	**439**	**217**	**45**	**2072**
阿坝州林管局	**5158**	**495**	**4639**	**439**	**—**	**—**	**519**
川　西	371	—	371	—	—	—	—
黑　水	887	137	589	81	—	—	298
马尔康	724	—	503	—	—	—	221
小　金	484	—	484	—	—	—	—
观音桥	920	128	920	128	—	—	—
松　潘	483	—	483	—	—	—	—
南　坪	769	—	769	—	—	—	—
壤　塘	520	230	520	230	—	—	—
甘孜州林管局	**5266**	**—**	**4783**	**—**	**45**	**45**	**438**
道　孚	1081	—	951	—	—	—	130
新　龙	1316	—	1240	—	—	—	76
丹　巴	1055	—	1055	—	—	—	—
炉　霍	656	—	453	—	45	45	158
白　玉	579	—	579	—	—	—	—
力邱河	396	—	322	—	—	—	74
翁　达	183	—	183	—	—	—	—
其他地、州	**7571**	**—**	**6284**	**—**	**172**	**—**	**1115**
川　南	3437	—	2322	—	—	—	1115
雷　波	627	—	455	—	172	—	—
凉　北	586	—	586	—	—	—	—
夹金山	700	—	700	—	—	—	—
木　里	1425	—	1425	—	—	—	—
普　威	541	—	541	—	—	—	—
盐　边	255	—	255	—	—	—	—
云南	**4905**	**67**	**4673**	**67**	**—**	**—**	**232**
华　坪	370	—	366	—	—	—	4
碧　泉	282	—	271	—	—	—	11
黑白水	281	—	274	—	—	—	7

人员和劳动报酬情况(四)

单位:人

其他从业人员	在岗职工		工程实施以来累计一次性安置人数	本年一次性安置		年末参加各级养老统筹保险人数	年末离退休人员人数	离退休人员年生活费(千元)	林区总人口	林区总户数(户)
	平均人数	工资总额(千元)		安置人数	安置费(万元)					
—	**782**	**7001**	**2567**	**48**	**102**	**3077**	**2298**	**15260**	**6415**	**3200**
—	**782**	**7001**	**2567**	**48**	**102**	**3077**	**2298**	**15260**	**6415**	**3200**
—	782	7001	2567	48	102	3077	2298	15260	6415	3200
57	**1953**	**14762**	**680**	**680**	**1502**	**6004**	**3985**	**16543**	**14714**	**3187**
57	**1953**	**14762**	**680**	**680**	**1502**	**6004**	**3985**	**16543**	**14714**	**3187**
—	786	5420	—	—	—	4113	2511	10780	8182	2228
—	535	4032	235	235	587	730	586	3200	2752	—
—	462	3760	216	216	454	925	489	2410	2520	644
57	170	1550	229	229	461	236	399	153	1260	315
156	**15911**	**118037**	**1973**	**66**	**125**	**64483**	**51642**	**204197**	**129772**	**32673**
151	**4674**	**45123**	**219**	**—**	**—**	**31040**	**27566**	**92153**	**10490**	**3953**
38	385	4238	34	—	—	2461	2090	3171	1000	301
—	613	5599	38	—	—	6725	5834	6431	2191	1105
1	504	5969	—	—	—	6724	5998	43973	968	572
112	484	5291	37	—	—	2877	2366	13770	876	456
—	797	6518	38	—	—	6067	5169	6410	1562	426
—	579	5091	36	—	—	483	1695	185	1053	375
—	782	8517	36	—	—	3443	2674	3103	1619	433
—	530	3900	—	—	—	2260	1740	15110	1221	285
5	**4744**	**30042**	**681**	**—**	**—**	**12659**	**9312**	**58186**	**52398**	**10636**
—	886	5610	325	—	—	2947	1866	10390	3015	487
5	1245	6010	110	—	—	3542	2297	16850	3440	874
—	1055	4970	67	—	—	2840	1785	11480	979	683
—	453	5400	111	—	—	2223	1567	10238	801	168
—	579	3824	30	—	—	579	896	6330	43000	8000
—	343	2260	28	—	—	322	556	330	952	300
—	183	1968	10	—	—	206	345	2568	211	124
—	**6493**	**42872**	**1073**	**66**	**125**	**20784**	**14764**	**53858**	**66884**	**18084**
—	2144	11937	422	—	—	7624	4187	1661	7023	2158
—	448	368	100	—	—	2694	2067	12900	2694	674
—	589	5707	114	—	—	2046	1460	9303	3575	650
—	931	6821	95	21	43	700	568	3322	1500	400
—	1539	11225	152	—	—	5570	4145	23298	2964	1806
—	541	4574	151	8	23	1895	1354	1369	47872	12082
—	301	2240	39	37	59	255	983	2005	1256	314
387	**4888**	**44888**	**3023**	**8**	**21**	**8194**	**5280**	**36495**	**17432**	**5119**
387	4888	44888	3023	8	21	8194	5280	36495	17432	5119
—	469	3717	277	3	4	929	563	4690	1994	372
—	271	3041	369	—	—	1098	816	5290	2450	578
—	282	3016	644	—	—	281	425	3870	1160	378

国有林区分企业的从业

企业名称	年末全部在册职工人数						
	总计	其中：大集体职工人数	1. 在岗职工人数		2. 下岗待安置职工人数		3. 离开本单位仍保留劳动关系人员
			合计	其中:大集体职工人数	合计	其中:领取生活费职工人数	
中　甸	—	—	—	—	—	—	—
巨　甸	183	—	183	—	—	—	—
红　旗	254	—	254	—	—	—	—
云台山	—	—	—	—	—	—	—
漾　江	389	—	389	—	—	—	—
景　东	516	—	421	—	—	—	95
墨　江	440	—	364	—	—	—	76
卫　国	1197	67	1162	67	—	—	35
江　边	—	—	—	—	—	—	—
清水江	—	—	—	—	—	—	—
南盘江	—	—	—	—	—	—	—
新　平	169	—	165	—	—	—	4
宁　蒗	824	—	824	—	—	—	—
陕西	**3858**	**181**	**3038**	**311**	**510**	**225**	**310**
陕西省林管局	**3493**	—	**2710**	**130**	**505**	**220**	**278**
宁　西	808	—	675	—	100	100	33
太　白	1095	—	996	—	—	—	99
长　青	336	—	131	—	200	—	5
宁　东	689	—	514	—	120	120	55
汉　西	256	—	204	—	—	—	52
龙草坪	309	—	190	130	85	—	34
陕西省营林局	**365**	**181**	**328**	**181**	**5**	**5**	**32**
马头滩	184	—	147	—	5	5	32
辛家山	181	181	181	181	—	—	—
甘肃	**14551**	**—**	**11292**	**—**	**1496**	**1496**	**1763**
甘肃省林管局	**8670**	—	**6643**	—	**1212**	**1212**	**815**
舟　曲	1902	—	1655	—	85	85	162
迭　部	3204	—	2350	—	514	514	340
洮　河	2379	—	2088	—	151	151	140
白水江	1185	—	550	—	462	462	173
甘肃省营林局	**5881**	—	**4649**	—	**284**	**284**	**948**
小陇山	5881	—	4649	—	284	284	948
青海	**206**		**—**	**206**	**—**	**—**	**—**
青海省林管局	**206**		—	**206**	—	—	—
玛可河	206		—	206	—	—	—
新疆	**3920**	**1**	**3718**	**1**	**54**	**9**	**148**
新疆国有森工局	**2344**	—	**2231**	—	**18**	—	**95**
天山西部	1420	—	1342	—	—	—	78
阿尔泰山	924	—	889	—	18	—	17
新疆营林局	**1576**	**1**	**1487**	**1**	**36**	**9**	**53**
天山中东部	1576	1	1487	1	36	9	53

人员和劳动报酬情况(五)

单位:人

其他从业人员	在岗职工		工程实施以来累计一次性安置人数	本年一次性安置		年末参加各级养老统筹保险人数	年末离退休人员人数	离退休人员年生活费(千元)	林区总人口	林区总户数(户)
	平均人数	工资总额(千元)		安置人数	安置费(万元)					
—	—	—	—	—	—	—	—	—	—	—
—	183	1691	165	—	—	183	201	1637	437	84
—	254	1438	492	1	1	589	335	1853	2142	634
—	—	—	—	—	—	—	—	—	—	—
151	391	3334	—	—	—	805	416	1279	1176	423
3	458	4990	124	3	11	516	732	4392	1515	472
232	384	3305	130	1	5	440	466	3006	1743	622
1	1207	11840	424	—	—	1755	593	4168	2890	980
—	—	—	—	—	—	—	—	—	—	—
—	—	—	—	—	—	—	—	—	—	—
—	—	—	—	—	—	—	—	—	—	—
—	165	1372	112	—	—	393	259	2020	551	139
—	824	7144	286	—	—	1205	474	4290	1374	437
6	**3061**	**22976**	**4846**	**146**	**31**	**6247**	**3674**	**27483**	**7687**	**1979**
6	**2733**	**20656**	**4846**	**146**	**31**	**5882**	**3533**	**27396**	**7687**	**1979**
—	675	5292	1670	146	31	1190	415	9890	—	—
—	997	6258	1142	—	—	2473	1378	8380	2634	832
—	144	1281	193	—	—	336	611	3813	1221	—
—	523	4249	564	—	—	1084	450	3803	3417	1012
6	204	1970	532	—	—	490	286	1510	—	—
—	190	1606	745	—	—	309	393	—	415	135
—	**328**	**2320**	—	—	—	**365**	**141**	**87**	—	—
—	147	1120	—	—	—	184	77	49	—	—
—	181	1200	—	—	—	181	64	38	—	—
6	**10684**	**105469**	**5991**	**54**	**173**	**18515**	**7350**	**60110**	**58452**	**14051**
6	**6030**	**45177**	**5961**	**54**	**173**	**12634**	**6204**	**45121**	**33857**	**7024**
—	1304	7836	1580	—	—	3103	1485	9523	8841	2120
6	2047	17507	1695	54	142	4870	2666	20119	14121	1316
—	2025	14440	2063	—	31	3038	1438	11445	8266	2752
—	654	5394	623	—	—	1623	615	4034	2629	836
—	**4654**	**60292**	**30**	—	—	**5881**	**1146**	**14989**	**24595**	**7027**
—	4654	60292	30	—	—	5881	1146	14989	24595	7027
—	208	4235	45	—	—	336	130	2518	475	125
—	208	4235	45	—	—	336	130	2518	475	125
—	208	4235	45	—	—	336	130	2518	475	125
143	**3864**	**42854**	**4577**	—	—	**5148**	**3041**	**24734**	**21108**	**4954**
91	**2269**	**25518**	**3796**	—	—	**3549**	**1550**	**12514**	**13677**	**2884**
2	1376	14642	2924	—	—	2246	994	8080	9131	2884
89	893	10876	872	—	—	1303	556	4434	4546	—
52	**1595**	**17336**	**781**	—	—	**1599**	**1491**	**12220**	**7431**	**2070**
52	1595	17336	781	—	—	1599	1491	12220	7431	2070

国有林区分企业的固定资

企业名称	固定资产投资		营林固定资产投资		森工固定资产投资	本年新增固定资产	本年资金来源	
	总计	其中：国家投资	合计	其中：公益林建设			总计	其中：地方配套资金
全国合计	**522983**	**415836**	**439779**	**35507**	**83204**	**100575**	**515472**	**1532**
135 个木材采运企业小计	494730	392502	412246	32484	82484	96217	487790	11761
20 个重点营林局小计	28253	23334	27533	3023	720	4358	27682	3271
内蒙古	**73641**	**57944**	**59765**	**8**	**13876**	**14191**	**72813**	**1765**
内蒙古大兴安岭	**59188**	**47380**	**46032**	—	**13156**	**11679**	**58301**	—
阿尔山	3150	1934	1785	—	1365	1534	2451	—
绰　尔	3294	2546	2406	—	888	1304	3501	—
绰　源	2450	2284	2242	—	208	739	2514	—
乌尔旗汉	3219	2920	2764	—	455	629	3394	—
库都尔	3300	2591	2451	—	849	509	3100	—
图里河	3417	2401	2301	—	1116	676	3367	—
伊图里河	2032	1692	1692	—	340	596	2032	—
克一河	2383	2054	2054	—	329	325	2383	—
甘　河	5599	3632	3512	—	2087	679	5597	—
吉　文	2556	2206	2084	—	472	580	2356	—
阿里河	4961	3557	3557	—	1404	188	4961	—
根　河	5161	4627	4442	—	719	858	5161	—
金　河	3666	3231	3185	—	481	344	3617	—
阿龙山	3302	3080	3080	—	222	504	3317	—
满　归	3323	2745	2597	—	726	726	3175	—
得耳布尔	2606	2150	2150	—	456	449	2606	—
莫尔道嘎	4769	3730	3730	—	1039	1039	4769	—
内蒙古集团营林局	**2870**	**2422**	**2150**	—	**720**	**259**	**2959**	—
大杨树	2082	1634	1504	—	578	208	2055	—
毕拉河	788	788	646	—	142	51	904	—
内蒙古营林局	**11583**	**8142**	**11583**	**8**	—	**2253**	**11553**	**1765**
免渡河	1000	865	1000	—	—	—	1000	—
乌奴尔	834	776	834	—	—	—	834	15
巴　林	1005	836	1005	—	—	62	1005	—
南　木	775	775	775	—	—	—	775	—
红花尔基	885	75	885	—	—	29	855	—
柴　河	1005	836	1005	—	—	62	1005	—
五岔沟	5181	3081	5181	—	—	2100	5181	1348
白　狼	898	898	898	8	—	—	898	402
吉林	**139792**	**88022**	**100544**	**2197**	**39248**	**47101**	**138082**	**1500**
吉林集团	**63386**	**31080**	**43094**	**2197**	**20292**	**14772**	**63245**	**1000**
临　江	8969	5802	7186	—	1783	754	8758	160
三岔子	7894	4601	6000	—	1894	920	8134	—
湾　沟	7293	2975	3697	—	3596	3294	7293	270
松江河	9220	4570	6017	—	3203	3203	9520	—

产投资和资金来源情况(一)

单位:千元

本年资金来源							本年房屋竣工		本年新增公路里程（公里）
1. 国家预算内资金			2. 国内贷款	3. 利用外资	4. 自筹资金	5. 其他资金	面积（平方米）	价值（万元）	
合计	其中 国债资金	其中 中央财政专项资金							
418269	**40488**	**363681**	**6187**	**195**	**55637**	**35184**	**290162**	**24439**	**539**
395143	37073	346645	6187	195	52009	34256	276748	23558	529
23126	3415	17036	—	—	3628	928	13414	881	10
58360	**3896**	**50629**	—	—	**13625**	**828**	**36974**	**1913**	**153**
47523	**3450**	**42795**	—	—	**10778**	—	**31108**	**1501**	**153**
2145	248	1722	—	—	306	—	100	8	99
2546	240	2166	—	—	955	—	—	—	—
2284	516	1654	—	—	230	—	45	2	—
3114	194	2764	—	—	280	—	10675	569	—
2591	39	2412	—	—	509	—	—	—	—
2401	55	2246	—	—	966	—	4363	301	—
1692	436	1236	—	—	340	—	—	—	—
2054	—	2054	—	—	329	—	379	24	—
3632	—	3512	—	—	1965	—	2751	163	27
2138	240	1844	—	—	218	—	4200	152	—
3557	320	3186	—	—	1404	—	5335	219	27
4627	266	4176	—	—	534	—	3054	48	—
3185	—	3162	—	—	432	—	—	—	—
3080	516	2564	—	—	237	—	—	—	—
2597	190	2407	—	—	578	—	—	—	—
2150	—	2150	—	—	456	—	19	2	—
3730	190	3540	—	—	1039	—	187	13	—
2645	**298**	**2065**	—	—	**314**	—	**4168**	**359**	—
1857	259	1458	—	—	198	—	4168	359	—
788	39	607	—	—	116	—	—	—	—
—	**8192**	**148**	**5769**	—	—	**2533**	**828**	**1698**	**53**
865	—	814	—	—	85	50	—	—	—
776	—	745	—	—	—	58	—	—	—
836	—	750	—	—	124	45	809	24	—
775	—	775	—	—	—	—	—	—	—
755	40	569	—	—	100	—	80	5	—
836	—	776	—	—	124	45	809	24	—
2451	50	1053	—	—	2100	630	—	—	—
898	58	287	—	—	—	—	—	—	—
91950	**4163**	**86244**	**2000**	—	**19302**	**24830**	**142588**	**12208**	**205**
34049	**1235**	**32194**	—	—	**9138**	**20058**	**79072**	**6632**	**22**
5591	—	5591	—	—	559	2608	12000	1091	5
4841	240	4601	—	—	690	2603	11278	985	8
3215	240	2945	—	—	3526	552	6000	447	—
4818	240	4397	—	—	351	4351	28883	2420	—

国有林区分企业的固定资

企业名称	固定资产投资		营林固定资产投资		森工固定资产投资	本年新增固定资产	本年资金来源	
	总计	其中：国家投资	合计	其中：公益林建设			总计	其中：地方配套资金
泉　阳	6984	4749	4890	374	2094	2094	6514	240
露水河	9364	4461	5672	—	3692	1626	9364	60
白石山	7332	3922	5268	—	2064	1352	7332	270
红　石	6330	—	4364	1823	1966	1529	6330	—
延边林管局	**59130**	**44507**	**40174**	—	**18956**	**19093**	**57288**	**500**
黄泥河	5951	4908	4808	—	1143	1143	6116	140
敦　化	8675	5947	5280	—	3395	3395	7581	—
大石头	5252	4736	4736	—	516	516	5492	140
八家子	4231	3568	3415	—	816	843	4070	—
和　龙	5345	4648	4012	—	1333	1378	4928	55
汪　清	6028	5132	4901	—	1127	1017	6234	55
大兴沟	2518	1740	1640	—	878	946	2518	55
天桥岭	4926	4053	3861	—	1065	1065	4814	55
白　河	11521	6823	5102	—	6419	6419	11435	—
珲　春	4683	2952	2419	—	2264	2371	4100	—
吉林省营林局	**17276**	**12435**	**17276**	—	—	**13236**	**17549**	—
上　营	2069	—	2069	—	—	2069	2282	—
辉　南	5017	4777	5017	—	—	5017	5077	—
长　白	5906	3906	5906	—	—	5906	5906	—
安　图	4284	3752	4284	—	—	244	4284	—
长白山	—	—	—	—	—	—	—	—
龙江集团	**133307**	**118930**	**121968**	—	**11339**	**18472**	**133307**	**2364**
牡丹江林管局	**29036**	**26129**	**27031**	—	**2005**	**2771**	**29036**	**450**
大海林	3359	3169	3169	—	190	100	3359	—
柴　河	3885	3444	3599	—	286	286	3885	150
东京城	3419	3156	3342	—	77	557	3419	—
穆　棱	2546	2433	2506	—	40	40	2546	—
绥　阳	3706	3112	3102	—	604	604	3706	100
海　林	2367	2020	2231	—	136	359	2367	200
林　口	2487	2318	2322	—	165	365	2487	—
八面通	2196	1953	2036	—	160	130	2196	—
东方红	3289	2947	3086	—	203	203	3289	—
迎　春	1782	1577	1638	—	144	127	1782	—
合江林管局	**13122**	**9915**	**10747**	—	**2375**	**4997**	**13122**	—
桦　南	3152	2696	3119	—	33	848	3152	—
双鸭山	2777	2179	2321	—	456	1249	2777	—
鹤　立	2241	1987	1988	—	253	533	2241	—
鹤　北	4952	3053	3319	—	1633	2367	4952	—
伊春林管局	**55928**	**52465**	**52846**	—	**3082**	**3608**	**55928**	**1000**
乌伊岭	2917	2533	2743	—	174	174	2917	200

产投资和资金来源情况(二)

单位:千元

本年资金来源							本年房屋竣工		本年新增公路里程(公里)
1. 国家预算内资金			2. 国内贷款	3. 利用外资	4. 自筹资金	5. 其他资金	面积(平方米)	价值(万元)	
合计	其中								
	国债资金	中央财政专项资金							
4225	—	3991	—	—	579	1710	7311	667	7
4461	80	4381	—	—	1108	3795	—	—	—
3922	—	3747	—	—	1009	2401	10300	712	2
2976	435	2541	—	—	1316	2038	3300	310	—
43269	**2847**	**39508**	—	—	**9498**	**4521**	**62566**	**5491**	**183**
4941	211	4729	—	—	333	842	13172	550	112
5400	36	5244	—	—	1310	871	12662	2533	15
4976	251	4725	—	—	501	15	1976	104	—
3515	27	3388	—	—	388	167	4256	322	—
4231	132	4012	—	—	361	336	6600	494	56
5338	318	4883	—	—	559	337	—	—	—
1740	7	1642	—	—	355	423	3000	280	—
3941	14	3847	—	—	332	541	11000	631	—
6818	1606	5097	—	—	3809	808	7200	465	—
2369	245	1941	—	—	1550	181	2700	112	—
14632	**81**	**14542**	**2000**	—	**666**	**251**	**950**	**85**	—
2197	—	2194	—	—	—	85	950	85	—
4777	60	4717	—	—	300	—	—	—	—
3906	—	3906	2000	—	—	—	—	—	—
3752	21	3725	—	—	366	166	—	—	—
—	—	—	—	—	—	—	—	—	—
118930	**6473**	**107643**	—	**195**	**11070**	**3112**	**61973**	**5708**	**33**
26129	**1600**	**23533**	—	—	**2457**	**450**	**12550**	**1485**	—
3169	108	3021	—	—	190	—	2200	172	—
3444	113	3181	—	—	291	150	2250	286	—
3156	139	2965	—	—	263	—	—	—	—
2433	80	2331	—	—	113	—	—	—	—
3112	301	2489	—	—	494	100	5200	604	—
2020	—	1932	—	—	147	200	2000	143	—
2318	451	1787	—	—	169	—	700	270	—
1953	207	1666	—	—	243	—	—	—	—
2947	140	2717	—	—	342	—	200	10	—
1577	61	1444	—	—	205	—	—	—	—
9915	**1324**	**8024**	—	—	**3207**	—	**4800**	**772**	**13**
2696	472	2205	—	—	456	—	—	—	—
2179	349	1587	—	—	598	—	1300	163	—
1987	5	1815	—	—	254	—	1800	293	13
3053	498	2417	—	—	1899	—	1700	316	—
52465	**1252**	**49760**	—	**195**	**1951**	**1317**	**16300**	**849**	—
2533	—	2443	—	—	105	279	—	—	—

国有林区分企业的固定资

企业名称	固定资产投资		营林固定资产投资		森工固定资产投资	本年新增固定资产	本年资金来源	
	总计	其中：国家投资	合计	其中：公益林建设			总计	其中：地方配套资金
新　青	3693	3482	3511	—	182	182	3693	120
红　星	2828	2694	2614	—	214	214	2828	—
上甘岭	3736	3478	3607	—	129	129	3736	130
友　好	4183	3887	3887	—	296	296	4183	—
翠　峦	3592	3512	3472	—	120	120	3592	—
乌马河	3297	3144	3097	—	200	200	3297	—
美　溪	3681	3383	3582	—	99	99	3681	200
金山屯	3880	3539	3790	—	90	358	3880	200
南　岔	5017	4852	4723	—	294	294	5017	—
朗　乡	3455	3345	3236	—	219	219	3455	—
桃　山	3245	3083	3081	—	164	164	3245	—
铁　力	3642	3384	3439	—	203	461	3642	—
双　丰	2125	2060	2025	—	100	100	2125	—
汤旺河	3116	2821	2721	—	395	395	3116	—
五　营	3521	3268	3318	—	203	203	3521	150
松花江林管局	**31987**	**27479**	**28398**	—	**3589**	**6218**	**31987**	**914**
山河屯	4464	3397	3995	—	469	—	4464	750
苇　河	4063	3530	2941	—	1122	1062	4063	—
亚布力	4026	3335	3331	—	695	1320	4026	38
方　正	2746	2514	2448	—	298	298	2746	—
兴　隆	5350	3900	5040	—	310	2526	5350	126
清　河	1684	1587	1490	—	194	194	1684	—
绥　棱	2710	2610	2510	—	200	200	2710	—
通　北	3230	3134	3126	—	104	146	3230	—
沾　河	3714	3472	3517	—	197	472	3714	—
省直属企业	**3234**	**2942**	**2946**	**—**	**288**	**878**	**3234**	**—**
带岭实验局	3234	2942	2946	—	288	878	3234	—
大兴安岭	**85346**	**71640**	**74361**	**6**	**10985**	**12976**	**85346**	**3620**
大兴安岭林业集团公司	**82217**	**68878**	**71232**	**6**	**10985**	**12976**	**82217**	**3620**
松　岭	10291	8826	8953	—	1338	1654	10291	—
新　林	13415	11847	12328	—	1087	483	13415	—
塔　河	13109	11445	11920	—	1189	2000	13109	—
呼　中	11862	10832	11131	—	731	1330	11862	—
阿木尔	5215	4755	5018	—	197	596	5215	—
图　强	8333	5582	5439	—	2894	716	8333	2450
西林吉	8731	7989	8125	—	606	1824	8731	—
十八站	5545	4169	4697	6	848	1801	5545	—
韩家园	5716	3433	3621	—	2095	2572	5716	1170
大兴安岭营林局	**3129**	**2762**	**3129**	—	—	—	**3129**	—
加格达奇	3129	2762	3129	—	—	—	3129	—

产投资和资金来源情况(三)

单位:千元

本年资金来源							本年房屋竣工		本年新增公路里程(公里)
1. 国家预算内资金			2. 国内贷款	3. 利用外资	4. 自筹资金	5. 其他资金	面积(平方米)	价值(万元)	
合计	其中 国债资金	其中 中央财政专项资金							
3482	5	3386	—	—	91	120	3700	182	—
2694	75	2539	—	—	80	54	—	—	—
3478	263	3150	—	—	128	130	3500	129	—
3887	15	3792	—	—	160	136	—	—	—
3512	—	3392	—	—	80	—	—	—	—
3144	210	2834	—	—	153	—	2000	180	—
3383	139	3197	—	—	86	212	—	—	—
3539	310	3171	—	—	141	200	2600	124	—
4852	—	4723	—	—	129	36	—	—	—
3345	10	3225	—	—	110	—	—	—	—
3083	10	2991	—	—	162	—	—	—	—
3384	206	3077	—	—	258	—	4100	134	—
2060	1	1959	—	—	65	—	400	100	—
2821	—	2721	—	195	100	—	—	—	—
3268	8	3160	—	—	103	150	—	—	—
27479	**1905**	**23970**	—	—	**3163**	**1345**	**25223**	**2350**	**20**
3397	261	2933	—	—	299	768	—	—	—
3530	130	2897	—	—	533	—	10000	927	—
3335	376	2758	—	—	653	38	1500	150	—
2514	7	2358	—	—	232	—	4800	298	—
3900	907	2819	—	—	1019	431	2700	299	20
1587	—	1490	—	—	97	—	3900	194	—
2610	10	2500	—	—	100	—	—	—	—
3134	3	3077	—	—	54	42	323	284	—
3472	211	3138	—	—	176	66	2000	198	—
2942	**392**	**2356**	—	—	**292**	—	**3100**	**252**	—
2942	392	2356	—	—	292	—	3100	252	—
71750	**5234**	**64628**	—	—	**8215**	**5381**	**35664**	**2449**	**146**
68978	**5100**	**61990**	—	—	**7858**	**5381**	**35664**	**2449**	**138**
8826	1190	7246	—	—	799	666	3428	441	10
11847	823	10687	—	—	588	980	7147	347	10
11445	405	10856	—	—	891	773	9860	129	—
10832	718	10114	—	—	319	711	—	—	—
4855	167	4551	—	—	—	360	960	66	—
5582	422	4809	—	—	2450	301	—	—	69
7989	999	6965	—	—	477	265	1144	117	44
4169	376	3708	—	—	708	668	6044	698	5
3433	—	3054	—	—	1626	657	7081	651	—
2772	**134**	**2638**	—	—	**357**	—	—	—	**8**
2772	134	2638	—	—	357	—	—	—	8

国有林区分企业的固定资

企业名称	固定资产投资		营林固定资产投资		森工固定资产投资	本年新增固定资产	本年资金来源	
	总计	其中：国家投资	合计	其中：公益林建设			总计	其中：地方配套资金
湖北	**3928**	**2225**	**3928**	**2957**	**—**	**2344**	**1886**	**124**
湖北省重点林业企业	**3928**	**2225**	**3928**	**2957**	—	**2344**	**1886**	**124**
神农架	3928	2225	3928	2957	—	2344	1886	124
海南	**2488**	**1176**	**435**	**28**	**2053**	**152**	**2879**	**679**
海南省重点林业企业	**2488**	**1176**	**435**	**28**	**2053**	**152**	**2879**	**679**
尖峰岭	1078	1024	—	—	1078	—	1334	302
霸王岭	152	152	—	—	152	152	152	152
吊罗山	823	—	—	—	823	—	823	63
黎母山	435	—	435	28	—	—	570	162
四川	**23539**	**22808**	**23183**	**13813**	**356**	**257**	**25626**	**141**
阿坝州林管局	**7967**	**7967**	**7861**	**6482**	**106**	**84**	**8828**	—
川　西	538	538	538	212	—	—	823	—
黑　水	720	720	720	292	—	—	1076	—
马尔康	1366	1366	1366	1366	—	—	1251	—
小　金	1009	1009	963	338	46	—	834	—
观音桥	1360	1360	1360	1360	—	24	1500	—
松　潘	1193	1193	1193	1193	—	—	951	—
南　坪	1047	1047	1047	1047	—	—	1649	—
壤　塘	734	734	674	674	60	60	744	—
甘孜州林管局	**4673**	**4294**	**4612**	**1508**	**61**	—	**4802**	—
道　孚	886	886	886	270	—	—	912	—
新　龙	940	940	880	301	60	—	965	—
丹　巴	897	897	897	235	—	—	919	—
炉　霍	619	619	619	222	—	—	640	—
白　玉	572	193	572	194	—	—	585	—
力邱河	469	469	468	168	1	—	480	—
翁　达	290	290	290	118	—	—	301	—
其他地、州	**10899**	**10547**	**10710**	**5823**	**189**	**173**	**11996**	**141**
川　南	3173	3169	3135	1625	38	69	4640	76
雷　波	1013	1013	1013	506	—	—	1047	—
凉　北	1387	1387	1387	1387	—	—	1143	—
夹金山	1108	1108	1108	554	—	—	1145	—
木　里	2537	2537	2476	953	61	—	2623	—
普　威	1083	855	993	540	90	90	903	48
盐　边	598	478	598	258	—	14	495	17
云南	**12294**	**11664**	**8014**	**4317**	**4280**	**1662**	**10639**	**465**
华　坪	1237	1237	229	229	1008	100	1237	—
碧　泉	1459	1459	609	609	850	—	1095	—
黑白水	182	182	—	—	182	182	182	—

产投资和资金来源情况(四)

单位:千元

本年资金来源							本年房屋竣工		本年新增公路里程（公里）
1. 国家预算内资金			2. 国内贷款	3. 利用外资	4. 自筹资金	5. 其他资金	面积（平方米）	价值（万元）	
合计	其中 国债资金	其中 中央财政专项资金							
672	**50**	**427**	—	—	**1065**	**149**	**2**	**1379**	—
672	**50**	**427**	—	—	**1065**	**149**	**2**	**1379**	—
672	50	427	—	—	1065	149	2	1379	—
2534	**150**	**2384**	—	—	**103**	**242**	**894**	**82**	—
2534	**150**	**2384**	—	—	**103**	**242**	**894**	**82**	—
1204	—	1204	—	—	103	27	—	—	—
—	—	—	—	—	—	152	894	82	—
760	150	610	—	—	—	63	—	—	—
570	—	570	—	—	—	—	—	—	—
25429	**10595**	**14650**	—	—	**4**	**193**	—	—	—
8828	**3421**	**5346**	—	—	—	—	—	—	—
823	272	551	—	—	—	—	—	—	—
1076	411	665	—	—	—	—	—	—	—
1251	605	645	—	—	—	—	—	—	—
834	377	457	—	—	—	—	—	—	—
1500	463	1037	—	—	—	—	—	—	—
951	389	562	—	—	—	—	—	—	—
1649	680	969	—	—	—	—	—	—	—
744	224	460	—	—	—	—	—	—	—
4801	**1635**	**3104**	—	—	—	**1**	—	—	—
912	296	616	—	—	—	—	—	—	—
965	326	578	—	—	—	—	—	—	—
919	256	662	—	—	—	—	—	—	—
640	243	397	—	—	—	—	—	—	—
585	206	379	—	—	—	—	—	—	—
479	179	300	—	—	—	1	—	—	—
301	129	172	—	—	—	—	—	—	—
11800	**5539**	**6200**	—	—	**4**	**192**	—	—	—
4564	2256	2308	—	—	4	72	—	—	—
1047	540	507	—	—	—	—	—	—	—
1143	504	639	—	—	—	—	—	—	—
1085	520	565	—	—	—	60	—	—	—
2623	1039	1523	—	—	—	—	—	—	—
843	448	395	—	—	—	60	—	—	—
495	232	263	—	—	—	—	—	—	—
10553	**2069**	**8193**	—	—	—	**86**	**2355**	**105**	—
1237	229	1008	—	—	—	—	415	16	—
1095	291	804	—	—	—	—	—	—	—
182	—	182	—	—	—	—	—	—	—

国有林区分企业的固定资

单位:千元

企业名称	固定资产投资		营林固定资产投资		森工固定资产投资	本年新增固定资产	本年资金来源	
	总计	其中:国家投资	合计	其中:公益林建设			总计	其中:地方配套资金
中　甸	—	—	—	—	—	—	—	—
巨　甸	848	848	117	117	731	152	848	13
红　旗	391	391	391	49	—	391	399	—
云台山	—	—	—	—	—	—	—	—
漾　江	816	254	816	254	—	816	752	—
景　东	1607	1607	1607	1607	—	—	1212	—
墨　江	1122	1122	1122	396	—	—	1051	161
卫　国	2659	2591	2659	592	—	—	1890	291
江　边	—	—	—	—	—	—	—	—
清水江	—	—	—	—	—	—	—	—
南盘江	—	—	—	—	—	—	—	—
新　平	601	601	253	253	348	21	601	—
宁　蒗	1372	1372	211	211	1161	—	1372	—
陕西	**12168**	**12168**	**11880**	**5461**	**288**	**288**	**8353**	**784**
陕西省林管局	**11880**	**11880**	**11880**	**5461**	—	—	**8065**	**784**
宁　西	2162	2162	2162	1400	—	—	1127	202
太　白	4271	4271	4271	2192	—	—	3125	—
长　青	468	468	468	—	—	—	468	100
宁　东	2665	2665	2665	1278	—	—	1532	313
汉　西	1034	1034	1034	256	—	—	824	169
龙草坪	1280	1280	1280	335	—	—	989	—
陕西省营林局	**288**	**288**	—	—	**288**	**288**	**288**	—
马头滩	112	112	—	—	112	112	112	—
辛家山	176	176	—	—	176	176	176	—
甘肃	**25846**	**21659**	**25846**	**6596**	—	**514**	**25288**	**2820**
甘肃省林管局	**17837**	**13650**	**17837**	**3631**	—	**168**	**17837**	**1632**
舟　曲	2344	2344	2344	485	—	45	2344	558
迭　部	9107	4920	9107	1315	—	—	9107	328
洮　河	5126	5126	5126	1475	—	90	5126	570
白水江	1260	1260	1260	356	—	33	1260	176
甘肃省营林局	**8009**	**8009**	**8009**	**2965**	—	**346**	**7451**	**1188**
小陇山	8009	8009	8009	2965	—	346	7451	1188
青海	**1122**	**1122**	**1122**	**74**	—	**57**	**1122**	—
青海省林管局	**1122**	**1122**	**1122**	**74**	—	**57**	**1122**	—
玛可河	1122	1122	1122	74	—	57	1122	—
新疆	**9512**	**6478**	**8733**	**50**	**779**	**2561**	**10131**	**770**
新疆国有森工局	**6850**	**4479**	**6071**	—	**779**	**1061**	**7541**	**452**
天山西部	3703	2160	3582	—	121	203	3590	263
阿尔泰山	3147	2319	2489	—	658	858	3951	189
新疆营林局	**2662**	**1999**	**2662**	**50**	—	**1500**	**2590**	**318**
天山中东部	2662	1999	2662	50	—	1500	2590	318

产投资和资金来源情况(五)

单位:千元

本年资金来源							本年房屋竣工		本年新增公路里程(公里)
1. 国家预算内资金			2. 国内贷款	3. 利用外资	4. 自筹资金	5. 其他资金	面积(平方米)	价值(万元)	
合计	其中:国债资金	其中:中央财政专项资金							
—	—	—	—	—	—	—	—	—	—
848	117	731	—	—	—	—	—	—	—
399	49	350	—	—	—	—	—	—	—
—	—	—	—	—	—	—	—	—	—
752	126	626	—	—	—	—	—	—	—
1212	168	1044	—	—	—	—	—	—	—
1051	247	804	—	—	—	—	—	—	—
1834	378	1165	—	—	—	56	1697	68	—
—	—	—	—	—	—	—	—	—	—
—	—	—	—	—	—	—	—	—	—
—	—	—	—	—	—	—	—	—	—
571	253	318	—	—	—	30	243	21	—
1372	211	1161	—	—	—	—	—	—	—
8353	**407**	**7946**	—	—	—	—	—	—	—
8065	**309**	**7756**	—	—	—	—	—	—	—
1127	41	1086	—	—	—	—	—	—	—
3125	33	3092	—	—	—	—	—	—	—
468	—	468	—	—	—	—	—	—	—
1532	145	1387	—	—	—	—	—	—	—
824	46	778	—	—	—	—	—	—	—
989	44	945	—	—	—	—	—	—	—
288	**98**	**190**	—	—	—	—	—	—	—
112	8	104	—	—	—	—	—	—	—
176	90	86	—	—	—	—	—	—	—
21089	**7251**	**13794**	**4187**	—	—	**12**	**6713**	**409**	—
13650	**4470**	**9136**	**4187**	—	—	—	—	—	—
2344	698	1643	—	—	—	—	—	—	—
4920	1561	3345	4187	—	—	—	—	—	—
5126	1845	3258	—	—	—	—	—	—	—
1260	366	890	—	—	—	—	—	—	—
7439	**2781**	**4658**	—	—	—	**12**	**6713**	**409**	—
7439	2781	4658	—	—	—	12	6713	409	—
1122	**116**	**520**	—	—	—	—	—	—	—
1122	**116**	**520**	—	—	—	—	—	—	—
1122	116	520	—	—	—	—	—	—	—
7527	**84**	**6623**	—	—	**2253**	**351**	**2999**	**186**	**2**
5449	**30**	**4717**	—	—	**1829**	**263**	**2164**	**126**	—
2190	30	2150	—	—	1137	263	2164	126	—
3259	—	2567	—	—	692	—	—	—	—
2078	**54**	**1906**	—	—	**424**	**88**	**835**	**60**	**2**
2078	**54**	**1906**	—	—	**424**	**88**	**835**	**60**	**2**

分树种的原木销售实际平均价格

单位:元/立方米、元、立方米

指标	材长6m 径级22~28cm			材长6m 径级30cm以上			材长4m 径级22~28cm			材长4m 径级30cm以上		
	产品销售实际平均单价	产品销售收入	产品销售量	产品销售实际平均单价	产品销售收入	产品销售量	产品销售实际平均单价	产品销售收入	产品销售量	产品销售实际平均单价	产品销售收入	产品销售量
红松原木	581	7089419	12198	754	11722452	15550	429	6607067	15405	647	19194307	29688
白松原木	536	4778109	8911	649	23569200	36324	453	7392726	16337	495	21332530	43073
落叶松原木	450	40096124	89113	538	62291406	115876	368	75891092	205991	392	14567923	37139
水曲柳原木	748	6200806	8286	1001	7894224	7884	714	7342380	10281	996	13398848	13453
柞木原木	831	3400813	4093	1065	4342756	4078	899	5709570	6352	1301	15681611	12055
杨木原木	401	4269756	10661	489	7451869	15242	364	7289324	20012	409	13263787	32438
桦木原木	472	3151944	6674	642	3473916	5408	483	16755763	34689	595	14235976	23915
榆木原木	608	1710952	2813	787	5388550	6847	561	2515295	4483	700	7006977	10005
柳木原木	—	—	—	—	—	—	—	—	—	—	—	—
椴木原木	700	2438354	3485	847	2558484	3020	688	5620808	8164	924	5665280	6134
马尾松原木	—	—	—	—	—	—	—	—	—	—	—	—
杉木原木	—	—	—	—	—	—	611	2533633	4150	687	3764764	5482

重点木材采运企业红松原木销售实际平均价格

单位:元/立方米、元、立方米

企业名称	材长6m 径级22~28cm			材长6m 径级30cm以上			材长4m 径级22~28cm			材长4m 径级30cm以上		
	产品销售实际平均单价	产品销售收入	产品销售量	产品销售实际平均单价	产品销售收入	产品销售量	产品销售实际平均单价	产品销售收入	产品销售量	产品销售实际平均单价	产品销售收入	产品销售量
合　计	581	7089419	12198	754	11722452	15550	429	6607067	15405	647	19194307	29688
根　河	—	—	—	—	—	—	—	—	—	—	—	—
莫尔道嘎	—	—	—	—	—	—	—	—	—	—	—	—
三岔子	635	1984375	3125	890	2350490	2641	456	2111736	4631	506	1669800	3300
红　石	575	108675	189	900	2126700	2363	449	212377	473	540	3197340	5921
敦　化	580	1673300	2885	590	1794190	3041	520	1262560	2428	590	1381780	2342
白　河	700	1736000	2480	800	26400	33	282	183018	649	850	11050	13
东方红	—	—	—	—	—	—	—	—	—	—	—	—
鹤　北	—	—	—	—	—	—	—	—	—	861	6247657	7257
朗　乡	—	—	—	—	—	—	—	—	—	—	—	—
兴　隆	451	1587069	3519	726	5424672	7472	374	2477376	6624	616	6686680	10855
松　岭	—	—	—	—	—	—	—	—	—	—	—	—
新　林	—	—	—	—	—	—	—	—	—	—	—	—
天山中东部	—	—	—	—	—	—	600	360000	600	—	—	—

重点木材采运企业白松原木销售实际平均价格

单位:元/立方米、元、立方米

企业名称	材长 6m 径级 22～28cm			材长 6m 径级 30cm 以上			材长 4m 径级 22～28cm			材长 4m 径级 30cm 以上		
	产品销售实际平均单价	产品销售收入	产品销售量	产品销售实际平均单价	产品销售收入	产品销售量	产品销售实际平均单价	产品销售收入	产品销售量	产品销售实际平均单价	产品销售收入	产品销售量
合　计	536	4778109	8911	649	23569200	36324	453	7392726	16337	495	21332530	43073
根　河	—	—	—	—	—	—	—	—	—	—	—	—
莫尔道嘎	—	—	—	—	—	—	—	—	—	—	—	—
三岔子	559	2039164	3650	723	3769480	5216	459	4498680	9795	487	6714845	13795
红　石	530	268180	506	650	10630100	16354	300	137400	458	450	6390000	14200
敦　化	570	1687200	2960	630	2978640	4728	530	1453260	2742	570	1175910	2063
白　河	568	84632	149	638	4714820	7390	516	40764	79	742	1465450	1975
东方红	—	—	—	—	—	—	—	—	—	—	—	—
鹤　北	—	—	—	—	—	—	—	—	—	473	2309331	4878
朗　乡	—	—	—	—	—	—	—	—	—	—	—	—
兴　隆	417	654273	1569	560	1476160	2636	366	1074942	2937	503	2134732	4244
松　岭	—	—	—	—	—	—	—	—	—	—	—	—
新　林	—	—	—	—	—	—	—	—	—	—	—	—
天山中东部	580	44660	77	—	—	—	576	187680	326	596	1142262	1918

重点木材采运企业落叶松原木销售实际平均价格

单位:元/立方米、元、立方米

企业名称	材长 6m 径级 22～28cm			材长 6m 径级 30cm 以上			材长 4m 径级 22～28cm			材长 4m 径级 30cm 以上		
	产品销售实际平均单价	产品销售收入	产品销售量	产品销售实际平均单价	产品销售收入	产品销售量	产品销售实际平均单价	产品销售收入	产品销售量	产品销售实际平均单价	产品销售收入	产品销售量
合　计	450	40096124	89113	538	62291406	115876	368	75891092	205991	392	14567923	37139
根　河	410	13171800	32129	512	45302600	88567	211	12023700	56854	363	8793700	24210
莫尔道嘎	467	18754362	40118	620	15787060	25463	427	6418022	15021	458	3386673	7394
三岔子	400	454400	1136	—	—	—	450	945000	2100	—	—	—
红　石	—	—	—	—	—	—	—	—	—	—	—	—
敦　化	—	—	—	—	—	—	—	—	—	—	—	—
白　河	587	2201250	3750	651	1201746	1846	542	327368	604	594	129492	218
东方红	—	—	—	—	—	—	—	—	—	—	—	—
鹤　北	—	—	—	—	—	—	—	—	—	425	2258058	5317
朗　乡	—	—	—	—	—	—	—	—	—	—	—	—
兴　隆	360	153720	427	—	—	—	348	126280	363	—	—	—
松　岭	464	5360592	11553	—	—	—	421	8326959	19779	—	—	—
新　林	—	—	—	—	—	—	429	47723763	111270	—	—	—
天山中东部	—	—	—	—	—	—	—	—	—	—	—	—

重点木材采运企业水曲柳原木销售实际平均价格

单位:元/立方米、元、立方米

企业名称	材长 6m 径级 22~28cm			材长 6m 径级 30cm 以上			材长 4m 径级 22~28cm			材长 4m 径级 30cm 以上		
	产品销售实际平均单价	产品销售收入	产品销售量	产品销售实际平均单价	产品销售收入	产品销售量	产品销售实际平均单价	产品销售收入	产品销售量	产品销售实际平均单价	产品销售收入	产品销售量
合　计	748	6200806	8286	1001	7894224	7884	714	7342380	10281	996	13398848	13453
根　河	—	—	—	—	—	—	—	—	—	—	—	—
莫尔道嘎	—	—	—	—	—	—	—	—	—	—	—	—
三岔子	850	1275000	1500	1035	2214900	2140	650	539500	830	700	665000	950
红　石	1005	77385	77	1283	1254840	978	746	286464	384	1120	5460000	4875
敦　化	940	889240	946	990	908820	918	890	1192600	1340	940	1507760	1604
白　河	—	—	—	2538	45684	18	1135	803580	708	1649	1216962	738
东方红	—	—	—	—	—	—	—	—	—	—	—	—
鹤　北	—	—	—	—	—	—	—	—	—	1036	79804	77
朗　乡	—	—	—	—	—	—	—	—	—	—	—	—
兴　隆	687	3959181	5763	906	3469980	3830	644	4520236	7019	858	4469322	5209
松　岭	—	—	—	—	—	—	—	—	—	—	—	—
新　林	—	—	—	—	—	—	—	—	—	—	—	—
天山中东部	—	—	—	—	—	—	—	—	—	—	—	—

重点木材采运企业柞木原木销售实际平均价格

单位:元/立方米、元、立方米

企业名称	材长 6m 径级 22~28cm			材长 6m 径级 30cm 以上			材长 4m 径级 22~28cm			材长 4m 径级 30cm 以上		
	产品销售实际平均单价	产品销售收入	产品销售量	产品销售实际平均单价	产品销售收入	产品销售量	产品销售实际平均单价	产品销售收入	产品销售量	产品销售实际平均单价	产品销售收入	产品销售量
合　计	831	3400813	4093	1065	4342756	4078	899	5709570	6352	1301	15681611	12055
根　河	—	—	—	—	—	—	—	—	—	—	—	—
莫尔道嘎	—	—	—	—	—	—	—	—	—	—	—	—
三岔子	860	1169600	1360	1181	2194440	1858	710	518300	730	820	733900	895
红　石	1175	70505	60	1650	161700	98	830	152720	184	1496	6346032	4242
敦　化	930	1428480	1536	980	1391600	1420	920	1862080	2024	970	2139820	2206
白　河	—	—	—	2550	25500	10	1443	1873014	1298	1826	4402486	2411
东方红	—	—	—	—	—	—	—	—	—	—	—	—
鹤　北	—	—	—	—	—	—	—	—	—	1107	723656	654
朗　乡	—	—	—	—	—	—	—	—	—	—	—	—
兴　隆	644	732228	1137	823	569516	692	616	1303456	2116	811	1335717	1647
松　岭	—	—	—	—	—	—	—	—	—	—	—	—
新　林	—	—	—	—	—	—	—	—	—	—	—	—
天山中东部	—	—	—	—	—	—	—	—	—	—	—	—

重点木材采运企业杨木原木销售实际平均价格

单位:元/立方米、元、立方米

企业名称	材长 6m 径级 22～28cm			材长 6m 径级 30cm 以上			材长 4m 径级 22～28cm			材长 4m 径级 30cm 以上		
	产品销售实际平均单价	产品销售收入	产品销售量	产品销售实际平均单价	产品销售收入	产品销售量	产品销售实际平均单价	产品销售收入	产品销售量	产品销售实际平均单价	产品销售收入	产品销售量
合　计	401	4269756	10661	489	7451869	15242	364	7289324	20012	409	13263787	32438
根　河	—	—	—	—	—	—	—	—	—	—	—	—
莫尔道嘎	—	—	—	—	—	—	373	2817500	7552	—	—	—
三岔子	480	1687680	3516	520	2397200	4610	380	2139400	5630	400	1512000	3780
红　石	440	210760	479	550	1504250	2735	390	509340	1306	360	2684880	7458
敦　化	430	412800	960	490	671300	1370	410	412460	1006	450	662850	1473
白　河	424	769560	1815	491	1180855	2405	428	68052	159	471	119163	253
东方红	—	—	—	—	—	—	—	—	—	—	—	—
鹤　北	—	—	—	—	—	—	—	—	—	433	6011700	13875
朗　乡	—	—	—	—	—	—	—	—	—	—	—	—
兴　隆	316	1118956	3541	412	1698264	4122	308	1342572	4359	406	2273194	5599
松　岭	—	—	—	—	—	—	—	—	—	—	—	—
新　林	—	—	—	—	—	—	—	—	—	—	—	—
天山中东部	200	70000	350	—	—	—	—	—	—	—	—	—

重点木材采运企业桦木原木销售实际平均价格

单位:元/立方米、元、立方米

企业名称	材长 6m 径级 22～28cm			材长 6m 径级 30cm 以上			材长 4m 径级 22～28cm			材长 4m 径级 30cm 以上		
	产品销售实际平均单价	产品销售收入	产品销售量	产品销售实际平均单价	产品销售收入	产品销售量	产品销售实际平均单价	产品销售收入	产品销售量	产品销售实际平均单价	产品销售收入	产品销售量
合　计	472	3151944	6674	642	3473916	5408	483	16755763	34689	595	14235976	23915
根　河	—	—	—	—	—	—	490	5063500	10338	—	—	—
莫尔道嘎	—	—	—	—	—	—	517	5268848	10191	—	—	—
三岔子	470	1776600	3780	500	995000	1990	390	2870400	7360	410	1385800	3380
红　石	436	23980	55	750	652500	870	467	28487	61	580	555060	957
敦　化	—	—	—	—	—	—	570	843030	1479	640	1062400	1660
白　河	—	—	—	—	—	—	753	771072	1024	584	18104	31
东方红	—	—	—	—	—	—	—	—	—	—	—	—
鹤　北	—	—	—	—	—	—	—	—	—	605	8510484	14073
朗　乡	—	—	—	—	—	—	—	—	—	—	—	—
兴　隆	476	1351364	2839	717	1826416	2548	451	1910426	4236	709	2704128	3814
松　岭	—	—	—	—	—	—	—	—	—	—	—	—
新　林	—	—	—	—	—	—	—	—	—	—	—	—
天山中东部	—	—	—	—	—	—	—	—	—	—	—	—

重点木材采运企业榆木原木销售实际平均价格

单位:元/立方米、元、立方米

企业名称	材长 6m 径级 22～28cm			材长 6m 径级 30cm 以上			材长 4m 径级 22～28cm			材长 4m 径级 30cm 以上		
	产品销售实际平均单价	产品销售收入	产品销售量	产品销售实际平均单价	产品销售收入	产品销售量	产品销售实际平均单价	产品销售收入	产品销售量	产品销售实际平均单价	产品销售收入	产品销售量
合　计	608	1710952	2813	787	5388550	6847	561	2515295	4483	700	7006977	10005
根　河	—	—	—	—	—	—	—	—	—	—	—	—
莫尔道嘎	—	—	—	—	—	—	—	—	—	—	—	—
三岔子	650	556400	856	760	839800	1105	460	165600	360	500	195000	390
红　石	930	174840	188	1010	2344210	2321	705	318660	452	755	4209125	5575
敦　化	750	574500	766	780	1276860	1637	720	1026720	1426	730	662840	908
白　河	—	—	—	—	—	—	863	259763	301	900	719100	799
东方红	—	—	—	—	—	—	—	—	—	—	—	—
鹤　北	—	—	—	—	—	—	—	—	—	668	84822	127
朗　乡	—	—	—	—	—	—	—	—	—	—	—	—
兴　隆	404	405212	1003	520	927680	1784	383	744552	1944	515	1136090	2206
松　岭	—	—	—	—	—	—	—	—	—	—	—	—
新　林	—	—	—	—	—	—	—	—	—	—	—	—
天山中东部	—	—	—	—	—	—	—	—	—	—	—	—

重点木材采运企业椴木原木销售实际平均价格

单位:元/立方米、元、立方米

企业名称	材长 6m 径级 22～28cm			材长 6m 径级 30cm 以上			材长 4m 径级 22～28cm			材长 4m 径级 30cm 以上		
	产品销售实际平均单价	产品销售收入	产品销售量	产品销售实际平均单价	产品销售收入	产品销售量	产品销售实际平均单价	产品销售收入	产品销售量	产品销售实际平均单价	产品销售收入	产品销售量
合　计	700	2438354	3485	847	2558484	3020	688	5620808	8164	924	5665280	6134
根　河	—	—	—	—	—	—	—	—	—	—	—	—
莫尔道嘎	—	—	—	—	—	—	—	—	—	—	—	—
三岔子	680	727600	1070	760	1010800	1330	540	842400	1560	600	444000	740
红　石	—	—	—	—	—	—	—	—	—	—	—	—
敦　化	850	546550	643	920	463680	504	760	712880	938	810	592920	732
白　河	—	—	—	—	—	—	1251	969525	775	1384	1277432	923
东方红	—	—	—	—	—	—	—	—	—	—	—	—
鹤　北	—	—	—	—	—	—	—	—	—	881	995001	1130
朗　乡	—	—	—	—	—	—	—	—	—	—	—	—
兴　隆	657	1164204	1772	914	1084004	1186	633	3096003	4891	903	2355927	2609
松　岭	—	—	—	—	—	—	—	—	—	—	—	—
新　林	—	—	—	—	—	—	—	—	—	—	—	—
天山中东部	—	—	—	—	—	—	—	—	—	—	—	—

附录二

林业工作站和乡村林场基本情况

各地区林业工

地　区	乡镇个数	至本年底实有站个数					本年新建站数	已加挂野保站牌子站数	已加挂仲裁委员会牌子站数	至本年底已核定编制数(人)
		总站个数		派出机构	双重领导	乡镇管理				
		计	片站							
全国总计	**39120**	**30851**	**2579**	**8658**	**12012**	**10181**	**284**	**13134**	**594**	**112838**
北　京	186	191	7	—	—	191	—	—	—	—
天　津	156	154	—	—	73	81	—	—	—	154
河　北	1951	1442	366	306	317	819	10	194	19	4203
山　西	1261	1239	5	19	1087	133	1	244	9	2946
内蒙古	1217	1052	2	31	691	330	4	169	182	3320
辽　宁	1097	1084	295	—	789	295	27	671	—	4112
吉　林	836	835	6	313	394	128	1	203	4	4039
黑龙江	910	921	15	349	249	323	—	393	26	2561
上　海	132	126	—	—	—	126	—	—	—	380
江　苏	1225	138	7	10	19	109	2	—	—	2454
浙　江	1459	711	96	96	92	523	—	—	—	5748
安　徽	1787	998	138	418	288	292	32	358	58	3572
福　建	996	943	17	768	132	43	—	877	—	4379
江　西	1601	987	292	784	100	103	2	695	—	5129
山　东	1734	1627	—	49	406	1172	—	116	17	5634
河　南	2128	1797	—	251	547	999	—	1091	31	6211
湖　北	1233	991	8	444	222	325	1	570	27	580
湖　南	2376	2125	176	938	622	565	48	1482	18	10512
广　东	1424	1175	51	624	381	170	—	300	—	5608
广　西	1325	1175	31	241	269	665	29	32	—	4104
海　南	299	203	70	122	43	38	—	—	—	804
重　庆	1244	1148	11	11	346	791	—	868	74	2661
四　川	4813	3469	511	722	2133	614	46	1757	61	10172
贵　州	1483	1444	91	1281	141	22	31	1043	—	5092
云　南	1537	1526	—	142	689	695	6	730	18	7991
西　藏	—	—	—	—	—	—	—	—	—	—
陕　西	1604	1031	231	273	663	95	20	582	—	1893
甘　肃	1481	847	129	206	473	168	12	169	—	2469
青　海	401	316	1	69	247	—	6	94	—	666
宁　夏	212	211	1	5	162	44	—	110	49	906
新　疆	838	787	22	186	279	322	6	379	1	3809
新疆兵团	174	158	—	—	158	—	—	7	—	729

说明：

1. 总站数中的“片站”是指管理两个以上乡镇林业工作的林业站。

2. 人、财、物三权属县林业主管部门的站为派出机构；三权属乡镇的为乡镇管理；介于二者之间的为双重领导。三者之和

3. 已加挂野保站牌子站数指截止本年底加挂“野生动植物保护管理站”牌子的林业站总数。

4. 已加挂仲裁委员会牌子站数指截止本年底加挂“林业承包合同仲裁委员会”牌子的林业站总数。

5. 林业站“在岗职工”是指在林业站工作并在林业站开支的人员，不包括林业站临时聘用的后勤服务人员及其所办经济及新分配的大中专毕业生。

6. 有交通工具的站数指配备机动交通工具的站数，该栏目下“本年新增”指本年新增加机动交通工具的站数。

7. 有通讯设备的站数指配备电话或无线通讯设备的站数，“本年新增”指标含义同6。

8. 本部分数据由林业工作站提供。

作站基本情况

单位:个

年末在岗职工总数（人）		经费渠道（人）				至本年底自有办公用房站数		至本年底有交通工具站数		至本年底有通讯设备站数	
计	长期职工	财政全额	财政差额	林业经费	自收自支	计	本年新建	计	本年新增	计	本年新增
154648	**143145**	**73126**	**23621**	**25372**	**32529**	**24282**	**789**	**16848**	**1026**	**23696**	**1472**
908	860	378	97	6	427	171	20	120	34	187	39
404	404	229	95	—	80	154	—	116	—	154	—
4903	4716	3065	793	156	889	1288	11	845	22	1066	40
3717	3473	2634	451	67	565	1223	2	737	37	754	24
3881	3915	3054	726	47	54	980	7	858	11	642	241
4803	4339	1187	634	1155	1827	545	22	1084	—	1084	—
4381	4375	1487	1125	668	1101	571	9	403	48	627	9
2747	2708	1249	392	744	362	716	10	551	37	652	18
336	318	18	84	14	220	111	—	27	—	126	14
3674	3641	676	1469	277	1252	350	12	49	7	478	38
5198	5198	1613	2050	1230	305	1013	36	873	43	1406	85
4065	3863	2540	551	809	165	825	27	578	48	827	41
4666	4633	3409	353	718	186	811	30	446	10	825	16
6292	5955	415	400	2277	3200	691	29	635	43	789	32
6630	6622	5710	483	32	405	1143	4	539	9	842	70
7402	6956	4270	1067	206	1859	1758	14	1293	40	1632	47
7406	7752	1526	1882	1202	2796	855	26	587	13	794	6
15570	15162	4277	3443	5481	2369	1510	48	691	38	1584	40
7926	7743	885	1566	3747	1728	1003	34	1153	33	1134	28
4900	4804	2861	428	866	745	838	12	809	11	974	6
764	755	220	198	294	52	182	2	184	25	180	25
3161	3030	1980	626	222	333	669	40	478	45	840	51
11892	11653	3660	2637	3987	1608	2124	55	1285	112	2247	190
5923	5800	4872	265	367	428	978	228	639	160	873	186
10014	10006	9525	247	198	36	1309	47	713	56	1383	69
—	—	—	—	—	—	—	—	—	—	—	—
4325	4148	3708	51	422	144	472	25	246	41	564	52
3397	3139	2125	1081	117	74	775	19	102	21	237	23
783	761	617	150	—	16	175	—	94	54	81	49
928	927	763	157	—	7	209	15	146	—	141	—
4470	4424	4173	120	63	114	675	5	409	28	415	33
9182	1065	—	—	—	9182	158	—	158	—	158	—

为总站数。

实体中聘用的人员。“长期职工”是指“在岗职工”中用工期限在一年(含一年)以上的职工,包括正式职工和合同制职工,以

各地区地、县级林业工

地区	地(市)								
	林业站个数	管理人员							
		文化程度				专业技术人员			
		合计	大专以上学历	中专学历	高中以下学历	合计	高级	中级	初级
全国总计	**204**	**2423**	**1645**	**572**	**206**	**1940**	**341**	**865**	**734**
北京	—	—	—	—	—	—	—	—	—
天津	—	—	—	—	—	—	—	—	—
河北	11	89	75	9	5	82	29	31	22
山西	10	146	85	46	15	113	11	57	45
内蒙古	13	285	155	90	40	244	37	85	122
辽宁	11	57	32	21	4	51	15	23	13
吉林	9	99	82	12	5	88	25	38	25
黑龙江	13	54	47	7	—	44	1	28	15
上海	—	—	—	—	—	—	—	—	—
江苏	13	121	76	45	—	107	32	37	38
浙江		22	16	6	—	—	—	—	—
安徽	8	54	44	9	1	46	12	23	10
福建	—	29	23	5	1	24	10	10	4
江西	6	38	30	6	2	30	3	16	11
山东	17	149	136	11	2	138	50	61	27
河南	1	272	216	30	26	194	36	87	71
湖北	17	42	20	19	3	39	4	18	17
湖南	—	52	40	11	1	38	3	25	10
广东	—	42	31	11	—	15		14	1
广西	11	27	23	3	1	25	2	15	8
海南	—	—	—	—	—	—	—	—	—
重庆	—	—	—	—	—	—	—	—	—
四川	13	65	54	11	—	48	5	32	11
贵州	6	59	51	7	1	24	1	15	8
云南	6	62	34	22	6	35	1	20	14
西藏	—	—	—	—	—	—	—	—	—
陕西	10	247	132	72	43	184	29	75	80
甘肃	1	162	54	76	32	123	5	51	67
青海	7	71	45	15	11	52	3	29	20
宁夏	4	45	37	3	5	30	8	16	6
新疆	9	111	84	25	2	105	10	34	61
新疆兵团	8	23	23	—	—	62	9	25	28

作站及管理人员情况

单位:个、人

县(市、区)								
林业站个数	管理人员							
		文化程度			专业技术人员			
	合计	大专以上学历	中专学历	高中以下学历	合计	高级	中级	初级
2028	**19376**	**8422**	**7025**	**3929**	**13591**	**959**	**4831**	**7801**
13	232	127	41	64	119	19	33	67
12	205	102	82	21	177	34	75	68
119	1043	562	387	94	874	90	389	395
111	1509	522	620	367	1132	35	358	739
96	1344	388	506	450	883	63	326	494
65	225	100	101	24	199	30	95	74
124	555	253	219	83	445	31	147	267
102	558	340	180	38	470	21	183	266
11	216	111	40	65	138	14	56	68
95	963	579	262	122	859	122	280	457
—	146	78	68	—	—	—	—	—
60	400	255	134	11	358	40	169	149
7	233	144	76	13	191	9	99	83
39	253	106	111	36	175	3	77	95
138	957	631	281	45	873	167	345	361
3	1663	778	582	303	1015	45	334	636
92	184	63	83	38	109	2	56	51
—	390	215	134	41	327	16	204	107
—	186	105	81	—	93	—	49	44
52	234	125	84	25	214	7	101	106
203	699	49	312	338	169	—	17	152
2	58	49	7	2	48	6	16	26
105	754	345	258	151	506	14	203	289
46	457	242	164	51	288	8	82	198
35	257	96	107	54	168	12	49	107
—	—	—	—	—	—	—	—	—
100	2375	596	1117	662	1433	48	414	971
81	926	258	327	341	558	5	183	370
36	572	258	145	169	346	7	93	246
22	274	156	72	46	203	9	51	143
101	1239	574	390	275	743	12	164	567
158	269	215	54	—	478	90	183	205

各地区林业工作站

地区	林业站长期职工人数	文化程度情况				专业技术人员					
									林业大专班		
		大专以上学历人数	中专学历人数	高中文化人数	初中以下文化人数	高级	中级	初级	本年毕业生数	在校生人数	本年入学人数
全国总计	**143145**	**32211**	**56818**	**35309**	**18807**	**1468**	**11522**	**53564**	**2045**	**7184**	**2154**
北　京	860	425	237	99	99	18	128	279	14	28	24
天　津	404	145	197	40	22	73	189	205	7	25	24
河　北	4716	1624	1830	1102	160	140	1119	2172	13	99	28
山　西	3473	498	1235	1217	523	258	654	1475	2	37	32
内蒙古	3915	600	1951	1161	203	39	344	1730	24	154	73
辽　宁	4339	1585	1528	765	461	40	585	2117	274	319	183
吉　林	4375	854	2034	1029	458	45	299	1797	20	93	45
黑龙江	2708	986	1277	364	81	14	238	1661	44	54	25
上　海	318	76	89	102	51	2	63	93	5	4	1
江　苏	3641	837	1274	910	620	66	553	1299	—	—	—
浙　江	5198	984	2156	1210	848	—	—	—	—	—	—
安　徽	3863	1120	1818	755	170	40	481	2220	105	238	34
福　建	4633	1525	1733	1110	265	25	660	2602	51	308	40
江　西	5955	867	1821	2108	1159	44	513	2156	20	68	34
山　东	6622	2706	3076	633	207	259	1591	3861	60	57	29
河　南	6956	1632	2662	1882	780	36	348	1779	83	238	62
湖　北	7752	1240	3178	1860	1474	6	360	875	98	182	66
湖　南	15162	2879	5802	4854	1627	18	821	4581	152	801	144
广　东	7743	1120	2340	2280	2003	16	162	1871	42	160	21
广　西	4804	960	2114	1297	433	5	254	2234	46	599	115
海　南	755	63	341	242	109	—	12	87	61	—	—
重　庆	3030	921	1132	710	267	7	98	1103	15	49	3
四　川	11653	2450	3661	3778	1764	41	716	4522	179	621	228
贵　州	5800	1356	2812	901	731	3	125	2727	68	535	286
云　南	10006	1554	4562	1641	2249	132	330	4616	195	947	179
西　藏	—	—	—	—	—	—	—	—	—	—	—
陕　西	4148	536	2090	1105	417	35	250	1838	207	760	197
甘　肃	3139	740	1239	606	554	3	123	810	162	312	210
青　海	761	201	249	192	119	—	95	324	8	60	—
宁　夏	927	333	329	203	62	—	65	483	47	175	20
新　疆	4424	1334	1930	812	348	13	163	1842	43	261	51
新疆兵团	1065	60	121	341	543	90	183	205	—	—	—

人员素质和培训情况

单位:人

学历教育情况									岗位培训情况			
林业中专班			农广校中专班			专业证书班			截止本年底已完成培训量		其中本年完成的培训量	
本年毕业生数	在校生总数	本年入学人数	本年毕业生数	在校生总数	本年入学人数	本年毕业生数	在校生总数	本年入学人数	站长	站员	站长	站员
750	**1715**	**350**	**796**	**1204**	**173**	**362**	**706**	**283**	**36303**	**104936**	**10165**	**31360**
5	8	—	—	—	—	11	6	4	572	1360	279	455
—	—	—	1	4	—	—	—	—	164	425	55	201
11	15	8	13	70	18	14	14	19	1090	2094	414	890
18	20	2	44	27	4	—	—	—	1019	1707	320	571
7	17	3	2	19	1	51	—	45	851	1690	319	720
191	159	164	27	32	9	20	30	—	2460	8771	292	1003
4	5	7	10	47	—	—	6	5	1323	6647	502	2194
5	9	2	—	—	—	—	—	—	884	1277	312	482
—	—	—	—	3	1	4	24	—	72	120	17	44
—	—	—	—	15	5	—	—	—	78	132	18	43
—	—	—	—	—	—	—	—	—	1406	5198	—	—
10	8	—	—	—	—	—	44	—	973	2472	80	144
5	—	—	—	2	—	16	26	5	839	2425	223	1046
15	37	17	138	64	6	12	36	11	1986	4561	263	763
20	3	2	19	49	28	27	106	33	2013	4349	380	768
73	89	44	57	122	38	45	18	8	3647	11024	740	2243
44	8	4	2	1		53	112	31	1477	3876	555	1927
66	39	8	146	52	26	11	22	8	3282	12326	1260	5721
11	—	—	15	—	—	8	—	5	1119	3855	373	1392
4	14	2	18	—	—	2	39	5	1199	3235	142	668
—	—	—	—	—	—	—	—	—	238	524	—	—
12	—	—	33	61	—	7	25	3	1082	1604	584	993
56	10	7	8	49	3	32	28	57	2601	4437	791	1376
18	5		23	7	1	2	22	5	1184	2517	530	1082
18	12	36	47	282	7	7	37	29	1461	6100	590	2838
—	—	—	—	—	—	—	—	—	—	—	—	—
41	1043	4	29	34	23	26	45	5	653	2890	397	1631
95	210	35	150	220	—	—	5	—	954	1496	116	321
—	—	—	2	11	1	1	3	—	174	454	38	142
14	3	5	2	3	2	—	—	—	153	458	54	126
7	1	—	10	30	—	13	58	5	786	2472	438	1456
—	—	—	—	—	—	—	—	—	563	4440	83	120

地区	至本年底累计完成投资						
	合计	国家投资			地方投资		
		计	局投资	三北及其他	计	省(自治区、直辖市)	地(市)、县、乡
全国总计	**220260**	**31273**	**24067**	**7206**	**188987**	**23897**	**165090**
北　京	3186	978	640	338	2208	83	2125
天　津	690	345	345	—	345	345	—
河　北	4852	1542	887	655	3310	846	2464
山　西	6390	1180	899	281	5210	1577	3633
内蒙古	1661	550	286	264	1111	—	1111
辽　宁	8698	1493	1277	216	7205	1078	6127
吉　林	5259	2578	256	2322	2681	682	1999
黑龙江	2763	982	908	74	1781	115	1666
上　海	1442	297	297	—	1145	3	1142
江　苏	5451	426	96	330	5025	393	4632
浙　江	11299	1149	1149	—	10150	1181	8969
安　徽	7870	1033	1033	—	6837	693	6144
福　建	7702	666	666	—	7036	1125	5911
江　西	13486	1663	893	770	11823	1216	10607
山　东	10464	1939	1909	30	8525	438	8087
河　南	8850	854	854	—	7996	1043	6953
湖　北	8011	724	714	10	7287	768	6519
湖　南	22539	1100	1100	—	21439	1784	19655
广　东	26575	522	522	—	26053	1503	24550
广　西	9733	1193	1193	—	8540	1500	7040
海　南	2093	333	333	—	1760	259	1501
重　庆	3513	1084	1084	—	2429	493	1936
四　川	15439	1471	1471	—	13968	645	13323
贵　州	6720	1536	1500	36	5184	1300	3884
云　南	11903	860	422	438	11043	1483	9560
西　藏	—	—	—	—	—	—	—
陕　西	3853	1021	908	113	2832	901	1931
甘　肃	2361	1053	689	364	1308	591	717
青　海	962	453	362	91	509	362	147
宁　夏	1654	546	384	162	1108	1044	64
新　疆	3926	1517	805	712	2409	211	2198
新疆兵团	915	185	185	—	730	235	495

站投资完成情况

单位:万元

本年完成投资						
合　计	国家投资			地方投资		
	计	局投资	三北及其他	计	省(自治区、直辖市)	地(市)、县、乡
23408	**4479**	**3308**	**1171**	**18929**	**2940**	**15989**
1768	414	74	340	1354	110	1244
70	35	35	—	35	35	—
270	140	140	—	130	—	130
180	80	80	—	100	—	100
90	90	90	—	—	—	—
399	105	105	—	294	—	294
451	10	10	—	441	17	424
268	134	134	—	134	—	134
148	5	5	—	143	3	140
2697	699	50	649	1998	677	1321
460	85	85	—	375	25	350
487	112	112	—	375	—	375
1066	200	200	—	866	40	826
907	60	60	—	847	60	787
2646	124	102	22	2522	21	2501
319	90	90	—	229	90	139
255	80	80	—	175	—	175
1375	80	80	—	1295	70	1225
1328	30	30	—	1298	342	956
759	100	100	—	659	144	515
61	38	38	—	23	—	23
530	60	60	—	470	150	320
2055	385	385	—	1670	25	1645
2051	500	500	—	1551	560	991
1686	395	297	98	1291	431	860
—	—	—	—	—	—	—
342	97	97	—	245	64	181
112	100	100	—	12	—	12
96	35	35	—	61	—	61
100	30	30	—	70	60	10
407	141	79	62	266	16	250
25	25	25	—	—	—	—

各地区林业工作站职能作用

地区	职能作用主要									
	营林情况						森林病虫鼠害防治面积	采伐设计面积	代收规费	受委托行使林业行政执法权站数
	本年新造林面积		本年新封山育林面积	本年育苗面积	本年抚育作业面积	四旁植树株数（万株）				
	计	林业重点工程造林面积								
全国总计	**69318**	**56839**	**14366**	**3750**	**68128**	**177168**	**63840**	**18364**	**44097**	**15742**
北　京	515	338	303	105	811	346	735	16	40	87
天　津	174	68	7	9	88	844	181	—	—	30
河　北	3350	2633	1227	407	4057	10144	3930	1099	12	216
山　西	3185	2851	662	389	1231	12394	3289	17	12	320
内蒙古	1942	1734	263	78	325	4192	407	14	44	180
辽　宁	32	24	10	2	20	12384	19	4	211	617
吉　林	1974	1225	252	105	1935	1597	1367	401	311	590
黑龙江	1791	1530	169	130	2300	1469	1011	160	22	552
上　海	153	22	—	85	241	242	49	—	—	—
江　苏	2554	629	6	230	1399	11163	1074	73	581	108
浙　江	—	—	185	—	—	—	—	—	—	—
安　徽	2954	2799	605	70	4296	10466	2929	401	1936	437
福　建	436	228	—	2	2152	2135	2152	1981	5479	693
江　西	1781	1627	208	136	3256	4801	3583	7010	11666	838
山　东	3319	1182	90	806	9987	13302	3122	389	325	637
河　南	2240	2044	576	185	1188	9578	2755	82	247	401
湖　北	2262	1219	795	135	2348	5510	659	199	682	570
湖　南	4149	4140	121	48	2171	750	10069	2777	15020	1646
广　东	1283	712	344	25	3296	5050	3109	1538	887	498
广　西	1456	842	1108	23	2463	3609	2346	596	3306	660
海　南	183	86	—	4	62	635	252	16	235	131
重　庆	3658	3527	444	33	872	6881	2130	31	356	727
四　川	5938	5736	1177	78	6459	28232	4966	123	1604	2307
贵　州	4528	4333	803	112	1912	2671	1819	296	239	961
云　南	4315	4101	1178	99	553	10014	1833	706	716	1378
西　藏	—	—	1516	—	—	—	—	—	—	—
陕　西	7452	7112	307	180	2613	11236	4374	109	99	388
甘　肃	1359	534	355	160	282	2807	466	54	34	365
青　海	766	725	463	20	788	1263	2007	—	—	76
宁　夏	3001	2998	193	25	3044	1431	1797	—	—	170
新　疆	2493	1765	853	66	7979	2022	1410	272	33	159
新疆兵团	75	75	146	3	—	—	—	—	—	—

主要指标及多种经营情况

单位:百公顷、个、万元

指标情况						多种经营情况				
受理林政案件(件)		参与调处林权纠纷(件)	受理林业承包合同纠纷(件)	科技推广		站数			年产值	年利润
计	其中:破坏野生动植物案件			站办示范基地面积	本年推广面积	计	年收入3(含3)万元以下站数	年收入3万元以上站数		
145517	**10221**	**22344**	**6860**	**7928**	**15909**	**11471**	**8073**	**3144**	**69747**	**12236**
104	2	131	30	289	74	87	42	45	3250	714
35	5	9	—	4	103	78	64	14	630	90
744	97	490	185	477	2075	330	253	77	4159	1144
281	39	133	36	151	421	322	272	50	3864	325
1855	175	862	304	275	688	704	371	79	1220	414
3626	566	2044	1016	3	4	555	287	268	9322	1279
17217	270	392	186	371	90	361	297	64	1686	435
1902	247	271	185	19	397	383	330	53	1251	334
—	—	—	—	4	9	95	68	27	1925	256
537	69	602	233	285	182	518	358	160	5879	1305
—	—	—	—	—	—	—	—	—	—	—
4990	291	825	266	584	216	282	193	89	2957	396
15175	244	493	182	243	949	132	108	24	545	79
5799	380	544	144	536	220	269	220	49	1506	278
1353	152	720	543	220	1304	309	264	45	1090	226
3544	456	1717	672	148	796	905	718	187	3838	835
6103	830	1356	213	183	362	991	373	618	6368	745
34107	1377	3288	569	1345	2122	878	516	362	5874	1304
2611	201	1574	113	819	177	430	276	154	3396	194
12503	329	1106	79	84	236	405	324	81	2934	515
176	129	196	29	19	9	91	53	38	264	77
2631	316	767	65	131	912	729	651	78	1344	272
11674	1616	2530	1241	655	1221	1035	672	363	4083	455
4369	480	481	151	172	347	410	398	12	145	23
11145	1454	977	188	66	161	378	306	72	135	26
—	—	—	—	—	—	—	—	—	—	—
2143	279	514	140	722	2453	157	149	8	226	53
116	19	93	4	17	45	218	195	23	993	277
163	41	42	10	32	82	25	24	1	22	2
117	17	119	55	36	89	30	30	—	25	4
497	140	68	21	35	160	290	232	58	426	117
—	—	—	—	3	5	74	29	45	390	62

各地区乡村林场

地区	林场个数							经营面积		
	合计	按经营形式分			按经营状况分			合计	其中：有林地	其中：经济林
		集体林场	联办林场	站办林场	自给有余	基本自给	不能自给			
全国总计	**88801**	**67779**	**17926**	**3096**	**13572**	**32126**	**43103**	**8936623**	**7297359**	**859632**
北京	21	18	—	3	8	6	7	5025	3816	1209
天津	25	16	9	—	—	12	13	2827	2447	380
河北	1244	875	312	57	173	630	441	253513	233029	20485
山西	1043	580	193	270	123	391	529	123407	88637	13703
内蒙古	1266	979	267	20	456	572	238	150528	83781	8093
辽宁	1944	1070	451	423	1188	590	166	400874	366157	34722
吉林	187	177	10	—	38	87	62	110137	72567	632
黑龙江	1875	1476	375	24	61	1200	614	111906	75070	7795
上海	2	2	—	—	—	—	2	136	123	13
江苏	415	321	24	70	82	232	101	56096	45685	9919
浙江	2627	2163	464	—	589	886	1152	354904	290360	30456
安徽	7491	5497	1581	413	1263	2656	3572	398348	342161	47247
福建	1567	1364	174	29	128	518	921	639461	544753	47258
江西	7390	6038	1323	29	1053	2680	3657	990290	707561	75140
山东	1309	1097	209	3	160	594	555	124813	98049	17540
河南	2964	1909	896	159	532	1255	1177	98716	60365	22520
湖北	7893	5424	1865	604	1860	2778	3255	379391	298541	94439
湖南	19618	16037	3181	400	3670	7689	8259	1581333	1402667	168667
广东	3571	2457	945	169	436	1724	1411	689255	595027	56442
广西	4871	3274	1477	120	488	1772	2611	779392	676442	38804
海南	14	10	4	—	7	7	—	7901	5643	717
重庆	525	419	73	33	9	88	428	57221	53493	2028
四川	3026	1977	865	184	120	873	2033	488147	510814	40107
贵州	5676	3464	2164	48	102	1199	4375	417434	305918	19250
云南	1288	1006	248	34	77	173	1038	311361	161176	29737
陕西	2430	1928	500	2	242	669	1519	73976	54368	8734
甘肃	7971	7682	289	—	703	2662	4606	252614	189957	62657
青海	326	323	3	—	—	4	322	58060	18065	—
宁夏	211	187	23	1	3	173	35	12552	8010	616
新疆	11	9	1	1	1	6	4	7005	2677	322
新疆兵团	—	—	—	—	—	—	—	—	—	—

基本情况

单位：公顷、百立方米、百根、万元

蓄积量		本年林业生产				年末实有从业人员	全年收入	户办林场	
林木	毛竹	造林面积	育苗面积	木材产量	毛竹产量			个数（个）	经营面积
26766055	**2783384**	**555223**	**32570**	**523322**	**361404**	**482922**	**303284**	**150151**	**646811**
6180	—	633	42	—	—	467	407	145	1267
5471	—	589	416	—	—	569	2269	353	6357
127871	—	38304	5619	4812	—	23200	14439	3701	14513
300224	—	10664	753	17	—	3629	1239	2867	53185
24727	—	58207	2297	137	—	4057	238	342	15328
561443	—	2696	1577	6593	—	5225	4732	570	3052
69152	—	861	—	12390	—	362	1473	23	2757
475666	—	12484	1986	1912	—	4104	999	2348	30986
87	—	13	18	—	20	111	1090	—	—
13044	87207	4880	1618	458	10243	6624	10915	823	1827
6240700	16076	4574	100	128657	3281	10419	14211	245	5941
12994413	249903	18066	1178	151050	24420	26880	26630	2426	59703
486098	567373	10476	38	22780	49118	6861	102103	406	6676
313815	1141367	40824	361	12743	127205	47292	14344	2042	37085
20625	—	6851	1194	7694	—	22516	4471	97935	46834
323969	7811	14800	2593	5721	420	18107	11590	4673	44564
90507	1040	35310	3603	1487	20095	43828	17661	6410	40062
6063	8948	45133	2067	8600	86570	74525	41232	4635	218
484294	228955	21962	181	33615	10329	9626	8036	2161	59215
626143	80127	14730	105	64953	8520	16837	8008	3214	81266
290329	1200	223	175	31818	800	293	44	10	1000
197337	6256	1638	109	1863	1953	2297	462	33	3670
1163656	275712	93337	1118	4333	10698	92114	8557	626	23273
315524	24243	34014	984	329	4800	24304	645	5092	64131
151967	87100	17853	144	1813	2832	10652	1317	7369	22035
154846	66	31451	1706	30	100	4725	211	854	6368
1286786	—	32432	2153	19505	—	20386	5538	779	13565
19145	—	1271	22	2	—	930	—	—	—
1150	—	254	325	—	—	658	317	67	1867
14823	—	693	88	10	—	1324	106	2	66
—	—	—	—	—	—	—	—	—	—

附录三

中国林业统计年鉴2003

CHINA FORESTRY STATISTICAL YEARBOOK

全国分县造林情况

分县人工、飞播造林和人工更新、封山育林完成情况

单位:公顷

地　　区	本年度检查验收合格造林面积			人工更新面积	新封山育林面积	低产低效林改造面积
	合计	人工造林	飞播造林			
全国合计	**9118894**	**8432486**	**686408**	**220866**	**1817342**	**264040**
北京	**47168**	**35616**	**11552**	**906**	**32566**	**—**
朝阳区绿化局	1124	1124	—	—	—	—
丰台区林业局	559	559	—	—	—	—
海淀区农林委	863	863	—	—	—	—
石景山区农委	55	55	—	—	—	—
门头沟区林业局	2795	1462	1333	—	4667	—
昌平区林业局	2203	1536	667	—	4000	—
顺义区林业局	1728	1728	—	177	—	—
通州区林业局	3876	3876	—	106	—	—
大兴区林业局	2529	2529	—	352	—	—
房山区林业局	7056	4723	2333	46	1333	—
平谷区林业局	2904	1571	1333	34	4000	—
平谷区果品办公室	1655	1655	—	—	—	—
怀柔区林业局	5300	2633	2667	—	4667	—
密云县林业局	6030	4697	1333	41	5333	—
延庆县林业局	6109	4223	1886	6	5333	—
延庆县果品服务中心	2336	2336	—	—	—	—
市局直属单位	46	46	—	144	3233	—
西山林场	13	13	—	—	833	—
共青林场	—	—	—	144	—	—
十三陵林场	20	20	—	—	1200	—
八达岭林场	13	13	—	—	1200	—
温泉苗圃	—	—	—	—	—	—
天竺苗圃	—	—	—	—	—	—
大东流苗圃	—	—	—	—	—	—
黄垡苗圃	—	—	—	—	—	—
蚕种场	—	—	—	—	—	—
琅山苗圃	—	—	—	—	—	—
南大荒苗圃	—	—	—	—	—	—
天津	**6894**	**6894**	**—**	**—**	**1333**	**—**
和平区	—	—	—	—	—	—
河东区	—	—	—	—	—	—
河西区	—	—	—	—	—	—
南开区	—	—	—	—	—	—
河北区	—	—	—	—	—	—
红桥区	—	—	—	—	—	—
塘沽区	68	68	—	—	—	—
汉沽区	62	62	—	—	—	—
大港区	376	376	—	—	—	—
东丽区	203	203	—	—	—	—
西青区	235	235	—	—	—	—
津南区	161	161	—	—	—	—
北辰区	249	249	—	—	—	—
武清区	1593	1593	—	—	—	—
宝坻区	1025	1025	—	—	—	—
宁河县	199	199	—	—	—	—
静海县	1550	1550	—	—	—	—
蓟县	1173	1173	—	—	1333	—
市局直属单位	—	—	—	—	—	—

分县人工、飞播造林和人工更新、封山育林完成情况

单位:公顷

单　位	本年度检查验收合格造林面积			人工更新面积	新封山育林面积	低产低效林改造面积
	合计	人工造林	飞播造林			
河北	**624215**	**560881**	**63334**	**5098**	**175567**	**2428**
石家庄市	**32619**	**25952**	**6667**	**157**	**43725**	**—**
长安区	200	200	—	—	—	—
桥东区	67	67	—	—	—	—
桥西区	33	33	—	—	—	—
新华区	75	75	—	—	—	—
裕华区	3	3	—	—	—	—
井陉矿区	—	—	—	—	485	—
井陉县	2473	1140	1333	47	4567	—
正定县	400	400	—	—	—	—
栾城县	700	700	—	—	—	—
行唐县	2800	2800	—	—	—	—
灵寿县	4267	2667	1600	—	—	—
高邑县	467	467	—	—	—	—
深泽县	667	667	—	—	—	—
赞皇县	6134	4667	1467	—	12000	—
无极县	667	667	—	—	—	—
平山县	7867	6267	1600	110	20000	—
元氏县	2667	2000	667	—	3333	—
赵县	—	—	—	—	—	—
辛集市	—	—	—	—	—	—
藁城市	687	687	—	—	—	—
晋州市	333	333	—	—	—	—
新乐市	1000	1000	—	—	—	—
鹿泉市	1112	1112	—	—	3340	—
唐山市	**25526**	**25526**	**—**	**260**	**—**	**274**
路南区	—	—	—	—	—	—
路北区	70	70	—	—	—	—
古冶区	299	299	—	—	—	—
开平区	1333	1333	—	—	—	—
新区	—	—	—	—	—	—
丰润县	667	667	—	33	—	—
滦县	2000	2000	—	24	—	—
滦南县	3115	3115	—	—	—	—
乐亭县	1907	1907	—	—	—	—
迁西县	2467	2467	—	68	—	219
玉田县	1667	1667	—	—	—	—
唐海县	33	33	—	21	—	—
芦台农场	100	100	—	2	—	—
汉沽农场	67	67	—	13	—	—
遵化市	3134	3134	—	—	—	—
丰南市	2000	2000	—	—	—	—
迁安市	6667	6667	—	99	—	55
秦皇岛市	**17501**	**14168**	**3333**	**156**	**122**	**466**
开发区	—	—	—	—	—	—
海港区	600	600	—	—	—	—
山海关区	2334	2334	—	—	—	—
北戴河区	1067	1067	—	—	—	—
青龙满族自治县	6333	4000	2333	20	—	—
昌黎县	2833	2833	—	59	—	—

分县人工、飞播造林和人工更新、封山育林完成情况

单位:公顷

单　　位	本年度检查验收合格造林面积			人工更新面积	新封山育林面积	低产低效林改造面积
	合计	人工造林	飞播造林			
抚宁县	3000	2000	1000	65	—	333
卢龙县	1334	1334	—	12	122	133
邯郸市	**43178**	**37845**	**5333**	**130**	**—**	**70**
邯山区	41	41	—	—	—	—
丛台区	—	—	—	—	—	—
复兴区	—	—	—	—	—	—
峰峰矿区	2934	2934	—	—	—	—
邯郸县	1633	1633	—	—	—	—
临漳县	2768	2768	—	130	—	—
成安县	667	667	—	—	—	70
大名县	1667	1667	—	—	—	—
涉县	7600	5600	2000	—	—	—
磁县	3600	2267	1333	—	—	—
肥乡县	667	667	—	—	—	—
永年县	267	267	—	—	—	—
丘县	1867	1867	—	—	—	—
鸡泽县	667	667	—	—	—	—
广平县	1667	1667	—	—	—	—
馆陶县	2960	2960	—	—	—	—
魏县	1706	1706	—	—	—	—
曲周县	3267	3267	—	—	—	—
武安市	9167	7167	2000	—	—	—
漳河林场	33	33	—	—	—	—
邢台市	**32952**	**28952**	**4000**	**813**	**—**	**—**
桥东区	33	33	—	—	—	—
桥西区	311	311	—	—	—	—
邢台县	4940	4273	667	41	—	—
临城县	2900	2233	667	—	—	—
内丘县	5080	3080	2000	558	—	—
柏乡县	—	—	—	—	—	—
隆尧县	1667	1667	—	—	—	—
任县	1333	1333	—	4	—	—
南和县	667	667	—	—	—	—
宁晋县	897	897	—	—	—	—
巨鹿县	1200	1200	—	—	—	—
新河县	1000	1000	—	—	—	—
广宗县	4533	4533	—	—	—	—
平乡县	533	533	—	—	—	—
威县	400	400	—	12	—	—
清河县	1133	1133	—	—	—	—
临西县	1334	1334	—	198	—	—
南宫市	2057	2057	—	—	—	—
沙河市	2934	2268	666	—	—	—
保定市	**36152**	**32819**	**3333**	**170**	**—**	**33**
新市区	333	333	—	—	—	—
北市区	250	250	—	—	—	—
南市区	133	133	—	—	—	—
满城县	3533	1600	1933	—	—	—
清苑县	933	933	—	—	—	—
涞水县	3267	3267	—	—	—	—

分县人工、飞播造林和人工更新、封山育林完成情况

单位:公顷

单　位	本年度检查验收合格造林面积			人工更新面积	新封山育林面积	低产低效林改造面积
	合计	人工造林	飞播造林			
阜平县	2933	2266	667	—	—	—
徐水县	933	933	—	—	—	—
定兴县	667	667	—	—	—	—
唐县	3333	2933	400	15	—	—
高阳县	400	400	—	—	—	—
容城县	333	333	—	—	—	—
涞源县	2667	2667	—	—	—	—
望都县	800	800	—	—	—	—
安新县	667	667	—	—	—	—
易县	2000	2000	—	—	—	—
曲阳县	1633	1300	333	—	—	—
蠡县	2003	2003	—	—	—	—
顺平县	1333	1333	—	—	—	—
博野县	267	267	—	—	—	—
雄县	1067	1067	—	5	—	—
涿州市	3333	3333	—	150	—	—
定州市	667	667	—	—	—	—
安国市	1600	1600	—	—	—	33
高碑店市	1067	1067	—	—	—	—
张家口市	**212587**	**181253**	**31334**	**15**	**65236**	—
桥东区	933	933	—	—	1000	—
桥西区	1147	1147	—	—	2100	—
宣化区	1340	1340	—	—	1600	—
下花园区	6000	5333	667	—	1667	—
宣化县	8041	4041	4000	—	3667	—
张北县	14678	14678	—	—	5867	—
康保县	29826	29826	—	—	4667	—
沽源县	23433	23433	—	—	5667	—
尚义县	30586	29253	1333	—	5333	—
蔚县	16125	12458	3667	—	4667	—
阳原县	7661	4994	2667	—	1667	—
怀安县	9733	7066	2667	—	2667	—
万全县	11433	10100	1333	—	3667	—
怀来县	5700	700	5000	—	5000	—
涿鹿县	18033	14033	4000	—	4667	—
赤城县	14333	11666	2667	—	6000	—
崇礼县	13585	10252	3333	15	5333	—
承德市	**113761**	**104427**	**9334**	**2375**	**57617**	**924**
双桥区	734	734	—	—	3667	—
双滦区	800	800	—	—	1333	—
鹰手营子矿区	969	969	—	—	1467	—
承德县	13200	11533	1667	118	6433	129
兴隆县	13000	11333	1667	528	5000	109
平泉县	11433	11433	—	400	6667	200
滦平县	10333	8333	2000	100	4667	27
隆化县	13203	11203	2000	364	4000	221
丰宁满族自治县	18653	18653	—	294	7000	209
宽城满族自治县	9000	7000	2000	38	4000	—
围场满族蒙古族自治县	22432	22432	—	533	13383	10
市直	4	4	—	—	—	19

分县人工、飞播造林和人工更新、封山育林完成情况

单位:公顷

单位	本年度检查验收合格造林面积			人工更新面积	新封山育林面积	低产低效林改造面积
	合计	人工造林	飞播造林			
沧州市	**35966**	**35966**	—	**187**	—	—
新华区	333	333	—	—	—	—
运河区	333	333	—	—	—	—
沧县	2000	2000	—	—	—	—
青县	3333	3333	—	—	—	—
东光县	2533	2533	—	—	—	—
海兴县	867	867	—	—	—	—
盐山县	2933	2933	—	—	—	—
肃宁县	2000	2000	—	—	—	—
南皮县	1067	1067	—	—	—	—
吴桥县	933	933	—	—	—	—
献县	4467	4467	—	—	—	—
孟村回族自治县	2000	2000	—	146	—	—
中捷农场	67	67	—	—	—	—
南大港农场	—	—	—	—	—	—
泊头市	1333	1333	—	—	—	—
任丘市	2467	2467	—	41	—	—
黄骅市	3633	3633	—	—	—	—
河间市	5667	5667	—	—	—	—
廊坊市	**26953**	**26953**	—	**23**	—	—
广阳区	2080	2080	—	—	—	—
安次区	2256	2256	—	—	—	—
开发区	17	17	—	—	—	—
固安县	1134	1134	—	—	—	—
永清县	4133	4133	—	—	—	—
香河县	1540	1540	—	—	—	—
大城县	2933	2933	—	—	—	—
文安县	5783	5783	—	23	—	—
大厂回族自治县	867	867	—	—	—	—
霸州市	4139	4139	—	—	—	—
三河市	2071	2071	—	—	—	—
衡水市	**45510**	**45510**	—	—	—	—
桃城区	5444	5444	—	—	—	—
枣强县	4081	4081	—	—	—	—
武邑县	5087	5087	—	—	—	—
武强县	3000	3000	—	—	—	—
饶阳县	2950	2950	—	—	—	—
安平县	3201	3201	—	—	—	—
故城县	2980	2980	—	—	—	—
景县	6667	6667	—	—	—	—
阜城县	2119	2119	—	—	—	—
冀州市	5561	5561	—	—	—	—
深州市	4420	4420	—	—	—	—
孟滦林管局	—	—	—	592	5667	377
塞罕坝机械林场	1510	1510	—	220	2000	284
雾灵山自然保护区	—	—	—	—	1000	—
小五台自然保护区	—	—	—	—	200	—

分县人工、飞播造林和人工更新、封山育林完成情况

单位:公顷

单　　位	本年度检查验收合格造林面积			人工更新面积	新封山育林面积	低产低效林改造面积
	合计	人工造林	飞播造林			
河北省良种繁育场	—	—	—	—	—	—
河北省林业科学研究院	—	—	—	—	—	—
河北省林业学校	—	—	—	—	—	—
河北省林业局	—	—	—	—	—	—
山西	**9937**	**9937**	**—**	**—**	**10480**	**—**
太原市	**—**	**—**	**—**	**—**	**—**	**—**
大同市	**1134**	**1134**	**—**	**—**	**1534**	**—**
南郊区	—	—	—	—	—	—
新荣区	—	—	—	—	—	—
阳高县	—	—	—	—	—	—
天镇县	—	—	—	—	—	—
广灵县	567	567	—	—	767	—
灵丘县	567	567	—	—	767	—
浑源县	—	—	—	—	—	—
左云县	—	—	—	—	—	—
大同县	—	—	—	—	—	—
阳泉市	**1134**	**1134**	**—**	**—**	**1534**	**—**
城区	—	—	—	—	—	—
矿区	—	—	—	—	—	—
郊区	567	567	—	—	767	—
平定县	567	567	—	—	767	—
盂县	—	—	—	—	—	—
长治市	**3101**	**3101**	**—**	**—**	**2301**	**—**
城区	—	—	—	—	—	—
郊区	—	—	—	—	—	—
长治县	—	—	—	—	—	—
襄垣县	—	—	—	—	—	—
屯留县	667	667	—	—	—	—
平顺县	567	567	—	—	767	—
黎城县	567	567	—	—	767	—
壶关县	—	—	—	—	—	—
长子县	—	—	—	—	—	—
武乡县	567	567	—	—	767	—
沁县	733	733	—	—	—	—
沁源县	—	—	—	—	—	—
潞城市	—	—	—	—	—	—
晋城市	**567**	**567**	**—**	**—**	**767**	**—**
沁水县	—	—	—	—	—	—
阳城县	—	—	—	—	—	—
陵川县	567	567	—	—	767	—
泽州县	—	—	—	—	—	—
高平市	—	—	—	—	—	—
朔州市	**—**	**—**	**—**	**—**	**—**	**—**
晋中市	**1701**	**1701**	**—**	**—**	**2302**	**—**
榆次区	—	—	—	—	—	—
榆社县	567	567	—	—	767	—
左权县	—	—	—	—	—	—
和顺县	567	567	—	—	768	—
昔阳县	567	567	—	—	767	—

分县人工、飞播造林和人工更新、封山育林完成情况

单位:公顷

单　　位	本年度检查验收合格造林面积			人工更新面积	新封山育林面积	低产低效林改造面积
	合计	人工造林	飞播造林			
寿阳县	—	—	—	—	—	—
太谷县	—	—	—	—	—	—
祁县	—	—	—	—	—	—
平遥县	—	—	—	—	—	—
灵石县	—	—	—	—	—	—
介休市	—	—	—	—	—	—
运城市	**—**	**—**	**—**	**—**	**—**	**—**
忻州市	**733**	**733**	**—**	**—**	**—**	**—**
忻府区	—	—	—	—	—	—
定襄县	733	733	—	—	—	—
五台县	—	—	—	—	—	—
代县	—	—	—	—	—	—
繁峙县	—	—	—	—	—	—
宁武县	—	—	—	—	—	—
静乐县	—	—	—	—	—	—
神池县	—	—	—	—	—	—
五寨县	—	—	—	—	—	—
岢岚县	—	—	—	—	—	—
河曲县	—	—	—	—	—	—
保德县	—	—	—	—	—	—
偏关县	—	—	—	—	—	—
原平市	—	—	—	—	—	—
临汾市	**567**	**567**	**—**	**—**	**767**	**—**
尧都区	—	—	—	—	—	—
曲沃县	—	—	—	—	—	—
翼城县	—	—	—	—	—	—
襄汾县	—	—	—	—	—	—
洪洞县	—	—	—	—	—	—
古县	—	—	—	—	—	—
安泽县	567	567	—	—	767	—
浮山县	—	—	—	—	—	—
吉县	—	—	—	—	—	—
乡宁县	—	—	—	—	—	—
大宁县	—	—	—	—	—	—
隰县	—	—	—	—	—	—
永和县	—	—	—	—	—	—
蒲县	—	—	—	—	—	—
汾西县	—	—	—	—	—	—
侯马市	—	—	—	—	—	—
霍州市	—	—	—	—	—	—
吕梁地区	**—**	**—**	**—**	**—**	**—**	**—**
省直林区	**1000**	**1000**	**—**	**—**	**1275**	**—**
管涔山森林经营局	—	—	—	—	—	—
五台山森林经营局	333	333	—	—	608	—
关帝山森林经营局	—	—	—	—	—	—
太行山森林经营局	667	667	—	—	667	—
太岳山森林经营局	—	—	—	—	—	—
吕梁山森林经营局	—	—	—	—	—	—
中条山森林经营局	—	—	—	—	—	—
黑茶山森林经营局	—	—	—	—	—	—

分县人工、飞播造林和人工更新、封山育林完成情况

单位:公顷

单　位	本年度检查验收合格造林面积			人工更新面积	新封山育林面积	低产低效林改造面积
	合计	人工造林	飞播造林			
内蒙古	**836123**	**699373**	**136750**	**8008**	**168092**	**2724.4**
呼和浩特市	**38780**	**28933**	**9847**	**—**	**16933**	**—**
新城区	280	280	—	—	2733	—
回民区	1034	1034	—	—	680	—
玉泉区	—	—	—	—	—	—
赛罕区	273	273	—	—	1347	—
土默特左旗	833	833	—	—	3373	—
托克托县	1400	—	1400	—	—	—
和林格尔县	11100	6873	4227	—	2720	—
武川县	10420	10420	—	—	4040	—
清水河县	13440	9220	4220	—	2040	—
包头市	**18474**	**15140**	**3334**	**—**	**17334**	**—**
东河区	—	—	—	—	200	—
青山区	—	—	—	—	—	—
昆都仑区	333	333	—	—	—	—
石拐区	253	253	—	—	667	—
白云矿区	329	329	—	—	—	—
九原区	1586	1586	—	—	6467	—
土默特右旗	799	132	667	—	4000	—
固阳县	5773	5773	—	—	4000	—
达尔罕茂明安联合旗	9401	6734	2667	—	2000	—
乌海市	**3999**	**3999**	**—**	**—**	**3373**	**—**
海勃湾区	473	473	—	—	1426	—
海南区	3253	3253	—	—	1907	—
乌达区	273	273	—	—	40	—
赤峰市	**143994**	**135933**	**8061**	**2762.5**	**45646**	**1460.4**
红山区	—	—	—	36	—	—
元宝山区	887	887	—	139	167	—
松山区	11547	10880	667	—	3553	—
阿鲁科尔沁旗	20733	19400	1333	194	4000	233
巴林左旗	20333	20333	—	136	4666	93
巴林右旗	12114	11447	667	48.5	6053	—
林西县	12453	12453	—	—	5333	—
克什克腾旗	16100	15433	667	40	6666	42.4
翁牛特旗	18300	15633	2667	—	5307	—
宁城县	10913	10267	646	397	2667	298
敖汉旗	14840	14173	667	1527	4567	727
喀拉沁旗	5774	5027	747	245	2667	67
呼伦贝尔市	**9666**	**9666**	**—**	**438**	**2000**	**53**
海拉尔区	1413	1413	—	—	—	—
扎兰屯市	1513	1513	—	—	—	—
牙克石市	200	200	—	176	—	13
额尔古纳市	347	347	—	—	—	—
根河市	—	—	—	—	—	—

分县人工、飞播造林和人工更新、封山育林完成情况

单位:公顷

单位	本年度检查验收合格造林面积			人工更新面积	新封山育林面积	低产低效林改造面积
	合计	人工造林	飞播造林			
阿荣旗	953	953	—	—	—	—
莫力达瓦达斡尔自治旗	1740	1740	—	—	2000	—
鄂伦春自治旗	367	367	—	—	—	—
鄂温克自治旗	2480	2480	—	7	—	—
新巴尔虎左旗	120	120	—	—	—	—
新巴尔虎右旗	—	—	—	—	—	—
满州里市	—	—	—	—	—	—
陈巴尔虎旗	33	33	—	123	—	40
免渡河林业局	—	—	—	32	—	—
乌奴尔林业局	—	—	—	100	—	—
巴林林业局	—	—	—	—	—	—
南木林业局	—	—	—	—	—	—
红花尔基林业局	—	—	—	—	—	—
柴河林业局	—	—	—	—	—	—
大杨树农场局	87	87	—	—	—	—
海拉尔农场局	413	413	—	—	—	—
兴安盟	**54733**	**54733**	**—**	**—**	**2334**	**—**
乌兰浩特市	4213	4213	—	—	—	—
阿尔山市	1340	1340	—	—	—	—
科尔沁右翼前旗	13773	13773	—	—	667	—
科尔沁右翼中旗	8594	8594	—	—	—	—
扎赉特旗	13420	13420	—	—	1667	—
突泉县	13393	13393	—	—	—	—
五岔沟林业局	—	—	—	—	—	—
白狼林业局	—	—	—	—	—	—
通辽市	**113445**	**113445**	**—**	**1775**	**2666**	**1028**
科尔沁区	10606	10606	—	533	—	—
科尔沁左翼中旗	23826	23826	—	180	333	154
科尔沁左翼后旗	20633	20633	—	37	—	63
开鲁县	9647	9647	—	377	667	86
库伦旗	9146	9146	—	91	333	272
奈曼旗	22147	22147	—	427	333	369
扎鲁特旗	17440	17440	—	130	667	84
霍林郭勒市	—	—	—	—	333	—
通辽市直	—	—	—	—	—	—
锡林郭勒盟	**70686**	**57353**	**13333**	**—**	**22526**	**—**
锡林浩特市	3187	3187	—	—	4000	—
阿巴嘎旗	2133	133	2000	—	3133	—
苏尼特左旗	1466	133	1333	—	1067	—
苏尼特右旗	2413	2413	—	—	2000	—
东乌珠穆沁旗	4433	4433	—	—	2253	—
西乌珠穆沁旗	2820	1487	1333	—	2727	—
太仆寺旗	16000	16000	—	—	2333	—
镶黄旗	3820	1819	2001	—	2333	—
正镶白旗	7447	5447	2000	—	1067	—
正蓝旗	10820	7487	3333	—	1613	—
多伦县	16147	14814	1333	—	—	—
乌兰察布盟	**152274**	**143300**	**8974**	**—**	**25734**	**—**
集宁市	733	733	—	—	—	—

分县人工、飞播造林和人工更新、封山育林完成情况

单位:公顷

单　　位	本年度检查验收合格造林面积			人工更新面积	新封山育林面积	低产低效林改造面积
	合计	人工造林	飞播造林			
丰镇市	13920	13187	733	—	2200	—
卓资县	9633	9633	—	—	1600	—
化德县	17580	16240	1340	—	3460	—
商都县	14627	13227	1400	—	3493	—
兴和县	15053	14360	693	—	2180	—
凉城县	6993	6993	—	—	1993	—
察哈尔右翼前旗	15928	14467	1461	—	2814	—
察哈尔右翼中旗	11227	11227	—	—	1334	—
察哈尔右翼后旗	19400	17400	2000	—	3327	—
四子王旗	27180	25833	1347	—	3333	—
鄂尔多斯市	**164134**	**92133**	**72001**	**—**	**3353**	**183**
东胜区	5994	5327	667	—	—	—
达拉特旗	18368	11701	6667	—	—	—
准格尔旗	21380	14713	6667	—	—	—
鄂托克前旗	20487	7820	12667	—	—	—
鄂托克旗	29053	13053	16000	—	1107	—
杭锦旗	31660	19660	12000	—	—	—
乌审旗	22000	9333	12667	—	373	—
伊金霍洛旗	12566	9233	3333	—	1133	—
造林总场	2626	1293	1333	—	740	183
巴彦淖尔盟	**51706**	**35573**	**16133**	**—**	**20193**	**—**
巴彦淖尔盟直	—	—	—	—	2000	—
临河市	5959	4479	1480	—	647	—
五原县	2908	1574	1334	—	647	—
磴口县	9513	5513	4000	—	1333	—
乌拉特前旗	11688	7421	4267	—	—	—
乌拉特中旗	9266	7933	1333	—	3333	—
乌拉特后旗	2700	700	2000	—	8900	—
杭锦后旗	9672	7953	1719	—	3333	—
阿拉善盟	**6640**	**1573**	**5067**	**—**	**6000**	**—**
阿拉善盟直	40	40	—	—	667	—
阿拉善左旗	6200	1133	5067	—	4667	—
阿拉善右旗	233	233	—	—	333	—
额济纳旗	167	167	—	—	333	—
二连浩特市	**80**	**80**	**—**	**—**	**—**	**—**
内蒙古集团	**7512**	**7512**	**—**	**3033**	**—**	**—**
阿尔山	1679	1679	—	—	—	—
绰尔	967	967	—	13	—	—
绰源	667	667	—	67	—	—
乌尔旗汉	158	158	—	212	—	—
库都尔	267	267	—	414	—	—
图里河	—	—	—	240	—	—
伊图里河	400	400	—	—	—	—
克一河	133	133	—	69	—	—
甘河	134	134	—	204	—	—
吉文	335	335	—	—	—	—
阿里河	543	543	—	139	—	—
根河	539	539	—	204	—	—
金河	—	—	—	201	—	—

分县人工、飞播造林和人工更新、封山育林完成情况

单位:公顷

单　位	本年度检查验收合格造林面积			人工更新面积	*新封山育林面积	低产低效林改造面积
	合计	人工造林	飞播造林			
阿龙山	—	—	—	473	—	—
满归	201	201	—	—	—	—
得耳布尔	667	667	—	334	—	—
莫尔道嘎	—	—	—	400	—	—
大杨树	823	823	—	64	—	—
毕拉河	—	—	—	—	—	—
辽宁	**195150**	**195150**	**—**	**—**	**—**	**—**
沈阳市	**28208**	**28208**	**—**	**—**	**—**	**—**
和平区	—	—	—	—	—	—
沈河区	—	—	—	—	—	—
大东区	—	—	—	—	—	—
皇姑区	—	—	—	—	—	—
铁西区	—	—	—	—	—	—
苏家屯区	—	—	—	—	—	—
东陵区	—	—	—	—	—	—
新城子区	—	—	—	—	—	—
于洪区	—	—	—	—	—	—
辽中县	4910	4910	—	—	—	—
康平县	14707	14707	—	—	—	—
法库县	6214	6214	—	—	—	—
新民市	2377	2377	—	—	—	—
大连市	**32229**	**32229**	**—**	**—**	**—**	**—**
中山区	—	—	—	—	—	—
西岗区	—	—	—	—	—	—
沙河口区	—	—	—	—	—	—
甘井子区	18	18	—	—	—	—
旅顺口区	24	24	—	—	—	—
金州区	1960	1960	—	—	—	—
长海县	—	—	—	—	—	—
庄河市	6661	6661	—	—	—	—
瓦房店市	13830	13830	—	—	—	—
普兰店市	9736	9736	—	—	—	—
鞍山市	**8499**	**8499**	**—**	**—**	**—**	**—**
铁东区	—	—	—	—	—	—
铁西区	—	—	—	—	—	—
立山区	—	—	—	—	—	—
千山区	481	481	—	—	—	—
台安县	4265	4265	—	—	—	—
岫岩满族自治县	1983	1983	—	—	—	—
海城市	1770	1770	—	—	—	—
抚顺市	**9016**	**9016**	**—**	**—**	**—**	**—**
新抚区	—	—	—	—	—	—
东洲区	—	—	—	—	—	—
望花区	—	—	—	—	—	—
顺城区	—	—	—	—	—	—
抚顺县	1511	1511	—	—	—	—

分县人工、飞播造林和人工更新、封山育林完成情况

单位:公顷

单位	本年度检查验收合格造林面积			人工更新面积	新封山育林面积	低产低效林改造面积
	合计	人工造林	飞播造林			
新宾满族自治县	4256	4256	—	—	—	—
清原满族自治县	3249	3249	—	—	—	—
本溪市	**8427**	**8427**	—	—	—	—
平山区	—	—	—	—	—	—
溪湖区	350	350	—	—	—	—
明山区	—	—	—	—	—	—
南芬区	—	—	—	—	—	—
本溪满族自治县	1719	1719	—	—	—	—
桓仁满族自治县	6358	6358	—	—	—	—
丹东市	**11129**	**11129**	—	—	—	—
元宝区	—	—	—	—	—	—
振兴区	—	—	—	—	—	—
振安区	558	558	—	—	—	—
宽甸满族自治县	3265	3265	—	—	—	—
东港市	1984	1984	—	—	—	—
凤城市	5322	5322	—	—	—	—
锦州市	**12522**	**12522**	—	—	—	—
古塔区	—	—	—	—	—	—
凌河区	—	—	—	—	—	—
太和区	142	142	—	—	—	—
黑山县	2984	2984	—	—	—	—
义县	3303	3303	—	—	—	—
凌海市	3693	3693	—	—	—	—
北宁市	2400	2400	—	—	—	—
营口市	**6134**	**6134**	—	—	—	—
市直	—	—	—	—	—	—
站前区	—	—	—	—	—	—
西市区	—	—	—	—	—	—
鲅鱼圈区	—	—	—	—	—	—
老边区	—	—	—	—	—	—
大石桥市	1916	1916	—	—	—	—
盖州市	4218	4218	—	—	—	—
阜新市	**20079**	**20079**	—	—	—	—
海州区	—	—	—	—	—	—
新邱区	—	—	—	—	—	—
太平区	—	—	—	—	—	—
清河门区	—	—	—	—	—	—
矿务局林业处	144	144	—	—	—	—
细河区	—	—	—	—	—	—
阜新蒙古族自治县	10393	10393	—	—	—	—
彰武县	9542	9542	—	—	—	—
辽阳市	**2644**	**2644**	—	—	—	—
白塔区	—	—	—	—	—	—
文圣区	—	—	—	—	—	—
宏伟区	—	—	—	—	—	—
弓长岭区	—	—	—	—	—	—
太子河区	—	—	—	—	—	—
辽阳县	1680	1680	—	—	—	—
灯塔市	964	964	—	—	—	—

分县人工、飞播造林和人工更新、封山育林完成情况

单位:公顷

单位	本年度检查验收合格造林面积			人工更新面积	新封山育林面积	低产低效林改造面积
	合计	人工造林	飞播造林			
盘锦市	**3292**	**3292**	**—**	**—**	**—**	**—**
双台子区	—	—	—	—	—	—
兴隆台区	—	—	—	—	—	—
大洼县	269	269	—	—	—	—
盘山县	3023	3023	—	—	—	—
铁岭市	**10745**	**10745**	**—**	**—**	**—**	**—**
银州区	—	—	—	—	—	—
清河区	—	—	—	—	—	—
开发区	—	—	—	—	—	—
铁岭县	1406	1406	—	—	—	—
西丰县	1705	1705	—	—	—	—
昌图县	5493	5493	—	—	—	—
调兵山市	—	—	—	—	—	—
开原市	2141	2141	—	—	—	—
朝阳市	**35034**	**35034**	**—**	**—**	**—**	**—**
双塔区	—	—	—	—	—	—
龙城区	2698	2698	—	—	—	—
朝阳县	7689	7689	—	—	—	—
建平县	11848	11848	—	—	—	—
喀喇沁左翼蒙古族自治县	3737	3737	—	—	—	—
凌源市	3376	3376	—	—	—	—
北票市	5686	5686	—	—	—	—
葫芦岛市	**7192**	**7192**	**—**	**—**	**—**	**—**
连山区	1196	1196	—	—	—	—
龙港区	—	—	—	—	—	—
南票区	2865	2865	—	—	—	—
绥中县	497	497	—	—	—	—
建昌县	977	977	—	—	—	—
兴城市	1657	1657	—	—	—	—
吉林省	**167924**	**167924**	**—**	**10014**	**25205**	**3787**
长春市	**12639**	**12639**	**—**	**307**	**975**	**—**
榆树市	1127	1127	—	—	—	—
农安县	5632	5632	—	—	—	—
德惠市	460	460	—	10	—	—
九台市	967	967	—	110	975	—
双阳区	3000	3000	—	176	—	—
朝阳区	465	465	—	—	—	—
宽城区	143	143	—	—	—	—
南关区	51	51	—	1	—	—
绿园区	598	598	—	10	—	—
二道区	143	143	—	—	—	—
净月开发区	53	53	—	—	—	—
吉林市	**16423**	**16423**	**—**	**1536**	**500**	**329**
桦甸市	5476	5476	—	81	—	58
舒兰市	1971	1971	—	109	—	50
蛟河市	3962	3962	—	222	—	50
磐石市	2139	2139	—	167	—	146
永吉县	1549	1549	—	327	—	1

分县人工、飞播造林和人工更新、封山育林完成情况

单位:公顷

单　　位	本年度检查验收合格造林面积			人工更新面积	新封山育林面积	低产低效林改造面积
	合计	人工造林	飞播造林			
昌邑区	148	148	—	24	500	—
龙潭区	957	957	—	147	—	—
船营区	95	95	—	99	—	24
丰满区	126	126	—	238	—	—
上营森林经营局	—	—	—	122	—	—
四平市	**16666**	**16666**	**—**	**574**	**311**	**371**
公主岭市	1548	1548	—	—	—	87
双辽市	5264	5264	—	—	—	—
梨树县	4562	4562	—	430	311	257
伊通满族自治县	3282	3282	—	127	—	—
铁东区	539	539	—	—	—	—
铁西区	153	153	—	—	—	—
辽河农垦局	1035	1035	—	—	—	17
实验林场	283	283	—	17	—	10
辽源市	**12802**	**12802**	**—**	**513**	**—**	**68**
东辽县	5667	5667	—	219	—	38
东丰县	5906	5906	—	284	—	30
西安区	402	402	—	—	—	—
龙山区	567	567	—	—	—	—
西站林场	—	—	—	10	—	—
市林业局	260	260	—	—	—	—
通化市	**19247**	**19247**	**—**	**2108**	**—**	**102**
梅河口市	5037	5037	—	110	—	—
集安市	4172	4172	—	235	—	—
通化县	3437	3437	—	933	—	60
柳河县	2467	2467	—	245	—	—
辉南县	2739	2739	—	300	—	18
东昌区	814	814	—	19	—	—
二道江区	581	581	—	87	—	8
辉南森林经营局	—	—	—	163	—	16
直属林场	—	—	—	16	—	—
白山市	**12463**	**12463**	**—**	**277**	**173**	**173**
长白县	732	732	—	77	—	57
抚松县	2588	2588	—	—	—	—
靖宇县	2909	2909	—	—	—	—
临江市	1897	1897	—	89	—	116
江源县	2407	2407	—	52	—	—
八道江区	1373	1373	—	2	—	—
长白森林经营局	51	51	—	57	173	—
市林业设计院	506	506	—	—	—	—
白城市	**31828**	**31828**	**—**	**421**	**5000**	**711**
大安市	1722	1722	—	267	1000	210
洮南市	12896	12896	—	30	1333	150
通榆县	10572	10572	—	—	1000	144
镇赉县	4220	4220	—	—	1667	—
洮北区	2385	2385	—	124	—	207

分县人工、飞播造林和人工更新、封山育林完成情况

单位:公顷

单位	本年度检查验收合格造林面积			人工更新面积	新封山育林面积	低产低效林改造面积
	合计	人工造林	飞播造林			
市林业局	33	33	—	—	—	—
松原市	**25732**	**25732**	—	**35**	**14219**	—
长岭县	7123	7123	—	—	4619	—
前郭尔罗斯县	4790	4790	—	—	3200	—
扶余县	6060	6060	—	—	3600	—
乾安县	7120	7120	—	—	2800	—
宁江区	639	639	—	35	—	—
延边朝鲜族自治州	**17622**	**17622**	—	**1622**	**4027**	**1737**
延吉市	357	357	—	105	—	127
龙井市	655	655	—	295	—	232
和龙市	804	804	—	251	2979	210
图们市	351	351	—	40	—	32
珲春市	830	830	—	104	—	—
敦化市	9873	9873	—	365	1048	497
安图县	2638	2638	—	223	—	114
汪清县	2114	2114	—	239	—	525
安图森林经营局	—	—	—	—	—	—
吉林集团	**1927**	**1927**	—	**2191**	—	**296**
临江	661	661	—	—	—	15
三岔子	80	80	—	379	—	—
湾沟	728	728	—	329	—	—
松江河	46	46	—	54	—	—
泉阳	93	93	—	1022	—	36
露水河	—	—	—	24	—	—
白石山	249	249	—	329	—	206
红石	70	70	—	54	—	39
省林业厅直属	**575**	**575**	—	**430**	—	—
长白山保护局	—	—	—	—	—	—
向海保护局	560	560	—	—	—	—
莫莫格保护局	—	—	—	—	—	—
三湖保护局	15	15	—	—	—	—
蛟河实验局	—	—	—	430	—	—
黑龙江	**283791**	**283791**	—	**9850**	**47213**	**19211**
哈尔滨市	**33944**	**33944**	—	**857**	**15621**	—
五常县	3000	3000	—	318	2420	—
双城市	793	793	—	—	—	—
阿城市	3960	3960	—	—	1616	—
尚志市	2734	2734	—	—	—	—
巴彦县	2733	2733	—	66	999	—
呼兰县	1524	1524	—	—	—	—
宾县	3999	3999	—	201	1667	—
依兰县	3000	3000	—	—	2183	—
延寿县	2866	2866	—	—	1800	—
木兰县	4000	4000	—	219	1361	—
通河县	1868	1868	—	—	1867	—
方正县	1067	1067	—	—	1067	—
哈市郊	2400	2400	—	53	641	—
齐齐哈尔市	**41248**	**41248**	—	—	**6134**	—
龙江县	7342	7342	—	—	667	—
讷河市	2461	2461	—	—	—	—

分县人工、飞播造林和人工更新、封山育林完成情况

单位：公顷

单　位	本年度检查验收合格造林面积			人工更新面积	新封山育林面积	低产低效林改造面积
	合计	人工造林	飞播造林			
依安县	844	844	—	—	—	—
泰来县	6334	6334	—	—	—	—
甘南县	2581	2581	—	—	667	—
富裕县	5341	5341	—	—	—	—
克山县	812	812	—	—	—	—
克东县	1769	1769	—	—	—	—
拜泉县	4088	4088	—	—	—	—
齐市郊	9676	9676	—	—	4800	—
鸡西市	**6593**	**6593**	**—**	**30**	**1515**	**—**
密山市	4000	4000	—	—	—	—
虎林市	1000	1000	—	—	667	—
鸡东县	819	819	—	30	667	—
市直	774	774	—	—	181	—
鹤岗市	**2735**	**2735**	**—**	**—**	**666**	**—**
萝北县	1068	1068	—	—	—	—
绥滨县	—	—	—	—	—	—
市直	1667	1667	—	—	666	—
双鸭山市	**6035**	**6035**	**—**	**—**	**8081**	**—**
集贤县	2406	2406	—	—	1330	—
宝清县	1627	1627	—	—	1965	—
饶河县	668	668	—	—	667	—
友谊县	333	333	—	—	—	—
市直	1001	1001	—	—	4119	—
大庆市	**10088**	**10088**	**—**	**—**	**—**	**—**
肇州县	668	668	—	—	—	—
肇源县	1743	1743	—	—	—	—
林甸县	1042	1042	—	—	—	—
杜尔伯特蒙古族自治县	4180	4180	—	—	—	—
大庆郊区	2455	2455	—	—	—	—
伊春市	**4964**	**4964**	**—**	**—**	**—**	**—**
铁力市	773	773	—	—	—	—
嘉荫县	2493	2493	—	—	—	—
市直	1698	1698	—	—	—	—
佳木斯市	**15178**	**15178**	**—**	**125**	**7253**	**—**
桦南县	3043	3043	—	95	2720	—
汤原县	1667	1667	—	—	—	—
桦川县	2267	2267	—	—	2533	—
富锦市	1735	1735	—	—	—	—
同江市	1666	1666	—	—	600	—
抚远县	3133	3133	—	—	1000	—
佳市郊	1667	1667	—	30	400	—
七台河市	**2965**	**2965**	**—**	**—**	**—**	**—**
勃利县	1167	1167	—	—	—	—
市直	1798	1798	—	—	—	—
牡丹江市	**18669**	**18669**	**—**	**41**	**4343**	**—**
宁安市	3000	3000	—	—	1133	—
海林市	2667	2667	—	41	1378	—
林口县	7000	7000	—	—	867	—
穆棱市	2001	2001	—	—	332	—

分县人工、飞播造林和人工更新、封山育林完成情况

单位:公顷

单　　位	本年度检查验收合格造林面积			人工更新面积	新封山育林面积	低产低效林改造面积
	合计	人工造林	飞播造林			
东宁县	2667	2667	—	—	400	—
绥芬河市	—	—	—	—	—	—
管理处	80	80	—	—	158	—
市直	1254	1254	—	—	75	—
绥化市	**23325**	**23325**	**—**	**—**	**3000**	**—**
海伦市	2200	2200	—	—	—	—
海伦公司	667	667	—	—	1000	—
绥棱县	747	747	—	—	—	—
绥棱公司	34	34	—	—	1000	—
庆安县	2586	2586	—	—	—	—
北林区	1338	1338	—	—	—	—
望奎县	2719	2719	—	—	1000	—
兰西县	2333	2333	—	—	—	—
青冈县	2768	2768	—	—	—	—
明水县	3367	3367	—	—	—	—
安达市	1895	1895	—	—	—	—
肇东市	2671	2671	—	—	—	—
黑河市	**9256**	**9256**	**—**	**—**	**600**	**—**
北安市	1286	1286	—	—	—	—
五大连池市	1042	1042	—	—	—	—
嫩江县	3605	3605	—	—	600	—
爱辉区	394	394	—	—	—	—
孙吴县	1536	1536	—	—	—	—
逊克县	515	515	—	—	—	—
市直	818	818	—	—	—	—
五大连池保护区	60	60	—	—	—	—
大兴安岭集团	**5811**	**5811**	**—**	**—**	**—**	**11634**
尚志林管局	**1000**	**1000**	**—**	**—**	**—**	**—**
庆安林管局	**1333**	**1333**	**—**	**—**	**—**	**—**
省直单位	**21667**	**21667**	**—**	**—**	**—**	**—**
农垦单位	**54266**	**54266**	**—**	**—**	**—**	**—**
龙江集团	**24714**	**24714**	**—**	**8797**	**—**	**7577**
上海	**16457**	**16457**	**—**	**—**	**—**	**—**
闵行区	893	893	—	—	—	—
宝山区	801	801	—	—	—	—
嘉定区	750	750	—	—	—	—
浦东新区	1678	1678	—	—	—	—
金山区	2366	2366	—	—	—	—
松江区	972	972	—	—	—	—
青浦区	1451	1451	—	—	—	—
南汇区	2088	2088	—	—	—	—
奉贤区	1427	1427	—	—	—	—
崇明县	3585	3585	—	—	—	—
市农工商	446	446	—	—	—	—
江苏	**112413**	**112413**	**—**	**6233**	**655**	**1215**
南京市	**12660**	**12660**	**—**	**24**	**—**	**—**
玄武区	—	—	—	—	—	—
白下区	—	—	—	—	—	—

分县人工、飞播造林和人工更新、封山育林完成情况

单位:公顷

单　　位	本年度检查验收合格造林面积			人工更新面积	新封山育林面积	低产低效林改造面积
	合计	人工造林	飞播造林			
秦淮区	—	—	—	—	—	—
建邺区	—	—	—	—	—	—
鼓楼区	—	—	—	—	—	—
下关区	—	—	—	—	—	—
浦口区	1286	1286	—	—	—	—
栖霞区	774	774	—	—	—	—
雨花台区	135	135	—	—	—	—
江宁区	2800	2800	—	—	—	—
六合区	5078	5078	—	11	—	—
溧水县	1841	1841	—	—	—	—
高淳县	746	746	—	13	—	—
无锡市	**2821**	**2821**	**—**	**—**	**—**	**3**
市直	85	85	—	—	—	—
崇安区	—	—	—	—	—	—
南长区	—	—	—	—	—	—
北塘区	—	—	—	—	—	—
锡山区	142	142	—	—	—	—
惠山区	772	772	—	—	—	—
滨湖区	261	261	—	—	—	3
江阴市	290	290	—	—	—	—
宜兴市	1271	1271	—	—	—	—
徐州市	**13343**	**13343**	**—**	**639**	**—**	**2**
市直	35	35	—	3	—	—
鼓楼区	3	3	—	—	—	—
云龙区	—	—	—	—	—	—
九里区	—	—	—	—	—	—
贾汪区	393	393	—	45	—	2
泉山区	—	—	—	—	—	—
丰县	2252	2252	—	96	—	—
沛县	708	708	—	23	—	—
铜山县	2322	2322	—	202	—	—
睢宁县	2639	2639	—	—	—	—
新沂市	2754	2754	—	215	—	—
邳州市	2237	2237	—	55	—	—
常州市	**2538**	**2538**	**—**	**51**	**261**	**6**
天宁区	—	—	—	—	—	—
钟楼区	—	—	—	—	—	—
戚墅堰区	—	—	—	—	—	—
新北区	—	—	—	—	—	—
武进区	230	230	—	—	—	—
溧阳市	1615	1615	—	51	—	6
金坛市	693	693	—	—	261	—
苏州市	**1916**	**1916**	**—**	**—**	**—**	**3**
沧浪区	—	—	—	—	—	—
平江区	—	—	—	—	—	—
金阊区	—	—	—	—	—	—
虎丘区	75	75	—	—	—	—
吴中区	170	170	—	—	—	—
相城区	475	475	—	—	—	—
常熟市	126	126	—	—	—	3

分县人工、飞播造林和人工更新、封山育林完成情况

单位:公顷

单　　位	本年度检查验收合格造林面积			人工更新面积	新封山育林面积	低产低效林改造面积
	合计	人工造林	飞播造林			
张家港市	351	351	—	—	—	—
昆山市	285	285	—	—	—	—
吴江市	283	283	—	—	—	—
太仓市	151	151	—	—	—	—
南通市	**5482**	**5482**	**—**	**1**	**—**	**—**
崇川区	—	—	—	—	—	—
港闸区	67	67	—	—	—	—
海安县	1356	1356	—	—	—	—
如东县	926	926	—	—	—	—
启东市	232	232	—	1	—	—
如皋市	1644	1644	—	—	—	—
通州市	769	769	—	—	—	—
海门市	488	488	—	—	—	—
连云港市	**14391**	**14391**	**—**	**1441**	**394**	**153**
市直	543	543	—	—	71	17
连云区	228	228	—	—	—	—
新浦区	219	219	—	—	136	—
海州区	559	559	—	—	187	—
赣榆县	4663	4663	—	349	—	30
东海县	2877	2877	—	1084	—	106
灌云县	4258	4258	—	—	—	—
灌南县	1044	1044	—	8	—	—
淮安市	**4362**	**4362**	**—**	**770**	**—**	**148**
清河区	—	—	—	—	—	—
楚州区	1264	1264	—	69	—	—
淮阴区	420	420	—	—	—	—
清浦区	56	56	—	1	—	—
涟水县	317	317	—	353	—	—
洪泽县	779	779	—	203	—	86
盱眙县	959	959	—	48	—	28
金湖县	567	567	—	96	—	34
盐城市	**25075**	**25075**	**—**	**2100**	**—**	**834**
城区	677	677	—	—	—	—
响水县	3668	3668	—	—	—	—
滨海县	5127	5127	—	41	—	—
阜宁县	2431	2431	—	37	—	—
射阳县	4638	4638	—	291	—	237
建湖县	614	614	—	110	—	68
盐都县	1089	1089	—	487	—	60
东台市	4888	4888	—	204	—	68
大丰市	1943	1943	—	930	—	401
扬州市	**8399**	**8399**	**—**	**587**	**—**	**29**
广陵区	123	123	—	—	—	—
邗江区	1848	1848	—	—	—	25
郊区	192	192	—	—	—	—
宝应县	210	210	—	262	—	—
仪征市	2166	2166	—	—	—	—
高邮市	1851	1851	—	298	—	—
江都市	2009	2009	—	27	—	4
镇江市	**3778**	**3778**	**—**	**92**	**—**	**37**

分县人工、飞播造林和人工更新、封山育林完成情况

单位:公顷

单　位	本年度检查验收合格造林面积			人工更新面积	新封山育林面积	低产低效林改造面积
	合计	人工造林	飞播造林			
京口区	55	55	—	—	—	—
润州区	36	36	—	3	—	3
丹徒区	519	519	—	—	—	—
丹阳市	1384	1384	—	60	—	—
扬中市	115	115	—	—	—	—
句容市	1669	1669	—	29	—	34
泰州市	**7834**	**7834**	**—**	**—**	**—**	**—**
海陵区	488	488	—	—	—	—
高港区	42	42	—	—	—	—
兴化市	2159	2159	—	—	—	—
靖江市	212	212	—	—	—	—
泰兴市	4264	4264	—	—	—	—
姜堰市	669	669	—	—	—	—
宿迁市	**9814**	**9814**	**—**	**528**	**—**	**—**
宿城区	566	566	—	—	—	—
宿豫县	2091	2091	—	131	—	—
沭阳县	595	595	—	139	—	—
泗阳县	3521	3521	—	—	—	—
泗洪县	3041	3041	—	258	—	—
浙江	**22114**	**22114**	**—**	**5084**	**18577**	**24509**
杭州市	**2692**	**2692**	**—**	**1326**	**252**	**3358**
上城区	—	—	—	—	—	—
下城区	—	—	—	—	—	—
江干区	40	40	—	—	—	—
拱墅区	—	—	—	1	—	—
西湖区	74	74	—	—	—	—
滨江区	—	—	—	—	—	7
萧山区	6	6	—	36	—	—
余杭区	238	238	—	—	—	109
桐庐县	668	668	—	419	—	1633
淳安县	364	364	—	276	—	75
建德市	488	488	—	415	252	590
富阳市	393	393	—	—	—	733
临安市	421	421	—	179	—	211
宁波市	**1773**	**1773**	**—**	**566**	**320**	**774**
海曙区	—	—	—	—	—	—
江东区	—	—	—	—	—	—
江北区	181	181	—	—	—	—
北仑区	47	47	—	—	67	—
大榭开发区	94	94	—	—	—	—
镇海区	400	400	—	—	—	181
鄞州区	98	98	—	56	50	526
象山县	205	205	—	322	—	—
宁海县	412	412	—	73	203	—
余姚市	113	113	—	85	—	—
慈溪市	117	117	—	—	—	—
奉化市	106	106	—	30	—	67
温州市	**2314**	**2314**	**—**	**130**	**1395**	**1685**
鹿城区	43	43	—	—	—	—
龙湾区	43	43	—	—	—	—

分县人工、飞播造林和人工更新、封山育林完成情况

单位:公顷

单　　位	本年度检查验收合格造林面积			人工更新面积	新封山育林面积	低产低效林改造面积
	合计	人工造林	飞播造林			
瓯海区	53	53	—	16	688	28
洞头县	37	37	—	—	—	15
永嘉县	123	123	—	—	—	—
平阳县	405	405	—	34	67	712
苍南县	408	408	—	—	640	67
文成县	107	107	—	80	—	—
泰顺县	547	547	—	—	—	200
瑞安市	453	453	—	—	—	627
乐清市	95	95	—	—	—	36
嘉兴市	**1849**	**1849**	**—**	**20**	**—**	**—**
秀城区	679	679	—	—	—	—
秀洲区	137	137	—	—	—	—
嘉善县	67	67	—	—	—	—
海盐县	283	283	—	—	—	—
海宁市	286	286	—	—	—	—
平湖市	227	227	—	20	—	—
桐乡市	170	170	—	—	—	—
湖州市	**458**	**458**	**—**	**211**	**134**	**1195**
吴兴区	49	49	—	14	—	23
南浔区	—	—	—	—	—	—
市直	—	—	—	—	—	—
德清县	103	103	—	14	—	137
长兴县	201	201	—	36	134	812
安吉县	105	105	—	147	—	223
绍兴市	**1323**	**1323**	**—**	**85**	**2487**	**4289**
越城区	13	13	—	—	35	34
其他单位	—	—	—	—	—	—
绍兴县	138	138	—	—	80	134
新昌县	187	187	—	—	—	16
诸暨市	789	789	—	39	1333	36
上虞市	117	117	—	23	704	4035
嵊州市	79	79	—	23	335	34
金华市	**2639**	**2639**	**—**	**355**	**4783**	**3837**
市直	—	—	—	5	—	—
婺城区	333	333	—	—	540	187
金东区	97	97	—	16	—	266
武义县	214	214	—	174	155	814
浦江县	300	300	—	—	—	1641
磐安县	302	302	—	23	2000	146
兰溪市	316	316	—	20	354	720
义乌市	199	199	—	18	618	35
东阳市	760	760	—	74	1116	—
永康市	118	118	—	25	—	28
衢州市	**2001**	**2001**	**—**	**580**	**1718**	**4193**
市直	232	232	—	—	—	—
柯城区	154	154	—	34	—	773
衢江区	417	417	—	70	218	517
常山县	205	205	—	34	148	959
开化县	396	396	—	202	—	190
龙游县	245	245	—	40	1026	306

分县人工、飞播造林和人工更新、封山育林完成情况

单位:公顷

单　位	本年度检查验收合格造林面积			人工更新面积	新封山育林面积	低产低效林改造面积
	合计	人工造林	飞播造林			
江山市	352	352	—	200	326	1448
舟山市	**760**	**760**	**—**	**—**	**1529**	**705**
市直	2	2	—	—	—	—
定海区	101	101	—	—	308	45
普陀区	253	253	—	—	554	84
岱山县	204	204	—	—	667	67
嵊泗县	200	200	—	—	—	509
台州市	**2884**	**2884**	**—**	**343**	**2343**	**1439**
椒江区	125	125	—	—	55	224
黄岩区	290	290	—	71	453	232
路桥区	20	20	—	—	—	11
玉环县	406	406	—	—	—	164
三门县	336	336	—	13	133	505
天台县	601	601	—	137	693	—
仙居县	438	438	—	122	333	303
温岭市	79	79	—	—	—	—
临海市	589	589	—	—	676	—
丽水市	**3421**	**3421**	**—**	**1468**	**3616**	**3034**
市直	20	20	—	14	—	7
莲都区	398	398	—	162	—	172
青田县	301	301	—	12	—	199
缙云县	374	374	—	84	—	1327
遂昌县	603	603	—	303	378	1005
松阳县	255	255	—	456	—	76
云和县	133	133	—	67	—	38
庆元县	348	348	—	64	1905	124
景宁畲族自治县	297	297	—	235	—	66
龙泉市	692	692	—	71	1333	20
安徽	**194507.6**	**194507.6**	**—**	**561**	**60576.9**	**886**
合肥市	**14521.7**	**14521.7**	**—**	**—**	**1122.8**	**—**
庐阳区	403.1	403.1	—	—	—	—
瑶海区	353.6	353.6	—	—	—	—
包河区	621	621	—	—	115.7	—
蜀山区	303.6	303.6	—	—	—	—
长丰县	3986.7	3986.7	—	—	133.3	—
肥东县	4275.6	4275.6	—	—	668.7	—
肥西县	4578.1	4578.1	—	—	205.1	—
淮北市	**3066**	**3066**	**—**	**—**	**—**	**—**
烈山区	566.7	566.7	—	—	—	—
杜集区	—	—	—	—	—	—
相山区	200	200	—	—	—	—
濉溪县	1999.3	1999.3	—	—	—	—
市直	300	300	—	—	—	—
亳州市	**15412.8**	**15412.8**	**—**	**—**	**—**	**—**
谯城区	3761.5	3761.5	—	—	—	—
涡阳县	2026.7	2026.7	—	—	—	—
蒙城县	5011.9	5011.9	—	—	—	—
利辛县	4612.7	4612.7	—	—	—	—
宿州市	**20559.7**	**20559.7**	**—**	**—**	**—**	**—**
埇桥区	5317.7	5317.7	—	—	—	—

分县人工、飞播造林和人工更新、封山育林完成情况

单位:公顷

单　　位	本年度检查验收合格造林面积			人工更新面积	新封山育林面积	低产低效林改造面积
	合计	人工造林	飞播造林			
砀山县	1400	1400	—	—	—	—
萧县	3593.3	3593.3	—	—	—	—
灵璧县	7368.7	7368.7	—	—	—	—
泗县	2880	2880	—	—	—	—
蚌埠市	**8222.4**	**8222.4**	**—**	**—**	**—**	**—**
东市区	—	—	—	—	—	—
中市区	—	—	—	—	—	—
西市区	—	—	—	—	—	—
蚌埠郊区	632.1	632.1	—	—	—	—
怀远县	2544.9	2544.9	—	—	—	—
五河县	2026.7	2026.7	—	—	—	—
固镇县	1993.5	1993.5	—	—	—	—
市直	1025.2	1025.2	—	—	—	—
阜阳市	**26180.7**	**26180.7**	**—**	**—**	**—**	**—**
颍州区	1284.5	1284.5	—	—	—	—
颍东区	979.8	979.8	—	—	—	—
颍泉区	1025.1	1025.1	—	—	—	—
界首市	1300	1300	—	—	—	—
临泉县	5842.7	5842.7	—	—	—	—
太和县	4753.4	4753.4	—	—	—	—
阜南县	8566.7	8566.7	—	—	—	—
颍上县	2428.5	2428.5	—	—	—	—
淮南市	**3368**	**3368**	**—**	**—**	**186.7**	**—**
大通区	709.9	709.9	—	—	—	—
田家庵区	202.3	202.3	—	—	—	—
谢家集区	622.5	622.5	—	—	—	—
八公山区	322.7	322.7	—	—	—	—
潘集区	628.5	628.5	—	—	—	—
毛集区	512.9	512.9	—	—	—	—
凤台县	169.2	169.2	—	—	—	—
市直	200	200	—	—	186.7	—
滁州市	**12360.6**	**12360.6**	**—**	**—**	**960.1**	**261**
琅琊区	192	192	—	—	—	—
南谯区	1000	1000	—	—	—	—
天长市	1133.4	1133.4	—	—	—	—
明光市	1290.2	1290.2	—	—	380	—
来安县	829.3	829.3	—	—	—	—
全椒县	666.9	666.9	—	—	—	137
定远县	2064	2064	—	—	380.1	—
凤阳县	3766.7	3766.7	—	—	200	—
管店林业总场	335.6	335.6	—	—	—	124
沙河林业总场	34.9	34.9	—	—	—	—
市直	1047.6	1047.6	—	—	—	—
六安市	**14100.9**	**14100.9**	**—**	**259**	**1506.7**	**—**
金安区	1927.5	1927.5	—	—	—	—
裕安区	1475.4	1475.4	—	—	280	—
叶集区	1601.2	1601.2	—	—	—	—
寿县	1657.1	1657.1	—	—	266.7	—
霍邱县	2100.5	2100.5	—	159	200	—
舒城县	1949.2	1949.2	—	100	200	—

分县人工、飞播造林和人工更新、封山育林完成情况

单位:公顷

单位	本年度检查验收合格造林面积			人工更新面积	新封山育林面积	低产低效林改造面积
	合计	人工造林	飞播造林			
金寨县	1986	1986	—	—	280	—
霍山县	1404	1404	—	—	280	—
马鞍山市	**660.1**	**660.1**	**—**	**—**	**400**	**—**
金家庄区	113.3	113.3	—	—	—	—
花山区	20	20	—	—	—	—
雨山区	—	—	—	—	—	—
当涂县	526.8	526.8	—	—	400	—
巢湖市	**10902.7**	**10902.7**	**—**	**27**	**600**	**540**
居巢区	2393.4	2393.4	—	—	266.7	—
庐江县	2600.1	2600.1	—	—	—	—
无为县	1703.8	1703.8	—	27	333.3	440
含山县	1722.9	1722.9	—	—	—	—
和县	2482.5	2482.5	—	—	—	100
芜湖市	**2762.1**	**2762.1**	**—**	**62**	**200**	**—**
镜湖区	—	—	—	—	—	—
马塘区	—	—	—	—	—	—
新芜区	—	—	—	—	—	—
鸠江区	—	—	—	—	—	—
芜湖县	1410.7	1410.7	—	—	200	—
繁昌县	646.7	646.7	—	—	—	—
南陵县	704.7	704.7	—	62	—	—
宣城市	**7445.2**	**7445.2**	**—**	**—**	**8093.3**	**—**
宣州区	984.6	984.6	—	—	—	—
宁国市	1559.3	1559.3	—	—	—	—
郎溪县	1216.4	1216.4	—	—	280	—
广德县	2283	2283	—	—	—	—
泾县	335.2	335.2	—	—	7533.3	—
绩溪县	400	400	—	—	280	—
旌德县	666.7	666.7	—	—	—	—
铜陵市	**1433**	**1433**	**—**	**—**	**5347.3**	**—**
铜官山区	—	—	—	—	—	—
狮子山区	106.7	106.7	—	—	—	—
铜陵郊区	433.2	433.2	—	—	—	—
铜陵县	893.1	893.1	—	—	5347.3	—
池州市	**8934.9**	**8934.9**	**—**	**213**	**3679.2**	**85**
贵池区	4096	4096	—	—	466.7	—
九华山区	100.1	100.1	—	—	200	—
东至县	2150.3	2150.3	—	—	480	—
石台县	1823.4	1823.4	—	—	839.6	—
青阳县	765.1	765.1	—	213	1692.9	85
安庆市	**28831.5**	**28831.5**	**—**	**—**	**34687.5**	**—**
迎江区	—	—	—	—	—	—
大观区	—	—	—	—	—	—
安庆郊区	533.9	533.9	—	—	666.7	—
桐城市	1433.4	1433.4	—	—	200	—
怀宁县	2165.1	2165.1	—	—	7213.3	—
枞阳县	2371.9	2371.9	—	—	—	—
潜山县	2031.6	2031.6	—	—	—	—
太湖县	1782.2	1782.2	—	—	—	—

分县人工、飞播造林和人工更新、封山育林完成情况

单位：公顷

单　　位	本年度检查验收合格造林面积			人工更新面积	新封山育林面积	低产低效林改造面积
	合计	人工造林	飞播造林			
宿松县	6746.7	6746.7	—	—	280	—
望江县	2266.7	2266.7	—	—	—	—
岳西县	2166.7	2166.7	—	—	25645.1	—
市直	7333.3	7333.3	—	—	682.4	—
黄山市	**8506.5**	**8506.5**	**—**	**—**	**3793.3**	**—**
屯溪区	—	—	—	—	—	—
徽州区	754.9	754.9	—	—	233.3	—
黄山区	1855.9	1855.9	—	—	280	—
歙县	2422.9	2422.9	—	—	3000	—
休宁县	1815	1815	—	—	—	—
黟县	672.5	672.5	—	—	—	—
祁门县	917.7	917.7	—	—	280	—
市直	67.6	67.6	—	—	—	—
厅直单位	7238.8	7238.8	—	—	—	—
农垦系统	6571.9	6571.9	—	—	—	—
水利系统	666.9	666.9	—	—	—	—
福建	**16581**	**16581**	**—**	**29612**	**—**	**23257**
福州市	**1921**	**1921**	**—**	**2927**	**—**	**287**
市直	1	1	—	23	—	—
琅歧区	70	70	—	—	—	—
台江区	—	—	—	—	—	—
仓山区	74	74	—	—	—	—
马尾区	27	27	—	9	—	73
晋安区	—	—	—	55	—	—
闽侯县	173	173	—	336	—	—
连江县	244	244	—	765	—	—
罗源县	180	180	—	64	—	5
闽清县	—	—	—	407	—	—
永泰县	81	81	—	397	—	49
平潭县	—	—	—	215	—	—
福清市	1004	1004	—	344	—	160
长乐市	67	67	—	312	—	—
厦门市	**145**	**145**	**—**	**128**	**—**	**288**
思明区	—	—	—	—	—	—
海沧区	—	—	—	18	—	166
湖里区	—	—	—	—	—	—
集美区	55	55	—	12	—	81
同安区	90	90	—	98	—	41
翔安区	—	—	—	—	—	—
莆田市	**1763**	**1763**	**—**	**1185**	**—**	**607**
城厢区	688	688	—	518	—	—
涵江区	535	535	—	452	—	406
荔城区	58	58	—	45	—	34
秀屿区	109	109	—	4	—	—
仙游县	373	373	—	166	—	167
三明市	**491**	**491**	**—**	**9883**	**—**	**4562**
梅列区	—	—	—	238	—	72
三元区	—	—	—	113	—	75
明溪县	6	6	—	663	—	534

分县人工、飞播造林和人工更新、封山育林完成情况

单位:公顷

单 位	本年度检查验收合格造林面积			人工更新面积	新封山育林面积	低产低效林改造面积
	合计	人工造林	飞播造林			
清流县	4	4	—	283	—	74
宁化县	—	—	—	379	—	338
大田县	109	109	—	449	—	213
尤溪县	219	219	—	1854	—	504
沙县	—	—	—	326	—	680
将乐县	—	—	—	993	—	338
泰宁县	—	—	—	438	—	662
建宁县	—	—	—	62	—	343
永安市	153	153	—	4085	—	729
泉州市	**2723**	**2723**	—	**1795**	—	**3541**
鲤城区	—	—	—	15	—	—
丰泽区	—	—	—	19	—	—
洛江区	39	39	—	396	—	347
泉港区	272	272	—	—	—	133
惠安市	513	513	—	23	—	200
安溪县	260	260	—	273	—	31
永春县	208	208	—	652	—	1036
德化县	772	772	—	250	—	1534
金门县	—	—	—	—	—	—
石狮市	34	34	—	7	—	—
晋江市	153	153	—	—	—	—
南安市	472	472	—	160	—	260
漳州市	**3243**	**3243**	—	**3036**	—	**3667**
芗城区	67	67	—	3	—	—
龙文区	71	71	—	—	—	—
云霄县	842	842	—	—	—	267
漳浦县	574	574	—	667	—	467
诏安县	155	155	—	287	—	160
长泰县	480	480	—	588	—	413
东山县	9	9	—	172	—	67
南靖县	135	135	—	231	—	1000
平和县	385	385	—	51	—	467
华安县	17	17	—	461	—	473
龙海市	508	508	—	576	—	353
南平市	**1295**	**1295**	—	**6164**	—	**3064**
延平区	41	41	—	631	—	29
顺昌县	102	102	—	428	—	29
浦城县	533	533	—	118	—	88
光泽县	121	121	—	399	—	270
松溪县	11	11	—	243	—	107
政和县	175	175	—	362	—	405
邵武市	18	18	—	1295	—	102
武夷山市	107	107	—	242	—	281
建瓯市	115	115	—	1798	—	1613
建阳市	72	72	—	648	—	140
龙岩市	**2666**	**2666**	—	**3668**	—	**2563**
新罗区	233	233	—	873	—	565
长汀县	1079	1079	—	253	—	533
永定县	147	147	—	313	—	115
上杭县	373	373	—	893	—	467

分县人工、飞播造林和人工更新、封山育林完成情况

单位：公顷

单　　位	本年度检查验收合格造林面积			人工更新面积	新封山育林面积	低产低效林改造面积
	合计	人工造林	飞播造林			
武平县	387	387	—	14	—	233
连城县	87	87	—	167	—	79
漳平市	360	360	—	1155	—	571
宁德市	**2334**	**2334**	**—**	**826**	**—**	**4678**
蕉城区	255	255	—	140	—	260
霞浦县	451	451	—	97	—	—
古田县	243	243	—	78	—	1270
屏南县	125	125	—	45	—	1201
寿宁县	92	92	—	45	—	867
周宁县	58	58	—	102	—	—
柘荣县	265	265	—	32	—	533
福安市	337	337	—	72	—	547
福鼎市	508	508	—	215	—	—
江西	**219745**	**219745**	**—**	**180**	**20893**	**5900**
南昌市	**10325**	**10325**	**—**	**—**	**747**	**—**
湾里区	400	400	—	—	—	—
江西木材厂	—	—	—	—	—	—
青山湖区	—	—	—	—	—	—
南昌县	1358	1358	—	—	547	—
新建县	2400	2400	—	—	—	—
安义县	667	667	—	—	—	—
进贤县	5500	5500	—	—	200	—
景德镇市	**5867**	**5867**	**—**	**—**	**1280**	**170**
市辖区	234	234	—	—	333	—
昌江区	247	247	—	—	400	—
珠山区	—	—	—	—	—	—
浮梁县	2719	2719	—	—	547	170
乐平市	2667	2667	—	—	—	—
萍乡市	**8930**	**8930**	**—**	**—**	**467**	**71**
安源区	930	930	—	—	467	71
安源经济开发区	—	—	—	—	—	—
湘东区	667	667	—	—	—	—
莲花县	2000	2000	—	—	—	—
上栗县	2000	2000	—	—	—	—
芦溪县	3333	3333	—	—	—	—
九江市	**33366**	**33366**	**—**	**—**	**567**	**—**
庐山区	667	667	—	—	—	—
庐山林业局	—	—	—	—	—	—
共青城	1333	1333	—	—	—	—
开发区	—	—	—	—	—	—
九江县	2449	2449	—	—	—	—
武宁县	4167	4167	—	—	—	—
修水县	6667	6667	—	—	—	—
永修县	3111	3111	—	—	567	—
德安县	2000	2000	—	—	—	—
星子县	2000	2000	—	—	—	—
都昌县	2000	2000	—	—	—	—
湖口县	2000	2000	—	—	—	—
彭泽县	2937	2937	—	—	—	—
瑞昌市	4035	4035	—	—	—	—

分县人工、飞播造林和人工更新、封山育林完成情况

单位：公顷

单位	本年度检查验收合格造林面积			人工更新面积	新封山育林面积	低产低效林改造面积
	合计	人工造林	飞播造林			
新余市	**3501**	**3501**	**—**	**—**	**—**	**—**
渝水区	1467	1467	—	—	—	—
仙女湖	400	400	—	—	—	—
分宜县	1634	1634	—	—	—	—
鹰潭市	**5104**	**5104**	**—**	**—**	**933**	**496**
月湖区	—	—	—	—	—	—
龙虎山	433	433	—	—	293	34
余江县	2671	2671	—	—	200	162
贵溪市	2000	2000	—	—	440	300
赣州市	**38600**	**38600**	**—**	**—**	**5514**	**2475**
市辖区	20	20	—	—	467	112
章贡区	667	667	—	—	—	—
黄金区	146	146	—	—	—	—
赣县	3333	3333	—	—	—	—
信丰县	2909	2909	—	—	433	20
大余县	1587	1587	—	—	733	188
上犹县	2066	2066	—	—	267	265
崇义县	1334	1334	—	—	—	—
安远县	2474	2474	—	—	733	193
龙南县	2706	2706	—	—	733	461
定南县	2056	2056	—	—	—	—
全南县	202	202	—	—	467	299
宁都县	3333	3333	—	—	—	—
于都县	2000	2000	—	—	—	—
兴国县	2000	2000	—	—	747	400
会昌县	2166	2166	—	—	—	—
寻乌县	1601	1601	—	—	467	37
石城县	2667	2667	—	—	467	333
瑞金市	3333	3333	—	—	—	—
南康市	2000	2000	—	—	—	167
吉安市	**25937**	**25937**	**—**	**43**	**2494**	**575**
市辖区	—	—	—	43	—	—
吉州区	852	852	—	—	200	16
青原区	2000	2000	—	—	333	—
吉安县	2000	2000	—	—	—	—
吉水县	2000	2000	—	—	—	—
峡江县	2666	2666	—	—	547	233
新干县	2000	2000	—	—	—	—
永丰县	3333	3333	—	—	—	—
泰和县	2000	2000	—	—	133	—
遂川县	2000	2000	—	—	—	—
万安县	2073	2073	—	—	367	193
安福县	2210	2210	—	—	547	23
永新县	2000	2000	—	—	—	—
井冈山市	803	803	—	—	367	110
宜春市	**24788**	**24788**	**—**	**137**	**3355**	**1168**
袁州区	2749	2749	—	—	547	166
奉新县	2000	2000	—	137	—	—
万载县	2670	2670	—	—	—	315
上高县	4344	4344	—	—	600	—

分县人工、飞播造林和人工更新、封山育林完成情况

单位:公顷

单　　位	本年度检查验收合格造林面积			人工更新面积	新封山育林面积	低产低效林改造面积
	合计	人工造林	飞播造林			
宜丰县	2042	2042	—	—	367	225
靖安县	2015	2015	—	—	547	128
铜鼓县	1333	1333	—	—	—	3
丰城市	3333	3333	—	—	—	—
樟树市	2233	2233	—	—	547	—
高安市	2069	2069	—	—	747	331
抚州市	**29735**	**29735**	**—**	**—**	**2595**	**295**
临川区	4067	4067	—	—	467	1
南城县	2667	2667	—	—	—	—
黎川县	2000	2000	—	—	—	—
南丰县	2000	2000	—	—	—	—
崇仁县	2667	2667	—	—	547	—
乐安县	3578	3578	—	—	467	—
宜黄县	2000	2000	—	—	—	—
金溪县	2667	2667	—	—	—	—
资溪县	2000	2000	—	—	547	83
东乡县	2667	2667	—	—	200	—
广昌县	3422	3422	—	—	367	211
上饶市	**33592**	**33592**	**—**	**—**	**2941**	**650**
信州区	1333	1333	—	—	—	—
上饶县	2000	2000	—	—	—	—
广丰县	2667	2667	—	—	—	—
玉山县	2667	2667	—	—	547	233
铅山县	2000	2000	—	—	—	—
横峰县	2839	2839	—	—	1013	394
弋阳县	4000	4000	—	—	—	—
余干县	2667	2667	—	—	—	—
波阳县	6176	6176	—	—	547	—
万年县	2910	2910	—	—	367	23
婺源县	2333	2333	—	—	467	—
德兴市	2000	2000	—	—	—	—
山东	**344078.53**	**344078.53**	**—**	**7988.2**	**9053**	**23109**
济南市	**10390.7**	**10390.7**	**—**	**596**	**1462**	**6473**
历下区	4	4	—	—	—	—
市中区	379	379	—	—	80	—
槐荫区	148	148	—	—	—	—
天桥区	111.7	111.7	—	10	—	5
历城区	1463	1463	—	10	587	1004
长清区	918	918	—	53	194	136
章丘市	1983	1983	—	294	467	4456
平阴县	659	659	—	229	134	780
济阳县	1600	1600	—	—	—	—
商河县	3125	3125	—	—	—	92
青岛市	**37896.9**	**37896.9**	**—**	**681**	**—**	**566**
市南区	—	—	—	—	—	—
市北区	—	—	—	—	—	—
四方区	—	—	—	—	—	—
黄岛区	717.6	717.6	—	—	—	—
崂山区	737	737	—	—	—	—
李沧区	—	—	—	—	—	—

分县人工、飞播造林和人工更新、封山育林完成情况

单位：公顷

单位	本年度检查验收合格造林面积			人工更新面积	新封山育林面积	低产低效林改造面积
	合计	人工造林	飞播造林			
城阳区	2187	2187	—	—	—	—
胶州市	5693.3	5693.3	—	40	—	—
即墨市	7233	7233	—	112	—	—
平度市	7454	7454	—	122	—	—
胶南市	8800	8800	—	320	—	566
莱西市	5075	5075	—	87	—	—
淄博市	**7365**	**7365**	**—**	**22.2**	**—**	**20**
淄川区	333	333	—	15.2	—	20
张店区	585	585	—	—	—	—
博山区	510	510	—	—	—	—
临淄区	160	160	—	—	—	—
周村区	359	359	—	—	—	—
桓台县	2600	2600	—	7	—	—
高青县	516	516	—	—	—	—
沂源县	2302	2302	—	—	—	—
枣庄市	**13059**	**13059**	**—**	**49.8**	**20**	**3713**
市直	121	121	—	—	—	—
市中区	1456	1456	—	—	—	334
薛城区	1403	1403	—	10	20	541
峄城区	1340	1340	—	—	—	200
台儿庄区	2729	2729	—	—	—	229
山亭区	3213	3213	—	—	—	419
滕州市	2797	2797	—	39.8	—	1990
东营市	**12579.7**	**12579.7**	**—**	**—**	**3333**	**—**
东营区	2520.1	2520.1	—	—	—	—
河口区	2187	2187	—	—	—	—
垦利县	3180.6	3180.6	—	—	3333	—
利津县	2687	2687	—	—	—	—
广饶县	2005	2005	—	—	—	—
烟台市	**9872**	**9872**	**—**	**223**	**1003**	**124**
市直	101	101	—	18	—	—
芝罘区	40	40	—	15	—	—
福山区	447	447	—	—	—	—
牟平区	447	447	—	17	—	—
莱山区	440	440	—	14	—	—
长岛县	80	80	—	—	100	—
龙口市	400	400	—	—	35	—
莱阳市	1595	1595	—	20	262	52
莱州市	1733	1733	—	35	—	—
蓬莱市	800	800	—	—	200	—
招远市	1150	1150	—	60	—	—
栖霞市	820	820	—	12	80	72
海阳市	1819	1819	—	32	326	—
潍坊市	**18758**	**18758**	**—**	**581**	**—**	**4240**
市直	64	64	—	—	—	—
潍城区	202	202	—	—	—	—
寒亭区	619	619	—	—	—	—
坊子区	355	355	—	—	—	—
奎文区	31	31	—	—	—	—
临朐县	2000	2000	—	—	—	2600

分县人工、飞播造林和人工更新、封山育林完成情况

单位:公顷

单　　位	本年度检查验收合格造林面积			人工更新面积	新封山育林面积	低产低效林改造面积
	合计	人工造林	飞播造林			
昌乐县	2333	2333	—	—	—	—
青州市	1610	1610	—	—	—	40
诸城市	2887	2887	—	581	—	—
寿光市	1050	1050	—	—	—	1600
安丘市	3266	3266	—	—	—	—
高密市	2303	2303	—	—	—	—
昌邑市	2038	2038	—	—	—	—
济宁市	**19550.2**	**19550.2**	**—**	**658**	**240**	**28**
市中区	—	—	—	—	—	—
任城区	1846	1846	—	253	—	—
微山县	2146	2146	—	—	—	—
鱼台县	303	303	—	—	—	—
金乡县	1476	1476	—	51	—	—
嘉祥县	2400	2400	—	—	150	—
汶上县	2526	2526	—	—	—	—
泗水县	959	959	—	65	20	15
梁山县	1123	1123	—	—	—	—
曲阜市	2232.2	2232.2	—	18	—	13
兖州市	2367	2367	—	206	—	—
邹城市	2172	2172	—	65	70	—
泰安市	**21863.3**	**21863.3**	**—**	**889**	**1000**	**1775**
泰山区	573	573	—	22	150	80
岱岳区	2453	2453	—	140	150	827
宁阳县	5027	5027	—	329	150	545
东平县	4879.1	4879.1	—	222	200	—
新泰市	4140.2	4140.2	—	123	150	—
肥城市	4791	4791	—	53	200	323
威海市	**8461**	**8461**	**—**	**—**	**—**	**—**
环翠区	650	650	—	—	—	—
文登市	1297	1297	—	—	—	—
荣成市	3660	3660	—	—	—	—
乳山市	2854	2854	—	—	—	—
日照市	**6259**	**6259**	**—**	**896**	**1285**	**164**
市直	346	346	—	233	40	10
东港区	923	923	—	—	—	—
五莲县	1540	1540	—	200	122	—
莒县	3450	3450	—	463	1123	154
莱芜市	**2974.53**	**2974.53**	**—**	**75.2**	**100**	**660**
市直	40	40	—	—	—	—
莱城区	1938.53	1938.53	—	75.2	100	660
钢城区	996	996	—	—	—	—
临沂市	**54547**	**54547**	**—**	**2673**	**450**	**3268**
兰山区	3600	3600	—	27	—	100
罗庄区	2146	2146	—	20	—	15
河东区	3799	3799	—	—	—	—
沂南县	4468	4468	—	460	—	342
郯城县	5134	5134	—	—	150	380
沂水县	9634	9634	—	1066	—	1017
苍山县	5879	5879	—	61	200	195
费县	10808	10808	—	177	—	680

分县人工、飞播造林和人工更新、封山育林完成情况

单位：公顷

单位	本年度检查验收合格造林面积			人工更新面积	新封山育林面积	低产低效林改造面积
	合计	人工造林	飞播造林			
平邑县	2920	2920	—	200	100	—
莒南县	778	778	—	360	—	—
蒙阴县	3374	3374	—	229	—	482
临沭县	2007	2007	—	73	—	57
德州市	**21080**	**21080**	**—**	**—**	**—**	**350**
德城区	201	201	—	—	—	—
陵县	1000	1000	—	—	—	—
宁津县	2050	2050	—	—	—	—
庆云县	2353	2353	—	—	—	—
临邑县	750	750	—	—	—	—
齐河县	7762	7762	—	—	—	—
平原县	2022	2022	—	—	—	—
夏津县	263	263	—	—	—	350
武城县	379	379	—	—	—	—
乐陵市	1399	1399	—	—	—	—
禹城市	2901	2901	—	—	—	—
聊城市	**26319**	**26319**	**—**	**56**	**—**	**556**
东昌府区	2859	2859	—	—	—	8
阳谷县	2800	2800	—	—	—	—
莘县	3509	3509	—	56	—	—
茌平县	1781	1781	—	—	—	—
东阿县	6600	6600	—	—	—	548
冠县	2341	2341	—	—	—	—
高唐县	4029	4029	—	—	—	—
临清市	2400	2400	—	—	—	—
滨州市	**15418.6**	**15418.6**	**—**	**190**	**160**	**623**
滨城区	2330	2330	—	10	—	277
惠民县	2400	2400	—	—	—	—
阳信县	935.3	935.3	—	—	—	266
无棣县	994	994	—	—	—	—
沾化县	4800	4800	—	—	—	—
博兴县	1905	1905	—	—	—	—
邹平县	2054.3	2054.3	—	180	160	80
菏泽市	**57674.6**	**57674.6**	**—**	**398**	**—**	**549**
市直	816	816	—	—	—	—
牡丹区	5790	5790	—	—	—	—
曹县	8838	8838	—	—	—	—
单县	6333	6333	—	15	—	—
成武县	828	828	—	—	—	—
巨野县	5210.6	5210.6	—	41	—	80
郓城县	11359	11359	—	217	—	250
鄄城县	7161	7161	—	—	—	—
定陶县	2373	2373	—	—	—	—
东明县	8966	8966	—	125	—	219
其他单位	10	10	—	—	—	—
河南	**320124**	**300168**	**19956**	**2460**	**57601**	**4307**
郑州市	**13962**	**13962**	**—**	**—**	**—**	**—**
中原区	—	—	—	—	—	—
二七区	134	134	—	—	—	—
管城区	—	—	—	—	—	—

分县人工、飞播造林和人工更新、封山育林完成情况

单位:公顷

单　位	本年度检查验收合格造林面积			人工更新面积	新封山育林面积	低产低效林改造面积
	合计	人工造林	飞播造林			
金水区	67	67	—	—	—	—
上街区	—	—	—	—	—	—
邙山区	67	67	—	—	—	—
荥阳市	1666	1666	—	—	—	—
中牟县	1428	1428	—	—	—	—
新郑市	3567	3567	—	—	—	—
巩义市	2367	2367	—	—	—	—
登封市	2400	2400	—	—	—	—
新密市	2266	2266	—	—	—	—
开封市	**7812**	**7812**	**—**	**100**	**—**	**—**
龙亭区	—	—	—	—	—	—
顺河区	—	—	—	—	—	—
鼓楼区	—	—	—	—	—	—
南关区	—	—	—	—	—	—
郊区	333	333	—	—	—	—
杞县	80	80	—	—	—	—
通许县	80	80	—	—	—	—
尉氏县	2120	2120	—	100	—	—
开封县	2506	2506	—	—	—	—
兰考县	2693	2693	—	—	—	—
洛阳市	**33060**	**30393**	**2667**	**—**	**9134**	**—**
老城区	—	—	—	—	—	—
西工区	—	—	—	—	—	—
廛河区	—	—	—	—	—	—
涧西区	—	—	—	—	—	—
吉利区	67	67	—	—	—	—
洛龙区	533	533	—	—	—	—
高新区	—	—	—	—	—	—
郊区	—	—	—	—	—	—
偃师县	1833	1833	—	—	—	—
孟津县	2400	2400	—	—	200	—
新安县	3533	3533	—	—	2000	—
栾川县	1333	1333	—	—	2000	—
嵩县	4267	4267	—	—	1600	—
汝阳县	3853	3853	—	—	—	—
宜阳县	3981	3981	—	—	667	—
洛宁县	8393	5726	2667	—	2000	—
伊川县	2867	2867	—	—	667	—
平顶山市	**15953**	**15953**	**—**	**81**	**5400**	**1853**
新华区	200	200	—	—	200	—
卫东区	467	467	—	—	467	—
铁西区(殷都区)	67	67	—	—	—	—
郊区(龙安区)	504	504	—	—	—	—
宝丰县	2000	2000	—	—	—	—
叶县	1333	1333	—	—	—	—
鲁山县	4186	4186	—	—	2400	1500
郏县	1363	1363	—	13	—	—
舞钢市	1833	1833	—	35	1333	353
汝州市	4000	4000	—	33	1000	—
安阳市	**14447**	**11114**	**3333**	**—**	**2000**	**100**

分县人工、飞播造林和人工更新、封山育林完成情况

单位：公顷

单　　位	本年度检查验收合格造林面积			人工更新面积	新封山育林面积	低产低效林改造面积
	合计	人工造林	飞播造林			
文峰区	—	—	—	—	—	—
北关区	—	—	—	—	—	—
铁西区	—	—	—	—	—	—
郊区	200	200	—	—	—	—
林州市	4979	2979	2000	—	867	100
安阳县	3500	2167	1333	—	1133	—
汤阴县	101	101	—	—	—	—
滑县	3667	3667	—	—	—	—
内黄县	2000	2000	—	—	—	—
鹤壁市	**8803**	**8803**	**—**	**330**	**2667**	**—**
鹤山区	886	886	—	—	667	—
山城区	1467	1467	—	—	—	—
郊区(淇滨区)	1667	1667	—	—	667	—
浚县	2000	2000	—	—	—	—
淇县	2783	2783	—	330	1333	—
新乡市	**18534**	**14534**	**4000**	**—**	**2667**	**—**
红旗区	—	—	—	—	—	—
新华区	—	—	—	—	—	—
北站区	1033	1033	—	—	—	—
郊区	20	20	—	—	—	—
新乡县	73	73	—	—	—	—
获嘉县	380	380	—	—	—	—
原阳县	1467	1467	—	—	—	—
延津县	1467	1467	—	—	—	—
封丘县	2000	2000	—	—	—	—
长垣县	1467	1467	—	—	—	—
卫辉市	3533	1533	2000	—	1000	—
辉县市	7094	5094	2000	—	1667	—
焦作市	**16588**	**13248**	**3340**	**—**	**2666**	**—**
市直	96	96	—	—	—	—
解放区	533	533	—	—	—	—
中站区	533	533	—	—	—	—
马村区	467	467	—	—	—	—
山阳区	200	200	—	—	—	—
修武县	2216	876	1340	—	913	—
博爱县	3460	1460	2000	—	913	—
武陟县	3333	3333	—	—	—	—
温县	2320	2320	—	—	—	—
孟州市	2000	2000	—	—	—	—
沁阳市	1430	1430	—	—	840	—
濮阳市	**14166**	**14166**	**—**	**—**	**—**	**—**
华龙区	800	800	—	—	—	—
清丰县	1600	1600	—	—	—	—
南乐县	2567	2567	—	—	—	—
范县	4200	4200	—	—	—	—
台前县	2133	2133	—	—	—	—
濮阳县	2866	2866	—	—	—	—
许昌市	**8381**	**8381**	**—**	**—**	**—**	**450**
魏都区	—	—	—	—	—	—
禹州市	3842	3842	—	—	—	—

分县人工、飞播造林和人工更新、封山育林完成情况

单位:公顷

单　　位	本年度检查验收合格造林面积			人工更新面积	新封山育林面积	低产低效林改造面积
	合计	人工造林	飞播造林			
长葛县	873	873	—	—	—	300
许昌县	633	633	—	—	—	—
襄城县	2853	2853	—	—	—	—
鄢陵县	180	180	—	—	—	150
漯河市	**7815**	**7815**	**—**	**—**	**—**	**—**
源汇区	62	62	—	—	—	—
舞阳县	2221	2221	—	—	—	—
临颍县	1749	1749	—	—	—	—
郾城县	3783	3783	—	—	—	—
三门峡市	**25160**	**21827**	**3333**	**—**	**7133**	**—**
湖滨区	1200	1200	—	—	—	—
渑池县	4667	4667	—	—	2000	—
陕县	5613	5613	—	—	1533	—
灵宝市	7013	5680	1333	—	1600	—
卢氏县	6000	4000	2000	—	2000	—
义马市	667	667	—	—	—	—
商丘市	**7606**	**7606**	**—**	**112**	**—**	**400**
市直	—	—	—	112	—	—
梁园区	2400	2400	—	—	—	—
睢阳区	1067	1067	—	—	—	—
虞城县	1334	1334	—	—	—	—
民权县	80	80	—	—	—	—
宁陵县	1334	1334	—	—	—	—
睢县	90	90	—	—	—	—
夏邑县	200	200	—	—	—	400
柘城县	267	267	—	—	—	—
永城市	834	834	—	—	—	—
周口市	**9748**	**9748**	**—**	**—**	**—**	**—**
市直(川汇区)	215	215	—	—	—	—
扶沟县	1580	1580	—	—	—	—
西华县	1580	1580	—	—	—	—
商水县	2100	2100	—	—	—	—
太康县	200	200	—	—	—	—
鹿邑县	273	273	—	—	—	—
郸城县	240	240	—	—	—	—
淮阳县	3000	3000	—	—	—	—
沈丘县	300	300	—	—	—	—
项城市	260	260	—	—	—	—
驻马店市	**20047**	**20047**	**—**	**85**	**3333**	**60**
市直	17	17	—	5	—	—
驿城区	667	667	—	—	—	—
确山县	3434	3434	—	80	1333	60
泌阳县	4933	4933	—	—	2000	—
遂平县	1867	1867	—	—	—	—
西平县	2333	2333	—	—	—	—
上蔡县	333	333	—	—	—	—
汝南县	2720	2720	—	—	—	—
平舆县	957	957	—	—	—	—
新蔡县	393	393	—	—	—	—
正阳县	2393	2393	—	—	—	—

分县人工、飞播造林和人工更新、封山育林完成情况

单位:公顷

单位	本年度检查验收合格造林面积			人工更新面积	新封山育林面积	低产低效林改造面积
	合计	人工造林	飞播造林			
南阳市	**51108**	**47825**	**3283**	**1752**	**11268**	**1379**
卧龙区	4262	4262	—	—	—	—
宛城区	1595	1595	—	—	—	—
邓州市	3551	3551	—	—	—	—
南召县	4416	4416	—	—	1667	4
方城县	3309	3309	—	—	1000	—
西峡县	5451	4351	1100	1752	2134	1375
镇平县	2805	2805	—	—	1000	—
内乡县	5995	5052	943	—	1666	—
淅川县	6119	4879	1240	—	2134	—
社旗县	1886	1886	—	—	—	—
唐河县	5334	5334	—	—	—	—
新野县	2000	2000	—	—	—	—
桐柏县	4385	4385	—	—	1667	—
信阳市	**42200**	**42200**	**—**	**—**	**10000**	**65**
市直	104	104	—	—	—	—
师河区	2867	2867	—	—	—	—
平桥区	4383	4383	—	—	—	65
息县	2600	2600	—	—	—	—
淮滨县	4980	4980	—	—	—	—
潢川县	3466	3466	—	—	—	—
光山县	4886	4886	—	—	1667	—
固始县	4200	4200	—	—	1333	—
商城县	4567	4567	—	—	6000	—
罗山县	5487	5487	—	—	—	—
新县	4660	4660	—	—	1000	—
济源市	4734	4734	—	—	1333	—
湖北	**315476**	**315476**	**—**	**1818**	**79598**	**6530**
武汉市	**19999**	**19999**	**—**	**257**	**—**	**—**
市直	3333	3333	—	—	—	—
蔡甸区	3333	3333	—	—	—	—
江夏区	2000	2000	—	257	—	—
新洲区	4667	4667	—	—	—	—
黄陂区	6666	6666	—	—	—	—
黄石市	**7975**	**7975**	**—**	**15**	**333**	**—**
市直	449	449	—	—	—	—
大冶市	3273	3273	—	15	133	—
阳新县	4253	4253	—	—	200	—
十堰市	**43855**	**43855**	**—**	**—**	**11400**	**3500**
市直	1076	1076	—	—	—	—
丹江口市	8440	8440	—	—	—	—
郧县	10000	10000	—	—	—	3000
竹山县	5466	5466	—	—	3733	—
竹溪县	3273	3273	—	—	3000	—
房县	4600	4600	—	—	4667	500
郧西县	11000	11000	—	—	—	—
荆州市	**17332**	**17332**	**—**	**332**	**—**	**—**
市郊区	3040	3040	—	—	—	—
江陵县	1808	1808	—	—	—	—
公安县	1600	1600	—	—	—	—

分县人工、飞播造林和人工更新、封山育林完成情况

单位：公顷

单位	本年度检查验收合格造林面积			人工更新面积	新封山育林面积	低产低效林改造面积
	合计	人工造林	飞播造林			
石首市	2067	2067	—	—	—	—
监利县	3906	3906	—	—	—	—
洪湖市	2171	2171	—	132	—	—
松滋市	2740	2740	—	200	—	—
宜昌市	**30291**	**30291**	**—**	**85**	**24866**	**—**
市郊区	1667	1667	—	—	1333	—
宜陵区	5466	5466	—	—	4666	—
宜都市	2666	2666	—	—	3667	—
枝江市	1534	1534	—	—	—	—
当阳市	2593	2593	—	—	200	—
远安县	1667	1667	—	—	3000	—
兴山县	3333	3333	—	—	2333	—
秭归县	5333	5333	—	—	2667	—
长阳县	4067	4067	—	—	3667	—
五峰县	1965	1965	—	85	2333	—
后河自然保护区	—	—	—	—	1000	—
襄樊市	**30764**	**30764**	**—**	**511**	**4200**	**927**
市直	2667	2667	—	25	—	—
襄阳区	3199	3199	—	147	—	—
宜城市	4253	4253	—	33	133	—
南漳县	4380	4380	—	101	—	—
谷城县	3593	3593	—	—	200	—
保康县	4666	4666	—	25	3467	927
老河口市	4260	4260	—	—	200	—
枣阳市	3746	3746	—	180	200	—
鄂州市	2600	2600	—	—	200	—
荆门市	**15966**	**15966**	**—**	**91**	**200**	**—**
市直	3801	3801	—	—	—	—
沙洋县	3506	3506	—	—	—	—
京山县	4666	4666	—	—	—	—
钟祥市	3993	3993	—	91	200	—
黄冈市	**33078**	**33078**	**—**	**8**	**400**	**—**
市郊区	1606	1606	—	—	—	—
麻城市	5107	5107	—	—	—	—
武穴市	2000	2000	—	8	—	—
团风县	3333	3333	—	—	—	—
红安县	4107	4107	—	—	—	—
罗田县	3327	3327	—	—	200	—
浠水县	3806	3806	—	—	—	—
蕲春县	4333	4333	—	—	—	—
黄梅县	3199	3199	—	—	—	—
英山县	2260	2260	—	—	200	—
孝感市	**21423**	**21423**	**—**	**—**	**133**	**—**
市郊区	2206	2206	—	—	—	—
孝昌县	4267	4267	—	—	—	—
大悟县	4480	4480	—	—	—	—
安陆市	4860	4860	—	—	133	—
云梦县	1440	1440	—	—	—	—
应城市	2437	2437	—	—	—	—
汉川市	1733	1733	—	—	—	—

分县人工、飞播造林和人工更新、封山育林完成情况

单位:公顷

单　　位	本年度检查验收合格造林面积			人工更新面积	新封山育林面积	低产低效林改造面积
	合计	人工造林	飞播造林			
咸宁市	**31855**	**31855**	**—**	**120**	**333**	**2003**
市郊区	800	800	—	—	—	—
咸安区	4667	4667	—	—	133	—
赤壁市	5365	5365	—	67	—	753
嘉鱼县	3967	3967	—	53	—	—
通城县	5140	5140	—	—	—	—
崇阳县	5650	5650	—	—	—	1250
通山县	6266	6266	—	—	200	—
恩施土家族苗族自治州	**38132**	**38132**	**—**	**—**	**29533**	**—**
恩施市	4000	4000	—	—	3666	—
利川市	6200	6200	—	—	4000	—
建始县	4666	4666	—	—	4067	—
巴东县	4333	4333	—	—	3666	—
宣恩县	3666	3666	—	—	4000	—
咸丰县	7067	7067	—	—	3467	—
来凤县	4533	4533	—	—	2667	—
鹤峰县	3667	3667	—	—	4000	—
随州市	**14040**	**14040**	**—**	**53**	**—**	**—**
曾都区	7533	7533	—	—	—	—
广水市	6507	6507	—	53	—	—
天门市	3333	3333	—	—	—	—
潜江市	2360	2360	—	—	—	100
仙桃市	1806	1806	—	346	—	—
神农架林区林管局	667	667	—	—	8000	—
湖南	**409578**	**409578**	**—**	**5347**	**12115**	**58929**
长沙市	**7673**	**7673**	**—**	**534**	**—**	**3488**
芙蓉区	—	—	—	—	—	—
天心区	—	—	—	—	—	—
岳麓区	—	—	—	—	—	—
开福区	47	47	—	—	—	—
雨花区	—	—	—	—	—	—
长沙县	1243	1243	—	81	—	—
望城县	667	667	—	153	—	133
宁乡县	2315	2315	—	42	—	1000
浏阳市	3401	3401	—	258	—	2355
株洲市	**16786**	**16786**	**—**	**44**	**—**	**—**
荷塘区	3	3	—	—	—	—
芦松区	79	79	—	—	—	—
石峰区	8	8	—	—	—	—
天元区	29	29	—	—	—	—
株洲区	2414	2414	—	—	—	—
攸县	4179	4179	—	—	—	—
茶陵县	4964	4964	—	—	—	—
炎陵县	2712	2712	—	44	—	—
醴陵市	2398	2398	—	—	—	—
湘潭市	**6348**	**6348**	**—**	**296**	**—**	**360**
雨湖区	11	11	—	—	—	—
岳塘区	123	123	—	50	—	—
湘潭县	2970	2970	—	146	—	93
湘乡市	2967	2967	—	100	—	267

分县人工、飞播造林和人工更新、封山育林完成情况

单位:公顷

单位	本年度检查验收合格造林面积			人工更新面积	新封山育林面积	低产低效林改造面积
	合计	人工造林	飞播造林			
韶山市	277	277	—	—	—	—
衡阳市	**21950**	**21950**	**—**	**171**	**—**	**60**
珠珲区	250	250	—	—	—	60
雁蜂区	163	163	—	—	—	—
石鼓区	127	127	—	—	—	—
蒸湘区	239	239	—	—	—	—
南岳区	867	867	—	—	—	—
衡阳县	3144	3144	—	118	—	—
衡南县	5672	5672	—	—	—	—
衡山县	1602	1602	—	—	—	—
衡东县	2201	2201	—	—	—	—
祁东县	2102	2102	—	53	—	—
耒阳县	3448	3448	—	—	—	—
常宁市	2135	2135	—	—	—	—
邵阳市	**43515**	**43515**	**—**	**1074**	**1366**	**8651**
双清县	93	93	—	—	—	—
大祥区	226	226	—	—	—	—
北塔区	80	80	—	—	—	—
邵东县	3800	3800	—	—	—	—
新邵县	3468	3468	—	107	—	53
邵阳县	8746	8746	—	147	131	—
隆回县	5467	5467	—	139	496	—
洞口县	2800	2800	—	42	—	—
绥宁县	3093	3093	—	267	575	1572
新宁县	6533	6533	—	—	—	—
城步苗族自治县	5797	5797	—	224	—	7026
武冈市	3412	3412	—	148	164	—
岳阳市	**24523**	**24523**	**—**	**250**	**2383**	**1087**
岳阳楼区	—	—	—	—	—	—
云溪区	9	9	—	—	—	—
君山区	833	833	—	—	—	133
岳阳县	6197	6197	—	—	—	—
华容县	1712	1712	—	—	—	619
湘阴县	1630	1630	—	—	109	168
平江县	6138	6138	—	250	—	167
汨罗市	3745	3745	—	—	2274	—
临湘市	4259	4259	—	—	—	—
常德市	**28113**	**28113**	**—**	**—**	**—**	**575**
武陵区	218	218	—	—	—	—
鼎城区	4455	4455	—	—	—	300
安乡区	986	986	—	—	—	—
汉寿县	2814	2814	—	—	—	—
澧县	4773	4773	—	—	—	10
临澧县	4457	4457	—	—	—	112
桃源县	4370	4370	—	—	—	153
石门县	5107	5107	—	—	—	—
津市市	933	933	—	—	—	—
张家界市	**18320**	**18320**	**—**	**—**	**706**	**—**
永定区	5754	5754	—	—	573	—
武陵源区	800	800	—	—	—	—

分县人工、飞播造林和人工更新、封山育林完成情况

单位:公顷

单　　位	本年度检查验收合格造林面积			人工更新面积	新封山育林面积	低产低效林改造面积
	合计	人工造林	飞播造林			
慈利县	6546	6546	—	—	133	—
桑植县	5220	5220	—	—	—	—
益阳市	**12996**	**12996**	**—**	**277**	**—**	**1533**
资阳区	163	163	—	—	—	—
赫山区	1535	1535	—	—	—	1533
南县	292	292	—	163	—	—
桃江县	2332	2332	—	—	—	—
安化县	8453	8453	—	—	—	—
沅江市	221	221	—	114	—	—
郴洲市	**33669**	**33669**	**—**	**711**	**1553**	**4765**
北湖区	1949	1949	—	26	—	133
苏仙区	2742	2742	—	42	215	113
桂阳县	7239	7239	—	—	67	33
宜章县	2534	2534	—	19	47	106
永兴县	2136	2136	—	153	445	3623
嘉禾县	2204	2204	—	252	127	167
临武县	2052	2052	—	63	652	—
汝城县	3283	3283	—	3	—	—
桂东县	2806	2806	—	—	—	—
安仁县	3022	3022	—	—	—	571
资兴市	3702	3702	—	153	—	19
永州市	**39070**	**39070**	**—**	**1171**	**4184**	**5947**
芝山区	2200	2200	—	—	—	—
冷水滩区	5435	5435	—	37	14	—
祁阳县	7112	7112	—	357	334	4800
东安县	4278	4278	—	—	153	202
双牌县	2431	2431	—	—	67	102
道县	4799	4799	—	—	1249	—
江永县	1050	1050	—	85	118	—
宁远县	3217	3217	—	337	600	—
蓝山县	3487	3487	—	40	1050	—
新田县	1998	1998	—	18	336	170
江华瑶族自治县	3063	3063	—	297	263	673
怀化市	**43577**	**43577**	**—**	**774**	**853**	**29638**
鹤城区	1869	1869	—	—	245	—
中方县	2000	2000	—	—	—	2477
沅陵县	5467	5467	—	—	—	2345
辰溪县	4440	4440	—	—	—	8572
溆浦县	10267	10267	—	—	—	3619
会同县	2003	2003	—	200	—	3909
麻阳苗族自治县	4670	4670	—	—	—	—
新晃侗族自治县	2773	2773	—	—	—	—
芷江侗族自治县	5687	5687	—	—	—	—
靖州苗族自治县	1401	1401	—	254	608	1645
通道侗族自治县	667	667	—	320	—	1931
洪江市	2333	2333	—	—	—	5140
娄底市	**17019**	**17019**	**—**	**45**	**24**	**1576**
娄星区	1288	1288	—	—	—	—
双峰县	2977	2977	—	—	—	—
新化县	6734	6734	—	—	—	910

分县人工、飞播造林和人工更新、封山育林完成情况

单位:公顷

单位	本年度检查验收合格造林面积			人工更新面积	新封山育林面积	低产低效林改造面积
	合计	人工造林	飞播造林			
冷水江市	1213	1213	—	15	—	333
涟源市	4807	4807	—	30	24	333
湘西自治州	**96019**	**96019**	—	—	**1046**	**1249**
吉首市	7174	7174	—	—	—	—
泸溪县	9980	9980	—	—	—	400
凤凰县	10133	10133	—	—	205	—
花垣县	12070	12070	—	—	—	—
保靖县	13267	13267	—	—	—	400
古丈县	4000	4000	—	—	—	—
永顺县	23928	23928	—	—	—	—
龙山县	15467	15467	—	—	841	449
广东	**48020**	**48020**	—	**68450**	**34434**	**42411**
广州市	**3772**	**3772**	—	**1132**	—	**1588**
天河区	—	—	—	—	—	—
白云区	231	231	—	280	—	427
黄埔区	—	—	—	—	—	47
番禺区	—	—	—	—	—	167
花都区	401	401	—	239	—	330
从化市	2200	2200	—	200	—	167
增城市	940	940	—	267	—	213
流溪河林场	—	—	—	—	—	70
大岭山林场	—	—	—	—	—	67
增城林场	—	—	—	113	—	13
梳脑林场	—	—	—	33	—	87
深圳市	**16**	**16**	—	—	—	**2483**
宝安区	—	—	—	—	—	1050
福田区	—	—	—	—	—	34
南山区	—	—	—	—	—	47
盐田区	—	—	—	—	—	231
罗湖区	—	—	—	—	—	100
龙岗区	—	—	—	—	—	1007
罗田林果场	—	—	—	—	—	14
内伶仃保护区	—	—	—	—	—	—
市绿委苗圃场	16	16	—	—	—	—
珠海市	—	—	—	**85**	—	**479**
香洲区	—	—	—	—	—	364
斗门区	—	—	—	85	—	115
金湾区	—	—	—	—	—	—
汕头市	**259**	**259**	—	—	**770**	**1698**
龙湖区	—	—	—	—	—	—
金平区	—	—	—	—	—	53
濠江区	—	—	—	—	—	55
澄海区	35	35	—	—	—	67
潮阳区	6	6	—	—	770	535
潮南区	218	218	—	—	—	588
南澳县	—	—	—	—	—	400

分县人工、飞播造林和人工更新、封山育林完成情况

单位:公顷

单　位	本年度检查验收合格造林面积			人工更新面积	新封山育林面积	低产低效林改造面积
	合计	人工造林	飞播造林			
韶关市	**3948**	**3948**	**—**	**2291**	**6760**	**2433**
浈江区	236	236	—	—	—	—
北江区	298	298	—	7	—	45
武江区	100	100	—	13	—	—
曲江县	583	583	—	288	—	167
仁化县	—	—	—	152	101	306
南雄县	125	125	—	318	—	52
始兴县	—	—	—	303	—	168
乐昌县	328	328	—	405	320	—
乳源瑶族自治县	297	297	—	114	3333	80
翁源县	737	737	—	249	2686	156
新丰县	1244	1244	—	344	320	474
韶关林场	—	—	—	—	—	94
曲江林场	—	—	—	—	—	431
仁化林场	—	—	—	—	—	217
河口林场	—	—	—	—	—	115
九曲水林场	—	—	—	60	—	91
华溪林场	—	—	—	38	—	37
河源市	**3060**	**3060**	**—**	**1719**	**5274**	**1774**
源城区	—	—	—	7	167	210
东源县	266	266	—	335	320	403
紫金县	1707	1707	—	233	730	180
龙川县	76	76	—	444	600	40
连平县	242	242	—	249	1820	347
和平县	747	747	—	200	1483	300
新丰江林管局	—	—	—	—	—	269
牛岭水林场	—	—	—	30	30	—
下石林场	7	7	—	51	—	—
黎明林场	11	11	—	140	24	—
桂山林场	4	4	—	—	—	—
红星林场	—	—	—	—	100	5
坪山林场	—	—	—	30	—	20
梅州市	**5186**	**5186**	**—**	**3866**	**8239**	**4666**
梅江区	—	—	—	—	—	313
兴宁市	804	804	—	367	—	260
梅县	1293	1293	—	1993	3866	380
平远县	137	137	—	6	—	441
蕉岭县	10	10	—	72	—	485
大埔县	6	6	—	258	—	567
丰顺县	1013	1013	—	680	1333	60
五华县	1833	1833	—	333	2533	2060
梅南林场	—	—	—	110	107	—
洲瑞林场	90	90	—	18	200	100
大埔林场	—	—	—	—	200	—
水口林场	—	—	—	—	—	—
七畲径林场	—	—	—	29	—	—
惠州市	**3776**	**3776**	**—**	**2449**	**580**	**1321**
惠城区	20	20	—	40	—	192

分县人工、飞播造林和人工更新、封山育林完成情况

单位:公顷

单位	本年度检查验收合格造林面积			人工更新面积	新封山育林面积	低产低效林改造面积
	合计	人工造林	飞播造林			
惠阳市	133	133	—	—	—	500
惠东县	2000	2000	—	150	—	150
博罗县	683	683	—	1400	580	333
龙门县	367	367	—	133	—	67
大亚湾区	573	573	—	—	—	79
梁化林场	—	—	—	93	—	—
九龙峰林场	—	—	—	—	—	—
罗浮山林场	—	—	—	90	—	—
象头山林场	—	—	—	105	—	—
汤泉林场	—	—	—	8	—	—
白芒林场	—	—	—	87	—	—
鸡笼山林场	—	—	—	54	—	—
水东陂林场	—	—	—	203	—	—
油田林场	—	—	—	86	—	—
汕尾市	**2402**	**2402**	—	**240**	**2032**	**172**
城区	225	225	—	—	—	—
海丰县	733	733	—	100	—	—
陆丰市	682	682	—	—	666	—
陆河县	551	551	—	55	1333	66
黄羌林场	—	—	—	—	—	—
吉溪林场	—	—	—	85	—	—
红岭林场	33	33	—	—	33	—
罗经嶂林场	—	—	—	—	—	—
东海岸林场	—	—	—	—	—	34
湖东林场	—	—	—	—	—	—
市林业局本部	178	178	—	—	—	72
东莞市	**28**	**28**	—	**395**	—	**1368**
清溪林场	—	—	—	17	—	211
大岭山林场	—	—	—	55	—	47
大屏障林场	—	—	—	—	—	67
市林科所	—	—	—	—	—	—
市林业局本部	28	28	—	323	—	1043
中山市	—	—	—	—	—	**420**
江门市	**1411**	**1411**	—	**16374**	**1333**	**2863**
江海区	—	—	—	—	—	**47**
蓬江区	—	—	—	**369**	—	**47**
新会区	—	—	—	**2732**	—	—
台山市	**446**	**446**	—	**5751**	**1333**	**100**
恩平市	**432**	**432**	—	**2068**	—	**283**
开平市	**533**	**533**	—	**1667**	—	**1607**
鹤山市	—	—	—	**3257**	—	**526**
古兜山林场	—	—	—	—	—	—
大沙林场	—	—	—	—	—	**67**
狮山林场	—	—	—	**57**	—	**33**
河排林场	—	—	—	**37**	—	—
西坑林场	—	—	—	**143**	—	**90**
古斗林场	—	—	—	**93**	—	**63**
四堡林场	—	—	—	**200**	—	—
佛山市	—	—	—	**560**	—	**1114**
禅城区	—	—	—	—	—	—

分县人工、飞播造林和人工更新、封山育林完成情况

单位：公顷

单　位	本年度检查验收合格造林面积			人工更新面积	新封山育林面积	低产低效林改造面积
	合计	人工造林	飞播造林			
三水市	—	—	—	—	—	261
南海市	—	—	—	—	—	118
高明市	—	—	—	560	—	533
顺德市	—	—	—	—	—	50
云勇林场	—	—	—	—	—	152
阳江市	**3180**	**3180**	—	**4436**	**570**	**1615**
江城区	78	78	—	25	—	—
阳东县	833	833	—	1233	—	127
阳西县	554	554	—	980	570	130
阳春市	1542	1542	—	1072	—	1358
阳江林场	—	—	—	1036	—	—
花滩林场	173	173	—	90	—	—
湛江市	**2655**	**2655**	—	**5398**	—	**2834**
坡头区	70	70	—	225	—	267
麻章区	96	96	—	194	—	10
东海试验区	70	70	—	369	—	179
吴川市	—	—	—	180	—	350
廉江市	253	253	—	802	—	400
遂溪县	1463	1463	—	2215	—	—
雷州市	223	223	—	774	—	1605
徐闻县	480	480	—	639	—	23
茂名市	**2815**	**2815**	—	**4891**	**867**	**1198**
茂港区	71	71	—	140	—	33
茂南区	—	—	—	50	—	50
信宜市	447	447	—	2600	200	533
高州市	553	553	—	733	—	—
化州市	895	895	—	690	—	533
电白县	849	849	—	141	667	20
八一林场	—	—	—	38	—	—
厚元林场	—	—	—	42	—	—
大雾岭林场	—	—	—	9	—	—
东镇林场	—	—	—	—	—	—
新田林场	—	—	—	26	—	—
荷塘林场	—	—	—	113	—	—
文楼林场	—	—	—	110	—	—
播扬林场	—	—	—	80	—	—
平定林场	—	—	—	70	—	—
丽岗林场	—	—	—	15	—	—
电白林场	—	—	—	34	—	—
河尾山林场	—	—	—	—	—	29
肇庆市	**3799**	**3799**	—	**8087**	**3537**	**7746**
端州区	—	—	—	—	—	—
鼎湖区	—	—	—	—	—	80
高要市	132	132	—	955	—	1360
四会市	78	78	—	337	520	552
广宁县	247	247	—	2067	—	2995
怀集县	1368	1368	—	962	1364	1761
封开县	1467	1467	—	2026	1333	200
德庆县	507	507	—	1469	320	280

分县人工、飞播造林和人工更新、封山育林完成情况

单位:公顷

单　　位	本年度检查验收合格造林面积			人工更新面积	新封山育林面积	低产低效林改造面积
	合计	人工造林	飞播造林			
高新开发区	—	—	—	6	—	—
北岭山林场	—	—	—	21	—	229
清桂林场	—	—	—	25	—	78
葵洞林场	—	—	—	5	—	—
大南山林场	—	—	—	65	—	85
大水口林场	—	—	—	56	—	58
大坑山林场	—	—	—	62	—	—
新岗林场	—	—	—	31	—	68
清远市	**5523**	**5523**	**—**	**4353**	**895**	**1596**
清城区	748	748	—	233	—	—
飞来峡区	—	—	—	—	—	—
清新县	1606	1606	—	1207	320	230
佛冈县	151	151	—	805	42	962
英德市	56	56	—	—	—	164
阳山县	699	699	—	—	—	189
连州市	1355	1355	—	459	—	—
连山壮族瑶族自治县	624	624	—	219	533	—
连南瑶族自治县	284	284	—	486	—	—
银盏林场	—	—	—	90	—	21
笔架山林场	—	—	—	56	—	—
天堂林场	—	—	—	57	—	—
英德林场	—	—	—	14	—	—
长江坝林场	—	—	—	—	—	—
金鸡林场	—	—	—	80	—	—
铁溪林场	—	—	—	114	—	—
羊角山林场	—	—	—	101	—	30
小龙林场	—	—	—	96	—	—
涡水林场	—	—	—	15	—	—
龙坪林场	—	—	—	60	—	—
杨梅林场	—	—	—	261	—	—
潮州市	**139**	**139**	**—**	**60**	**400**	**387**
湘桥区	67	67	—	—	—	34
枫溪区	—	—	—	—	—	—
饶平县	12	12	—	—	400	120
潮安县	7	7	—	60	—	233
韩江林场	53	53	—	—	—	—
揭阳市	**464**	**464**	**—**	**147**	**—**	**1259**
榕城区	—	—	—	40	—	67
普宁市	—	—	—	21	—	472
揭东县	285	285	—	32	—	653
惠来县	67	67	—	—	—	67
揭西县	112	112	—	54	—	—
云浮市	**5587**	**5587**	**—**	**3184**	**1727**	**2534**
云城区	880	880	—	333	733	200
云安县	2002	2002	—	603	67	200
新兴县	538	538	—	473	167	520
郁南县	1094	1094	—	902	440	1139
罗定市	823	823	—	434	320	336
大云雾林场	—	—	—	183	—	5
龙墉林场	250	250	—	—	—	69

分县人工、飞播造林和人工更新、封山育林完成情况

单位:公顷

单位	本年度检查验收合格造林面积			人工更新面积	新封山育林面积	低产低效林改造面积
	合计	人工造林	飞播造林			
飞马林场	—	—	—	131	—	64
同乐林场	—	—	—	37	—	1
水台林场	—	—	—	88	—	—
雷州林业局	**—**	**—**	**—**	**6459**	**—**	**—**
省直属林场	**—**	**—**	**—**	**2324**	**1450**	**863**
西江林业局	—	—	—	1143	850	160
乳阳林业局	—	—	—	—	—	224
沙头角林场	—	—	—	—	—	—
龙眼洞林场	—	—	—	46	—	—
天井山林场	—	—	—	—	600	137
樟木头林场	—	—	—	244	—	—
乐昌林场	—	—	—	228	—	—
连山林场	—	—	—	295	—	—
东江林场	—	—	—	45	—	342
九连山林场	—	—	—	323	—	—
广西	**277969**	**277969**	**—**	**37156**	**110850**	**28042**
南宁市	**22414**	**22414**	**—**	**1840**	**16196**	**4675**
新城区	—	—	—	—	—	—
兴宁区	13	13	—	41	—	—
永新区	275	275	—	27	—	—
城北区	80	80	—	20	667	—
江南区	—	—	—	27	—	—
高新区	—	—	—	—	—	—
华侨投资区	—	—	—	46	—	—
邕宁县	6435	6435	—	1130	1335	182
武鸣县	2772	2772	—	254	4667	18
横县	2861	2861	—	77	1338	76
宾阳县	1991	1991	—	90	1336	46
上林县	2715	2715	—	40	4000	4113
马山县	2975	2975	—	70	1423	—
隆安县	2297	2297	—	18	1430	240
柳州市	**19436**	**19436**	**—**	**2551**	**14483**	**534**
柳州市苗圃林场	11	11	—	11	—	—
柳州市直林科所	—	—	—	4	—	—
柳北区	333	333	—	35	—	10
柳南区	24	24	—	—	—	51
城中区	—	—	—	13	—	13
鱼峰区	—	—	—	—	—	—
古亭山开发区	52	52	—	—	13050	—
柳江县	3775	3775	—	172	333	—
柳城县	2382	2382	—	221	—	139
鹿寨县	3257	3257	—	50	—	—
融安县	2924	2924	—	368	—	310
融水县	3209	3209	—	1376	1100	—
三江县	3469	3469	—	301	—	11
桂林市	**17872**	**17872**	**—**	**404**	**3162**	**586**
市郊区	251	251	—	—	1980	59
阳朔县	1145	1145	—	62	333	—
临桂县	1667	1667	—	45	—	67

分县人工、飞播造林和人工更新、封山育林完成情况

单位:公顷

单位	本年度检查验收合格造林面积			人工更新面积	新封山育林面积	低产低效林改造面积
	合计	人工造林	飞播造林			
灵川县	1105	1105	—	—	172	—
全州县	2000	2000	—	7	—	—
兴安县	1000	1000	—	—	—	460
永福县	1667	1667	—	—	—	—
灌阳县	1667	1667	—	70	—	—
龙胜县	1267	1267	—	68	—	—
资源县	1033	1033	—	113	10	—
平乐县	1667	1667	—	—	—	—
荔浦县	1667	1667	—	—	—	—
恭城县	1736	1736	—	39	667	—
梧州市	**13240**	**13240**	**—**	**3044**	**2511**	**410**
市郊区	761	761	—	288	689	—
苍梧县	2619	2619	—	1764	1097	—
岑溪市	2689	2689	—	139	—	—
藤县	3354	3354	—	700	725	410
蒙山县	3817	3817	—	153	—	—
北海市	**3481**	**3481**	**—**	**3499**	**667**	**—**
海城区	307	307	—	—	—	—
银海区	621	621	—	32	—	—
铁山港区	267	267	—	508	—	—
合浦县	2286	2286	—	2959	667	—
防城港市	**11779**	**11779**	**—**	**1213**	**1078**	**795**
港口区	1933	1933	—	—	—	—
防城区	3414	3414	—	778	687	438
东兴市	867	867	—	—	391	200
上思县	5565	5565	—	435	—	157
钦州市	**10642**	**10642**	**—**	**683**	**3555**	**320**
钦州市三十六曲林场	201	201	—	92	370	—
钦南区	3803	3803	—	251	667	—
钦北区	1400	1400	—	100	1000	32
钦城区	—	—	—	—	—	—
钦港区	—	—	—	—	—	—
灵山县	2222	2222	—	148	667	—
浦北县	3016	3016	—	92	851	288
贵港市	**7140**	**7140**	**—**	**1410**	**1333**	**4144**
港南区	601	601	—	148	—	580
港北区	333	333	—	140	333	991
覃塘区	1333	1333	—	234	—	1314
桂平市	2780	2780	—	420	—	—
平南县	2093	2093	—	468	1000	1259
玉林市	**13826**	**13826**	**—**	**1851**	**2021**	**373**
玉州区	667	667	—	—	—	23
福绵区	1014	1014	—	232	—	—
兴业县	1333	1333	—	307	—	—
容县	2778	2778	—	339	—	—
北流县	1780	1780	—	588	667	—
陆川县	3734	3734	—	101	667	172
博白县	2520	2520	—	284	687	178

分县人工、飞播造林和人工更新、封山育林完成情况

单位:公顷

单　　位	本年度检查验收合格造林面积			人工更新面积	新封山育林面积	低产低效林改造面积
	合计	人工造林	飞播造林			
百色市	**58000**	**58000**	**—**	**2177**	**18872**	**4502**
右江区	5025	5025	—	—	—	—
田阳县	4380	4380	—	323	6666	20
田东县	5529	5529	—	130	—	—
平果县	7933	7933	—	106	667	—
德保县	5053	5053	—	9	1799	—
靖西县	2333	2333	—	5	4440	—
那坡县	3958	3958	—	35	904	—
凌云县	4000	4000	—	86	716	2086
乐业县	2000	2000	—	—	2988	47
田林县	6000	6000	—	764	—	1340
隆林县	7785	7785	—	406	692	—
西林县	4004	4004	—	313	—	1009
贺州市	**11876**	**11876**	**—**	**838**	**2005**	**747**
八步区	3415	3415	—	490	—	546
昭平县	3981	3981	—	178	—	1
钟山县	2480	2480	—	69	672	—
富川瑶族自治县	2000	2000	—	101	1333	200
河池市	**36078**	**36078**	**—**	**2231**	**19877**	**917**
金城江区	2670	2670	—	136	—	124
宜山县	2348	2348	—	404	—	10
罗城县	2667	2667	—	227	5333	85
环江县	5000	5000	—	224	—	292
南丹县	3667	3667	—	311	34	112
天峨县	3334	3334	—	181	—	—
凤山县	4000	4000	—	259	—	—
东兰县	2667	2667	—	101	—	—
巴马县	4667	4667	—	157	7333	116
都安县	2725	2725	—	104	177	138
大化县	2333	2333	—	127	7000	40
来宾市	**12637**	**12637**	**—**	**749**	**6376**	**149**
兴宾区	3124	3124	—	85	969	81
合山市	143	143	—	56	696	35
象州县	1874	1874	—	399	2044	15
武宣县	2890	2890	—	—	2000	—
金秀县	922	922	—	153	—	18
忻城县	3684	3684	—	56	667	—
崇左市	**13118**	**13118**	**—**	**867**	**16569**	**5747**
崇左市叮当林场(隆安)	—	—	—	—	—	22
江州区	1360	1360	—	67	3334	—
扶绥县	1959	1959	—	586	1234	190
大新县	2404	2404	—	71	2667	2
天等县	2382	2382	—	—	3334	1200
宁明县	3290	3290	—	143	3333	2667
龙州县	1651	1651	—	—	2000	1333
凭祥市	72	72	—	—	667	333
高峰林场	**3334**	**3334**	**—**	**1542**	**—**	**1079**
七坡林场	**2116**	**2116**	**—**	**689**	**—**	**—**
东门林场	**378**	**378**	**—**	**1736**	**—**	**—**
派阳山林场	**1038**	**1038**	**—**	**1144**	**—**	**76**

分县人工、飞播造林和人工更新、封山育林完成情况

单位:公顷

单　　位	本年度检查验收合格造林面积			人工更新面积	新封山育林面积	低产低效林改造面积
	合计	人工造林	飞播造林			
钦廉林场	**1086**	**1086**	**—**	**907**	**667**	**1798**
六万林场	**4783**	**4783**	**—**	**1128**	**—**	**167**
博白林场	**5067**	**5067**	**—**	**1971**	**672**	**—**
维都林场	**1759**	**1759**	**—**	**—**	**667**	**—**
三门江林场	**157**	**157**	**—**	**265**	**—**	**—**
黄冕林场	**1333**	**1333**	**—**	**1050**	**—**	**—**
大桂山林场	**1325**	**1325**	**—**	**836**	**139**	**—**
雅长林场	**2000**	**2000**	**—**	**566**	**—**	**—**
南宁良凤江森林公园	**—**	**—**	**—**	**87**	**—**	**—**
热林中心	**—**	**—**	**—**	**358**	**—**	**—**
沙塘林场	**272**	**272**	**—**	**15**	**—**	**—**
区直属单位	**1747**	**1747**	**—**	**1138**	**—**	**1023**
广西林业科学研究院	—	—	—	12	—	—
区营林开发中心	667	667	—	—	—	—
高峰集团	1080	1080	—	1126	—	1023
广西铁路林管局	**35**	**35**	**—**	**367**	**—**	**—**
海南	**75206**	**75206**	**—**	**1487**	**—**	**—**
海口市	2430	2430	—	147	—	—
三亚市	3291	3291	—	—	—	—
五指山市	4114	4114	—	—	—	—
文昌市	5059	5059	—	—	—	—
琼海市	4672	4672	—	—	—	—
万宁市	3362	3362	—	22	—	—
定安县	2258	2258	—	117	—	—
屯昌县	3237	3237	—	—	—	—
澄迈县	2717	2717	—	338	—	—
临高县	3412	3412	—	—	—	—
儋州市	5175	5175	—	91	—	—
白沙黎族自治县	3552	3552	—	430	—	—
昌江黎族自治县	6368	6368	—	221	—	—
东方市	6663	6663	—	—	—	—
乐东黎族自治县	8108	8108	—	121	—	—
陵水黎族自治县	2538	2538	—	—	—	—
保亭黎族苗族自治县	2687	2687	—	—	—	—
琼中黎族苗族自治县	5563	5563	—	—	—	—
重庆	**352619**	**331886**	**20733**	**—**	**44446**	**666**
市辖区	**71267**	**71267**	**—**	**—**	**14801**	**333**
万州区	34667	34667	—	—	2400	—
黔江区	8000	8000	—	—	1933	—
涪陵区	6000	6000	—	—	3267	—
渝中区	—	—	—	—	—	—
大渡口区	333	333	—	—	67	—
江北区	733	733	—	—	67	—
沙坪坝区	800	800	—	—	267	—
九龙坡区	800	800	—	—	200	—
南岸区	333	333	—	—	200	333
北碚区	1667	1667	—	—	933	—
万盛区	1667	1667	—	—	800	—
渝北区	6533	6533	—	—	1867	—
巴南区	6667	6667	—	—	1867	—

分县人工、飞播造林和人工更新、封山育林完成情况

单位:公顷

单位	本年度检查验收合格造林面积			人工更新面积	新封山育林面积	低产低效林改造面积
	合计	人工造林	飞播造林			
长寿区	2667	2667	—	—	933	
双桥区	400	400	—	—	—	
县级合计	**281352**	**260619**	**20733**	**—**	**29645**	**333**
江津市	6000	6000	—	—	3733	—
合川市	8667	8667	—	—	400	—
永川市	4666	4666	—	—	1600	—
綦江县	7333	7333	—	—	600	—
潼南县	2000	2000	—	—	267	—
铜梁县	3220	3220	—	—	933	—
大足县	4000	4000	—	—	400	—
荣昌县	5600	5600	—	—	1400	—
璧山县	3333	3333	—	—	933	—
梁平县	11333	11333	—	—	1867	—
城口县	19000	19000	—	—	1600	—
南川市	12667	12667	—	—	2948	—
丰都县	4833	4833	—	—	1617	—
垫江县	9000	9000	—	—	333	—
武隆县	4667	4667	—	—	1867	—
忠县	8667	8667	—	—	1881	—
开县	30666	17333	13333	—	333	333
云阳县	20333	20333	—	—	2200	—
奉节县	27134	20467	6667	—	1200	—
巫山县	21000	21000	—	—	67	—
巫溪县	19928	19928	—	—	333	—
石柱土家族自治县	6666	6666	—	—	2467	—
秀山土家族苗族自治县	12000	12000	—	—	333	—
酉阳土家族苗族自治县	21400	20667	733	—	—	—
彭水苗族土家族自治县	7239	7239	—	—	333	—
四川	**723215**	**601086**	**122129**	**333**	**117720**	**99**
成都市	**22695**	**22695**	**—**	**—**	**6959**	**—**
青白江区	533	533	—	—	—	—
锦江区	—	—	—	—	—	—
青羊区	—	—	—	—	—	—
金牛区	—	—	—	—	—	—
武侯区	—	—	—	—	—	—
成华区	—	—	—	—	—	—
高新区	—	—	—	—	—	—
龙泉驿区	667	667	—	—	220	—
金堂县	1733	1733	—	—	1013	—
双流县	3667	3667	—	—	—	—
温江县	400	400	—	—	—	—
郫县	467	467	—	—	—	—
新都县	180	180	—	—	—	—
彭州市	1980	1980	—	—	1700	—
崇州市	1267	1267	—	—	740	—
大邑县	4016	4016	—	—	2180	—
邛崃市	2473	2473	—	—	213	—
蒲江县	1333	1333	—	—	—	—
新津县	1333	1333	—	—	—	—
都江堰市	2646	2646	—	—	893	—

分县人工、飞播造林和人工更新、封山育林完成情况

单位：公顷

单　　位	本年度检查验收合格造林面积			人工更新面积	新封山育林面积	低产低效林改造面积
	合计	人工造林	飞播造林			
自贡市	**16746**	**16746**	**—**	**—**	**607**	**—**
自流井区	—	—	—	—	—	—
贡井区	700	700	—	—	—	—
大安区	747	747	—	—	—	—
沿滩区	2840	2840	—	—	—	—
荣县	6240	6240	—	—	380	—
富顺县	6219	6219	—	—	227	—
攀枝花市	**17885**	**9602**	**8283**	**—**	**6031**	**—**
东区	203	203	—	—	227	—
西区	304	133	171	—	80	—
仁和区	3507	3040	467	—	1081	—
米易县	2367	2367	—	—	795	—
盐边县	2467	2467	—	—	1789	—
市林科所	—	—	—	—	—	—
市林产公司	—	—	—	—	—	—
市国营林场	2671	296	2375	—	1193	—
市森防站	—	—	—	—	—	—
市苏铁管理处	—	—	—	—	—	—
市二滩公园	—	—	—	—	—	—
市林业局机关	—	—	—	—	—	—
盐边林业局	2805	428	2377	—	—	—
普威林业局	3561	668	2893	—	866	—
泸州市	**31433**	**31433**	**—**	**—**	**4227**	**—**
江阳区	1400	1400	—	—	80	—
龙马潭区	667	667	—	—	80	—
泸县	4800	4800	—	—	487	—
合江县	6633	6633	—	—	953	—
纳溪区	3000	3000	—	—	487	—
叙永县	7933	7933	—	—	1193	—
古蔺县	7000	7000	—	—	947	—
德阳市	**7612**	**7612**	**—**	**—**	**1606**	**—**
旌阳区	800	800	—	—	293	—
罗江区	1406	1406	—	—	133	—
绵竹市	133	133	—	—	200	—
中江县	3480	3480	—	—	320	—
什邡市	853	853	—	—	253	—
广汉市	740	740	—	—	140	—
德阳市伐木厂	200	200	—	—	267	—
绵阳市	**31520**	**23088**	**8432**	**—**	**7699**	**—**
涪城区	1467	1467	—	—	893	—
游仙区	1553	1480	73	—	573	—
三台县	3274	3201	73	—	867	—
盐亭县	1019	946	73	—	867	—
安县	5088	3441	1647	—	353	—
梓潼县	3027	2827	200	—	540	—
北川县	6360	3660	2700	—	1153	—
平武县	7706	4373	3333	—	2073	—
江油市	2026	1693	333	—	380	—
广元市	**42660**	**28087**	**14573**	**—**	**3373**	**—**
市中区	5665	3132	2533	—	193	—

分县人工、飞播造林和人工更新、封山育林完成情况

单位:公顷

单位	本年度检查验收合格造林面积			人工更新面积	新封山育林面积	低产低效林改造面积
	合计	人工造林	飞播造林			
元坝区	3720	2667	1053	—	373	—
朝天区	6433	4766	1667	—	547	—
旺苍县	8361	5601	2760	—	500	—
青川县	11213	6999	4214	—	706	—
剑阁县	2394	1721	673	—	747	—
苍溪县	4874	3201	1673	—	307	—
遂宁市	**16129**	**16129**	**—**	**—**	**214**	**—**
市木材公司	—	—	—	—	—	—
蓬溪县	4180	4180	—	—	128	—
射洪县	2741	2741	—	—	—	—
大英县	3615	3615	—	—	—	—
内江市	**19707**	**19707**	**—**	**—**	**607**	**—**
市中区	1553	1553	—	—	53	—
东兴区	3661	3661	—	—	147	—
威远县	5527	5527	—	—	173	—
资中县	6153	6153	—	—	127	—
隆昌县	2813	2813	—	—	107	—
乐山市	**43352**	**39128**	**4224**	**—**	**2980**	**—**
市中区	3667	3667	—	—	—	—
沙湾区	3173	2800	373	—	—	—
五通桥区	1000	1000	—	—	—	—
金口河区	2460	2000	460	—	553	—
犍为县	5000	5000	—	—	—	—
井研县	1000	1000	—	—	—	—
夹江县	1667	1667	—	—	—	—
沐川县	3900	3767	133	—	—	—
峨边彝族自治县	5385	4500	885	—	501	—
马边彝族自治县	5467	4800	667	—	473	—
峨眉山市	**3373**	**3000**	**373**	**—**	**—**	**—**
川南林业局	7260	5927	1333	—	1453	—
眉山市	**20713**	**20713**	**—**	**—**	**4026**	**—**
东坡区	2727	2727	—	—	647	—
彭山县	2200	2200	—	—	653	—
仁寿县	3400	3400	—	—	660	—
丹棱县	2100	2100	—	—	653	—
青神县	740	740	—	—	600	—
洪雅县	9546	9546	—	—	813	—
南充市	**36666**	**36666**	**—**	**—**	**820**	**—**
顺庆区	3067	3067	—	—	53	—
高坪区	5067	5067	—	—	100	—
嘉陵区	5066	5066	—	—	—	—
阆中市	2933	2933	—	—	107	—
南部县	4333	4333	—	—	133	—
营山县	4400	4400	—	—	114	—
蓬安县	4400	4400	—	—	180	—
仪陇县	4333	4333	—	—	133	—
西充县	3067	3067	—	—	—	—

分县人工、飞播造林和人工更新、封山育林完成情况

单位:公顷

单位	本年度检查验收合格造林面积			人工更新面积	新封山育林面积	低产低效林改造面积
	合计	人工造林	飞播造林			
宜宾市	**31475**	**30741**	**734**	**333**	**1133**	**49**
翠屏区	2774	2774	—	—	140	—
宜宾县	2347	2347	—	—	273	—
南溪县	3450	3450	—	—	107	—
江安县	2713	2473	240	—	100	—
长宁县	4173	4173	—	—	107	—
高县	3867	3820	47	—	33	11
筠连县	3285	2918	367	—	53	35
珙县	2780	2780	—	333	107	—
兴文县	2766	2766	—	—	133	3
屏山县	3320	3240	80	—	80	—
广安市	**26149**	**26149**	**—**	**—**	**8333**	**50**
华蓥市	3200	3200	—	—	1334	—
广安县	7828	7828	—	—	2000	50
岳池县	4667	4667	—	—	1333	—
武胜县	5187	5187	—	—	1333	—
邻水县	5267	5267	—	—	2333	—
达州市	**29951**	**21771**	**8180**	**—**	**4908**	**—**
通川区	838	838	—	—	327	—
万源市	6819	3486	3333	—	1647	—
达县	4666	3846	820	—	487	—
宣汉县	7520	4707	2813	—	700	—
开江县	1961	1614	347	—	547	—
大竹县	5000	4333	667	—	760	—
渠县	3147	2947	200	—	440	—
巴中市	**29283**	**23303**	**5980**	**—**	**4034**	**—**
巴州区	4500	4333	167	—	880	—
通江县	8933	6000	2933	—	987	—
南江县	8507	6294	2213	—	1100	—
平昌县	7343	6676	667	—	1067	—
资阳市	**34334**	**34334**	**—**	**—**	**1033**	**—**
乐至县	10054	10054	—	—	360	—
安岳县	7060	7060	—	—	—	—
雁江区	4233	4233	—	—	600	—
简阳市	12987	12987	—	—	73	—
雅安市	**31788**	**28855**	**2933**	**—**	**8261**	**—**
雨城区	4380	4380	—	—	113	—
名山县	6986	6986	—	—	80	—
荥经县	2933	2933	—	—	1740	—
汉源县	3626	3026	600	—	1580	—
石棉县	5601	3268	2333	—	1500	—
天全县	2134	2134	—	—	700	—
芦山县	3186	3186	—	—	880	—
宝兴县	1681	1681	—	—	880	—
夹金山林业局	1261	1261	—	—	788	—
阿坝藏族羌族自治州	**31476**	**31476**	**—**	**—**	**18775**	**—**
汶川县	1801	1801	—	—	280	—
理县	751	751	—	—	288	—
茂县	3874	3874	—	—	2481	—
松潘县	1734	1734	—	—	347	—

分县人工、飞播造林和人工更新、封山育林完成情况

单位:公顷

单位	本年度检查验收合格造林面积			人工更新面积	新封山育林面积	低产低效林改造面积
	合计	人工造林	飞播造林			
九寨县	1660	1660	—	—	460	—
金川县	1323	1323	—	—	614	—
小金县	1652	1652	—	—	296	—
黑水县	2211	2211	—	—	427	—
马尔康县	1911	1911	—	—	382	—
壤塘县	507	507	—	—	227	—
阿坝县	736	736	—	—	774	—
若尔盖县	1771	1771	—	—	1703	—
红原县	408	408	—	—	409	—
州林业局及直属单位	272	272	—	—	110	—
川西林业局	533	533	—	—	927	—
黑水林业局	1705	1705	—	—	1480	—
松潘林业局	800	800	—	—	990	—
南坪林业局	1383	1383	—	—	1396	—
马尔康林业局	2468	2468	—	—	1113	—
观音桥林业局	1474	1474	—	—	1547	—
小金林业局	760	760	—	—	1160	—
壤塘林业局	467	467	—	—	783	—
岷江水运局	435	435	—	—	330	—
阿坝州筑路处	840	840	—	—	251	—
甘孜藏族自治州	**53303**	**30963**	**22340**	**—**	**11566**	**—**
康定县	3802	2222	1580	—	545	—
泸定县	2037	1204	833	—	554	—
丹巴县	4007	2480	1527	—	493	—
九龙县	3462	2589	873	—	487	—
雅江县	3880	2660	1220	—	520	—
道孚县	2508	2401	107	—	535	—
炉霍县	3716	2816	900	—	497	—
甘孜县	3030	2510	520	—	300	—
新龙县	2549	1842	707	—	413	—
德格县	855	502	353	—	350	—
白玉县	1111	484	627	—	347	—
石渠县	1128	68	1060	—	227	—
色达县	1544	77	1467	—	280	—
理塘县	1580	700	880	—	333	—
巴塘县	2118	1571	547	—	375	—
乡城县	2074	1267	807	—	387	—
稻城县	1800	1080	720	—	353	—
得荣县	2419	532	1887	—	327	—
白玉林业局	1140	447	693	—	400	—
力邱河林业局	988	428	560	—	265	—
丹巴林业局	1200	567	633	—	606	—
道孚林业局	1508	648	860	—	636	—
炉霍林业局	1208	508	700	—	578	—
翁达林场	500	327	173	—	227	—
新龙林业局	1729	696	1033	—	729	—
甘孜州工程处	1410	337	1073	—	802	—
凉山彝族自治州	**99136**	**82429**	**16707**	**—**	**11299**	**—**
西昌市	6455	5352	1103	—	547	—

分县人工、飞播造林和人工更新、封山育林完成情况

单位:公顷

单　　位	本年度检查验收合格造林面积			人工更新面积	新封山育林面积	低产低效林改造面积
	合计	人工造林	飞播造林			
木里藏族自治县	6365	6365	—	—	633	—
盐源县	4866	3533	1333	—	467	—
德昌县	6317	6317	—	—	449	—
会理县	4718	4585	133	—	394	—
会东县	3100	2533	567	—	393	—
宁南县	2801	2801	—	—	240	—
普格县	3132	2999	133	—	240	—
布拖县	5082	4014	1068	—	233	—
金阳县	5208	3727	1481	—	233	—
昭觉县	7634	7066	568	—	307	—
喜德县	7195	5623	1572	—	307	—
冕宁县	3955	3600	355	—	463	—
越西县	5000	3768	1232	—	313	—
甘洛县	3867	3867	—	—	393	—
美姑县	4597	4534	63	—	393	—
雷波县	5622	5106	516	—	460	—
雷波林业局	2666	1333	1333	—	1167	—
木里林业局	5334	2667	2667	—	1573	—
凉北林业局	2678	1428	1250	—	1087	—
川林五处	2544	1211	1333	—	1007	—
大渡河造林局	**24896**	**8886**	**16010**	—	**3642**	—
长江造林局	**24306**	**10573**	**13733**	—	**5587**	—
贵州	**377939**	**360283**	**17656**	**242**	**80317**	**133**
贵阳市	**9888**	**9220**	**668**	—	**2671**	—
南明区	—	—	—	—	—	—
云岩区	—	—	—	—	—	—
花溪区	2467	2467	—	—	—	—
乌当区	1738	1669	69	—	271	—
白云区	534	467	67	—	267	—
开阳县	1468	1335	133	—	933	—
息烽县	1148	1015	133	—	400	—
修文县	1200	1067	133	—	533	—
清镇县	1333	1200	133	—	267	—
小河区	—	—	—	—	—	—
金阳高新	—	—	—	—	—	—
长坡岭林场	—	—	—	—	—	—
顺海林场	—	—	—	—	—	—
六盘水市	**26022**	**24688**	**1334**	**14**	**6901**	—
钟山区	1333	1333	—	—	426	—
盘县	10688	10688	—	14	1475	—
六枝特区	3001	2667	334	—	1667	—
水城县	11000	10000	1000	—	3333	—
遵义市	**97667**	**93334**	**4333**	—	**12000**	—
遵义县	12333	12000	333	—	1333	—
赤水市	3400	3333	67	—	333	—
桐梓县	8334	7667	667	—	667	—
绥阳县	9333	9000	333	—	1333	—
正安县	10800	10467	333	—	1333	—
道真仡佬族苗族自治县	7934	7667	267	—	1133	—
务川仡佬族苗族自治县	8000	7333	667	—	1334	—

分县人工、飞播造林和人工更新、封山育林完成情况

单位:公顷

单　位	本年度检查验收合格造林面积			人工更新面积	新封山育林面积	低产低效林改造面积
	合计	人工造林	飞播造林			
凤冈县	9333	9000	333	—	1000	—
湄潭县	7200	6400	800	—	1534	—
余庆县	2000	2000	—	—	—	—
仁怀县	3333	3000	333	—	333	—
习水县	13467	13334	133	—	1333	—
红花岗区	2067	2000	67	—	334	—
开发区	133	133	—	—	—	—
铜仁地区	**49341**	**46672**	**2669**	**—**	**9344**	**—**
铜仁市	3534	3333	201	—	1267	—
江口县	934	667	267	—	534	—
玉屏侗族自治县	2867	2667	200	—	400	—
石阡县	4200	4000	200	—	800	—
思南县	4200	4000	200	—	800	—
印江土家族苗族自治县	4267	4000	267	—	808	—
德江县	8200	8000	200	—	934	—
沿河土家族自治县	4469	4002	467	—	1534	—
松桃苗族自治县	13869	13336	533	—	2000	—
万山特区	2801	2667	134	—	267	—
黔西南布依族苗族自治州	**43001**	**43001**	**—**	**70**	**8840**	**—**
兴义市	4533	4533	—	—	1000	—
兴仁县	3667	3667	—	—	1533	—
普安县	4000	4000	—	—	940	—
晴隆县	4000	4000	—	—	1000	—
贞丰县	5000	5000	—	—	760	—
望谟县	11334	11334	—	—	1207	—
册亨县	5000	5000	—	—	1000	—
安龙县	5334	5334	—	—	867	—
顶效开发区	133	133	—	—	133	—
州普晴林场	—	—	—	70	133	—
州巧马林场	—	—	—	—	267	—
毕节地区	**48833**	**46833**	**2000**	**—**	**7547**	**—**
毕节县	3680	3346	334	—	766	—
大方县	8040	7707	333	—	747	—
黔西县	4073	4073	—	—	1133	—
金沙县	5667	5333	334	—	667	—
织金县	7667	7334	333	—	1000	—
纳雍县	5666	5333	333	—	868	—
威宁彝族回族苗族自治县	9667	9667	—	—	1333	—
赫章县	4373	4040	333	—	1033	—
安顺市	**25673**	**24337**	**1336**	**—**	**6873**	**—**
西秀区	5333	5000	333	—	1333	—
平坝县	2672	2335	337	—	1005	—
普定县	1933	1667	266	—	667	—
关岭布依族苗族自治县	7334	7334	—	—	1735	—
镇宁布依族苗族自治县	2400	2000	400	—	1133	—
紫云苗族布依族自治县	5334	5334	—	—	667	—
黄果树管委会	667	667	—	—	333	—
黔东南苗族侗族自治州	**30736**	**27361**	**3375**	**—**	**11842**	**—**
凯里市	3002	2668	334	—	667	—

分县人工、飞播造林和人工更新、封山育林完成情况

单位:公顷

单　位	本年度检查验收合格造林面积			人工更新面积	新封山育林面积	低产低效林改造面积
	合计	人工造林	飞播造林			
黄平县	4269	4001	268	—	934	—
施秉县	1561	1343	218	—	1080	—
三穗县	1990	1723	267	—	867	—
镇远县	1806	1667	139	—	667	—
岑巩县	1534	1334	200	—	400	—
天柱县	935	668	267	—	542	—
锦屏县	1135	1001	134	—	944	—
剑河县	988	854	134	—	267	—
台江县	1330	1129	201	—	1096	—
黎平县	3068	2667	401	—	803	—
榕江县	1134	1000	134	—	267	—
从江县	1668	1668	—	—	1002	—
雷山县	1133	999	134	—	734	—
麻江县	3675	3341	334	—	764	—
丹寨县	1508	1298	210	—	808	—
黔南布依族苗族自治州	**46110**	**44503**	**1607**	**75**	**11564**	**133**
都匀市	1974	1707	267	—	760	—
荔波县	5667	5667	—	—	1000	—
贵定县	4961	4694	267	—	1439	—
福泉县	4301	4034	267	—	1533	—
瓮安县	2933	2667	266	—	533	—
独山县	2980	2980	—	67	1000	133
平塘县	4000	4000	—	—	1207	—
罗甸县	4673	4673	—	8	667	—
长顺县	4934	4667	267	—	667	—
龙里县	995	722	273	—	670	—
惠水县	4338	4338	—	—	1216	—
三都水族自治县	**4354**	**4354**	—	—	**872**	—
省直单位	668	334	334	83	2735	—
省龙里林场	267	—	267	40	467	—
省扎佐林场	67	—	67	—	267	—
梵净山自然保护区	—	—	—	—	200	—
茂兰自然保护区	334	334	—	—	333	—
习水自然保护区	—	—	—	—	402	—
麻阳河自然保护区	—	—	—	—	—	—
大沙河自然保护区	—	—	—	—	533	—
宽阔水自然保护区	—	—	—	—	533	—
省林科院	—	—	—	43	—	—
云南	**495135**	**431426**	**63709**	**17092**	**117892**	**193**
昆明市	**20972**	**16832**	**4140**	—	**11498**	**13**
五华区	—	—	—	—	—	—
盘龙区	—	—	—	—	—	—
东川区	4074	2398	1676	—	4186	—
官渡区	100	100	—	—	1333	—
西山区	133	133	—	—	1167	—
呈贡县	240	240	—	—	400	13
晋宁县	830	221	609	—	267	—
安宁县	113	113	—	—	133	—
富民县	135	68	67	—	601	—

分县人工、飞播造林和人工更新、封山育林完成情况

单位:公顷

单位	本年度检查验收合格造林面积			人工更新面积	新封山育林面积	低产低效林改造面积
	合计	人工造林	飞播造林			
宜良县	800	800	—	—	211	—
石林县	2950	2950	—	—	—	—
嵩明县	1400	1400	—	—	200	—
禄劝县	7940	6607	1333	—	2000	—
寻甸县	2257	1802	455	—	1000	—
昭通市	**35917**	**27359**	**8558**	**—**	**10770**	**—**
昭阳区	2193	2033	160	—	907	—
鲁甸县	3533	3533	—	—	1733	—
巧家县	5034	3300	1734	—	1000	—
盐津县	1932	1599	333	—	800	—
大关县	4267	3013	1254	—	800	—
永善县	3344	2207	1137	—	1797	—
绥江县	2347	2347	—	—	400	—
镇雄县	6000	4527	1473	—	533	—
彝良县	4600	2534	2066	—	2200	—
威信县	1400	1333	67	—	333	—
水富县	1267	933	334	—	267	—
曲靖市	**25470**	**21383**	**4087**	**—**	**35340**	**—**
麒麟区	353	220	133	—	4688	—
马龙县	234	100	134	—	1334	—
宣威县	5732	4799	933	—	1000	—
富源县	3914	3914	—	—	10000	—
罗平县	3435	2102	1333	—	2000	—
师宗县	3867	3667	200	—	1333	—
陆良县	2132	2132	—	—	10814	—
沾益县	—	—	—	—	—	—
会泽县	5803	4449	1354	—	4171	—
楚雄彝族自治州	**38402**	**28889**	**9513**	**—**	**9932**	**—**
楚雄市	3500	2500	1000	—	533	—
双柏县	3800	2467	1333	—	200	—
牟定县	4787	4787	—	—	633	—
南华县	3302	2502	800	—	600	—
姚安县	1433	1433	—	—	467	—
大姚县	3000	3000	—	—	—	—
永仁县	2568	1341	1227	—	553	—
元谋县	6720	4153	2567	—	4813	—
武定县	5193	4260	933	—	1200	—
禄丰县	4099	2446	1653	—	933	—
玉溪市	**24291**	**21444**	**2847**	**—**	**800**	**—**
红塔区	—	—	—	—	—	—
江川县	2800	2800	—	—	—	—
徵江县	2333	2333	—	—	—	—
通海县	1933	1933	—	—	—	—
华宁县	2400	2400	—	—	—	—
易门县	3703	3703	—	—	—	—
峨山县	1936	1936	—	—	—	—
新平县	7220	4373	2847	—	800	—
元江县	1966	1966	—	—	—	—
红河哈尼族彝族自治州	**69912**	**64866**	**5046**	**—**	**4723**	**—**
个旧市	3510	3510	—	—	—	—

分县人工、飞播造林和人工更新、封山育林完成情况

单位:公顷

单　位	本年度检查验收合格造林面积			人工更新面积	新封山育林面积	低产低效林改造面积
	合计	人工造林	飞播造林			
开远市	4266	2933	1333	—	1267	—
蒙自县	2400	2400	—	—	—	—
屏边县	2548	2548	—	—	—	—
建水县	2266	2266	—	—	—	—
石屏县	5889	5889	—	—	—	—
弥勒县	9187	5474	3713	—	1000	—
泸西县	5133	5133	—	—	—	—
元阳县	8567	8567	—	—	—	—
红河县	8077	8077	—	—	—	—
金平县	8136	8136	—	—	2353	—
绿春县	7973	7973	—	—	—	—
河口县	1960	1960	—	—	103	—
文山壮族苗族自治州	**44531**	**36111**	**8420**	**929**	**8885**	**—**
文山县	3020	3020	—	—	—	—
砚山县	4253	4253	—	—	267	—
西畴县	2091	2091	—	169	325	—
麻栗坡县	2200	2200	—	220	1133	—
马关县	2667	2667	—	—	—	—
丘北县	9480	5393	4087	—	1493	—
广南县	14353	10020	4333	—	5667	—
富宁县	6467	6467	—	540	—	—
思茅地区	**48380**	**47214**	**1166**	**15670**	**200**	**147**
思茅市	3807	3807	—	2352	—	—
普洱哈尼族彝族自治县	5709	5709	—	1754	67	—
墨江哈尼族自治县	4650	3484	1166	167	133	—
景东彝族自治县	3517	3517	—	160	—	—
景谷傣族彝族自治县	7578	7578	—	10689	—	—
镇沅彝族哈尼族拉祜族自治县	1817	1817	—	548	—	147
江城哈尼族彝族自治县	5334	5334	—	—	—	—
孟连傣族拉祜族佤族自治县	2087	2087	—	—	—	—
澜沧拉祜族自治县	10999	10999	—	—	—	—
西盟佤族自治县	2882	2882	—	—	—	—
西双版纳傣族自治州	**13015**	**11015**	**2000**	**—**	**5267**	**—**
景洪市	3627	2627	1000	—	1000	—
勐海县	2801	2134	667	—	3200	—
勐腊县	6587	6254	333	—	1067	—
大理白族自治州	**50180**	**44622**	**5558**	**—**	**6797**	**—**
大理市	553	220	333	—	133	—
漾濞彝族自治县	2381	2381	—	—	267	—
祥云县	5833	5113	720	—	333	—
宾川县	4213	3920	293	—	800	—
弥渡县	3259	1947	1312	—	668	—
南涧彝族自治县	6360	6027	333	—	667	—
巍山彝族回族自治县	3813	3813	—	—	400	—
永平县	7645	7645	—	—	867	—
云龙县	4379	3846	533	—	400	—
洱源县	7311	6617	694	—	1262	—
剑川县	1627	1627	—	—	200	—
鹤庆县	2806	1466	1340	—	800	—
保山市	**15010**	**15010**	**—**	**493**	**—**	**27**

分县人工、飞播造林和人工更新、封山育林完成情况

单位:公顷

单　位	本年度检查验收合格造林面积			人工更新面积	新封山育林面积	低产低效林改造面积
	合计	人工造林	飞播造林			
隆阳区	4713	4713	—	—	—	—
施甸县	—	—	—	—	—	—
腾冲县	4173	4173	—	10	—	27
龙陵县	2667	2667	—	—	—	—
昌宁县	3457	3457	—	483	—	—
德宏傣族景颇族自治州	**8987**	**8987**	**—**	**—**	**—**	**6**
潞西县	2136	2136	—	—	—	—
梁河县	1095	1095	—	—	—	—
盈江县	1782	1782	—	—	—	6
陇川县	2037	2037	—	—	—	—
瑞丽市	1937	1937	—	—	—	—
丽江市	23681	17901	5780	—	7214	—
玉龙县	2161	2161	—	—	1033	—
古城区	906	906	—	—	—	—
永胜县	6314	3974	2340	—	5315	—
华坪县	2987	2720	267	—	333	—
宁蒗县	11313	8140	3173	—	533	—
怒江傈僳族自治州	**14894**	**8560**	**6334**	**—**	**2800**	**—**
泸水县	3187	2327	860	—	1000	—
福贡县	2093	653	1440	—	667	—
贡山独龙族怒族自治县	3947	1340	2607	—	667	—
兰坪白族普米族自治县	5667	4240	1427	—	466	—
迪庆藏族自治州	**11560**	**11500**	**60**	**—**	**7000**	**—**
中甸县	4240	4240	—	—	2533	—
德钦县	2560	2560	—	—	3800	—
维西傈僳族自治县	4760	4700	60	—	667	—
临沧地区	**46833**	**46833**	**—**	**—**	**5153**	**—**
临沧县	5313	5313	—	—	—	—
凤庆县	6793	6793	—	—	2553	—
云县	8574	8574	—	—	—	—
永德县	4073	4073	—	—	1800	—
镇康县	3874	3874	—	—	—	—
双江拉祜族佤族布朗族傣族自治县	5366	5366	—	—	800	—
耿马傣族佤族自治县	8260	8260	—	—	—	—
沧源佤族自治县	4580	4580	—	—	—	—
其他单位	3100	2900	200	—	1513	—
陕西	**727978**	**625590**	**102388**	**—**	**30727**	**—**
西安市	**18690**	**11422**	**7268**	**—**	**1667**	**—**
新城区	—	—	—	—	—	—
碑林区	—	—	—	—	—	—
莲湖区	—	—	—	—	—	—
灞桥区	980	980	—	—	—	—
未央区	593	593	—	—	—	—
雁塔区	467	467	—	—	—	—
阎良区	453	453	—	—	—	—
临潼区	1264	1264	—	—	—	—
长安区	3948	1400	2548	—	1000	—
蓝田县	4182	1982	2200	—	667	—
周至县	1578	1578	—	—	—	—
户县	4762	2242	2520	—	—	—

分县人工、飞播造林和人工更新、封山育林完成情况

单位:公顷

单 位	本年度检查验收合格造林面积			人工更新面积	新封山育林面积	低产低效林改造面积
	合计	人工造林	飞播造林			
高陵县	263	263	—	—	—	—
陕西周至国家级自然保护区	200	200	—	—	—	—
铜川市	**14569**	**10969**	**3600**	**—**	**1667**	**—**
王益区	860	860	—	—	—	—
印台区	3042	3042	—	—	—	—
耀州区	3867	2867	1000	—	1000	—
宜君县	6800	4200	2600	—	667	—
宝鸡市	**45721**	**33845**	**11876**	**—**	**2999**	**—**
渭滨区	2845	1133	1712	—	—	—
金台区	1964	891	1073	—	—	—
陈仓区	7381	4417	2964	—	667	—
凤翔县	2467	2467	—	—	333	—
岐山县	2339	1627	712	—	333	—
扶风县	1273	1273	—	—	—	—
眉县	5248	2920	2328	—	533	—
陇县	8243	6189	2054	—	733	—
千阳县	4973	4973	—	—	—	—
麟游县	4055	3022	1033	—	—	—
凤县	3933	3933	—	—	—	—
太白县	800	800	—	—	400	—
辛家山林业局	200	200	—	—	—	—
马头滩林业局	—	—	—	—	—	—
咸阳市	**51657**	**48105**	**3552**	**—**	**2000**	**—**
秦都区	320	320	—	—	—	—
渭城区	1133	1133	—	—	—	—
三原县	3733	3733	—	—	—	—
泾阳县	3187	3187	—	—	—	—
乾县	2119	2119	—	—	—	—
礼泉县	5153	5153	—	—	—	—
永寿县	6659	5967	692	—	—	—
彬县	7667	7667	—	—	333	—
长武县	3833	3833	—	—	333	—
旬邑县	6122	4400	1722	—	667	—
淳化县	8870	7732	1138	—	667	—
武功县	966	966	—	—	—	—
兴平市	1895	1895	—	—	—	—
渭南市	**65592**	**59760**	**5832**	**—**	**2998**	**—**
临渭区	5980	4647	1333	—	—	—
华县	5807	4466	1341	—	333	—
潼关县	6084	5084	1000	—	333	—
大荔县	5635	5635	—	—	—	—
合阳县	4200	4200	—	—	333	—
澄城县	6999	6999	—	—	333	—
蒲城县	6667	6667	—	—	667	—
白水县	6933	6933	—	—	333	—
富平县	5733	5733	—	—	—	—
韩城市	8241	7416	825	—	333	—
华阴市	3313	1980	1333	—	333	—
延安市	**164113**	**145668**	**18445**	**—**	**5732**	**—**
宝塔区	19200	17867	1333	—	—	—

分县人工、飞播造林和人工更新、封山育林完成情况

单位:公顷

单　　位	本年度检查验收合格造林面积			人工更新面积	新封山育林面积	低产低效林改造面积
	合计	人工造林	飞播造林			
延长县	18333	15000	3333	—	467	—
延川县	15200	15200	—	—	—	—
子长县	13467	13000	467	—	—	—
安塞县	22717	21384	1333	—	333	—
志丹县	24500	21834	2666	—	—	—
吴旗县	16025	14675	1350	—	—	—
甘泉县	7333	7333	—	—	—	—
富县	3000	3000	—	—	400	—
洛川县	2733	1400	1333	—	—	—
宜川县	10200	8867	1333	—	667	—
黄龙县	2667	1334	1333	—	1333	—
黄陵县	3973	2640	1333	—	—	—
劳山林业局	1333	667	666	—	1000	—
桥北林业局	1552	400	1152	—	666	—
桥山林业局	1213	400	813	—	533	—
黄龙山林业局	667	667	—	—	333	—
汉中市	**52674**	**43911**	**8763**	**—**	**2667**	**—**
汉台区	467	467	—	—	—	—
南郑县	4320	2267	2053	—	667	—
城固县	4333	4333	—	—	333	—
洋县	3908	3334	574	—	667	—
西乡县	1468	1468	—	—	—	—
勉县	8242	6867	1375	—	—	—
宁强县	12334	10200	2134	—	667	—
略阳县	5268	5268	—	—	—	—
镇巴县	8600	5973	2627	—	—	—
留坝县	934	934	—	—	—	—
佛坪县	2800	2800	—	—	333	—
榆林市	**176863**	**160198**	**16665**	**—**	**1665**	**—**
榆阳区	22400	19067	3333	—	—	—
神木县	20400	17067	3333	—	333	—
府谷县	13333	13333	—	—	—	—
横山县	25266	20600	4666	—	333	—
靖边县	22333	19666	2667	—	333	—
定边县	26732	24066	2666	—	333	—
绥德县	7400	7400	—	—	—	—
米脂县	11466	11466	—	—	—	—
佳县	8666	8666	—	—	333	—
吴堡县	2000	2000	—	—	—	—
清涧县	8867	8867	—	—	—	—
子洲县	8000	8000	—	—	—	—
安康市	**86103**	**73750**	**12353**	**—**	**3099**	**—**
汉滨区	12003	10667	1336	—	333	—
汉阴县	9810	6330	3480	—	400	—
石泉县	7954	6533	1421	—	433	—
宁陕县	4000	4000	—	—	467	—
紫阳县	10714	8000	2714	—	—	—
岚皋县	9046	9046	—	—	333	—
平利县	9908	9908	—	—	333	—
镇坪县	3933	3933	—	—	—	—

分县人工、飞播造林和人工更新、封山育林完成情况

单位:公顷

单　　位	本年度检查验收合格造林面积			人工更新面积	新封山育林面积	低产低效林改造面积
	合计	人工造林	飞播造林			
旬阳县	11388	9333	2055	—	—	—
白河县	7347	6000	1347	—	800	—
商洛市	**51167**	**37133**	**14034**	—	**2200**	—
商州区	6362	3666	2696	—	—	—
洛南县	4987	3733	1254	—	333	—
丹凤县	9867	6534	3333	—	—	—
商南县	8333	5667	2666	—	200	—
山阳县	8335	6333	2002	—	467	—
镇安县	7200	6533	667	—	—	—
柞水县	6083	4667	1416	—	1200	—
杨凌区	**362**	**362**	—	—	—	—
森工局	—	—	—	—	**3133**	—
宁西林业局	—	—	—	—	333	—
太白林业局	—	—	—	—	333	—
宁东林业局	—	—	—	—	1667	—
汉西林业局	—	—	—	—	333	—
龙草坪林业局	—	—	—	—	467	—
长青林业局	—	—	—	—	—	—
省直单位	**467**	**467**	—	—	**900**	—
楼观台	400	400	—	—	900	—
西安铁路林业局	67	67	—	—	—	—
甘肃	**582243**	**565044**	**17199**	—	**67853**	—
兰州市	**20600**	**20600**	—	—	**667**	—
市直	600	600	—	—	—	—
城关区	733	733	—	—	—	—
七里河区	267	267	—	—	333	—
西固区	600	600	—	—	—	—
安宁区	200	200	—	—	—	—
红古区	467	467	—	—	—	—
永登县	7100	7100	—	—	334	—
皋兰县	2966	2966	—	—	—	—
榆中县	7667	7667	—	—	—	—
嘉峪关市	**1691**	**1691**	—	—	**287**	—
市直	1691	1691	—	—	287	—
金昌市	**5766**	**5766**	—	—	**1047**	—
金川区	2324	2324	—	—	667	—
永昌县	3442	3442	—	—	380	—
白银市	**52933**	**52933**	—	—	**740**	—
白银区	1000	1000	—	—	—	—
平川区	7133	7133	—	—	—	—
靖远县	9333	9333	—	—	—	—
会宁县	25867	25867	—	—	267	—
景泰县	9600	9600	—	—	473	—
天水市	**54390**	**54390**	—	—	**4987**	—
秦城区	14667	14667	—	—	1667	—
北道区	5381	5381	—	—	1787	—
清水县	10309	10309	—	—	667	—

分县人工、飞播造林和人工更新、封山育林完成情况

单位：公顷

单位	本年度检查验收合格造林面积			人工更新面积	新封山育林面积	低产低效林改造面积
	合计	人工造林	飞播造林			
秦安县	6086	6086	—	—	—	—
甘谷县	7000	7000	—	—	733	—
武山县	6614	6614	—	—	—	—
张家川回族自治县	4333	4333	—	—	133	—
厅直单位	**25354**	**18927**	**6427**	**—**	**25407**	**—**
甘肃祁连山国家自然保护区管理局	—	—	—	—	3633	—
甘肃兴隆山国家自然保护区管理局	—	—	—	—	667	—
甘肃莲花山自然保护区管理局	—	—	—	—	666	—
太子山林场	1080	667	413	—	733	—
甘肃省白水江国家级自然保护区管理局	542	542	—	—	753	—
省农垦公司	3313	3313	—	—	—	—
尕海则岔国家级自然保护区管理局	—	—	—	—	607	—
甘肃省白龙江林业管理局	14281	8267	6014	—	6993	—
甘肃省小陇山林业实验局	6138	6138	—	—	11355	—
酒泉市	**19225**	**19225**	**—**	**—**	**3427**	**—**
玉门市	3934	3934	—	—	760	—
肃州区	4664	4664	—	—	573	—
敦煌市	3240	3240	—	—	667	—
金塔县	2867	2867	—	—	667	—
肃北蒙古族自治县	124	124	—	—	—	—
阿克塞哈萨克族自治县	105	105	—	—	—	—
安西县	4291	4291	—	—	760	—
张掖市	**33187**	**33187**	**—**	**—**	**2417**	**—**
甘州区	783	783	—	—	200	—
肃南裕固族自治县	1249	1249	—	—	490	—
民乐县	11026	11026	—	—	467	—
临泽县	2777	2777	—	—	420	—
高台县	1999	1999	—	—	420	—
山丹县	12133	12133	—	—	420	—
市直	3220	3220	—	—	—	—
武威市	**16659**	**16659**	**—**	**—**	**3047**	**—**
凉州区	3167	3167	—	—	667	—
石羊河林业总场	667	667	—	—	380	—
苏武山林场	133	133	—	—	—	—
民勤县	8831	8831	—	—	667	—
古浪县	3194	3194	—	—	860	—
天祝藏族自治县	667	667	—	—	473	—
定西市	**77266**	**76333**	**933**	**—**	**2200**	**—**
安定区	24934	24667	267	—	333	—
通渭县	11533	11000	533	—	267	—
陇西县	10333	10333	—	—	—	—
渭源县	6333	6333	—	—	567	—
临洮县	8000	8000	—	—	600	—
漳县	5466	5333	133	—	433	—
岷县	10667	10667	—	—	—	—
陇南地区	**48641**	**47334**	**1307**	**—**	**8406**	**—**
武都县	6667	6667	—	—	267	—
宕昌县	7667	7667	—	—	593	—
成县	2667	2667	—	—	1527	—
康县	4000	4000	—	—	2333	—

分县人工、飞播造林和人工更新、封山育林完成情况

单位:公顷

单　　位	本年度检查验收合格造林面积			人工更新面积	新封山育林面积	低产低效林改造面积
	合计	人工造林	飞播造林			
文县	3333	3333	—	—	1013	—
西和县	7133	7133	—	—	200	—
礼县	7707	6867	840	—	200	—
两当县	5133	4666	467	—	133	—
徽县	3334	3334	—	—	—	—
岷江林业总场	667	667	—	—	1353	—
康南林业总场	333	333	—	—	787	—
平凉市	**103294**	**99349**	**3945**	**—**	**2487**	**—**
崆峒区	14567	14567	—	—	267	—
泾川县	14714	13801	913	—	200	—
灵台县	16066	15433	633	—	200	—
崇信县	8667	8667	—	—	133	—
华亭县	6373	5667	706	—	200	—
庄浪县	15320	14547	773	—	534	—
静宁县	23333	23333	—	—	333	—
关山林管局	4254	3334	920	—	620	—
庆阳市	**93354**	**88767**	**4587**	**—**	**7647**	**—**
西峰区	5667	5667	—	—	—	—
庆城县	5573	5333	240	—	1133	—
环县	21000	20667	333	—	480	—
华池县	10880	10667	213	—	267	—
合水县	10180	10000	180	—	—	—
正宁县	9907	9667	240	—	—	—
宁县	10847	10667	180	—	200	—
镇原县	9613	9433	180	—	453	—
华池林业总场	2074	1167	907	—	2467	—
合水林业总场	3240	2333	907	—	2000	—
正宁林业总场	1633	1333	300	—	307	—
湘乐林业总场	2740	1833	907	—	340	—
临夏回族自治州	**24233**	**24233**	**—**	**—**	**3094**	**—**
临夏市	67	67	—	—	—	—
临夏县	2000	2000	—	—	400	—
康乐县	2800	2800	—	—	—	—
永靖县	4967	4967	—	—	—	—
广河县	5333	5333	—	—	667	—
和政县	3200	3200	—	—	427	—
东乡族自治县	3133	3133	—	—	1600	—
积石山保安族东乡族撒拉族自治县	2640	2640	—	—	—	—
州直单位	93	93	—	—	—	—
甘南藏族自治州	**5650**	**5650**	**—**	**—**	**1993**	**—**
临潭县	233	233	—	—	—	—
卓尼县	900	900	—	—	393	—
舟曲县	3067	3067	—	—	333	—
迭部县	659	659	—	—	400	—
玛曲县	—	—	—	—	—	—
碌曲县	—	—	—	—	133	—
夏河县	133	133	—	—	467	—
合作市	658	658	—	—	267	—
青海	**96908**	**96908**	**—**	**—**	**69272**	**—**
西宁市	**8130**	**8130**	**—**	**—**	**12089**	**—**

分县人工、飞播造林和人工更新、封山育林完成情况

单位:公顷

单位	本年度检查验收合格造林面积			人工更新面积	新封山育林面积	低产低效林改造面积
	合计	人工造林	飞播造林			
市林业局	834	834	—	—	400	—
城东区	151	151	—	—	—	—
城中区	—	—	—	—	—	—
城西区	117	117	—	—	87	—
城北区	626	626	—	—	—	—
城南区	—	—	—	—	—	—
大通回族土族自治县	1656	1656	—	—	4389	—
湟中县	2781	2781	—	—	3920	—
湟源县	1965	1965	—	—	3293	—
局属	**89**	**89**	**—**	**—**	**801**	**—**
治沙试验站(科级)	35	35	—	—	—	—
玛可河林业局	54	54	—	—	801	—
海东地区	**32034**	**32034**	**—**	**—**	**16582**	**—**
平安县	2855	2855	—	—	927	—
民和回族土族自治县	8692	8692	—	—	3612	—
乐都县	8064	8064	—	—	3120	—
互助土族自治县	5714	5714	—	—	3973	—
化隆回族自治县	4840	4840	—	—	3433	—
循化撒拉族自治县	1869	1869	—	—	1517	—
海北藏族自治州	**7363**	**7363**	**—**	**—**	**13074**	**—**
门源回族自治县	909	909	—	—	1020	—
祁连县	2334	2334	—	—	7487	—
海晏县	767	767	—	—	3380	—
刚察县	1975	1975	—	—	1187	—
青海湖农场	1378	1378	—	—	—	—
黄南藏族自治州	**1375**	**1375**	**—**	**—**	**3899**	**—**
同仁县	450	450	—	—	1053	—
尖扎县	900	900	—	—	1173	—
泽库县	5	5	—	—	940	—
麦秀林场	13	13	—	—	93	—
河南蒙古族自治县	7	7	—	—	640	—
海南藏族自治州	**36889**	**36889**	**—**	**—**	**12819**	**—**
共和县	4550	4550	—	—	2133	—
同德县	1891	1891	—	—	2473	—
贵德县	2342	2342	—	—	2393	—
兴海县	795	795	—	—	2353	—
贵南县	15111	15111	—	—	3467	—
贵南草业开发公司	7733	7733	—	—	—	—
塘格木农场	—	—	—	—	—	—
巴仓农场	—	—	—	—	—	—
同德牧草良种繁殖场	2667	2667	—	—	—	—
河卡种羊场	267	267	—	—	—	—
湖东种羊场	1533	1533	—	—	—	—
果洛藏族自治州	**287**	**287**	**—**	**—**	**2766**	**—**
玛沁县	80	80	—	—	600	—
班玛县	207	207	—	—	1007	—
甘德县	—	—	—	—	213	—
达日县	—	—	—	—	546	—
久治县	—	—	—	—	400	—
玛多县	—	—	—	—	—	—

分县人工、飞播造林和人工更新、封山育林完成情况

单位：公顷

单位	本年度检查验收合格造林面积			人工更新面积	新封山育林面积	低产低效林改造面积
	合计	人工造林	飞播造林			
玉树藏族自治州	**1107**	**1107**	**—**	**—**	**2575**	**—**
玉树县	268	268	—	—	1140	—
杂多县	—	—	—	—	153	—
称多县	253	253	—	—	487	—
治多县	—	—	—	—	214	—
囊谦县	586	586	—	—	367	—
曲麻莱县	—	—	—	—	214	—
海西蒙古族藏族自治州	**9634**	**9634**	**—**	**—**	**4667**	**—**
格尔木市	80	80	—	—	—	—
德令哈市	4326	4326	—	—	4667	—
乌兰县	1881	1881	—	—	—	—
都兰县	2297	2297	—	—	—	—
天峻县	—	—	—	—	—	—
大柴旦行政委员会	193	193	—	—	—	—
芒崖	—	—	—	—	—	—
冷湖	—	—	—	—	—	—
格尔木农场	—	—	—	—	—	—
诺木洪农场	857	857	—	—	—	—
宁夏	**319625**	**307758**	**11867**	**—**	**19367**	**109**
银川市	**34048**	**27048**	**7000**	**—**	**9767**	**—**
兴庆区	245	245	—	—	—	—
银川市直	342	342	—	—	3333	—
金凤区	636	636	—	—	—	—
西夏区	793	793	—	—	—	—
灵武市	29388	22388	7000	—	6067	—
永宁县	1637	1637	—	—	200	—
贺兰县	1007	1007	—	—	167	—
石嘴山市	**3993**	**3993**	**—**	**—**	**1000**	**—**
市直	416	416	—	—	—	—
惠农县	814	814	—	—	333	—
平罗县	1410	1410	—	—	—	—
陶乐县	1353	1353	—	—	667	—
吴忠市	**143986**	**139119**	**4867**	**—**	**7333**	**71**
利通区	1715	1715	—	—	—	—
青铜峡市	1457	1457	—	—	2000	—
中宁县	2792	2792	—	—	—	71
中卫县	3417	3417	—	—	2000	—
盐池县	55295	50428	4867	—	1333	—
同心县	39687	39687	—	—	1333	—
红寺堡管委会	39623	39623	—	—	667	—
固原市	**136154**	**136154**	**—**	**—**	**1267**	**—**
原洲区	34221	34221	—	—	—	—
彭阳县	16351	16351	—	—	—	—
海原县	42579	42579	—	—	—	—
西吉县	28082	28082	—	—	—	—
隆德县	7041	7041	—	—	—	—
泾源县	7213	7213	—	—	—	—
六盘山林业局	667	667	—	—	1267	—
农垦管理局	1444	1444	—	—	—	38

分县人工、飞播造林和人工更新、封山育林完成情况

单位:公顷

单位	本年度检查验收合格造林面积			人工更新面积	新封山育林面积	低产低效林改造面积
	合计	人工造林	飞播造林			
新疆	**263781**	**253781**	**10000**	**1047**	**90537**	**15595**
乌鲁木齐市	**3334**	**3334**	**—**	**—**	**—**	**—**
天山区	134	134	—	—	—	—
沙依巴克区	400	400	—	—	—	—
新市区	134	134	—	—	—	—
头吨河区	160	160	—	—	—	—
水磨沟区	386	386	—	—	—	—
南山矿区	240	240	—	—	—	—
东山区	106	106	—	—	—	—
乌鲁木齐县	1774	1774	—	—	—	—
吐鲁番地区	**6372**	**6372**	**—**	**4**	**2667**	**—**
吐鲁番市	3514	3514	—	—	667	—
鄯善县	1816	1816	—	—	667	—
托克逊县	1042	1042	—	4	1333	—
哈密地区	**9567**	**9567**	**—**	**—**	**669**	**—**
哈密市	3119	3119	—	—	—	—
巴里坤县	5071	5071	—	—	667	—
伊吾县	1377	1377	—	—	2	—
昌吉回族自治州	**37808**	**27808**	**10000**	**—**	**7799**	**—**
昌吉市	2927	2927	—	—	—	—
米泉市	776	776	—	—	—	—
呼图壁县	1733	1733	—	—	1333	—
玛纳斯县	4287	4287	—	—	1333	—
奇台县	6752	6752	—	—	—	—
阜康市	3733	3733	—	—	1333	—
吉木萨尔县	14733	4733	10000	—	3333	—
木垒哈萨克自治县	2867	2867	—	—	467	—
博尔塔拉蒙古自治州	**10486**	**10486**	**—**	**18**	**667**	**—**
博乐市	3751	3751	—	4	—	—
精河县	3654	3654	—	14	667	—
温泉县	3081	3081	—	—	—	—
巴音郭楞蒙古自治州	**20845**	**20845**	**—**	**42**	**6667**	**—**
库尔勒市	2530	2530	—	10	1000	—
轮台县	3615	3615	—	—	1334	—
尉犁县	1220	1220	—	—	1000	—
若羌县	4247	4247	—	—	667	—
且末县	1260	1260	—	—	—	—
焉耆回族自治州	1933	1933	—	—	333	—
和静县	3237	3237	—	32	667	—
和硕县	1782	1782	—	—	1333	—
博湖县	1021	1021	—	—	333	—
阿克苏地区	**44826**	**44826**	**—**	**158**	**32479**	**9165**
阿克苏市	3118	3118	—	120	1333	37
温宿县	5040	5040	—	—	4000	1020
库车县	7238	7238	—	8	3333	4128
沙雅县	2818	2818	—	7	2000	1585
新和县	6513	6513	—	—	1333	274
拜城县	6778	6778	—	—	480	—
乌什县	7725	7725	—	—	—	—
阿瓦提县	3625	3625	—	23	20000	1941
柯坪县	1971	1971	—	—	—	180
克孜勒苏柯尔克孜自治州	**9271**	**9271**	**—**	**—**	**2000**	**—**
阿图什市	3514	3514	—	—	—	—

分县人工、飞播造林和人工更新、封山育林完成情况

单位：公顷

单　位	本年度检查验收合格造林面积			人工更新面积	新封山育林面积	低产低效林改造面积
	合计	人工造林	飞播造林			
阿克陶县	3354	3354	—	—	2000	—
阿合奇县	—	—	—	—	—	—
乌恰县	2403	2403	—	—	—	—
喀什地区	**29461**	**29461**	—	**111**	**7385**	**6213**
喀什市	80	80	—	3	—	118
疏附县	2763	2763	—	44	667	1298
疏勒县	1160	1160	—	29	280	85
英吉莎县	3521	3521	—	—	—	451
泽普县	2321	2321	—	—	166	1520
莎车县	4704	4704	—	14	1333	583
叶城县	6300	6300	—	17	493	1346
麦盖提县	1669	1669	—	—	1727	—
岳普湖县	1298	1298	—	4	667	331
伽师县	3485	3485	—	—	1333	467
巴楚县	1957	1957	—	—	719	14
塔什库尔干塔吉克自治州	203	203	—	—	—	—
和田地区	**23144**	**23144**	—	**70**	**17133**	—
和田市	814	814	—	4	667	—
和田县	4171	4171	—	7	2333	—
墨玉县	5035	5035	—	12	1000	—
皮山县	1627	1627	—	13	—	—
洛浦县	2601	2601	—	17	1000	—
策勒县	2534	2534	—	17	3200	—
于田县	4686	4686	—	—	1600	—
民丰县	1676	1676	—	—	7333	—
克拉玛依市林业局	**868**	**868**	—	—	—	—
伊犁地区	**26327**	**26327**	—	**644**	**1999**	**217**
伊宁市	480	480	—	54	—	—
伊宁县	2571	2571	—	69	—	—
察布查尔锡伯自治县	8811	8811	—	20	666	49
霍城县	2528	2528	—	82	—	—
巩留县	1947	1947	—	211	—	168
新源县	3366	3366	—	164	1000	—
昭苏县	868	868	—	—	—	—
特克斯县	3395	3395	—	41	—	—
尼勒克县	2361	2361	—	3	333	—
奎屯市	—	—	—	—	—	—
塔城地区	**17867**	**17867**	—	—	**4001**	—
塔城市	2435	2435	—	—	—	—
额敏县	5060	5060	—	—	1333	—
乌苏市	644	644	—	—	667	—
沙湾县	2561	2561	—	—	667	—
托里县	3070	3070	—	—	667	—
裕民县	2760	2760	—	—	—	—
和布克赛尔蒙古自治县	1337	1337	—	—	667	—
阿勒泰地区	**22981**	**22981**	—	—	**7001**	—
阿勒泰市	3908	3908	—	—	533	—
布尔津县	2832	2832	—	—	667	—
富蕴县	2249	2249	—	—	333	—
福海县	3289	3289	—	—	3334	—
哈巴河县	3733	3733	—	—	1667	—
青河县	2506	2506	—	—	334	—
吉木乃县	4464	4464	—	—	133	—

分县人工、飞播造林和人工更新、封山育林完成情况

单位:公顷

单　位	本年度检查验收合格造林面积			人工更新面积	新封山育林面积	低产低效林改造面积
	合计	人工造林	飞播造林			
林业厅直属单位	624	624	—	—	70	—
天山西部林业局	438	438	—	—	—	—
阿尔泰山林业局	—	—	—	—	—	—
哈密林场	7	7	—	—	—	—
奇台林场	70	70	—	—	70	—
木垒林场	—	—	—	—	—	—
吉木萨尔林场	2	2	—	—	—	—
阜康林场	—	—	—	—	—	—
米泉林场	—	—	—	—	—	—
板房沟林场	27	27	—	—	—	—
乌鲁木齐南山林场	14	14	—	—	—	—
玛纳斯南山林场	—	—	—	—	—	—
呼图壁林场	—	—	—	—	—	—
玛纳斯平原林场	44	44	—	—	—	—
沙弯林场	—	—	—	—	—	—
乌苏林场	13	13	—	—	—	—
农大实习林场	9	9	—	—	—	—
新疆兵团	88547	88547	—	30	27833	—
农一师	**5732**	**5732**	—	—	**5067**	—
1 团	234	234	—	—	67	—
2 团	149	149	—	—	—	—
3 团	288	288	—	—	667	—
4 团	23	23	—	—	—	—
5 团	655	655	—	—	333	—
6 团	275	275	—	—	67	—
7 团	81	81	—	—	—	—
8 团	284	284	—	—	67	—
9 团	183	183	—	—	—	—
10 团	440	440	—	—	667	—
11 团	304	304	—	—	200	—
12 团	191	191	—	—	—	—
13 团	595	595	—	—	533	—
14 团	707	707	—	—	1333	—
15 团	63	63	—	—	—	—
16 团	328	328	—	—	—	—
塔水处	394	394	—	—	733	—
水工处	515	515	—	—	400	—
建安公司	15	15	—	—	—	—
沙水处	8	8	—	—	—	—
农二师	**5715**	**5715**	—	—	**7329**	—
21 团	334	334	—	—	—	—
22 团	692	692	—	—	1333	—
23 团	274	274	—	—	—	—
24 团	170	170	—	—	666	—
25 团	211	211	—	—	—	—
26 团	211	211	—	—	400	—
27 团	134	134	—	—	133	—
28 团	364	364	—	—	—	—
29 团	100	100	—	—	733	—
30 团	826	826	—	—	733	—
31 团	259	259	—	—	333	—
32 团	366	366	—	—	333	—
33 团	331	331	—	—	333	—
34 团	335	335	—	—	333	—

分县人工、飞播造林和人工更新、封山育林完成情况

单位：公顷

单位	本年度检查验收合格造林面积			人工更新面积	新封山育林面积	低产低效林改造面积
	合计	人工造林	飞播造林			
35团	415	415	—	—	333	—
36团	336	336	—	—	333	—
223团	357	357	—	—	1333	—
农三师	**4935**	**4935**	**—**	**—**	**4000**	**—**
41团	163	163	—	—	—	—
42团	28	28	—	—	—	—
43团	395	395	—	—	—	—
44团	447	447	—	—	666	—
45团	182	182	—	—	—	—
46团	39	39	—	—	667	—
47团	651	651	—	—	—	—
48团	391	391	—	—	667	—
49团	68	68	—	—	—	—
50团	661	661	—	—	—	—
51团	515	515	—	—	—	—
52团	826	826	—	—	667	—
53团	79	79	—	—	666	—
伽师总场	55	55	—	—	—	—
东风农场	13	13	—	—	—	—
红旗农场	173	173	—	—	667	—
叶城二牧场	7	7	—	—	—	—
前进水管处	201	201	—	—	—	—
小海子水管处	41	41	—	—	—	—
农四师	**9278**	**9278**	**—**	**16**	**—**	**—**
61团	1343	1343	—	—	—	—
62团	344	344	—	—	—	—
63团	1943	1943	—	—	—	—
64团	1584	1584	—	—	—	—
65团	24	24	—	—	—	—
66团	—	—	—	16	—	—
67团	850	850	—	—	—	—
68团	521	521	—	—	—	—
69团	359	359	—	—	—	—
70团	19	19	—	—	—	—
71团	493	493	—	—	—	—
72团	67	67	—	—	—	—
73团	38	38	—	—	—	—
74团	31	31	—	—	—	—
75团	21	21	—	—	—	—
76团	527	527	—	—	—	—
77团	160	160	—	—	—	—
78团	280	280	—	—	—	—
79团	420	420	—	—	—	—
良繁场	7	7	—	—	—	—
拜什墩	220	220	—	—	—	—
师直	27	27	—	—	—	—
农五师	**8521**	**8521**	**—**	**—**	**—**	**—**
81团	266	266	—	—	—	—
82团	546	546	—	—	—	—
83团	561	561	—	—	—	—
84团	1413	1413	—	—	—	—
85团	1568	1568	—	—	—	—
86团	222	222	—	—	—	—
87团	668	668	—	—	—	—

分县人工、飞播造林和人工更新、封山育林完成情况

单位:公顷

单　　位	本年度检查验收合格造林面积			人工更新面积	新封山育林面积	低产低效林改造面积
	合计	人工造林	飞播造林			
88 团	834	834	—	—	—	—
89 团	923	923	—	—	—	—
90 团	1437	1437	—	—	—	—
91 团	83	83	—	—	—	—
农六师	**14687**	**14687**	**—**	**14**	**1132**	**—**
101 团	42	42	—	—	—	—
102 团	1194	1194	—	—	—	—
103 团	797	797	—	—	333	—
105 团	3061	3061	—	—	—	—
106 团	863	863	—	—	133	—
107 团	6	6	—	6	—	—
108 团	70	70	—	—	—	—
109 团	46	46	—	—	—	—
110 团	49	49	—	—	—	—
111 团	31	31	—	—	—	—
新湖	3586	3586	—	—	333	—
芳草湖	2543	2543	—	—	333	—
红旗	102	102	—	6	—	—
军户	257	257	—	2	—	—
共青团	416	416	—	—	—	—
六运湖	34	34	—	—	—	—
土墩子	58	58	—	—	—	—
奇台	1466	1466	—	—	—	—
园艺场	66	66	—	—	—	—
农七师	**5124**	**5124**	**—**	**—**	**5238**	**—**
123 团	43	43	—	—	—	—
124 团	220	220	—	—	—	—
125 团	472	472	—	—	333	—
126 团	847	847	—	—	1000	—
127 团	707	707	—	—	1000	—
128 团	392	392	—	—	667	—
129 团	622	622	—	—	667	—
130 团	803	803	—	—	667	—
131 团	390	390	—	—	333	—
137 团	423	423	—	—	371	—
师直	205	205	—	—	200	—
农八师	**8667**	**8667**	**—**	**—**	**—**	**—**
121 团	144	216	—	—	—	—
122 团	177	177	—	—	—	—
132 团	611	611	—	—	—	—
133 团	379	379	—	—	—	—
134 团	769	769	—	—	—	—
135 团	490	490	—	—	—	—
136 团	777	777	—	—	—	—
137 团	—	—	—	—	—	—
138 团	—	—	—	—	—	—
139 团	—	—	—	—	—	—
140 团	—	—	—	—	—	—
141 团	434	434	—	—	—	—
142 团	97	97	—	—	—	—
143 团	46	46	—	—	—	—
144 团	194	194	—	—	—	—
145 团	—	—	—	—	—	—
石河子总场	676	676	—	—	—	—

分县人工、飞播造林和人工更新、封山育林完成情况

单位:公顷

单　　位	本年度检查验收合格造林面积			人工更新面积	新封山育林面积	低产低效林改造面积
	合计	人工造林	飞播造林			
147 团	363	363	—	—	—	—
148 团	870	870	—	—	—	—
149 团	100	100	—	—	—	—
150 团	2305	2305	—	—	—	—
151 团	7	7	—	—	—	—
152 团	148	148	—	—	—	—
玛管处	8	8	—	—	—	—
农九师	**6476**	**6476**	—	—	**5067**	—
161 团	1	1	—	—	—	—
162 团	343	343	—	—	667	—
163 团	352	352	—	—	667	—
164 团	413	413	—	—	333	—
165 团	1064	1064	—	—	733	—
166 团	1178	1178	—	—	667	—
167 团	1176	1176	—	—	667	—
168 团	1216	1216	—	—	667	—
169 团	350	350	—	—	333	—
170 团	37	37	—	—	—	—
团结农场	346	346	—	—	333	—
农十师	**10776**	**10776**	—	—	—	—
181 团	293	293	—	—	—	—
182 团	1663	1663	—	—	—	—
183 团	620	620	—	—	—	—
184 团	1535	1535	—	—	—	—
185 团	1183	1183	—	—	—	—
186 团	450	450	—	—	—	—
187 团	826	826	—	—	—	—
188 团	814	814	—	—	—	—
189 团	2338	2338	—	—	—	—
190 团	900	900	—	—	—	—
青河农场	154	154	—	—	—	—
头屯河农场	80	80	—	—	—	—
三坪农场	263	263	—	—	—	—
104 团	688	688	—	—	—	—
五一农场	10	10	—	—	—	—
西山农场	510	510	—	—	—	—
养禽场	—	—	—	—	—	—
农十三师	**6587**	**6587**	—	—	—	—
红星 1 场	537	537	—	—	—	—
红星 2 场	419	419	—	—	—	—
红星 3 场	15	15	—	—	—	—
红星 4 场	15	15	—	—	—	—
黄田农场	351	351	—	—	—	—
火箭农场	536	536	—	—	—	—
柳树泉农场	301	301	—	—	—	—
红山农场	682	682	—	—	—	—
淖毛湖农场	217	217	—	—	—	—
红星一牧场	671	671	—	—	—	—
红星二牧场	290	290	—	—	—	—
221 团	2553	2553	—	—	—	—
农十四师	**498**	**498**	—	—	—	—
47 团	246	246	—	—	—	—
皮山农场	248	248	—	—	—	—
一牧场	4	4	—	—	—	—

中国林业统计年鉴2003
CHINA FORESTRY STATISTICAL YEARBOOK

附录四

全国历年主要统计指标完成情况

全国历年造林面积

单位:千公顷

年份	造林面积			年份	造林面积		
	合计	人工造林	飞播造林		合计	人工造林	飞播造林
1949~1952	1707.33	1707.33	—	1986	5274.00	4158.20	1115.80
1953	1112.93	1112.93	—	1987	5414.20	4207.27	1206.93
1954	1166.20	1166.20	—	1988	5533.27	4574.80	958.47
1955	1710.53	1710.53	—	1989	5023.33	4109.53	913.80
1956	5723.27	5723.27	—	1990	5208.47	4353.34	855.13
1957	4355.07	4355.07	—	1991	5594.47	4751.80	842.67
1958	6098.67	6098.67	—	1992	6030.40	5083.70	946.70
1959	5449.67	5442.67	7.00	1993	5903.40	5044.40	859.00
1960	4143.93	4136.93	7.00	1994	5992.66	5190.24	802.42
1961	1441.33	1432.33	9.00	1995	5214.61	4629.35	585.26
1962	1198.73	1188.73	10.00	1996	4919.38	4314.96	604.42
1963	1530.13	1516.03	14.10	1997	4354.93	3737.75	617.18
1964	2911.33	2893.23	18.10	1998	4811.05	4086.00	725.05
1965	3425.33	3403.23	22.10	1999	4900.71	4276.85	623.86
1966	4533.33	4351.83	181.50	2000	5105.14	4345.01	760.13
1967	3904.00	3540.99	363.01	2001	4953.04	3977.32	975.72
1968	3413.33	2858.81	554.52	2002	7770.97	6896.04	874.93
1969	3479.33	2753.31	726.02	2003	9118.89	8432.48	686.41
1970	3884.00	2976.48	907.52				
1971	4525.13	3404.40	1120.73				
1972	4635.73	3473.33	1162.40				
1973	4982.87	3925.47	1057.40	1949~1952	1707.33	1707.33	
1974	5002.47	4114.74	887.73	1953~1957	14068.00	14068.00	
1975	4973.73	4437.66	536.07	1958~1962	18332.33	18299.33	33.00
1976	4925.73	4323.06	602.67	1963~1965	7866.79	7812.49	54.30
1977	4793.27	4218.54	574.73	1966~1970	19213.99	16481.42	2732.57
1978	4496.33	4125.73	370.60	1971~1975	24119.93	19355.60	4764.33
1979	4489.27	3910.27	579.00	1976~1980	23256.60	20517.60	2739.00
1980	4552.00	3940.00	612.00	1981~1985	31520.54	27639.47	3881.07
1981	4110.07	3681.00	429.07	1986~1990	26453.27	21403.14	5050.13
1982	4495.60	4115.80	379.80	1991~1995	28735.54	24699.49	4036.05
1983	6324.40	5603.13	721.27	1996~2000	24091.21	20760.57	3330.64
1984	8253.67	7290.74	962.93	2001~2003	21842.90	19305.84	2537.06
1985	8336.80	6948.80	1388.00	1949~2003	241208.43	212050.28	29158.15

注:1985 年以前,造林成活率达到 40% 即统计造林面积,以后为达到 85% 以上统计。

全国历年迹地更新面积

单位:千公顷

年份	迹地更新面 积	其中:人工更新	年份	迹地更新面 积	其中:人工更新
1949~1952	22.53	22.47	1986	577.40	485.13
1953	16.53	16.07	1987	703.50	586.93
1954	38.80	30.07	1988	636.90	542.60
1955	39.20	31.87	1989	719.10	571.20
1956	94.13	48.47	1990	671.50	537.67
1957	55.80	44.07	1991	664.10	539.60
1958	391.13	193.67	1992	673.60	565.70
1959	560.33	342.13	1993	739.20	609.00
1960	483.73	301.93	1994	722.70	608.73
1961	157.07	103.53	1995	750.96	638.95
1962	106.33	86.00	1996	794.75	683.27
1963	183.00	146.87	1997	798.38	659.39
1964	206.53	170.20	1998	806.30	665.93
1965	238.93	210.87	1999	1042.83	585.75
1966	321.00	227.00	2000	919.80	568.31
1967	303.00	278.27	2001	515.29	386.57
1968	240.00	209.73	2002	379.00	298.37
1969	233.00	200.00	2003	285.99	220.87
1970	325.00	265.13			
1971	307.53	253.00			
1972	319.00	259.53			
1973	356.73	293.40	1949~1952	22.53	22.47
1974	362.00	318.27	1953~1957	244.46	170.55
1975	422.00	366.67	1958~1962	1698.59	1027.26
1976	420.80	374.33	1963~1965	628.46	527.94
1977	416.40	369.53	1966~1970	1422.00	1180.13
1978	458.40	390.93	1971~1975	1767.26	1490.87
1979	409.33	355.27	1976~1980	2126.86	1859.59
1980	421.93	369.53	1981~1985	2580.47	2191.00
1981	442.60	371.80	1986~1990	3308.40	2723.53
1982	438.80	375.27	1991~1995	3550.56	2961.98
1983	508.80	422.93	1996~2000	4362.06	3162.65
1984	552.00	476.07	2001~2003	1180.28	905.81
1985	638.27	544.93	1949~2003	22891.93	18223.78

说明:1998 年人工更新面积没有统计,系根据 1997 年人工更新占迹地更新面积的比例推算。

全国林业重点工程

年 份	合 计	天然林资源保护工程	退耕还林工程			
			退耕还林工程合计	其中：退耕地造林	小 计	三北防护林体系工程
1979～1985 年	**10109.80**				**10109.80**	**10109.80**
1986 年	1106.73				1106.73	1106.73
1987 年	1064.80				1064.80	1064.80
1988 年	1063.93				1063.93	1063.93
1989 年	1001.80				1001.80	956.07
1990 年	1662.06				1622.06	983.33
“七五”小计	**5899.32**				**5899.32**	**5174.86**
1991 年	2082.20				2082.20	1170.47
1992 年	2308.00				2308.00	1255.20
1993 年	2602.10				2211.80	1160.00
1994 年	2729.59				2366.48	1255.49
1995 年	2862.17				2450.71	1333.26
“八五”小计	**12584.06**				**11419.19**	**6174.42**
1996 年	2669.49				2316.73	1342.28
1997 年	2642.61				2233.46	1266.12
1998 年	2856.00	290.35			2196.02	1243.96
1999 年	2827.70	477.56			2032.46	1245.41
2000 年	3345.92	426.37	683.60	328.42	1708.80	1053.16
“九五”小计	**14341.72**	**1194.28**	**683.60**	**328.42**	**10487.47**	**6150.93**
2001 年	3179.48	948.08	890.29	405.44	1034.92	541.71
2002 年	6777.38	856.08	4423.61	2039.77	775.63	453.77
2003 年	8262.78	688.26	6196.13	3085.93	533.54	275.30
“十五”小计	**18219.64**	**2492.42**	**11510.03**	**5531.14**	**2344.09**	**1270.77**
1979～2003 年	**61154.54**	**3686.70**	**12193.63**	**5859.56**	**40259.87**	**28880.78**

说明：太行山绿化工程 1990 年造林面积 354.60 千公顷系指 1984～1990 年的造林面积，其中 1990 年造林面积为 109.73 千公
京津风沙源治理工程 1993～2000 年数据为原全国防沙治沙工程数据。速丰林基地工程 1993～2000 年数据为原利用
本表数据从 2001 年开始，将原有的 16 个工程整合形成 10 个重点防护林工程。

历年完成造林面积

单位:千公顷

三北及长江流域等防护林建设工程					京津风沙源治理工程	速生丰产用材林基地建设工程
长江中上游防护林体系工程	沿海防护林体系工程	珠江流域防护林体系工程	太行山绿化工程	平原绿化工程		
45.73						
324.13			354.60			
369.86			**354.60**			
462.40	223.60		225.73			
584.60	235.80		232.40			
573.00	131.20		275.20	72.40	132.80	257.50
546.00	152.78		358.22	53.99	139.79	223.32
535.71	103.27		427.04	51.43	168.59	242.87
2701.71	**846.65**		**1518.59**	**177.82**	**441.18**	**723.69**
463.96	72.17		402.46	35.86	164.95	187.81
447.75	63.48	56.72	366.32	33.07	215.95	193.20
448.60	60.29	39.85	343.74	59.58	231.58	138.05
369.84	44.48	32.09	293.36	47.28	211.58	106.10
206.94	56.91	30.68	298.51	62.60	280.27	246.88
1937.09	**297.33**	**159.34**	**1704.39**	**238.39**	**1104.33**	**872.04**
162.72	90.90	27.05	141.29	71.25	217.32	88.87
110.29	55.71	46.55	76.15	33.16	676.38	45.68
108.75	38.56	44.71	50.05	16.18	824.43	20.43
381.76	**185.17**	**118.31**	**267.49**	**120.59**	**1718.13**	**154.98**
5390.42	**1329.15**	**277.65**	**3845.07**	**536.80**	**3263.64**	**1750.71**

顷。

世界银行贷款营造速丰林工程数据。

全国林业重点工程历年实

指标名称		合计	天然林资源保护工程	退耕还林工程		
					小计	三北防护林体系工程
1979～1989年	**实际完成投资**	**62295**			**62295**	**53781**
	其中:国家投资	**35443**			**35443**	**33076**
1990年	实际完成投资	25537			25537	16733
	其中:国家投资	13469			13469	10291
1991年	实际完成投资	34949			34949	19750
	其中:国家投资	20247			20247	14315
1992年	实际完成投资	44640			44640	24921
	其中:国家投资	22888			22888	15978
1993年	实际完成投资	118913			66925	35080
	其中:国家投资	32351			27613	18076
1994年	实际完成投资	144563			79326	38928
	其中:国家投资	36779			32187	19589
1995年	实际完成投资	162611			86411	42459
	其中:国家投资	43062			36285	21454
“八五”小计	**实际完成投资**	**505676**			**312251**	**161138**
	其中:国家投资	**155327**			**139220**	**89412**
1996年	实际完成投资	203110			124720	71169
	其中:国家投资	54772			47433	30802
1997年	实际完成投资	244737			152324	80567
	其中:国家投资	68989			52494	34704
1998年	实际完成投资	495760	227761		176215	90289
	其中:国家投资	285611	206365		63797	37206
1999年	实际完成投资	728161	409225		235521	118754
	其中:国家投资	473112	351309		108432	57383
2000年	实际完成投资	1106412	608414	154075	300821	143682
	其中:国家投资	881704	582886	146623	136540	71602
“九五”小计	**实际完成投资**	**2778180**	**1245400**	**154075**	**989601**	**504461**
	其中:国家投资	**1764188**	**1140560**	**146623**	**408696**	**231697**
2001年	实际完成投资	2170378	949319	314547	303066	102468
	其中:国家投资	1385182	887717	255197	145734	56163
2002年	实际完成投资	2558004	933712	1106096	316711	139272
	其中:国家投资	2250647	881617	1061504	157582	66512
2003年	实际完成投资	3339160	679020	2085573	232083	85437
	其中:国家投资	2978139	650304	1926019	136239	49105
“十五”小计	**实际完成投资**	**8067542**	**2562051**	**3506216**	**851860**	**327177**
	其中:国家投资	**6613968**	**2419638**	**3242720**	**439564**	**171780**
1979～2003年	**实际完成投资**	**11439230**	**3807451**	**3660291**	**2241544**	**1063290**
	其中:国家投资	**8582395**	**3560198**	**3389343**	**1036392**	**536256**

际完成投资及国家投资情况

单位:万元

三北及长江流域等防护林建设工程					京津风沙源治理工程	野生动物植物保护及自然保护区建设工程	速生丰产用材林基地建设工程
长江流域防护林体系工程	沿海防护林体系工程	珠江流域防护林体系工程	太行山绿化工程	平原绿化工程			
1167			**7347**				
427			**1940**				
6676			2128				
2616			562				
7747	5214		2238				
3205	1983		744				
10342	7250		2127				
3608	2613		689				
15112	9773		4436	2524	3351		48637
5283	2346		949	959	1914		2824
18587	9485		6903	5423	6822		58415
6535	1899		1643	2521	3064		1528
18308	10268		7443	7933	7259		68941
5474	2089		2253	5015	3523		3254
70096	**41990**		**23147**	**15880**	**17432**		**175993**
24105	**10930**		**6278**	**8495**	**8501**		**7606**
23114	16548		7371	6518	15741		62649
7455	2531		2085	4560	4506		2833
21095	12653	16430	12247	9332	33782		58631
7196	2198	502	2853	5041	12247		4248
27774	21029	12060	11970	13093	37741		54043
11154	3340	1557	5411	5129	10176		5273
31384	22897	16463	24232	21791	35477		47938
16345	5717	2775	14195	12017	8198		5173
31273	31551	14392	23781	56142	43102		
18427	13768	6831	13327	12585	15655		
134640	**104678**	**59345**	**79601**	**106876**	**165843**		**223261**
60577	**27554**	**11665**	**37871**	**39332**	**50782**		**17527**
53406	40026	10678	16169	80319	183275	20917	399254
22736	14425	6499	8832	37088	59283	12109	25133
45837	41164	17657	17151	55630	123238	39261	38986
27942	13839	15481	10920	22888	120022	28460	1462
41442	29155	13136	10436	52477	258781	52406	31297
27758	20127	11083	8097	20069	239513	25609	455
140685	**110345**	**41471**	**43756**	**188426**	**565294**	**112584**	**469537**
78436	**48391**	**33063**	**27849**	**80045**	**418818**	**66178**	**27050**
353264	**257013**	**100816**	**155979**	**311182**	**748569**	**112584**	**868791**
166161	**86875**	**44728**	**74500**	**127872**	**478101**	**66178**	**52183**

全国历年木材、竹材和木材加工及林产化学产品产量(一)

时期	年别	木材产量（万立方米）	竹材产量（万根）	锯材产量（万立方米）	人造板产量（立方米）	其中:三板产量 合计	胶合板	纤维板	刨花板	松香产量（吨）	栲胶产量（吨）	紫胶产量（吨）
恢复	1949	567.00										
	1950	664.40										
	1951	764.40										
	1952	1233.20	*2710	*1151.40	*44539	*44539	*44539			*78056	*88	*180
一五	1953	1753.90	2643	664.00	35353	35353	35353			22267	120	15
	1954	2220.60	5021	759.90	46542	46542	46542			45905	157	105
	1955	2093.30	5902	678.20	51752	51752	51752			80091	568	142
	1956	2104.80	12490	890.80	56435	56435	56435			109992	1275	154
	1957	2786.90	9348	824.10	69835	69835	69835			116799	1633	143
二五	1958	3579.40	14873	1187.60	125744	125744	125715	29		98373	3679	245
	1959	4517.70	15547	1454.70	164701	164701	153068	11633		79387	11266	201
	1960	4129.30	8869	1622.90	207146	207146	147575	59571		78429	13650	245
	1961	2193.50	4993	778.70	95843	95843	74337	21506		39227	6661	332
	1962	2374.60	6076	672.80	95165	95165	74211	15541	5413	33595	4800	241
调整	1963	3250.20	6853	826.40	135989	135989	104316	18639	13034	97982	6078	180
	1964	3800.00	6726	1063.90	168882	168882	119542	27951	21389	162914	9276	220
	1965	3978.00	7031	1160.10	220602	220602	138975	50188	31439	167172	13064	440
三五	1966	4192.40	6991	1117.80	231311	231311	150425	62394	18492	178943	15789	640
	1967	3249.60	7223	1157.40	167838	167838	122333	34626	10879	166119	14320	800
	1968	2791.20	6603	909.10	140741	140741	105850	25854	9037	181911	13100	1400
	1969	3283.30	6619	1004.80	200550	200550	146663	41792	12095	204158	18969	1100
	1970	3781.80	6958	1100.30	240379	240379	170684	54706	14989	189288	22098	1800
四五	1971	4067.30	7542	1104.90	278076	278076	172129	87257	18690	200411	23209	1873
	1972	4253.50	7629	957.80	317373	317373	182441	108152	26780	240074	21850	1076
	1973	4466.90	11493	993.10	351965	351965	188409	131368	32188	261467	17581	1302
	1974	4607.10	9954	1009.00	339905	339905	176166	133448	30291	289287	18085	1562
	1975	4702.70	9073	1069.10	373678	373678	192142	154868	26668	266224	20861	915
五五	1976	4572.80	10439	1001.10	381053	381053	184416	170164	26473	237773	19066	807
	1977	4967.20	10799	1125.20	458748	458748	208491	221324	28933	259150	23959	783
	1978	5162.30	11181	1105.50	624504	624504	252154	328781	43569	282027	30130	1384
	1979	5438.93	10507	1271.40	774578	774578	292402	429321	52855	297034	33831	2234
	1980	5359.31	9621	1368.70	914300	914300	329900	506200	78200	327283	36314	2134
六五	1981	4942.31	8656	1301.06	996100	996100	351100	568300	76700	406214	40159	1095
	1982	5041.25	10183	1360.85	1166700	1166700	394100	669900	102700	400784	36000	1397
	1983	5232.32	9601	1394.48	1389500	1316700	454800	734500	127400	246916	34131	1045
	1984	6384.81	9117	1508.59	1513800	1390400	489700	735900	164800	307993	36523	1489
七	1985	6323.44	5641	1590.76	1659300	1615800	538700	895000	182100	255736	36875	2102

全国历年木材、竹材和木材加工及林产化学产品产量(二)

时期	时期	木材产量（万立方米）	竹材产量（万根）	锯材产量（万立方米）	人造板产量（立方米）	其中:三板产量				松香产量（吨）	栲胶产量（吨）	紫胶产量（吨）
						合计	胶合板	纤维板	刨花板			
七五	1986	6502.42	7716	1505.20	1894400	1848100	610800	1027000	210300	293500	42059	1661
	1987	6407.86	11855	1471.91	2476600	2360600	776300	1206500	377800	395692	50306	1909
	1988	6217.60	26211	1468.40	2898800	2794100	826900	1484100	483100	376482	41862	1482
	1989	5801.80	15238	1393.30	2705600	2612500	727800	1442700	442000	409463	26411	833
	1990	5571.00	18714	1284.90	2446000	2359100	758700	1172400	428000	344003	20402	829
八五	1991	5807.30	29173	1141.50	2960100	2842100	1054000	1174300	613800	343300	19516	876
	1992	6173.60	40430	1118.70	4289000	4167700	1564700	1444500	1158500	419503	26141	732
	1993	6392.20	43356	1401.30	5797900	5505500	2124500	1809700	1571300	503681	26176	931
	1994	6615.10	50430	1294.30	6647200	6218500	2606200	1930300	1682000	437269	18177	1001
	1995	6766.90	44792	4183.80	16846000	14107600	7592600	2164000	4351000	481264	19662	1393
九五	1996	6710.27	42175	2442.40	12032600	10341000	4903200	2055000	3382800	501221	23766	1450
	1997	6394.79	44921	2012.40	16484800	13948100	7584500	2759200	3604400	675758	19814	579
	1998	5966.20	69253	1787.60	10563300	9323300	4465200	2195100	2663000	416016	14081	255
	1999	5236.80	53921	1585.94	15030500	13591900	7276400	3905900	2409600	434528	10972	294
	2000	4723.97	56183	634.44	20016600	17937400	9925400	5144300	2867700	386760	7510	778
十五	2001	4552.03	58146	763.83	21112700	18191500	9045100	5701100	3445300	377793	9446	431
	2002	4436.07	66811	851.61	29301800	22719400	11352100	7674200	3693100	395273	9132	561
	2003	4758.87	96867	1126.87	45533600	37780900	21023500	11283300	5474100	443306	11970	1078
	总 计	**239866.45**	**1061104**	**64654.84**	**233076427**	**202448527**	**100563100**	**61872513**	**40012914**	**14043793**	**982568**	**46854**
	恢复时期	3229.00	2710	1151.40	44539	44539	44539	78056	88	180		180
	一五小计	10959.50	35404	3817.00	259917	259917	259917			375054	3753	559
	二五小计	16794.50	50358	5716.70	688599	688599	574906	108280	5413	329011	40056	1264
	调整时期	11028.20	20610	3050.40	525473	525473	362833	96778	65862	428068	28418	840
	三五小计	17298.30	34394	5289.40	980819	980819	695955	219372	65492	920419	84276	5740
	四五小计	22097.50	45691	5133.90	1660997	1660997	911287	615093	134617	1257463	101586	6728
	五五小计	25500.54	52547	5871.90	3153183	3153183	1267363	1655790	230030	1403267	143300	7342
	六五小计	27924.13	43198	7155.74	6725400	6485700	2228400	3603600	653700	1617643	183688	7128
	七五小计	30500.68	79734	7123.71	12421400	11974400	3700500	6332700	1941200	1819140	181040	6714
	八五小计	31755.10	208181	9139.60	36540200	32841400	14942000	8522800	9376600	2185017	109672	4933
	九五小计	29032.03	266453	8462.78	74127800	65141700	34154700	16059500	14927500	2414283	76143	3356
	十五小计	13746.97	221824	2742.31	95948100	78691800	41420700	24658600	12612500	1216372	30548	2070

注:标有 * 号的产品产量数据为 1949 年至 1952 年合计数。

全国历年林业系统固定资产投资完成额(一)

单位:万元

年份	固定资产投资完成总额	营林固定资产投资			森工固定资产			
		合计	基本建设	更新改造	合计	基本建设	更新改造	其他
1950 年	1009.7				1009.7	1009.7		
1951 年	1665.6				1665.6	1665.6		
1952 年	5523.9				5523.9	5523.9		
三年恢复时期	**8199.2**				**8199.2**	**8199.2**		
1953 年	13873.6	512.3	512.3		13361.3	13361.3		
1954 年	12414.9	423.0	423.0		11991.9	11991.9		
1955 年	11482.8	725.2	725.2		10757.6	10757.6		
1956 年	17732.9	7507.1	7507.1		10225.8	10225.8		
1957 年	21393.2	3332.0	3332.0		18061.2	18061.2		
“一五”时期	**76897.4**	**12499.6**	**12499.6**		**64397.8**	**64397.8**		
1958 年	32666.0	3787.0	3787.0		28879.0	28879.0		
1959 年	61239.8	9290.4	9290.4		51949.4	51949.4		
1960 年	84021.0	15516.0	15516.0		68505.0	68505.0		
1961 年	34396.3	7051.3	7051.3		27345.0	27345.0		
1962 年	39329.2	12064.7	12064.7		27264.5	27264.5		
“二五”时期	**251652.3**	**47709.4**	**47709.4**		**203942.9**	**203942.9**		
1963 年	63497.6	18144.2	18144.2		45353.4	45353.4		
1964 年	81208.6	23769.5	23769.5		57439.1	57439.1		
1965 年	80974.1	19365.8	19365.8		61608.3	61608.3		
三年调整时期	**225680.3**	**61279.5**	**61279.5**		**164400.8**	**164400.8**		
1966 年	79469.0	18654.3	18654.3		60814.7	60814.7		
1967 年	60233.4	17788.8	17788.8		42444.6	42444.6		
1968 年	47492.1	15174.8	15174.8		32317.3	32317.3		
1969 年	56251.6	16373.4	16373.4		39878.2	39878.2		
1970 年	62234.5	15587.9	15587.9		46646.6	46646.6		
“三五”时期	**305680.6**	**83579.2**	**83579.2**		**222101.4**	**222101.4**		
1971 年	76122.5	20033.7	20033.7		56088.8	56088.8		
1972 年	89978.2	25347.8	25347.8		64630.4	64630.4		
1973 年	93597.3	27733.1	27733.1		65864.2	65864.2		
1974 年	99316.7	29138.7	29138.7		70178.0	70178.0		
1975 年	98806.3	30737.5	30737.5		68068.8	68068.8		
“四五”时期	**457821.0**	**132990.8**	**132990.8**		**324830.2**	**324830.2**		

全国历年林业系统固定资产投资完成额(二)

单位:万元

年份	固定资产投资完成总额	营林固定资产投资			森工固定资产			
		合计	基本建设	更新改造	合计	基本建设	更新改造	其他
1976 年	68668.9	30723.0	30723.0		37945.9	37945.9		
1977 年	58757.4	24983.8	24983.8		33773.6	33773.6		
1978 年	105729.9	31248.8	31248.8		74481.1	53926.2	20554.9	
1979 年	138976.5	57403.8	57403.8		81572.7	59249.1	22323.6	
1980 年	144953.8	57302.7	57302.7		87651.1	81270.6	6380.5	
“五五”时期	**517086.5**	**201662.1**	**201662.1**		**315424.4**	**266165.4**	**49259.0**	
1981 年	140752.3	51230.9	51230.9		89521.4	81958.9	7562.5	
1982 年	168724.5	54403.4	54403.4		114321.1	64442.4	10166.1	39712.6
1983 年	164399.3	46577.8	46577.8		117821.5	73066.4	15413.7	29341.4
1984 年	180111.4	53300.4	53300.4		126811.0	78863.0	14059.0	33889.0
1985 年	183303.0	61898.0	61898.0		121405.0	76700.0	12771.0	31934.0
“六五”时期	**837290.5**	**267410.5**	**267410.5**		**569880.0**	**375030.7**	**59972.3**	**134877.0**
1986 年	231994.0	60296.0	59191.0	1105.0	171698.0	78862.0	16095.0	76741.0
1987 年	295048.0	69691.0	68157.0	1534.0	225357.0	87292.0	26561.0	111504.0
1988 年	261413.0	83782.0	81559.0	2223.0	177631.0	79603.0	37930.0	60098.0
1989 年	237553.0	93261.0	92160.0	1101.0	144292.0	75567.0	33100.0	35625.0
1990 年	246131.0	100957.0	100024.0	933.0	145174.0	84966.0	28508.0	31700.0
“七五”时期	**1272139.0**	**407987.0**	**401091.0**	**6896.0**	**864152.0**	**406290.0**	**142194.0**	**315668.0**
1991 年	272236.0	109462.0	107639.0	1823.0	162774.0	104359.0	27322.0	31093.0
1992 年	329800.0	140826.0	137411.0	3415.0	188974.0	120749.0	34706.0	33519.0
1993 年	409238.0	162777.0	158849.0	3928.0	246461.0	145700.0	54853.0	45908.0
1994 年	476997.0	194633.0	189541.0	5092.0	282364.0	173920.0	56376.0	52068.0
1995 年	563972.0	212546.0	208531.0	4015.0	351426.0	206932.0	112608.0	31886.0
“八五”时期	**2052243.0**	**820244.0**	**801971.0**	**18273.0**	**1231999.0**	**751660.0**	**285865.0**	**194474.0**
1996 年	638626.0	295283.0	278722.0	16561.0	343343.0	203809.0	96678.0	42856.0
1997 年	741802.0	392904.0	384653.0	8251.0	348898.0	215739.0	80701.0	52458.0
1998 年	874648.0	610303.0	606051.0	4252.0	264345.0	164192.0	61143.0	39010.0
1999 年	1084077.0	917812.0	915591.0	2221.0	166265.0	79703.0	50288.0	36274.0
2000 年	1677712.0	1510541.0	1506583.0	3958.0	167171.0	62672.0	65347.0	39152.0
“九五”时期	**5016865.0**	**3726843.0**	**3691600.0**	**35243.0**	**1290022.0**	**726115.0**	**354157.0**	**209750.0**
2001 年	2095636.0	1919835.0	1916182.0	3653.0	175801.0	61071.0	63968.0	50762.0
2002 年	3152374.0	2976388.0	2961367.0	15021.0	175986.0	101037.0	39574.0	35375.0
2003 年	4072782.0	3892793.0	3884708.0	8085.0	179989.0	67196.0	59867.0	52926.0
“十五”时期	**9320792.0**	**8789016.0**	**8762257.0**	**26759.0**	**531776.0**	**229304.0**	**163409.0**	**139063.0**
1950~2003 年合计	**20342346.8**	**14551221.1**	**14464050.1**	**87171.0**	**5791125.7**	**3742437.4**	**1054856.3**	**993832.0**

全国历年林业系统基本建设投资完成额(一)

单位:万元

年份	林业系统基本建设投资完成额					
	合计	其中:国投	营林		森工	
			合计	其中:国投	合计	其中:国投
1950年	1009.7	1009.7			1009.7	1009.7
1951年	1665.6	1665.6			1665.6	1665.6
1952年	5523.9	5523.9			5523.9	5523.9
三年恢复时期	**8199.2**	**8199.2**			**8199.2**	**8199.2**
1953年	13873.6	13873.6	512.3	512.3	13361.3	13361.3
1954年	12414.9	12414.9	423.0	423.0	11991.9	11991.9
1955年	11482.8	11482.8	725.2	725.2	10757.6	10757.6
1956年	17732.9	17732.9	7507.1	7507.1	10225.8	10225.8
1957年	21393.2	21393.2	3332.0	3332.0	18061.2	18061.2
“一五”时期	**76897.4**	**76897.4**	**12499.6**	**12499.6**	**64397.8**	**64397.8**
1958年	32666.0	32666.0	3787.0	3787.0	28879.0	28879.0
1959年	61239.8	51647.5	9290.4	7765.1	51949.4	43882.4
1960年	84021.0	74052.2	15516.0	13795.7	68505.0	60256.5
1961年	34396.3	31284.1	7051.3	6460.1	27345.0	24824.0
1962年	39329.2	29084.8	12064.7	6989.6	27264.5	22095.2
“二五”时期	**251652.3**	**218734.6**	**47709.4**	**38797.5**	**203942.9**	**179937.1**
1963年	63497.6	52505.6	18144.2	13892.2	45353.4	38613.4
1964年	81208.6	68758.8	23769.5	19278.3	57439.1	49480.5
1965年	80974.1	69974.4	19365.8	16567.7	61608.3	53406.7
三年调整时期	**225680.3**	**191238.8**	**61279.5**	**49738.2**	**164400.8**	**141500.6**
1966年	79469.0	62657.3	18654.3	13557.5	60814.7	49099.8
1967年	60233.4	44232.2	17788.8	13880.7	42444.6	30351.5
1968年	47492.1	34054.3	15174.8	11742.2	32317.3	22312.1
1969年	56251.6	39680.4	16373.4	11179.3	39878.2	28501.1
1970年	62234.5	42977.1	15587.9	9713.1	46646.6	33264.0
“三五”时期	**305680.6**	**223601.3**	**83579.2**	**60072.8**	**222101.4**	**163528.5**
1971年	76122.5	50339.0	20033.7	9972.5	56088.8	40366.5
1972年	89978.2	58054.9	25347.8	12982.7	64630.4	45072.2
1973年	93597.3	64052.2	27733.1	16088.8	65864.2	47963.4
1974年	99316.7	63436.2	29138.7	16325.3	70178.0	47110.9
1975年	98806.3	55519.3	30737.5	15491.3	68068.8	40028.0
“四五”时期	**457821.0**	**291401.6**	**132990.8**	**70860.6**	**324830.2**	**220541.0**

全国历年林业系统基本建设投资完成额(二)

单位:万元

年份	林业系统基本建设投资完成额					
	合计	其中:国投	营林		森工	
			合计	其中:国投	合计	其中:国投
1976 年	68668.9	49658.7	30723.0	15086.7	37945.9	34572.0
1977 年	58757.4	46008.4	24983.8	15142.6	33773.6	30865.8
1978 年	85175.0	65368.8	31248.8	15691.9	53926.2	49676.9
1979 年	116652.9	90757.6	57403.8	34415.5	59249.1	56342.1
1980 年	138573.3	68480.7	57302.7	28797.2	81270.6	39683.5
“五五”时期	**467827.5**	**320274.2**	**201662.1**	**109133.9**	**266165.4**	**211140.3**
1981 年	133189.8	61024.5	51230.9	21747.3	81958.9	39277.2
1982 年	118845.8	68432.1	54403.4	22528.5	64442.4	45903.6
1983 年	119644.2	73556.6	46577.8	26435.2	73066.4	47121.4
1984 年	132163.4	81782.4	53300.4	30891.4	78863.0	50891.0
1985 年	138598.0	78732.0	61898.0	31375	76700.0	47357.0
“六五”时期	**642441.2**	**363527.6**	**267410.5**	**132977.4**	**375030.7**	**230550.2**
1986 年	138053.0	81753.0	59191.0	29510.0	78862.0	52243.0
1987 年	155449.0	97348.0	68157.0	32720.0	87292.0	64628.0
1988 年	161162.0	91504.0	81559.0	36758.0	79603.0	54746.0
1989 年	167727.0	90604.0	92160.0	36305.0	75567.0	54299.0
1990 年	184990.0	107246.0	100024.0	46327.0	84966.0	60919.0
“七五”时期	**807381.0**	**468455.0**	**401091.0**	**181620.0**	**406290.0**	**286835.0**
1991 年	211998.0	134816.0	107639.0	53691.0	104359.0	81125.0
1992 年	258160.0	138679.0	137411.0	55936.0	120749.0	82743.0
1993 年	304549.0	142025.0	158849.0	54300.0	145700.0	87725.0
1994 年	363461.0	141198.0	189541.0	59283.0	173920.0	81915.0
1995 年	415463.0	179222.0	208531.0	73435.0	206932.0	105787.0
“八五”时期	**1553631.0**	**735940.0**	**801971.0**	**296645.0**	**751660.0**	**439295.0**
1996 年	482531.0	176439.0	278722.0	90844.0	203809.0	85595.0
1997 年	600392.0	187715.0	384653.0	121998.0	215739.0	65717.0
1998 年	770243.0	369898.0	606051.0	305910.0	164192.0	63988.0
1999 年	995294.0	593752.0	915591.0	575578.0	79703.0	18174.0
2000 年	1569255.0	1124523.0	1506583.0	1101385.0	62672.0	23138.0
“九五”时期	**4417715.0**	**2452327.0**	**3691600.0**	**2195715.0**	**726115.0**	**256612.0**
2001 年	1977253.0	1538650.0	1916182.0	1514627.0	61071.0	24023.0
2002 年	3062404.0	2511947.0	2961367.0	2487550.0	101037.0	24397.0
2003 年	3951904.0	3123465.0	3884708.0	3092898.0	67196.0	30567.0
“十五”时期	**8991561.0**	**4050597.0**	**8762257.0**	**7095075.0**	**229304.0**	**78987.0**
1950~2003 年合计	**18206487.5**	**12524658.7**	**14464050.1**	**10243135.0**	**3742437.4**	**2281523.7**

1994~2002年主要林产品进出口情况

1994～2002年主要林产品进出口金额（一）

单位:千美元

产品			1994	1995	1996	1997	1998	1999	2000	2001	2002
总计		出口	4955461	6058500	5683762	6121667	5595813	6124730	7295465	7855079	9579666
		进口	4761068	5420050	5753508	6641340	6915387	8792000	10526328	10106051	11908206
原木	针叶原木	出口	7514	11914	5525	3865	2182	1304	231	178	0
		进口	113235	53300	48522	69360	95474	274828	378859	541914	997164
	阔叶原木	出口	35670	35242	23771	25609	10277	6703	7706	5375	3174
		进口	317137	315073	409257	607668	503617	973804	1276781	1152063	1141095
	合计	出口	43181	47156	29296	29473	12459	8007	7937	5553	3174
		进口	430371	368372	457780	677029	599091	1248631	1655641	1693977	2138260
锯材		出口	163987	194659	194156	193842	114983	139375	179143	196860	192332
		进口	145615	149133	180087	268110	348260	661936	982031	988518	1167462
单板		出口	15282	28013	27436	43126	41550	46431	55669	69746	89297
		进口	67677	77207	93604	168360	152635	204976	192257	95889	89383
特形材		出口	18585	38752	58739	51408	41865	82260	99777	94361	122967
		进口	14283	18956	6301	7156	17396	11964	7723	9236	16018
刨花板		出口	1353	2798	4694	9266	4727	6854	8879	6063	21940
		进口	9777	11574	19971	28484	29679	50647	65595	83714	104455
纤维板		出口	11041	12881	11081	9146	5983	5339	10213	9280	20536
		进口	54046	59518	70054	105937	134172	206841	282882	279101	302642
胶合板		出口	31635	39068	62286	151509	64960	123648	188958	242272	427048
		进口	816257	773676	643835	605492	543617	415837	436784	254445	258957
木制品		出口	710314	907789	897455	1004967	976654	1214722	1456873	1578047	1864973
		进口	70882	91516	64597	58505	84841	69821	46957	28190	26834
家具		出口	493472	597905	697902	959138	1084662	1309540	1668491	1852066	2706327
		进口	48228	32668	17453	22510	31487	24816	23078	28567	38628
木片		出口	81935	180754	162816	154370	120906	111837	120365	105358	90730
		进口	582	395	1419	1029	1234	2525	1466	3873	6184
木浆		出口	3288	19243	7979	8648	7342	1002	6081	2704	2373
		进口	391958	639490	768167	740830	912340	1403427	2093664	2061438	2154478
纸和纸制品		出口	104357	156972	153332	190206	188250	175732	309266	415259	444050
		进口	1637478	1857337	2377298	2772442	2883838	3185898	3170537	2919600	3309378
木炭		出口	7212	15365	18275	27009	26181	30323	42570	54710	56191
		进口	79	315	126	375	665	593	1553	2731	1283
松香		出口	136545	131885	130887	159389	135558	141678	138772	141747	159505
		进口	1244	1393	1732	2407	2329	2276	2296	1377	1901

1994～2002 年主要林产品进出口金额(二)

单位:千美元

产品			1994	1995	1996	1997	1998	1999	2000	2001	2002
水果	柑橘类	出口	57696	118615	66846	75845	48886	41636	47102	40367	55673
		进口	410	1590	1951	3927	1924	11761	28802	30868	27969
	鲜苹果	出口	41134	45300	69146	77512	64543	75936	96560	100648	149425
		进口	2730	4142	2730	3494	2806	10269	11679	17074	22441
	鲜梨	出口	46037	45632	47942	52748	35029	30196	35799	40826	59415
		进口	39	167	292	114	2312	624	336	287	258
坚果	核桃	出口	33610	28809	40297	39341	30287	23679	23278	27693	21927
		进口	75	88	39	136	316	55	352	372	1131
	板栗	出口	79967	77310	66120	60435	65249	60913	61311	52196	47236
		进口	2903	1622	3447	1882	760	1345	2848	3625	9096
	松籽仁	出口	26679	31284	31987	22866	49092	31419	18660	30468	46420
		进口	297	239	16	72	113	2300	607	636	205
干果	梅干及李干	出口	15564	37477	6681	4140	5032	5798	5141	5240	2332
		进口	81	23	38	91	67	175	1410	1745	2573
	龙眼干、肉	出口	3300	8887	6833	4187	4478	1895	1012	731	1013
		进口	7459	6356	8581	24570	2831	6370	22639	13930	14789
	柿饼	出口	10663	10717	10492	10794	7305	11100	10980	10389	10838
		进口	—	18	—	—	—	24	—	23	7
	红枣	出口	12516	15087	12468	8802	8313	6862	6356	6276	7939
		进口	7	—	10	9	20	395	0	7	17
果汁	柑橘类果汁	出口	481	628	470	1245	3514	2910	3066	3916	3657
		进口	1141	2120	2432	3680	5268	8999	10132	16986	46090
	苹果汁	出口	7169	25875	30040	36040	55952	75560	116385	147671	173066
		进口	85	233	210	549	593	297	283	459	372
其他		出口	2798458	3239639	2838106	2736215	2392053	2360078	2576822	2614628	2799281
		进口	1057365	1321903	1031339	1144150	1156792	1259198	1484776	1569383	2167395

说明:

1. 资料来源:1994～1999 年《中国海关统计年鉴》,2000～2002 年数据由海关总署信息中心提供;

2. 木浆中未包括从回收纸与纸板中提取的木浆;

3. 纸和纸制品中未包括回收纸和纸板及印刷品等;

4. 将从回收的纸与纸板中提取的纤维浆、回收纸与纸板折算为木制林产品价值的系数为:进口额取 0.8,出口额:1994～1995 年取0.14,1996～1999 取 0.15,2000 年取 0.18,2001 年取 0.23,2002 年取 0.21;

5. 将纸和纸制品价值折算为木制林产品价值的系数为:进口额取 0.8,出口额:1994～1995 年取 0.17,1995～1999 年取 0.19,2000年取0.22,2001年取 0.28,2002 年取 0.26;

6. 将印刷品、手稿、打字稿等的进(出)口额＝进(出)口折算量×纸和纸制品的平均价格;

1994～2002 年主要林产品进出口数量(一)

产品			计量单位	1994	1995	1996	1997	1998	1999	2000	2001	2002
原木	针叶原木	出口	立方米	15959	23561	13558	6025	4330	3708	1135	646	—
		进口	立方米	1302314	617359	653038	955363	1486280	4573354	6400661	9142210	15782950
	阔叶原木	出口	立方米	74805	73588	50612	57294	27596	19308	25576	17093	10957
		进口	立方米	2032263	1965242	2532444	3506948	3336762	5562329	7211085	7721541	8550093
	合计	出口	立方米	90764	97149	64170	63319	31926	23016	26711	17739	10957
		进口	立方米	3334577	2582601	3185482	4462311	4823042	10135683	13611746	16863751	24333043
锯材		出口	立方米	365924	408860	384064	389640	258081	354591	414336	449748	448337
		进口	立方米	934867	862990	938483	1331473	1690315	2756371	3613693	4034120	5483706
单板		出口	立方米	16509	28184	26899	40625	45060	48495	53430	62324	93120
		进口	立方米	232820	341638	380222	454029	538658	641292	649488	335736	286652
特形材		出口	吨	17459	32358	43509	37379	38224	68745	80277	78006	99850
		进口	吨	14854	25861	12858	15148	34590	24799	11548	13000	23384
刨花板		出口	立方米	3967	8347	10459	16911	10967	16865	26273	24958	51183
		进口	立方米	55657	55232	107613	147860	156329	248146	343773	447559	589686
纤维板		出口	立方米	38263	62642	56141	36975	19779	18577	35308	26815	80338
		进口	立方米	236932	273448	340132	462826	572401	794880	1014513	1070243	1251646
胶合板		出口	立方米	102897	129018	176834	437703	176876	422542	686991	965361	1792423
		进口	立方米	2108870	2082925	1775110	1488436	1690636	1042430	1001808	650859	636130
家具		出口	件	26701765	34029260	39559551	53740664	68081315	78374918	91340898	93611649	117969289
		进口	件	627504	712125	481962	600136	803745	728154	624847	576391	571981
木片		出口	吨	1215272	1897652	1848712	1948365	1570723	1600959	1854972	1771351	1559915
		进口	吨	6268	607	1259	2060	1522	2835	1202	3596	52271
木浆		出口	吨	7814	28517	11794	16388	13327	1676	12829	5776	4639
		进口	吨	788947	778617	1457572	1529007	2179198	3080230	3294418	4873085	5232622
纸和纸制品		出口	吨	105958	148910	119835	146108	141244	134646	263340	352519	364822
		进口	吨	2977301	2868379	4125104	4956593	5023409	5529826	5049529	4693795	5285423
木炭		出口	吨	15191	26077	32688	45612	46842	63429	81540	97690	103759
		进口	吨	148	1655	603	1047	3153	4952	24852	31279	21839
松香		出口	吨	290226	215392	175945	204693	253925	261060	281420	302279	356308
		进口	吨	1314	1018	1400	1755	1323	1228	1556	836	1136

1994～2002年主要林产品进出口数量(二)

产品			单位	1994	1995	1996	1997	1998	1999	2000	2001	2002
水果	柑橘类	出口	吨	137675	143321	166128	223122	175458	176291	200271	171240	216847
		进口	吨	669	4906	6895	13836	5592	29685	61861	67860	58195
	鲜苹果	出口	吨	107170	108946	164976	188443	170255	219196	297651	303558	438738
		进口	吨	3438	13746	7658	11542	8587	27433	25475	39371	56014
	鲜梨	出口	吨	96957	90631	88113	120395	112676	121435	146425	182270	243438
		进口	吨	30	177	816	364	8523	1844	633	622	746
坚果	核桃	出口	吨	33447	26394	34649	32698	26281	23106	21399	24560	18614
		进口	吨	95	53	44	144	334	39	789	583	1270
	板栗	出口	吨	37680	36117	32015	29852	36307	31291	30768	27884	29660
		进口	吨	1271	665	1526	1087	690	1139	2132	3041	5755
	松籽仁	出口	吨	6063	6389	5836	1829	4896	4877	3528	6497	7015
		进口	吨	766	441	54	161	59	2138	604	668	216
干果	梅干及李干	出口	吨	4674	6729	5113	3718	5276	5895	4364	5296	3561
		进口	吨	86	24	40	130	112	334	1629	2647	3834
	龙眼干、肉	出口	吨	371	675	1473	1925	1087	864	261	280	347
		进口	吨	5828	7821	21518	37044	3365	7212	45260	32652	35582
	柿饼	出口	吨	8587	7226	7273	6214	6561	9886	7777	6549	8809
		进口	吨	0	23	0	0	0	48	0	16	3
	红枣	出口	吨	9691	9998	8895	7662	9634	10369	11241	9024	12277
		进口	吨	25	0	10	35	70	943	0	16	45
果汁	柑橘类果汁	出口	吨	817	1237	420	1014	2902	2675	2920	3686	3716
		进口	吨	863	1698	2566	4574	5382	9788	9554	18635	37956
	苹果汁	出口	吨	7803	17742	20579	33685	80580	98700	142315	228394	296568
		进口	吨	132	238	415	1078	933	386	531	802	570

说明：

1. 资料来源：1994～1999年《中国海关统计年鉴》，2000～2002年数据由海关总署信息中心提供；
2. 表中数据体积与重量按刨花板650千克/立方米，纤维板700千克/立方米，单板750千克/立方米的标准换算；
3. 木浆中未包括从回收纸和纸板中提取的木浆；
4. 纸和纸制品中未包括回收的废纸和纸板、印刷品、手稿等；
5. 纸和纸制品进(出)口量按纸和纸产品中木浆比例折算，进口量的折算系数为0.8，出口量的折算系数：1994～1995年为0.14，1996～1999年为0.15，2000年为0.18，2001年为0.23，2002年为0.21；
6. 核桃进(出)口量包括未去壳核桃和核桃仁的折算量，其中核桃仁的折算量是以40%的出仁率将核桃仁数量折算为未去壳的核桃数量；
7. 柑橘类水果中包括橙、柚、蕉柑、其他柑橘、柠檬酸橙、其他柑橘类水果。

附录六

世界主要国家林业情况

2000 年世界主要国家森林面积及变化

国家(地区)	土地面积（千公顷）	2000 年森林总面积				1990～2000 年森林覆盖率变化	
		面积（千公顷）	占土地面积的百分比（%）	人均面积（公顷）	人工林面积（千公顷）	年变化量（千公顷）	年变化率（%）
世界总计	**13063900**	**3869455**	**29.6**	**0.6**	**186733**	**-9391**	**-0.2**
非洲合计	**2978394**	**649866**	**21.8**	**0.8**	**8036**	**-5262**	**-0.8**
中　非	62297	22907	36.8	6.5	4	-30	-0.1
刚果民主共和国	34150	22060	64.6	7.7	83	-17	-0.1
加　蓬	25767	21826	84.7	18.2	36	-10	n. s.
苏　丹	237600	61627	25.9	2.1	641	-959	-1.4
亚洲合计	**3084746**	**547793**	**17.8**	**0.2**	**115847**	**-364**	**-0.1**
印度尼西亚	181157	104986	58.0	0.5	9871	-1312	-1.2
日　本	37652	24081	64.0	0.2	10682	3	n. s.
老　挝	23080	12561	54.4	2.4	54	-53	-0.4
马来西亚	32855	19292	58.7	0.9	1750	-237	-1.2
蒙　古	156650	10645	6.8	4.1	—	-60	-0.5
缅　甸	65755	34419	52.3	0.8	821	-517	-1.4
韩　国	9873	6248	63.3	0.1	—	-5	-0.1
泰　国	51089	14762	28.9	0.2	4920	-112	-0.7
越　南	32550	9819	30.2	0.1	1711	52	0.5
欧洲合计	**2259957**	**1039251**	**46.0**	**1.4**	**32015**	**881**	**0.1**
芬　兰	30459	21935	72.0	4.2	0	8	n. s.
法　国	55010	15341	27.9	0.3	961	62	0.4
德　国	34927	10740	30.7	0.1	0	n. s.	n. s.
意大利	29406	10003	34.0	0.2	133	30	0.3
俄罗斯联邦	1688851	851392	50.4	5.8	17340	135	n. s.
西班牙	49945	14370	28.8	0.4	1904	86	0.6
瑞　典	41162	27134	65.9	3.1	569	1	n. s.
北美洲和中美洲合计	**2136966**	**549304**	**25.7**	**1.1**	**17533**	**-570**	**-0.1**
加拿大	922097	244571	26.5	7.9	—	n. s.	n. s.
墨西哥	190869	55205	28.9	0.6	267	-631	-1.1
美利坚合众国	915895	225993	24.7	0.8	16238	388	0.2
大洋洲合计	**849096**	**197623**	**23.3**	**6.6**	**2848**	**-365**	**-0.2**
澳大利亚	768230	154539	20.1	8.3	1043	-282	-0.2
新西兰	26799	7946	29.7	2.1	1542	39	0.5
巴布亚新几内亚	45239	30601	67.6	6.5	90	-113	-0.4
南美洲合计	**1754741**	**885618**	**50.5**	**2.6**	**10455**	**-3711**	**-0.4**
巴　西	845651	543905	64.3	3.2	4982	-2309	-0.4
智　利	74881	15536	20.7	1.0	2017	-20	-0.1
哥伦比亚	103871	49601	47.8	1.2	141	-190	-0.4
苏里南	15600	14113	90.5	34.0	13	n. s.	n. s.
委内瑞拉	88206	49506	56.1	2.1	863	-218	-0.4

说明：1. 资料来源为联合国粮食及农业组织《2003 世界森林状况》；

2. n. s.：指数值太小，可以忽略不计。

2000 年世界主要国家纸浆、纸和纸板产量、贸易量和消费量

国家(地区)	纸　浆(千吨)					纸和纸板(千吨)				
	产 量	进口量	出口量	消费量	人均消费量(吨)	产 量	进口量	出口量	消费量	人均消费量(吨)
世界总计	**187472**	**36704**	**36562**	**187614**	**0.03**	**323569**	**97884**	**96925**	**324527**	**0.05**
非洲合计	**2252**	**284**	**602**	**1934**	**—**	**2916**	**2071**	**623**	**4363**	**0.01**
喀麦隆	—	—	—	—	—	—	31	—	31	—
加　蓬	—	—	—	—	—	—	2	—	2	—
尼日利亚	23	17	—	40	—	19	189	2	206	—
南　非	1642	69	284	1426	0.04	2041	284	569	1756	0.04
亚洲合计	**38373**	**11169**	**1955**	**47587**	**0.01**	**94856**	**20702**	**12032**	**103525**	**0.03**
印度尼西亚	3726	756	1358	3124	0.01	6977	251	2802	4426	0.02
日　本	11319	2961	122	14158	0.11	31794	1647	1615	31826	0.25
马来西亚	124	61	—	185	0.01	791	1013	139	1665	0.08
蒙　古	—	—	—	—	—	—	5	—	5	—
缅　甸	42	—	—	42	—	40	31	—	71	—
菲律宾	202	60	—	262	—	870	388	111	1146	0.02
韩　国	587	2162	—	2749	0.06	9763	544	2470	7837	0.17
泰　国	844	387	250	981	0.02	2315	433	813	1935	0.03
越　南	133	47	—	180	—	192	141	2	331	—
欧洲合计	**46978**	**16686**	**11086**	**52578**	**0.07**	**100419**	**46087**	**56849**	**89657**	**0.12**
芬　兰	11919	92	1681	10329	2.00	13509	356	11642	2223	0.43
法　国	2582	2406	384	4604	0.08	10006	6131	4743	11394	0.19
德　国	2215	3862	383	5694	0.07	18182	9810	8905	19087	0.23
意大利	615	3182	22	3775	0.07	9129	2419	1347	10201	0.18
俄罗斯	5752	36	1615	4174	0.03	5310	358	2253	3415	0.02
瑞　典	11903	324	2975	9252	1.04	10786	754	9031	2509	0.28
北美洲和中美洲合计	**84311**	**7441**	**17251**	**74501**	**0.16**	**111720**	**24289**	**25017**	**110992**	**0.23**
加拿大	26495	356	11653	15198	0.49	20921	3810	15613	9118	0.30
墨西哥	569	502	13	1058	0.01	3865	2997	221	6640	0.07
美　国	57178	6550	5583	58145	0.21	86545	16279	9139	93685	0.34
大洋州合计	**4195**	**307**	**675**	**3827**	**0.13**	**3718**	**1741**	**931**	**4528**	**0.15**
澳大利亚	2590	303	—	2893	0.15	2844	1399	455	3788	0.20
新西兰	1605	4	675	934	0.24	874	295	476	694	0.18
巴布亚新几内亚	—	—	—	—	—	—	18	—	18	—
南美洲合计	**11363**	**817**	**4993**	**7187**	**0.02**	**9940**	**2993**	**1472**	**11461**	**0.03**
巴　西	7341	329	2917	4754	0.03	6473	814	815	6472	0.04
智　利	2592	13	1835	770	0.05	861	256	313	804	0.05

2000 年世界主要国家森林工业

国家/地区	总人口（千人）	工业原木(千立方米)				
		产量	进口量	出口量	消费量	人均消费量（吨）
世界总计	**5978143**	**1574634**	**124338**	**114222**	**1584751**	**0.27**
非洲合计	**766627**	**68826**	**930**	**6102**	**63655**	**0.08**
喀麦隆	14693	2960	—	575	2385	0.16
加蓬	1197	2584	—	2584	—	—
尼日利亚	108945	9418	—	7	9411	0.09
南非	39900	18616	13	301	18328	0.46
亚洲合计	**3634278**	**209408**	**45038**	**11298**	**243149**	**0.07**
印度尼西亚	209255	31358	201	1504	30055	0.14
日本	126505	17987	15948	4	33931	0.27
马来西亚	21830	24468	758	6845	18381	0.84
蒙古	2621	445	7	1	451	0.17
缅甸	45059	3574	—	949	2625	0.06
菲律宾	74454	3079	562	—	3641	0.05
韩国	46480	1592	6869	—	8461	0.18
泰国	60856	2894	714	—	3608	0.06
越南	78705	4556	8	35	4529	0.06
欧洲合计	**728831**	**478699**	**64561**	**70634**	**472626**	**0.65**
芬兰	5165	50147	9875	519	59503	11.52
法国	58886	43440	2012	5522	39930	0.68
德国	82178	51088	3549	5558	49079	0.60
意大利	57343	3649	5805	24	9430	0.16
俄罗斯	147196	105800	525	30835	75490	0.51
瑞典	8892	58920	11721	1431	69209	7.78
北美洲和中美洲合计	**477669**	**617330**	**13648**	**14911**	**616068**	**1.29**
加拿大	30857	176572	6507	2903	180177	5.84
墨西哥	97365	8105	32	10	8128	0.08
美国	276218	427654	7038	11952	422740	1.53
大洋洲合计	**29984**	**47418**	**10**	**9079**	**38349**	**1.28**
澳大利亚	18701	24160	3	969	23194	1.24
新西兰	3828	18898	5	5772	13131	3.43
巴布亚新几内亚	4702	3064	—	1902	1163	0.25
南美洲合计	**340754**	**152953**	**150**	**2199**	**150904**	**0.44**
巴西	167988	102994	32	752	102275	0.61
智利	15019	24437	—	681	23756	1.58

主要产品产量、贸易量和消费量

锯材(千立方米)					人造板(千立方米)				
产量	进口量	出口量	消费量	人均消费量(吨)	产量	进口量	出口量	消费量	人均消费量(吨)
424488	**128827**	**126683**	**426632**	**0.07**	**181631**	**61775**	**56602**	**186804**	**0.03**
7667	**4708**	**1875**	**10499**	**0.01**	**2058**	**779**	**699**	**2138**	**—**
650	—	540	110	0.01	145	—	75	70	—
68	—	79	—	—	122	—	169	—	—
2000	1	54	1947	0.02	95	49	—	144	—
1498	510	134	1874	0.05	476	68	53	491	0.01
64172	**22723**	**6543**	**80352**	**0.02**	**47267**	**19471**	**14644**	**52095**	**0.01**
2427	73	2023	477	—	8425	78	6360	2143	0.01
17094	9951	7	27038	0.21	5719	6200	32	11887	0.09
5740	500	2419	3820	0.17	5895	105	4645	1355	0.06
300	2	3	299	0.11	2	4	1	5	—
343	—	155	188	—	15	2	13	4	—
151	359	120	390	0.01	510	219	16	713	0.01
4300	729	17	5012	0.11	2462	2031	219	4274	0.09
294	1135	311	1118	0.02	1327	89	832	584	0.01
721	101	14	807	0.01	39	98	7	130	—
125838	**48387**	**56533**	**117692**	**0.16**	**60395**	**23670**	**24134**	**59931**	**0.08**
13420	341	8431	5330	1.03	1792	197	1381	608	0.12
10536	3341	1386	12491	0.21	6438	1692	2269	5861	0.10
16340	6344	3911	18773	0.23	14064	4250	4620	13694	0.17
1630	8380	208	9802	0.17	5425	1729	1121	6033	0.11
20000	21	7764	12257	0.08	4750	376	1404	3722	0.03
16176	348	11048	5476	0.62	1012	667	265	1414	0.16
189030	**51373**	**55485**	**184917**	**0.39**	**60343**	**17069**	**13371**	**64042**	**0.13**
69640	1951	50051	21540	0.70	14533	1549	10972	5110	0.17
3110	1250	168	4192	0.04	—	874	214	660	0.01
114120	47092	5020	156192	0.57	45523	14269	2127	57665	0.21
8202	**1177**	**1662**	**7718**	**0.26**	**3504**	**299**	**1101**	**2701**	**0.09**
3977	1025	86	4916	0.26	1801	250	255	1796	0.10
3879	36	1523	2392	0.62	1676	18	827	867	0.23
218	—	20	198	0.04	15	2	12	5	—
29579	**460**	**4585**	**25454**	**0.07**	**8064**	**487**	**2653**	**5898**	**0.02**
18100	159	2380	15879	0.09	5157	201	1666	3692	0.02
5698	—	1718	3980	0.26	1187	—	435	752	0.05